Ludwig Salvator

Die Balearen - ein Reiseführer (1897)

Ludwig Salvator

Die Balearen - ein Reiseführer (1897)

ISBN/EAN: 9783741145872

Manufactured in Europe, USA, Canada, Australia, Japa

Cover: Foto ©Andreas Hilbeck / pixelio.de

Manufactured and distributed by brebook publishing software (www.brebook.com)

Ludwig Salvator

Die Balearen - ein Reiseführer (1897)

Die
BALEAREN

Geschildert in Wort und Bild

von

ERZHERZOG LUDWIG SALVATOR

Zweiter Band

Würzburg und Leipzig

K. u. K. Hofbuchhandlung von Leo Woerl

1897.

INHALTSVERZEICHNISS DES II. BANDES.

III. Abth.: MALLORCA.

Specieller Theil.

Das südwestliche Hügelland.
Nach Calviá und Andraitx 1

Der nördliche Abhang der Sierra und
ihre Höhen.
Nach Valldemosa, Miramar, Soller und Pol-
lensa 18

Die südlichen Lehnen der Gebirgskette
und ihre Pässe.
Nach Campanet, Selva, Mancor, Lloseta,
Binisalem, Alaró, Buñola, Esporlas, Establiments 83

Die Carretera von Inca nach Alcudia
Ueber Marratxi, Sta Maria, Consell, Binisalem,
Inca und Campanet 117

Der östliche Theil der Insel.
Nach La Puebla, Muro, Sta Margarita, Maria 135

Das südöstliche Hügelland.
Nach S. Llorens, Artá, Son Servera und
Capdepera 138

Das Centrum der Insel.
Manacor, Petra, Sineu, S. Juan, Llorito, Sansellas und Llubí 154

Die Carretera de Manacor.
Nach Aglaida und Montuiri 170

Der südliche Theil der Insel.
Nach Porreras, Felanitx, Santagny, Campos,
Llummayor 174

Die Eisenbahnen 202

Die Küste der Insel 205

Die Insel Cabrera 247

IV. Abth.: MENORCA.

Allgemeiner Theil.

Lage Oberfläche und Klima . . . 257

Geognostischer Aufbau, Flora und Fauna.
Geognostischer Aufbau 274
Die Flora 278
Die Fauna 280

Die Bewohner von Menorca.
Zahl der Bewohner. Hygienische Verhält-
nisse. Charakter der Menorquiner . . 282
Allgemeine Bildung. Sprache und Litteratur 290
Unterrichtswesen. Primärschulen. Höhere
Bildungsanstalten 297
Religiöse Bildung und Aberglauben . . 298
Trachten der Menorquiner 303
Wohnungen und Hausgeräthe 306
Die Speisen 318
Lebensweise der Menorquiner 320
Vornehme Familien. Clerus 327

Ackerbau. Waldkultur. Viehzucht.
Ackerbau 330
Waldcultur 349
Viehzucht 350

Jagd und Fischfang 354
Schifffahrt und Schiffbau 356
Steinbrüche und Salinen 357

Industrie und Handel 359

Verkehrsmittel. Herbergen. Post- und
Telegraphenwesen 366

Behörden. Oeffentliche Anstalten. Einnahmen und Ausgaben 369

Specieller Theil.

	Seite
Mahon und Umgebung	371
Der Süden vom Hafen bis zur Cala en Porter	394
Von Mahon nach Alayor	399
Der Süden von Alayor bis zu den Cañesias	402
Nach San Cristobal	405
Von Mercadal nach Ferrerias	410
Der Süden von Ferrerias	413
Der Barranc d'Algendar	418
Von Ferrerias nach Ciudadela	420
Ciudadela	428
Der Süden von Ciudadela	433
Der Norden von Ciudadela	436
Der Norden von Ferrerias und ein Theil von Mercadal	439
Von Mercadal nach Fornells	442
Der Norden von Mercadal	443
Im Norden von Alayor und Mahon	443
Die Küste der Insel	446

VERZEICHNISS DER ABBILDUNGEN DES II. BANDES

III. Abth.: MALLORCA

	Seite
Sa Porassa	5
Sta Ponsa	6
Gebirge im Grunde des Thales von Calviá	7
Valldurgent	9
Am Strande bei Paguera	10
Von der Sierra del Rosch aus	11
Thurm auch S^a Mas	12
Castillo del Puerto de Andraitx	14
Puig de s' Enfront	15
S' Arracó von Son Nadal aus	16
Vom Coll de la Trapa aus	17
Die Mola de s' Esclop	19
Calle de la Mar in Estallenchs	20
Der Castellet	22
Estallenchs von Westen aus	23
Die Torre de Can Tem Alemany	23
Estallenchs vom Celirt aus	24
Der Puig de Galatzó von S^a Serralta aus	25
Oberhalb der Punta de s' Aliga	26
Die Atalaya Vella vom Puig de la Moneda aus	27
Alter Aufgang zur Cartuja de Valldemosa	29
San Brondo und Son Sauvat	31
Unterhalb Miramar	38
Sa Cova de s' Ermita de Son Maraques	41
Aus Deyá	46
Die Wassermühle in Deyá	47
Castellet des Molí	48
Cas Chamaire bei Soller	51
Pont de la Busalla bei Soller	54
Castillo del Puerto de Soller	55
Pont de la Creu bei Soller	58
Der Coll de Soller von Biniarait aus	59
Der Puig Mayor von Cabans aus	60
Das Thal von Soller von Bunaubi aus	61
Torre de la Calobra	62

	Seite
Hinter Tuent	63
Das Collegium von Lluch	64
Der Entrefore im Torrent de Pareys	69
Der Puig Tomi von Mortitx aus	70
La Torre de Ariant	71
Pollensa und der Puig vom Estret de Ternellas aus	74
Ternellas	75
Castell del Rey	76
S^a Vicente	78
Pollensa von Amberregia aus	79
Cova de Can Sion	81
Oratorio de Sⁿ Miguel	83
Eingang des Castell de Alaró	86
Puig Mayor de Lluch und Puig de s'Estorell	91
Son Torella	93
Comasema	98
Talayot bei Comasema	99
Can Birbó	100
S'Hereta	101
Das Thal gegen die Granja von Badaluch aus	102
Es Salt de Son Fortesa	112
Die Höhen der Ermita de Son Fortesa	113
Galilea von Osten aus	114
Die Einsiedelei von S^a Seguí	115
Berger und Campanet von Sta Madalena aus	121
Die Puerta Rotja	125
Die Kirche von Alcudia	126
Römisches Amphitheater bei Alcudis	127
Cova de S^a Marti	129
Cap del Pinar vom Puig de S^a Marti	130
Der Cap del Pinar von der Playa del Mal Pas aus	132
Die Pedra Rotja	133
Hinter dem Rücken gegen Artá	139
Die Kirche von Bellpuig	140
Der Aufgang nach S^a Salvador von Artá	141
Puig de S^a Salvador von Artá	142

Verzeichniss der Abbildungen des II. Bandes. VII

Nr.		Seite
	Pou d'Abeurada	
	Aujuba bei Alayor	
	Treppe des Aujub von Mercadal	
	Dattelpalme in einem Hort de Culassega	
	Weinpresse	
	Tayador de Tales	
	Tabakstosser, zusammengesteckt	
	Tabakstosser, auseinandergenommen	
	Eras bei S.t Clemente	
	Gerbetjador	
	Pi de Son Gall	
	Pi de Son Catahasset	
	Bucha de Beyas	
	Desingassadors	
	Boué (Stall für Rindvieh) bei Ciudadela	
	Barrass (Stall für Ziegen) bei Torre Saura	
	Barraca der Truquerias	
	La Cavalleria veya bei Ciudadela	
	Tancas-Soll für junge Schweine	
	Sommer-Solls bei Ciudadela	
	Fürettenjagdkäfige	
	Reya, Sichel und Podadoras	
	Cassador de Batuda mit Buxxassi	
	Barcas Bolitxeres	
	Barquerola Abends am Strande von Fornells	
	Bot Palangré aus Villa Carlos	
	Verschiedenartige Reusen (Gambins Moranells)	
	Nansas de Vivers de Llagosts und Vivers de Congres aus Ciudadela	
	Caixas de Llagosta	
	Fischender Mariscador in seinem Cosi	
	Botixó de mariscar	
	Hafen von Ciudadela	
	Boote am Strande von Calas Fonts (Villa Carlos)	
	Steinbruch bei Alcaufar	
	Molins de Pedrera bei Ciudadela	
	Brennender Kalkofen	
	Ausgebrannter Kalkofen	
	Gefirmiste Thonwaaren	
	Thonwaaren aus Alayor	
	Schuhwerkkiste zur Ausfuhr	
	Menorquinische Körbe	
	Polleras aus Binsen	
	Mit Spart überzogene Flaschen	
	Creus aus S.t Cristobal	
	Alayor von der Hauptfahrstrasse aus	
	Auiberda mit offenem Steckkärchen	
	Reisende Menorquinerinnen	
	Damenseitel	
	Gewöhnlicher Karren	
	Mahon von der Culacega	
309	Arsenal von Mahon	365
310	Aufgang in Mahon	367
311	Blick auf das Nonnenkloster vom Jardin del General	370
312	Boixa mar	371
313	Calle de S.ta Roque	372
314	Processionskreuz aus S.ta Maria	373
315	Rathhaus von Mahon	376
316	Einfahrt von Mahon von der Punta des Illots aus	377
317	Isla del Hospital	378
318	Esel zum Wassertransport	379
319	Wasserfuhre	380
320	Schmutzwasserfuhre	381
321	Der Mann mit Wein aus Llumesanes	382
322	N. S. de Gracia	383
323	Talet von Trapucó	384
324	Rini Sa Fuá d'en Ferrer	385
325	Cala de Biai Sa Fuá	386
326	Thor des Talayot von Torelló	387
327	Blick gegen die Mola von Alcaydus aus	388
328	Alayor von den Antigosos aus	389
329	S.ta Eulalia in Alayor	390
330	Tafel von Torrauba	391
331	Tafel und Einfassung der Torre d'en Gaumés	392
332	Ebene beim Pont d'en Mercadal	393
333	Das Thal der Cañasias gegen Westen zu	394
334	S'Amajasa mit dem Toro	395
335	Mercadal von Westen aus	396
336	Blick von den Fonts redones gegen die Höhen der Inclusa	397
337	Talayot von Biniquadrell	398
338	Cova des Coloms	399
339	Ferreries	400
340	Das Thal gegen S.t Cristobal von S.t Telm aus	401
341	Felsenwände der Dragoners	402
342	S.ta Galdana	404
343	Ciudadela vom Thurme der Viñeta aus	405
344	Ein Theil der alten, angeblich römischen Stadtmauer von Ciudadela	406
345	Alte Häuser auf der Plaza nueva	407
346	Blick auf den Hafen von Ciudadela	408
347	Haus Saura	409
348	Halle des Gouverneur-Palastes	410
349	Seitenportal der Kathedrale von Ciudadela	411
350	Im Garten der Viñets	412
351	Cova de s'Aygo	413
352	Cova de Parella	414
353	Thurm von Son Saura	415
354	Neue Frontseite von Son Saura	416
355	Rafal nou	417
356	Blick auf die Südküste von der Atalaya des Truts	418

Verzeichniss der Abbildungen des II. Bandes

	Seite
Nan des Tudons	419
Torre del Ram	420
Blick von der Inclusa aus gegen Norden zu	421
Ansicht gegen Osten vom Puig vermey aus	422
Torre de s'Inclusa	423
Sta Agueda aus der Nähe der Casa d'Armas	424
Küste von Salayrò vom Puig de sa Calafata aus	425
Thürm und Westseite des Toro	426
Ansicht gegen Fornells vom Toro aus	428
Der Hafen von Fornells vom Puig des Caragol	429
Meerwärts aus der Nähe von Bellavista	432
Die Kirche von Sa Llorens	433
Cova de ses Ginjoles	433
Binisafua	435
Felsenwand von Biniparrax	436
Bei der Cova des Moro	437
Calas Covas	438
Caleta de Llucbalari	439
Bei der Ausmündung des Barrenc de sa Vall	440
Punta Rabiosa von jener der Pedrissada aus	441
Bei Cala Macarella	442
Recó des Cap de Bañols	444
Cala Sent' Andria	445
Pont d'en Gil bei Ses Piquetes	447
Die Riffe der Playa de Pregonda	449
Es Tamarells und Isla d'en Colom	450
Aus den Höhen der Mola	451

Mallorca.

SPECIELLER THEIL.

Das südwestliche Hügelland.

Nach Calviá und Andraitx.

Die Ausläufer der Sierra de la Burguesa bilden gleich hinter Palma ein Hügelland, welches, durch mehr oder minder breite Thäler getrennt, sich ununterbrochen bis zum äussersten Westen der Insel hinzieht und dem Gebirgszuge der Sierra anschliesst. Die beiden östlichen Hauptspitzen sind der Puig de Galatzó und die Mola de s' Escrop. Das südliche und westliche Hügelland ist im Allgemeinen wenig fruchtbar. Während auf den Höhen meist Kiefern, auf den Lehnen Johannisbrod- und Oelbäume stehen, wachsen in den Niederungen auch Feigen- und Mandelbäume. Das Land ist deshalb wenig bevölkert und hat nur vier Ortschaften: Calviá, Escapdellá, Andraitx und S' Arracó, die beiden ersteren, wie die beiden letzteren nahe neben einander gelegen. Sonst giebt es meist nur grössere Besitzungen. Die prächtige Chaussee (Carretera real) von Andraitx durchzieht das gesammte Hügelland unmittelbar am Meeresufer entlang, die Hauptvorsprünge durchschneidend; von derselben führt dann ein besserer Fahrweg bis nach S' Arracó hin. Calviá und Escapdellá liegen rechts im Thale und sind durch eigene Chausseen mit der Hauptstrasse verbunden.

Der Anfang der Chaussee von Andraitx ist uns bereits aus den Schilderungen der Umgebung Palma's bis zum Castillo de Sⁿ Carlos bekannt, und wir beginnen unsere Wanderung nun an der Stelle, wo der Fahrweg bergab nach Cala Mayor führt. Die Strasse ist hügelig, steinig und nur mit wilden Gräsern bewachsen. Nur einzelne Landhäuser von Genova, deren Bewohner neben der herrlichen Aussicht auf die Bucht die frische Meeresluft in vollen Zügen geniessen können, zeichnen sich durch ihre Schönheit aus. Links liegt die Bucht von Cala Mayor, wo die Strasse zwischen den mit Oel- und Johannisbrodbäumen bepflanzten Hügeln entlang geht. Man kommt an Gypsöfen und an einem Hostal, Hostal den Catalá genannt, vorbei. Letzteres ist ein beliebter Vergnügungsort der Palmesaner. Nach Umschreitung einer zweiten Ausbuchtung erblickt man hinter einem kleinen Einschnitt mit Kalksteinfelsen das Schloss von Bendinat, zu welchem von der Chaussee aus zwei Fahrwege führen.

Bendinat verdankt seinen Namen dem Umstande, dass König Jaime I. el Conquistador, als er nach der Schlacht bei Sⁿ Ponsa, müde und hungrig, sich in dem Zelte eines seiner Krieger mit etwas Schwarzbrod und Knoblauch gestärkt hatte, zu seinem Begleiter sagte: „Havem ben dinat" (wir haben gut gegessen); seit dieser Zeit hat der Platz diesen Namen behalten. Das von Marques de la Romana aus Maré-Quadern erbaute Schloss ist eine Nachahmung eines nordischen Schlosses. Die vier Ecken bilden vier Thürme mit Zinnenkrönung; die beiden Stockwerke der vier Frontseiten haben Spitzbogen-Fenster, und an der vorderen Front springt ein kleiner Balcon mit Wappen vor, während der dritte Stock, bezw. Derzen gothische Fenster aufweist. Der Hof wird von Spitzbogenhallen umgeben, und in seiner Mitte plätschert zwischen exotischen Pflanzen ein Springbrunnen. Der obere Stock zeigt eine offene Halle. Im ersten Hauptgemach ist ein Kamin sehenswerth, der aus einer alten reichverzierten spätgothischen Thür, die früher im Entresuelo des Hauses Burgues in Palma stand, verfertigt wurde. Die Räume sind mit grauem Marmor gepflastert. Eine kleine gewölbte Kapelle enthält auf dem Hauptaltar einen Christus aus Elfenbein mit Maria und Johannes. Herrlich ist die Aussicht auf die Bahia von Palma mit den Hügeln der Pinares und auf die Einbuchtung der Porrassa und den kleinen Salobrar. Neben dem Schlosse steht ein Bauernhaus mit Oelmühle, Remise, Stallungen und Reitschule. Im Garten wachsen seltene Pflanzen in üppiger Fülle. Leider fehlt es in Bendinat an Wasser, was für den dürren Boden sehr nachtheilig ist. Am Fusse eines mit Strandkiefern bedeckten Hügels liegt das Pantheon, eine gothische Grabkapelle mit tonnenförmiger Bedachung. Die Berglehnen hinter Bendinat liefern viel Gyps von vortrefflicher Qualität. Von Bendinat kann man auf dem Fahrwege, der zur Anhöhe des Puig de ses Creus hinaufführt, zur Sierra de la Burguesa wandern.

Der Weg zum Puig Gros zieht sich am Abhange gegen Valldurgent hin; man gelangt auf den Plá de Vila rasa und durch einen Kiefernwald in eine Thalvertiefung mit einer kleinen Felsenhöhle. Nach Passirung des Bassol del Higo geht man um den mit Kiefern bedeckten Cerna del Mussol herum, dabei die Cova des Ribellets streifend, wo im Grunde eine Wasserquelle ist. In der Cova des Ribellets ist ein sog. Avench, wo man sein eigenes Wort nicht hört. Auf der Höhe des Puig Gros (485 m) hat man einen prächtigen Ausblick auf Palma's Bucht und die Mola. Weiter den Coll des Pastors überschreitend, gelangt man auf den Puig des Bous und weiterhin auf den Coll de sa Creu. Herrlich sind hier Palma, Son Rapina, Son Serra, La Vileta, das ferne Randa, Son Segui, der Puig d'Inca und die Sierra anzuschauen. Ueber den Coll de sa Creu führt ein Weg in Windungen nach Valldurgent. Nach diesem Abstecher in die Burguesa kehren wir zur Chaussee von Andraitx zurück. Hinter Bendinat wird die mit Bäumen bepflanzte Strasse uneben, führt durch kleine Thäler über Wasserdurchlässe und beherrscht die längliche Illeta mit ihrem Thurme. Auf einem Vorsprunge liegt die 1882 erbaute Kirche der Mare de Deu de Portals, deren Bild früher in einer Höhle des Cap de Calafiguera heilig gehalten wurde. Wiewohl in derselben am 8. September ein Fest gefeiert wird, erfreut sich die neue Kirche doch nicht eines so zahlreichen Besuches, es fehlt ihr eben jener poetische Zauber der Höhle von Portals.

Die Fahrstrasse von Andraitx schlängelt sich weiterhin längs einem kleinen Thal den Hügel hinab. Auf der Punta de la Torre, einer Spitze, welche eine Einbuchtung abschliesst, steht der Thurm der Porrassa. Man durchwandert die mit Feigenbäumen bestandene Fläche von Las Pienas und kommt an den Hostals der Porrassa vorbei, die namentlich Sonntags viele Leute, welche in der Gegend fischen oder jagen, besuchen. Ueber den mit Mastixsträuchern bewachsenen Rücken des Coll de ses Batalles gelangt man zu kuppenartigen Hügeln und erblickt auf diesem Wege eine ziemlich grosse Kiefer, welche traditionsmässig Pi der Moncadas genannt wird. Unter ihren Schatten sollen die beiden Ritter Guillermo und Hugo de Moncadas gelegt worden sein, als sie bei der Eroberung Mallorca's gefallen waren. Einige Schritte weiter ist eine andere historische Stelle, Sa Pedra Sagrada, ein Felsstein, auf welchem nach der Landung des Eroberers bei Sta Ponsa der Bischof von Barcelona die erste Messe gelesen hat. Es ist ein nicht ganz mannshoher Felsblock mit einem Holzkreuz. Die Strasse theilt an dieser Stelle das Land in zwei ebene Flächen: südwärts der Vorsprung des Cap de Calafiguera mit den Niederungen des Salobrars, der Porrassa und von Sta Ponsa, nordwärts das zwischen der Burguesa und dem Puig de Galatzó gelegene Thal von Calviá. Bevor wir weiter vorschreiten, wollen wir beide Gegenden in Augenschein nehmen.

Von der Erhöhung vor der Kiefer der Moncadas geht der Weg gegen La Porrassa hinunter an einem kleinen Sumpf, S' Estany de na Blanca genannt, vorbei zum Strande der Porrassa. Hier bildet ein Felsenvorsprung eine Höhle, die Zufluchtsstätte der Fischer. Man überschreitet hier einen aus Mergel bestehenden Bergrücken und gelangt nochmals zu einem am Rande mit Statice überwucherten Sumpfe, dem Solobrar de la Porrassa, theils Meer-, theils Süsswasser enthält. Am Ufer wachsen die grössten Tamarisken, die ich auf der Insel gesehen habe. In einiger Entfernung vom Sumpfe, in einer weiten angebauten Ebene, liegt das Possessionshaus von La Porrassa, und von hier führt ein schlechter Weg über den Vorsprung von Calafiguera zu dem alten Portals. Recht schön ist hier der Ausblick auf die Sierra de la Burguesa, die Berge von Calviá, den Puig de Galatzó und die Mola de s'Escrop bis zu den Höhen gegen Andraitx und rechts nach dem Meere und die wellige Verflachung gegen Sta Ponsa zu. Durch ein Kiefernwäldchen bergab gehend, gewahrt man rechter Hand in dem mit Strandkiefern bewachsenen Vorsprung von Calafiguera eine Einsenkung, die in die Cala de Portals ausmündet, neben welcher auf einem Vorsprung die Torre de Portals steht. Das Cap Cheslet, im Süden mit der Cala de Portals abschliessend, zeigt künstliche Höhlen, durch Steinbrüche hervorgerufen, mit quadratisch geformten Mündungen. Aus diesen Steinbrüchen sind auch die Steine für die Domkirche von Palma genommen. Die eine Höhle hat vorn zwei Riesenpfeiler. Weil sie drei Portale hat, wird sie Cueva Portals genannt. In ihr befand sich früher das Bildniss der Mare de Deu de Portals. Dasselbe soll vom Patron eines genuesischen Handelsschiffes, welcher Mutter-Gottes-Statuetten an Bord führte und sein Leben, sowie sein Schiff den Gefahren auf dem Meere durch den Sturm ausgesetzt sah, dort aufgestellt worden sein, und zwar um die Mitte des 15. Jahrhunderts, um welche Zeit der Handel zwischen Mallorca und Genua besonders lebhaft war. Anfänglich waren nur Fischer Verehrer des Bildnisses, später aber verallgemeinerte

Sa Porrssa.

sich der Kultus bei den Einwohnern Calviàs und der anliegenden Ortschaften. Sicher ist, dass später eine neue grössere Nische (Camarin) geöffnet wurde, oberhalb welcher sich eine Guirlande mit einem Wappenschild der Familie des D⁰ Guillermo de Rocafull befindet. Letzterer war von 1558 bis 1571 Gouverneur der Insel. Aus letzterem Umstande folgert man, dass das Camarin zu dieser Zeit erbaut worden ist. Die neue Nische scheint aber für das Bildniss nicht genügend sicher gewesen zu sein, weshalb später ein genau viereckiges Loch in den Felsen für einen Altartisch gebauen und das Bildniss in einer anderen besseren Nische aufbewahrt wurde. Letzteres, eine marmorne Statuette, war in einem Glasschrank eingeschlossen und durch ein eisernes Gitter am Eingange der Nische geschützt. Der Kapellenraum hatte ein hölzernes verschliessbares Gitter. An der Bedachung der Höhle hing eine Oellampe. In der Kapelle ist eine Almosenbüchse aufgestellt. Kirchenbesuch und Andachtsübungen wurden vom Volke ohne Mitwirkung des Clerus gepflegt. Mit der Zeit wurde als Volksfesttag der Sonntag nach Ostern eingeführt, wozu eine Anzahl Familien aus der Umgegend zur Andacht zusammenkamen. Sie bereiteten dort ihr Mittagsmahl, und Nachmittags begann der übliche Tanz. Wenn die Fischer Oel brauchten, so liehen sie es sich häufig von der Kapelle, um es dann in reichlicherer Menge zurückzugeben.

Einmal löste sich von der Wölbung der Höhle ein Felsblock und stürzte herab, und ein anderer war nahe daran, herabzufallen. Das Bildniss wurde daher im Jahre 1863 provisorisch in die Pfarrkirche von Calviá gebracht. Mittelst durch Collecten aufgebrachter Gelder wurde die neue Kirche von Portals erbaut. Man sieht gegenwärtig in der Cueva de Portals noch das in Rohbau hergestellte Kapellchen und zwei Seitenkapellen in der Wand, die, wiewohl aus der Renaissancezeit stammen, mich lebhaft an indische Bauten erinnerten. Die eine Kapelle zeigt ein Christuszeichen und ein Wappen mit Sonne, Mond, Krone, Engeln und phantastischen Blumen. Die andere Kapelle ist kleiner; sie enthält eine Nische in Renaissancestyl, an deren Seiten zwei Vasen stehen.

Sta Ponsa.

Durch zwei Pfeiler wird die erste Höhle gestützt; dann folgen die eingestürzten Felsen und eine andere Höhle mit losen Felsblöcken im Vordergrunde, während im Hintergrunde noch eine grosse Höhle besteht, welche zwei riesige, dunkle Räume aufweist. In diese Höhlen flüchten gern die Fischer bei Sturm und Regen. Im Sommer herrscht dort eine wahre Flohplage.

Von Portals führt ein Weg zu dem auf einer Anhöhe stehenden alten Signalthurm und zum Leuchtthurm auf der äussersten Spitze.

Wenn man vom Leuchtthurme links abgeht, so gelangt man auf einer sanft ansteigenden Ebene zur Torre de Rafal (Rafalbex), wo man die schönste Aussicht auf das Meer und die mächtige Ensenada de Sta Ponsa hat. Der Weg von der Barrera der Cova d'en Tons führt an vielen Feldern und Strandkieferwaldungen vorbei. Links liegt der kleine felsige Puig de sa Caleta, vor welchem sich gegen das Meer zu eine halbmondförmige Thaleinsenkung befindet, die in ihrer Fortsetzung eine Art Lagune bildet. Links gelangt man durch ein kleines Thal zum Meeresufer. Das Haus Sta Ponsa steht in der Mitte eines grossen Feldes und hat einen Thurm mit Glockengiebel. Im Hofe erhebt sich eine kleine Kapelle mit Tonnengewölbe und einer Vorhalle; hier steht ein runder Thurm mit Schlessscharten und einer Terrasse mit von achteckigen Säulen gestützter Bedachung; neben dem Hause befinden sich grosse Stallungen und andere Nebengebäude.

Eine gute Fahrstrasse, die von der von Andraitx sich abzweigt, führt nach dem Thale von Calviá, das in seinem Anfange breit verflacht und von waldigen Hügeln umgeben ist. Die Felder sind mit Oelbäumen bepflanzt; Mandel- und Feigenpflanzungen, sowie einzelne Johannisbrodbäume bringen einige Abwechselung in das Einerlei. Weiter oben sieht man einen runden Thurm, und ein paar Windmühlen zieren die Anhöhe. Hin und wieder stehen im Thale einzelne Bauernhäuser.

Gebirge im Grunde des Thales von Calviá.

Wenige Schritte noch, und wir sind in Calviá, einer kleinen, 1146 Einwohner und 228 Häuser zählenden Ortschaft. Sie hat ein freundliches Aussehen und liegt auf einer Anhöhe am Ende des Thales inmitten von Oelpflanzungen und Gärtchen mit Opuntien, Orangen- und Mandelbäumen. Das Klima ist mild, aber leider herrscht häufig Wassermangel. Hohe Palmen beschatten die meist einstöckigen und mit Dach versehenen Häuschen. Die Pfarrkirche, eine der ersten, die nach der Eroberung der Insel erbaut wurde, bestand wahrscheinlich schon im Jahre 1235, um welche Zeit die Gründung verschiedener Pfarren durch D^n Jaime I. stattfand. Die Kirche war damals noch sehr klein; im Jahre 1580 wurden zwei Kapellen angebaut, und 1604 vollendete man einen Thurm, in welchem bei etwaigen Streifzügen der Hochwürdigste zu seiner Sicherung Aufnahme fand. Später wurde die Kirche nach hinten durch den Anbau eines neuen Presbyteriums erweitert. An die Stelle des alten Presbyteriums kamen zwei Kapellen, sowie eine Sacristei an der linken Seite. Im

Jahre 1780 wurde dieselbe nach der Vorderseite durch zwei Seitenkapellen verlängert. Der niedrige Glockenthurm stand schon seit 1591 und war allem Anschein nach von der Kirche ziemlich weit entfernt. Im Jahre 1849 wurde der Thurm erhöht, so dass er jetzt 156 m über dem Meere liegt. Die Kirche ist einfach und im Aeussern ohne Schmuck, nur mit einem spitzigen Thürmchen versehen; ihre Länge beträgt 28 m und ihre Breite 8 m, und das Innere ist im Spitzbogenstyl erbaut. Vor der Kirche geniesst man eine schöne Aussicht auf das Thal. Es giebt noch ein Kirchlein in Calviá, nämlich die aus dem 15. Jahrhundert stammende Mare de Deu dels Dolors, in welcher die Mare de Deu de Portals zur öffentlichen Verehrung aufgestellt wurde, die jedoch, so oft sie dorthin gebracht wurde, stets wieder verschwand und später in ihrer Höhle anzutreffen war. Das Kirchlein wird viel besucht; am Charfreitage wird das Grab Christi in der Kirche ausgestellt. Knaben und Mädchen versammeln sich dort ebenfalls zum Empfange der ersten Communion, um dann processionsmässig zur Pfarre zu ziehen. Am Altare befindet sich ein rundes Holzbild, die Mutter Gottes mit dem todten Heiland auf dem Arme darstellend. Sonst befindet sich in dem Orte ausser der Casa Consistorial nichts Bemerkenswerthes.

Von Calviá begeben wir uns nun auf das dahinterliegende Thal gegen Valldurgent zu. Hinter der Ortschaft führt der Weg auf einem hügeligen, mit Oel- und Johannisbrodbäumen bepflanzten, recht kalkigen und weissen Boden weiter. Rechts lässt man Son Roig, ein grösseres, weiss angestrichenes Possessionshaus liegen; bei Beginn des Thales liegt Son Pieras und auf einem kleinen Hügel Son Riate. Am Abhange des Thales erblickt man das Possessionshaus von Son Boronat, und in dessen Nähe liegt das durch Tropfsteinbildungen interessante Avench de sa Moneda. Dieses hat zwei Oeffnungen, von denen die eine, in welcher sich Wildtauben aufhalten, zugänglich ist und tief in den Felsen eindringt. Die Sierra de Burguesa zeigt spitzige, nur hie und da felsige Hügel. Links liegt Benatja nou, ein kleines Possessionshaus mit herrlicher Aussicht auf das ferne Valldurgent. Man überschreitet hier den Torrent de S' Arena, der mitten durch das Thal fliesst, und gelangt zu einer welligen Hochthalsohle, wo links das Possessionshaus des Burotell und rechts Valldurgent, ein schwärzliches Possessionshaus mit einem Kapellchen, liegt. Die Glockenbogen des letzteren fallen schon von Weitem auf. Ueber dem Rundbogeneingang befindet sich das Lobrungenwappen; in der Eingangshalle ist eine römische Inschrift, sowie zwei Amphoren und an der Hauskapelle die Jahreszahl 1635 angebracht. Von der Terrasse aus hat man schönen Fernblick auf das Thal und das Meer. Hinter dem Hause, wo sich eine Cisterne befindet, geht der Weg über die Sierra de la Burguesa und über den Coll de sa Creu nach der Stadt Palma ab. Verfolgt man den Weg thalaufwärts, der, steil bergauf gehend, zu einer Einsattelung, Coll des Tords genannt, führt, so hat man bei einer kleinen Quelle weite Aussicht auf die herrliche Sierra. Weiter gehend, gelangt man an mehreren Possessionshäusern vorbei schliesslich auf die Fahrstrasse von Puigpuñent.

Calviá ist durch einen guten Fahrweg mit der auf der andern Seite des Thales gelegenen Ortschaft Escapdellá verbunden. Man muss hier ein Stück der Fahrstrasse, die zur Chaussee von Palma führt, zurückfahren und dann rechts einbiegen und kommt an kleinen Bauernhäusern mit Opuntien-Gärtchen und einzelnen Palmen vorüber. Ein fahrbarer Weg führt durch das Thal zu dem Possessionshaus von Son Alfonso. Bei Son Claret steht an der Strasse ein Oelbaum, dessen Stamm 9 m Umfang, dessen Krone aber nur wenige Zweige hat. Diesem gegenüber befindet sich ein zweiter von fast gleicher Grösse; sonst sind dort noch einige grosse uralte Bäume vorhanden.

Unternehmen wir nun einen Ausflug rechts in der Richtung des hochgelegenen Galilea, dann gelangen wir zu dem von Palmen beschatteten Hause von Son Marti mit einer von Säulen getragenen Weinlaube und einer Aussentreppe im Hofe. Anmuthig ist hier der Blick auf das Thal von Galatzó und gegen Son Claret zu. Rechts vom Hause stehen Myrten- und Lorbeerbäume. Durch das mit Oelbäumen bewachsene Thal kommt man an einem von Eichen beschatteten Sefareix vorbei, der ein Bächlein aufnimmt, das von der Coma del Llamp herabkommt und eine Wassermühle treibt. Auf den Höhen unterhalb von S' Marti liegt S' Cova de sa Germania, eine 50 m tiefe Höhle mit Wölbungen und Tropfsteinsäulen. Die Halle weist grosse Stalagtitsäulen auf, und andere Stalagtitmassen bilden wandartige Abtheilungen und Seitenkammern. Geht man dem Torrent-Bett entlang weiter hinauf, so sieht man einen Vorsprung mit vier Aushöhlungen im Felsen,

Es Armaris genannt; etwas weiterhin entspringt die Font d'Ufana, welche im Winter viel Wasser
hat. Durch das schluchtenartige Thal der Grau gelangt man zu drei Bodeneinschnitten, von denen
einer hohe graue, stellenweise röthliche Wände hat und Bosquet de buix de Son Cortey heisst,
weil er mit immergrünen Eichen bewachsen ist. Am linken Abhange ist die Cova des Cavalles
mit einer kleinen Oeffnung und einer Höhle, Cova d'en Salvador genannt.
 Wir setzen unseren Weg auf der Fahrstrasse von Escapdellá auf hügeligem Boden fort,
überschreiten das trockene Bett eines Baches und wenden uns gegen die mit Oelbäumen bepflanzten
Hügel. Der hohe Puig de Galatzó, der, von hier besehen, fast eine Kugelgestalt hat, ragt majestätisch zum blauen Himmel empor. Man erreicht bald Escapdellá, eine nur 778 Einwohner zählende,
mit Calviá politisch zusammengehörige Ortschaft, von dem sie 2 km entfernt ist. Sie liegt am Fusse
eines mit Windmühlen geschmückten Hügels und besteht aus 211 zerstreut liegenden Gartenhäusern,

Valldurgent.

die häufig vor dem Eingange eine Weinlaube haben. Die Kirche, welche 1779 von dem reichen
Dⁿ Jaime Palmera gestiftet und der Nuestra Señora del Carmen gewidmet wurde, war bis 1869 nur
klein, wurde in diesem Jahre aber durch Kreuzarme und ein Presbyterium vergrössert, so dass
sie jetzt recht stattlich aussieht. Sie hat vier Seitenkapellen; in einer derselben sind die Reliquien
des Märtyrers Urbanus aus den Katakomben von Rom beigesetzt. Unter der Empore über dem
Eingang sind zwei Kapellen, von welchen eine als Aufgang und die andere als Raum für das Taufbecken dient. Von Escapdellá führt ein Fahrweg, theils durch den Torrent, theils an demselben
vorbei, zur Haupt-Carretera. Rechts erblickt man die Gebirgszüge des Coll d'en Esteva. Der
baumreiche Boden ist hügelig. Nach dem Vorbeipassiren an dem in einiger Entfernung liegenden
Possessionshaus von Paguera gelangt man auf der Carretera de Andraitx zu der Stelle, wo das
Doppel-Torrententhälchen bei dem sog. Pas oder Coll de Sa Mula sich vereinigt. Etwas weiter
entfernt ist die Fahrstrasse von Andraitx. Wir nehmen unsere Schilderung wieder an der Stelle
auf, wo wir sie verlassen haben, nämlich an der Abzweigung der Strasse nach Calviá.

III. Mallorca.

Man überschreitet eine kleine Brücke und gelangt durch die baumreiche Ebene von Sta Ponsa zu den spärlich mit Strandkiefern bewachsenen Hügeln. Die Windmühle bei Sta Ponsa nimmt sich besonders schön aus. In drei Windungen zieht sich die Strasse, langsam ansteigend, zum Hügelabhang hinauf, von wo man nicht nur prächtige Aussicht auf das Thal von Calviá hat, sondern auch auf den alten Thurm des Castillo de Sta Ponsa und die hinter demselben liegenden Inselchen des Cap Malgrat. Durch mehrere Einschnitte führt die Strasse, stark abfallend, in Krümmungen hinab zu dem Gehöft von La Romana. Diesem folgt das stattliche Haus von Paguera mit ausgedehnten Weinbergen. Beide Besitzungen gehören dem Marquez de la Romana. Vor dem Hause von Paguera steht eine grosse Tanne; hier kann man das Hügelthal von Calviá und meerwärts das Cap Malgrat überschauen. Nach Ersteigung eines waldigen Vorsprunges vom Cap Andrixol oder der Sierra del Bosch, wie sie auch genannt wird, kommt man zu einer malerisch ge-

Am Strande bei Paguera.

stalteten Einbuchtung, die von den Höhen des Cap del Llamp umschlossen wird. Nahe am Ufer derselben, in einem abgeschlossenen lauschigen Winkel, liegt das Possessionshaus des Camp de Mar, neben welchem junge Palmen stehen. Im Hintergrunde erblickt man die Abhänge des Puig de sa Costa de na Mora und Es Coll des Pommará. Entfernt man sich vom Meere, so begegnet man nordwärts einem fruchtbaren Thale mit Bauerngehöften und der Besitzung Son Fortuñy und gelangt zu Hügeln, welche ein paar Windmühlen zieren. Hinter denselben liegt das Gebirge. Man ersteigt einige Kalksteinfelsen, überschreitet eine Hügelkette und ist bald bei der Strasse angekommen, die in gerader Richtung bergab zum Thale von Andraitx führt. Dieser Ort mit seiner Kirche und einzelnen Windmühlen auf ziemlich hohen Bergen gewährt schon von Weitem einen reizenden Anblick.

Andraitx, das alte Andrachium der Römer, wird meist von Seeleuten bewohnt und zeigt in ganz besonderem Maße Nettigkeit und Wohlhabenheit. Der Ort zählt 1426 Einwohner und 748 zwei- und dreistöckige Häuser; dieselben sind alle sauber, meist lichtgrau getüncht und mit

Maréeslaub überzogen. Fast alle Häuser sind mit Jalousien, sowie mit Dachrinnen versehen. Das in letzteren angesammelte Wasser ist für die Cisternen bestimmt. Frohe und zufriedene Gesichter lachen hier aus jedem Hause dem Beobachter entgegen; es ist eben einer jener Plätze, wo sich Jeder gern niederlassen möchte. Andraitx liegt recht anmuthig am Hügelabhange, das gegen das Meer und den Hafen sich hinziehende Thal beherrschend. Die ganze Ortschaft wird in zwei Theile getheilt, von welchen der obere vorwiegend, der untere nur zum Theil Stufenstrassen enthält. Die mittlere Gasse heisst Calle Mayor; sie ist durch die Plaza de Pou, wo ein Lavadero steht, mit der Calle der Cerdá, welche meist neue stattliche Gebäude aufweist, verbunden. An alten Gebäuden mangelt es aber Andraitx auch nicht. Zwei alte Thürme sind jetzt zu Häusern umgebaut worden. Ein paar ältere Palmen erhöhen nicht wenig das malerische Aussehen der Ortschaft.

Auf der Anhöhe gegen Osten zu liegt die Pfarrkirche, eine der ältesten auf der Insel. Dieselbe soll kurz nach der Eroberung von Jaime I. auf den Trümmern einer alten römischen An-

Von der Sierra del Bosch aus.

siedelung gegründet worden sein. In der von Innocenz IV. im Jahre 1248 erlassenen Bulle wird sie schon als Sta Maria de Andraitx erwähnt. Es ist nicht erwiesen, ob die alte Kirche durch eine neue ersetzt worden ist; wahrscheinlich ist es noch die alte Kirche, welche im Laufe der Jahre nur einige Umbauten erlitten hat. Das Aeussere ist einfach; auf der rechten Seite steht ein Thurm mit einem pyramidenförmigen Helm. Der Knopf des Thurmes liegt 132 m über dem Meere. Das Innere zeigt Spitzbogenstyl; über dem Eingange ist eine Empore, mit einer Fensterrose geschmückt; eine kleinere befindet sich über der Hochaltarkapelle mit dem Bildniss der Nuestra Señora de los Angeles. Auf beiden Seiten sind je fünf Kapellen; eine derselben ist der Beata Catalina Tomás gewidmet und enthält deren Statue, welche der Bildhauer Adrian Ferran angefertigt hat.

Unmittelbar hinter Andraitx sind zwei Thalsenkungen; die östliche heisst Sa Coma Calenta, die andere, mehr im Westen gelegene, Sa Coma Freda. Zu Beginn der Coma Calenta liegt auf einer Anhöhe das dem Marquez de Bellpuig gehörige Possessionshaus von Son Mas. Der viereckig gebaute Thurm giebt dem sonst schmucklosen Hause etwas Alterthümliches und Malerisches. Dem

Rundbogeneingang gegenüber befindet sich eine grössere Bogenhalle mit einem Wappenschild; im Hofe ist eine Weinlaube, deren Dach von achteckigen Marés-Säulen getragen wird, und eine Cisterne. An Son Mas anstossend liegt hinten ein gewaltiger Aujub mit äusserem Treppenaufgang. Vor dem Eingange befindet sich eine Terrasse, von welcher man das ganze Thal von Andraitx gegen den Hafen zu mit dem vortretenden Cap der Mola überblicken kann.

Zieht man im Thale weiter, so begegnet uns rechts zunächst das Haus Son Monér und die dazu gehörige Mühle mit grossem Sefareix. Den Hintergrund bilden hohe Berge, die oben felsig, theilweise aber mit Strandkiefern bewachsen sind und von der grösseren Anhöhe von S'Ermita,

Thurm von S^a Mas.

einer jetzt verlassenen Einsiedelei, überragt werden. In dem Thale neben Son Lluis, am Fusse der Höhle von S'Ermita, entspringt eine nie versiegende Quelle. In der Umgebung Ihres Wasserlaufes herrscht die üppigste Vegetation. Diese Gegend hat einen wahrhaft idyllischen Charakter; lieblich ist der Rundblick von dem kleinen Bauernhause von Son Lluis auf den in der Ferne gelegenen Hafen von Andraitx und das ganze Thal mit Son Mas im Vordergrunde. Auf der anderen Seite des Thales liegt Son Sunjet. Gern möchten wir länger hier verweilen, doch die vor uns liegenden Anhöhen laden zu einem Besuche ein. An einer Häusergruppe von Casa Bonet vorüber stossen wir auf einen Gypsbruch. Das gewonnene Material wird hier gleich an Ort und Stelle gebrannt. Die im Grunde gelegene Font de S^a Juan, welche im Sommer nur wenig Wasser hat, umgeben wir und überschreiten den ausgedehnten Sattel des Rafal Blanc, dann gelangen wir in ein ziemlich breites Thal, den Comellar des Coll d'en Estera.

Im oberen Theile des Thales, nach hinten einen Kessel bildend, liegt das stattliche Haus von S'Alqueria oder Alcaria. Es hat einen Rundbogeneingang und ein Portal mit segmentartigen Bogen nach innen; in der Nähe steht ein Brunnen mit einer Weinlaube, die von vier quadratischen Säulen mit abgestumpften Ecken getragen wird. Von hier aus besteigt man am vortheilhaftesten die Mola de s'Escrop oder Esclop. Wir wollen diese Gelegenheit benutzen. Auf felsigem Boden bergan gehend, kommt man zum Coll Baix, von wo man den mächtigen Strandkieferwald der Alqueria, das Thal von Andraitx, den Hafen und die Einbuchtung von Sta Ponsa mit dem Vorsprunge des Cap Malgrat und des Toro, im Hintergrund das Meer und das ferne Ibiza übersieht. Vor uns liegt die Sierra del Vent mit dem dahinführenden Wege, der zwischen Carritx und Gebüschen zu den beiden Höhen der Mola auf den Coll del Siuroná hinaufführt, von wo sich eine prächtige Aussicht auf den pyramidenartigen Puig de Galatzó, auf die Höhen bis zum Puig Mayor und die Ebene bis nach Cabrera darbietet. Auf der entgegengesetzten Seite erblickt man das zerklüftete Höhenland von Andraitx, das von der Dragonera überragt wird. Im Südosten zeigen sich steile Abstürze und felderreiche Bergrücken. Die Kuppe auf der Nordseite liegt 927 m hoch über dem Meere. Man überblickt von hier die Torre d'Estallenchs, die Vorsprünge gegen Planicia, die weite Ebene mit verschiedenen Häusergruppen, den Vorsprung von Cap Blanca und die Küste von Paguera. Geht man weiter nach unten, so hat man die Torre de la Vangelica, einen mit Kiefern bestandenen Vorsprung am Fusse der stark abfallenden Mola, die sich bis zum Puig de Galatzó hinzieht und im Thale von Calviá ausmündet, vor sich. Nach einem Ueberblick über das Thal von Estallenchs kommt man, den burgförmigen Felsen Castellet rechts lassend, zu der Quelle Sa Font d'Esqui, die in einer Steinnische entspringt und sich in eine, aus einem Felsblock gemeisselte Tränke ergiesst.

Von Alqueria aus führt uns der Weg den Torrent entlang nach dem auf dem linken Abhange des Comellar des Coll d'en Esteva gelegenen Son Bosch. In einem Seitenthale liegt das Possessionshaus von Son Asempola. Das Thal verengt sich bald sehr stark, und, zwei Bogen bildend, windet sich der Torrent zwischen felsigen, von Strandkiefern bekleideten Lehnen hindurch. Nun steigen wir auf einem Stufenwege zum Coll d'en Esteva hinauf, von wo wir das ganze Thal von der Mola bis zu den Felsenabhängen der Cova überschauen können. Am Ende des Thales, gegen Sta Ponsa zu nur von Hügeln umgeben, liegt die Häusergruppe von La Vallverd. Herrlich ist von diesem Rücken aus die Aussicht auf das Thal von Escapdellá, sowie auf jenes von Calviá, das sich bis zum Vorsprung von Calafiguera gegen das Meer hin erstreckt. An gelbrothen Abhängen vorüber führt der Weg vom Coll d'en Esteva hinab zur Ortschaft Escapdellá.

Gehen wir von Andraitx aus, statt zum Gebirge, seewärts auf dem guten Fahrwege zum Hafen, so kommen wir bei Son Esteva, einem Possessionshaus mit Thurm, vorbei; links liegt der von Windmühlen gekrönte Hügel, Puig de Andraitx, und vor uns, das Thal anscheinend theilend, der Puig de s'Enfront mit einer Windmühle. Mehrere Brücken führen über den Torrent de sa Plana. Wo die Bäume aufhören, vereinigen sich die drei Torrents: die Coma Calenta, die Coma Freda und die von S'Arracó. Am Abhange des Puig de s'Enfront, gleichsam das enge Thal schützend, liegt das von Opuntien umgebene und mit einem alten Thurme geschmückte Possessionshaus von Son Orlandis, das als eine Perle der Umgebung von Andraitx erwähnt zu werden verdient. Ueber dem Eingangsthor zeigt sich ein altes Wappenschild. Noch umfassender, als von diesem reizenden Orte, ist aber die Aussicht von dem im Waldesgrün prangenden Puig de s'Enfront und namentlich von der Plattform der Windmühle aus. Das Auge schweift frei nach beiden Seiten hin, sowohl gegen das schalenartige Thal von Andraitx, auf das die Mola de s'Escrop und der Puig de Galatzó herabschauen, als auch gegen den Hafen zu mit dem Cap der Mola.

Hinter Son Orlandis ist eine flache Thalsohle, die von schön geformten Hügeln begrenzt wird; hie und da sieht man kleine Häuser und Norias, welche dem fruchtbaren Boden das nöthige Wasser liefern. Nun sind wir am Hafen von Andraitx angelangt.

Am östlichen Ufer des Puerto de Andraitx ist eine kleine Ortschaft entstanden, wohl in Folge der Nähe verschiedener Seifensiedereien. Dicht neben derselben liegt der viereckige, sieben

Varas hohe Thurm des Hafens, Castillo del Puerto oder Torre de S⁂ Francisco genannt, und längs der holprigen Marés-Quais des Hafens ziehen sich kleine Fischerhütten hin. Früher herrschte reges Leben in der Ortschaft und im Hafen in Folge des grossartigen Handels mit Amerika; aber der schlechte Geschäftsgang hat es nöthig gemacht, einen Theil der Fabriken zu schliessen. Hinter der Ortschaft des Port liegen in der Richtung der ernsten Mola wieder drei Thäler. Gelegentlich der Schilderung der Küste werden wir diese und den Hafen vom maritimen Standpunkte aus besprechen.

Im Westen von Andraitx liegt die üppige Gegend von Sa Font, durch welche ein Fahrweg nach S'Arracó führt. Unmittelbar hinter der Ortschaft liegt der sich im Thale hinziehende Torrent de sa Font, dessen Brücke man überschreitet. Zur Rechten, am Fusse der felsigen Hügellehnen, lässt man das weiss angestrichene Haus von Sa Font liegen, in dessen Nähe eine Wassermühle steht,

Castillo del Puerto de Andraitx.

und kommt an den Ruinen eines angeblich von Hexen (Bruxas) bewohnten Hauses vorüber. Rechts erhebt sich der Puig de sa Font mit drei Windmühlen, welche Pulver mahlen.

Wir verlassen nun das Thal von Andraitx. Das Seitenthal hat sehr fruchtbaren Boden, der terrassenmäfsig geformt und bepflanzt ist. An einigen Häusern, Can Felipe genannt, vorbeigehend, sieht man auf den Hügeln Windmühlen stehen. Nun führt ein Weg über den Coll de S'Arracó in das von Felsbergen umrahmte Kesselthal, das zahlreiche Oelbäume hervorbringt, zwischen denen die vereinzelten, weissen Häuschen freundlich herausschauen. Das Thal durchfliesst der mitunter reissende Torrent de S'Arracó. S'Arracó ist eine kleine, reinliche Ortschaft mit 973 Einwohnern und 321 Häusern. Die kleinen, netten Häuser sind sämmtlich mit Dachrinnen versehen, welche das Regenwasser in die Cisternen leiten, denn die vorhandenen Brunnen liefern ungeniessbares Wasser, und Quellwasser fehlt fast gänzlich. Am Ende von S'Arracó liegt auf einem mit Celtis-bäumen bestandenen Platze die Suffragan-Kirche von Andraitx. Früher war sie ein Oratorium. In Folge der Zunahme der Bevölkerung musste sie aber 1742 erweitert werden. Neben ihr steht das

Pfarrhaus, auf der anderen Seite der zweistöckige Thurm, der demjenigen von S¹ᵃ Cruz in Palma ähnlich ist. Das Innere der Kirche ist schlicht; mehrere Seitenkapellchen, sowie eine nischenförmige Hochaltarkapelle und Empore über dem Eingang schliessen sich an den Hauptraum an. Der Hochaltar ist dem Cristo de S' Arracó geweiht. Ausser durch den Pass, über welchen der Fahrweg von Andraitx nach S'Arracó führt, steht letztere Ortschaft noch durch den am Torrent entlang führenden Weg mit dem Thale von Andraitx in Verbindung. Letzteres mündet in die Carretera des Port de Andraitx.

Von S'Arracó nach S⁰ Telmo ist ungefähr eine gute halbe Stunde Weges. Man geht über den Coll de la Palomera nach einem engen, seewärts sich neigenden Thale, durch welches ein von Pfahlrohr und Myrten eingefasster Torrent fliesst. Gegen das Ende des Thales zu ändert sich das landschaftliche Bild. Eine Anzahl kleiner, felsiger, mit unzähligen Fächerpalmen bewachsener Hügel verengt das Thal, dann folgt eine Erweiterung, in deren Mitte sich der Doppelhügel von S⁰ Telmo, der gleichsam das Thal gegen das Meer abschliesst, mit knotigen Felsenmassen erhebt. Der Torrent auf der einen, die mit Kiefern bepflanzten Hügel auf der andern Seite und im Westen das Meer

Puig de s' Enfront.

begrenzen die kleine, mir gehörige Besitzung S⁰ Telmo. Es ist dies ein idyllischer Platz, einer der schönsten Mallorca's. Kein Fahrweg führt dorthin, und nur nach der Ernte sieht man Karren bis ans Meeresufer über die Stoppelfelder hinfahren. Der erste Hügelvorsprung von S⁰ Telmo, an dessen Abhange sich ein Weg zu dem zweiten hinaufschlängelt, ist oben felsig, mit Opuntien und Ginster, namentlich aber mit Fächerpalmen überwuchert und gegen den Torrent zu mit Felsenabhängen versehen, die in einem scharfen Kamme endigen, von wo aus man das Thal und die Berge der Trapa überblicken kann. Den zweiten oder, besser gesagt, den äusseren Vorsprung gegen das Meer zu schmückt eine Kapelle und ein Thurm. Beide sind gleich grosse, obwohl nicht gleich hohe Gebäude, erstere zur Linken, letzterer zur Rechten eines kleinen Hofraumes, zu welchem ein Rundbogenthor führt. Rings um diesen Hof stehen steinerne Bänke. Ueber dem Eingange zur Kapelle links befindet sich eine verzierte Steinplatte mit der Aufschrift: Vila. Nur an Festtagen und bei ganz aussergewöhnlichen Fällen wird Messe in der Kapelle gelesen. Das Kirchlein ist in gothischem Styl erbaut; die zwei sich kreuzenden Rippen ruhen in den Ecken auf runden Tragsteinen, welche in der Mitte einen Stern aufweisen. Der Wölbungsschlussstein stellt eine Sonne mit der Jahreszahl 1690 dar. Der Altar stammt aus dem Jahre 1793; er wurde jedoch im Jahre 1871 restaurirt und mit einem neuen Aufsatz und einer Statuette des heiligen Bischofs versehen. An den Wänden befinden sich Exvotos und Photographien glücklich heimgekehrter Matrosen. Manchmal wird auch aus Dankbarkeit dafür eine grosse messingene Ampel von Fischern, die ihre Boote an dem Strande von S^a Telmo lagern lassen, angezündet. Auf der anderen Seite des Hofraumes, d. h. gegen das Meer zu, ist die Hospederia an die Kirche angebaut. Sie besteht aus einem kleinen Zimmer, einem gewölbten Speisesaal mit Bogengurt und einer Cisterne, sowie aus Küche und Stall. In der Hospederia sind zwar die nöthigen Tischgeräthe vorhanden, aber Betten findet man nicht vor. Der viereckige Thurm Castillo de S^a Telmo wurde zur Vertheidigung von Andraitx im Jahre 1581 erbaut. Es ist ein starker Marés-Quadernbau von 9 Varas Breite und Höhe, von Schiessscharten durchbrochen. Durch den Rundbogeneingang und über eine Treppe gelangt man zur Platiform, wo eine Kanone steht. Hier hat man eine entzückende Aussicht. Man sieht vor sich den Freu der

S' Arracó von Son Nadal aus.

Dragonera, die felsenstarrende Insel selbst mit hochgelegenem Leuchtthurm, den historischen Pentaleu, eine kleine Insel bei S^a Telmo, auf welcher der Conquistador von Mallorca zuerst Fuss fasste, und auf das Meer nach Gibraltar zu. Gern weilt man hier und beschaut die nach Barcelona durch den Feu fahrenden Dampfer, die Escampavias, die zahlreichen Fischerbarken, die Barcas de Art, welche des Morgens die fischreichen Ufer der Dragonera von Andraitx aus aufsuchen, die flinken Faluchos der Valldemossa-Fischer oder die Schaaren von Puffinen und Cormoranen. Doch wir kehren zum Meeresstrande zurück, um uns dort zu erfrischen. Dieser Theil Mallorca's ist der schönste und gesündeste und für Seebäder sehr geeignet, denn die übrigen Sandufer in den Buchten von Palma, Alcudia, Pollenza oder Artá liegen in sumpfigen Gegenden. Am Abhange des Hügels von S^a Telmo stehen einige Häuschen, welche von Cactus-Feigen umwuchert und von Johannisbrodbäumen beschattet werden. Die Niederungen sind mit Getreide bebaut und mit Feigenbäumen bepflanzt. Die Früchte der letzteren sind nebst jenen von Calambasel in getrocknetem Zustande die besten der Insel. In dem von dem Broll durchflossenen Thalgrunde wachsen Reben, Orangen-, Mandarinen- und alle möglichen Obstbäume. Gleichviel, ob man den Süden oder Norden von S^a Telmo aufsucht, überall ist es gleich schön. In ersterer Richtung ist hinter einem mit Kiefern bestandenen Hügelvorsprung, der sich im Meere fortsetzt, das Thal von Calla Cuñji, die Grenze von S^a Telmo und zugleich das Stelldichein der Fischer, die ihre Netze dort zu färben pflegen.

Auf der Nordseite von S^a Telmo führt der Weg durch das fruchtbare Thal an dem Bache der Punta Blanca entlang aufwärts, und je höher man hinaufsteigt, einen um so ausgedehnteren Ueberblick hat man über die Berge der Trapa. Dann viele Terrassen bergab bis zur kleinen Cala von Calambaset, wo in der Nähe des Meeres der gleichnamige Thurm mit herrlicher Aussicht auf die Dragonera steht. Um zur Trapa zu gelangen, muss man den Puig d'en Trobat zwischen Johannisbrod- und Oelbäumen durch das vielfach gewundene Thal von Cala s'Anutges hinaufsteigen.

Vom Coll de la Trapa aus.

Stellenweise ist ein steiler Stufenweg zu passiren, ehe man die Spitze des Coll de la Trapa erreicht. Hier bietet sich eine weite Fernsicht dar. Am Fusse desselben liegt das alte Kloster von S^a Trapa mit prächtiger Aussicht auf die herrlich geformte Dragonera und das ferne, bei Sonnenuntergang leicht sichtbare Ibiza. Der einsame, weit abgelegene Platz, nur von diesem Coll aus erreichbar, ist durch seine Lage wie zu einem Trappistenkloster geschaffen. Alten Ueberlieferungen zufolge hatten sich 1798 einige französische Trappistenmönche nach Mallorca geflüchtet und an dieser Stelle angesiedelt. Sie wurden 1821 kraft königlicher Verordnung mit anderen Ordensbrüdern von dort vertrieben. Jetzt ist das Kloster ein modernes Possessionshaus, und von der Kirche ist jede Spur verschwunden. In der Nähe des Hauses grünen ein einsamer Palmenbaum und ein paar uralte Feigenbäume. Nebebei ist ein kleiner Garten, welcher von einem Wassergraben durchzogen wird.

Der nördliche Abhang der Sierra und ihre Höhen.

Nach Valldemosa, Miramar, Soller und Pollenza.

Die nordwestliche Gebirgskette Mallorca's, welche sich vom Freu der Dragonera bis zum Cap de Formentor hinzieht, hat auf ihrem nördlichen Abhange die schönsten Gegenden der Insel. Die Perlen der Umgebung Neapels, die Gefilde von Sorrento und Amalfi, sind nicht herrlicher, als diese Gebirgslandschaften. Fünf Ortschaften blicken auf diesen Abhang seewärts: Estallenchs, Bañalbufar, Valldemosa, Deyá und Soller. Die sechste Gemeinde Lluch liegt im Gebirgshochthal, während Pollenza, dem letzten Abschnitte der Sierra zugehörig, dem Meere östlich zugewendet ist.

Von Andraitx wenden wir uns zu der westlichst gelegenen Ortschaft Estallenchs. Ein Weg nach dort führt durch das hügelige Thal der Coma Freda an schmucken Häusern vorbei, welche von Orangen- und Citronenbäumen umgeben sind. Nach Ueberschreitung des Bachbettes steigt man langsam auf der anderen Seite des Thales hinauf. Vom Possessionshaus von Sempol führt der steile, halb gepflasterte Weg am Bachrande entlang nach Estallenchs. Der andere Pfad schlängelt sich steil zu der Koppe hinauf, überschreitet den Sattel und wendet sich, in seiner Mitte die Gypsfabrik La Gramola berührend, gegen die Tiefe zu. Gypsblöcke liegen dort viele an der Strasse.

Bevor wir nach Estallenchs weitergehen, wollen wir erst noch westwärts die Höhen gegen die Sierra de ses Basses durchziehen. Von dem Coll de sa Gramola windet sich der Weg durch mehrere Thaleinsenkungen und weiter hinauf auf einen mit Buschwerk bedeckten Hügel. Von der Sierra de ses Basses beschaut man die Thäler von S'Arracó und Andraitx, sowie das freie Meer. Vier Vorsprünge der Basses umgehend, gelangt man an den Häuschen der Basses mit einer Quelle vorüber, auf den nächsten Vorsprung, von wo das Meer von drei Seiten, gegen die Küste, gegen S‿ Ponsa und hinter der Trapa, überblickt werden kann. In mehrfachen Windungen gelangt man am Thale der Trapa an.

Vom Coll de sa Gramola biegt ein anderer Weg am Fusse des felsigen Abhanges nach dem Thale ein, welches auf der einen Seite von den Bergen de Ses Planas d'en Vert, der hohen Mola de s'Escrop, links von der Höhe der Vangelica, von welcher auch die schöne Coma ihren Namen hat, umsäumt ist, zu deren Linken ein alter, in ein Haus umgewandelter Thurm steht. Am Fusse eines in das Thal vorspringenden Felsens entspringt die Quelle Sa Foni de ses Fontanelles. Ein schmaler Weg entlang an einem Bächlein, Torrent des Corral genannt, führt zu einem felsigen Höllenthal, begrenzt von den Höhen der Mola de s'Escrop. Zwischen den Felsblöcken wuchern reichlich Fächerpalmen und Mastixsträucher. Ungemein romantisch ist der Ausblick unten auf die ferne Cala. Am unteren Theile der Coma, an Strandkiefern vorbei, windet sich der Pfad weiter an den Lehnen der Hügel gegen die Torre nova de la Vangelica zu. Dieser Thurm wurde im Jahre 1619 erbaut und mit Barbett-Brustwehren von 2 Fuss Stärke und einer Wurfluke über der Thür versehen. Steil bergabgehend, gelangt man zwischen Fächerpalmen-Gebüschen über die kleine Coma de sa Torre nova und über natürliche Felsenstufen zur Coma del Jeu Jups, einem schmalen, von einem Torrent durchzogenen Felsenthale, auf dessen linker Seite sich uns der Berg der Moleta darbietet. In einer Vertiefung entspringt die Font del Grau de vall, und am Fusse der Felsenwände erweitert sich, gegen das Meer geschützt, der Puig del Grau zu einer mit einem Bauernhaus besetzten Ackerfläche, Grau de vall genannt. Auf der breiten Steinmauer, zu deren Bau man die von den nahen Feldern aufgelesenen Steine genommen hat, führt der Weg weiter über mehrere Bergrücken. Ein steiler Stufenweg führt bei dem Thale Font del Nus, wo einige Häuschen stehen, vorbei zu einem Torrent de ses Serveras, an dessen Bett ein Kalkofen steht. Nach Passirung des weisslichen Puig des Castellet sieht man schon das Thal von Estallenchs, die Gestalt eines Schwalbennestes darbietend.

Estallenchs, eine der kleinsten Ortschaften Mallorca's, liegt anmuthig am Fusse des Gebirges, das Meer vor Augen, und zählt 155 meist einstöckige Häuser mit 562 Einwohnern. Die Gassen sind nur oberflächlich gepflastert, deshalb auch vielfach holprig. Die aus Mauerwerk bestehenden Häuser sind schwärzlich. Einzelne von ihnen sind mit Ziegeln gedeckt. Hölzerne Kreuze an den

Die Mola de s' Esrop.

Eckhäusern tragen die Namen der Stationen, welche an dem Kreuzwege liegen. Einfach und schmucklos, wie die andern, ist das Ayuntamiento-Gebäude. Ein alter Thurm de Can Tem Alemañy, neben welchem eine Palme steht, erinnert an die Bedrohung der Ansiedlung durch die Barbaresken. Die Terrasse ist 151 m über dem Meere gelegen. Der obere Theil der Ortschaft heisst El Arrabal. Auf einem von Celtis-Bäumen beschatteten Plätzchen steht die Kirche der Degollacion de Sᵃ Juan Bautista. Nach den Chronisten soll sie 1422 erbaut sein. Ein später wegen Baufälligkeit neu aufgeführter Theil zeigt ein einfaches Tonnengewölbe mit zwei Seitenkapellen. Die alte Kirche hat einen Thurm mit einer Sonnenuhr und dem Datum „Añy 1699". Das Innere bietet ein Tonnengewölbe mit sich verengender Hochaltarkapelle dar. Ueber dem Eingange ist eine Orgel-Empore mit zwei Kapellen auf jeder Seite. Estallenchs ist wasserreich. Unterhalb der Ortschaft ziehen sich schöne Terrassen hin.

Ein Abstecher zum Port de Estallenchs, wie die dahinterliegende Cala genannt wird, verlohnt sich der Mühe. Der Weg führt am Hause Hern d'en Garriga vorbei, zwischen Oel- und Mandelbäumen hindurch zur kleinen Quelle Font d'en Matas und dann weiter hinab zur

Hafenschlucht an dem Seregal de sa Viñassa vorüber bis zum Moli de Cas Torré. Hier rauscht das Wasser der Son Fortuñy. Ueberall prangen Fächerpalmen, und die Thalsohle dient dem Gemüsebau. Schäumend stürzt der Bach über die Conglomeratbänke, bei Sonnenschein glitzernd und blinkend. Auf der anderen Seite des Torrenten entspringt eine Quelle. Der zweite Weg vom Port nach Estallenchs ist gut und eben; er durchzieht das vegetationsreiche Thal und führt an dem felsigen Torrentenbette entlang bis an die Kirche hinauf.

Von Estallenchs geht am Abhange entlang ein Fahrweg nach dem an der Nordküste gelegenen Nachbarorte Bañalbufar. Auf einem Nebenwege gelangt man zu dem schlossartigen Possessionshause von Son Fortuñy, der alten mallorquinischen Familie Fortuñy gehörig. Das mit einem viereckigen Thurm gekrönte Haus hat eine Terrasse mit Pfeilern und einer Treppe, die zum Dervan führt; das Rundbogenthor zieren zwei Wappenschilder. Ein Spitzbogen bildet den Eingang in den inneren Hof; links davon ist die Kapelle mit einem Bilde der heiligen Jungfrau des Rosenkranzes. Der Weg nach Bañalbufar führt fast bis zum Collet. Man kommt an Can Rava, Es Serra und dem weissen Haus von Ses Amitjes vorbei und sieht auf einem Vorsprunge Ses Costes liegen; in der Nähe desselben ist zwischen Felsblöcken eine tiefe Spalte, Avench; einen herabgeworfenen Stein hört man lange am Gestein fortrollen. Von dem Vorsprunge aus übersieht man die Thaleinsenkung von Estallenchs, die mit dem Puig de s' Hereu und dem Meere abschliesst. Viel höher als Ses Costes liegt das Haus des Salt. Das Possessionshaus La Collet steht auf einer Einsattelung oder Coll zwischen der Strasse und einem Hügel. Es zeigt ein Rundbogenthor mit einem Wappen und dem Datum 1775. In dem von einem Rebendach eingefassten Gehöfte befindet sich eine Cisterne, deren Quelle unterhalb einer Höhle bei einem Aujub mit drei Pfeilerreihen, welche ein Rebendach tragen, zu suchen ist. Die Spitze des Coll gewährt prächtige Aussicht über die Einsattelung des Puig de ses Cabres, das ganze Thal von Estallenchs mit dem Cap der Vangelica bis zum Meere.

Calle de la Mar in Estallenchs.

Auf der Fahrstrasse von Bañalbufar hinauf zum nahen Son Serralta steht ein ältliches Haus mit Rundbogenthor und einer Wurfluke. Hier kann man den Puig de Galatzó und die ganze Gebirgskette überschauen. Man kommt sodann über eine doppelt getheilte Mulde in ein Thälchen, hinter welchem weit in das Meer der Puig de ses Cabres vorspringt. Von dessen höchster Spitze schweift der Blick über die Höhen bis zur Mola de s'Escrop, weithin am Meere über den Rücken der Vangelica und schliesslich über ein Stück der Dragonera. Durch ein Thälchen mit immergrünen Eichen- und dichtem Kiefernwald steigt der Weg leicht hinauf und umkreist das Thal der Font de sa Menta, wo die Quelle eines das ganze Thal durchfliessenden Baches entspringt. Oberhalb des Thales liegen die Oelbaumpflanzungen von Planicia und die Berge der gleichnamigen Mola. In der kahlen Felsenwand befindet sich eine Höhle mit Tropfsteingebilden. Unterhalb derselben entspringt die Quelle Sa Font de sa Cava d'en Oleta, und daneben sind zwischen Venushaarfarn und Myrten noch zwei kleinere Quellen, deren Wasserstrassen sich mit der ersteren vereinigen und dann in einen kleinen Sefareix sich ergiessen. Der Weg zieht sich nun unterhalb der Abhänge von Rafal de Planicia an dem in die Augen fallenden Vorsprung des Berges entlang, vor welchem sich Weingelände mit über 30 Terrassen meerwärts hinziehen. Viele Terrassen sind auch mit Pfirsich-, Feigen-, Aprikosen- und Paradiesäpfelbäumen, sowie Opuntien bepflanzt. Die auf einem Felsenvorsprunge liegende Torre del Verger ist ein runder Thurm von 4 Varas Höhe und gehört zu den ältesten Atalayas. Diese Stelle ist geradezu paradiesisch zu nennen, ja, ich möchte sagen, die schönste der Insel. Man kann hier einerseits die Küste bis zu den Zacken der Dragonera, andererseits bis zum Cap Gros von Soller überblicken. Jedesmal, wenn ich zu diesem grossartigen Landschaftsbilde kam, wurde ich von dessen Schönheit so gefangen genommen, als hätte ich das-

Der Castellet.

selbe noch nie gesehen. Schliesslich machte ich den Felsen zu meinem Eigenthum, und manchmal lenkte ich meine Schritte nur dorthin, um von der äussersten Höhe bald in die schwindelnde Tiefe meerwärts zu schauen, bald nach dem Freu der Dragonera mit dem daneben gelegenen S. Telmo, bald nach dem weithin sichtbaren hochgelegenen Heim von Valldemosa zu blicken. Gleich hinter der Torre del Verger treten unterhalb Rafal de Planicia bräunliche Felsen auf, an deren Fuss sich die Font de Montreal in ein kleines Wasserreservoir ergiesst. Dann bilden die Berge eine von schroffen Felsen überragte Einbuchtung. Inmitten der Weinberge liegt das weisse Haus von Son Vent. Bergabgehend, biegen wir in den Weg in Banalbufar ein.

Der Ort ist am Fusse eines Kalksteinberges in einer Thalmulde gelegen und zählt 461 Einwohner in 128 Häusern. Hier ist es lieblicher und heiterer, als in Estallenchs, weil sonniger und näher am Meere. Es ist gleichsam eine Stätte der Ruhe und des Friedens, und in der That hat ein bedeutender Mann nach einem bewegten Leben hier ein Tusculum gefunden: D⁰ Fernando Coloner. Der frühere General-Commandant der Guardia Civil, Capitán-General der Balearen und von Portorico, der Besieger der Cenia, betreibt hier mit Eifer Weinkultur und hat letztere in Bañalbufar zu besonderer Blüthe gebracht. Sein Wohnhaus, die sog. Baronia, liegt etwas tiefer als der Fahrweg. Eine kleine Doppeltreppe führt von hier zu dem mit einem viereckigen Thurme geschmückten Hause, welches im Laufe der Jahre viele Umwandlungen und Vergrösserungen erfahren hat. Ein Rundbogenthor führt in den mit Dach versehenen Vorhof, in dessen Mitte sich ein achteckiger Brunnen befindet. Gegenüber dem Eingange ist eine hübsche Brücke, welche die beiden

Estallenchs von Westen aus.

seitlichen Häusertheile und diese wieder mittelst einer kleinen Brücke mit dem Thurme verbindet. Von dem Speisezimmer mit breiter Terrasse schaut man auf das Meer, die nahe Ortschaft und die Weinberge, auf welchen die vortrefflichen Malvasia- und Moscatellrauben wachsen. Fast der Baronia gegenüber liegt die kleine Kirche von Bañalbufar, welche Suffragan-Kirche von Esporlas ist. Ursprünglich scheint sie im Jahre 1417 erbaut worden zu sein. Wegen Baufälligkeit wurde sie aber niedergerissen und ist 1841 wieder neu aufgebaut worden. Eine Gradinade führt zum Eingangsthor, an dessen rechter Seite der viereckige Glockenthurm mit Dach steht. Das Innere ist ein einfaches Tonnengewölbe, dessen Bogen auf flachen Pfeilern mit geblättertem Knauf ruhen. Ueber dem Eingang ist eine Empore mit zwei darunter befindlichen Kapellen. In der Sacristei wird ein Kelch aufbewahrt, welcher die Aufschrift: „Bañalbufar 1565" und die Passionszeichen trägt.

Das eng gebaute Bañalbufar besteht aus kleinen, meist einstöckigen, mit Rundbogenthoren versehenen Häusern, zwischen denen in reicher Fülle Opuntienpflanzungen oder Palmen stehen. Dass die kleinen Vordächer oberhalb der Eingangsthür Doppelneigung nach der Seite zeigen und oben mit Ziegeln gedeckt sind, sei nebenbei erwähnt. Alle Gassen mit Ausnahme der Fahrstrasse sind eng und meist schlecht gepflastert.

Die Torre de Can Tem Alemañy.

Die Umgebung Bañalbufar's ist reizend. Ein vortretender Hügel trägt eine zinnengekrönte Warte für die Carabineros. Das Wasser der Font de la Vila durchrieselt die mit Pfahlrohr und Feigenbäumen bewachsenen Terrassen. In einer Vertiefung werden durch ein Bächlein zwei Wasserfälle gebildet, von denen der eine zwei Mühlen treibt. Der andere, im Grunde der Cala liegende Wasserfall wird von weisslich-grauen, eigenthümlich geschichteten Falaisen überragt. Das canalisirte Wasser fliesst in eine Art Thurm, aus welchem das Wasser zum Treiben der oberen Mühle abgelassen wird. Myrten und Pfahlrohr wachsen hier in üppiger Fülle. Mergelstufen leiten

III. Mallorca.

von der oberen zur unteren Mühle. Von letzterer gelangt man an einer Aushöhlung von bimsstein-artigem Gestein vorbei zum Strande.

Lenken wir unsere Schritte gegen das Gebirge zu, so führt ein steiler Stufenweg zum nahen Rafal de Planicia. Dieses dem Marquez de Campofranco gehörige Haus hat einen Thurm, welcher die mit Strandkiefern bewachsene Höhe ziert. Vor dem Rundbogeneingang des Hauses steht ein riesiger Celtisbaum. An der Vorderfront des Hauses zieht sich ein Fahrweg durch Oelbaum-pflanzungen zu einem kleinen, unmittelbar unter der Mola de Planicia gelegenen Rücken, Son Bauzá genannt, und zu dem gleichnamigen, schlichten, von Eichen umgebenen Bauernhause. Ueber Hügel mit schieferartigen Felsenplatten und durch einen kleinen Thalkessel, durch welchen Quell-

Estallenchs vom Callet aus.

wasser fliesst, führt der Weg zu dem Waldessaum von Son Valenti und allmählich zur Fahrstrasse von Palma nach Bañalbufar.

Ein Ausflug von Rafal de Planicia nach der benachbarten dazugehörigen Mola ist sehr lohnend. Am vortheilhaftesten geht man über das nahe Planicia, wohin ein Fahrweg von Rafal führt. Das Haus liegt am Waldesrande neben einem Riesenfelsblock mit Ulmen und Mandelbäumen. Die 932 m über dem Meere gelegene Anhöhe der Mola gewährt eine bezaubernde Aussicht auf die Thäler von Puigpuñent, Esporlas, Valldemosa und die ganze Ebene, ebenso auf die Küste mit den Vorsprüngen der Torre de Valldemosa, der Forodada, der Torre de Deyá und des Cap Gros de Soller. Auf der anderen Seite sieht man den Puig de Galatzó, die stattliche Mola de s'Escrop, das nahe Cap des Puntals und weiterhin das Thal von Estallenchs. Das Thal von Puigpuñent gegen das Cap Malgrat zu ist sehr schön gelegen, sowie auch das in schwindelnder Tiefe liegende Bañalbufar mit steilen Felsen zu beiden Seiten und der mit Teixos (Taxus baccata) bewachsenen Thalfurche; weit bis nach S'Arbassá hinunter reicht hier der Blick.

In unmittelbarer Umgebung von Bañalbufar führt ein Pfad auf den 334 m hohen bewaldeten Puig de ses Planas. Dann geht's bergab an den Felsenwänden des Corral Fals vorbei, unter dessen Vorsprüngen oft die Schafe Schutz suchen. Weiter gelangt man in die Thaleinsenkung von Son Buñola. Auf einer kleinen Anhöhe befindet sich das mit Thurm versehene Haus von Sᵃ Buñola. Dem Ansehen nach scheint das Haus sehr alten Ursprungs und in früheren Zeiten zur Vertheidigung bestimmt gewesen zu sein, was die am Hause und Thurme befindlichen Wurfluken beweisen. Eine Brücke führt von dem vorderen Trakt des Hauses zum Thurm. Im Hofe steht ein Brunnen. Die

Der Puig de Galatzó von Sᵃ Serralta aus.

kleine Kapelle mit Kreuzgewölbe enthält ein Holzschnittbild. Oberhalb der Vorderseite des Hauses ist ein kleiner Glockengiebel angebracht. Beim Verlassen von Son Buñola biegen wir bei dem mit Oelbäumen bepflanzten Hügel gegen das Meer zu ein, überschreiten den Haupt-Torrent im Thale, der sich, von Strandkiefern und Myrten umsäumt, nach kurzem Lauf in das Meer ergiesst, und kommen zu dem Fischerhäuschen des Port del Canonge. Vom Port führt ein Pfad unweit des Meeresufers zum Port de Valldemosa. Wir gehen aber am Bächlein entlang nach Son Coll hinauf. Von einem schwärzlichen Haus mit Rundbogeneingang sieht man hier das nahe gelegene Son Balaguer und das grössere Son Valentí, beide mit viereckigen Thürmen und von schlossartigem Aussehen. Am felsigen Puig de Son Ferrandell entlang und an kleinen Häusern vorbei gelangt man durch das Thal zu den Häusern de Can Jarrette. Zwischen dem Gebüsch hat sich ein Bächlein ein Bett gebahnt. Unten in der Thalsohle, wo Pappeln wachsen, liegt der Hort de sa Cova, dessen dunkles Haus zwischen einem Hügel und den Höhen des Gebirgsplateaus von Son Oleza sichtbar wird. Wir überschreiten den Haupt-Torrent und gelangen auf ziemlich schlechtem Wege zwischen Felsblöcken des letzten Vorsprunges von Son Ferrandell hinauf zu einem von einem Bächlein durchflossenen Hochthal und begegnen einem Fahrwege, der sich im Thale von Valldemosa hinzieht. Von der Cova aus kann man statt durch den steilen Pass des Puig de Son Ferrandell auch die Vorsprünge von Son Olesa überschreiten, erreicht dann das Gebirgsplateau und gelangt auf fahrbarem Wege nach Son Olesa.

Der Fahrweg von Bañalbufar zieht sich hinter der Ortschaft am Hügelabhange in dem von Felsen eingeschlossenen Thale hin. Letzteres durchfliesst ein Bach. Oben liegt der Hügel der Punta de S'Aliga, von welchem die Aussicht recht schön ist. In einer nun folgenden Vertiefung

Oberhalb der Punta de s'Aliga.

herrscht die üppigste Vegetation. Allmählich erreicht man den Rücken von Son Valenti und wendet sich hier von dem Meere der Nordküste ab, um dem Gebirgszuge gegen Valldemosa entlang zu folgen. Hier überschaut man das Thal von Esporlas und jenes der Granja bis zu dem hellblinkenden Hause der Campaneta hinauf, ferner im Westen die stattliche Mola del Verger, die Mola de Planicia und im Grande den Gipfel des Puig de Galatzó. Weiter gehend, hat man den Moletó de Son Cabaspre, ebenso das Thal von Esporlas und das ferne Palma vor Augen, kommt dann zu einem Coll im Walde von Son Dameto und erreicht bald darauf das Thal des Coll d'en Claret. Oberhalb desselben führt der Weg durch das Thal von Son Cabaspre hinab und an dem grossen Haus von Son Dameto am Ausgange desselben vorbei nach Esporlas.

Das Hochthal von Valldemosa ist nach zwei Seiten hin offen; gegen die Ebene nach Südosten und nach Nordwesten gegen das Meer zu. Nach letzterer Seite hin bildet es eine Art Plateau, in der Mitte von einem Torrenten getrennt; das eine Thal heisst Plá del Rey und das andere Son Oleza, letzteres eine Besitzung der Adelsfamilien Portorly und Villalonga Zaforteza. Die Häuser stossen aneinander. Ein Rundbogeneingang mit Wurfluken und ein viereckiger Thurm erinnern an die Zeit der Ueberfälle der Mauren. Hinter Son Oleza erhebt sich fast in Kegelform der Puig de la Moneda, mit Oelbäumen und mit Cistus bewachsen, von welchem man weithin die Umgebung des Thales von Valldemosa übersieht. Son Ferrandell, am Fusse der bewaldeten Gebirgsabhänge gelegen, hat ein einfaches Haus mit Kapelle; der Hof mit seinen unregelmässig geformten Pfeilern und Hallen sieht wunderschön aus. Etwas tiefer als das Haus liegt die nach Son Oleza fliessende Quelle. Von Son Ferrandell führt ein guter Fahrweg zur Hauptfahrstrasse nach Palma und mündet ein bei dem Sefnreix des tres Cantons, welcher die mir gehörigen Gründe der flachen Thalsohle der

Die Atalaya Vella vom Puig de la Moneda aus.

Sini bewässern hilft. Der enge Fahrweg nach Valldemosa führt den Torrent entlang, und zur Rechten, mitten unter Oelbaumpflanzungen, sieht man das moderne Haus von Son Banzá mit einem Orangengarten, darunter die flachen Gründe von Son Moragues. Einige Feigen- und Maulbeerbäume neigen ihre Aeste über die Strasse, und Reben schlängeln sich an Mandelbäumen hinauf. Links lässt man den Weg zum Kirchhof liegen, rechts das auf felsigem Abhange gelegene, epheuumrankte Haus Son Batista, und man ist am malerisch gelegenen Valldemosa angelangt. Hier hat man das flache Thal bis zum nahen Meere der Nordküste und jenes des Estret, sowie in der Ferne die Ebene und das Meer der Südküste mit den Umrissen von Cabrera vor Augen. Die erfrischende Luft, die prächtige Umgebung machen das 437 m überm Meere liegende Valldemosa zu dem beliebtesten Sommeraufenthalt. Dafür ist der Winter kalt. Reif, Morgenfröste, sowie Nebel findet man hier oft. Die kleine und ärmliche Ortschaft hat 1505 Einwohner in 327, meist einstöckigen

Häusern, und in seiner Nähe haben reiche Herren aus Palma ihre Landgüter. Mehrere Häuser haben verschiedenartige, roh bemalte Holzziegel als Dachgesims (Alero). Einige Häuser stammen aus dem 17. Jahrhundert. Im Orte befinden sich ein paar unregelmässig geformte Plätzchen, so die Plazuela de Son Gallart, die Plaza Publica, wo sich eine Taverne befindet, jene des Porcho mit der Casa Consistorial, daneben die Fleischbank, und etwas tiefer liegend das kleine Plätzchen mit der Pfarrkirche. Wahrscheinlich ist dieselbe um das Jahr 1245 gegründet, aber im Laufe der Jahrhunderte vielfach verändert und vergrössert worden, so dass die Hochaltarkapelle mit den beiden angefügten Kapellen jetzt beinahe Kreuzesform zeigen.

Im Jahre 1810 wurde die Kapelle der Beata Catalina Tomás vollendet, und 1863 begann man den Neubau des Glockenthurmes und der Vorderseite. Ein Rundbogenportal führt ins Innere, über dessen Transsept sich eine Kuppel erhebt. Die Hochaltarkapelle und die Seitenkapellen zeigen Nischenform. Das Langhaus hat ein einfaches Spitzbogengewölbe mit Gesims, ebenso die Seitenkapellen, deren Bogen auf Tragsteinen ruhen. Die Kapelle des S. Cristo enthält das alte, noch zur Zeit der Beata Catalina Tomás verehrte Bildniss. In der Kapelle der Beata, im Jahre 1862 vollständig restaurirt, stehen drei Altäre. Am Hauptaltar befindet sich die Statue der Seligen aus mallorquinischem Marmor. Aus gleichem Material sind auch die Statuen des heiligen Bruno und Anton Abt, der Hauptprotectoren der Beata, gearbeitet. Neben der Pfarrkirche stehen das Pfarrhaus und dicht daneben das Geburtshaus der seligen Catalina Tomás. Letzteres wurde 1792 in ein Oratorium verwandelt, dessen Altar die Statue der Seligen ziert. Ein kleines Zimmer dieses Hauses ist aber noch unverändert geblieben, weil man glaubt, dass die Beata Catalina darin geboren ist. Die Thür ziert eine darauf bezügliche lateinische Inschrift.

Neben der Pfarrkirche hat Valldemosa noch eine grössere Kirche: diejenige des ehemaligen Karthäuser-Klosters. Dieselbe ist im Westen gelegen und ein interessanter Bau. Ihr Ursprung reicht bis in die maurische Zeit zurück; allem Anschein nach hatten die arabischen Herrscher dort ihren Sommerpalast. Den Alcazar der Könige von Aragon, der sich an der Stelle jenes Sommerschlosses erhob, liess der König D. Sancho im Jahre 1321 erbauen, und sein erster Alcaide war Martin Montaner. Dieser König musste lange in dem Alcazar residirt haben. Falken zum Jagen waren hier gesuchte Waare. Dem Alcazar stand aber bald ein anderes Loos bevor. Der König, der Gründung eines Karthäuser-Klosters günstig gestimmt, schenkte 1399 diesem Orden seinen Alcazar zur Errichtung eines Klosters in Valldemosa. So entstand die Cartuja de Jesus Nazareno, die bis in dieses Jahrhundert hinein sich erhalten hat. Ueberdies wurde vom Könige dem Pnor noch das Gehalt eines Castellans, sowie die Alcaidia des Castillo de Bellver geschenkt; auch ernannte er denselben zum Conservador des Hospital General de Palma und zum Cura Perpetuo der Pfarre von Sta Cruz in Palma, dessen Zehnten dem Kloster zufielen. Mit der Zeit wurde das Gebäude befestigt und Thürme ringsherum gebaut, nämlich die Torre de la Obediencia oder de las Armas zwischen 1553 und 1554 und die de los Huespedes im Jahre 1555. Zur Vertheidigung erhielten die Mönche Munition, Waffen und Geschütze von der Universidad. Die alte Kirche der Karthäuser ist im Jahre 1446, die neue, d. h. die noch bestehende, erst 1812 eingeweiht worden. Die Karthause wurde zuerst im Jahre 1823 unterdrückt, dann aber 1835 mit den anderen Klöstern gänzlich aufgehoben und das Klostergebäude parzellenweise an Private verkauft, welche aus den Zellen Sommerwohnungen machten. Die Kirche wird als Hülfskirche der Pfarre von Valldemosa erhalten und ist in jüngster Zeit renovirt worden. Die Cartuja oder Cartoxa nimmt einen grossen Flächenraum ein und beherrscht weithin das Thal gegen Palma. Man betritt die Kirche durch zwei Portale von einem freien, mit Bäumen bestandenen Platze aus, den in der Mitte ein Brunnen ziert. Die hintere Seite der Kirche hat einen eigenthümlichen Vorbau auf einer alten Mauer und zwei Thürme, von denen der eine mit einer Terrasse und einem mit grünen Ziegeln bedeckten Helm versehen ist, während der andere keinen Abschluss hat. Das Innere der Kirche ist gross und hat die Form eines lateinischen Kreuzes. Zwischen den Rundbogen befinden sich Zwickelkappen mit Fenstern, wie bei allen mallorquinischen Kirchen. Ueber dem Transsept erhebt sich eine Kuppel; die Wölbungen sind mit Fresken bemalt. Der Boden besteht aus Payenceziegeln, die schöne Zeichnungen tragen. Sonst ist die Kirche weiss und hell, mehr einer italienischen als einer spanischen

Kirche ähnlich. Der Chor ist mit Pult und theilweise verzierten Stühlen versehen. Vom linken Kreuzesarm führt eine Thür in den Hof des angrenzenden Klosters. Derselbe bildet ein Viereck mit einer rundherum gewölbten Halle; das obere Stockwerk hat niedrige Fenster. Ein kleines Portal in italienischem Styl führt auf den freien Platz vor der Kirche; ein anderes leitet zu einem langen, breiten und gewölbten Gange, in welchen alle Thüren der ehemaligen Zellen ausmünden. Letztere sind nunmehr umgebaut und dienen mit den dazugehörigen Gärtchen vielen Palmesaner Familien als Sommerwohnungen. Die schönste Aussicht über diese Gärten hat man von der Fahrstrasse gegen Palma zu. Die Celda prioral, wie die darauffolgende, ist von Thürmen umgeben und grösser, als die übrigen. Die dazu gehörige alte Kapelle ist in einen Tanzsaal umgewandelt. Derselbe hat schönes Mosaico Nolla-Pflaster und ist von Ankermann mit Fresken geschmückt, welche wichtige Daten aus der Geschichte Valldemosas, die Gründung der Karthause, das Collegium von Miramar etc. darstellen. Auch die Büste Jovellanos, der hier einen Theil seiner Gefangenschaft verbrachte, hat einen Platz gefunden. Der hierzu gehörige pflanzengeschmückte Hof ist ein wahres Paradies. Die Veranden im Vordergrunde werden von Rosen geschmückt und gewähren einen ganz reizenden Ausblick auf das untere Thal gegen den Estret zu, das Meer der Südküste und das ferne Cabrera. Unten liegt der grosse Obstgarten der Cartuja, der sich längs der beiden Seiten des Aufganges hinzieht. Dattelpalmen und alte Cypressen giebt es unterhalb der Cartuja in Hülle und Fülle. Längs der Fahrstrasse im Osten steht eine Reihe von Häuschen, welche auch den Karthäusern gehörten; ebenso ein Obstgarten im Norden

Alter Aufgang zur Cartuja de Valldemosa.

der Cartuja und das lange gelbe Haus von Can Mossenia mit einem von Pfeilern getragenen Dach, einer Terrasse gegen das Meer zu und einem Rebendach mit Säulen gegen die Cartuja zu. Auf dem Wege zur Comuna befindet sich eine Gypsfabrik und eine Gypsgrube. Auf malerischem Felsen liegt das Kapellchen der Beata mit Vordach und einem Altar, an welchem die Darstellung der Beata in rohem Relief dargestellt ist. Neben einer zerfallenen Windmühle und einem Häuschen steht ein Steinkreuz, von welchem aus die Beata aus der Seo in Palma auf wunderbare Weise die Messe hörte. Weithin schaut man hier das Thal von Valldemosa und von Sa Coma bis Pla del Rey.

Geht man ob der Cartuja beim Steinkreuz an der Fahrtrassen-Ecke, wo am Platze von Can Madó ein Hostal mit breitem Vordache liegt, unterhalb eines Bogens der Wasserleitung weiter, so erreicht man das Possessionshaus von Son Gual. Hinter den Häusern liegen grünende Saatenfelder, und nach beiden Seiten hin blickt man auf das Meer, gegen Westen auf die grenzenlose See, gegen Süden auf die ganze Bahia von Palma, die Ebene und dann auf Cabrera mit der im Vordergrunde, inmitten des Thales liegenden Ortschaft von Valldemosa. Das Haus hat einen viereckigen Thurm mit Doppeldach, Renaissance-Fenstern nach zwei Seiten hin und einen Hof mit kleiner Halle. Valldemosa ist allseitig von Obst- und Gemüsegärten umgeben. In Bezug auf Obstproduction ist die Gegend von Valldemosa zu den reichsten der Insel zu zählen. In einer kesselartigen Thalmulde bieten im Frühjahr die blühenden Obstbäume einen geradezu paradiesischen Anblick dar. Auch Orangengärten und Palmen sind hier zu finden. In diesem Thale ist das Possessionshaus der Coma gelegen.

Dem Beschauer liegt hier das ganze Thal von La Coma oder der Escayerats vor Augen, wo der zu Son Moragues gehörige Wald beginnt. Die Moleta liegt zur Rechten, die Montana de Son Moragues zur Linken und die Sierra des Teix im Hintergrunde. Neben einem thurmartigen Hause entspringt die Quelle Sa Font de sa Gruta; eine andere Quelle ist die Font de sa Coma, welche das Thal durchfliesst und die Mühlen von Valldemosa treibt. Ein steiler Weg führt rückwärts zum Hause der Coma, während sich ein anderer durch den Garten hinaufschlängelt. Das einfache Haus besitzt zwei Eckflügel und einen Rundbogen-Eingang. Neben demselben befindet sich eine kleine Kapelle mit doppeltem Kreuzgewölbe. Die Vegetation ist hier äusserst üppig: Cedernbäume, Rosen- und Mastixsträucher wechseln mit anderen exotischen Gewächsen reichlich ab, und grosse Coniferen beschatten die Wege. Hinter La Coma führt ein Fahrweg an zwei Tränken der oben vergitterten Font Nova vorbei zu den mit Oelbäumen bewachsenen Lehnen. Unten liegt Son Omar mit einem Rundbogen und einem Kreuz darüber, dann kommt der Comellar del Nogal und endlich Mirabó, dessen stattliches Haus wir unter uns liegen lassen. Mirabó hat ein herrliches Mirador mit Aussicht auf den Bosch des Frares: es ist eine natürliche Steinplattenform, beschattet von Eichen und Pappeln. Prächtig ist hier der Ausblick nach Valldemosa hin, sowie auf die kesselartigen Thäler von Sont Sauvat und Son Brondo. Mirabó selbst, ein einfaches Haus, hat einen gepflasterten stellen Aufgang zwischen zwei Wänden mit Steinpfeilern und ein Rebendach; auf beiden Seiten ist ein Garten in Terrassenform.

Weiter gehend, übersieht man im Hintergrund das kesselartige Thal, die ausgedehnte Mola de Son Pax und kommt zum Comellar de sa Gruta mit Sefareix zwischen den Felsen. Die Höhle der Gruta von Son Verl liegt unter einem spitzen, epheuumrankten Felsen und hat vorn zwei Rundbogen mit einem das Datum 1591 tragenden Capital und einen Giebel, überragt von einer männlichen Büste mit einer Kugel auf dem Kopfe. Im Giebelfelde sieht man den Namen Jesus und ein Wappen mit Halbmonden, an den Seiten Vasen mit Kugel und Knopf. Das Innere hat Tonnenwölbung; der Grund besteht aus Felsen. Aus einer Pica entspringt je eine Quelle zur rechten und zur linken Seite; in letzterer ist jedoch nur Wasser nach Regengüssen vorhanden. Bemerkenswerth ist eine breite Tischplatte mit Füssen in Gestalt von Delphinen. An beiden Seitenwänden sind rohe Pfeilerverzierungen; ein gegen Süden stehendes bedecktes Haus dient als Sestador für Schweine. Son Verl ist ein neueres, von Marques de Vivot erbautes Haus mit Fernsicht auf den Estret und die Bucht von Palma.

In Windungen führt der Fahrweg im Thale am Fusse der Fatma zu dem nach Pastoritx führenden Wege, und zwar bis zu der Stelle, wo er nach Son Morro abzweigt. Letzteres ist ein heimliches Plätzchen mit schattiger Weinlaube; ein kleines Sefareix wird von der nahen Quelle gespeist. In der Entrada sieht man Brondo's Wappen mit dem Datum 1602, dann folgt eine Halle mit achteckigen Pfeilern. Im Hofe steht ein modernes Haus und auf der anderen Seite eine einfache Kapelle, vor welcher ein Johannisbrodbaum steht. Auch andere Sträucher umwachsen das Haus, von dem man den nahen Estret und den Puig de na Fatma überblicken kann. Ein zum Theil gepflasterter Weg zieht sich gegen die Fatma hin, und ein schlechter Felsenpfad führt bis nahe an die Spitze, 600 m über dem Meere. Man sieht hier das Kesselthal von Son Sauvat, Valldemosa mit der Cartuja bis nach Son Moragues und Son Mas und dahinter das Meer der Nordküste. In weiterer Ferne liegen das Gebirge von Son Moragues, die Höhen des Teix und an seinem Fusse neben einem Eichenthal, inmitten eines Oelbaumkessels, Pastoritx, sowie nach einem schmalen Vorsprung Raxeta, Raxa mit dem grossen Wasserdepot, die Carretera von Soller und dahinter Caubel. Den Hintergrund des Ganzen bilden der Puig Mayor, die Sierra de Alfabia, die Höhen von Buñola und ein Theil der Ortschaft; dann folgen die Ebene mit den fernen Höhen und das nähere Sou Segul und Randa, die Carreteras von Soller und Valldemosa, die Bucht von

Palma mit Cap Regana und Enderrocat, der Vorsprung von Sᵃ Carlos, das lachende Bellver und
die stattliche Seo. Dann sieht man die Masse der Burguesa, die Thalvertiefung von Establiments
und Esporlas, den konischen Cosi von Galilea, die Mola del Verger, den Puig de Galatzó und
ein Stück der Mola de s'Escrop, sowie die nahe Mola de Planicia und wiederum das Meer der
Nordküste. Unterhalb liegen Canet, Son Pax, Son Puig und Son Morro. Die Fatma bietet gegen
das Thal nach der Moleta zu eine steile hohe Felswand.

Der Weg nach Pastoritx führt über die Erhöbung der Casas Novas de na Fatma durch
einen tiefen Einschnitt im Kesselthal. Das Wasser einer Quelle dient zum Bewässern des Bodens,

Son Brondo und Son Sauvat.

und zwar kommt das Wasser durch eine angelegte Wasserleitung auch bis nach Pastoritx. Durch
einen Segmentbogen-Eingang, welchen ein Wappen ziert, gelangt man ins Innere des modernisirten
Hauses. In demselben ist ein rundes Kapellchen mit wappengeschmückter Kreuzwölbung und
grossen Nischen, sowie eine Rundbogen-Altarskapelle. Im Hofe liegen die Tafona, die Stallungen
und Remisen und hinter dem Hause ein kleiner Garten. Kehren wir nun nach Son Morro zurück,
so überschreiten wir zunächst die Brücke über den Torrent des Estret. Von hier zieht sich noch
ein anderer Fahrweg nach Son Mage, Son Brondo und Son Sauvat am Saume eines Eichenwaldes
hin. Son Mage hat eine dominirende Lage, während Son Brondo an einer breiten Carrera mit hohen
Palmen liegt. Es ist ein stattliches Gebäude mit Rundbogenportal, sowie einem bedachten Balcon mit
Dockengeländer. Die Umkleidung des Balcons mit Azulejos nimmt sich sehr hübsch aus. Auch hat

es ein kleines Gehöft und eine Kapelle und auf der Hinterseite einen hübschen Terral mit rustischen Säulen und Geländer. Hinter dem Hause ist unter einer Rundbogenwölbung eine Quelle, welche sich in ein breites Becken ergiesst. Das Wasser ist jedoch nicht trinkbar. Bei Son Mage befindet sich eine andere Quelle mit vortrefflichem Wasser. Das nahegelegene kleine Gehöft Son Sauvat mit Glockenbogen hat hinter dem Hause einen Aujub, der das Wasser für den Hort Nou liefert. Oberhalb desselben liegt das Haus Sa Baduya mit Wappenschildern. Es trägt das Datum 1597. Von der Baduja kommt man über das Gebirgsthal nach Son Ferrandell und gegen Valldemosa zu. Sind wir zu der Coma zurückgekehrt und wandern in ihrem Thale, den durchfliessenden Torrenten entlang, unter Oel- und Johannisbrodbaumpflanzungen weiter, so erreichen wir dort, wo die Steigung des Bodens beginnt, eine Barrera, welche den mir gehörigen Wald der Escayerats absperrt. Durch denselben zieht sich der Weg den Teix hinauf gegen den Coll de Soller zu, die kürzeste, gleichzeitig aber auch die umwegsamste Verbindung zwischen Valldemosa und Soller. Wir schlagen diesen Weg ein, um die Spitze des Teix, des Riesen unter den Bergen Valldemosa's, zu erreichen. Der schlechte Pfad windet sich durch den Wald nach oben, kommt nahe an der zu Son Moragues gehörigen Schneehütte (Casa de Neu) vorbei über die Höhe des Rückens und führt zu dem Hause des Teix, nahe am Coll de Soller, von wo man dann nach dieser Ortschaft weiter geht. Im Hause des Teix herrscht angenehme Kühle, veranlasst durch schattenspendende Ulmen und Pappeln und die Font d'en Degui. Zwei Gemüsegärten umgeben das schlichte Bauernhaus. Unmittelbar oberhalb der Quelle schlängelt sich ein Weg in ein vom Wasser der Font de s'Aritja durchflossenes Thal. Nach Ueberschreitung einer Barrera gelangt man in einen Eichenwald, wo die gegenübergelegene Sierra de Alfabia übersehen werden kann. Nahebei liegen in einem Sattel neben einer Tenne vier alte kleine Häuser mit Rundbogenportal und kleinen Fenstern: die Cases del Rey en Jaume, so benannt, weil der König dort eine Zeitlang in der reinen Gebirgsluft Heilung suchte und auch fand. Der höchste Kamm des Teix ist leicht erreichbar und die Aussicht von demselben äusserst lohnend. Herrlich ist auch der Blick auf die dreifache Gruppe der Mola de Planicis, des Puig de Galatzó und der Mola de s'Escrop mit Arago's Haus und dem unten vorspringenden Morro; dann auf die Mola de Son Noguera, den emporragenden Puig des Cosi und die Gruppe der Sierra de la Burguesa, weiter auf das Thal von Valldemosa mit dem Puig de na Patma, dann auf denjenigen de sa Montaña, die Colls de Raxa, Buñola und das Thal gegen Soller zu, sowie theilweise auch auf jenes von Orient, dahinter dann als Hintergrund zu den steilen Abstürzen die Ebene mit Palma, die Buchi, den Puig de Randa und die zahlreichen Ortschaften. Am schönsten ist die Gruppe des Puig Mayor mit dem Puig Mayor de Lluch im Hintergrunde, auch gegen das Meer bis zu den Höhen der Costera. Zwischen dieser östlichen Höhe, wo ein 1064 m über dem Meere ein Triangulationspfeilerchen mit Tisch befindet, und der westlichen liegt eine kleine Feldebene.

Gegen Norden zu führt ein Saumpfad hinab in das Thal von Deyà mit der Ausmündung beim Moll. Die Höhen des Teix sind meist felsig und baumlos, dafür aber mit trefflichem Carritx bewachsen; an den senkrechten Wänden rankt sich Epheu empor, und Buchsbaum und Teix (Texus baccata), der dem Berge den Namen verliehen, sind hier heimisch.

Vom Thale von Valldemosa bis zu dem von Deyà bildet der ganze nördliche Abhang der Sierra das mir gehörige Gut Miramar, das sich von den Höhen des Teix bis zu den Weingeländen der Estaca hinzieht. Die Waldungen dehnen sich bis hinter die Coma mit den Escayerats aus, und die gegen Norden gekehrten Lehnen reichen bis oberhalb Deyà mit den Pla de ses Aritjes. Die Oelbaumpflanzungen erstrecken sich bis wenige Schritte vor Valldemosa und werden von Son Gual begrenzt.

Der alte Fahrweg zieht sich vom Sefareix dels tres Cantons gegen Can Costa hinauf. Ein neuer, kürzerer Weg geht vom Platze von Can Madó aus an dem Hause von Son Moragues vorbei, macht dann eine Biegung um den Comellar des Poll herum. Betrachten wir zuerst die Ebene von Pla del Rey am nördlichen Ausgange des Thales von Valldemosa, sowie das darunterliegende Thal des Port. In der Mitte der Verflachung von Pla del Rey erhebt sich die gleichnamige Häusergruppe. Das grössere, weiss angestrichene Haus gehört zur Besitzung Son Mas; der viereckige bedachte Thurm erinnert an die Einfälle der Mauren. Die Erinnerung an die dort stattgehabten blutigen Kämpfe ist übrigens im Volke bis jetzt wach geblieben.

Das Thal des Port, durch zwei Vorsprünge der Berge zu beiden Seiten ziemlich verengt, bildet einen Kessel mit steilen Gebirgswänden im Grunde, welche der Torrent de Valldemosa durchbricht und an diesem Absturz Torrent del Lil heisst. In Krümmungen zieht der Weg zum Abhange Cami des Horts hinan. Reizend ist hier der Fernblick auf das von Plá del Rey bis nach Son Oleza von wilden Felsenwänden umringte, unten terrassirte Thal. Während die Berge nur niedriges Buschwerk und Kiefern bekleiden, ist das von einem Bächlein durchflossene Thal mit Pappeln, Feigenbäumen und Pfahlrohr bestanden, und die Terrassen an beiden Seiten der Torrente sind mit Paradiesäpfeln und anderen Küchengewächsen bepflanzt. Vier stets wasserreiche Quellen fliessen in dem Thale und bewässern mittelst kleiner Sefareixets das Ganze. In der Nähe der den Fischern gehörigen Häuschen am Port habe ich mir ein grösseres Haus erbauen lassen, damit ich bei meinen etwaigen Bootfahrten und Angelbelustigungen eine Unterkunftstätte habe. Unweit davon steht eine Tenne. Vom Port führt ein Pfad durch einen Kiefernwald ostwärts zur Font Figuera, einer Besitzung mit zwei angebauten Häusern und grossem Aujub, deren Terrassen sich bis ans Meer hinunter ziehen.

Wie schon erwähnt, führt der neue Fahrweg von Valldemosa über Deyá nach Soller an dem Hause von Son Moragues vorüber. Auf dem vor demselben befindlichen Platze steht ein riesiger Celtisbaum, einer der grössten der Insel. Das grosse Haus bildet ein Viereck mit einem mittleren Hof. Der Rundbogeneingang ist mit Wappen verziert. Gegen Süden liegt ein eingezäuntes Gärtchen, zu dem eine Doppeltreppe vom ersten Stock hinabführt. An der Westseite hat das Haus eine lange, bedachte Terrasse, deren Träger eckige Säulen sind. Der Hof, mit einem Springbrunnen in der Mitte, zeigt nach zwei Seiten hin Bogenhallen. Gegenwärtig lasse ich das Innere des Hauses, von dem man scherzweise sagt, dass es so viele Fenster und Thüren aufweise, wie das Jahr Tage hat, zu einem Museo Industrial Agricolo der Balearen einrichten. Was man zuerst erblickt, ist der grosse Saal, welcher eine viel höhere Balkendecke hat, als alle übrigen Räume. Nebenan liegen die kleine Hauskapelle und der Zugang zur Terrasse, von wo man den unten liegenden Weinberg und die ganze flache Thalsohle mit dem sichtbar werdenden Meer überblicken kann. Schön ist die Aussicht auch von der Terrasse des kleinen Gartens gegen Valldemosa zu. Der Garten ist sehr fruchtbar, und Rosen und Banksien ranken sich am Hause empor. Ein eisernes Gitter führt zur Montañeta, ein terrassenförmiger und umzäunter Garten an der Hügellehne mit einer Stufentreppe, die am Ende in eine künstliche Höhle hineinführt. Etwas weiter oben stösst man auf einen grossen Sefareix, welcher den Montadeta-Terrassen das nöthige Wasser zur Befruchtung des Bodens giebt. Dort steht ein Thürmchen, welches als Taubenhaus dient. Unterhalb des Fahrweges ist ein grosser umzäunter Garten mit weinumrankten Lauben, in welchem allerhand Obst- und Gemüsesorten cultivirt werden. Oberhalb eines kleinen Orangengartens, neben einer hohen Palme, befindet sich eine künstliche Höhle aus der Zopfzeit. Ein Stufenweg führt von der Höhle am Wasser entlang zur Fahrstrasse hinauf. Unten im Garten ist eine ergiebige Quelle, deren Wasser mittelst einer Noria geschöpft wird. Ein neuer, nach Can Costa führender Weg, der das tiefere, quellenreiche Thal des Comellar des Poll umschreibt, mündet bei einer kleinen Ziegelei in den alten Fahrweg ein. Die Häuser von Can Costa sind von Opuntiendickichten umgeben; eine Verflachung daneben trägt auf kleiner Erhöhung, welche die Mitte eines grossen, zu Son Moragues gehörigen Weinberges mit schwarzen Trauben einnimmt, ein Wachtthürmchen. Vom Felsenrande aus übersieht man die ganze darunterliegende Marina der Font Higuera und die malerische Küste mit ihren Vorsprüngen. Nach Can Costa geht der Fahrweg leicht bergab.

In der That passt für kein Stück Land der Erde der Name Miramar besser, als für diese Gegend. Links führt eine Barrera hinab zur Estaca; rechts oben ragt mitten aus dem Eichenwald eine Einsiedelei empor. Unterhalb der Fahrstrasse sind terrassirte Lehnen; hin und wieder neigt ein alter Johannisbrodbaum seine Zweige über die Fahrstrasse. Auf einem Vorsprunge erhebt sich die Atalaya de Valldemosa und fast demselben gegenüber, oberhalb und unweit der Strasse, Son

III. Mallorca.

Galceran. Dann kommt die Hospederia von Miramar, dicht an der Strasse gelegen, ein Herbergshaus mit 20 Betten, in dem jeder einkehrende Fremde drei Tage ohne Entgelt wohnen kann und mit Bett- und Tischwäsche, Tischgeräth, Brennmaterial und Oliven versorgt wird. Von dem nahe auf einem kegelförmigen Felsenvorsprunge gelegenen Mirador kann man die ganze Umgebung überschauen. Wenn man etwas weiter Can Caló mit vielen Stellungen erreicht hat, so sieht man schon auf einer tafelartigen Verflachung oberhalb steiler, ausgehöhlter Felsen Miramar liegen. Der Anblick ist geradezu zauberhaft. Ein Pappelwäldchen umgiebt die Stelle, wo die ergiebige Font Cuberta entspringt, die Hauptquelle von Miramar. Die Quelle entspringt theilweise oberhalb des Fahrweges, ergiesst sich in eine Tränke und fliesst unterhalb der Strasse zu einem Rundbogen-Kapellchen mit Tisch und Sitzen aus Stein an den Seiten. Von hier führt ein Richtweg nach Miramar hinab, einige Schritte weiter aber der Fahrweg, an einem grossen Felsen vorbei, zur Carrera des Hauses.

Bevor wir Miramar selbst schildern, sei erst ein kurzer historischer Rückblick eingeschaltet. Gegen Ende des Jahres 1276 gründete Jaime II. auf Anregung seines ehemaligen Seneschalls Ramon Lull ein Collegium zum Unterricht in den orientalischen Sprachen, und namentlich in der arabischen, an dem schon damals Miramar genannten Platze, damit die unter der Leitung Lulls stehenden 12 Minoritenmönche während ihres dortigen Aufenthalts in diesen Sprachen unterrichtet würden, um dadurch sich in fruchtbringenderer Weise der Bekehrung der Ungläubigen widmen zu können. Zur Ausführung dieses Vorhabens tauschte der König am 15. October 1276 sein Anrecht auf eine Alqueria von Deyá gegen das auf jene von Miramar aus, welche den Cisterciensermönchen des Klosters von La Real gehörte, und erbat für das neue Seminar die päpstliche Genehmigung. Papst Johann XXI. ertheilte dieselbe mittelst der in Rom am 16. November desselben Jahres erlassenen Bulle. Man nimmt an, dass während der zwei oder drei Jahre, welche Ramon Lull in Miramar zubrachte, letzteres einen Theil der Klostergemeinde gebildet hat, wo er als Oberer und Lehrer thätig war. Nebenbei aber schrieb er wichtige Werke und führte ein Einsiedlerleben, um bei seinen Arbeiten mehr Ruhe zu haben. Wegen des stetig zunehmenden Besuches der Kirche der Trinidad zog er sich häufig in eine benachbarte Höhle zurück, die, wie die an ihrem Fusse entspringende Quelle, bis auf die Gegenwart seinen Namen bewahrt hat. Die Alqueria von Miramar umfasste damals noch alle benachbarten Gründe gegen das Meer zu, von Plá del Rey bis zur Foradada.

Unter Jaime II. verliessen die Franciscaner aus unbekannten Gründen im Jahre 1300 Miramar. Der König schenkte das Collegium mit den dazugehörigen Gründen dem Abte des Cistercienser-Klosters von La Real mit der Verpflichtung, dass dort immer zwei geistliche Mönche residiren sollten. Gleichzeitig verbot er bei Strafe oder Annullirung der Abmachung, das Collegium und seine Gründe ganz oder theilweise zu verdussern oder gegen Zins zu verpachten. Ausserdem behielt sich der König für sich und seine Nachfolger die Ausübung der ganzen Gerichtsbarkeit an jenem Platze und alle in demselben lebenden oder in Zukunft geborenen Falken als sein Eigenthum vor. Trotz des Verbotes verpachteten die Mönche von La Real kurze Zeit darauf gegen Zins einen Theil der Gründe von Miramar, in Folge dessen ihnen auch der König Dⁿ Sancho den Besitz entzog. Sie baten jedoch König Jaime III. um Gnade, welcher ihnen mittelst Ordre im Jahre 1337 das Collegium mit allen seinen Privilegien wieder zugestand, und zwar unter den zuerst gegebenen Bedingungen. Bald entäusserten sich die Mönche aber wieder, wenn auch nicht der ganzen, doch wenigstens eines Theiles dieser Besitzung, wie daraus hervorgeht, dass sie mittelst Vertrages vom 30. November 1337 in Gegenwart des Königs Jaime III. seinem Bruder, dem Infanten Dⁿ Fernando, die Gebäude, die Kapelle, die Gärten und die Quelle von Miramar abtraten. Der Infant war darnach verpflichtet, zur Abhaltung des Gottesdienstes und zum Ablass der Sünden des Königs und seiner Vorgänger für immer zwei Geistliche zu halten. Kraft Privilegiums des Königs Dⁿ Juan I. von Aragon ging im Jahre 1395 der Besitz von Miramar auf die Geistlichen Juan oder Sancho und Nicolás Cuch über, die in der Lullschen Wissenschaft Unterricht genossen hatten. Letzterem folgte ein anderer Geistlicher, Namens Juan Casellas. Um diese Zeit und in Folge des Umstandes, dass diese Geistlichen das Oratorium und sein Zubehör unter dem Glauben an die heilige Dreifaltigkeit erhalten hatten, kam der Name „Trinidad" an Stelle des von Miramar in Gebrauch. Letzterer Name wurde zuletzt ganz und gar verdrängt. Gleichfalls um diese Zeit wurde von dem frommen Könige Dn Martin der königliche Alcazar von Valldemosa in eine Karthause umgewandelt. Damals wohnten in Miramar Karthäusermönche, deren Orden sich der vorerwähnte Nicolás Cuch anschloss. Sein Nachfolger Casellas und sein Gefährte Sanz verzichteten jedoch, allem Anschein nach zwischen 1396—1400, auf das Collegium zu Gumten mallorquinischer Einsiedler, welche sich den Jeronimiten anschlossen, aber nur bis zum Jahre 1443 in dieser Ordensgemeinschaft verblieben. Unmittelbar darauf ging es auf die Dominikaner über, welche aber schon 1477 Miramar verlassen mussten, um in das Kloster in Palma, von dessen Insassen die Pest viele hingerafft hatte, einzutreten. Im Jahre 1479 vereinigte der König Dn Fernando de Aragon das Haus und das Collegium von Miramar mit der Rectoría von Muro. Während dieser Zeit brachte in Miramar Maese Nicolás Calafat aus Valldemosa die Buchdruckerkunst in Blüthe, indem er im Jahre 1485 eine Abhandlung von Gerson, im Jahre 1487 das Werk des Geistlichen Francisco Prats, „Devota Contemplacion" betitelt, und 1488 den Breviario Mayoricense veröffentlichte. Francisco Prats und Dn Bartolomé Caldentey erhielten von Fernando el Católico im Jahre 1492 das alte Collegium mit den dazu gehörigen Gründen geschenkt. Diese Geistlichen hatten sich wohl schon dort vorher Studien halber niedergelassen, vielleicht, um die Lehre der Arte Lullana kennen zu lernen, welche Caldentey auf dem zu diesem Zwecke von der adeligen Dña Ines de Quint an der Universität von Mallorca, d. h. im Estudio General, gegründeten Lehrstuhl lehrte. Die Eigenthümer des Collegiums, Caldentey und Prats, verpachteten gegen Zins einen Theil am 26. Juli 1493 an Jaime Gallard, der mütterlicherseits wahrscheinlich Grossvater der seligen Catalina Tomás war, die seit ihrer frühesten Jugend mit seinen Oheimen Bartolomé Gallard und Maria Tomas von 1540—1550 als Waise auf jenem Gute lebte, welches auch den Namen des Käufers erhielt. Zu jener Zeit bewohnte Miramar Dn Nicolas Montanyás, Domherr der Kathedrale und Inquisitor von Mallorca, das Besitzthum, welches er 1537 durch königliche Schenkung erhalten hatte. Später trat er dasselbe an Dn Antonio Castañeda aus Valladolid ab, welcher, vorher Capitán im Heere Karl's V., diesem auf dem unglücklichen Kriegszuge nach Algier 1541 gefolgt war, schiffbrüchig und enttäuscht auf Mallorca landete und den Degen mit der Einsiedlerkutte vertauschte. Castañeda starb 1583 oder 1584, 78 Jahre alt, nachdem er 42 Jahre in Miramar ein frommes Einsiedlerleben geführt hatte. In der Mitte der heiligen Dreifaltigkeitskirche liegt er vor der Hochaltarkapelle begraben. Im Mai 1613 wurden jedoch seine Gebeine aus dem Grabe herausgenommen, ein Theil derselben als Reliquien von den dabei betheiligten Personen mitgenommen, der Rest aber in einer noch jetzt vorhandenen Glasurne verschlossen. Nach seinem Ableben verblieben in Miramar Einsiedler bis ums Jahr 1601, wo König Philipp III. das Haus mit sämmtlichen Privilegien dem Geistlichen Onofre Nebot schenkte. Die Einsiedler verstreuten sich in den nahen Bergen oder bezogen andere Einsiedeleien. Nachträglich erhielt das Haus der Trinidad wiederholt königliche Privilegien. Trotzdem die mehr oder minder hochgestellten Pfründner nicht einmal in demselben wohnten, zogen sie dennoch die Erträgnisse ein. Die Kirche diente ununterbrochen Cultuszwecken, und im Jahre 1688 wurde in derselben der in der benachbarten Ermita von Sn Pablo und Sn Antonio wohnende Einsiedler Juan Mir vor der Hochaltarkapelle bestattet. Sein Bild war mit demjenigen von Castañeda im Oratorium von Miramar aufgestellt. Ersteres befindet sich jetzt in der Ermita, letzteres in Miramar. Im Jahre 1811 wurde das noch immer der Krone angehörige Miramar oder Trinidad durch Decret der Cortes von Cadiz an Dn Gabriel Amengual verkauft, von welchem es auf den Arzt Morey überging, der 1837 die baufälligen Gebäude des Collegiums und der Kirche zum grossen Theil abtragen liess. Dann erwarb es Juan Serra aus La Puebla. Von Letzterem habe ich es 1872 in meinen Besitz gebracht. Die Ueberbleibsel der Häuser wurden nach Thunlichkeit wiederhergestellt, und der Name „Miramar" kam wieder zur Geltung. Von dem vierseitigen Wohngebäude war nur eine Seite übrig geblieben, die, mehrfach umgemodelt, noch besteht, von der Kirche nur die linke Seitenkapelle, in der man ausser an Festtagen nur selten Messe las. Der Schutt war zu den Grundmauern einer halbrunden Terrasse verwendet worden. Neuerlich ist dieser Platz, auf dem über 600 Jahre ein Tempel Gottes gestanden hatte, in einen fruchtbaren Blumengarten umgewandelt worden. Das Haus von Miramar ist, wie schon erwähnt, nur ein Viertel des alten Gebäudes mit einem Hof in der

III. Mallorca.

Mitte, der von einem Bogengang umgeben war. Das Alles ist nunmehr verschwunden, und ich konnte nur vier Säulen des alten Klosterhofes wieder auffinden: eine im Stall, eine andere in der Küche als Stütze, während zwei unter der Erde lagen. Sie tragen jetzt ein Rebendach an dem hinteren Portal des Hauses gegen den Garten zu. Es sind vierfache accolirte Säulenschäfte aus Pedra de Santagny mit einfach gekehlten Capitälen und abgefassten Postamenten. Von der südlichen Hausecke ziehen sich, theils blossgelegt, theils unter der Erde, die Grundmauern des alten Gebäudes hin, von dem noch ziemlich hohe, aber baufällige Mauern mit Fensterspuren auf der Westseite sichtbar sind, welche einst Stallungen, Scheunen etc. waren.

Das jetzige Haus ist ein einfaches Gebäude mit doppeltem Dach, graffitartigem Bewurf und einem viereckigen Thurm auf der Nordwestecke. Von seiner oberen Terrasse aus kann man die ganze Umgebung beschauen. Im Erdgeschoss befinden sich zwei grosse Salons mit Azulejos an den Wänden; in dem einen, der als Tanzsaal benutzt wird, ist eine alte Pica. Die oberen Räume gewähren einen weiten Ausblick auf das Meer. In demselben befindet sich eine Sammlung alter mallorquinischer Möbel und im Speisezimmer eine solche von alten Fayencen. Ueberhaupt sind alle in den Zimmern befindlichen Gegenstände Industrieerzeugnisse der Insel, denn das Gebäude soll eben bis ins kleinste Detail ein mallorquinisches Landhaus darstellen. Im grossen Salon ist ein Bild des Padre Castañeda und der Beata Catalina Tomás, beide vor der Mutter Gottes knieend.

Ein Doppelgarten mit Steinbänken enthält neben regelmässigen Pflanzengruppen Palmen, Opuntien- und Agavendickichte und allerhand Bäume, darunter einen uralten Citronenbaum, der der Ueberlieferung nach noch im alten Hofe gestanden haben soll. Epheu beschattet die Wände, und Weinreben grünen in üppiger Fülle. Hierzu bildet ein alter Bogengang des Klosters von Sta Magdalena in Palma, des jetzigen Militärspitals und ehemaligen Franciscanerklosters, in fast gleichem Alter mit dem Collegium von Miramar stehend, einen passenden Hintergrund. Die eleganten gothischen Bogen, welche bei der Demolirung des Klosterganges von dem Architecten Dⁿ Pedro de Alcantara Peña aufgelesen und mir später geschenkt wurden, tragen ein Dach, welches nach der hinteren Seite zu auf den Mauern der Westseite des alten Gebäudes ruht. Von der alten Kirche besteht nur noch, wie schon erwähnt, die linke Seitenkapelle. Jene war ein langes Gebäude mit Balkendecke, getragen von grossen Spitzbogen mit Kämpferconsolen, wovon zwei Kämpfer und Bogenanfänge noch an der Front der jetzigen Kapelle erhalten geblieben sind; es hatte eine Empore über dem Eingang und hinten die Sacristei, welche die ganze Breite der Kirche einnahm; letztere ist anscheinend aber erst später angebaut worden, da sie eine getrennte Ecke auf der linken Seite besitzt, wo jene der Kirche noch sichtbar ist. Der Mörtel der inneren Kirchenwand ist sowohl links bei der Kapelle, wie rechts an zwei Stellen zu sehen, und die Hochaltarstufe ist noch an dem alten Platze erhalten. Oberhalb derselben, unter einer Marmorplatte mit einem Kreuz aus der Zopfzeit, die wahrscheinlich früher am Seitenportal stand, wurden die Gebeine, darunter neun Schädel, welche man beim Beseitigen der Erdaufschüttung vor der Kirche fand, beigesetzt. Von der früher zur rechten Seite stehenden Kapelle konnte ich keine Grundmauern, sondern nur einen Theil der Ziegelpflasterung auffinden. Sie ist durch eine Exedra mit Bank ringsum ersetzt und hat einen Springbrunnen in der Mitte. Diese Kapelle war dem S^{to} Cristo geweiht, während die linke, d. h. die noch jetzt bestehende, der Mare de Deu del Bon Port gewidmet war. Vor derselben ist jetzt eine Bogenhalle mit Terrasse und Kanzel in der Ecke erbaut worden, und das Ganze wird von einem Glockenbogen überragt. Die Glocke ist alt und trägt die Aufschrift: „Benedictus sit locus iste". Die gothische Kreuzwölbung, sowie der Altar und die ganze Ausstattung der Kapelle sind neu; alt ist nur das Altarblatt der Trinidad, anscheinend aus dem 15. Jahrhundert stammend. Die Seitenflügel werden durch zwei Bilder von Steinle gebildet, die beiden Seligen Ramon Lull und Catalina Tomás darstellend. Ein eleganter Schrein mit Malerei von Meixner enthält zahlreiche Reliquien, darunter drei Stücke des wahren Kreuzes; ihm gegenüber ist ein hübsches Kreuz aus der Renaissancezeit, welches schon in Miramar vorhanden war, und die schon erhobene Glasurne mit den Knochen des Padre Castañeda enthält aufgestellt. Ein gothisches Häuschen mit hoher Fiale aus Pedra de Santagny enthält eine silberne Mutter-Gottes-Statue mit den Exvotos der rohen, modernen Mare de Deu de la Trinidad, welche sich gegenwärtig in der vor wenigen Jahren angebauten Sacristei befindet. Erwähnenswerth sind noch zwei polychromirte alte Marmor-Reliefs, anscheinend aus dem 13. Jahrhundert, welche Christi Grablegung und Auferstehung darstellen und früher in der alten Kapelle von Galatzó standen. Die modernen Kirchengeräthe und Paramente sind sämmtlich stylgerecht in verschiedenen Ländern ausgeführt worden. Von der Ecke hinter der Kapelle, wo ein Rebendach mit rundem Tisch von Pedra de Binisalem steht, ist die alte Kirchenwand am besten zu schauen. An allen Sonn- und Feiertagen wird in der Kirche Messe gelesen und alljährlich am Tage der heiligen Dreifaltigkeit ein Fest mit Hochamt und Predigt und sich anschliessendem Festessen und Tanz gefeiert.

Das ganze Territorium von Miramar wird von zahlreichen Wegen durchkreuzt, Wald und bebaute Strecken wechseln bunt mit einander ab. Tritt man von der Plattform des Hauses, einige Treppen hinuntersteigend, auf eine mit Oelbäumen bewachsene Verflachung, an deren Rande sich ein kleines, aus der Cartuja stammendes gothisches Portal befindet, welches zum Mirador de Miramar leitet, so wird jeder Mensch hoch überrascht sein, wenn er hinabschaut und die schwindelnde Tiefe bis zum Meere übersieht, wo Fischerboote wie kleine Bojen erscheinen und Felsenspitze auf Felsenspitze, Vorgebirge auf Vorgebirge, von der sphinxartigen Foradada bis zur Punta de s'Aliga, von Bañalbufar auf einander folgen. Euphorbia dendroides, Mastixsträucher und Oelbäume umsäumen diese Felsenwarte und den Rand des Abgrundes. Geht man demselben entlang, so gelangt man zur Torre del Moro. In diesem Garten wachsen allerhand Blumenarten. Ein dreieckiger Sefareix, in welchen das Wasser durch eine kleine, einst dem Hause Burgues, in welchem Karl V. in Palma wohnte, angehörige Thür herabrauscht, dient zur Bewässerung dieser Gartenanlagen.

Mitten durch Kiefern und von Banksienrosen umrankte Terrassenmauern und weiterhin durch Eichenwald leitet ein Weg von der Torre del Moro zur Felsenkapelle des seligen Ramon Lull. Hin und wieder ladet an einem bevorzugten Aussichtspunkte eine steinerne Bank zur Ruhe ein. Auf einem von Strandkiefern und Eichen umwucherten Felsenkegel, welcher mit einem benachbarten Felsen durch eine Brücke verbunden ist, erhebt sich die monumentale Kapelle des seligen Ramon. Der Grundstein zu derselben wurde bei Gelegenheit der 600jährigen Feier des Bestehens von Miramar am 21. Januar 1877 gelegt. Der Stein stammte aus einem Felsen von Bougie, wo des grossen Philosophen, des Stifters von Miramar, Märtyrerblut geflossen war. Demselben wurde ein Stein von dem Strande von S. Francisco zur Erinnerung an den frommen Mallorquiner Fray D. Juan Serra, den Gründer der grossen Metropole des Stillen Oceans, hinzugefügt. Es ist eine einfache romanische Rotunde mit einem Weg ringsum und einem Eisengeländer, von dem man nach allen Seiten hin die umfassendste Aussicht geniesst. Derselbe Felsen lieferte gleich oberhalb der Brücke zur Erbauung der Kapelle das Material, einen Kalkstein, der zu regelmässig geformten Quadern bearbeitet wurde. Die Bedachung, das Portal und die innere Bekleidung sind aus Pedra de Santagny. In der Nische der Apsis oberhalb des Altars befindet sich eine von Dupré in Florenz ausgeführte Statue des Gründers. Der Fussboden zeigt allerhand Marmorsorten.

Von der Kapelle führen Wege nach verschiedenen Richtungen hin. Ostwärts leitet ein beschatteter Stufenweg zu den grossen Höhlen von Miramar. Grossartig ist von hier aus der Ausblick auf die Felsen der Torre del Moro, auf die Kapelle und den grünen Wald, sowie auf das unendliche Meer, in welchem sich die an den Felsen wachsenden Agaven widerspiegeln. Ein Marmorrelief im Felsen stellt den seligen Ramon Lull dar. Durch diese Höhle gelangt man wieder nach Miramar hinauf. Es giebt aber auch noch andere, nach Osten zu gelegene Höhlen: die Covas de Llevant. Je nach der Tageszeit oder der Windrichtung findet man dort ein schattiges Ruheplätzchen. Die ersterwähnten Höhlen sucht man am besten des Morgens, letztere des Nachmittags auf, jene bei Ost-, letztere bei Westwinden. Diesen Höhlen stehen an Schönheit die am Wege zum Meere gelegenen, bevor man den Mirador des Miradors erreicht, nicht nach. Wirklich erschreckend ist der Abgrund, der sich am Wege entlang zieht. Wir machen beim Mirador des Miradors Halt. Derselbe ist deshalb so benannt, weil man hier eine ganze Menge Aussichtspunkte von Miramar schaut. Riesige Felsblöcke liegen vor uns, röthlichgrau mit schönster Schattirung, die bei Sonnenuntergang förmlich glühend erscheinen. Ein weite Thalmulde am Fusse der Felsen und des oberen Terrassenthales der Quelle von Miramar, gleichsam eine abgeschlossene Welt, wo neben Eichen und Strandkiefern Palmen emporspriessen, heisst der Jardí des Cristiá. Von hier führt der geradeste Weg zu den Weinbergen der Estaca an einem Thürmchen Es Mirador des Creué vorbei, so benannt, weil sich dort vier Wege kreuzen. Hier kann man am besten den Felsenkegel der Kapelle überschauen. In der Mitte des Thales zieht sich ein Weg zum Meere an einem anderen bethürmten Mirador vorüber, dem des Pí sec, in Windungen hinab. Derselbe verbindet sich bei der Playa del Guix mit dem an den Seiten mit Strandkiefern, Eichen, Palmen und Bellombras bestandenen Fahrwege, der, einerseits allmählich ansteigend, zur Estaca, andererseits am Meere entlang, zur Halbinsel der Foradada führt.

Geht man dagegen von der Kapelle des Beato Ramon westwärts, so gelangt man unterhalb schroffer Felsenwände, in deren Einschnitten mächtige Kiefern wachsen, zu einer Höhle mit einem

Unterhalb Miramar.

breiten Exeder, zu welchem zwischen riesigen Myrten die kleine Font de s'Hermitanet von der Felsenwand herabrieselt, nachdem sie vorher eine mit Palmen umstandene Terrasse bewässert hat. Eine Stufentreppe führt zwischen Agaven zu derselben hinauf. Geht man aber weiter nach Westen, so kommt man unterhalb der Atalaya de Valldemossa an einer anderen Höhle vorbei zum Mirador de ses Pitas, der auch von der benachbarten Carretera sehr leicht zu erreichen ist. Auf einer senkrechten Felsenwand stehend, geniesst man hier einen überraschenden Fernblick. In der Mitte blickt das Haus der Estaca hervor, und namentlich im Frühjahr, wenn die Weinberge in frischem Grün erglänzen, gleicht es einer Perle in einer smaragdenen Schale. Vom Mirador de ses Pitas gelangt man zu der Atalaya, auch Atalaya de la Trinidad genannt. Der Bau derselben wurde im Jahre 1600 beschlossen. Im Jahre 1606 verpflichtete der Gobernador der Insel die Universidad zur Tragung der Baukosten, welche sich auf 195 Libras 8 Sueldos beliefen. Es ist ein runder Wachtthurm mit einigen Häuschen, umstanden von Celtisbäumen. Unten ist eine Terrasse, die von gelb blühenden Violen, von Garrovés del Dimoni und Eichen umrahmt ist. Der Thurm, in dem Zustande wie zur Zeit der Torreros erhalten, weist eine zu ebener Erde gelegene und eine obere, gewölbte Kammer auf, zu welcher ausserhalb eine hölzerne Treppe führt. Eine andere Holztreppe leitet zu der oberen Terrasse, von der aus man die Küste überblicken kann, von der Torre del Verger bis zu jener von Deyá.

Verfolgt man vom Mirador de ses Pitas den Weg westwärts, so gelangt man zur Font des Poll, einer mitten im Walde liegenden Quelle, dann zur Cova de s'Ermitá, einer der grössten Höhlen bei Miramar mit ziemlich kleiner Oeffnung, vor der ein wilder Oelbaum steht. Ein künstlich geschaffener Pfad führt dann in Stufen hinauf zu einem Thürmchen, Es Mirador Nou genannt. Hier kann die Umgebung nach allen Richtungen überschaut werden, denn nicht nur seewärts, sondern auch landwärts gegen die Carretera zu sieht man die waldigen Abhänge, sowie die Einsiedelei und die die nächste Kuppe krönende Atalaya vor sich liegen. Nur die unteren Weingelände sind unsichtbar, um so besser sind sie aber von dem darunterstehenden Mirador im Schatten einer aus dem Felsen emporgeschossenen Strandkiefer anzuschauen. Hier hat man den ganzen östlichen Theil derselben vor Augen. Ein Waldweg verbindet diesen Mirador mit dem Hauptwege der Weinberge, dem Camí de sa Marina, der bei der schon erwähnten Barrera sich von der Fahrstrasse abzweigt und in vielen Windungen durch ein steiles Waldthal zur Estaca hinabführt. Dort unten scheint man in eine andere Welt versetzt zu sein, denn bei dem grossen Unterschied in der Höhenlage ist es hier viel wärmer, und namentlich die Buschwaldvegetation hier viel üppiger als oben. Riesige Mastixsträucher und Alaterne wuchern an allen Ecken, und dichte, hochstämmige Strandkiefernhaine sind namentlich in der Thalmulde zu finden. Eine für sich abgeschlossene Gruppe bilden die Weinberge, die mit ihren unzähligen, sorgfältig bebauten Terrassen das Auge des Beschauers erfreuen. Auf diesen Bergen wächst der trefflichste Malvasia- und Moscatel-Wein. Die Stöcke des ersteren werden in Weinlauben an Oelbaumpflöcken festgebunden und hoch gezogen, während letztere nur an Pflöcken, meist von Erdbeerbaum, befestigt werden. Das Haus steht auf einer kleinen Erhöhung. Bei demselben endigt die vom Guix kommende Carretera, welche den östlichen Theil der Weinberge und dann eine mitten im Walde gelegene, in viele Terrassen eingetheilte Feigenpflanzung durchzieht. Das Haus ist von mir im Jahre 1878 nach sicilianischer Bauart aufgeführt worden, hat eine grosse vordere Terrasse mit einem Rebendach, das von weissgetünchten Rundsäulen getragen wird, und zwei obere Terrassen. Alle Räume sind gewölbt, wozu Marés-Steine verwendet sind, die von der Südküste mittelst Barken zum Guix und von hier zur Fahrstrasse hinaufbefördert worden. Unten befindet sich der Keller, von welchem eine breite Treppe in die Mitte der Eingangshalle hinaufführt. An den Seiten desselben sind zwei Cisternen, von denen die an der Terrasse gelegene Trinkwasser hat, die andere aber, welche von den nahen steilen Wegen (de Canrec) Zufluss hat, solches zu gewerblichen Zwecken liefert. Die Lage ist wirklich bezaubernd: ringsum lachende Weingärten, hin und wieder durch Johannisbrodbäume unterbrochen, und oberhalb des Hauses eine Palmenterrasse, im Osten die sphinxartige Foradada weit in das Meer vorspringend, im Westen die Punta de s'Aliga, im Süden der steile waldige Abhang und oben wie ein Adlerhorst auf den Felsenwänden der Mirador de ses Pitas, im Norden das grenzenlose Meer. Von der vorderen Terrasse aus kann man auf den kleinen Caló schauen, wo gegen 14 Hütten stehen, zu welchen ein steiler Pfad an einem kleinen, von einer gypshaltigen Quelle bewässerten Garten und an einer tiefer gelegenen, trinkbares Wasser liefernden Quelle vorbei hinabführt. Aus letzterer Quelle schöpfen besonders die Fischer ihren Wasservorrath. Stundenlang kann man hier in diesem abgeschlossenen Winkel ruhen, ohne von Jemand gestört zu werden. Wenn man oben im Saale sitzt und nach drei Richtungen das zu Füssen liegende Meer überblickt, wähnt man sich auf einem dahinsegelnden Schiffe; umherfliegende Möwen vervollständigen diese Täuschung. Man lässt dann wohl allerhand Bilder aus fernen Zonen in seiner Phantasie aufsteigen, und wenn man schliesslich aus seinem Traume erwacht, so preist man sich glücklich, in diesem gesegneten Erdenwinkel weilen zu dürfen.

Gehen wir von der Quelle von Miramar hinauf gegen den Wald zu, so kommen wir in ein schattiges Thal, reich an Obstbäumen und epheuumrankten Terrassen, wo unweit stämmiger Nussbäume die krystallhelle Quelle des Beato Ramon entspringt. Es ist dies die beste Quelle der Umgebung; sie speist zwei Safareix. Etwas weiter oben führt ein Serpentinweg zur Cova des Beato Ramon, einer kleinen, von alten, echten Pinien umstandenen Höhle im Felsen. In letzterer befindet sich ein Reliefbild, welches den Seligen Ramon Lull darstellt, wie er seine Werke der heiligen Jungfrau mit dem Kinde zu Füssen legt. Es ist dies die Höhle, in welche sich, wie wir bereits sahen, der Selige zurückzuziehen pflegte. Ein hölzernes Kreuz oberhalb der Höhle bezeichnet schon von Weitem ihre Lage. Von hier aus zieht sich ein breiter Weg durch den Wald von Miramar gegen die Einsiedelei zu. Rechts geht ein Seitenweg zum Mirador des Tudons, von dem man Miramar überblicken kann. Dann folgt jenes der Waldeinsamkeit, von dem man ringsum nur den dichten, mit Bartmoos versehenen Eichenwald und einen Theil der in das Meer vorspringenden Foradada sieht. Dann kommen die Cova des Contrabandol, eine kleine, von Eichen beschattete Höhle, sowie die Ermita de Sⁿ Juan, eine grosse, viereckige Mauerumzäunung. In derselben wachsen ungepflegte Bäume in wirrem Durcheinander. Auch steht in der Mitte derselben ein kleines, dachloses Häuschen. Daneben befindet sich eine andere, oval gestaltete Höhle mit oben vorspringenden Steinen (Pedras escupidoras), in der man noch das Häuschen, die Wege, die Cisterne, die Bänke, ja noch einen alten Mandelbaum der alten Einsiedelei sieht. Wenige Schritte davon entfernt ist der Mirador des Ermitans, ein breiter Felsen, von dem man, aus der Waldeinsamkeit kommend, in entzückendster Weise die Foradada zwischen Eichen, im Hintergrunde, Miramar, Son Marroix und die Spitze des Puig Mayor überschaut. Steigt man von den alten Ermitas ein Stückchen tiefer, so kommt man zum Puig del Verger, in welchem sich eine kleine maurische Kapelle mit einem marmornen, die heilige Familie darstellenden Reliefbild befindet. Von hier aus geniesst man die umfassendste Aussicht auf fast alle Häuser von Miramar. Von dieser Stelle führt ein Weg zur Hospederia hinab. An der Bassa des Porcs und der kleinen Höhle Cova Busquera vorüber gelangt man von den alten Ermitas zum Bufador des Ermitans, einer Felsenspalte, welcher im Winter warme, im Sommer sehr kühle Luft entströmt. An der Seite derselben sind Tische und Bänke zum Ausruhen aufgerichtet. Derartige Spalten giebt es in Miramar noch zwei: die eine nicht weit von hier, die andere am Wege zum Gulx. Von hier führt ein ebener Weg zur Einsiedelei.

Bevor wir die Ermita betreten, seien erst einige Worte über ihre Geschichte vorausgeschickt. Wenn auch nicht authentisch erwiesen, so ist es doch wahrscheinlich, dass, nachdem Philipp II. im Jahre 1601 das Haus und Gut von Miramar verschenkt hatte, einige der darin wohnenden Einsiedler sich in der Nähe niederliessen und vielleicht die Einsiedeleien gegründet haben. Die Ruinen stehen noch, wenn diese nicht gar schon älteren Ursprungs sind und bereits zur Zeit Castañeda's einzelnen Einsiedlern als Aufenthalt gedient haben. Nach dem Chronisten Paborde Terrasa zog sich einer der Einsiedler, welche aus zwingenden Gründen im Jahre 1601 Miramar verlassen musste, Namens Fr. Julian de la Madre de Dios, in die Einsiedelei von Nuestra Señora del Refugio des Schlosses von Alaró zurück, wo er eine Zeitlang allein lebte. Im Jahre 1640 gesellte sich zu ihm ein junger Mann, Namens Juan Mir, der, im Jahre 1624 in Alaró geboren, schon im 16. Lebensjahre sich dem Einsiedlerleben widmete und 1644 in feierlicher Weise professirte, wobei er den Namen Juan de la Concepcion annahm. Kurz darauf starb Fr. Julian. Mir aber entschloss sich, einerseits veranlasst durch den Tod seines Collegen, wodurch er sehr niedergeschlagen war, andererseits um dem zu starken Andrange der Besucher dieses Platzes aus dem Wege zu gehen, eine andere Stelle aufzusuchen, was er auch mit Erlaubniss des Generalvicars der Diöcese im Jahre 1646 ausführte. Er zog nach Miramar, besuchte die verschiedenen Einsiedeleien und betete in der dortigen Kirche, dass die heilige Dreifaltigkeit ihn in seinem Vorhaben erleuchten möchte, worauf er der Ermita von Sⁿ Pablo und Sⁿ Antonio den Vorzug gab, weil in derselben ein Altar vorhanden war. Hierauf zog er nach Valldemosa, bossend, er würde dort die Mittel zur Ausführung seiner Pläne finden. Thatsächlich wurde er, als er zur Anhörung der Messe in die Karthäuser-Kirche eintrat, von den Mönchen, und namentlich vom Pater Dⁿ Miguel Monserate Geli, auf das Freundlichste aufgenommen. Unter dem Schutze des Letzteren, der sein Beichtvater wurde, und mit Hülfe der in der Ortschaft gesammelten Almosen konnte er bald zur Einsiedelei von S⁂ Pablo und S⁂ Antonio zurückkehren, wo er auch seinen Aufenthalt nahm. Bald gesellten sich zu ihm mehrere fromme Männer, welche mit ihm zusammenlebten. Allen war er in seinem Tugendwandel ein gutes Beispiel. Sie bildeten so eine neue Einsiedlergemeinde, die noch fortbesteht. Mir liess von D⁂ Miguel Monserrate eine Ordensregel abfassen, die im Jahre 1670 in Palma gedruckt wurde. Nach derselben leben die Einsiedler noch heutzutage. Allem Anscheine nach haben schon in damaliger Zeit alle Einsiedler Mallorca's diese Regel befolgt, indem sie eine Art Congregation bildeten, wiewohl sie an verschiedenen Punkten der Insel weilten. Als ihr Oberhaupt erkannten sie den Superior von Valldemosa für die Einsiedelei von S⁂ Pablo und S⁂ Antonio an. Die gesunde und angenehme Lage von Valldemosa brachte es mit sich, dass diese Einsiedelei besonders für alte und kränkliche Einsiedler sich geeignet erwies. Mir starb am 12. Juli 1688, nachdem er 48 Jahre seines Einsiedlerlebens fromm und gottesfürchtig verbracht hatte. Die Einsiedler verblieben in der Einsiedelei von S⁂ Pablo und S⁂ Antonio, die nach der Grundsteinlegung der neuen Kirche im Jahre 1703, welche an die Stelle des ursprünglichen Altars von S⁂ Pablo und S⁂ Antonio trat, ihren Namen mit jenem der Concepcion de Maria Santisima vertauschte.

An ein mit Cypressen bepflanztes Plätzchen stösst die Einsiedelei. Der Eingang in dieselbe erfolgt durch eine viereckige Thür mit kleinem Vordache, das von einem Kreuz überragt wird, auf dessen beiden Seiten abermals zwei Kreuze sich befinden. Ziehen wir an einem Glockenzuge mit hölzernem Griffe, so erklingt nach kurzer Pause eine dumpfe Stimme von innen und spricht: „Ave Maria purisima". „Sens pecat concebuda" ist die Antwort, und die Thür geht auf. Ein Mann, in Folge der Askese hohläugig und die Stimme dumpf, als wenn sie aus dem Grabe käme, steht in brauner Kutte vor uns; es ist der Superior und gleichzeitig Koch der kleinen Gemeinde. So wirkt derselbe in doppelter Weise; für den Geist und für den Körper, aber in letzterer Beziehung nur mäfsig, denn die braven und bescheidenen Leute nehmen sehr wenig Nahrung zu sich. Gegenwärtig wohnen deren acht dort; alle sind sehr arbeitsam. In neuerer Zeit haben sie aus ihren eigenen Reihen die schon verwaist gewesene Einsiedelei von Ternellas bei Pollenza wieder bevölkert. Ihren Unterhalt erwerben sie mit Arbeiten in Gemüsegärten, mit der Pflege von Oelbaumterrassen und durch Brennen von Kohlen. Gleichzeitig sammeln sie Almosen, namentlich Naturalien, von den Bewohnern der benachbarten Ortschaften ein. Letzteres geschieht jedoch nur, wenn ihnen die Nahrungsmittel ausgegangen sind. Sie sind auch in vielfachen Beziehungen sehr geschickt und können deshalb etwaige Reparaturen an ihren Gebäuden u. s. w. selbst vornehmen. So verrichten sie u. A. Maurer-, Tischler-, Schuster-, Schneider-Arbeiten u. s. w.

Kehren wir nun zur Schilderung der Einsiedelei zurück. Die Eingangshalle ist mit Fayencebildern und allerhand Gemälden behängt, welche phantastische Darstellungen der Hölle, des Teufels, des heiligen Anton u. s. w. aufweisen; auch ist ein ehemals die Kirche von Miramar schmückendes Portrait, den Padre Mir, in der Gestalt eines graubärtigen Greises mit Kutte darstellend, vorhanden. Von der Eingangshalle gelangt man, ein paar Stufen hinaufsteigend, in einen kleinen, schön gepflasterten Hof, wo links ein Brunnen mit der Aufschrift Jesus Maria und dem Datum 1713 steht. Der Brunnen liefert gutes Wasser. In diesem Hofe erhebt sich dem Eingange gegenüber die Kirche mit einer viereckigen Thür, einer Fensterrose und einem einfachen Glockenbogen. Der Abputz ist in den Fugen mit Steinchen ornamentirt. Das Innere zeigt eine schlichte, und zwar doppelte Kappenwölbung, sowie drei zopfige Altäre, einen Hochaltar, welcher der heiligen Dreifaltigkeit gewidmet und mit einer schlechten Nachahmung des Bildes von Miramar und mit einer Statue von Maria Empfängniss versehen ist, ferner zwei Seitenaltäre. Der Boden ist mit Azulejos gepflastert. Die früher an den Seiten befindlichen modernen Chorbänke sind vor einigen Jahren, als die Wölbung der Kirche mit vergoldeten Leisten und Rosetten verziert wurde, in einer Art von Empore über dem Eingange und an den Seiten untergebracht worden. Zu diesen Chorbänken haben die Einsiedler direct von ihrer Wohnung aus Zutritt. Häusig pflege ich ihrem um 2 Uhr Nachmittags stattfindenden Chor beizuwohnen. Die guten Einsiedler singen hierbei unter Harmonium-Begleitung einige Stücke. Das Wohngebäude steht vor der Kirche; in demselben ist zur linken Seite ein Gang mit einem hübschen, neu gewölbten Speisezimmer, in welchem ein Tisch und ein

Lesepult stehen, denn während des Essens liest einer der Einsiedler eine Episode aus dem Leben eines Heiligen vor. Wenn sie Verlangen nach Wasser oder Brod haben, sprechen sie nicht etwa, sondern geben dies durch einen oder mehrere Schläge des Messergriffes auf den Tisch kund. Neben dem Speisezimmer befinden sich ein Rebost und in einem kleinen anstossenden Felsengehöft die Küche mit Lavadero und Backofen. An der Hinterseite der Kirche ist ein Gang mit Tonnengewölbe und sechs Zellen angebracht. Letztere sind sämmtlich klein und äusserst einfach. Auch befindet sich hier eine kleine Bibliothek mit asketischen Schriften. Rechts vom Haupteingange findet man die alte Ermita mit zwei Betten. Diese wird jetzt als Hospederia zum Uebernachten benutzt. Weiter rechts folgen ein altes Kapellchen, dann das Stallgebäude und die Werkstätten, in welchen die Einsiedler Handarbeiten verrichten. Durch den Stall gelangt man zu einem Hortet mit einer unbedeutenden Quelle und Safareix. In diesem Garten wird Safran und Gemüse gebaut. Rund um die Ermita herum giebt es Terrassen, die von Weinlaub umrankt sind. Vor dem Garten-Eingange steht die alte knorrige Murta de sa Beata, der Ueberlieferung nach aus der Zeit der seligen Catalina Tomás stammend. Von diesem Baume pflücken sich die Leute Blätter ab und bewahren sie als Andenken. Am Ende desselben ist ein Mirador mit Aussicht auf den Vorsprung der Mola de Planicia und einen Theil eines Hauses aus den Weinbergen der Estaca. In diesen Weinbergen steht auch ein Häuschen für bestrafte Geistliche.

Drei Wege führen von der Ermita durch Eichenwald hinab. Der eine leitet an der etwas tiefer gelegenen Cella Veya, einer etwas unregelmässig umzäunten, unbewohnten Einsiedelei, vorüber zur Hospederia; der andere Weg ist steiler, aber kürzer; auf diesem gelangt man nach Son Galceran. Der Dritte ist der Hauptweg und führt, etwas bergab gehend, bis oberhalb von Can Costa.

Lohnend ist ein Besuch des Hochgebirges von Miramar, der Atalaya Vella. Von Felsenkamm zu Felsenkamm, in der Nähe des Peñal Blanc oberhalb der alten Einsiedelei, ist wohl ein Pfad dorthin vorhanden, der jedoch selbst für Ziegenhirten sehr gefährlich ist. Wir wollen daher lieber den guten Reitweg von Son Moragues benutzen.

Je weiter man hinaufsteigt, um so entzückender wird die Aussicht auf das Thal von Valldemosa und Umgegend, dann auf die nur durch einige Hügel unterbrochene Fläche mit der Erweiterung gegen Son Ferrandell und Son Oleza in der Mitte, vom Barranc des Port durchfurcht. Vor dieser Erweiterung, gegenüber dem Hause von Son Bauzá, verengt sich das Thal etwas. Durch den Comellar oberhalb Son Gual führt, an der Font de s'Abenrada vorüber, der Weg zur Montaña und zur Ermita hinauf. Dort oben biegt man links ein, und nun führt uns der Cami de na Torta zu den beiden weit vorspringenden Spitzen der Montaña de Son Moragues gegen das Thal zu, von wo man einerseits gegen den Estret, andererseits gegen Son Olera und das Meer zu prächtige Aussicht hat.

Verfolgt man dagegen den Hauptweg weiter, so gelangt man hinter einer Barrera an einen breiten Bergkessel, der von vier Höhen umgeben ist; links erheben sich Es Plá des Pouet und S'Atalaya Vella, rechts Es Puig de s'Ermita und Es part d'en Miguel. Hier befindet sich ein kleiner Brunnen mit einer Bassa für die Schweine. In der Mitte ist ein Eichenwald und das Häuschen des Pouet mit einer danebenstehenden alten Tenne. An der Bassa und Comellar de sa Teulada vorübergehend, streift man eine abgeflachte Thalsohle, deren Vorhandensein man, von unten kommend, gar nicht ahnt. Steigt man aber zur Rechten hinauf, so kommt man zum Puig de s'Ermita, die sich innerhalb des kleinen Corral für die Schafe befindet. Hier überschaut man die ganze Insel gegen Westen zu, vom Thale von Valldemosa bis zur Bahia de Palma. Man hat die Stadt, Bellver, die Sierra de la Burguesa, die Mola de Son Noguera, das Cap del Llamp von Andraitx, den Puig d'en Galatzó, die Mola de Planicia, Son Buñola und die Punta de s'Aliga vor Augen. Vor der kleinen, theilweise natürlichen Höhle der Ermita steht ein steinerner Tisch, beschattet von einem kleinen Eichenbaum. Das durch drei Fenster erleuchtete Innere zeigt niedrige Stalaktithöhlen und ist durch eine Wand in zwei Abtheilungen getrennt, von denen die hintere zwei steinerne Ruhestätten für die Einsiedler und einen kleinen Pfeiler enthält. Vor dem Eingange stehen zwei kleine Bassins zur Aufnahme des Wassers aus einer Quelle. Von der Doppel-Erhöhung der Atalaya Vella, wovon die bedeutendere 868 m über dem Meere liegt, hat man Fernsicht auf der einen Seite auf den Plá de sa Romaguera de Son Moragues, auf die Ebene, S^a Salvador, auf den Puig de Randa, Cabrera, Cap Blanc, die Bahia de Palma, das Thal von Valldemosa, die Mola de Planicia, hinter welcher ein Stück der Mola de s'Escrop emporragt, den Puig de Galatzó, die Punta de la Vangelica und ein Stück der Dragonera, auf der anderen Seite aber auf Deyá, auf das unten liegende Miramar, Son Marroix, Lluchalcari, das Cap Gros de Soller, den Cavall Bernat, die Höhen von Balitx, den Puig Mayor und die steinige Felseneinöde des Teix.

Um nun nicht zurückzukehren, kann man dort, wo eine Scheidewand Son Gallard und Son Moragues trennt, durch das Thal des Estret de Son Gallard hinabgehen und hat dann einen Rundweg um das Gebirge gemacht. Durch Wald führt der Pfad zwischen steilen Felsenwänden des Estret. Man sieht hier in der Mitte, gleichsam als Thalsperre, einen Felsen, der eine kleine Höhle enthält.

Sa Cova de s'Ermita de Son Moragues.

Wenige Schritte weiter sieht das Haus von Son Gallard. Dieses, in alter Zeit zu Miramar gehörig, wurde von Gallard angekauft und war eine Zeitlang Wohnstätte seiner Nichte, der seligen Catalina Tomás. Noch vor wenigen Jahren zeigte man hier einen Orangenbaum, unter welchem sich die Selige stets ihr Haar gekämmt haben soll. Der Stamm des eingegangenen Baumes wird noch im Hause aufbewahrt. An der rechten Seite dieses Hauses mit Rundbogeneingang ist eine kleine Kapelle. Dem Style nach zu urtheilen, ist dieselbe neueren Datums. Das jetzt Dr Fausto Gual de Torrella gehörige Haus hat einen kleinen Hof, welcher bis zur Fahrstrasse hin mit Opuntien bewachsen ist. Hinter diesem, etwas vernachlässigten Hause sind zwei kleine Wasserquellen. Sehr schön sind die Oelbaumpflanzungen unterhalb Son Gallard, zu beiden Seiten der von uns einzuschlagenden Fahrstrasse gegen Deyá. In einem Thalgrunde liegt das neue Haus der Casas Novas, oberhalb des Thales der Barranc, von Felsenabstürzen umgeben, mit prächtigen hohen Pappeln im Grunde, dessen Torrent Son Gallard von Son Marroix trennt. In einer Höhle der Felsenwände seitwärts von Son Gallard, Sa Cova des Morts genannt, sieht man noch in Kalk aufbewahrte

Knochenreste, die, wie man sagt, zur Zeit einer Seuche dorthin geschafft worden sind. Der Weg geht nunmehr ziemlich stark bergab; rechts oben sieht man Son Rullan hervorblicken, dessen wir später noch gedenken werden, und erreicht bald darauf Son Marroix, das östlichste Haus von Miramar.

Son Marroix oder Son Mas Roix de sa Foradada, wie es in den Urkunden genannt wird, ist das am schönsten gelegene Haus Mallorca's. Die Foradada hat man hier zu Füssen. Das Haus von Son Marroix, zu welchem ein doppelter Fahrweg führt, ist, wie der Spitzbogen der Eingangshalle, ein Renaissancefenster im kleinen Hofe und der dicke viereckige Thurm bekunden, ziemlich alt. Der Ueberlieferung nach sollen hier die Mauren ihren letzten Frauenraub in Deyá ausgeführt haben. Neben dem Hause wachsen einige alte Celtisbäume, Belhombras, Eucalypten und zahlreiche Palmen. Hinter einem sehr grossen, von Palmen und Lorbeerbäumen beschatteten Abeurador, in welchen das Wasser aus einem kleinen Safareix fliesst und sich in einen zweiten ergiesst, befindet sich ein Gärtchen mit Mammillarien und Yukkas. Von diesem gelangt man auf einer eisernen Wendeltreppe innerhalb einer Hausruine auf die von einem Marmorgeländer umgebene Terrasse des grossartigen Aujub. Zu diesem führt in seiner ganzen Länge eine breite Gradinade hinauf. Ein Seitenbalcon von Eisenconstruction gewährt einen Einblick in den sonst nur durch eine mittlere runde Oeffnung in der Wölbung erleuchteten Raum, in welchen das Wasser hinabrauscht. Dieses wird von einer Quelle geliefert, die etwas höher, unweit der Fahrstrasse, durch einen tiefen Tunnel fliesst und sich in einen Safareix ergiesst. Das Schönste von Son Marroix ist sein Mirador, wo ein elegantes ionisches Tempelchen aus weissem carrarischen Marmor sich erhebt. Hier überblickt man die ganze, in grossartigem Bogen sich hinziehende Landschaft von Miramar, die Hospederia, Miramar, Son Gallard, mit dem Estrellthale bis zu dem hoch emporragenden Son Rullan und dem nahen Hügel des Castellás und das zauberhafte blaue Meer. Unterhalb des Hauses bei der grossen Sala de Ultramar finden sich Gartenterrassen und weiterhin Cactusfeigenpflanzungen. Doch wir schreiten vom Mirador nach unten weiter seewärts zwischen Felsen hindurch und gelangen nach dem Mirador de sa Foradada, einer mit guten Bänken umgebenen natürlichen Erweiterung am Saume des Felsenkammes, in dessen Mitte ein breiter Tisch steht. Der gebogene Stamm dieses Tisches stammt von einem Oelbaume. Noch schöner als vom Mirador aus übersieht man hier die gesammte Foradada. Namentlich bei Sonnenuntergang, wenn der Spatz seine Stimme von den Felsenfirsten hören lässt, das Gejauchte der Seemöwen und der Cormorane ertönt und der Fischadler die Gegend umfliegt, weilt man hier gern. Das Auge ergötzt sich an den blinkenden Segelschiffen oder den dahinfahrenden Dampfern. Man vermag kaum zu fassen, wie dem Auge so viel Genüsse landschaftlicher Formen und Farbenpracht auf einmal geboten werden können, denn das Meer ist ultramarinblau und die Foradada purpurroth und wirft ihren schwarzen Schatten in die durchsichtige Fluth. Nicht minder grossartig ist der Anblick an stürmischen Tagen, wenn Welle auf Welle an dem Felsenrücken brandet und machtlos in Cascaden von Schaum zurückprallt. Tief, düster, ja unheimlich ächzt der Bufador in der Felsenspalte der Foradada wie Kanonendonner, wenn er die Wellen schlürft, und nahe ober uns hören wir mächtigen Flügelschlag von den Geiern im Gebirge. Zwischen einem Felsenkamme geht der Weg zur Foradada hinab. Rechts von einem dieser Felsenkämme, Es Mirador des Single, überblickt man die tiefer liegende Marina. Etwas tiefer stösst man auf den Weg zu den Höhlen. Man lässt nämlich den Weg zur Foradada rechts liegen, tiefer hinab durch den Strandkiefernwald sich hinziehend, in zwei Wege ausläuft, die sich beide schliesslich mit der vom Guix kommenden Carretera verbinden. An dem einen ist ein grosser, runder Mirador, von dem man wunderschön die hier nunmehr nahe Foradada übersieht. Eine fast ebene Strecke führt zu der Cami de ses Covas, dem kleinen Mirador de se Ferradura, von wo man zum ersten Male die Höhlen sieht. Dieselben sind schöner, als jene von Miramar. Vereinzelt sieht in den Felsspalten ein Feigenbaum. Ein Stufenweg zieht sich durch das ehemalige Bett des Torrenten die Höhlen entlang. Am Saume der von Mastixsträuchern umwucherten Felsenwände und der Caseta de sa Guarda vorbei führt ein Weg mit umfassender Aussicht zum Mirador de sa Foradada zurück.

Der schönste Ausflug von Son Marroix ist aber der zum nahen Castellás. Der Hügel ist unten mit Oel- und Johannisbrodbäumen, sowie mit einigen Pinien, weiter oben mit Eichen und

Strandkiefern bewachsen. Auf der flachen Anhöhe wachsen junge, gepfropfte Oelbäume. Hier ist der schönste Aussichtspunkt der Insel, denn man kann die ganze Nordküste von der Dragonera bis zur Torre Picada von Soller übersehen und hat zu seinen Füssen die Ausbuchtung von Miramar, sowie das gesammte Thal von Deyá. Das Ganze stellt das grossartigste Bild vor, das man sich ausdenken kann. Das grenzenlose Meer dient hierzu als würdiger Hintergrund. Eine kleine Höhle in rostfarbigen Abstürzen gegen Westen zu nennt man Sa Cova des Morts. In geringer Entfernung von den Castellás liegt Son Rullan, wohin man von Son Marroix aus durch Oelbaumpflanzungen gelangen kann; vortheilhafter ist es aber, von den Casas Noves aus, an dem Hort von Son Rullan vorbei, hinaufzusteigen. Das burgähnliche Doppelhaus von Son Rullan hat nichts Bemerkenswerthes. Rechts von Son Rullan ist La Moleta, links oben der Serral. Ein steiler, gepflasterter Weg führt in Windungen von Son Rullan hinab in das Thal von Deyá.

Verlässt man Son Marroix, so führt ein Fahrweg, bergab, auf steinigem Boden, durch ein Coma genanntes Thal und erreicht hinter einer Verflachung einen Steinvorsprung, auf dem die Torre de Deyá sich erhebt, und die Pedrisa, das erste Haus zu Beginn des Thales von Deyá. Die Aussicht auf das Thal und auf die Lehne von Lluchalcari, vom Cap Gros de Soller und den Höhen der Moleta begrenzt, und dahinter die Berge der Montaña de Balitx und des Puig Mayor de Soller, ist hier besonders schön. Von der Pedrisa geht ein gepflasterter Stufenweg bergan zum dazugehörigen Hort, bei der Cala hinab, von der später noch die Rede sein wird. Von hier ab führt die Strasse stets bergab mit der schönsten Aussicht auf das Gärtchen-Thal von Deyá, mit dem in der Mitte vorspringenden, durch die Kirche geschmückten Puig und dem felsigen Bergkranze des Teix. Eine Häusergruppe mit einem runden Vertheidigungsthurme in der Mitte bietet sich uns jetzt dar, Son Bauzá genannt. Zur Rechten, mitten in einem Olivenhain, liegt Cas Paxeré. Stets bergab gehend, gelangt man gleich zu Anfang der Ortschaft von Deyá neben einer auf einem Felsen stehenden Mühle, aber von der Quelle des Moll gespeist wird, auf die neue Strasse gegen Soller zu, während der alte Fahrweg in dem Thalgrunde von Can Renou vorbei nach der unteren Ortschaftsgruppe von Deyá hinabführt. Rechts dagegen führt bei Can Quet vorüber ein neuer Weg im Thale des Moll hinauf nach Can Borrás, und jetzt hat man die Ortschaft von Deyá in der Höhe des Porcho erreicht.

Deyá hat viel Aehnlichkeit mit Soller, übertrifft aber dieses an Wasserreichthum, denn es hat Quellen und Giessbäche in Uebermaass. Die Häuser liegen mitten zwischen Orangen- und Obstgärten verstreut, und wenn die unmittelbare Umgebung mitgerechnet wird, so beträgt die Häuserzahl 281; mit über 800 Einwohnern, während Deyá selbst nur 272 Einwohner in 74 Häusern hat. Die grössere Häusergruppe liegt in der Thalmulde am Fusse des Puig, am Ausgange der alten Fahrstrasse und an der Seite eines Stufenweges; die andere Hauptgruppe in der Nähe des Porcho, ein sog. Ayuntamiento-Gebäude, bildet nur eine Art Gasse. In neuerer Zeit sind viele neue hübsche Häuser gebaut worden; überhaupt herrscht in Deyá ein gewisser Wohlstand, denn eigentliche Arme giebt es hier nicht, vielmehr hat ein Jeder sein eigenes Häuschen und ein Stück Land.

Zwei Stufenwege zu beiden Seiten führen zu dem theils terrassirten, theils felsigen, überall mit Oel- und Mandelbäumen bewachsenen Puig hinauf, und zwar geht der eine durch die vorerwähnte Gasse beim Porcho an dem neu erbauten Nonnenkloster, der andere an der einstigen Posada des Moll vorüber. An die Kirche, welche ganz oben auf dem Puig steht, ist das Pfarrhaus angebaut. Hier kann man das ganze Kesselthal gegen Westen zu überblicken. Die alte Kirche bestand schon im 15. Jahrhundert, brannte aber später nieder, und 1760 ist die neue, bedeutend vergrösserte Kirche eingeweiht worden. Dieselbe zeichnet sich durch Einfachheit aus und hat eine Fensterrose und ein schmuckloses Portal. Der zur Rechten der Kirche stehende alte Thurm mit Rundbogenfenstern ist im Jahre 1578 als Zufluchtsort und Vertheidigungsplatz gegen die maurischen Seeräuber erbaut worden. In dem Thurme war ein Wachtposten aufgestellt, während die Gläubigen in der Kirche versammelt waren, damit er das etwaige Annähern oder die Landung eines verdächtigen Schiffes an geeigneter Stelle melden könne. In späterer Zeit ist er aber als Glockenthurm verwendet worden. Derselbe ist mit Terrassengang und einem Kuppelchen, welches 222 m über dem Meere liegt, versehen.

Die Umgebung von Deyá ist nach allen Seiten hin anmuthig und schön. Zu der in südlicher Pracht üppigen Vegetation denke man sich den Gebirgskranz des Puig de Can Prom, des Teix, der Montaña de Son Moragues de Deyá und des Puig Gros des Moll, die unten sämmtlich

Aus Deyá.

mit Oel- und Johannisbrodbäumen, höher hinauf mit Eichen und Strandkiefern bewachsen, ganz oben aber klippenstarr und kahl sind, so kann man wohl sagen, dass nirgends auf der Erde der Gegensatz so gut gewählt und zugleich so harmonisch in die Augen springt, wie hier. Im Thal von Deyá stehen mehrere Häusergruppen. Mitten im Walde liegen halb versteckte, friedliche Wohnungen, von der Welt abgesondert und unbelauscht.

Die dicht bei der Ortschaft stehenden Possessionshäuser Son Canals und Son Moragues gewähren eine hübsche Aussicht auf das Thal und das ferne Meer. In dominirender Lage erscheint das alt aussehende Haus Can Fusimany mit einigen Lorbeerbäumen in der Nachbarschaft. Von

Die Wassermuhle in Deyá.

hier kann man die von Nuss- und Kirschbäumen umstandene Häusergruppe, das Recó, erreichen. Die mächtige Font des Recó stürzt in einen Giessbach hinab, bildet mehrere Cascaden und setzt weiter unten eine Mühle in Bewegung. Hier herrscht selbst im heissesten Sommer eine angenehme Kühle. Der Recó besteht aus schwarzen, dicht neben einander gebauten Häusern. Gern möchten wir hier länger Rast halten, aber noch andere Schönheiten warten unserer. Wir suchen jetzt den

Moll auf, der an Wasserreichthum den Recó noch übertrifft. Hoch oben steht ein Haus. Dasselbe hat etwas Alterthümliches und Malerisches, während ihm das starke Rundbogenthor, die breiten Balconfenster und das vortretende Dach ein herrschaftliches Aussehen geben. In der Nähe des Hauses entspringt eine mächtige Felsenquelle. Sie gehört zu den grössten der Insel, bewässert verschiedene Terrassen des Hort und giebt zwei Mühlen Wasser zum Betriebe.

Von Moll führt ein Stufenweg durch das steile Thal nach Son Bullan hinauf. Zur Rechten liegt das Haus von Can Borrás, während zur Linken sich die Anhöhe des Castellet des Moli zeigt. Ein gepflasterter Fussteig führt zu einem thurmartigen Schlösschen.

Gehen wir durch das Thal nach dem Meere zu, so können wir von zwei Seiten aus zum

Castellet des Moll.

Puig gelangen; der eine Weg führt an Son Bauzá vorbei, der andere durch Son Bujosa. Wir wollen den ersten hinab- und den zweiten hinaufsteigen. Wenn man Son Bauzá verlassen hat, so führt der Weg steil hinab. Man überblickt den felsigen Vorsprung des Puig, der auf dieser Seite mehrere Aushöhlungen darbietet, von denen eine den Namen Cova de Belem führt. Zur Rechten ist ein tiefes Thal, wo der Torrent des Pont de la Massa oder que va a sa Cala, der mehrere Zuflüsse hat, eine tiefe Schlucht bildet. Schwindelerregend ist es, von den felsigen Wänden herabzuschauen, und der Name Gorch d'Infern ist äusserst bezeichnend. Auf der anderen Seite von Con Canals, der hier angrenzt, breitet sich eine ungeheuer grosse, aber unzugängliche Felsenwelt aus. Dann kommen breite Marjadas, die dem Gemüsebau gewidmet sind; der Torrent trifft beim Pont de sa Cala mit dem anderen kleineren, welcher jenseits des Puig herabströmt, zusammen. Die Abhänge sind hier beiderseits terrassirt und baumreich. Man kommt an mehreren, mit Palmen umstandenen Häusern und an Can Caleta vorüber; letzteres hat einen hölzernen, mehrstöckigen runden Thurm, mit Wendeltreppe im Innern. Vorstehende Felsen bilden eine Ausbuchtung mit dem hohen Peñal del Segol. Durch den Torrent getrennt, ist der Hort de Can Merric sichtbar, und das Thal mündet, sich zwischen grauen Felsen verengend, bei der Cala de Deyá aus, welche Marina genannt wird. Der zweite Weg steigt am rechten Abhange des Thales empor, ist aber steil und holprig. Man geht den Torrent de Son Bujosa entlang, lässt das gleichnamige Haus mit viereckigem Thurm und zwei Portalen am Ende einer bepflanzten Verflachung liegen und gelangt zu dem schönen Orangengarten Verger von Son Canals. Jetzt hat man die von Deyá nach Soller führende Fahrstrasse erreicht.

Verfolgt man die neue Carretera gegen Soller zu, so durchwandert man eine der anmuthigsten Gegenden der Insel. Man umgeht das Thal und hat dabei eine Uebersicht auf den Oelbaumhügel der Kirche und die Torre de Deyá. Oberhalb des Weges liegt Cal Abat (Haus des Abtes), eine malerisch gelegene Häusergruppe, aus der ein alter viereckiger Thurm emporragt, zu dem zwischen zwei Pfeilern mit Kugeln eine Fahrstrasse in mehrfachen Schlängelungen hinaufführt. Im Hintergrunde des von einer Mauer mit pyramidalen Zinnen umgebenen Hofes steht eine alte Kapelle. Letztere ist als eine halb öffentliche zu betrachten, da in derselben manchmal Messe gelesen und das Fest des S⁺ª Bernat darin alljährlich gefeiert wird.

Am Torrent entspringt neben schattigen Ulmen eine wasserreiche Quelle, die zu dem Hause von Son Beltran hinfliesst. Dieses mit viereckigem Thurm und Wurfluken versehene Haus ist einfach gehalten, aber mit Orangen und einem hübschen Blumengarten umgeben. Gleichzeitig hat man hier eine herrliche Aussicht auf das Meer und die Cala de Deyá. An dieselbe angebaut ist das Haus von Cas Puigserver, zu welchem grosse Baumschulen mit allerhand Blumen gehören. Mit den Erzeugnissen aus dieser Baumschule wird ein lebhafter Handel betrieben. Auf den Fahrweg wieder zurückkehrend, erblickt man, rechts gehend, bald das lachende Linchaleari oder Es Carré, das im Besitze mehrerer Palmesaner Familien ist. Zur Linken einer von einer Häusergruppe gebildeten Gasse steht ein Kirchlein, welches als Oratorio publico der Nuestra Señora de los Desamparados (Mare de Deu dels Desamparais) gewidmet ist. Es hat einen Glockenbogen und Giebelvordach; das Innere ist ein von Spitzbogen getragenes Tonnengewölbe. An dem Altar der Kirche befindet sich ein eigenthümliches Bild der Mutter Gottes auf Leinwand. Dasselbe stammt aus dem Jahre 1688, während das Kirchlein selbst aber wahrscheinlich älter sein dürfte. Die Ortschaft, wenn die wenigen zur bequemeren Vertheidigung gegen die Mauren neben einander gebauten Possessionshäuser so genannt werden dürfen, hat drei viereckige Thürme. Der höchste Thurm ist jener von Can Paloni. Schlägt man den anderen Weg, mehr gegen Soller zu, ein, so gelangt man an die Cá d'Amunt, die schönste der drei Besitzungen des Carré. Vor dem Hause mit bedachtem Thurm und dem von achteckigen Säulen getragenen Dervan befindet sich eine schöne Weinlaube. Daneben fliesst, von oben kommend, eine Quelle. Alle Besitzungen des Carré erhalten nämlich das Wasser von Son Coll. Die ergiebige Quelle entspringt in einer Thalvertiefung. Der alte, theilweise gepflasterte Weg zieht sich nun eine Strecke lang bergab. Auf diesem Wege kann man die Gebirgslehnen mit dem Vorgebirge des Cap Gros und den Rücken der Moleta übersehen. Auf letzterem liegt mitten zwischen den in Felsenspalten grünenden Oelbäumen das gleichnamige Possessionshaus. In den kahlen Abstürzen befindet sich eine kleine Höhle, welche einst dem Fr. Bartolomé Catañy als Aufenthalt diente. Dieselbe steht noch gegenwärtig in grossem Ansehen. Nach mehrfachen Windungen auf einem Sattel angelangt, entfernt sich der Weg vom Meere, zieht sich landeinwärts und kommt an dem grossen Hause von Can Bleda vorüber. Zur Rechten erheben sich Can Prom und Can Mico, zwei ausgebaute Häuser mit ungleich hoher Bedachung und achteckigen Säulen als Dervan-Stützen, die eine lange Front bilden. Auf der breiten Terrasse erheben sich hohe Palmen. Dort, wo der Weg nach Can Prom hinab führt, liegt an dem alten Wege nach Soller zu das alte Oratorium von Castelló. Dasselbe, im 17. Jahrhundert erbaut, hat ein von einem einzigen Bogen gestütztes Tonnengewölbe, ist jetzt baufällig und deshalb verödet. Das sich von darbietende Panorama wird immer schöner: man sieht auf die Gebirgsthäler von Soller, die sich von dem hohen Puig Mayor in der Reihe der Sierra de Alfabia hinziehen.

Links liegen einige von Oelbäumen umgebene Häuschen und ein kleines mit Pomeranzenbäumen bepflanztes Thal. Dann stösst man auf mehrere Gypsgruben, wo der Gyps gleich gebrannt und gemahlen wird. Der Weg führt weiter den Hügelabhang entlang, und nach kurzer Strecke liegt vor uns das Thal von Soller. Links sieht man Son Angelats mit einer hohen Palme liegen, und in mehrfachen Schlängelungen, vielfach in Stufen eingetheilt, führt der Weg ins Thal hinab nach Soller.

Unbestreitbar ist Soller die schönste Ortschaft der Insel, ja, man kann ruhig sagen, eine der schönsten der Welt, denn Alles findet sich hier in schönster Vereinigung: landschaftliche Schönheit der Umgebung, Fruchtbarkeit des Bodens, grosser Wasserreichthum, balsamische Luft mit dem sonnigen Himmel, und mildes, gesundes Klima. Durch den hohen Gebirgskranz ist die Gegend vor Winden geschützt. Nur ist die Atmosphäre im Winter etwas feucht zu nennen. Die peinlichste Reinlichkeit in der Ortschaft und die zuvorkommendste Freundlichkeit ihrer Bewohner vereinigt sich mit den Annehmlichkeiten, welche das nahe gelegene Meer und der Hafen der Nordküste gewähren. Ja, es ist einer jener Orte, die man lieb gewinnen muss und die Wanderlust gern aufgiebt, nur um daselbst in ungestörter Ruhe verweilen zu können.

Die Ortschaft hat 4932 Einwohner und 1069 Häuser und liegt ziemlich inmitten eines breiten, flachen, sich gegen Norden, meerwärts öffnenden Thales. Ringsum bis nach oben stehen Oelbäume. Im Westen ragt die Gruppe des Puig del Teix empor, die sich nordwärts in der Montaña de Cap Prom verlängert, im Süden die Sierra de Alfabia und im Osten die Anhöhen des Puig Mayor, welcher sich von der kaum 40 m über dem Meeresspiegel liegenden Thalsohle mehr als 1400 m emporhebt und an den sich meerwärts die Montaña de Balitx anschliesst. Südwestlich und südöstlich liegen die beiden Pässe zum Thale, jener des Coll de Soller, wo der Fahrweg nach Palma führt, und jener des Barranc, wo der steile Stufenweg nach Lluch abgeht. Gegen das Meer und gegen das Thal zu springen kalksteinige Hügel vor, so dass in der Thalsohle das Meer nicht sichtbar ist. Das sich den Augen darbietende Farbenspiel auf diesen Höhen ist in der That prächtig, namentlich das Alpenglühen gegen Sonnenuntergang oder zur Winterszeit, wenn die Sonne die schneebedeckte Spitze des Puig Mayor wie einen Diamant glitzern lässt und sich im dunklen Laub der Orangenbäume spiegelt. Soller selbst ist sehr dicht bebaut. Die Gassen sind meist eng, vielfach ungerade und gepflastert. Die bedeutenderen sind die drei Zugänge, nämlich die auf die Fahrstrasse von Palma führende Calle de Palma, die nach Fornalutx führende Calle de la Luna und die zum Hafen führende Calle de la Mar, welche den Hauptplatz winkelförmig einschliessen. Die Häuser Sollers sind fast alle Rohbauten, ohne jeglichen Abputz, und viele derselben haben nur eine Dachneige (Aygovés). Die Mehrzahl der Häuser ist dreistöckig; es giebt aber auch vierstöckige; viele haben eine Rundbogenthür, andere sind mit Alero, einzelne oberhalb der Eingangsthür mit einem Dachvorsprung versehen. An den Häuserwänden kann man viele Nischen mit Heiligenbildern sehen. Dem Aussehen nach lassen alle Häuser auf eine gewisse Wohlhabenheit der Einwohnerschaft schliessen. Gern schaut man in die Entradas, zu denen manchmal Treppen mit hölzernem Geländer hinaufführen. Hier hat sich das Auge an den Orangengärten erfreuen. Die in allen Farben gefärbten und zum Trocknen aufgehängten Baumwollgarne verleihen den Gassen ein gewisses festliches Aussehen. Ein Zug gewisser Zufriedenheit lacht aus jedem Gesichte entgegen, und die am Webstuhl beschäftigten Weiber lassen fröhliche Lieder erschallen. Die Ortschaft wird von einem Flüsschen, welches die abgefallenen Pomeranzen in grosser Menge mit sich führt, durchzogen. Seine Ufer gewähren die anziehendsten, abwechselungsreichsten Bilder: malerische Häuser, mit Blumen bedeckte Terrassen und Gruppen von sich sanft gegen das Wasser neigenden Pappeln. Zwei Brücken führen über den Fluss: der Pont de la Plaza mit schön aus Steinen von Pedra de Saniagny. gebauten Segmentbogen und Steinmauern an den Seiten und weiter oben der Pont de Can Piol. Bei dem ersteren befindet sich die in allen grösseren Ortschaften nie fehlende Plaza de la Constitucion, die als Obst- und Gemüsemarkt, sowie im Sommer bei festlichen Gelegenheiten als Tanzplatz verwendet wird; auch wird der am zweiten Sonntage im Monat Mai stattfindende Jahrmarkt daselbst abgehalten. Diese Plaza ist ziemlich geräumig; in der Mitte ist ein für Spaziergänger bestimmter, von Bäumen umgebener, viereckiger Raum, in dessen Mitte ein Springbrunnen steht. Zur

Rechten befindet sich die Casa Consistorial und daran anstossend die Carniceria. An diesen Platz grenzt die Pfarrkirche mit ihrer Frontseite. Man glaubt, dass dieselbe bereits im Jahre 1236 von dem Paborde von Tarragona, Ferrer de San Marti, gegründet worden sei, der die Zehnten, die ihm aus dem Distrikte von Soller zufielen, als Dotation an dieselbe abgab. Wahrscheinlich hat anfänglich eine für den christlichen Cultus eingerichtete Moschee als Kirche gedient, denn die Kirche selbst ist erst 1492 eingeweiht worden. Im Laufe der Jahre hat die Kirche vielfache Umänderungen erfahren, und schliesslich wurde an dieselbe eine massive Sacristei angebaut, welche geräumig genug war, um die zur Vertheidigung gegen die Seeräuber nicht brauchbaren Leute aufzunehmen und die Geräthe und Kostbarkeiten der Kirche zu verstecken. Anfangs hatte die Kirche nur einen Eingang, dicht bei der Thür des Thurmes. Eine äussere und eine innere Hebebrücke, eine schwere eiserne Stange an der Thür und zahlreiche Riegel versperrten dem Feinde den Zutritt. Bei dem Neubau der Kirche wurden zur grösseren Bequemlichkeit des Publicums zwei Portale angebracht, die jetzt noch bestehen, wiewohl einige Male aus Furcht vor den Seeräubern das gegen den Platz zu gelegene Portal vermauert worden war. Beide Portale wurden aber stets während der Nacht streng verschlossen gehalten; erst in der Mitte des 18. Jahrhunderts, wo die Macht der Mauren gebrochen war, verschwanden die Thüren, und das Portal gegen den Platz zu wurde vergrössert. Der Bau der jetzigen Kirche, deren Seitenmauern auf den Fundamenten der alten ruhen, wurde im 17. Jahrhundert begonnen, ist aber nach vielen Unterbrechungen erst 1717 vollendet worden. Durch ein vor dem Platze gelegenes Rundbogenthor in der Umzingelung der sog. Kirchenbefestigung gelangt man zu der etwas höher gelegenen Kirche. Diese Befestigung besteht aus einem länglichen Viereck. Innerhalb desselben, in einer Ecke, steht die Pfarrkirche, deren rückwärts gelegener Theil mit der Sacristei heraustritt, überragt von dem bedachten Kirchenthurm, der sich auf der hinteren, rechten Seite der Kirche erhebt. Letzterer ist in vier Stockwerke eingetheilt, in den beiden obersten von einem Spitzbogen durchbrochen. In einer Ecke erhebt sich der alte dreistöckige Festungsthurm, in welchem die Schriften des Archivs der Corte Real aufbewahrt wurden. Die Kirche, die noch heutzutage dem heiligen Bartholomäus, sowie als dessen Mitpatronin der Nuestra Señora de Bonany geweiht ist, hat eine einfache Vorderseite mit hübscher gothischer Rose. Das Innere bildet ein 37 m langes und 15 m breites Haus, das von Spitzbogen und platten Pfeilern mit schwerfälligem römischen Knauf getragen wird. Auf jeder Seite befinden sich fünf Rundbogen-Kapellen. Die von einer Kuppel überragte Sacraments-Kapelle ist nicht unschön zu nennen und hat ein Consol mit Engelsköpfchen und zwischen jedem Fenster eine kleine Kuppel mit der gleichen Anzahl von Gurten und Fenstern. Die Hochaltarkapelle ist sehr gross. Der Hauptaltar steht auf inländischem schwarzen Marmor und ist geziert mit der Statue des heiligen Bartholomäus. Letztere ist in Neapel gearbeitet worden. Die grosse Kirche ist reich mit Stuckaturarbeiten geschmückt und strotzt von Vergoldung. In der Sacristei wird eine schöne Monstranz und ein werthvolles Kreuz gezeigt.

Hinter der Pfarrkirche liegt wieder ein Platz, die Plaza del Arrabal genannt. Geht man von der Pfarrkirche den Bach entlang, so gelangt man am Ende der Gasse, wo ein Gasthaus mit grossem Speisesaal liegt, zum Castellet, einem der hübscheren Häuser Soller's, welches dem Dichter Pons y Gallarza gehört und im Jahre 1606 erbaut wurde. In früherer Zeit war es ein Einkehrhaus für Fuhrleute. Es liegt mitten im Centrum der Ortschaft. Ein anderes freundliches Haus liegt in der Calle de la Luna; das Aeussere ist einfach, aber der Hof ist nach Art der Zaguanes Palma's von grossen Segmentbogen eingefasst, die von rothen Marmorsäulen getragen werden. In der Mitte befindet sich ein Brunnen und nebenan ein Gärtchen. Ausser der Pfarrkirche liegen im Weichbilde von Soller noch drei Kirchen. Die bedeutendste ist die des ehemaligen Franziscanerklosters, des Convento de Jesus; sie liegt am Ende der Ortschaft in prächtiger Lage. Die Mönche haben es immer verstanden, sich die schönsten Gegenden zur Anlage ihrer Klöster auszusuchen. Das jetzige Gebäude ist der Nachfolger eines älteren, 1458 gegründeten Klosters der Franziscaner-Observanten, das ausserhalb auf einem Hügel stand. Dort verblieben sie bis Mitte des vorigen Jahrhunderts. Dann fasste man den Entschluss, das Kloster an der jetzigen Stelle zu erbauen. Obgleich der Bau 1768 vollendet wurde, konnte die Einweihung der Kirche erst 1814 stattfinden. Sie stellt ein schmuckloses Gebäude dar. Zur Linken tritt eine kleine Kapelle vor.

Im Innern sind auf jeder Seite fünf Kapellen. Die Hochaltarkapelle ist nischenartig gebaut und bildet einen Rundbogen. Der neu errichtete Hochaltar enthält in der Mitte die Nuestra Señora de los Angeles, welche, wie die übrigen Figuren, von dem älteren Altar stammt. Die Kirche ist jetzt Hülfskirche der Pfarre von Soller. Eine Seitenthür führt in den Klosterhof, welcher zu wiederholten Malen als Tendido für Kämpfe mit Novillos und von Hunden gedient hat. Seit der Klosteraufhebung ist das Gebäude erst als Klosterschule, dann als Kaserne verwendet worden, und neuerdings befindet sich in demselben eine Privatschule.

In der Calle del Hospicio befindet sich die kleine, schlichte Yglesia del Hospital, an deren Stelle schon 1324 ein Haus und eine Kapelle standen. Um die Mitte des 16. Jahrhunderts, wo Haus und Kirchlein als baufällig befunden wurden, unterzog man das erstere einer Ausbesserung, und das letztere wurde auf Kosten der Ortschaft neu erbaut, und zwar in Folge eines Gelübdes anlässlich eines im Jahre 1561 über algerische Seeräuber erfochtenen Sieges. Der Bau wurde im Jahre 1571 vollendet, und die Kirche ist der Nuestra Señora de la Victoria, sowie dem heiligen Pontius und Georg geweiht. Das in derselben befindliche Bildniss der Mutter Gottes stammt von einem Einsiedler, der sich nach Sta Catalina zurückgezogen hatte.

Als um die Mitte des 16. Jahrhunderts die Verehrung des vergossenen Blutes Christi eingeführt wurde, stand Soller in der Feier dieses Festes stets obenan. Im Jahre 1556 wurde das Bildniss angeschafft und am Donnerstag der Charwoche, gleichwie in Palma, in feierlicher Procession umhergetragen, weshalb die Feierlichkeit dieses Tages in Soller wie in Palma den Namen Procesió de la Sanch erhielt. Im Jahre 1829 wurde, da das alte Oratorium des Spitals baufällig war, der Grundstein zu einem Neubau gelegt. Da die Verehrung für die Sanch stets zunahm, stellte man ihr Bildniss am Hochaltar auf, während jenes der Nuestra Señora de la Victoria auf einem Seitenaltar seinen Platz fand. Die andere Kirche Soller's, ein gothisches Oratorium mit Balkendach, ist modernen Ursprungs und gehört zu dem für Mädchenerziehung bestimmten Collegium der Madres Escolapias. Nebenbei sei die Casa de Caridad erwähnt, welche von Nonnen von Sn Vincenz und Paul geleitet wird und ebenfalls ein Privat-Oratorium für das Haus enthält.

Die nächste Umgebung von Soller, die Huerta, gehört zu den schönsten der Insel. Nach allen Richtungen ist sie von Bächen durchrauscht, mit Orangenbäumen umgeben. Die hauptsächlichsten entspringen in dem Thale von Fornalutx und in jenem des Coll, welche sich dann zu dem gemeinsamen Torrent de la Mar verbinden. Die ergiebigsten Quellen sind die Font de s'Alqueria del Compte und die Font de s'Olla. Auch eine Mineralquelle ist vorhanden, deren Wasser aber etwas eisenhaltig ist. Die Wirkungen dieses Wassers auf den menschlichen Körper sind bisher nicht genügend erprobt worden. Das Wasser aus diesen Quellen wird in Leitungen angesammelt und dient schliesslich zur Befruchtung der Ackerflächen, wozu man die verschiedensten Vorkehrungen getroffen hat, als da sind: Hohlziegel (bei uns Drainröhren genannt), Leitungen mit Azulejos mit Fiblas u. s. w. Diesem Wasserreichthum verdankt auch Soller jene Ueppigkeit des Pflanzenwuchses. Der Humus in der ganzen Umgegend Soller's ist von ausgezeichneter Beschaffenheit. Dadurch, dass die Schafe des Nachts auf der Weide bleiben — natürlich unter den nöthigen Vorsichtsmaßregeln — werden diese Flächen besonders ergiebiger Natur. Bäume aller Art wachsen hier in Hülle und Fülle, und zur Zeit der Ernte reichen oft die Aufbewahrungsorte für die Früchte nicht hin. Theilweise wird der Boden auch zum Gemüsebau verwerthet. In neuerer Zeit hat man mit dem Anbau von Zuckerrohr begonnen. Dasselbe gedeiht auch recht gut. Die Grundstücke sind meist mit Mauern umgeben. Fahrwege durchziehen die Huerta in hinreichender Anzahl; ausserdem giebt es viele, bisweilen gepflasterte Saumwege.

Wir wollen nun die Abhänge jenseits des Klosters aufsuchen. Entzückend ist die Aussicht über das Thal mit den isolirt stehenden Häusern der Huerta. In der Mitte sieht man den Häuserknäuel von Soller und in der Ferne im Osten Biniaraix und Fornalutx. An dieser bevorzugten Stelle sind auch bereits einige zierliche Vergnügungshäuser erbaut worden. Das grösste und schönste Haus des Thales von Soller ist Son Angelats; bedauerlich ist nur, dass man hier keinen Blick auf das Meer hat. Diese Besitzung, Dª Catalina Villalonga Zaforteza gehörig, liegt dominirend in der Erweiterung des Thales am Fusse des von Deyá herabkommenden Stufenweges. Das Haus ist in modernem Style erbaut und durch eine vor demselben stehende Palme kenntlich. Letztere verleiht der Landschaft, von der Terrasse aus gesehen, einen orientalischen Charakter, und unwillkürlich denkt man sich in das alte Solar mit seinen Moscheen und den blinkenden Minarets zurückversetzt. Die Glocke läutet zum Abendgebet, welchem Rufe die Ortsbewohner in christlicher Weise nachkommen. Die Sierra de Alfabia glüht im Abendschimmer, und tiefe Schatten lagern sich schon in den Schluchten des Barranc und auf den Costas de Fornalutx. Wer ein irdisches

Cas Chamairo bei Soller.

Paradies erschauen will, der eile auf die Terrasse von Son Angelats. Auf einer anderen Terrasse übersieht man das ganze Thal gegen den Hafen zu mit den Häusern der Huerta. Das Innere des Hauses ist einfach, die Zimmer und Säle sind aber gross und im Sommer von labender Kühle. Die ergiebige Quelle, welche bedeutend zu dem Reichthume dieses gesegneten Thales beiträgt, entspringt im Thale des Coll de Soller. In der Nähe von Son Angelats erreicht der von Deyá herabkommende Stufenweg die Thalsohle.

Einen ungefähren Ueberblick über den Reichthum des Thales von Soller kann man sich machen, wenn man zu dem nur eine halbe Stunde entfernten Hafen geht. Dorthin führt ein in der Mitte des Thales, ziemlich dem Torrent entlang laufender, guter Fahrweg. Zu demselben gelangt man durch die Calle de la Mar und überschreitet bei einem kleinen Kreuze eine Brücke, den Pont de la Batalla, so genannt wegen der hier von dem Capitan Angelato ausgefochtenen Kämpfe. Unweit von hier liegt Can Tamañy, deren Valentes Donas sich einst mit einer Thürstange tapfer gegen die Mauren vertheidigten. Die alte hölzerne Barre, nunmehr ganz wurmstichig, wird noch in Can Alcover aufbewahrt und an Festtagen, mit Blumen geschmückt, im Processionszuge als Siegeszeichen umhergetragen. Eine Steinbrücke (Pedras pasadoras) führt über das Flüsschen, hinter

Pont de la Batalla bei Soller.

welchem sich der Weg gegen Can Bleda und Deyá abzweigt. An den Lehnen der Moleta schlängelt er sich nach oben. Auf beiden Seiten des Thales rücken hierauf die Höhen einander näher und verengen das Thal. Rechts befinden sich in dem Kalksteinhügel der Mola reiche Steinbrüche (Pedreras), die das Material für Thürpfosten, Stufen u. s. w. abgeben. Nebenan, an der Ecke des Hügelvorsprunges der Mola, liegt das Castillo del Puerto de Soller, aus dem 16. Jahrhundert stammend. Die Verwüstung, welche der Corsar Dragut im Hafen von Soller im Jahre 1542 dadurch angerichtet hatte, dass er die Einwohner beraubte und das Oratorium von Sta Catalina zerstörte, liess den damaligen Gouverneur von Mallorca, Dⁿ Felipe Cervellon, auf Mittel sinnen, wie einem zweiten Ueberfalle vorgebeugt werden könne. Zu dem Zwecke wurden im Jahre 1543 das Schloss und die Vertheidigungswerke erbaut. Diese leisteten sehr gute Dienste, als es sich am 11. Mai 1561 um die Verhinderung der Ausschiffung des von Occhiali befehligten Maurenheeres im Hafen von Soller handelte. Die Artillerie des Schlosses vereitelte damals thatsächlich die Landung im Hafen, aber an einem anderen Punkte der Küste, an welchem die Mauren gleichzeitig die Ortschaft überfielen, richteten sie ein grausames Gemetzel an. Man kann sagen, dass die Feste, sobald die Seeräuber ihre Ueberfälle einstellten, seine Wichtigkeit verlor.

Das Schloss ist nach hinten zu ein runder Thurm, der in drei Etagenhöhen Schiessscharten aufweist, eine äussere Treppe und eine kleine Holzbrücke hat. Ueber der Thür sind die Wappen von Soller und Aragon mit der Jahrzahl 1543 angebracht.

Eine Kammer mit Kuppelwölbung dient als Soldatenwohnung, von welcher eine Wendeltreppe zur Wohnung des Gobernadors hinabführt. Unten befindet sich der Calabozo. Vorn

Castillo del Puerto de Soller.

gegen das Meer zu auf einem kreisförmigen Geschützstande mit Terrasse stehen noch jetzt drei eiserne demontirte Kanonen. Hinten wird das Schloss durch eine hohe Mauer mit Schiessscharten geschützt, und durch eine Wurfluke wird der Eingang geschützt.

Die Strasse steigt nun allmählich; unterhalb derselben stehen einige Häuser und eine kleine Werft, auf welcher meist Fischerboote gebaut werden. Der Fahrweg zieht sich vom Castillo am Meeresufer entlang, den fast kreisförmigen Hafen umschreibend, bis zur Spitze, welche ihn im Osten abschliesst. Im östlichen Theile des Hafens, wo am schattigen Ufer ein durch das Thal fliessender Torrent ausmündet, liegt in reizender Lage, unweit des Meeres, das Possessionshaus der Casa des Port. Charakteristisch ist der auf einen quadratischen Felsen gebaute alte Thurm mit Dach und Wurfluken. Setzt man den Weg auf der Fahrstrasse gegen den Hafen am Molo zu fort, so erreicht man hinter dem Torrent de sa Casa des Port, an Strandkiefern vorüber, wo neben einer grossen Porchata Boote gebaut werden, die kleine, ca. 30 Häuser zählende Ortschaft des Port. Diese bequem und gut gebauten Häuser stehen sämmtlich in einer Reihe an der Fahrstrasse und der Hügellehne und werden meist von Fischern und Seeleuten bewohnt. Am Ende dieser Häuserreihe liegt in der Nähe von Schenken und einer Wartehalle die kleine Kirche von Sⁿ Ramon des Port oder Sⁿ Raimundo de Peñafort. Dieses öffentliche Oratorium ist nahe dem Felsen gelegen und diente der Ueberlieferung nach dem heiligen Ramon de Peñafort als Landungsplatz, als er um die Mitte des 13. Jahrhunderts von Mallorca nach Barcelona hinüberfuhr, dabei seinen Mantel als Segel benutzend. Glaubwürdigsten Angaben nach wurde das Kirchlein zu Anfang des 17. Jahrhunderts gebaut, zeigte aber bald so viele Mängel, dass es schon 1769 umgebaut werden musste. Das mit einem Glockengiebel versehene Gebäude sieht auch heute noch sehr schlicht aus; es hat ein Tonnengewölbe, und der in Renaissance-Styl gehaltene Hochaltar ist mit dem Bildniss Sⁿ Ramons und Darstellungen aus seinem Leben geschmückt. Eine neuere Statue der Virgen de la Salud steht in grosser Verehrung. An Sonn- und Feiertagen wird dort Messe gelesen, welche die Insassen des Puerto bezahlen. Fast dem Kirchlein gegenüber springt der Molo vor, wo die Küstenfahrer Schutz zu suchen pflegen. Die Fahrstrasse führt bis zu einem kleinen Sanitätshause und verlängert sich weiter bis zur Punta de sa Creu mit dem gleichnamigen Leuchtthurm. Von letzterem, sowie von dem Hafen wird noch bei Gelegenheit der Küstenschilderung gesprochen werden. Dem Molo gegenüber, westlich von der Mündung des Torrent de la Mar und am Fusse des mit dem Leuchtthurm gekrönten Vorsprungs von Cap Gros, liegt das alte Lazareth, welches etwas in Verfall gekommen ist.

Von Port führt ein Weg auf den felsigen Abhang von Sta Catalina, der einerseits den ganzen Hafen, anderseits die jähen Abstürze der Nordküste und das weite offene Meer beherrscht. Auf demselben steht das alte Oratorium Sta Catalina. Dieses Oratorium oder dasjenige, welches an seiner Stelle stand, soll zur Erinnerung an die wunderbare Reise des Sⁿ Ramon de Peñafort und zu Ehren der heiligen Märtyrerin Catharina 1343 erbaut worden sein. Beim Fundamentgraben fand man ein Bildniss dieser Heiligen, welches in der neuen Kirche Aufstellung fand. Schon 1373 bestand bereits dort eine grosse Hospederia zur Beherbergung der Gläubigen. Die grosse Kirche war mit von Gläubigen geschenkten Geräthen und Kostbarkeiten reich geschmückt. Bis zur Mitte des 16. Jahrhunderts währte der Reichthum in diesem Sanctuarium, bis an einem Morgen des Monats Mai 1542 algerische Seeräuber im Hafen landeten, die Wächter gefangen nahmen und die Atarazana und das Sanctuarium von Sta Catalina bis auf den Grund niederbrannten. Bei dieser Gelegenheit ist auch das Bild verschwunden, und von dem Gebäude und allen seinen Schätzen war nichts übrig geblieben, als Asche- und Trümmerhaufen.

Im Jahre 1543 wurde jedoch schon mit dem Neubau der Kirche begonnen, die Vollendung erfolgte aber erst im Jahre 1574. Das gleichzeitig erbaute Haus der Hospederia diente einigen Einsiedlern als Wohnung. Zu ihrem Schutze wurde ein zweistöckiger Thurm erbaut, welcher später als Glockenthurm Verwendung fand. Bis zum 17. Jahrhundert stand das Sanctuarium in hohem Ansehen; von dieser Zeit ab verfiel es allmählich. Ein Rundbogenthor und ein gleiches Fenster mit Glockenbogen in der Mitte befinden sich in dem durch sein Alter baufällig gewordenen Thurm. Betreten wir das Innere, so sieht man von dort im Gehöft eine Cisterne. Der linke Theil wird zu Schulzwecken verwendet. Das Gebäude hat einige Kammern, die als Schlafzimmer dienen, Speisezimmer, Küche und zwei Terrassen. Neben dem Hause sind Stallungen. Stufen führen durch eine von achteckigen Säulen getragene, bedachte Wartehalle, in welcher sich die Leute aufzuhalten pflegen, welche wegen des übergrossen Besuches in der Kirche keinen Platz mehr finden können, in die Kirche von Sta Catalina. Dieselbe hat zwei Rundbogen, welche das Tonnengewölbe tragen, und ein kleines Seitenfenster, sowie einige Bilder. Der in Renaissance-Styl gehaltene Altar scheint noch derjenige von 1573 zu sein; er enthält in der Hauptnische das Bildniss des Heiligen mit den Bildern der heiligen Anna und Apollonia. Selten wird darin Messe gelesen. Ein bedachter Gang leitet zu einem kühlen Zimmer und einem kleinen Mirador mit Sitz bei einem vorspringenden Felsen, wo man herrliche Aussicht auf die Torre Picada mit dem steilen Cavall Bernat hat.

Geht man von Sta Catalina auf dem felsigen Rücken weiter, so gelangt man durch die

Coma del Single zum Single selbst hinauf. Hier sieht man eine dreifach gebrochene Mauer und die mit Kiefern bewachsenen Abstürze gegen das Meer und gleichzeitig die Felsenwände von Sta Catalina und den Vorsprung des Cap Gros mit seinem Leuchtthurme. Auf der von Opuntien umgebenen Anhöhe steht die Torre Picada, eine Befestigung, welche im 17. Jahrhundert zu dem Zwecke, die Ausschiffung in der Cala de las Puntas, welche die Piraten 1561 bei ihrem Ueberfall benutzt hatten, zu verhindern, erbaut wurde. Bis 1865 hatte die Torre Picada, die in neuerer Zeit den Namen Castillo erhalten hat, einen Militärgouverneur, im Range eines Lieutenants stehend, dann wurde sie von der Regierung verkauft. Die Torre Picada ist ein runder Thurm von 14 Varas Durchmesser mit Cordon ringsum und einer angebauten Aussentreppe. Unterhalb der Wurfluke ist ein Spitzbogen-Eingang in das Innere, das kleine Wohnungen für den Gouverneur und die Terreros enthält. Von der Terrasse aus geniesst man eine herrliche Aussicht.

Vom Hafen aus kann man die östliche Seite des Thales von Soller auch auf einem sich an der Hügellehne zwischen Oelbaumpflanzungen hinziehenden Pfade erreichen. Von der Casa des Port führt dieser Weg an dem Torrent de sa Figuera aufwärts bis zur gleichnamigen Häusergruppe, der gegenüber das Haus Can Gordo liegt. Dann folgen Cá s'Hereu mit zwei Häusern und in einer kesselartigen Vertiefung das Haus Coma; das Kesselthal wird oben von den röthlichen Abstürzen des Salt de Balitx überragt. Der Torrent de sa Figuera kommt aus dem Kesselthale der Coma zwischen nahe neben einander stehenden Felsenwänden. Auf dem Wege von der Coma nach Can Gordo begegnen wir einem Seforeix, der von zwei Quellen gespeist wird. Die hauptsächlichste, am Wege gelegene ist die Font de sa Pica, nach einem unter Felsen liegenden Waschtrog so benannt. Das Haus Can Gordo, mit runden Fenstern oben und Rundbogenthor, ist 1714 erbaut. Etwas entfernter liegen Can Puput und höher hinauf Can Buscos mit einer davorstehenden Palme, alsdann Cas Bernas und Can Bresca. An dem konischen Hügel von Cas Marquez, dessen abgeplattete Mola von einer Windmühle überragt wird, vorbeischreitend, umgeht man wieder die Abhänge mit Aussicht auf die Sierra de Alfabia und erreicht schon bei Binibasi den Abhang gegen Fornalutx.

Lenken wir unsere Schritte von Soller aus nach Fornalutx, so erreichen wir zunächst die 1 km von Soller entfernte Alqueria del Compte oder del Conde, die sich mit der Calle de la Luna verbindet. Sie bildet eine Baronia, welche früher dem Conde de Ampurias, nunmehr den Marqueses de Bellpuig und Campofranco gehört. Das 1677 gestiftete kleine Oratorium ist ein Tonnengewölbe und der Concepcion de Maria gewidmet. Das in demselben befindliche Alterbild soll aus Rom stammen. Unweit der Alqueria entspringt die Font de s'Uyet, zu welcher am Tage des heiligen Bartholomäus die Bewohner wallfahrten. Das Wasser dieser Quelle wird für das beste im ganzen Distrikt gehalten. Dort befinden sich auch die Cova des Negret und der Recó d'en Vives, welche im vorigen Jahrhundert in hohem Ansehen standen. Die Fama erzählt, dass die erstere einen kleinen Neger in sich berge, der bereit wäre, sich in einen grossen Schatz umzuwandeln, wenn jemand ihm am Samstag der Charwoche während des Absingens des Glorias eine geweihte Kerze brächte; dies sei der einzige Tag und die einzige Stunde, in welcher er sich zeige. Wahrscheinlich hat dieselbe von Juan Albertí Negret, dem die Cova einst als Zufluchtsort diente und welcher im Jahre 1605 als Gefangener in den Kerker der Stadt gebracht wurde, ihren Namen erhalten. In dem Recó d'en Vives soll dagegen während der kältesten und stürmischsten Winternächte der Gesang einer Cicade zu hören gewesen sein.

Der Weg nach Fornalutx führt weiter an dem vielfach überbrückten Torrent entlang, bei Gemüsegärten, die durch Norias Wasser erhalten, vorüber. Links am Hügelabhange zeigt sich das Possessionshaus von Binibasi. Die an diesem Hause stehenden Pomeranzenbäume liefern die besten Früchte. Binibasi, dessen Name arabischen Ursprungs sein soll, ist einer der schönst gelegenen Punkte bei Soller. Die ganze Umgebung wird durch die Fuente de Binibasi überaus fruchtbar erhalten. Weingelände auf Pfeilerterrassen, Beete mit üppigen Citronenbäumen und Palmen vereinigen sich zu einem selten schönen Bilde südlicher Vegetation. Der Weg und das Thal verengen sich, und nach Ueberschreitung einer kleinen Brücke erblickt man am Ende des Thales Fornalutx.

Die Ortschaft zählt 903 Einwohner in 265 völlig am Bergesabhange stehenden, meist einstöckigen Häusern. Die Hauptstrasse, die Calle Mayor, mündet auf dem kleinen Plaza aus. Dort steht in der Mitte ein Brunnen. In dieser Strasse steht auch die Kirche, zu der eine Gradinade hinaufführt. Nach urkundlichen Quellen ist die Kirche von Fornalutx im Jahre 1365 unter dem Namen des Nacimiento de Maria oder, wie man auf Mallorca sagt, La Mare de Deu de Setembre von den dortigen Einwohnern erbaut worden. Da dieselbe sehr klein war, wurde im Jahre 1613 ein Neubau nothwendig. Das gegen die Plaza Mayor zu gelegene Aeussere ist schmucklos, hat ein gothisches Portal in Rohbau, und dahinter steht der viereckige Thurm. Das Innere ist ein einfaches Tonnen-

Pont de la Creu bei Soller.

gewölbe mit Zwickelkappen; es hat eine achteckige schwere Kuppel, eine tonnenförmige Hochaltarskapelle und je drei Seitenkapellen in Rundbogenstyl, von denen die zweite links mit einer Kuppel versehen ist. Ueber dem Eingange befindet sich eine Empore.

So ziemlich Fornalutx gegenüber, aber am anderen Abhange des Thales, liegt Biniaraix am Ausgange des Barranc. Dasselbe liegt auf einem Hügel und ist in Folge dessen mit dem weiss getünchten Kirchthurm weit sichtbar. Biniaraix zählt 467 Einwohner und 124 Häuser und liegt 2 km von Soller entfernt. Pomeranzengärten sind hier sehr viel vorhanden. Die Häuser sind klein und dunkel und meist mit Segmentbogenthüren versehen. Die Im Jahre 1602 erbaute Kirche hat einen viereckigen Glockenthurm. Der eine ihrer Altäre ist mit einem hübschen Bilde der heiligen Catharina geschmückt, und in der Sacristei wird ein altes, mit gothischen Lettern gedrucktes Messbuch aufbewahrt.

Zu den lohnendsten Ausflügen, die von Soller aus unternommen werden können, gehört derjenige nach dem Puig Mayor de Soller oder de Torella. Zu einer solchen Parthie sind vier gute Stunden nöthig, so dass, wenn der Aufbruch frühzeitig erfolgt, mit Leichtigkeit der Ausflug an einem Tage bewerkstelligt werden kann. Bemerkt sei hierbei noch, dass man auch bis nach oben reiten kann. Wir gehen aber von jenen Höhen weiter, um auch die gegen die Küste zu gelegenen Abhänge im Norden kennen zu lernen, und, den Weg einer Ellipse beschreibend, kehren wieder zum Thale von Soller zurück.

Der Coll de Soller von Binibasi aus.

Von Biniaraix führt an den linken Thalabhängen von Fornalutx entlang ein felsiger Stufenweg nach oben, von wo man den Barranc, sowie das ganze Thal von Fornalutx mit dem gegenüber gelegenen Hause von Binibasi übersehen kann. Durch terrassenförmig angelegte Oelbaumpflanzungen, theils auf künstlichen, theils auf natürlichen Stufen des Conglomerat-Felsengesteins, zieht sich in schräger Richtung gegen den Puig Mayor zu der Pfad steil in die Höhe, hierbei einige Bäche und die Lehnen, welche nun den Namen Almarroys führen, berührend. Man wandert an einigen Häusern und gigantischen Felsblöcken vorüber zu einer Barrera, welche die Grundstücke der Cabana abtrennt, und dann durchschreitet man einen Eichenwald. Jetzt können wir die Costas de Fornalutx und das Thal von Soller betrachten und treffen dann ein grünendes Flachthal, Bonnaba genannt, wo das gleichnamige Haus steht. Auf schlechtem Pfade geht es in einem kleinen Thalbecken weiter, wo zwischen Binsen und Eichen eine starke Quelle hervorsprudelt. Man gelangt nun zu Schneegruben, welche mit Carritx zugedeckt sind, und wieder geht es in Windungen zu den felsigen Hängen hinauf. An der Barrera des Coll des Puig angelangt, hat man eine schöne Fernsicht auf die Felsenabstürze des Puig mit dem Cap Formentor im Hintergrunde. Auf dem Kamme des Berges sind Barracas (Schneehütten). Diese haben oben ein Holzdach, welches von der Carritxbedachung getragen wird. Der Schnee wird in Portadorus nach unten geschafft, welche man in Spart-Sanayas steckt; darauf legt man zuerst Asche und Salz und dann Carritx. Die höchste Spitze des Berges liegt 1445 m über dem Meere. Die Aussicht von hier ringsum auf das Meer ist eine prachtvolle und gehört unstreitig zu den schönsten Gebirgsansichten des Mittelmeeres.

Steigt man oberhalb Bonnaba mehr im Norden in die Höhe, so wendet sich der schmale

Der Puig Mayor von Cabana sus.

Pfad über den Vorsprung des Puig Mayor mit Aussicht auf das Felsenthal Es Caracolé. Hier sieht man die wegen ihrer Nässe berühmte Besitzung Moncaire liegen. Der Weg führt am linken Abhange des Caracolé und dann im ansteigenden Grunde desselben bei einer kleinen Quelle mit Tränke vorüber. Am Ende des Thales sieht man den nahe gelegenen viereckigen, mit jähem Abstürzen versehenen Puig Mayor. Ist man denselben überstiegen, so liegt eine grosse Steinwüste vor uns, deren Vordergrund mächtige Felsen bilden. Auf beiden Seiten des Thälchens liegen Bini de sa Marquesa und Bini d'en Palou. Nach Verlassen des Hauptthales gelangt man in ein Seitenthälchen mit knotigen Felsmassen, Es Plá d'en Gumbal, und durch eine Barrera an die Font de sa Vauma. Hier steht eine eigenthümliche, von einem natürlichen Felsen gebildete Hütte für weidende Schafe. Nach Passirung eines weiteren Thales lassen wir nun das tiefe Thal der Calobra links liegen und folgen dem Pfade, der sich allmählich in das Thal von Tuent hinab schlängelt.

Vor dem alterthümlich aussehenden Hause von Can Palou geht der Weg gegen die Calobra zu, und in der Mitte der Coll steht das Oratorio de S⁰ Lorenzo. Das mit Glockengiebel versehene, einfache Kirchlein ist urkundlich schon im Jahre 1322 im Bau fertig gestellt gewesen. Eine Renovirung desselben erfolgte 1791. Es hat innen ein von Rundbogen getragenes Kreuzgewölbe. In diesem Kirchlein halten die Bewohner der beiden Häusergruppen der Calobra und Tuent ihre Gottesdienste ab. Man steigt von Lorenzo in das Thal der Calobra hinab. Im Hintergrunde erblickt man hinter grauen Felsenhöhlen, welche jenseits die Calobra umschliessen, den Puig Roig von Mosa. Der Boden im Thale der Calobra ist tief dunkelroth. Die etwas weiter oben gelegenen Häusergruppen Can Termes und Can Pau haben eine gemeinsame Tafona mit einer Biga und Presse, sowie eine starke Quelle, die Font de sa Calobra. Can Pau hat einen viereckigen Thurm und liegt im Grunde der kleinen, kesselartigen Erweiterung Es Recó. Die Font de Cas Bufó bewässert einen Garten, in welchem Gemüse, Opuntien und Reben wachsen. Zwischen Felsen fliesst der

Das Thal von Soller von Bonnaba aus.

Torrent zu dem der Calobra hinab und verbindet sich schliesslich mit letzterem. In einem erweiterten Hochkessel liegt das Haus des Bosch; es folgen, nachdem sich das Thal etwas verengt hat, Plá d'en Murray und Plá des Reys. Hier wachsen Myrten, Eberschen und Orangenbäume. Verfolgt man dagegen den Torrent de sa Calobra weiter nach unten, so gelangt man durch einen hochstämmigen Strandkiefernwald zum Hafen, und ein steiler Pfad führt nun zur Torre de la Calobra oder de la Peña Roija. Hier schaut man den Einschnitt des Torrent de Pareys mit zwei vorspringenden Hügeln, welche den Hafen umgeben, und einen Theil des Calobrathales. Der im Jahre 1596 erbaute runde Thurm von 7 Varas Durchmesser mit Barbette (Brustwehr) hat eine kleine viereckige Thür. Ueber derselben sind Fenster mit Wurfluke in der nach innen erhöhten Mauer. Ein tiefer Spalt in dem grauen Felsen zieht sich vom Thurme gegen die Häuschen der Calobra zu.

Kehren wir nun nach S⁰ Lorenzo zurück. Wir gehen an dem Rücken der Mola de Tuent entlang und gelangen hinauf bis zu einer Einsattelung, in der sich zahlreiche Kalkspathstücke vorfinden. Der im Jahre 1609 erbaute Thurm Torre de la Mola de Tuent ist rund, hat 9 Varas im Durchmesser, ist mit Brustwehr gegen die Seeseite zu versehen und bietet eine herrliche Aussicht.

Der Pfad führt von Cau Palou durch Baumpflanzungen in das Thal von Tuent hinab, das letzte liebliche Thal der Nordküste gegen Osten zu, denn La Calobra ist schon viel wilder, und weiter hin scheinen die Thäler mehr gähnende, in die Felsenwüste eingehauene Scharten zu sein.

Torre de la Calobra.

In das Thal von Tuent, oben von Felsenwänden eingeschlossen, von der Kuppe des Puig Mayor überragt, mündet gegen das Meer zu rechts ein mit Johannisbrodbäumen bestandenes Seitenthal. Oben liegt der Torre dels Fonts de Tuent mit drei kleinen Häusern. Hier wachsen viele Aloës und Opuntien. Ein Thurm mit Brustwehr auf der Seeseite, im Jahre 1605 rund gebaut, ist auf der Rückseite theilweise abgebrochen. Ueberschreitet man den das Thal von Tuent durchziehenden Torrent und steigt an den jenseitigen Lehnen nach oben, so gelangt man zum Sarradell de Caspapuig. Man schreitet an jähen Felsenwänden weiter bis zu einem riesigen Absturz, an dem die Gewässer

Spuren hinterlassen haben. Zahllose herabgerollte Felsmassen sind überall zu sehen. Dicht am Wege liegt die Cova de sa Costera, eine Höhle, welche, in der Mitte von einem natürlichen Tragstein gestützt, im Verein mit den Höhen im Hintergrunde ein prächtiges Landschaftsbild gewährt. Abermals über einen Torrent hinweg gelangt man zum Felsenvorsprung Gravet de sa Costera, von wo aus man die Mola sehen kann. Im sich anschliessenden Thale liegt neben bebauten Abhängen das einsame Haus Sa Costera. Von hier aus nehmen sich die Vorsprünge der Mola besonders schön aus.

Den Weg weiter verfolgend, steigt man in Windungen zum Coll de Biniamar hinauf. Zur Rechten krönt die Anhöhe des Coll de la Seca oder Coll de Balitx die Torre Seca, und an phan-

Hinter Fornt.

tastisch gebildeten Felsen vorüber kommt man zu dem terrassenförmig eingetheilten Valle de Balitx. Letzteres war eine alte Alqueria. Das Thal hat zwei Schluchten und zwei Sattelpässe, und in der Mitte der Thalverengung liegt Balldj del mitz. Das stattliche Haus Balitx de Vell mit einem niedrigen Kapellchen daneben und einem viereckigen Thurm sieht sehr malerisch aus. Die gesammten Thalabhänge sind mit Oelbäumen bepflanzt; oben dagegen stehen Kiefern und Eichen. Balitx del midj ist ein grosses, festungsartiges Haus neueren Ursprungs. Ein Rundbogeneingang führt in das breite Gehöft mit hübscher Treppe. Der Thurm ist nicht ausgebaut. Ulmen umstehen die Quelle von Balitx del mitj, welche am Ende eines von Venushaarfarn überkleideten Tunnels krystallhelles Wasser in starken Strömen liefert. Rechts lassen wir das Haus von Balitx de munt liegen. Bald erblickt man den Coll de Soller und steigt die Oelbaumterrassen der Coma de Balitx hinab und durch reizende Gärten nach Soller.

Nachdem wir nun die Hauptschönheiten des Thales von Soller, soweit dies möglich war, betrachtet haben, verlassen wir das Thal, um unsere Schritte zu dem etwa acht Stunden entfernten Lluch zu lenken. Durch eine Thalfurche fliesst ein Bach, und grosse Steinblöcke liegen zu beiden Seiten desselben. Hat man den Sturzbach überschritten, dann kann das Auge ungehindert von Soller bis zum Hafen mit dem Leuchtthurm des Cap Gros und dem Castillo des Port und auf das weite Meer hinausschweifen. Ein Reitweg führt am Strome entlang durch die enge Schlucht. Allmählich erweitert sich der Gesichtskreis über das Thal von Soller und das Meer, und nun tritt die graue Kalksteinmasse, der Cornador, vor. Inmitten üppiger Wiesen am Fusse der Gebirge steht das von Hirten bewohnte Haus von Lofre, wo Schafe und Pferde im Sommer weiden. In der Nähe desselben entspringt Sa Font de s'Aridja, eine Quelle von klarstem Wasser, und ergiesst sich in einen Teich, welcher als Schwemme für das Vieh benutzt wird. Zu beiden Seiten des Kesselthales erheben sich kahle graue Gebirgswände, nur mit Gebüsch und Stachelpflanzen be-

Das Collegium von Lluch.

wachsen. Man überschreitet jetzt einen Sattel, hinter welchem der Weg nach dem Hochthale von Cuba und Aumelluitx führt. Von diesem Coll aus ist der kegelförmige Puig de Lofre am leichtesten zu erreichen. Für die ausgestandene Mühe wird man nun reichlich belohnt durch die Fernsicht vom Puig de Lofre. Wenn dieselbe auch nicht so umfassend ist, wie jene des Puig Mayor, so gewährt die Umgebung durch ihre Wildheit doch einen besonderen Reiz. Man schaut den ganzen Koloss des Puig Mayor mit dem ausgedehnten Thale von Aumelluitx bis zur Schlucht des Gorch Blau, das Thal von Lofre mit der Oeffnung des Barranc, das üppige Thal von Soller, den Hafen mit den beiden Leuchtthürmen und die Torre Picada, die wuchtigen Massen der Sierra de Alfabia, des Teix und zwischen beiden im Hintergrunde die Mola de Planicia, den Puig de Galatzó und die Mola de s'Escrop, dann den Comellar des Plá de na Maria und darunter den Comellar de sa Font de sa Parra, dann jenes Thal, welches sich zwischen den beiden Puigs de Alaró des Castilló und der Alcadena hinzieht, und das Thal von Sollerich, darauf jenes von Masanella, und im Hintergrunde Formentor, das Cap del Pinar, die Bucht von Alcudia, den Bec de Farrutx, die Hügel von Artá, Sⁿ Salvador, Randa und die anderen Anhöhen der Ebene, sowie die Bucht von Palma mit den beiden Vorsprüngen, die Stadt und die Höhen von Buñola. Der Puig de Lofre hat drei Spitzen, deren höchste konische Form hat und 1090 m über dem Meere liegt.

Von dem schon erwähnten Coll geht der Weg gegen Lluch in das von einem Bache durchflossene Thal von Cuba Aumelluitx. Auf beiden Seiten liegen Getreidefelder und die niederen Almhütten von Bini Morac, aus trockenen, zusammengestellten Steinen errichtet und mit Stroh oder Ziegeln gedeckt, den Bauern bei der Feldbebauung, oder wenn sie die Schafe auf der Weide bewachen und bei eintretendem Regenwetter als Unterschlupf dienend; daneben stehen zwei Tennen. Der Boden ist sehr steinig. Eine Steinmauer (Paret) bildet die Grenze zwischen Lofre und Cuba und dient gleichzeitig zur Abschliessung für das Vieh. Nun führt der Weg an dem etwas grösseren Hause Cuba am Fusse der kahlen, sich kammartig emporhebenden Kalksteinberge vorbei. Zwischen zwei Hügeln ist ein enger Pass, Sa Forodada, nach einem durchlöcherten Felsen so benannt, durch welchen ein Weg nach Comasema im Thale von Orient führt. Darauf folgen der doppelgipfelige Berg von Cuba und ein Felsenkegel gegen Aumelluitx zu. Ein Bach fliesst durch das Thal, welches nur Dorngebüsche und Carritx hervorbringt. In dem nun folgenden breiten Kesselthal stehen verschiedene Bauernhäuschen, sowie das Possessionshaus von Aumelluitx, wo grosse Guardas von Stuten und Maulthieren, sowie im Sommer auch Schafe weiden. Es ist dies eine alte Alqueria, bei welcher die Mauren eine Ortschaft gegründet hatten. Ueberreste davon und namentlich von einer Moschee waren hier bis ins 16. Jahrhundert hinein zu sehen. Etwas weiter entfernt gelangt man bei einem Wäldchen an das Haus S'Estret, während links die kahlen Vorsprünge des Puig Mayor emporsteigen. Das Thal verengt sich, und der Weg geht durch eine Schlucht, in welcher sich ein Bach Bahn gebrochen hat. Auf beiden Seiten erheben sich hohe Felsenwände, und grünblau erscheint das rauschende, krystallhelle Wasser, welches dort eine bedeutende Tiefe erreicht. Es ist dieser Bach der auf Mallorca weit und breit bekannte Gorch Blau, der hauptsächlich von der bei Aumelluitx entspringenden Font de la Roca genährt wird. Ein anderer Weg führt längs einer Felswand über eine kleine Brücke auf der anderen Seite des Baches weiter, wo Epheu die Felsen umkleidet. Ein starker kühler Luftzug herrscht beständig in der engen Schlucht. Die Strasse zieht sich dann gewunden am rechten Abhange nach oben, ein Kesselthal beherrschend. An Abhängen vorüber, ein wenig vom Kesselthale von Son Nebot entfernt, fliesst unten der Strom, der in einem Nebenarme dem Torrent de Pareys Wasser abgiebt. Die Gegend gewährt die schönste Scenerie, die man sich denken kann. In der friedlichen Stille dieses waldigen Kesselthales liegen ein paar Possessionshäuser. Den Rücken, der das Kesselthal abschliesst, überschreitend, sieht man weit über das Meer hinaus und das kahle graue Gebirge und hat einen herrlichen Rückblick auf den Puig Mayor und das Thal des Gorch Blau, und das Auge verfolgt gern die tiefe Schlucht des Torrent de Pareys.

Am Bergesabhange entlang, durch Eichenwald mit Kalksteinfelsen dazwischen, kommt man zum Possessionshaus von Escorca, einer alten Alqueria. Vier alte Eichen stehen am Eingange dieser Besitzung. Die Pfarrkirche des Distriktes Sⁿ Pedro de Escorca ist angeblich die älteste der Landespfarrkirchen. Um die Mitte des 14. Jahrhunderts wurde die Pfarre von Escorca dem Collegium der Nuestra Señora de Lluch übertragen, und die alte Kirche blieb ein einfaches Oratorium. Dasselbe ist sehr schlicht, zeigt einen überragenden Glockenbogen und ein Rundbogenportal. Die hölzerne Bedachung im Innern wird durch einen starken Spitzbogen in der Mitte getragen. Der Altar vom Jahre 1775 zeigt ein Bild auf Leinwand, den heiligen Petrus, Johannes den Täufer und Anton von Viana in Lebensgrösse darstellend. Hinter der Kirche liegt die jetzt verfallene Sacristei. Der Weg dorthin führt durch Eichenwald; weiter hin erblickt man das Meer und auch Getreidefelder. Zur Rechten erhebt sich der Puig Mayor de Lluch hoch empor, und zur Linken sieht man die weiteren bewaldeten Vorsprünge der Gebirge. Weissliches Bartmoos hängt an den Eichen. Der Weg fängt nun an bergab zu gehen, umschreibt sanft das breite Thal gegen La Calobra, und man gelangt nun allmählich hinunter ins Thal von Lluch und zu einer Quelle, welche inmitten eines Pappelwäldchens entspringt.

Am Fusse von felsigen, 525 m über dem Meere liegenden Hügeln, inmitten des grünenden Thales von Lluch, erscheint die Kirche von Nuestra Señora und die Ortschaft, welcher man den

Titel eines Pueblo oder Villa mit dem Namen Escorca verlieh, obwohl sie nur aus der Kirche, dem anstossenden Collegium, dem kleinen Estanco und noch ein paar isolirten Häusern besteht. Zunächst sei einiges Geschichtliche hierüber mitgetheilt.

Kurze Zeit nach der Eroberung der Insel durch Jaime I., um das Jahr 1239, soll ein junger Hirtenknabe, Namens Lluch (Lucas), als er seine Heerde bei anbrechender Dunkelheit durch das Thal führte, Lichter und Glanz auf dem Abhange eines der Berge von Escorca gesehen haben. Er gab einem Cisterzienser mönch, der damals Rector der Pfarre von S⁎ Pedro oder von Escorca war, sofort davon Kenntniss. Der Geistliche überzeugte sich davon, sah ebenso wie der Knabe die Lichter. Um volle Klarheit hierüber zu erlangen, begab er sich zu der erleuchteten Stelle des Berges und fand eine Statue der heiligen Jungfrau mit dem Jesuskinde auf dem Arme vor. Diese aus braunem Stein ausgehauene Figur trug ein ciselirtes Kleid mit vergoldeten Lilien, einen seltsamen Mantel und ein Scapularium von grünem Damast, mit rothen Garnituren bedeckt. Er gab sofort den Jurados und dem geistlichen Kapitel (Cabildo) des Königreichs von dieser Thatsache Kenntniss, in Folge dessen dieselben mit dem Clerus und dem Adel in feierlicher Procession zur betreffenden Stelle zogen. Die Virgen de Lluch wurde nun zur Beschirmerin und Patronin Mallorca's erhoben. Nahe an dieser Stelle wurde auf Kosten des Capitels eine kleine Kapelle gebaut. Für die Bewachung derselben ernannten sie zwei Prohombres, von denen der eine eine Militärperson, der andere ein Handelsmann war. Es währte aber nicht lange, so wurden zwei an die Kirche anstossende Wohnungen für einen Geistlichen und einen Kirchendiener angebaut. Durch milde Stiftungen und Almosen der Gläubigen wurde es möglich, das Gebäude zu vergrössern, und im Jahre 1456 wurde die Pfarre von Escorca dem Sanctuarium von Lluch einverleibt. Man stiftete dort eine Congregation von aus mallorquinischen Familien stammenden Geistlichen, welche ausser der Verpflichtung, sich dem Cultus der heiligen Jungfrau zu widmen, gleichzeitig zwölf armen in der Anstalt zu erziehenden Kindern den nöthigen Unterricht zu ertheilen hatten. Diese Anstalt besteht heute noch, und gegenwärtig leitet ein Rector, der gleichzeitig Vorsteher der Pfarre von Escorca ist, das Collegium, in welchem die Kinder Unterricht in den Elementarfächern und in Musik, namentlich im Kirchengesang, empfangen.

Zum Collegiums-Gebäude führt eine achtreihige Nussbaum-Allee, in deren Mitte sich ein Springbrunnen befindet. Zu beiden Seiten stehen niedrige Gebäude, die als Stallungen dienen, und eine von achteckigen Säulen getragene Holztreppe, unter welcher bei kirchlichen Festen die Pferde und Maulthiere der Wallfahrtspilger angebunden werden.

Ich habe solche Pilger gesehen. Sie fahren meist mit einer Galerita nach Calmari, lassen dort das Fuhrwerk, und, abwechselnd auf dem gesattelten Pferde sitzend, ziehen häufig alle Glieder einer Familie nach Lluch. An dem Orte der Einkehr knieen sie erst vor dem Tische nieder, verrichten ihre Gebete und nehmen dann, fromme Lieder singend, ihr einfaches Mahl ein. Leute aus allen Ortschaften Mallorca's, viele auch aus Palma, unternehmen solche Pilgerfahrten, nicht wenige zur Erfüllung gemachter Gelübde. So oft ich solche Leute, vom relasten und wärmsten Glauben beseelt, sah, konnte ich mich einer inneren Rührung nicht erwehren. Das alte Collegium, welches gleichzeitig als Hospederia dient, ist ein schmuckloses, zweistöckiges Gebäude, dessen Fenster nur schlecht durch morsche Läden geschlossen werden können; das milde Klima muss einen Ersatz für diesen Mangel abgeben, wiewohl es wegen der hohen Lage im Winter dort auch recht kalt sein kann. Ausser den Wohnungen für die Pilger sind in demselben Gebäude noch die Wohnungen des Rectors, der Colegiales und der Kinder, sowie der Bediensteten. Es enthält ferner einen grossen Speisesaal oder Refectorium, eine geräumige Küche etc. Der Rector und die Colegiales haben jeder einen Garten, für dessen Pflege sie zu sorgen haben. Die Erträgnisse aus den gewonnenen Producten verbleiben ihnen. Das Colegio de Lluch bezieht eine Jahresrente von 2000 Duros und besitzt noch einige Predios. Ausserdem hat man ihm die in die Sammelbüchse am Fusse der Mutter-Gottes-Statue gespendeten Almosen der Pilger und alle Einkünfte aus den unter den Gläubigen manchmal veranstalteten Sammlungen überlassen.

Das Leben im Collegium ist gewöhnlich, namentlich aber im Winter, wo nur selten Wallfahrer eintreffen, sehr einsam, und die Colegiales sind nur auf sich und die Gesellschaft der Zöglinge angewiesen. Selten kommen sie mit den wenigen Arrendadores der Umgebung zusammen. Die Geistlichen essen gemeinsam im Refectorium, bei welcher Gelegenheit das tiefste Schweigen beobachtet wird. Die Zöglinge spielen bei Tische die Dienerschaft; es sind liebenswürdige, interessante Knaben, und es macht einen eigenthümlichen Eindruck, in diesen alten Sälen die ernsthaften Geistlichen von diesen Engelsköpfchen umgeben zu sehen. Das grosse Gebäude, wo namentlich Abends der dumpfe Gesang der Geistlichen ertönt und nur selten ein Fusstritt hörbar wird, hat etwas Unheimliches, man glaubt sich geradezu in eine Gespensterwelt versetzt. Speisen muss man sich im Estanco, wenn man nicht gerade von den Geistlichen eingeladen wird, kaufen oder solche mitbringen. Für jeden Gegenstand, den man sich zum Gebrauche borgt, wie Krüge, Schüsseln, Kochgeschirr etc., muss man ein Pfand niederlegen, welches man bei Rückgabe in unversehrtem Zustande wieder erhält; wird der Gegenstand zerbrochen oder gar nicht, weil verloren gegangen, abgeliefert, so verfällt das Pfandgeld dem Collegium.

An der Seite der felsigen Hügel grenzt die Kirche an das Gebäude des Collegiums. Auf der Vorderseite ist die Kirche mit einer Fensterrose und einem Portal mit Suredas-Wappen geschmückt. Das Innere bildet ein lateinisches Kreuz, ist zierlich mit mallorquinischem Marmor verziert und macht einen ernsten Eindruck, und zwar am wirkungsvollsten Abends, wenn sich die Geistlichen und Zöglinge, sowie die anwesenden Pilger zum Rosenkranz versammeln. Ueber dem Transsept erhebt sich eine runde und über dieser wieder eine von Fenstern durchbrochene und mit kleinen Säulen verzierte Kuppel. Bemerkenswerth ist die sich verengende Hochaltarkapelle mit reicher Vergoldung. Der Schlussstein trägt die Jahreszahl 1657. Auf beiden Seiten des Transsepts liegen die ziemlich kurzen Kreuzesarme mit einem Altar zur Rechten; das Längsschiff wird von Rundbogen gestützt, die auf einem starken, von Pfeilern getragenen Gesimse ruhen. Die Kirche hat zwei Seitenkapellen und über dem Eingange eine Empore mit der Orgel. Die Mare de Deu de Lluch steht am Renaissance-Hochaltar verdeckt da; auf Verlangen wird sie aber gezeigt. Hinter dem Altar ist ein doppelter Treppenaufgang mit eisernem Geländer; sieben Stufen führen zu der Stelle, wo das Mutter-Gottes-Standbild und die Opferbüchse sich befinden. Links von der Hochaltarkapelle werden in einem Gange alle Exvotos aufbewahrt: Kleider, Matrosenhüte, Bänder und allerhand andere Sachen. In der Sacristei ist eine schöne gothische Monstranz mit Fussgestell vorhanden.

Im Osten des Collegiumsgebäudes ist ein von Mauern eingeschlossener Garten. Dem Colegio gegenüber liegt Cá l'Amidjé, ein daru gehöriges Bauernhaus und auf einem kleinen bewaldeten Hügel Son Amer. In der Mitte des Thales fliesst der von den Abhängen des Puig Mayor herabkommende Torrent de Lluch. Zwei andere Bäche entspringen in dem Figueral de Son Amer und ein dritter in dem Thale des Guix, die sich dann mit einander verbinden. Der Torrent des Pont del Guix, welcher aus dem Thale der Coma Freda kommt, fliesst dagegen südwärts gegen Campanet zu, denn ein Vorsprung von Kalkhügeln trennt die beiden Thäler von einander.

Von Lluch aus kann man nach verschiedenen Richtungen sehr schöne Ausflüge unternehmen. Die höchste Höhe der Nachbarschaft ist der Puig Mayor de Lluch oder de Masanella. Links liegt der Caragoll del Guix; wir überschreiten eine Barrera und gelangen in das Kesselthal von Coma Freda. Jetzt folgt ein wildes Hochthal, auf dessen beiden Seiten mit Carritx bedeckte Höhen emporragen. Der Puig Mayor bietet ringsum steile Abstürze dar bis auf einen kleinen Pass gegen den Comellar der Casas de Neu zu, durch welchen ein schlechter Weg führt. Der beste Pass ist auf der Westseite, Es Pas d'en Argentó genannt. Oben, gegen Osten zu, ist ein Plateau mit Trümmern der Casa de Neu d'amunt, zu welcher man am leichtesten vom Bosch de Masanella mit Maulthieren gelangen kann. Rings um das Thal ist eine Erhöhung. Man hat hier Aussicht auf das untere Thal mit dem Coll der Casas de Neu, die Thäler gegen La Calobra und Lluch mit dem Puig Roig und dem Puig Caragoll, auf das Thal von Pollenza, umrahmt von den Höhen von Ariant und dem Castell del Rey, begrenzt vom Puig Tumi, dann im Hintergrunde auf das Cap Formentor mit der Abercuixspitze, auf Cap del Pinar mit Manresa und Alcanada, auf den Vorsprung von Farrutx, die Ebene mit all ihren Höhen, die Bucht von Palma und das liebliche Gebirgsland bis Calafiguera. Schöne Steine lagern auf der ganzen Höhe des Puig de Masanella;

neben der höchsten Spitze ist ein höhlenartiger Avenoh. Auf der letzten Spitze der ziemlich flachen, in der Mitte ausgehöhlten Anhöhe des Puig Mayor, welche die zweithöchste ist (die höchste ist die nördlichste, etwa 300 m davon abstehend), befindet sich noch ein in den Felsen gehauenes Loch, von der Triangulirung herrührend, nach welcher sie 1349 m über dem Meere steht. Von hier sieht man herrlich die unteren Abhänge, die Sierra, das nahe Caimari, Selva und Mancor, die beiden Höhen von Alaró, die ganze Bucht von Palma und die reizende Sierra. Das wilde Thal von Aumellultx, durch einen konischen Vorsprung von der höher gelegenen Coma d'en Torella getrennt, ist vom wilden Puig Mayor de Soller überragt.

Wir kehren ins Thal der Casas de Neu zurück, wo eine eiskalte Quelle, die Font der Casas de Neu, liegt, unten mit einer Viehtränke. Wir kommen an Schneehütten und an der vierten, in Trümmern liegenden Casa de Neu d'amunt vorbei; daneben befindet sich ein zerfallenes Häuschen mit ein paar Marjadas zum Schneesammeln. Der Pfad führt durch Kiefernwald nach unten; man erblickt Castell d'Alaró und den Thaleinschnitt gegen Sollerich und gelangt schliesslich in der Thalsohle durch Eichenwald an der Wasserleitung der Font de Masanella vorbei zu den terrassirten Lehnen von Aumellultx.

Gehen wir dagegen von Lluch meerwärts, so erwartet uns die wildeste Scenerie dieser unbelauschten Gebirgsnatur. Gleich hinter der Kirche geht ein Weg durch den Wald, am Torrentenbett entlang, gegen das breite Kesselthal von Aubarca und führt in Windungen am Fusse des Puig de Can Pontico und Can Llobera in die Oelbaumpflanzungen des Clot hinab. Nahe am Fusse des Torrenten stehen die von prächtigem Epheu bedeckten Ruinen einer Wassermühle. Aubarca ist ein stattliches Haus mit viereckigem Thurm, der isolirt zwischen den beiden weiss abgeputzten Häusertheilen steht. Der Hofraum ist von Gebäuden umgeben. Links von der Clasta befinden sich eine verlassene Kapelle und an der anderen Seite des Hauses eine Halle mit Segmentbogen und runden Säulen mit konischen ausgebauchten Capitälen und Dockengeländer. Hinter Aubarca liegt Ses Torás mit schönem Olivar und dazugehörigem Hause. Unweit davon ist der Coll de la Yglesia oberhalb eines Vorsprunges gegen den Clot d'Aubarca, welcher eine vollkommene Ebene mit dem sie durchziehenden Bett des Torrenten bildet. Der Boden ist überall sehr röthlich, namentlich bei der kleinen Balsa, Es Cocó de sa Ram; oben gewinnt man gegenwärtig noch Kupfer. Can Pontico und Son Llobera sind moderne, weiss angestrichene Häuser, und oberhalb derselben liegt Sa Plana, an Mosa grenzend, mit Hort und Quelle. Man überschreitet zwischen Eichen den aus Mosa herabstürzenden Torrent de Son Llobera und kommt am Cas s'Escrivá, an Oelbaumpflanzungen und einem Hort mit den besten Trauben von Lluch vorüber, und sieht Son Colom mit Aujub hinter dem Hause und Son Colomí. Man geht dem Torrent entlang und durchschreitet das wilde Torrenten-Kesselthal, das unten von dem tiefen Ravin schlängelnd durchfurcht und im Hintergrunde von der Spitze des Puig Mayor überragt wird. Der Weg erreicht wieder den Torrent, die steilen Wände werden nun höher, die Scenerie grossartiger, in den Gebüschen schwirren unzählige Vögel, welche mit den summenden Fliegen die hier herrschende Stille unterbrechen. Zur Rechten bietet sich uns der Pas de Beverona dar, der nach Coscanár führt. Ein grosser Felsen im Torrent heisst Sa Peña des Burgá, nach dem links einmündenden gleichnamigen Seregaj so benannt. Hier gewährt der Torrent de Pareys, der sich dann auf einmal zu dem Entreforc verengt, einen prachtvollen Anblick.

Ein Blick nach hinten ist hier von seltener Schönheit. Die hohen, steilen Wände, auf beiden Seiten mit tiefen Höhlen und Tropfsteingebilden, geben ein wirkungsvolles Bild. Nicht weniger grossartig sind die Wände des Entreforc mit dem Torrent zur Linken, der aus dem Gorch Blau herabkommt, eine steile, enge Schlucht mit Epheu, Lorbeer, wilden Feigenbäumen und Alsternen an den Seiten, die alle aus den Felsenklüften emporwachsen. Man geht dann ein Stück auf dem steilen, theilweise im Felsen ausgehöhlten Bett bis zum Passet hinauf; an den Felsenwänden sieht man viele Pruneras bordas. Dann folgt ein ebener Seiteneingang zwischen den steilen aneinandergerückten Felsenwänden; hier herrscht ein kühler Luftzug. Nun berühren die hohen Wände einander und lassen nur eine schmale Schlucht zwischen sich, wo zwei Felsen herabgestürzt und oben stecken geblieben sind. Es ist eine der wildesten Scenerien, die man sich denken kann.

Zahlreiche Tauben girren hier, angelockt durch die Kühle der Luft. Man nennt die Stelle den Pedal Entravessat; darunter befindet sich ein tiefer Gorch; dann folgen Sa Fosca und Es Tu, wo die obere Spalte der Schlucht sich etwas erweitert. In der Tiefe hört man das Wasser rauschen. Der Torrent nimmt nun seine Richtung nach Norden; man trifft die Llosa und eine ziemlich tiefe Höhle, unten von Venushaarfarn bedeckt; grosse Felsen schauen herab, und der Torrent ist übersäet mit Felsstücken. Zur Linken zieht sich der Single des Porcs mit einer Höhle in den Felsenwänden hin, und nahe am Torrent liegt die Cova des Romiguerel; dann geht es zum Estaló hinab.

Der Entrefore im Torrent de Pareys.

Dieser wird so genannt, weil die Leute jährlich einen Kiefernstamm mit Aesten und Einschnitten hierher bringen, der gleichsam als Treppe dient und den die Winterregengüsse wieder hinwegschwemmen. Es folgt der Gorch de sa Fiquera. Der kleine Wasserfall Ses Voltas stürzt herab, und man gelangt zu einem Felsen, der den zwischen hohen Felsen fliessenden Torrenten zu versperren scheint. Unzählige Singvögel halten sich neben weidenden Schafen hier auf. Auf beiden Seiten der zerklüfteten Felsen sieht man mächtige Höhlen. Nach einem engen Felsenpass erweitert sich der Gesichtskreis, und man gelangt in eine grosse Ausbreitung mit Schotterufer, hinter welchen sich der Torrent vermittelst eines Einschnittes in die Felsenwände ins Meer ergiesst. Der Torrent de Pareys hat in schnee- und regenreichen Jahren stets Wasser, im Sommer allerdings nur auf sehr schmale, kaum sichtbare Streifen beschränkt.

Ziehen wir nun in östlicher Richtung durch die Gebirge nach dem eine Meile entfernten Pollenza. Der Weg ist anfangs fahrbar, dann geht er an einem Bache entlang, der in der Richtung des Collegiums weiter führt. Zur Linken liegt ein ausgezackter Felsenhügel, Haifischzähnen nicht unähnlich sehend, welcher gewissermafsen das hier vertiefte Thal von Lluch gegen jenes von Mosa absperrt. In Biegungen gelangen wir zum Coll hinauf; aus dem Walde ragt der Puig d'en Menut, als höchste Anhöhe, empor, das Hochthal zeigt Oelbaumterrassen, und zwischen Felsblöcken eines grauen Conglomerats wachsen Eichen hervor. Am felsigen Thalabhange durch einen natürlichen Felsenbogen und in Windungen geht es nach der Thalsenkung. Zur Rechten erhebt sich der konische Hügel der berühmten Encina de Mosa, Puig de Montevedall genannt, an dessen

Der Puig Tomi von Mortitx aus.

Fuss das gleichnamige Haus liegt. An Oelbäumen vorbei führt der Weg in eine Vertiefung und trifft am Fusse des Puig Caragoll, bei welchem sich westwärts und von diesem getrennt der 1002 m hohe Puig Roig erhebt, das Haus von Femenia. Man überschreitet ein sich gegen den Torrent de Pareys hinziehendes Thal und ersteigt den Vorsprung von Mosa mit dem Hause am Waldessaume, von dessen ummauerter Terrasse man eine schöne Aussicht auf das Thal St Coma geniesst. Auf dem nächsten Coll gewahrt man den Puig der Mare de Deu de Pollenza und das Cap del Pinar, und einige Schritte weiter hat man schon das Thal von Son March, die Fortaleza de Ambercuix, den Puig, das Cap del Pinar, die Cucuya de Farrarit z und im Vordergrunde den erhöhten Rücken des Pujol de Montaña, der felsengekrönt das Thal zu sperren scheint, vor Augen. Nach weiterer kurzer Strecke erreicht man Femenia mit dem Puig Tomi vor sich. Gegen Mortitx führt der steile Pfad zwischen Felsen hinunter. Das Thal füllt sich, da ohne Abfluss, bisweilen mannshoch mit Wasser. Bei Mortitxet, einem kleinen Bauerngehöfte, befindet sich das Gestüt von

Moritx. Statt gegen Mosa zu gehen, biegt man rechts an einem steinernen Kreuz auf Stufen ab und erblickt das Possessionshaus von Menut, ein grosses Bauerngehöft mit doppelt bedachtem und mit Wurflöchern versehenem Thurm. Unterhalb des Puig d'en Menut liegt der Coll, in dessen Nähe man schöne Aussicht auf das Thal von Lluch hat. Der Saumpfad zieht sich am Abhange des breiten Thales weiter, das von kahlen Felsen förmlich starrt, nach der lachenden Thalausbuchtung von Binifaldó hin, wo ein Bächlein zwischen den Feldern dahinrauscht. Ein steiler Pfad führt über den Coll de sa Basso auf die Höhe, von der man auf den Puig Mayor und die Vorberge bis zum Puig de Cosconár, dem Puig Roig mit dem Thale von Femenia und Binifaldó schauen kann. Am Vorsprunge des uns gegenüberliegenden Puig Mayor de Lluch liegt der Coll de Coma Freda. Auf der Spitze desselben ist ein Triangulationspfeilerchen, das 1103 m über dem Meere steht, und eine Avenchöffnung oder Felsenspalte daneben, wie es dergleichen viele in der Nachbarschaft giebt.

La Torre de Ariant.

Unser Weg führt uns von Binifaldó weiter nach Pollenza zu durch einen dichten Wald; mehrere Quellen sieht man herunterrieseln, und burgartig erscheinen die Felsen. Bald erblickt man zur Linken das offene Meer, und jetzt entfaltet sich ein prachtvolles Bild auf die Bucht von Pollenza mit dem vorspringenden Cap Formentor und die Bahia de Pollenza, links die Berge von Ariant, rechts der Puig Tomi. Vom Hause der Montaña führt ein schlechter Pfad am Waldessaume entlang und dann unten im fruchtbaren Thale „Vall d'en March" am Torrenten weiter. In der Thalebene angelangt, sieht man zur Rechten das Haus des Molinat, vor welchem an den Felsenwänden der Salt des Recó herabstürzt, und zur Linken erscheint eine Häusergruppe: die Clasta de Son March; daneben steht eine kleine Kapelle mit doppeltem Kreuzgewölbe und Renaissance-Altar. Der Boden ist röthlich, ursprünglich steinig, so dass in den Feldern viele Clapérs vorhanden sind, aber fruchtbar und mit schönen Pflanzungen bebaut. Namentlich beim Torrent sieht man viele Agavengruppen. Der Weg wird von hier aus besser, und auf einbogiger Marésbrücke überschreitet man den Strom. Von der Cova d'en Midj, in der sich ein riesiger Felsen befindet, übersieht man das Thal von Son March, Pedruxella gran und das vom Torrenten durchflossene Thal des Casals. Jetzt geht es nach Pedruxella petit und dann hinauf nach Pedruxella gran, welches zur Zeit der Eroberung ein Rahal war. Unterhalb des Hauses stehen bei einem Gärtchen einige alte, epheuumrankte Hütten, und eine Quelle fliesst in einen Sefareix, dessen Wasser einen Obstgarten befruchtet. Etwas tiefer im Thal von Pedruxella petit liegt inmitten von Oel- und Feigenbaumpflanzungen das kleine Gehöft, überragt von zwei Felsen, La Pedra Rotja und dem Castellet. In dasselbe gelangt man durch einen Rundbogeneingang; es hat Dockenfenster und einen schief bedachten Thurm.

Doch kehren wir auf den Hauptweg in die Thalsohle zurück. Der sich theilende Strom bildet vom Wasser zerrissene Inseln, die mit Eichen und einigen Fächerpalmen bewachsen sind und tiefe Becken bilden. Das Thal erweitert sich. Wir wollen den Weg nach Ariant einschlagen, um auch noch dieses wilde Gebirgsthal, das abgeschlossenste der ganzen Insel, kennen zu lernen. Die felsige, sich nach oben ziehende Schlucht heisst Es Clot d'Infern; sie führt zur Höhe des Berges der Asolayadors, von dem man weite Aussicht über die beiden Thäler von Ariant und von Mortitx, das Thal von Son March und die Berge von Femenia geniesst. Bald trifft man auch im Thale neben einem grossen Felsen die Torre de Ariant. Mit ihrem runden und bedachten Thurme beherrscht sie das Thal, das eine kleine, bei Pappelbäumen entspringende Quelle, sowie eine grössere, von einem uralten Mastixstrauch beschattet, bewässern. In der Nähe von Ariant findet man ein Eisen- und Kupfer-Pyrit-Lager, das, im Jahre 1842 schon ausgenutzt, bald darauf ganz aufgegeben wurde.

Kehren wir zu dem Fahrwege nach Pollenza, zu der Stelle, wo wir ihn bei Son Grua verlassen hatten, wieder zurück, und überschreiten die Wasserleitung, die nach dem zur Linken gelegenen Son Serra geht. Dieses ist ein grösseres Haus mit kleiner Kapelle. Im Hofe steht eine Wassermühle. Auch ist dort ein Gärtchen mit einem Springbrunnen. Bei dem durch eine Mauer umzäunten Obstgarten vorüber gelangt man zum Bett des Torrent des Molins, der bei starken Regengüssen einen Wasserfall durch die hohlen Felsen unterhalb Llinàs bildet. Zur Rechten zeigt sich uns in der Thalvertiefung, zwischen dem Berg, der Cucuya de Fartaritx, mit den bis hoch hinauf bebauten Abhängen und der Serra de la Coma neben einem Ulmenwäldchen das Haus Sa Coma de Fartaritx. Eine Steinpfostenbrücke, Es Pas den Berqueta genannt, führt über das zum Meere eilende Flüsschen. Der Weg verlässt nunmehr die Mitte des Thales und erreicht Pollenza mit seinem Calvarienhügel.

Pollenza, das seinen Namen dem alten römischen Pollentia verdankt, hat jedoch allem Anscheine nach nicht an dieser Stelle, sondern unweit des jetzigen Alcudia gelegen. Die Ortschaft hat 5023 Einwohner in 1661 Häusern. Die Lage von Pollenza, inmitten einer fruchtbaren, gut bebauten Gegend, vom Gebirge umgeben, ist eine ebenso grossartige, als anmuthige. Da es die nordöstlichste Ortschaft der Insel ist, wo Regengüsse mit Nordostwinden vorherrschend sind, so regnet es dort verhältnissmässig häufig, wodurch es auch den Namen Orinal del Cel erhalten hat. Diesem Umstande ist aber auch die Fruchtbarkeit des Landes zuzuschreiben. Bei allen diesen Vortheilen ist die Luft zwar gesund, aber nicht von gleicher Reinheit, als bei den andern Ortschaften der Nordküste, da die Ausdünstungen der Sümpfe in der Nachbarschaft sich doch etwas bemerklich machen. Pollenza ist eine der Ortschaften, wo sich der mallorquinische Charakter sowohl hinsichtlich der Sprache, als auch bezüglich der Kleidung am meisten erhalten hat, wie wir dies im allgemeinen Theil schon bemerken konnten. Nichts destoweniger verschwindet letzterer auch mehr und mehr, so dass ich keinen Mann unter 30 Jahren auffinden konnte, der noch die alte Tracht mit Pumphosen getragen hätte. Die Entfernung von Palma und die Grösse der Ortschaft haben dort ein eigenes gesellschaftliches Leben herbeigeführt, dessen Brennpunkt am meisten die Botica als Versammlungsort bildet. Hier lassen sich die Leute durch die Magd Branntwein holen, und zwar Dueño Jarabe. Dieser ist, vielleicht mehr als anderswo, La Puebla ausgenommen, das beliebteste Getränk. Dasselbe wird in kleinen, silbernen Schalen mit doppeltem Griff gereicht. Dank des Reichthums der Umgebung ist das geschäftliche Leben ziemlich rege, namentlich des Sonntags, an welchem Tage Wochenmarkt abgehalten wird. Der Jahrmarkt findet am 13. November statt. Die Ortschaft lagert sich auf dem südlichen und östlichen Abhange des Calvarienhügels, und die Felsen der Sierra im Vall d'en March dienen denselben als Hintergrund. Nach Süden und Osten zu verflacht sich der Boden und neigt sich einerseits der Ebene, andererseits der breiten Bahia von Pollenza zu. Von den meist engen, kurzen und gepflasterten Gassen ist die grösste die Calle Mayor, welche, ungleich breit, die Ortschaft durchzieht; ferner giebt es ein paar Plätzchen, die kleine Plaza de la Constitucion oder Plaza Nueva mit schlechter Casa Consistorial, etwas weiter den Mercado, die Plazuela del Asolayador mit einem Steinkreuz, von wo aus die lange Calle del Roser Vell sich hinzieht, und die Plazuela de la Almoina im Süden der Ortschaft, auf der sich ein vasenförmiger Brunnen befindet. Solche urnenartige, steinerne Fonts giebt es in der Ortschaft fünf, welche durch die ergiebigen Quellen von Ternellas, die nach Pollenza geleitet sind, gespeist werden. Das Wasser ist sehr gut, aber warm. Die Ortschaft hat drei Lavaderos; das grösste ist das am Ausgange der Calle de Cernat auf dem Wege gegen die Vall d'en March gelegene Lavadero de la Princesa. Ueberhaupt hat Pollenza grossen Wasserreichthum, und der durchfliessende Torrent der Solana führt dem Orte manchmal auch zu viel davon zu, so dass Ueberschwemmung die Folge ist. Die zweistöckigen Häuser sind meist klein; es giebt aber auch vereinzelt drei- und vierstöckige. Sie sind vielfach aus Midjans gebaut, haben einen Rundbogen oder ein Segmentthor, hin und wieder in Renaissance-Styl, und Dockenfenster; auch sind einzelne Ventanas Coronellas zu sehen. Das etwas vortretende Dach ist vielfach mit Steinen beschwert. Viele Herren der Palmesaner Aristokratie haben in Pollenza eine Posada; es sind aber meist schlichte, von den übrigen sich kaum unterscheidende Häuser.

Pollenza besitzt mehrere Kirchen. Die Pfarrkirche, links davor die kleine Plaza de la Constitucion, stammt aus dem 18. Jahrhundert. Die ursprüngliche Pfarrkirche gehörte zu den ältesten Mallorca's und wird bereits in der Bulle von Innocenz IV. von 1248 erwähnt. Die jetzige Kirche dagegen, gleichfalls der Nuestra Señora de los Angeles gewidmet, ist erst 1714 an Stelle der alten gebaut worden. Der Bau ist ziemlich gross, aber das Hauptportal ist unvollendet geblieben. An der rechten Seite befindet sich ein Thurm. Das Innere ist gewölbt. Auf jeder Seite sind sechs Spitzbogenkapellen; über dem Haupteingange befindet sich eine von zwei runden pseudojonischen Marmorsäulen getragene Empore. Die Hochaltarkapelle ist muschelförmig, und der Hochaltar enthält das Bildniss der Nuestra Señora de los Angeles und in der Mitte unter Marmorplatten die Gräber der Mönche.

Pollenza hat zwei Klöster. Von den Kirchen dient officiell die Dominikanerkirche, Nuestra Señora del Rosario genannt, noch Cultuszwecken, und zwar ist sie Hülfskirche für die Pfarrei. Die Gründung dieses Klosters erfolgte im Jahre 1578. Die Kirche hat ein Marés-Portal, einen Glockenbogen zur Rechten und ein Rosenfenster auf der Vorderseite. Im Innern sind vier Seitenkapellen. Die Kirche wird begrenzt von dem Kloster, von einem grösseren Gehöft und einem überdachten Brunnen. Seit der 1835 erfolgten Aufhebung dient das Kloster als Spital, Hospiz, Municipal-Gerichtshof und Cuartel der Civiles.

Am Ende der Calle de Montesion liegt etwas höher auf einem Platze die gleichnamige, vom Orden Jesu im Jahre 1688 gegründete Kirche. Ein Spitzbogenportal mit dem spanischen Wappen und darüber eine Fensterrose bildet den Eingang. Das grosse Innere, jetzt verwahrlost und als Magazin benutzt, hat eine Empore über dem Eingang, vier Seitenkapellen mit Tribünen und eine grosse Hochaltarkapelle, unter welcher sich eine Krypta befindet; eine andere ist unter dem Eingange. Das an die Kirche anstossende ehemalige Jesuitenkloster ist ebenfalls verwahrlost und hat einen unvollendeten Hof. Ueber dem Eingangsthore ist das spanisch-bourbonische Wappen angebracht. Das in zwei Stockwerke eingetheilte Gebäude wird gegenwärtig als öffentliche Knabenschule benutzt. Ausserdem besitzt Pollenza noch zwei Kapellen: am Ende der Calle Mayor die kleine Kirche de Sⁿ Jordi, errichtet im Jahre 1532, und auf der Strasse nach Palma, am Ende der Calle de Sⁿ Domingo, das Kirchlein des Roser Vell. Letzteres soll die erste Kirche der Dominicaner bei ihrer im Jahre 1406 erfolgten Niederlassung in Pollenza gewesen sein. Die erstere Kirche, de Sⁿ Jordi, deren Hochaltar dem heiligen Georg gewidmet ist, hat einen grösseren Anbau, die Casa de la Caridad. In derselben wohnen zumeist etwa 16 Nonnen. Die Zahl der Mädchen, welche in geräumigen Zimmern Schulunterricht geniessen, beträgt 250. Der Bau dieser Gotteshäuser ist fast derselbe, wie er bei gleicher Gelegenheit schon öfter beschrieben ist.

Nachdem wir die Kirchen Pollenza's besprochen haben, wollen wir dem kleinen Oratorium des Calvarienberges einen Besuch abstatten. Dasselbe beherrscht den Hügel der Pollenza im Norden und ist von letzterer nur 1 km entfernt. Dieser Hügel gehörte ehemals den Johannitern und hiess damals Puig d'en Porquer. Nach der Erbauung des Kirchleins wurde er Puig de Calvari genannt. Ein bequemer Fahrweg führt nach oben. Das Innere der Kirche ist gewölbt und enthält einen gemalten Altar, auf welchem sich ein altes grosses Steincrucifix mit der weinenden heiligen Jungfrau an seinem Fusse, Alles aus einem Stück gemeisselt, befindet. Dieses Kreuz soll im Jahre 1252 von einer schiffbrüchigen Mannschaft dorthin gebracht worden sein. Von dieser Zeit bis zur Erbauung des Kirchleins im Jahre 1795 stand das Kreuz, einfach umzäunt, im Freien. Das Kirchlein wird durch die Almosen der Gläubigen erhalten. Einerseits ein Wallfahrtsplatz, ist es

Pollenza und der Puig vom Estret de Ternellas aus.

andererseits, namentlich im Frühjahre, ein von den Bewohnern Pollenza's sehr besuchter Erholungsplatz. Dies verdankt es namentlich der prachtvollen Aussicht, die hier geboten wird. Sie ist derjenigen von dem viel höheren Puig de Pollenza vorzuziehen. Herrlich ist der Anblick von dem Mirador gegen Formentor und einem anderen gegen das Vall d'en March zu. Beide wetteifern mit einander an Grossartigkeit der Naturschönheiten.

Auf dem mit Agaven und Cacteen bewachsenen Hügel des Calvari stehen drei Windmühlen, die aber wegen der vielen Wassermühlen in der Nachbarschaft nicht mehr in Betrieb gesetzt werden.

Von Pollenza aus kann man nach verschiedenen Richtungen prächtige Wanderausflüge machen. Wir wenden uns zuerst nordwärts, um noch die letzten Thäler der Sierra mit ihren Vorsprüngen kennen zu lernen, und machen da zunächst mit dem Thale von Ternellas Bekanntschaft. Der Weg dorthin geht von Pollenza vom Lavadero de la Princesa ab; man sieht die von Ternellas herabkommende Wasserleitung, die mit einer Reihe von Rundbogen über den Torrent d'en March geführt wird. Den Torrent überschreiten wir auf einer Steinbrücke. Einzelne Häuschen in der Huerta tragen ein Rebendach; daneben wachsen Pappeln und Ulmen. An einer Mühle vorbei gelangt man in das enge Thal des Estret de Ternellas. Wir erblicken den Moll de s' Estret, und herrlich ist hier die Aussicht auf Pollenza und die Ebene. Man gelangt zur Grenze von Ternellas und sieht zwei Mühlen, Can Petit und Can Cormes, vom Puig de Can Grog überragt. Bei Llogueret Vey trifft man eine kleine Höhlenquelle und die Tropfsteinhöhle Los Casas des Torrons. Auf einer kleinen Erhöhung liegt das berühmte Haus von Ternellas, der D^{na} Catalina Villalonga gehörig. Das mit Kielbogenthür versehene Haus ist schon alt; an seiner Seite ist die Tafona angebaut. Vorn sieht man die Sala, links die Stallungen und vor dem Hause einen Aujub. Das ganze Thal ist mit einer Menge von Quellen durchrieselt. An der Nordseite erweitert sich das Thal am meisten, und in dessen Grunde liegt, abgeschlossen von der Welt, die von hohen Bergen umgebene Einsiedelei, und wie um die Sehnsucht rege zu machen, sieht man von derselben ein Stückchen der Bucht von Alcudia, einen blauen Winkel zwischen grünen Waldesabhängen. Die das Kesselthal von Ternellas umgebenden Höhen sind der Puig de Sauviá, oberhalb der Ermita, der Coll d'en Coloms, zwischen diesem und dem Forayom, der sich dem Puig Gros anschliesst,

Ternellas.

der konische Puig de la Piña, Es Enfronts, sowie der Hügel des Pinar und jener von Can Puxa. Zwei Torrenten durchfliessen das Thal: der Torrent des Puig Gros und der Torrent des Cans. Ein guter Weg führt an einem Steinkreuze vorbei zur Ermita, welche lange Zeit unbewohnt war, in neuerer Zeit aber von der Ermita de Valldemosa aus wieder bevölkert wurde. Die aus Steinquadern erbaute Kirche mit Giebeleingang wird von einem Glockengiebel gekrönt. Im Innern war sie gewölbt; die Wölbung besteht aber nicht mehr, und nur die Bedachung und eine Altarkapelle sind erhalten. Die Einsiedelei weist neben einigen Zellen, Küche und Backofen oberhalb eine Sala auf.

Um von Ternellas zum Castell del Rey zu gelangen, verfolgt man am Waldessaume den Torrent und gelangt zur Font des Molinés, die dem Rotas Novas entspringt und eine der drei ergiebigsten Quellen des Thales ist. Auf einem künstlichen Felsen zur Linken erblickt man das Castell de Rey; rechts liegen der Coll de Cunax, dann der Coll de Navaques, beide spitzig und von Carritx bedeckt. In der Sohle des Hochthales gedeiht Getreide, Obst und Wein. In der Nähe von Es Castell liegen im Ganzen fünf Häuser, lauter kleine Besitzungen. Unterhalb des Schlosses hat man schönen Fernblick auf Formentor und Menorca. Bevor wir aber dieses alte Schloss betreten, sei Einiges über dessen Geschichte mitgetheilt. Die Entstehung des Castell del Rey oder Castell de Pollenza verliert sich im Nebel der Jahrhunderte. Man weiss nicht, ob es schon zur Zeit der Römer bestanden hat; das aber scheint sicher festzustehen, dass es eine wichtige Feste schon zur Zeit der Araber war. Die Mauren des Gebirges nahmen nach dem Verluste der Hauptstadt unter der Führung von Xuayp in grosser Menge dorthin ihre Zuflucht. D° Jaime I., die Wichtigkeit dieses Schlosses erkennend, behielt sich dessen Besitz in dem Vertrage vor, in welchem er im Jahre 1231 die Insel gegen die Grafschaft Urgel eintauschte, und der Schutz des Schlosses wurde schon vom Beginn der christlichen Herrschaft ab hervorragenden Männern anvertraut. Als die Hauptstadt Mallorca's sich am 1. Juni 1343 dem Könige von Arragon, D° Pedro IV., ergeben, und selbst nachdem alle Ortschaften und andere Schlösser der Insel sich demselben unter-

Castell del Rey.

worfen hatten, wehte noch die Fahne Jaume's III. auf der Torre del Homenaje, dem Schlosse von Pollenza. Am 23. Juni desselben Jahres sandte Arnaldo de Cril, Gouverneur von Mallorca, für den König D° Pedro das Heer, welches das unbesiegbare Schloss belagern sollte, von Palma ab, während man zur See die erforderlichen Maschinen dorthin schaffte. Die Krieger des D° Jaime ergaben sich aber erst am 29. August, als jede Hoffnung auf das Gelingen ihrer Sache aufgegeben werden musste, um später Zeugen oder Opfer der blutigen Verfolgungen zu werden, welche alle Anhänger des entthronten Königs erlitten. Der letzte Castellan, ein mallorquinischer Edelmann, Namens Arnaldo Albertí, wurde im Jahre 1445 ernannt.

Vor der Schlossbrücke ist eine mit einer kleinen Thür versehene Mauer, welche vom Wallgraben zu dem im Felsen eingehauenen, schief aufsteigenden Eingang mit Schiessscharten hinaufführt. Auf der nordöstlichen Ecke befindet sich die Kapelle von S° Gabriel, ein einfaches

Gewölbe. Grossartig ist hier die Aussicht auf das Meer, auch gegen Formentor und das untere Thal zu. Der höchste Punkt bildet eine kleine Höhle. Landeinwärts sieht man den Puig Tomi und die nahen Berge Sᵃ Salvador, die Calls d'Artá, die Einbuchtung der Albufera und die vorderen Hügel. Zwei Cisternen sind der äusseren Wand angelehnt, von denen eine noch erhalten ist. Das Hauptgebäude ist das auf der Westseite, auf einem künstlich geschnittenen Felsen gelegene und von zwei Spitzbogen getragene Cuartel mit aus Steinquadern und Morés bestehenden Ecken. Von Fenstern ist nirgends mehr eine Spur zu sehen. Oben ringsum sieht man noch ein stark abgebrochenes Gesims. Von dem Cuartel geht der Eingang zu der von zwei Spitzbogen getragenen Cisterne, wo viele Knochen zu finden sind, daneben liegen die Trümmer zweier Häuser und südlich vom Schlosse unweit seines Einganges ein Backofen. An dem südlichen Eingange ist eine Art Donjon. Sehr malerisch bietet sich das Schloss von der Westseite, von der Höhe des nahen Kammes aus dar: als stolze Akropolis, die jähen Felsen krönend, im Hintergrunde das blaue Meer und das classisch geformte Cap Formentor.

Von Ternellas aus kann man auf einem anderen Wege die Vall d'en March erreichen. Am Waldessaume führt der Weg unterhalb des Pinarhügels vorbei. In der Thalsohle stossen wir auf die Quelle von Llinàs. Der schattige Weg führt ins Thal hinunter, wo das Bächlein in den Torrenten der Thalsohle mündet. Hinter dem Thale von Ternellas hört die Sierra mit ihren Hauptbögenzügen auf und lässt einem gegen Osten gekehrten, bis zum Meere sich erstreckenden Thale, dem Vall de Sᵃ Vicente, Raum, um dann nach Cap Formentor den letzten Ausläufer auszusenden. Der Fahrweg geht von Pollenza nach Sᵃ Vicente an Can d'en Camp vorüber. Rechts sieht man den Felsenhügel Es Reguins und lässt den Weg, der zum Possessionshause von Llenayre führt, links liegen. Hierauf erblickt man die Berge von Santuiri und Punta. Wir verlassen den Caml des port und wenden uns dem Possessionshause von La Font gegen das Meer zu. Zwischen Bäumen stehen einzelne Bauerngehöfte. Das Thal mit dem Bach in der Mitte verengt sich immer mehr. Am Fusse eines Hügels, hinter welchem die Spitzen von Formentor emporragen, liegt Sᵃ Vicente, links hinter einem Eichenwäldchen Can Martorell, wo eine ergiebige Quelle entspringt. Daneben befindet sich die Font de Can Martorell. Dieselbe fängt plötzlich bei einem Windstoss zu sprudeln an, weshalb sie uns Fuente loca genannt wird. Das Haus von Sᵃ Vicente mit einem Bogen in der Mitte und einem viereckigen bedachten Thurm ist sehr alt. Ein Weg führt hinunter zum Meer mit Aussicht auf den Vorsprung von Formentor.

Unweit vom Ufer sind die Pedreras oder Steinbrüche de Sᵃ Vicente mit Winden zum Heben der Steine und kleinen Hütten für die Arbeiter. Etwas weiter liegt das Häuschen des Eigenthümers dieser Besitzung, und am Ufer neben einer kleinen Calo stehen drei Fischerhäuschen. Der Thurm Puig Tomi, auf dem Vorsprung der doppelten Einbuchtung am Meer, ist hinten rund und vorn dreieckig, mit einer Wurfluke über der Thür und einem Fenster gegen das Meer zu versehen; er hat eine Barbette-Brustwehr von zwei Fuss Stärke. Besonders grossartig ist von hier der Ausblick bei stark brandendem Meer. Im Thale bei Sᵃ Vicente liegen drei gewölbte Höhlen neben einander, von denen die mittlere, noch gut erhaltene auf beiden Seiten eine Grabnische, eine Halle und Vorhalle hat. In diese kann man nur gebückt hineingehen.

Nach Ueberschreitung des Torrenten gelangt man auf gutem Wege durch Baumpflanzungen aller Gattungen zum Port. Der angenehme Weg läuft an dem felsigen Berge entlang, der den Hafen vom Thale von Sᵃ Vicente trennt, und führt, beim Hause von La Punta vorübergehend, am Fusse der mit Fächerpalmen überwucherten Lehnen zur Ebene, wo sich rechts ein Hügel, der Puig de Llenayre, dem Auge darbietet. Der Colomérhügel mit jähen Felsenabstürzen, trägt ein Taubenhäuschen. Auf einem Hügel mit Cactusfeigen liegt das Haus von Llenayre mit Rundbogenthor und einer Cisterne, und am Colomér befindet sich ein Tumulus beim Häuschen, Pedra de Llenayre genannt. Herrlich ist der Blick auf die Ebene, auf das bepflanzte Thal von Pollenza und Colonia, wo zwischen den bebauten Feldern kleine Possessionshäuser sichtbar sind; dann kommt ein runder Thurm einer einstigen Windmühle mit Ausblick auf Aubercuix. Das Haus von Boca hat einen starken Thurm und Rundbogen und an der Vorderseite ein Kielbogenfenster mit Wappenschild. Dahinter erheben sich stolze Felsen. Einige Gruppen von Bauernhäusern bilden in der Nähe eines

Brunnens, der wie eine Art Schilderhäuschen gedeckt ist und sein Wasser von der Quelle aus dem Vall de Boca erhält, eine Clasta. Das von kahlen Hügeln umgebene Thal erweitert sich, je mehr es gegen das Meer zu absteigt. Sehr schön ist der Rückblick auf den Puig de Lienayre und die Ebene von Pollenza, vom Puig der Mare de Deu überragt. Der roth gefärbte Berg oberhalb Boca wird der Peñal Roix genannt, der auf der linken Seite gelegene heisst die Atalaya Vella, und dann folgen die Silla den Masson und die Sierra de Gommá.

Vom Muelle geht am Sandufer entlang der Weg geradeaus zu dem auf einer kleinen Erhöhung in der Mitte des gleichnamigen Thales gelegenen Hause von Aubercuix. Am Ende dieses Thales ragt die Peña del Middia, eine rothe Felsenkuppe, empor. Prächtig ist hier die Aussicht auf die Bucht von Pollenza, das Gebirge und Alcudia. Aubercuix hat einen Hort mit Aujub, der von einer in einer Felsenhöhle entspringenden Quelle Zufluss erhält. Im Grunde dieser Höhle ist

Sta Vicenta.

eine Art Kuppelgewölbe mit einer Oeffnung oben und zwei Bänken an der Seite. Vom Hause von Aubercuix geht man in der Richtung der Peña del Middia bis zu einem Coll, von wo ein Weg hinauf zur Atalaya führt. Hier schaut man eine Doppelbucht. An einem vereinsamten Hort mit kleinem Haus vorbei, gelangt man zu dem runden, etwas kegelförmigen Atalaya-Thurm. Hier sieht man vor sich das innere Gebirge bis zum Puig Mayor, das üppige Thal von Pollenza mit dem Calvari im Hintergrunde und die wie ein weisses Band erscheinende Strasse nach dem Hafen. Weiterhin erblickt man die Sichel der Albafereta, die Hügel gegen Alcudia mit den dreifachen Höhen bei Sta Marti, die grosse Albufera und den Vorsprung mit der innern Thalsohle, zu deren Linken ein Haus steht. In unmittelbarer Nähe der Atalaya befinden sich die wildesten Abstürze. Bis oberhalb des Thurmes zieht sich ein kleiner Strandkiefernwald hin. Der im Jahre 1629 erbaute Thurm hat nach drei Seiten hin Wurfluken. Oestlich von der Torre liegen die Colomé-Insel, der Paloma-Felsen und S'Illa, und rechts zeigt sich der Vorsprung des Pinola und der Puig d'en Mare, dann das Castell de Aubercuix. Hier wächst besonders ein feigenartiges Gras. Weiter gehend, gelangt man auf den Coll de la Creueta, nach einem Holzkreuze so benannt, weil man von diesem aus, von Formentor kommend, zuerst den Puig de la Mare de Deu erblickt. Nach Ueberschreitung des Hügels steigt man langsam nach unten mit Fernsicht auf den Felsen Es Pal und rechts auf die Höhe der Atalaya. Bei dem Theile des Bodens, wo die ersten Strandkiefern stehen, beginnt das Gebiet von Formentor. Von hier aus ist Colomé und der Morro del Pal herrlich anzuschauen. Am Abhange, unweit einer Pinie, liegen das Haus von Formentor und das 1707 ha grosse Gut, welches zur Zeit der Landesvertheidigung eine Alqueria war, die bei der Eroberung dann dem Könige zufiel. Todesstille herrscht hier ringsum, und nur der dumpfe Klang der Kohlenbrenner-Axt ist hörbar. Formentor mit einer Clasta ist ein modernes Haus mit einem Thurm, runden Fensterchen, Wurfluken und Schiessscharten. Demselben ist eine Bauernwohnung angebaut, und gegenüber liegt ein altes Häuschen mit Rundbogenthür. Der Weg nach der Cala Murta geht an der Font de las Yeguas vorbei. Auf dieser Besitzung befinden sich fünf grosse Kiefern, welche

Pollenza von Aubercuix aus.

der Eigenthümer nie fällen lassen will. Die grösste derselben steht am Meeresufer und heisst Pi de la Posada. Von dem prächtigen Kiefernwalde aus muss man 22 Windungen nach oben machen, um zu der Pujjada d'en Catalá zu gelangen. Im Rücken liegt das Kesselthal von Cala Murta, die emporragende Atalaya und in der Ferne der Puig Gros de Ternellas. Je höher man steigt, desto schöner wird der Anblick auf die Gebirgskette, auf die Bucht von Pollenza und das Cap del Pinar mit der weit sichtbaren Kirche von Nuestra Señora de la Victoria. Sanft gezeichnet erscheint hinten die Bucht von Alcudia und die Ebene bis zum Puig de Randa. Von dem Coll oberhalb der Pujjada d'en Catalá kann der 334 m über dem Meere stehende Fumat am bequemsten bestiegen werden. Von hier oben übersieht man vollständig das Thal von Aubercuix, das Meer der Nordküste bei Cala de Boca hinter Aubercuix, die weite Doppelbucht und das Cap de Formentor bis zu dem schlanken Leuchtthurme. Von der Spitze steigt man in mehrfachen Windungen durch ein Carritxthal hinab, dann wieder hinauf zum Salt de Moro und erblickt hier in herrlicher Pracht die von einem Cap gebildete Cala Figuera. Der Weg geht dann gewunden weiter an der Lehne des Abhanges unterhalb der Cova Blanca an einigen Häusern vorbei zu dem einsam auf dem Cap liegenden Faro, von welchem man das Cap de Farrutx und an hellen Tagen Menorca, sowie das klare Meer weit und breit übersieht. Die Cala Figuera mit den unzähligen Abstürzen an der Küste nimmt sich wunderbar schön aus. Rechts vom Leuchtthurme, nach dem Meere zu, befindet sich ein grosser ausgehöhlter Stein, El Puente de las Molas genannt. Ein steiler Weg führt in drei Biegungen und schliesslich auf Stufen zur nahen Cala Engossauba hinunter. Auf dem Vorsprunge des Cap Formentor wachsen niedrige, stachelige Pflanzen, Erissons genannt, und harzige Strandkiefern, die ein treffliches Schiffsbauholz liefern.

Der Hauptanziehungspunkt von Pollenza ist für Jedermann der isolirt gelegene Puig der Mere de Deu, auch Puig de Pollenza genannt. Derselbe liegt im Südosten und ist von der Ortschaft 5 km entfernt. Der Weg dorthin geht anfangs in der Ebene von Pollenza, dann durch den Hort del Cami del Puig und zum felsigen Berge hinauf. Am Fusse der knotigen Felsenlehne ist eine kleine Barrera, worauf der Weg immer schlüger wird. Hier kann man auch neben einer kleinen Grotte einen Felsenstuhl in Augenschein nehmen. Angeblich sollen die Frauen, wenn sie sich hier niedersetzen, glücklich entbunden werden. Man gelangt nun zum befestigten Puig. Ueber dessen Geschichte sei zunächst Einiges mitgetheilt. Die Kirche mit einem sich anschliessenden weitläufigen Gebäude, einem ehemaligen Nonnenkloster, ist sehr alt. Um das Jahr 1348 sollen nämlich, wie die Fama sagt, drei tugendhafte Frauen, die in einer Höhle des Berges von Salas als Einsiedlerinnen lebten, verschiedentliche Male ein grosses Licht auf der Höhe des Berges, der damals schon Puig de Maria genannt wurde, gesehen haben. Die Frauen theilten dies natürlich ihrem Beichtvater sofort mit, und auf dessen Antrieb bestieg die Bevölkerung Pollenza's mit den Jurados den Berg und begab sich zu der fraglichen Stelle. Man fand eine Statue der heiligen Jungfrau, die noch jetzt dort verehrt wird. Es bestand nun die Absicht, die Statue nach Pollenza zu bringen. Als dieser Plan zur Ausführung kommen sollte, wurde man gewahr, dass dieselbe ausserordentlich schwer war und Menschenkräfte nicht ausreichten, sie von der Stelle zu bewegen. Es wurde daher beschlossen, an dieser Stelle eine Kirche zu errichten. Zunächst wurde nur ein provisorischer Altar erbaut. Während der ersten Messelesung nun fiel im Moment der Erhebung der Hostie aus der Hand des Geistlichen und beschrieb einen Kreis in der Luft. Von diesem Wunderzeichen nahm man an, dass es die Raumbegrenzung für die neue Kirche bedeuten solle. Die Kirche ist auch angeblich auf der bezeichneten Fläche erbaut und bisher noch nicht verändert worden. Das Wunder selbst ist an den Seitenwänden der Hochaltarkapelle bildlich dadurch dargestellt, dass die erstaunte Menge ihre Kleider ausbreitet, damit die Hostie nicht auf den Boden falle. Soweit die Sage. Authentisch aber ist, dass mit dem Bau der Kirche des Puig im Jahre 1348 kraft einer vom Bischof von Mallorca den Bewohnern Pollenza's gegebenen Erlaubniss begonnen wurde. Gleichzeitig ordnete der König die Erbauung eines Monasteriums an, von welchem noch einige Spuren trotz der im Laufe der Zeit vorgenommenen vielen Umänderungen vorhanden sind. Dieses Kloster wurde ursprünglich von Nonnen des Ordens von Sancti Peter bewohnt. Seine ersten Insassen waren drei Einsiedlerinnen des Berges von San Salas und 17 andere Frauen aus Pollenza. Einige Zeit nachher unterstellte man sie der Regel des heiligen Augustin und legte ihnen die Verpflichtung auf, sich der Erziehung und dem Lehrfache zu widmen. Um das Jahr 1588 haben in der That viele Familien Palma's ihre Töchter in dieser Anstalt unterrichten lassen. Da die Verehrung der Virgen de Pollenza immer grösser wurde, so stiftete man für die Kirche mehrere geistliche Pfründen und Caplaneien (Capellanias), und die Zahl der Nonnen stieg bis auf 120 bei einem Jahreseinkommen von 2000 Libras Mallorquinas, was zu jener Zeit eine bedeutende Summe war. Im Jahre 1564 ordnete der Bischof von Mallorca, D. Diego de Arnedo an, dass die Anordnung, wonach alle Nonnen, welche isolirt stehende Klöster im Lande bewohnten, sich in eine Ortschaft zurückziehen sollten, zur Ausführung angebracht werde. Die Uebersiedelung der Nonnen des Puig de Pollenza, wo sie den häufigen Ueberfällen der Mauren ausgesetzt waren, nach Palma erfolgte nunmehr und zwar in den Convento de la Concepcion, welcher deswegen noch heutzutage Convento de la Concepcion olim del Puig de Pollenza heisst. Seit dieser Zeit ist das Kloster des Puig gleichsam Eigenthum von Pollenza geworden, und wiewohl es einige Jahre verlassen stand und ein Theil des Gebäudes zerstört wurde, ist es nachträglich restaurirt und in eine Hospederia umgewandelt worden. Die Nordseite des Puig weist starke Mauern und festungsartige Bauten auf. Auf der einen Seite, gegen

Pollenza zu, tritt ein viereckiger, mit Schiessscharten durchbrochener Thurm hervor, nach zwei Seiten hin mit verzierten, nunmehr verstopften Kielbogenfenstern und geböschter Basis versehen. Der Thurm ist von Schiessscharten durchbrochen; zu ebener Erde befindet sich ein gewölbtes Zimmer, zu welchem eine Schneckentreppe führt. Eine dicke Mauer mit kleinem Rundbogenfenster verbindet das Hauptgebäude mit dem Thurm. Früher war es lediglich eine Hebebrücke. Stufen führen zu dem kleinen Eingangsthor, über welchem das Datum 1790 steht. Vom Thurme führt über die Mauer ein Gang zum Hauptgebäude. Vor dem Eingangsthore desselben ist eine Terrasse mit einem Rondell. Von der Terrasse geht eine kleine Treppe zu dem tiefer unten liegenden Eingange in die jetzige Hospederia. Man tritt durch ein Thor mit hölzernem Dach in einen Hofraum mit Nebengebäuden, zwei Cisternen, einem Aujub und einer Treppe, welche in das Innere führt. Im Empfangszimmer hängen einige alte Bilder. Die Schlafzimmer liegen im ersten Stocke und enthalten ein Bett, ein paar Cadiras de Repos, einen Tisch und eine Bank. Im Ganzen sind zwölf Betten vorhanden. In der Mauerdicke sind Bänke angebracht. Auf der Südseite des Gebäudes befindet sich das Refectorium oder Speisesaal.

An beiden Seiten dieses grossen Saales ist das Wappen Mallorca's eingemauert. Ein altes verziertes Thor führt in die Kirche hinein; daneben ist eine kleine Halle mit grossem Rosädor. Die von der Hospederia nordwestlich gelegene, verhältnissmässig grosse Kirche ist einschiffig mit Empore über dem Eingange, mit alterthümlichen Chorstühlen, sowie zwei sehr spitzen, die Wölbung tragenden Bogen mit der Jahreszahl 1741. Sie hat eine vergitterte Hochaltarkapelle und vier Seitenkapellen. In einer derselben befindet sich das Grabmal des 1835 verstorbenen Marquez de Desbruill. In der ersten Kapelle links ist ein werthvolles altes Bild der heiligen Jungfrau mit dem Kinde, von musicirenden Engeln umgeben. Das Bild trägt eine gothische Inschrift. Der Hochaltar ist mit einer 1 m hohen Mutter-Gottes-Statuette aus Stein von alabasterähnlicher Farbe geschmückt. Dieselbe befindet sich in einer drehbaren Nische, welche für gewöhnlich nach dem kleinen neuen Camarin zu, hinter dem Altar, gewendet ist, von wo aus das Bild sichtbar ist. Hier ist auch ein Opferstock für die Almosen der Gläubigen. Auch werden hier Bilder und Midas verkauft.

Zum Schlusse unserer Wanderungen durch die Umgebung von Pollenza wollen wir noch das fruchtbare Thal von Colonia aufsuchen. Dasselbe liegt dem Puig gegenüber und wird von dem gleichnamigen Torrenten durchflossen, der sich ziemlich genau von Osten nach Westen hinzieht. Von Bosch Vell, unweit Pollenza, führt ein Fahrweg nach Can Bosch, und dann zu einem kleinen bewaldeten Bergrücken. Links bietet sich uns Can Cuset mit einem alten Thurm dar. Wir überschreiten den Torrent, der das Thal durchzieht. Die Ueberbrückung ist dadurch bewerkstelligt, dass ein Baumstamm über den Fluss gelegt ist. Daneben ist ein Seil gezogen, welches gleichsam die Barrière der primitiven Brücke darstellen soll. In einem Kesselthale erblicken wir nun das mit zwei Reihen von Segmentbogen versehene Haus von Can Bosch, zu dem eine Barrera hinführt. Ein kleiner Garten mit Orangenbäumen und Opuntien umgiebt die Clasta, welche mit einem Wappen aus der Zopfzeit geziert ist. Auch sieht man eine äussere Treppe und zwei Sonnenuhren; die eine derselben trägt das Datum 1774. Weiter in das Thal hinein liegen fünf kleine Häuser. Can Fanals liegt ganz in der Nähe von Can Bosch auf einer kleinen Erhöhung. Das ganze Kesselthal ist von felsigen Hügeln umgeben. Hinter Can Fanals, welches viele Feigenbaumpflanzungen hat, vertieft sich das Thal. Von Can Bosch aus verfolgt man unter dem Schatten grüner Eichen den Weg weiter und gelangt nach dem modernen Hause von Can Cuset und einige Schritte weiter nach Colonia, einer Besitzung, von der das ganze Thal seinen Namen erhalten hat. Sie besteht aus fünf Häusern mit einem thurmartig erhöhten Theil und einzelnen Kielbogenfenstern. Ein Rundbogenthor führt in die Clasta und ein gleiches in den Hof, wo sich eine grosse, von Celtisbäumen umstandene Eingangshalle befindet. Alle Besitzungen dieses Thales haben zahlreiche Brunnen, aber kein fliessendes Wasser. Einige Cactusfeigen- und Granatäpfelbäume umgeben den Hügel von Colonia. Im Grunde des Thales ist der mit Kiefern bewachsene Coll d'enti Bouc die tiefste Stelle des Gebirgsgürtels. Hinten hebt die Cucuya de Fartaritx beim Blick auf das Meer ihr stolzes Haupt empor. Ein weiterer Weg führt von hier nach Son Bruy zu. Durch üppige Pflanzungen an dem Hostalet genannten Hause vorbeigehend, gelangt man auf die Carretera.

III. Mallorca.

Pollenza ist durch einen breiten Fahrweg mit der nur eine Stunde entfernten Carretera de Palma Alcudia verbunden. Der Weg führt aus der Calle del Roser Vell von Pollenza um die Anhöhe des Puig der Mare de Deu herum und geht zwischen terrassirten Baumpflanzungen und den weiter entfernten kammartigen Höhen des Cap Formentor zur rechten Seite weiter. Die abgerundete Beckenfläche des Vall de Colonia wird von der kahlen Cucuya de Fartaritx überragt. Am Fusse des Puig der Mare de Deu zeigt sich das grosse, einst den Jesuiten, jetzt dem Conde de San Simon gehörige Possessionshaus Son Bruy mit Tenne. Eine Strasse, zu welcher zwei Pyramidenpfeilerchen den Eingang bilden, führt zum stattlichen viereckigen Hause, das aber nur nach zwei Seiten hin vollständig ausgebaut ist. Das Dach der Hauptfront wird von einem grossen Rundbogen getragen. Ueber Portal und Giebel, dessen Sockel aus Binisalemer Marmor besteht, befindet sich das Familienwappen. Durch die von flachen Segmentbogen gebildete Eingangshalle gelangt man in einen grossen Hof. Ein anderer Weg mit Maulbeerbäumen an den Seiten führt uns wieder auf die Carretera.

Der Fahrweg von Pollenza führt über eine Segmentbogenbrücke des Torrent de la Vall Colonia zu einer kleinen Einsattelung in einem schwachen Einschnitt, in welchem weissliches, schieferartiges Gestein zum Vorschein kommt, während auf beiden Seiten Strandkiefern stehen. Auf der erhöhten Biegung, wo zuerst der Puig der Mare de Deu sichtbar wird, nehmen alle Pollenziner, wenn sie nach ihrem Wohnort zurückkehren, den Hut ab und sagen ein „Salve Regina" her, weshalb dieser Punkt auch La Salve genannt wird. Sanft absteigend, gelangt man in ein Felsenthal. Eine kleine Brücke führt über den Torrent s'Arbosár, der nach dem nahen Possessionshause so genannt wird. Rechts sieht man Can Llompart mit Rundbogenthür. Der Weg geht wieder etwas bergan, und von der höchsten Stelle schaut man auf die Ebene mit dem Puig de Randa in der Ferne. Agavenhecken wachsen längs des Weges. An einem Strandkiefernhaine und an der Bassa de Crestaix vorbei erreicht man die Ebene, gegen welche sich die Hügel allmählich verflachen, und schon streift weithin der Blick gegen die Fläche der Albufera. Auf einem der niederen Hügel steht das öffentliche Oratorium del Crestaix. Dieses ist, wiewohl anscheinend an dieser Stelle die alte Pfarrkirche von La Puebla von Sⁿ Antonio de Vialfar stand, neueren Ursprunges. Das Innere enthält eine Hochaltarkapelle mit Altar, ferner ein altes gothisches vergoldetes Marmorbildniss der heiligen Margarita Virgen y Martyr, der es auch gewidmet ist, und an den Seiten zwei steinerne Bänke, sowie ein Becken. Rechts, an die Sacristei anstossend, sind zwei Zimmer für den Refresc an dem Tage des Festes. An Maispflanzungen vorüber, führt der Weg nach Crestaix über einen kleinen Bach und mündet in die Carretera von Inca nach Alcudia.

Die südlichen Lehnen der Gebirgskette und ihre Pässe.

Nach Campanet, Selva, Mancor, Lloseta, Binisalem, Alaró, Buñola, Esporlas, Establiments.

Wir sind nunmehr in der Ebene angelangt, nachdem wir den ganzen nördlichen Abhang der Gebirgskette durchwandert haben. Jetzt wollen wir von Osten nach Westen ihre südlichen Lehnen verfolgen, welche, wenn auch nicht so grossartig in der Scenerie, doch nicht minder anmuthig sind. Wir schlagen zuerst den alten Weg von Pollenza nach Campanet ein. Der Boden der Thalsohle ist weisslich und schiefrig. Man kommt an den Possessionshäusern von Can Sureda, Can Axartell, welch letzteres eine alte Alqueria war, und Can Terrassa vorüber und nähert sich der Hügellehne. Einem Bache entlang gehend, gelangt man am Eingange eines kleinen Thales zu dem schlichten Hause von Can Sion. Der Rundbogeneingang desselben trägt die Jahreszahl 1787. In dessen Nähe befindet sich eine Tropfsteinhöhle. Von der Mündung der Cova, welche, wie die Nachbarhöhlen, den Geiern als beliebter Schlupfwinkel dient, hat man eine weite Aussicht bis zum Puig de S⁰ Salvador. Die Höhle enthält Tropfsteinmassen, namentlich Stalaktite. Auf plattem Felsen, manchmal durch Wasser, kommt man zu einem hübschen Saal, des Truy genannt, und einem natürlichen Bassin, dann in eine schiefe Höhle, wo die Stalaktite sich mit der Bedachung verbinden und, da sie wässerig und weiss sind, wie Silber glänzen. Dann gelangt man in einen Raum, welcher eine von Säulen getragene natürliche Halle bildet und mit blätterartigen Vorhängen geziert ist. Neben dem Haupteingange führt noch ein zweiter Höhleneingang in einen schmalen Raum mit Tropfsteinmassen und zu einem niederen Gelass mit vorhangartigen Vorsprüngen in den Dachungen, und zwischen hohen Säulen steigt man wieder auf dem ersten Wege nach oben. Die Senkung vom Eingange bis zum Grunde der Höhle ist sehr bedeutend. Nach Can Sion zieht sich nun die zum grossen Theil gepflasterte Strasse hin. Das auf einer kleinen Anhöhe gelegene Can Casellas lässt man liegen und kommt zu einer kleinen Verengung des Thales und bald darauf zu El Fangar, einem Ramirez gehörigen grösseren Possessionshaus am Fusse der Hügel. Dem Fangar gegenüber führt ein Fahrweg nach Biniatró, der am besten bebauten Besitzung der Insel, der Familie Bennasar gehörend. Von den Fenstern des Hauses und von der Terrasse des Menjador geniesst man eine prächtige Aussicht. Das Gehöft hat eine gute Tafona, einen Aujub, einen Hühnerhof, sowie ein gutes Düngerhaus mit Pfeilern. Vom Hause führt ein vorzüglicher Weg mit sorgfältiger Paredill in ein Thal hinab zu dem Plá de Taló, wo der gleichnamige Torrent fliesst. Durch Hochwald gelangt man zu mehreren Quellen. Zur Hauptbewässerung des Gartens am Hause dient ein Safareix von 1600 Pipas Wassergehalt.

Nach der Erweiterung der Fangar kommt man, am Waldessaume entlang, abermals zu einer Verengung. Zur Rechten sieht man das Possessionshaus von Aubellons, und in dem schönen Thale, am Bette des Torrent de S⁰ Miguel entlang gehend, erreicht man bald das Kirchlein von S⁰ Miguel.

Dieses Oratorio publico war zu alten Zeiten Pfarre des Distrikts von Campanet. Die Gründung stammt aus den ersten Jahren nach der Eroberung, und schon im Jahre 1248 wird diese Kirche unter dem Namen Sᵃ Miguel erwähnt. Sie war bis zum Jahre 1336 Hauptpfarre der Kirche von La Puebla oder von Sᵃ Antonio von Huyaralfás, welchen Namen La Puebla früher führte. Um diese Zeit siedelten sich die Einwohner von Campanet, welche bisher in Sᵃ Miguel wohnten, auf einem benachbarten Hügel an, wo sie eine neue Kirche erbauten. Sᵃ Miguel war nunmehr nur ein öffentliches Oratorium. Das Aeussere des Kirchleins ist sehr einfach, das Innere wird von Spitzbogen getragen, auf denen eine einfache Giebeldachung ruht. Es enthält einen Altar in Renaissance-Styl und eine eigenthümliche Kanzel; dieselbe ist vieleckig und trägt an drei runden

Cova de Can Sion.

Ecken Statuen von Heiligen. Zu beiden Seiten des Einganges sind steife Säulencapitäle mit runden Säulen, Weihwasserbecken tragend. Vor der Eingangshalle liegt die umfriedete, von Cypressen beschattete Ruhestätte.

Hinter Sᵃ Miguel führt auf der Fahrstrasse eine Brücke über den mit dichtem Buschwerk bekleideten Bach, an dessen Ufer auch andere Bäume wachsen. Neben einer Noria ist eine kleine Orangenpflanzung. Der Weg steigt nun nach oben und beherrscht das liebliche Thal von Sᵃ Miguel. Recht malerisch erscheint nun schon Campanet. In der Ebene liegt die Ortschaft Ullaro mit 138 Einwohnern. Durch diesen Ort führt der alte Weg von Inca nach Alcudia. Neben der Possession des Conde de Montenegro, Son Garreta genannt, liegt ein öffentliches Oratorium sehr alten Ursprunges, das zu Anfang dieses Jahrhunderts umgebaut worden ist. Bald darauf erreicht man auf steil ansteigendem Fahrwege durch den Arrabal de la Alfareria Campanet.

Diese ansehnliche Ortschaft liegt auf einer kleinen Erhöhung und hat 1821 Einwohner in 672 Häusern. Letztere sind fast alle einstöckig, mit Rundbogenthor und nicht selten mit Renaissancefenstern versehen. In der Mitte des Ortes ist ein Platz, an dem einige moderne Neubauten mit Balconen und Jalousien an den Fenstern stehen. Hier ist auch die Yglesia Parroquial, welche 1425 zur Pfarrkirche gemacht wurde, als Sⁿ Miguel eingegangen war. Da jedoch die Bevölkerung sehr zunahm, so wurde an Stelle der alten 1717 die jetzige Kirche erbaut. Die Hauptfaçade ist mit einem Spitzbogenportal und einer gothischen Fensterrose geziert. Zur Rechten lehnt sich ein viereckiger Glockenthurm an, der in sieben Stockwerke eingetheilt, mit einer Uhr versehen ist und von einem pyramidenförmigen Helm überragt wird. Vom Thurme aus hat man eine weite Aussicht. Die Kirche hat eine Hochaltarkapelle und fünf Rundbogenkapellen; die reichste davon ist die von Sⁿ Victoriano Martyr, dessen Reliquien vom Cardinal Despuig im Jahre 1807 aus Rom in dieselbe gebracht wurden. Ueber dem Haupteingange ist eine Empore und hinter der Kirche ein Steinkreuz.

Oratorio de Sⁿ Miguel.

Bei Campanet entspringt eine schwach eisenhaltige Quelle. Zwei Wege verbinden Campanet mit der nahen Carretera de Inca. Der eine ist eine gute Fahrstrasse, welche sich von der Calle de Palma aus am Abhange des Hügels hinabzieht. Der andere Weg ist kürzer, jedoch nur schlecht fahrbar. Von Campanet führt ein schlechter Fahrweg nach Caimari durch prachtvolle Pflanzungen. Zur Rechten lässt man die Häuser der Possession de s'Alqueria petita, links eine Halle mit mehreren Tränken liegen. Rechts einbiegend, gelangt man nach Moscari. Diese, nur 403 Einwohner zählende unbedeutende Ortschaft ist auf einer kleinen Anhöhe gelegen. Der Puig Mayor de Lluch bildet den Hintergrund. Im Jahre 1669 hatte Moscari schon ein öffentliches, der Sⁿ Aña gewidmetes Oratorium, welches 1848 Hülfskirche von Selva wurde. Die Kirche hat einen viereckigen Thurm, der sich 167 m über dem Meere befindet.

Durch die Calle de Campanet verlassen wir Moscari und gelangen nun zu dem nahen Caimari. Ein schlechter Weg führt auf den Rücken eines Hügels, von dem man am Fusse des grossen grauen Puig Mayor de Lluch Caimari vor sich liegen sieht. Rechts lassen wir das weisse Possessionshaus von Son Sastre, weiter oben Mirabona liegen und kommen an S'Alqueria vorüber.

Nach längerem Weg über eine Ebene treten wir in Caimari ein, welches 847 Einwohner und 213 Häuser zählt. Der Ort hat ungerade und schlecht gepflasterte Gässchen. An vielen Häusern wachsen Weinstöcke empor. In dem höher gelegenen, östlichen Theile des Ortes steht auf einem Platze die kleine Kirche, welche 1807 zur Suffragan-Kirche unter dem Titel der Purisima Concepcion de Maria erhoben wurde. Sie hat einen dreifachen Glockenbogen, eine Sonnenuhr, eine kleine Fensterrose und ein einfaches Portal, zu dem einige Stufen führen. Das Innere ist eine Spitzbogenwölbung. Auf jeder Seite befinden sich zwei Kapellen und eine Empore über dem Eingang. Der westliche Theil des Ortes zieht sich längs der Fahrstrasse hin, an der auch die Hostals liegen.

Eingang des Castell de Alaró.

Die Strasse nach Lluch geht an der Escuela de primera Enseñanza vorbei durch das steinige Thal; in der Mitte desselben erhebt sich der kegelförmige Hügel Puig de s'Escudé, und hier trennt sich das Thal in zwei Flügel. Wir betreten den links abführenden Weg und blicken auf die terrassairten Lehnen des Puig und nähern uns den ernsten Bergen. Der rechte Zweig des Thales heisst Es Comellar dels Horts. Beide Seitenthäler weisen steile Felsenwände auf. Sie bilden hier eine Art Felsenkegel, Es Cavall Bernat genannt. In Biegungen durchzieht man das Thal und sieht nun Son Estern und einige Bauernhäuschen. Der Weg führt jetzt auf einen Hügel, auf dem Son Canta liegt. Die Strasse windet sich nun um den Vorsprung des Puig Mayor de Lluch und gelangt zum Puig de Barrecar, auf dem Coll gelegen, von welchem man das Thal gegen den Castell übersieht. Von dem in Retjas eingetheilten Wege übersieht man das breite Kesselthal mit dem davor liegenden Puig Tomí und dem Possessionshaus von Sa Coma, im Grunde die terrassirten Felsen. Unterhalb desselben sind Felder, während oben nur magerer Buschwald wächst.

Weiter schreitend, übersieht man ein Stück der Alfubera und den Vorsprung des Bec de Farrutx und im Grunde der mit Strandkiefern bekleideten Ausbuchtung auf der Seite des Puig Mayor la Puebla, Muro und Campanet. Das Kesselthal ist zu Ende. Steile Wände ragen auf beiden Seiten empor, und von der Strasse schaut man in schwindelnde Tiefen. Der Weg bricht sich nun durch einen steilen Felsen, Sa Brexa genannt, Bahn. Weithin blickt man von hier auf das untere Torrententhal bis zur Coma hinauf, auf die Ebene, die Bucht von Alcudia und den ganzen Höhenkreis vom Bec de Farrutx bis nach Randa. Beim Hinabsteigen erblickt man das Haus El Guix Comasema. Herrlich ist der Rückblick auf den Pitonen von Sa Brexa mit dem duftigen Hintergrund, sowie auf den Salt de la Bella Donna. Eichen, Myrten und Weissdorngebüsche wachsen üppig an den Ufern der Font del Guix, welche sehr stark salzhaltig ist. Nach Ueberschreitung einer über den Torrenten gebauten einbogigen Brücke folgen starke Einschnitte in dem gypsigen Boden, und in Windungen führt der Weg in die Sohle des Thales von Lluch und zu dem Colegio de Nuestra Señora.

Um von Calmari nach dem nur 2 km entfernten Selva zu gelangen, muss man ein Stück Weges gegen Moscari zu einschlagen, den vom Gebirge herabkommenden Arm des Torrent de Buger überschreiten, und man gelangt auf guter Fahrstrasse durch Mandelbaumpflanzungen und Felder und zuletzt durch die Calle de Levante nach Selva.

Selva mit 1141 Einwohnern in 510 Häusern liegt recht anmuthig auf einer Anhöhe. Der rechte Theil, von der übrigen Ortschaft getrennt, wird von der Calle del Olivar gebildet und besteht aus einer doppelten Reihe terrassenförmig gebauter Häuser, die sich bis zum Rücken des Hügels erstrecken. In das eigentliche Selva gelangt man, wie wir oben sagten, durch die Calle de Levante, an mehreren Gärtchen vorüber. In den Gassen sieht man ab und zu rohen Mandelstein hervorblitzen. Ein Theil des Ortes ruht auf solcher Steinmasse. Auf einer Anhöhe liegt die Pfarrkirche, welche nach einigen Chronisten im Jahre 1300 errichtet wurde. Zu gleicher Zeit erfolgte durch Jaime II. noch die Gründung von zwölf anderen Kirchen. Der Ort war früher nur eine einfache Alqueria und wurde Hilvar genannt. Die Kirche muss aber schon früher bestanden haben, denn in der Bulle von Innocenz IV. wird eine solche unter dem Namen Sᵃ Lorenzo de Selva erwähnt, welchem Heiligen sie auch jetzt noch gewidmet ist. Im Jahre 1855 entstand ein grosser Brand im Innern der Kirche und zerstörte auch die Wölbung derart, dass dieselbe abgetragen und neu aufgebaut werden musste. Keine Pfarre Mallorca's hat so viel Suffragan-Kirchen, als die von Selva, nämlich vier: Mancor, Caimari, Moscari und Biniamar. Vor der Kirche befindet sich ein Brunnen, und daneben vereinsamt eine Cypresse. Eine dreirampige Gradinade mit 42 Stufen führt zur Kirche hinauf. Der ziemlich grosse Bau hat noch eine alte Façade. Ein Spitzbogenportal führt in das ziemlich geräumige Innere, dessen Wölbungen von Bogen gestützt und von Pfeilern getragen werden. Der neugothische, aus Marés-Quadern aufgebaute Hochaltar ist im Jahre 1883 eingeweiht worden. Zu beiden Seiten sind sechs Kapellen.

Der Weg von Selva nach Inca führt durch die steile Calle de la Cruz, bei einem Steinkreuz vorbei und dann durch die Calle de la Rosa den Hügel hinab. An letzterem Theile dieses Weges stehen eine kleine Kalkfabrik und zwei Backöfen. Bald erhebt sich zur Rechten ein länglicher Hügel mit flachem, sich gegen die Ebene zu senkendem Rücken, auf welchem Windmühlen stehen. Dies ist Inca. Wir wollen jetzt aber diesen Ort liegen lassen und ihn erst später einer eingehenden Betrachtung unterziehen, weil wir vorerst nur den Ortschaften an den südlichen Lehnen der Sierra einen Besuch abstatten.

Von Inca führt von der Calle de Biniamar ein Fahrweg nach dem benachbarten Mancor. Gleich zu Anfang lässt man einen direct nach Biniamar führenden Weg zur Linken liegen und geht rechts gegen die Gebirge zu an einem Bauernhause vorüber. Der Boden ist ein leicht bröckeliger Kalkstein. Die Fabrica de Son Bonafé, eine Dampfmühle mit hohem Schornstein, liegt am bewachsenen Hügelabhange. Der Weg zieht sich nun zwischen zwei Hügeln hin; oben liegt der majestätische Puig Mayor de Lluch oder de Masanella, und vor demselben erheben sich Kalkhügel. An einem Brunnen, dann an Son Mague vorüberschreitend, sieht man am Fusse eines Hügels die in der Mitte zwischen Caimari und Mancor liegende und dem Marquez del Palmer gehörige grosse Possession von Masanella. Von dem vor dem Hause gelegenen Platze blickt man auf die Ebene zwischen den Hügeln und dem fernen tafelartigen Puig de Randa. Hier sind zwei schöne durch die Font des Prat bewässerte Gärten. Durch die Calle de Orient gelangt man nun nach Mancor.

Mancor, 7 km von Selva entfernt, liegt am Fusse von hohen, zum Theil terrassirten Hügeln. Es zählt 1382 Einwohner und besteht aus 236 kleinen, mit viereckigen Thüren versehenen Häusern. Zwischen den Häusern liegen Gärtchen mit Citronen- und Pomeranzenbäumen. In der Mitte des Ortes ist ein Plätzchen, Plaza del Baile genannt. Die Bewohner von Mancor, das zur Zeit der Eroberung eine einfache Alqueria war, besuchten vom Jahre 1300 ab die Kapelle von Sta Lucia und bauten sich erst im Jahre 1580 ein eigenes Kirchlein. Letzteres wurde im Jahre 1843 als baufällig befunden und in Folge dessen niedergerissen. Im Jahre 1771 war die Kirche zur Suffragan-Kirche von Selva erhoben worden, deren erster Vicario D^n Bernardo Nadal, der nachmalige Bischof von Mallorca, war. Unter des Letzteren und des Marquez del Palmer Leitung wurde die jetzige Kirche im Jahre 1840 begonnen und 1843 eingeweiht, doch ist dieselbe erst 1854 gänzlich vollendet worden. Die Kirche von St Juan, die auf dem Plaza de la Concordia steht, hat eine Fensterrose mittleren Umfanges und zur Linken einen Thurm mit achteckigem Helm, dessen Kugel 245 m über dem Meere liegt. Durch ein einfaches Portal gelangt man ins Innere. Drei Kapellen befinden sich auf der linken und zwei auf der rechten Seite; über dem Eingange ist eine Empore, von der Orgel überragt.

In der ersten Kapelle zur Rechten, in welcher die Gebeine des Märtyrers Probus ruhen, befindet sich auch das Grabmal des 1850 gestorbenen Marquez Don Jorge del Palmer, welcher die Kirche renoviren liess. Auf einem kugelförmigen Hügel steht noch ein Kirchlein, nämlich Sta Lucia. Unterhalb des Hügels liegt die Oelbaumvertiefung von Son Torrent. Das Oratorio de Sta Lucia ist sehr alten Ursprungs; wie Urkundenbücher besagen, stammt es aus dem Jahre 1300. Von dieser Zeit an bis Ende des 16. Jahrhunderts wurde in demselben die Messe an allen officiellen Festtagen gelesen, weil keine andere Kirche in der Umgebung vorhanden war. Sie wurde namentlich von den Insassen Biniamar's besucht. In der Kapelle wird ein Bildniss der heiligen Lucia verehrt, welches der Sage nach in einer Höhle, in unmittelbarer Nähe des Oratoriums, im Jahre 1233 aufgefunden worden ist. Die Statuette dieser Heiligen ist von silbernen Uyels de Sta Lucia, wie man auf Mallorca silberne Augen darstellende Exvotos für erhaltene Gnadenbezeugungen bei Augenkrankheiten zu nennen pflegt, umgeben. Bemerkenswerth sind ein gothisches Kielbogen-Reliquiar mit zwei Fialen an den Seiten und eine schwarze, mit goldenen Haaren versehene Statuette aus weissem Marmor. Der an der rechten Seite befindliche Seiteneingang mit Rundbogenthor ist bedacht und führt in den Hof der ziemlich grossen Hospederia, von wo man das untere Thal von Mancor mit dem Hügel von Sta Madalena in der Mitte, auf Campanet, die Bucht von Alcudia, den Vorsprung des Bec de Ferrutx und die üppige Ebene überschauen kann. Vom linksseitigen Thale von Mancor sieht man die Hügel de Son Pico, die Häuser von Son Bonafé und Inca. Hinter uns liegen die Höhen der Sierra mit dem Puig Mayor de Masanella. Es ist dies ein so ruhiger, friedlicher Platz, dass man hier gern weilt, und die Leute der Umgebung machen diesen Ort vielfach zum Ziele ihrer Wanderungen. Namentlich wird Pan Caritas gern aufgesucht. Die Hospederia hat einen kleinen Hof mit doppelter Bogenhalle, deren runde Säulen von Passionsblumen überwuchert sind. Es giebt in derselben zwölf Zimmer mit Betten; einige Zimmer haben Alcoven; rechts liegen Küche mit Wasserleitung und Speisezimmer. Die Bewirthschaftung liegt einer Donada ob.

Auf einer etwas weiter hinten gelegenen Hügellehne von Sta Lucia, steht das kleine Caserio von Biniarroy und auf der Hügelspitze das im Jahre 1821 nach der Ausschliessung der Mönche de la Real erbaute Oratorium von S^n Antonio Abad, in welcher aber schon seit langer Zeit kein Messedienst mehr abgehalten wird. Dasselbe steht 465 m über dem Meere. Bei der Erbauung der neuen Kirche von Mancor schenkte der Marquez del Palmer demselben die Ornamente der Kapelle von S* Antonio Abad, woher wohl auch der Name stammen mag. Das Oratorium hat nur einen Altar und eine kleine Sacristei.

Um von Mancor nach dem benachbarten Biniamar zu gelangen, muss man ein wenig zurückgehen und dann den zweiten Weg, den man bei diesem Rückwärtsgehen zur Linken lässt, einschlagen. Zwischen fruchtbaren Feldern zieht sich der Weg von Mancor nach dem benachbarten Biniamar, das von Selva 5 km entfernt ist. Es ist ein kleiner, nur 482 Einwohner zählender Ort, der zur Zeit der Eroberung durch die Mauren eine einfache Alqueria war und den Namen Abenamar führte. Durch die Calle de Selva betritt man den Ort, dessen 126 Häuser meist viereckige Thürme mit etwas grösseren Gesimsfenstern als sonst haben. Auf der Plaza de la Gloria liegt die kleine Kirche von S¹ª Thecla, welche schon im Jahre 1627 als öffentliches Oratorium diente und dann im Jahre 1804 zur Suffragan-Kirche von Selva erhoben wurde.

Der Weg von Biniamar nach Lloseta führt durch die Calle de Lloseta zum Orte hinaus, der, am Hügelabhang etwas hochgelegen, die ganze Ebene bis zum Puig de Randa und die im Osten erscheinenden Gebirge beherrscht. Der schlechte Fahrweg führt auf sehr steinigem Boden an einzeln stehenden Bauernhäusern vorüber, und man tritt durch die Calle Nueva in Lloseta ein.

Lloseta hat 1195 Einwohner und 412 Häuser. Letztere sind alle einstöckig und weiss angestrichen. Die Kirche, welche Suffragan-Kirche derjenigen von Binisalem ist, wurde von D⁺ Arnaldo Togores, welchem Jaime I, el Conquistador im Jahre 1232 die Oberhoheit über jene Gründe mit dem Titel eines Barons de Lloseta verliehen hatte, in demselben Jahre, und zwar unter dem Namen Nuestra Señora de Lloseta (Mare de Deu de Lloseta), in Folge eines aufgefundenen Bildnisses der heiligen Jungfrau gegründet. Die Chronik erzählt hierüber Folgendes: Ein Hirt bemerkte einst beim Beaufsichtigen seiner weidenden Heerde des Nachts leuchtende Strahlen an einer Stelle in der Nähe der Ortschaft fliessenden Torrents. Seine Wahrnehmung theilte er dem D⁺ Arnaldo mit, der sich sofort an die genannte Stelle begab, wo unter einem Stein ein Bildniss der heiligen Jungfrau vorgefunden wurde, das wahrscheinlich von den Christen, welche vor den Mauren die Insel bewohnt haben, dort versteckt worden war. D⁺ Arnaldo liess das Bildniss sofort zur nächsten Pfarrkirche tragen. Es war dies damals die Kirche von Rubinas, jetzt die von Binisalem. Dreimal jedoch war das Bildniss aus der Kirche verschwunden, und zwar wurde es die beiden ersten Male wieder an seiner ursprünglichen Stelle aufgefunden, das dritte Mal aber im Stalle des Hauses von D⁺ Arnaldo, in welchem es in kurz vorher zum Christenthume bekehrter Maure erblickte. Man nimmt an, dass hier die erste Kirche von Lloseta errichtet worden ist. Der Charakter eines einfachen Oratoriums verblieb ihr bis zum Jahre 1711, alsdann wurde sie zur Hülfskirche oder Vicaria von Binisalem erhoben. Kurze Zeit darauf wurde sie neu und in grösserem Maßstabe aufgebaut, doch ist der Bau erst in der Mitte des jetzigen Jahrhunderts vollendet worden. Die Hochaltarkapelle ist nischenförmig; am Hochaltar, in der Hauptnische, steht das alte Bildniss, für gewöhnlich durch eine Leinwand verdeckt, auf welchem die Auffindung durch D⁺ Arnaldo de Togores und den Hirt dargestellt ist. Die Capilla de S* José ist die Begräbnisskapelle der Familie Togores der Condes de Ayamans; über dem Eingange erhebt sich eine Empore, unter welcher zwei Kapellen liegen. Von der Plattform vor der Kirche hat man eine ausgedehnte Aussicht über die fruchtbare Ebene und das Gebirge. Neben der Kirche stehen rechts die grosse Posada des Conde de Ayamans und links das zweistöckige Haus von Palla.

Der Weg von Lloseta nach Binisalem führt zunächst nach unten gehend und dabei die Richtung nach Süden einschlagend, durch die Calle de la Yglesia, dann durch die Calle de Abajo und endlich durch die Calle del Herrero. Herrlich ist hier der Blick auf die Gebirge von Alaró, welche aber leider vielfach von den Kronen der Oelbäume verdeckt werden. Man begegnet dem etwa 1 km von Lloseta entfernten kleinen Oratorium der Mare de Deu del Cocó, welches auf demselben Felsen steht, wo im Jahre 1232 das Bildniss der Virgen de Lloseta aufgefunden wurde. Es hat nur einen Altar mit dem Bilde der alten Virgen del Cocó. Weiter gehend, muss man ein Flösschen überschreiten und kommt auf gutem Fahrwege durch bebaute Felder nach Binisalem, einer der angesehensten Ortschaften Mallorca's mit 2577 Einwohnern. Es liegt vollkommen in der Ebene, aber nahe an den Gebirgsabhängen. Was dem Orte seinen weitberühmten Namen verschafft hat, ist sein Wein, der in der Umgebung in grosser Menge gewonnen wird und zu den besten Sorten Mallorca's und überhaupt der Balearen gezählt werden muss. Auch die sorgfältige Pflege der Feigen hat hierzu nicht wenig beigetragen, denn der Export getrockneter Feigen ist sehr bedeutend. Die Häuser, 795 an der Zahl, welche den Charakter jener der Ortschaften in der Ebene tragen, sind meist zweistöckig. In der Calle de Truy steht ein altes Haus, von dem das Volk, jedoch irrthümlich, behauptet, dass es aus der Maurenzeit stamme. Die Pfarrkirche der Ascension de Nuestra Señora ist die Nachfolgerin jener von Rubinas, in deren Nähe die ursprüngliche Häusergruppe stand, welche zur Zeit der Eroberung die Alqueria eines Mauren, Namens Salem, war. Da sich jedoch durch die Aufführung neuer Häuser die Ortschaft bei dieser Alqueria vergrösserte, so verlor Rubinas von seiner Bedeutung, die sich nun auf Binisalem übertrug. Im Jahre 1364 sah man sich daher genöthigt, daselbst eine neue Kirche zu errichten. Die Kirche, deren Kuppel 169 m über dem Meere steht, hat ein gothisches, aber nicht vollständiges Portal; die Fensterrose erinnert etwas an die von Sta Eulalia. Zur Linken der Kirche erhebt sich ein in fünf Stockwerke eingetheilter Thurm, dessen letztes Stockwerk von zwei Spitzbogenfenstern durchbrochen und von einem Helm überragt ist. Das Innere zeichnet sich durch schönen Bau und reiche Marmorverzierungen vor allen anderen Landkirchen der Insel aus. Das dabei verwendete Material ist Marmor und Jaspis, welcher grösstentheils den nahen Marmorbrüchen entstammt. Die Kirche hat die Form eines lateinischen Kreuzes; vier Bogen, an den Seiten gewunden, stützen den längeren Arm. Ueber dem Transsept erhebt sich eine hohe, nach aussen achteckige Kuppel. Die zwei Arme des Kreuzes und die Hochaltarkapelle, welche etwas niedriger ist, bilden drei gleiche nischenförmige Kapellen. Um die ganze Kirche herum läuft ein Sims aus hellrothem Marmor, welcher von Pfeilermassen aus poliriem grauem Marmor mit pseudorömischen Knäufen getragen wird. Auf jeder Seite des langen Armes befinden sich drei Rundbogenkapellen. Besonders reich sind der Hochaltar aus der Mitte des 18. Jahrhunderts, jenem von der Seo von Palma nachgebildet, und der marmorne, mit Bronze geschmückte Altar der schönen Kapelle der Beata Catalina Tomás. Rechts, dem Eingange gegenüber, ist eine mit Marbre Vermey aus Binisalem geschmückte Kapelle, die aber bereits stark verwittert ist. Ueber dem Eingange erhebt sich eine hölzerne Empore, die von zwei dünnen ionischen Marmorsäulen getragen wird. Die beiden anderen Kirchen in Binisalem sind die des alten Franziscanerklosters und jene der Tertiarier vom heiligen Augustin. Die erstere, von Sn Francisco, ist sehr schlicht. In der unschönen Kapelle de la Germantad steht ein alter gothischer Flügelaltar mit Darstellungen aus dem Leben Marias und im Mittelfelde des heiligen Franciscus. Im Altar befindet sich ein sehr alter Stein mit hübschen Bogen und Verzierungen, Mann und Weib darstellend. Oberhalb der niedrigen Wölbung sieht man noch die alten Spitzbogen. In der Sacristei werden zwei alte Messkleider mit Wappen und vorzüglichen Ornamenten aufbewahrt. Die Kirche der Tertiarier ist neu und wurde im Jahre 1881 eingeweiht, da sich erst im Jahre 1857 die Terclarios de Sn Agustin in Binisalem angesiedelt hatten. Dieselbe hat auf jeder Seite zwei Seitenkapellen; am Hochaltar ist eine von Ankermann verfertigte Copie der Transfiguration. In Folge der ziemlich starken Bevölkerung, der grossen Feigen- und Weinproduction, sowie der Nähe der Steinbrüche herrscht in Binisalem ein reges Verkehrsleben. An jedem Sonntage wird dort Markt abgehalten. Ausserdem giebt es auch drei Jahrmärkte und einen Woll- und Viehmarkt. Hier sei auch noch erwähnt, dass in dem südwestlich von Binisalem gelegenen, dem Conde de España gehörigen Gute La Cabana der Pou d'en Torrens sich befindet, welcher dem Publicum zur Benutzung überlassen ist. Derselbe enthält in ziemlicher Tiefe unversiegbares fliessendes Wasser, dessen Temperatur etwas höher, als die gewöhnliche, ist. Dem Wasser schreibt man heilsame Eigenschaften zu.

Binisalem ist durch eine Fahrstrasse mit der nur wenige Schritte entfernten Carretera de Inca verbunden. Wir lenken unsere Schritte aber zunächst den Hügeln zu. In nördlicher Richtung durchwandern wir die Calle de Truy nach den Bergen zu durch Mandel- und Feigenbaumpflanzungen, zwischen welchen sich einzelne Häuschen zeigen. Dann kommen wir durch Weinberge, welche meist gute Tafeltrauben tragen, und gelangen, an kleinen Pomeranzengärtchen vorübergehend, an die Marmor-Steinbrüche bei Can Marca. Von den Abhängen des mit Oelbäumen bepflanzten Thales von Can Pere Antoni stammt der röthlich und weiss geäderte Marmor her, Marbre Vermey genannt, im Gegensatz zu dem gewöhnlichen hellgrauen, der Grog oder Pardo heisst. Die Cantera de Torrella, zur Morneta gehörig und ein Steinbruch das D⁰ Fausto Gual de Torrella, welches eine alte Alqueria war, ist klein und liefert gestreiften Vermey-Marmor. In der Nachbarschaft findet man viele Ammoniten. An Can Pere Antoni ist Can Masiá, zu Pons gehörig, angebaut. Der Boden dieser gesammten Hügelkette ist sehr felsig. Die Aussicht auf Binisalem ist recht hübsch, da man die gesammte von sanften Erhöbungen eingeschlossene Thalmulde und weithin die Ebene mit dem Puig de Randa im Hintergrunde erblickt.

Ein guter Fahrweg führt von Binisalem, von der Calle de Alaró ausgehend, nach Alaró. Mehrere isolirt stehende Windmühlen sieht man aus der Ebene hervorragen, und eine einsame Palme erhebt bei einem kleinen Bauernhause ihre majestätische Krone. Man biegt gegen die lange einförmige Reihe niedriger, mit Bäumen bepflanzter Hügel ein, hinter denen sich die Gebirge der Sierra empothürmen. Die Vegetation ist hier sehr reich. Zur Rechten sieht man das Possessionshaus von Can Cabrit, das auf die Ebene und den weiten Puig de Randa blickt. Der Weg steigt allmählich gegen eine von Hügeln umringte Einsattelung zu, wo die Possessionshäuser von Bañols und Jorge Fortuñy stehen. Erwähnenswerth ist die neben Bañols dicht bei dem kleinen Flusse gelegene Quelle. Geht man weiter vor, so erblickt man den Puig de la Alcadena, dann das Castell de Alaró. Dann überschreitet man einen kleinen Bach, einen der Zuflüsse des Torrent de Consell oder de Sensellas und gelangt auf einen guten, nach Palma führenden Fahrweg. Den Friedhof von Alaró lässt man links liegen und hat bald Alaró erreicht.

Zur Zeit der Eroberung war Alaró eine Alqueria, welche die Mauren Aaaró genannt haben. Der König verlieh dieselbe mit 12 Joch (Jovadas) Grund dem Raimundo de Paxonet. Wahrscheinlich hatte sie dieser an verschiedene Bauern gegen Zins verpachtet. Diese bildeten sie wohl zu einer Ortschaft aus, welche schon vor 1300 von D⁰ Jaime II. den Titel einer Villa erhielt. Dieselbe liegt am Fusse fast kahler, abgerundeter Hügel. Die Ortschaft zählt 3577 Einwohner und wird durch den Torrent de Bañols in zwei Theile geschieden: die Villa d'amunt und die Villa d'avall. Die ca. 1000 Häuser sind fast ausnahmslos einstöckig und haben viereckige Thüren mit Kalksteinspfosten. Rundbogen kommen nur vereinzelt vor. Fast in der Mitte des Ortes liegt 246 m über dem Meere die Kirche, welche eine der ältesten Mallorca's ist. Dieselbe soll im Jahre 1235 erbaut worden sein. Zum Hochaltar ist Marmor und Jaspis verwendet.

Von der gesammten Bevölkerung Alaró's wird der Heilige Rochus, welcher gelegentlich der Pest im Jahre 1652 zum Patron der Ortschaft ernannt worden war, hoch in Ehren gehalten. Seit dieser Zeit wird auch alljährlich zu seinem Andenken ein kirchliches Fest mit sich anschliessenden Volksbelustigungen gefeiert. Bei diesem Feste wird grosser Pomp entfaltet, wie wir bereits an anderer Stelle mitgetheilt haben. An die linke Seite der Kirche ist ein schmuckloser, viereckiger, bedeckter Thurm angebaut. Das Innere der Kirche ist gewölbt. Ueber dem Haupteingange ist eine Empore angebracht. Der Kirche gegenüber zieht sich eine breite Gasse hin, in welcher die Rectoria liegt. An dem Eingange derselben ist das Datum 1600 eingemeisselt.

Von Alaró führt der Weg zum Castell an Felsenhügeln vorüber, an deren Fusse Bauernhäuser liegen. Rechts ist die Viña de la Perdiguera, welcher entlang die Strasse bergan führt. Links zieht sich der Weg zum Comellar del Verger an den Gewässern de Sa Font de Son Curt entlang und an einem von Orangenbäumen umgebenen Hause vorüber, das man links liegen lässt. Durch Oelbaumpflanzungen kommt man zu dem älteren Hause von Son Peñaflor und, immer weiter gehend, in den Comellar. Durch die unteren felsigen Lehnen gelangt man, in Windungen emporsteigend, auf den Vorsprung des Castells und in einen mit Strandkiefern untermischten Eichenwald. Das Schloss, noch aus der Eroberungszeit stammend, war in alten Zeiten von besonderer Wichtigkeit. Es war eine der Festen, die sich Jaime I. am 28. September 1231 bei dem mit dem Infanten D⁰ Pedro abgeschlossenen Vertrage des Eintausches von Mallorca gegen die Grafschaft Urgel zurückbehalten hatte. Im Jahre 1285, als sich der grösste Theil der Inselbewohner dem Könige D⁰ Alonso III. de Aragon, welcher seinem Onkel D⁰ Jaime II. das Reich von Mallorca entriss, unterworfen hatte, weigerten sich der Alcaide und Andere entschieden, D⁰ Alonso als ihr Oberhaupt anzuerkennen, weil sie ihn für einen Usurpator ansahen. Die Vertheidigung war eine so hartnäckige, dass

III. Mallorca.

D⁰ Alonso, als die Besatzung durch Hunger zur Uebergabe genöthigt worden war, eine grausame Bestrafung eintreten liess, und zwar wurden zwei tapfere Kriegsherren der Feste, Guillermo Cabrit und Guillermo Bassa, an zwei eiserne Stangen gebunden und in Gegenwart des ganzen Heeres lebendig verbrannt. Seit dieser Zeit werden dieselben von den Mallorquinern als Märtyrer für die bewiesene Standhaftigkeit und Heilighaltung des von ihnen geleisteten Eides betrachtet. Sie hiessen fortan Sant Cabrit und Sant Bassa. Durch diese Maassnahmen wurden die meisten Herrscher Europa's, namentlich der Papst, gegen den König von Aragon sehr aufgebracht. Als die Insel wieder in den Besitz des legitimen Herrschers gekommen war, wurden die Aschenreste von Cabrit und Bassa in zwei steinernen Urnen in der Domkirche unterhalb der Orgel an der Stelle, welche zur Sala Capitular führt, beigesetzt. Zu jener Zeit wurden die Schlösser von Pollenza, Santueri und Alaró, als die festesten Plätze im Innern der Insel betrachtet. Allem Anscheine nach muss aber Alaró, als König D⁰ Pedro IX. de Aragon im Jahre 1343 Mallorca überfiel, doch nicht genügend befestigt gewesen sein, denn der Alcaide dieses Platzes, Asnaldo de Galiana, der heldenmüthigen Vertheidigung von 1285 nicht mehr eingedenk, streckte bald darauf seine Waffen vor dem siegreichen Könige. Im Jahre 1320 wurden an dem Schlosse verschiedene Ausbesserungen wichtigerer Art vorgenommen, ebenso in den Jahren 1322 und 1352. Die Regierung wollte die Feste im Jahre 1480 zwar niederreissen lassen, die Jurados erbaten jedoch vom Könige, dass dieser Beschluss nicht zur Ausführung kam, weil sie befürchteten, dass bei der nahezu uneinnehmbaren Lage der Ort sich zu einem Räubernest ausbilden könne. Die Feste wurde auch bis 1714 weiter benutzt, dann aber doch als nutzlos abgebrochen. Das Thor ist mit starken eisernen Balken versehen, und über demselben in der Wand befinden sich drei Schlessscharten. Eine Stufenleiter führt zum Thurme hinauf; ein Rundbogenthor und auf der anderen Seite ein Spitzbogenthor bilden den Eingang in den gewölbten Raum. Denn kommen ein Rundbogenthürchen und ein Thurm mit Eckquadern. Die Zinnenmauer zieht sich bis gegen das Ende des Vorsprungs hin. Auf letzterem steht wieder ein Thurm. In dem Zimmer des Thurmes wächst jetzt eine Eiche. Ueber der Haupteingangsthür des Thurmes sind Wurfluken angebracht. Der Abhang gegen die Ermita zu ist sehr felsig; zu derselben führt ein gepflasterter Stufenweg. Links ist eine kleine Höhle, in welcher die heilige Jungfrau des Castells aufgefunden wurde. In diese Höhle pflegen die Gläubigen kleine Holzkreuze zu legen. Man ist jetzt am Oratorio von Nuestra Señora del Refugio, welches vielleicht noch das Kirchlein der alten Feste ist, angelangt. Dasselbe hat schon seit geraumer Zeit den Charakter eines Sanctuariums. In früheren Zeiten war der Puig de Alaró von Einsiedlern bewohnt. Die Chronik berichtet darüber, dass bei Gelegenheit der Festfeier von Nuestra Señora del Refugio im Jahre 1640 Juan Mir, welcher als der Reformator des Einsiedlerwesens Mallorca's angesehen wurde, das geistliche Kleid anzog. Vier Jahre später war er bereits Präses der dortigen Einsiedelei, von wo er 1646 nach Miramar übersiedelte. Die Nebenbauten des Oratoriums bilden jetzt eine Art Hospederia, welche vom Ayuntamiento de Alaró unterhalten wird. In der Nähe kann man noch Ruinen der alten Festungsmauer, sowie einen offenen Wasserbehälter sehen. Das Oratorio hat vorn eine Giebelhalle mit Rundbogen und zwei achteckige Säulen, welche an den Seiten die Ziegeldachung tragen. Die kleine schlichte Kapelle weist einen marmornen Altar auf, auf welchem eine kleine hölzerne Statue der heiligen Jungfrau steht. In der Sacristei wird ein Portrait des Eremiten Juan Mir aufbewahrt, der 48 Jahre in seinem Geburtsorte Alaró und später in Trinidad gelebt hatte und im Jahre 1688, 64 Jahre alt, gestorben ist. Ferner befinden sich hier viele kleine Exvotos, von denen einige aus dem 17. Jahrhundert stammen, Reliquien der Vaterlands-Märtyrer Cabrit und Bassa, sowie ein theilweise verwischtes Bild, die Verbrennung der beiden Letzteren in Alaró darstellend. Von hier aus begeben wir uns zum Camarin der heiligen Jungfrau. Neben dem Kirchlein liegt das vom Donat bewohnte Haus mit Comedor für die Pilger. Es wird gekrönt durch einen Glockengiebel in Spitzbogenstyl. Von dem Mirador oben hat man eine weite Aussicht auf das Thal gegen die schlanke Alcadena zu, in der Tiefe auf Sollerich und die emporragende Sierra mit dem zackigen Puig Mayor de Lluch. Schön ist auch der Fernblick gegen Süden zu auf die beiden, die Ebene einschliessenden Buchten von Alcudia und Palma und auf die fernen Höhen. Vom Oratorio führt ein Pfad zwischen Eichen und Strandkiefern zur Ermita hinab und an mehreren gewölbten Cisternen vorbei nach der Avanzada Torre de sa Cova. Neben derselben ist im Felsen ein künstlicher Einschnitt gemacht, damit die Cova de Sant Antoni das nöthige Licht hat. In dieser Höhle kann man nur mit gebücktem Haupte einhergehen, da sie sehr niedrig ist. Unterhalb derselben befindet sich ein breiter Abgrund. Ueberall, wohin man hier nur blickt, tröpfelt Wasser von den Felsen herab. Der Boden ist schlüpfrig und abschüssig. Wenn man an die Felsenwand schreibt, so überzieht sich die Schrift mit einer klaren Glasur, wodurch sie noch jahrelang leserlich bleibt. Etwas weiter davon entfernt steht eine massive kleine Kapelle, welche der Tropfstein auch mit einem Ueberzuge bedeckt hat. Gegen den Ausgang zu bildet die Höhle eine natürliche Ausbuchtung. Neben der Cova de Sant Antoni befindet sich noch eine andere, aber kleinere Höhle. Ein Thurm beherrscht die Ecke der Felsenspitze und bildet ein Viereck mit vortretender Kante. Von seiner Terrasse geniesst man eine weite Fernsicht über die Ebene bis zur Bucht von Alcudia, die Bucht von Palma und das ferne Cabrera.

Nicht minder schön ist der andere, 816 m hohe Berg vor Alaró, welcher zu der Possession der Alcadena oder Encadena gehört. Um zu dieser letzteren zu gelangen, muss man an dem am Fusse des Alcadena-Hügels gelegenen Possessionshause von Son Berge vorübergehen. Letzteres hat ein kleines Fenster in Renaissancestyl und einen Rundbogeneingang; über demselben befindet sich eine Sonnenuhr mit der Jahreszahl 1765. Erwähnenswerth sind hier noch der kleine Hof mit der Mondsichel des Berges und die kleine Kapelle. Vor dem Eingange des Hauses, neben einer Tenne, steht ein grosser Celtisbaum. Von hier steigt man zum schlichten Hause der Alcadena hinauf. Am Fusse der Felsenwände der Alcadena liegt eine kleine Höhle, in welche man durch einen von Felsen gebildeten Bogeneingang eintritt, während sie oben offen ist. Das Wasser sickert von den Wänden herunter, und hinten zieht sich ein natürliches kleines Rohr hin, aus welchem Quellwasser hervorsprudelt. In der Mitte sind die Felsenwände der Alcadena durch den Pas de Sa Corda geschieden. Das Ende bildet ein starker Felsenkegel, Peñal de Cantal genannt. Etwas tiefer liegt ein Tumulus (Claper de Gogants) mit trefflich erhaltenem Eingange. Er besteht aus grossen Felsblöcken und ist oben schneckenförmig gestaltet. In dem darunter befindlichen Thale mündet unter einer Mauerwölbung mit Seitenbänken die ergiebige Font de s'Encadenels.

Von Alaró aus kann man, indem man das von einem Torrent durchflossene Thal zwischen beiden Felsenbergen durchschreitet, das Oelbaumthal von Sollerich erreichen. Dasselbe wird rechts vom Castell de Alaró, links von der Alcadena und dem Puig de Sⁿ Miguel begrenzt. Das grosse, von Platanen umgebene Haus von Sollerich ist aus Steinquadern erbaut, hat ein Rundbogenthor, einen Balcon, ein Dezrrenfenster, und an der Ecke ist eine Sonnenuhr angebracht. Ueber dem Eingange ist ein Wappenschild, ein zweites über der Thür für den Eingang in die Kapelle angebracht. Letztere ist geräumig, hat einen Bogen in der Mitte, eine doppelte Kreuzwölbung mit Frescomalereien und eine sich verengende Hochaltarkapelle. Ueber dem Eingange ist eine kleine Empore. In der Mitte des Hofes befindet sich ein neuer Brunnen. Eine Doppeltreppe mit steinernem Dockengeländer führt unter einem hohen, von achteckigen Säulen getragenen Vordach nach oben. In dem Empfangssaale hängen einige bemerkenswerthe Bilder. Hier ist eine doppelte Tafona mit je zwei Bigas, und hinter dem Hause ist ein Aujub. In der Nähe des Hauses treffen die beiderseitigen Höhen beinahe zusammen, und der Torrent bildet eine Schlucht, in dessen Rahmen sich ein schöner Rückblick auf das Kesselthal mit dem stattlichen Hause darbietet. Man schreitet auf dem gepflasterten Wege fort, und zwischen den beiden Bergen der Alcadena und dem Castell de Alaró mit den röthlichen Felsenwänden gelangt man aufwärts in eine Ebene und über den Torrent. Vor uns erhebt sich ein mächtiger Vorsprung des Puig de s'Estorell und Puig de Lloseta; am Fusse des Castell sieht man Son Cladera, Son Berge und S'Alcadena, und den Hintergrund bildet der Puig de Son Grau. Wenn man am Tumulus der Alcadena vorübergekommen ist, hat man das Oelbaumthal von Estorell mit dem viereckigen Possessionshause von Filicomis mit grossem Hof vor Augen, und schön ist der Blick dann auf die Ebene mit dem Puig de Sⁿ Salvador und de Bonady. Ein Fahrweg, der beim Hause de s'Hort Nou vorüber läuft und der rechten Seite des Torrentes entlang zieht, führt in das breite, vom Puig de Lofre und de s'Estorell überragte Kesselthal. Zwischen Oelbaumpflanzungen wird ein grosses Haus einer von einem Terrado getragenen

Eingangshalle, etwas weiter ein moderner Hof mit Brunnen sichtbar. Daneben liegt Can Xalet mit Gehöft und Kapellenzimmer, sowie einem grossen Aujub oberhalb des Hauses. Auf schlechtem Pfade geht es steil hinauf nach Oliclar mit grossem Sefareix, der unterhalb Almadrá in der Thalsohle gelegen ist, welche man aufsuchen muss, um in das Thal von Soller zu gelangen. Schon von ferne ist das am Fusse des Hügels Terra Vermeya gelegene Haus von Tosals Verts sichtbar. Der Weg führt weiter aufwärts durch einen Strandkiefernwald. In der Ebene liegen eine Unmasse Ortschaften: Buger, La Puebla, Muro und die weiten Ufer der Albufera mit dem dahintergelegenen Bec de Ferrutx. Nun gelangt man auf einen passirbaren Weg, der zum Coll des Rafals führt, von wo man die Abhänge der Casas Novas mit den Höhen des Puig de s'Estorell schön überblicken kann. Nach einigen Schritten taucht der mächtige Koloss des Puig Mayor de Lluch vor unseren

Puig Mayor de Lluch und Puig de s'Estorell.

Augen auf. Man überschreitet zwei Torrenten und gelangt nach Es Rafal. Hier sieht man das Thal von Masanella mit der stattlichen Häusergruppe Can Bayoca und die Ebene mit den Ortschaften Selva, Buger und Campanet liegen. Langsam hinabsteigend, erblickt man Inca und das stattliche Sineu, die Höhen der Colls d'Artá, des Puig d'Inca, von Sª Onofre, Bonañy, Sª Salvador, Montesion de Porreras und Randá. Der Weg nach dem nahen Mancor geht in einer Thaleinbuchtung entlang; links führt ein einfacher Pfad nach Masanella. Beim Torrenten hat man den Fahrweg erreicht.

Ein hübscher Ausflug von Alaró aus ist jener nach der ergiebigen Font de ses Artigues, welcher an der Häusergruppe Playeta de s'Hort demunt vorbeiführt. Auf steilem Wege passirt man das lachende Thal und gelangt bald zu dem Hause von Es Horts, dann zu jenem von Sa Font mit einer Wassermühle. Die Hügel haben Terrassen mit Feigen-, Mandeln- und anderen Obstbäumen, und die ernsten Felsenwände des Castells bilden hierzu einen schönen Hintergrund. Das Haus von Ses Artigues hat eine Clasta; etwas weiter liegt das Haus von Can Mestre Rafael Paleta und links von dem Artigues Sa Mola mit burgartigem Felsen. Sieben Stufen führen in die künstliche Wölbung hinab, wo eine wasserreiche Quelle entspringt, welche vor Alaró mündet. In der Nähe sieht man eine kleine Höhle und Abstürze. Ueber dem Thale von Ses Artigues erhebt sich ein mit Strandkiefern bewachsener Hügel, Sa Rota des Cabo genannt.

Von Alaró aus kann man einen Abstecher nach dem nahe gelegenen stattlichen alten Hause Son Forteza machen. In der dort befindlichen Kapelle modernen Styls mit einfacher Wölbung befindet sich ein hübsches Bild von Sta Barbara.

Der Fahrweg von Alaró führt durch ausgedehnte Weinberge und Mandelpflanzungen zur Carretera von Inca und auf den Consell. Die nächste Ortschaft an den Abhängen der Sierra ist nach Alaró das im Thal versteckte Buñola. Um dasselbe zu erreichen, biegen wir westwärts am Fusse des Abhanges der Hügel von dem von Alaró nach Consell führenden Wege ab. An dem schön gepflegten Maynou von Puigdorfila und an dem Arbosars vorbeigehend, gelangt man nach Torrella, von wo man auf einem von der hinten gelegenen Coua Negra kommenden Fahrwege das benachbarte Sta Maria erreicht. Son Torrella ist ein stattlicher, fester Bau mit achteckigen Säulen als Akrostützen, Balcons mit Eisengitter und einem Rundbogeneingang. Durch eine grosse gerippte Eingangs-

Son Torella.

halle gelangt man in den Hof mit Springbrunnen. Hier befinden sich von Säulen getragene, gewölbte Stallungen, eine Tafona mit vier Bigas, zwei Mühlen und eine kleine Wassermühle. Das Innere enthält grosse, aber schlichte Zimmer. Links vom Eingange ist eine kleine Kapelle. Das hübsche Altarblatt auf Holz stellt die Anbetung der drei Könige dar. Nach Osten hin übersieht man gegen Son Credo zu die Ueberbleibsel des alten Hauses. An dem Torrent entlang herrscht die üppigste Vegetation. Vor dem Hause ist ein Orangengarten, hinter demselben eine Tenne und eine Acequia.

Dem Torrent de Coua Negra entlang geht der Fahrweg auf der linken Seite des engen Thales weiter. Man trifft zuerst Son Berenguer, zur Linken den Puig de na Lena, und in dem kesselartig erweiterten Thale sieht man das Häuschen von Son Gulla neben Ulmen-, Celtis- und Orangenbäumen. Jede Besitzung hat von Son Torella an eine Wassermühle. Am grossen Hause von Son Oliver führt eine Steinbrücke über den Torrent, und an dieser Seite hat das Thal ein von Felsenwänden überragtes Seitenthälchen, Sa Coma d'es Bou, und noch ein anderes, Estret de Son Oliver genannt. Oberhalb von Son Oliver sind vier Höhlen, in welchen das Vieh untergebracht wird. Das Thal zieht sich am Fusse der hohen Felsenwände und Abstürze des Peñal de Son Guilard entlang. Man kommt nun in die Erweiterung der Rota dels Cirerérs. Bei den Ruinen von Cas Barraté rauscht das Wasser einer Quelle von dem Felsen herab. Man kommt an Son Roix vorbei, wo der Torrent von Felsenwänden ganz umschlossen ist. Nach einigen Schritten trifft man Can Millo und Es Forn de Deu und gelangt dann nach dem Comellar de Can Milio und Can Morey mit kleinen Terrassen. Nach wenigen Schritten trifft man das weiss angestrichene Haus Son Pou und Sa Coma de Sa Figuera, von wo man den Vorsprung der Moleta sieht. Der Weg, jetzt nur noch ein Reitpfad, führt unterhalb einer grossen Felswand zu der mit Steinplatten bedeckten Quelle Fonde de Son Pou. Von hier ab folgt man dem Torrenten, der von hohen Felsenwänden umgeben ist. Drei ansehnliche Höhlen dienen den Wildtauben als Behausung. Der Weg führt weiter durch den Strandkiefernwald steil hinab an den Fuss eines einzelstehenden, mit Kiefern bedeckten Felsenpiton mit kleiner Höhle darunter. Von Felsenstufe zu Felsenstufe rauscht hier das Wasser herab.

Am Sattel weitergehend, gegen das Thal von Orient zu, kommt man nach Sa Comuna de Buñola. Vom Häuschen der Comuneta ab geht es thalabwärts durch einen Eichenwald am Saume eines Bachbettes entlang, von dessen Brücke aus das Haus des Freu sichtbar ist. Bei Son Perot hat man die Thalsohle von Orient erreicht.

Denken wir uns wieder nach Son Torella zurückgekehrt und gehen weiter westwärts gegen Buñola zu, so sehen wir zur Linken Son Canals und zur Rechten El Cabas. Wir kommen hierauf in ein schmales Thal, dessen Abhänge von Abstürzen überragt werden. Ein Feldweg, der nach Con Morro, Can Picarol, Can Bergantell und Can Mossó Jaume führt, liegen und gelangt bald darauf zum Haus der Estremera Vella. Von hier erreicht man ziemlich bald den Hügel Es Puig Gros de s'Estremera Vella, von welchem man in einer Höhe von 278 m über dem Meere das Thal von Es Canals mit dem stattlichen Hause von Son Salas und dahinter die Abstürze des Castell de Alaró überschauen kann. Gegen Osten zu sieht man Conseil und Sᵗᵃ Maria und gegen Süden den Puig de Randa Marratxi, Son Verl, die Ebene gegen Palma zu und den flachen Vorsprung von Cap Blanc mit dem fernen Cabrera liegen. Weiter erblickt man die Höhen von Bellver und den Vorsprung von Calafiguera und rechts die Sierra de Burguesa und die ganze Hügelreihe von Galatzó, die Mola de Son Noguera und de Plankla, de Son Pax von dem Puig de na Palma überragt, sowie die Hügel von Raxa mit dem kolossalen Teix. Im Westen sieht man vom Puig de s'Estremera Vella noch einen niedrigeren Hügel, Es Puig Redon genannt, an dessen Fusse das Possessionshaus liegt. Unweit davon ist die Estremera Nova. An einem Aujub vorbeigehend, erreicht man am Ausgange dieses Thales das Possessionshaus von Son Muntaner. Gegenüber zeigt sich uns Sᵗ Marcial, Son Verl und zur Linken Son Sareda. Oberhalb Son Muntaner erhebt sich der Puig de Son Garcias, welcher das Thal von Buñola von jenem des Coll de Soller trennt. Auf einem Hügel liegt Caubet. Thalaufwärts gehend, kommt man an Bauernhäusern vorüber und erblickt dann in einem Thalkessel das 1608 Einwohner zählende Buñola. Die 438 Häuser des Ortes, in der Mehrzahl zweistöckig, liegen ziemlich verstreut. Die Mehrzahl befindet sich aber an dem kleinen Hügel des Castellet. Von dem höher gelegenen Theile der Ortschaft hat man eine schöne Aussicht auf die Bucht von Palma und Bellver. Die weiss getünchten Häuser sind vielfach mit Rundbogenthor und Fenstergesimsen versehen. An der Ecke der Calle de Mamposteria steht ein altes Haus mit Verzierungen in Renaissancestyl; in der Mitte liegt die ziemlich grosse Kirche. Die erste Pfarrkirche von Buñola muss kurz nach der Eroberung errichtet worden sein. Im Jahre 1756 ist sie wieder neu aufgebaut worden. Die Kirche hat ein einfaches Aeussere, dagegen ist sie im Innern reich verziert. Sie hat eine nischenförmige Hochaltarkapelle mit Kreuzwölbung. In der Kirche wird eine sehr alte Alabasterstatuette der heiligen Jungfrau mit vergoldeter Verbrämung aufbewahrt.

Im Thale von Buñola und rings um die Ortschaft liegen kleine, niedliche Gärten. Oberhalb Buñola's liegt der kegelförmige Hügel Es Castellet.

Ein lohnender Ausflug von Buñola aus ist der zu den Höhen der benachbarten Comuna. Hier schaut man die Burguesa, Palma und die Bucht von Cap Regana mit dem Castell de Sᵗ Carlos.

Man geht jetzt durch den Comellar des Cupi, der von Höhlen durchzogen ist. Weithin blickt man über Berg und Thal bis zum Coll von Galilea. Am Abhange des vielfach mit Cistus und Rosmarin bewachsenen Berges der Comuna entlang schlängelt sich der Weg an einem Avench vorbei und zieht sich dann fast wagerecht oberhalb der Absturzvorsprünge auf die Pari demunt del Gran. Diese bildet in der Mitte eine Art Thaleinschnitt. Hier ist rothe Erde vorhanden, die einen guten Ocker liefert. Das Felsenplateau Es Corral de ses Cabres ist hier noch zu erwähnen. Auf der Spitze, Namarich genannt, geniesst man eine umfassende Rundsicht. In schwindelnder Tiefe liegt das Thal von Honór mit dem gleichnamigen Coll, und im Hintergrunde erhebt sich die Kette der Sierra de Alfabia, welche mit dem Puig de Lofre und dem Puig Mayor de Lluch endigt. Neben der zweiten Höhe der Comuna ist das Castell de Alaró sichtbar, zu dessen Füssen die Bucht von Alcudia mit dem Cap de Farrutx liegt, ferner die Höhen von Sta Madalena de Inca und von Manacor. Weiterhin schweift der Blick über die Südküste mit dem Vorsprunge des Cap Blanc, das ferne Cabrera, die Bucht von Palma bis zum Vorsprunge von Calafiguera, die stattliche Burguesa, den Cosi Galatzó, die Molas von Son Noguera und Planicia und endlich den Teix mit dessen Ausläufer Coll Rex.

Von Buñola führen ein guter Weg zu der nur einige hundert Schritte entfernten Carretera de Soller und ein etwas holpriger Fahrweg zu der im Gebirge liegenden Ortschaft von Orient, die wir aufsuchen wollen. Wir durchwandern ein ziemlich schmales Thal. An grossen Kalksteinblöcken zieht sich der schmale Pfad am Abhange des Thales nach oben. Auf der entgegengesetzten Seite sieht man die beiden Höhlen Cova Grau und Cova Son Creus. Daneben ziehen sich Weinberge und Gemüsegärten hin. Dann gelangt man in das Kesselthal de Honór, nach der gleichnamigen Besitzung Camp de Honór so benannt, bestehend aus einem grossen, gelb angestrichenen Hause und demjenigen des Arrendadors, und in der Nähe ragt eine Felsenspitze hervor. Ein guter Fahrweg führt über den Coll d'Honór, von dem man in das grosse Kesselthal von Orient schauen kann. Die steinige Thalsohle hat schöne, von einem Bache durchrieselte Wiesen, und die Waldungen an den Abhängen zählen zu den üppigsten der Gebirgskette. Auf einem kleinen Hügel liegen einige kleine Bauernhäuser, deren Ziegeldächer zum Schutze gegen den dort heftig wehenden Wind mit grossen Steinen belegt sind. In dem sehr hoch gelegenen Thale ist es im Winter kalt und windig. Zur Rechten zeigen sich die Possessionshäuser von Canferrera und von Son Perot und auf einem kleinen, etwas vortretenden Hügel die Ortschaft von Orient. Ein steiler, guter Weg führt zu einem von Caltisbäumen bestandenen Plätzchen, auf dem die Kirche steht. Von hier kann man das ganze Thal überschauen. Orient, ein von Buñola 11 km entferntes und von demselben abhängiges Lugar, hat 108 Einwohner und besteht nur aus den wenigen, auf dem Felsen verstreut liegenden Häusern und einer anderen kleinen Häusergruppe, die sich auf einem mit Eichen bewachsenen Hügel gelagert hat. Im Ganzen zählt Orient nur 38 Häuser. Die Kirche von St Jorge Martir erwähnt schon der im Jahre 1633 verstorbene Chronist D^n Juan Dameto. Sie ist Hülfskirche von Buñola, hat ein einfaches Aeussere und im Innern ein Tonnengewölbe mit Rundbogen und zwei Seitenkapellen. Die Hochaltarkapelle ist nischenförmig; der Hochaltar trägt das Datum 1686. In der Mitte der Kirche hängt ein hübscher Leuchter mit einer Krone oben und einem Wappen und zwei Sternen, welche Lampen tragen. In Orient sind einige Possessionshäuser. Am Eingange der Ortschaft liegt Cal Rey mit Thurmansätzen, grossem Hof und Aujub. Ein gepflasterter Weg führt nach Son Terrassa mit Clasta, welches oberhalb Orient gelegen ist.

Etwas weiter von hier blickt man über das Thal von Son Bernadaso; man sieht Can Garau, dann Can Jacques, ein weisses Haus und Son Bernadaso mit zwei Thurmansätzen und Terrasse. Ein Fahrweg führt von Orient nach Son Vidal, einem stattlichen Hause, welches einen Dezvan mit vortretender Bedachung aufweist. Oberhalb Son Vidal's führt ein Fahrweg nach Alfabia. Hinter dem Coll gelangt man in das von dem Puig de Mos und der Montaña de la Franqueza mit dem Puig de sa Plete überragte Thal von Comasema. Das Haus, eine alte Alqueria, ist gross. Das Hauptgebäude, mit achteckigen Säulen oben im Dezvan, hat ein Rundbogenportal mit dem Wappen der Comasemas und dem Datum 1648. Die Fenster sind mit Dockengliedern versehen. In der Mitte ist ein Aufgang, und von einer Terrasse führt eine äussere Treppe nach oben. Im Eingang wird noch die alte Glocke oder Coure aufbewahrt, welche Maulthieren, wenn sie in früheren Tagen, mit Reben beladen, von Sta Maria kamen, umgehängt wurde. Das Haus hat einen grossen Terrat, dessen Bedachung von dünnen Säulen getragen wird. Im Saale befinden sich die Apostelbilder aus dem Jahre 1371, ähnlich jenen von Miramar, und in der Mitte desselben ist die heilige Jungfrau und der Rosenkranz dargestellt auf 14 runden Bildchen mit Momenten aus dem Leben Jesu. Hinter dem Hause befinden sich kleinere Nebenbauten und ein Sefareix.

Comasema gegenüber liegt der Puig de ses Maravelles. Hier ist auch der Eingang zu der gleichnamigen Höhle. Auf der entgegengesetzten Seite sieht man den Puig de Lofre. Von dem

Comasema.

spitzen, gewölbten und zwischen Dornsträuchern liegenden breiten Eingange der Höhle führt eine Treppe in eine grössere Eingangshalle; dann folgen zwei kleine Höhlenöffnungen: das kühle Sa Boca des Forn und rechts Ets Orgues. Die Hauptkammer hat eine flache Wölbung mit Tropfsteinen, die diamantartig glitzern. Eine Säule steht in der Mitte, und dahinter befindet sich eine Kammer. Unterhalb der grossen Höhle führt ein Weg in Sichelform zu einer anderen grossen Höhle. Den Ausgang links von der Boca des Forn bildet eine doppelte kleine Oeffnung am äussersten Ende derselben, von wo in Folge einer Felsspalte kein Weg zur anderen Kammer führt.

Von Comasema zieht sich ein Fahrweg durch zahlreiche Wachholder- und Weissdorngebüsche zum Bosch. Rechts zieht sich das Thal gegen Sollerich hin. Herrlich liegt der dasselbe beherrschende Talayot mit einer Oeffnung zum Freu. In der Nähe desselben wächst eine sehr grosse Eiche, Na Torta genannt. Die bald sichtbar werdende Font des Bosch ist ein kleiner Quell. Links liegt die kahle Franqueza, rechts der kegelartige Puig des Amors mit waldigen Abhängen. Auf schlechtem Wege kommt man zum Coll des Bosch, an dessen Abhange sich die Cova d'en Costurera befindet, und schaut hier auf das wilde Felsenthal, den Comellar de sa Foradada, welches von dem Puig des Tosals Verts, dem Enfront des Carritxeret und dem langen Sattel von Sa Coma des Ases umgürtet ist. Ein gepflasterter Weg führt zwischen Felsen in das wilde Thal hinab, in welchem das Wasser des Torrents über grosse Steinblöcke zum Estorell hinfliesst. Hier erheben sich die Roca Mala mit einer fast kraterartigen Verflachung, Ses Planelletes genannt, und ein kleinerer Felsenhügel, welcher von fern einem Schlosse nicht unähnlich sieht. In Windungen zieht sich der Weg durch Sa Rateta nach oben; dann kommt Sa Foradada, welches seinen Namen

Talayot bei Comasema.

von einem Felsblock oberhalb der Barrera erhalten hat. Man überschaut die tiefe Schlucht, und nach mehrfachen Schlängelungen erreicht der Weg die Höhe oberhalb des Vorsprunges eines Morro und mündet hinter den Häusern im Thale von Cuba.

Der Pfad von Comasema nach Sollerich führt unterhalb des von einer Koppe überragten und mit Oelbäumen bepflanzten Puig de Mos gegen den Barranc zu. Die Felsen verengen sich beiderseits, und das Bachbett bildet in der Mitte eine tiefe Furche. Die Scenerie ist jetzt so einmal eine andere: an Stelle von Oelbäumen stehen Eichen an den Abhängen. Man übersieht das Thal von Sollerich und den mächtigen Puig de la Alcadena; ein steiler gepflasterter Weg führt in Windungen hinab. An äusserst zerklüfteten und mit Epheu umrankten Felsenwänden vorübergehend, erreicht man die Oelbaumpflanzungen von Sollerich.

Die von Buñola in wenigen Minuten erreichbare Carretera von Soller sei nun unser Ziel. Von Palma aus durchzieht der breite schöne Fahrweg nach Soller anfangs die mit Mandelbäumen bepflanzte Ebene. In der Nähe des Gebirges beginnen Oelbaumpflanzungen. Man überschreitet auf massiver Brücke den grossen Torrent des Pont Gros, gelangt am Possessionshaus von Son Vibiloni vorbei und nähert sich immer mehr der schön geformten Sierra. Auf einem mit Oliven bestandenen Hügel gewahrt man Raxa. Diesem gegenüber ist das grosse Possessionshaus von Caubet gelegen. Das Haus von Raxa liegt auf sanfter Erhöhung und beherrscht zum Theil das umliegende Land; es hat eine schöne Rundbogenhalle mit rustischen Knäufen. Raxa war zur Zeit der Mauren ein Alqueria, Araxa genannt, und gehört seit dem Jahre 1620 der Familie von Despuig, welche in diesem Gebäude interessante Sammlungen unterhält. Das Museum verdankt seine Entstehung dem Cardinal Dⁿ Antonio Despuig y Dameto, welcher 1797 in Italien ein Stück Land in der Nähe von Ariccia bei Albano kaufte, wo ein von Domitian der Nymphe Egeria gewidmeter Tempel gestanden hatte. Die Ausgrabungen an dieser Stelle förderten zahlreiche Gegenstände ans Tageslicht, und diese bilden nun im Verein mit den während seines langjährigen Aufenthaltes in Italien gesammelten Kunstschätzen den Bestand des jetzigen Museums in Raxa. Die Antiquitäten-Sammlung befindet sich zu ebener Erde, und gleich beim Eingange erblickt man an den Wänden viele lateinische Inschriften. Der eine der Säle birgt auch die Büste des Begründers des Museums. In letzterem werden viele recht schöne Säulen und Statuen aufbewahrt, von denen namentlich die Statuette eines Dionysos und eine prächtige Säule aus orientalischem Alabaster hervorzuheben sind. Hinter diesem ersten Saale liegt ein kleines Gemach mit einer Sammlung kleiner Bronce-Amuletts, Priapen und Nipp-Statuetten. Ferner sind hier einige alte Vasen, ein paar versteinerte Seeigel und eine Gryphaea aus Mallorca, sowie alte eiserne Waffen zu sehen. Sechs andere kleinere Gemächer enthalten Kupferstiche nach berühmten italienischen Gemälden. Mehrere schöne und werthvolle Statuen schmücken die von Rundbogen gebildete Eingangshalle. Neben der kleinen in Zopfstyl gehaltenen Kapelle wird das Zimmer gezeigt, in welchem die Beata Catalina Tomás gewohnt hat. Im oberen Stocke sind ein Saal und mehrere Gemächer mit Kupferstichen geschmückt; sie enthalten ausserdem mehrere alte Schreine, von denen der eine, besonders sehenswerthe, aus Mallorca stammt. Er ist aus Mahagoniholz gefertigt und mit Citronenholz eingelegt. Ein anderer Schrein ist mit dicht neben einander stehenden hölzernen Statuetten geschmückt. Auch befinden sich hier zwei gleiche Kasten, von denen der eine mit Elfenbein, der andere mit Schildpatt verziert ist, sowie eine Anzahl Familienbilder. Von den verschiedenen Balconen des Hauses hat man schöne Aussicht auf die Hügel und den grossen Hort, auf die in Terrassen angelegten grossen Gartenanlagen, in welchen prächtige Pomeranzen-, Oel- und Eichenbäume wohlthuenden Schatten spenden. Schöne Anlagen umgeben den Hügel. Oben befindet sich ein kleiner runder Thurm und ein Lusthäuschen. Von beiden Punkten hat man Ausblick auf die Ebene, die Bahia de Palma bis zum Cap Blanch, sowie die Anhöhen des Puig de Randa. Eine kleine Tropfsteinhöhle ist hier von Menschenhand künstlich geschaffen worden. In Lauben und Gebüschen sind antike Gruppen und Figuren aufgestellt, und eine Brücke führt in einen anderen Theil des Gartens mit Lauben, Gebüschen, Irrwegen und einem Tempelchen, gebildet aus dem sich anschmiegenden üppigen Epheu. Neben Raxa liegt Raxeta, gleichfalls dem Conde de Montenegro gehörig, und etwas weiter Biniatza, welches ebenfalls eine alte Alqueria war.

Kehren wir nun zur Carretera zurück. Ausser dem hohen Doppelhügel von Raxa zeigen sich uns noch zwei andere, durch einen starken Sattel getrennte Hügel, sowie ein dritter, fast isolirt in der Mitte des Thales liegend. Dieselben sind insgesammt spitzig und kahl und führen den Namen Colls de Raxa. Zwischen ihnen zieht sich eine enge Schlucht hin, welche von einem Bächlein durchflossen wird. Man gelangt in eine thalartige Erweiterung, wo an einem Hügel eine Alfareria, an der Fahrtrasse der Hostal de Can Penaro mit einigen Pomeranzenbäumen und auf der Höhe des Bergrückens das dunkle Haus von Can Barcelona liegen. Nach Durchwanderung schöner Oelbaumpflanzungen erreicht man Alfabia. Nach den Angaben einiger Chronisten war zur Zeit der Eroberung Herr von Alfabia der Maure Benhabet, welcher dem Könige Dⁿ Jaime I. wichtige Dienste geleistet hatte. Andere Schriftsteller dagegen behaupten, dass es eine Alqueria war, welche dem Dⁿ Nuño Sanz, Conde de Rosellon, rufiel. Derselbe gab sie 1240 an Juan Bennasar in Erbzins, und da sich dessen Nachfolger mit dem Adelsgeschlechte der Santa Cilias verbanden, erhielten es mit der Zeit die Adelsfamilien Burgues Zaforteza y Coloner. Alfabia ist ein grosses, schön gelegenes Haus mit auffälliger breiter Front. Eine gerade Allee von Akazien und Platanen führt zu dem Hause, in welchem sich trotz der vielen im Laufe der Jahrhunderte vorgenommenen Umänderungen noch arabische Reste erhalten haben. Besonders ist dies in der Eingangshalle der Fall, welche zwei flache Bogen und ein doppeltes Kreuzgewölbe aufweist. In dem ersten Theile befindet sich die vierfach getheilte, mit flacher Decke in der Mitte versehene, arabische Bedachung mit schönen Zierrathen. Im Architrav des Schlussgesimses des Baguan ist eine arabische Inschrift mit folgendem Wortlaut angebracht:

> Das Gesetz ist von Gott,
> Die Kraft ist von Gott,
> Die Barmherzigkeit ist von Gott,
> Gott ist sehr gross,
> Es giebt keinen Gott ausser ihm,
> Der Reichthum besteht in Gott.

In der kleinen Kapelle wird die Silla de Alfabia aufbewahrt; es ist dies ein alter, in gothischem Styl gehaltener Stuhl, anscheinend aus dem 15. Jahrhundert stammend. Links an der Wand der schlichten Kapelle ist die Geburt Christi in kleineren Bildern dargestellt. Bemerkenswerth ist eine hübsche Renaissance-Thür mit Kopfverzierungen, oben mit einem Wappen und dem Spruch: „Vulnus penique feret". Die inneren Räumlichkeiten von Alfabia sind luftig, aber modern eingerichtet. Das Haus bildet gegen die Gärten zu einen Winkel. Eine um das Haus laufende Terrasse wird von runden Säulen mit rustischen Knäufen getragen. Die eine Seite zeigt auf S'Alqueria Vella, die beiden Felsenkegel von Raxa und die daranstossenden Gärten hin. Bei dem Alfabia gegenüberliegenden Hügel Puig d'en Bennassar ist ein altes Stück des Santa Ciliashauses mit gothischem Kielbogenfenster und unter demselben ein Durchgang mit drei Spitzbogen. Daneben ist ein alter Cisternenbrunnen. Oben am Aufgange gegen den Hort zu sieht man einen Brunnen, geschmückt mit dem Wappen von Santa Cilla. In der Nähe des Reservoirs für die Wasserleitung ist eine achteckige, von Rosen bedeckte Laube mit achteckigen Säulen als Stützen, die gleichzeitig den Eingang zum Hort bildet und in ihrer Fortsetzung eine Weinlaube mit ähnlichen Säulen bis zu einer Terrasse mit Springbrunnen und einem Tische bildet. Die Laube und der ganze untere Theil der Weinlaube, sowie die Vasen zwischen der einen und der anderen Seite enthalten verschiedenartige Wasserkünste. Am Eingange zum Hort steht das Haus des Hortolá und ein Häuschen, in welchem das Obst aufbewahrt wird. Neben der Terrada ist der kleine Blumengarten, ein lieblicher Aussichtsplatz auf die kleine, im Hintergrunde liegende Thal. Wenn man von Alfabia aus dieses Thal weiter verfolgt, so kommt man an zwei zwischen Felsengruppen und Baumgärten gelegenen Mühlen vorüber. In den Aujub stürzt von einer ausgiebigen Quelle Wasser herab.

In Windungen zieht sich der Fahrweg hinter Alfabia nach oben und um einen Hügel gegen das sich verengende Thal, das sich bald wieder erweitert. Im Grunde desselben liegt Biniforani Vey mit kleiner Kapelle und oben Biniforani Nou, welches früher eine Alqueria war. Dicht bei der letzteren Besitzung führt die Strasse vorbei, erreicht weiter das etwas höher gelegene Possessionshaus del Teix, wo gleichzeitig ein Hostal ist. Zwischen Eichen gelangt man zum Sattel, Coll de Soller genannt, und von hier aus geht es in Schlängelungen wieder bergab. Im Thale erblickt man das weiss angestrichene Possessionshaus von Can Alegre, auch Cas Chocolaté genannt. Neben dem Wege sprudelt ein Quell, in dessen Nähe sich Kalkstein vorfindet. Prächtig ist namentlich bei dem Häuschen des Peon Caminero die Aussicht auf das Thal von Soller mit dem hohen Puig Mayor. An isolirt liegenden Felsmassen vorbei gelangen wir wieder in die Oelbaumregion. In dem stellenweise sich sehr verengenden Thale liegen, von einem Bache bewässert, ein kleiner Hort de Can Birbó und daneben einige Pomeranzenbäume. Eine Acequia führt längs der Felsenwände das krystallhelle Wasser weiter. An der Strasse liegt das neue Haus von Can Amenga, und an mehreren Neubauten vorübergehend, ab und zu von Pappeln beschattet, führt der Weg in das paradiesische Thal von Soller und mündet neben der Klosterkirche aus.

Der Weg nach Valldemosa durchzieht die fruchtbare Ebene von Palma und steigt von hier bis zur Esglayeta, wiewohl durch die Ebene führend, allmählich leicht an. Hier sieht man die Hügel und die majestätische Sierra vor sich liegen. Zur Linken lassen wir die Strasse nach Establiment und wandern rechts weiter durch wunderschöne Mandelpflanzungen, zwischen denen hin und wieder ein Possessionshaus sichtbar wird. Ein Steinkreuz bezeichnet den Weg nach La Real, während sich der Fahrweg an dem Possessionshaus Son Cabrer vorbei weiter schlängelt. Gegen die Strasse zu erheben sich zu beiden Seiten kleine Mauern, welche die Gründe abgrenzen. Zur Linken befindet sich ein Hostal. Man kommt an Son Pons des Marquez de la Bastida und an Son Magraner vorbei

Can Birbó.

und überschreitet einen Torrent. Längs der Strasse sieht man Reste der alten, roh aus Tapia gemauerten Wasserleitung nach Palma; gleich darauf kommt das grössere Possessionshaus von Son Ripoll. Ziemlich in der Mitte der Fahrstrasse von Valldemosa und jener von Soller liegt die kleine Ortschaft Son Sardina, 6 km von Palma entfernt. Sie zählt 1546 Einwohner und enthält viele Wohnhäuser für Landleute und Handwerker, sowie einige Vergnügungshäuser. Die Kirche liegt nahezu am Ende dieser Häusergruppe. Im Jahre 1708 gegründet, wurde sie 1776 Hülfskirche der Pfarre von Sa Jaime in Palma; dieselbe ist der unbefleckten Empfängniss geweiht und hat sieben Seitenkapellen. Mitten durch regelmässig angelegte Mandelbaumpflanzungen gehend, nähern wir uns dem Gebirge. Allmählich wird der Boden hügeliger, die Oel- und Johannisbrodbäume nehmen überhand, und die grauen, zackigen, hie und da roth gefleckten, scharf gezeichneten Kalksteinberge der Sierra treten näher. Man kommt zu einer Erhöhung und an einen Kreuzweg, der nach Esporlas führt. An diesem Kreuzwege liegt ein sehr besuchter Hostal, Hostal de ses Puntes genannt. Rechts fliesst, von Pappeln beschattet, der Torrent d'Esporlas, an dessen Ufer eine Papiermühle steht, in welcher Papel de Strassa aus alten, vom Continent eingeführten Alpargatas fabricirt wird. Ueber eine kleine, einbogige Brücke des Torrent schreitend, erreichen wir die Esglayeta, eine kleine Ortschaft, welche ihren Namen dem in neuerer Zeit vergrösserten Kirchlein, d. h. Ygleslets, verdankt. Das von der Pfarre zu Esporlas abhängige Oratorium der Esglayeta von S^a Juan Bautista war die Klosterkirche der Franziscaner-Nonnen des Puig d'Inca, die im Jahre 1313 hierher kamen und den Namen del Olivar annahmen. Im Jahre 1549 wurde von ihnen das gleichnamige Kloster in der Stadt gegründet. Das Kirchlein hat sechs Seitenkapellen. Am Hochaltar fällt ein altes Gemälde in die Augen, darstellend die heilige Jungfrau mit dem Kinde, die Königin der Sterne in einem goldgestickten rothen Gewande und mit einem von Sternen übersäeten grünen Mantel, die Krone von Aragon auf dem von einem Sternenkranze umgebenen Haupte. Das Jesuskind trägt in der linken Hand einen Stieglitz.

Der Fahrweg wird nach der Esglayeta zu nun enger. Rechts liegt Son Puig, links Son Pax und neben letzterem ein grosser, von Mauern umschlossener Garten. Die auf beiden Seiten liegenden Hügel rücken immer näher, bis wir, anfangs sanft, dann immer steiler hinaufsteigend, in einer engen Thalschlucht, Estret de Valldemosa, anlangen. In der Mitte fliesst der Torrent de Valldemosa und füllt mit seinem Wasser einen Safareix. Eine labende Kühle herrscht hier im Sommer, und starker Luftzug herrscht überhaupt in dem Thale das ganze Jahr hindurch. Am Ende des Estret wird die Fahrstrasse durch eine Bogenbrücke des Torrentenbettes durchzogen. Rechts steht Son Morro. Hier öffnet sich das Thal und bildet einen von Hügeln umschlossenen Kessel. Schon erblickt man Valldemosa, und nachdem man an S^a Calafat und an dem grossen Felsenkegel, Es Peñal d'en Xapellí genannt, vorübergekommen ist, hat man den Hostal de Son Viscos erreicht, wo früher die nach Valldemosa fahrenden Wagen stehen blieben, da der weitere Weg nicht mehr fahrbar war. Man passirt hinter Son Viscos den überbrückten Bach. Der Weg geht steil in die Höhe, und schon sieht man hinter dem Thale das Meer und Cabrera und erreicht bald Valldemosa, wo sich uns die Cartoja mit ihren kleinen Gärten darbietet.

Die beiden Chausseen von Soller und Valldemosa sind mit einander durch einen Fahrweg verbunden, welcher von der letzteren bei der Häusergruppe der Esglayeta abgeht. Der hier vom Torrenten durchflossene, ganz flache Boden ist schlüpfrig, hin und wieder sieht man einzelne Clapers, und die Lehnen der Hügel sind mit Johannisbrod- und Oelbäumen bewachsen. Auf felsigem Boden kommen wir zu dem grossen Hause von Son Termes, welches dem Marquez de Vivot gehört. Dasselbe hat eine von sechs rustischen Säulen getragene Bedachung, die gleichzeitig die Terrasse schützt. Das Haus hat eine gelblich angestrichene Frontseite mit einem Segmentbogen, der in die Eingangshalle führt; links ist die jetzt verlassene Kapelle. In dem geräumigen Hofe wachsen zwei alte Celtisbäume. Von dem Platze vor dem Hause geniesst man eine sehr schöne, weite Aussicht auf die Stadt Palma, die Bahia, die Thalenge von Esporlas und die stattlichen Höhen. Hinter Son Termes ist eine kleine, mit Oelbäumen bewachsene Thalvertiefung. Etwas weiter den Weg verfolgend, erreicht man Son Aversó und dann die Font Seca, in welcher die Besitzer, entgegen ihrem Namen (Font Seca = trockene Quelle) eine Quelle sehr ergiebiger Natur gefunden hat. Von dem stattlichen gelblichen Hause der Font Seca, welches hübsche, mit Azulejos gepflasterte Räume enthält, hat man dieselbe Aussicht, wie von Son Termes, nur ist sie gegen die Bahia von Palma und die Höhen von Randa zu noch ausgedehnter. Der Weg biegt links ab zu dem Hause von S'Heretat von Zafortesa del Borne. Dasselbe ist mit einem Rundbogeneingange und bedachtem Thurm versehen und gehört zu den wenigen Landhäusern, welche noch am meisten den alten mallorquinischen Typus bewahrt haben. Ein Treppenaufgang führt zu der ein einfaches Kreuzgewölbe bildenden Eingangshalle und in den sonst schlichten Hof, in welchem grosse Weinlauben stehen. Unterhalb des Hauses dehnen sich prächtige Mandelbaumpflanzungen aus. Verfolgt man diesen Weg weiter, so gelangt man nach Raxa. Ein anderer Weg führt, nachdem man die alte, in Verfall gerathene Strasse überschritten hat, auf die Fahrstrasse nach Soller.

Von der Esglayeta kann man auch auf einem Reitwege über die Hügel Raxa erreichen. Dieser Weg führt hinter dem Torrent der Esglayeta nach dem der Viuda Villalonga gehörigen Son Maxella. Das am Anfange des Estret-Thales gelegene Haus ist mit einem Thurm versehen. Letzterer hat eine Wurfluke und einen Rundbogen-Eingang, und seine unregelmässigen Fenster fallen sofort in die Augen. Links beim Eingange ist die Kapelle. Die Eingangshalle hat einen Spitzbogen gegen den breiten Hof zu; daneben ist ein Orangengärtchen mit Palmenbäumen, sowie ein grosser Sefareix. Man kommt nun durch ein Wäldchen mit Eichen und alten Pinien, und nach wenigen Schritten gelangt man nach dem grossen modernisirten Possessionshause von Son Puig von Font y Roix mit einer Halle von fünf rustischen Bogen und fünf Fenstern mit Kugeln auf der Vorderseite. Der Weg führt dann zu der Einsattelung zwischen dem Puig de Son Maxella und

S'Heretat.

jenem von der Fatma und richtet sich gegen Ses Planas zu, indem er den Comellar de sa Barrera de Sas Planas mit der gleichnamigen Quelle durchzieht. An den Abhängen eines felsigen Hügels, El Saccorat genannt, kommt man herunter und steigt steil weiter gegen das Thal von Raxa hinab, wo man eine schöne Aussicht auf das Thal gegen Pastoritx zu hat, und langt nun wieder in Raxa an.

Gegen Westen ist ist die Carretera von Valldemosa mit der nächsten nach Esporlas führenden Carretera von der Esglayeta aus am Fusse des Gebirges durch einen Weg verbunden, den wir auch einschlagen wollen. Man geht zu diesem Behufe von der Esglayeta aus über eine leichte wellige Erhebung des Bodens, welche, von einem Vorsprunge der Mola de Son Pax ausgehend, durch das Haus von Son Tugores gekrönt wird. Zugleich trennt sie die beiden Thäler Esporlas und Valldemosa. In unserer Nähe liegt das durch die erhöhte Lage schon von der Ebene aus weit sichtbare Haus von Son Pax von Maroto. Von der den hinteren Hügel überragenden, alten, unbenutzten Windmühle mit runder Terrasse überschaut man am besten das Thal des Estret de Valldemosa. Das Haus wird von einem Vorsprunge grauer Felsen beherrscht. Hinter demselben

zieht sich ein muldenartiges Thal hin, rechts durch einen bei dem Hause von Son Tugores
beginnenden Vorsprung eingeschlossen. Gern streift der Blick von dieser Höhe auf die Ebene mit
dem fernen Puig de Randa und auf die Huerta, im Grunde mit der Bucht von Palma und den
Falaisen von Cap Blanc, sowie auf die Stadt Palma mit der stattlichen Seo. Der Vorsprung
zwischen der Mola und Son Tugores heisst einfach Sa Pleta und das Ende der Mola gegen Westen
zu S'Escala des Carro. Geht man von Son Pax nach Son Tugores, so überschreitet man die Mulde
und kommt an die abgeschlossene, mit Mandelbäumen bepflanzte Tanca und zu dem stattlichen
Hause mit breiter Vorderseite und einem Rundbogenthor. Dasselbe hat ein niedriges Gehöft mit
schlechtem Pflaster und einem Quellbrunnen. Die frühere Kapelle ist jetzt ein Magazin für Johannisbrod. Beim Hause befinden sich ein grosser Aujub und Brunnen mit Winde zum Heraufziehen des

Das Thal gegen die Granja von Badeluch aus.

Wassers. Hinter dem, Es Pujol genannten Hügel ist das neue Haus von Cas Sastre bei der Esglayeta.
Son Antich hat ein schönes Gehöft mit einer kleinen Pforte und einem mit Rundbogenthor versehenen Haupteingange. Am Ende befindet sich Casas Doses, von dessen Vorplatz aus man die
Ebene bis nach S⁰ Marcial überschauen kann. Von Son Antich zieht sich der Weg durch ein
Thal gegen die Rotas de Cañet zu mit der Moleta de Son Cabaspre im Hintergrunde. Auf einer
kleinen Erhöhung im Kesselthale liegt das Haus der Rotas de Cañet mit Dezvan und einem durch
zwei Seitenvorsprünge gebildeten Hofraum mit Tenne und Brunnen. Dem Fahrwege gegen Cañet
zu weiter folgend, kommt man zu einem ziemlich gut erhaltenen Tumulus, Corral des Moro genannt;
neben demselben ist ein moderner Claper. Hier kreuzen sich die Wege nach Sa Rota und Son
Antich; daneben befinden sich Na Bonañy und ein Uyal, aus welch letzterem nach starkem Regen
viel Wasser strömt. Man geht nun an den grauen, ordinäres Papier liefernden Papiermühlen vorbei
zur Carretera und hat Cañet erreicht.

III. Mallorca.

Esporlas hat von Palma aus die Carretera mit Valldemosa bis zu dem Hostal de sas Puntes gemeinsam; an dieser Stelle zweigt sich die Strasse ab und führt in dem Thale von Esporlas unweit des Torrenten weiter hinauf. Die Vegetation ist in der wasserreichen Thalsohle sehr üppig. Zur Linken erscheint auf einer Anhöhe Cañet, ein grosses weisses, weithin sichtbares Possessionshaus, zu dem ein Fahrweg führt. Allem Anscheine nach hat Cañet in früherer Zeit Esteban Egidio gehört, dem Jaime II. im Jahre 1301 alle Rechte jenes Territoriums abgetreten hat. Das jetzige, im Jahre 1860 von Dn Vincente Gual y Vives de Cañamas neu aufgebaute stattliche Haus hat zwei Stockwerke, eine kleine Attica und unten eine flache Bogenreihe um den ziemlich breiten Hof. Ueber dem Eingange ist ein Wappen angebracht. Als Treppenpfeiler dient ein ausgearbeiteter Stalaktit aus der benachbarten Höhle. Rechts von der Eingangshalle befindet sich die Kapelle, deren Glockenbogen auf dem Hofe steht. Das Haus hat grosse, mit Azulujos gepflasterte Säle, ein Saal jedoch weist Marmorfussboden auf. Ferner sind in dem Hause zwei hübsche Arquillas mit eingelegter Arbeit. In Cañet wird eine werthvolle Truhe (Caxa), mit Elfenbein- und Holzschnitzerei verziert, aufbewahrt, ferner ein kleines in der Nachbarschaft aufgefundenes Monetair, enthaltend 84 Stück römische Kaisermünzen, ein alte bei Son Axaló gefundene Lanze, mehrere roth gefirnisste römische Tiegel, eine Schüssel aus getriebenem Silber, verschiedene Waffen, darunter auch ein Degen, angeblich von Dn Bernardo Torella stammend. Die dazu gehörige Rüstung befindet sich in Palma. Die Terrasse vor dem Speisezimmer eignet sich vortrefflich zu einem Ausguck auf die schöne Umgebung. Die grosse Tafona hat vier Bigas, und da das Johannisbrod ein Hauptproduct dieses Landestheiles ist, so steht neben dem Hause eine sehr grosse Garrovera, die so eingerichtet ist, dass die mit Johannisbrod beladenen Wagen zu der bedachten Terrasse hinfahren können, wo die Wagen die bestimmten Waaren aufnehmen. Die Lage von Cañet ist sehr schön. Coulissenartig abgestuft zieht sich die Sierra dahin, in den prachtvollsten Linien gezeichnet und mit ihren schroffen Spitzen sich von der durchsichtigen Bläue des Himmels scharf abhebend. Unterhalb des Hauses liegt an der Lehne der nach italienischer Art eingerichtete Garten mit grossem Bassin. Eine vielstufige Doppeltreppe führt zur Strasse hinab. Auf der anderen Seite liegt der Obstgarten. Er ist ein grosses umzäuntes Viereck, dessen vergitterter Eingang, zu welchem sich eine Allee hinzieht, der Treppe gegenüber liegt. Im Centrum des Gartens ist eine kleine, achteckige Laube aufgestellt. Gegenüber von Cañet liegt ein, theils kahler, theils mit Strandkiefern bewachsener Hügel mit gleichnamiger Höhle. Eine schmale Mündung bildet den Eingang zur Cova, in welche man sich in einem Fasse hinunterlassen muss. Man kommt in eine halbmondartige Erweiterung, in welcher sich eine hübsche Säule befindet. Ein niedriger Gang, dessen Boden aus Mandelstein besteht, führt jäh hinunter zu einem Saal, in welchem sich viele kleinere Tropfsteine befinden, und weiter zu zwei grösseren Höhlen, welche den Eingang einer künstlichen Wölbung bilden. Es folgen noch mehrere erweiterte Höhlungen. Durch ein Zimmerchen sieht ein schmaler Gang nach oben, und man ist am Ende der Höhle angelangt.

Das Thal gegen Esporlas, auf beiden Seiten von bewaldeten Hügeln begrenzt, ist äusserst lieblich; in der kleinen Fläche wachsen meist noch junge Orangenbäume. In der Mitte rieselt das von Pappeln beschattete Flüsschen herab. Zu beiden Seiten der Anhöhen liegen zwei grosse Possessionshäuser, wo das Thal von Esporlas beginnt. Von hier sieht man schon in der Ferne die Kirche liegen. Der Weg mündet jetzt in die bessere Fahrstrasse, welche Esporlas mit der Carretera von Puigpuñent verbindet. Das Thal ist mit Mandel- und Maulbeerpflanzungen bedeckt, und man erblickt hier einzelne Landhäuser, sowie nicht weit von der Strasse eine kleine, ausser Benutzung gestellte Windmühle, und am Hügelabhange liegt das Possessionshaus von Son Trias mit ringsum roth angestrichenen Fenstern. Der Ort Esporlas, welcher in seinen verschiedenen Gruppen 1544 Einwohner zählt, die als Marjadors einen weiten Ruf auf Mallorca geniessen, und deren Weiber in Folge des Wasserreichthums und der Nähe von Palma sich als Wäscherinnen ernähren, besteht aus ziemlich geraden, aber holprigen Gässchen. Daran stossen meist kleine zweistöckige Häuser, 403 an Zahl, welche kleine Fenster mit vorstehender Steinplatte haben. Die Mitte durchzieht ein breiter Fluss, welcher aus der wasserreichen Granja kommt. Sein Wasser wird zur Bewässerung der üppigen Gemüsegärten benutzt. Im Sommer ist der Fluss aber oft fast ganz ausgetrocknet. Ueber denselben führt eine von Felsblöcken gebildete Brücke, welche auch von Fuhrwerken benutzt werden kann. Hinter einer alten Windmühle zeigt sich in schöner Anordnung eine Reihe von Häusern, deren Dächer mit Steinen beschwert werden müssen, damit der Wind diese nicht zerstören oder ein ähnliches Unheil anrichten kann. Auf der anderen, mit der Brücke verbundenen Seite liegt eine weitere grössere Häusergruppe, welche eine lange Gasse, Carré de la Villa Veya genannt, bildet. Thalaufwärts sieht man gegen Son Cabaspre zu am Hügelabhange die Possessionshäuser Son Simonet und Dameto. Nach Passirung einer mit Maulbeer- und Mandelbäumen bepflanzten Strecke trifft man die andere Hälfte der Häuser von Esporlas an, wo auch die Kirche von Sta Pedro Apostol liegt. Sie gehört zu den ältesten der Insel und ist wahrscheinlich schon 1335 errichtet worden. Im Laufe der Jahrhunderte wurde sie jedoch vielfach umgeändert, namentlich im Jahre 1852 mussten zur Stütze der baufällig gewordenen Kirche zwei Pfeiler an der Nordseite und ein Glockenthurm an der Südseite angebaut werden. Die schmucklose Kirche hat ein in Zopfstyl gehaltenes Portal mit der Figur des heiligen Petrus aus Pedra de Santagny. Der Thurm ist mit einem Kuppeldach versehen und von Rundbogenfenstern durchbrochen. Die Kirche hat sechs Seitenkapellen; der Hochaltar ist derselbe, welcher früher im Nonnenkloster von Sta Margarita in Palma stand. Neben der Kirche breitet sich ein Pomeranzengarten aus, welcher der Rectoria gehört, und ihr gegenüber befindet sich das Haus von Moranta, dessen Terrasse 195 m über dem Meere liegt.

Von dem südlichen Ende von Esporlas führt von der Fahrstrasse nach Palma ein gepflasterter Schlangenweg nach der Font de la Figuera zu. Rechts lassen wir Son Trias liegen und biegen in ein Thal ein, an dessen Abhange Son Rafal liegt, während das Seitenthal bei der Häusergruppe von Coloncio ausmündet. Am oberen Ende desselben liegen die Häuser der Font de la Figuera, zu welchem an einer Felsblockwand vorüber ein steiler Stufenpfad hinaufführt. In einer Seitenfurche dieses Thales, am Fusse des Puig de Terras, fliesst die ergiebige Font Figuera.

Nach La Granja führt von Esporlas ein Fahrweg durch ein ziemlich schmales Thal mit grossen Mandelstein-Felsblöcken. Auf einem solchen Block ist das neue, äusserst schöne Haus des Badaluch erbaut. In der Mitte des wirklich idyllischen Thales fliesst ein Flüsschen, und am anderen Ufer lagern sich den Felsblöcken gegenüber, mitten in Gärten stehend, die grauen Häuser von Esporlas. Der Weg dorthin führt an einer Wolldecken-Fabrik vorbei. Tief im Thale, am Rande des Flusses, wächst Pfahlrohr, während Eichen, Pappeln und astreiche Nussbäume sich über das Flüsschen neigen. Das Klappern einer Wassermühle ist hier hörbar, während dieselbe nicht sichtbar ist, da sie von zahlreichem Gebüsch umgeben ist, und an der Mühle selbst ranken sich Weinstöcke empor. Das Thal erweitert sich nun etwas und wird am Ende durch kleine baumreiche Anhöhen abgesperrt. In der Mitte desselben, von einem grossen Garten getrennt, erhebt sich das Haus La Granja, welches zur Zeit der Mauren eine Alqueria war und Alpich genannt wurde. Gegenwärtig gehört es Dr Jorge Fortuny y Sureda, der mit seiner Familie die Sommermonate in dieser prachtvollen Einsiedelei verbringt. Die leichte Bauart des Hauses von La Granja steht im Einklang mit der angenehmen Umgebung. Eine schlanke Bogenhalle befindet sich auf der Frontseite, und vor derselben liegt der wirklich bezaubernde Garten. Dem Eingange gegenüber breiten über einen Platz fünf alte Melia Azedarach mit starken Wurzeln ihre Aeste aus, so dass hier unter dem Schattendach ein angenehmer Aufenthalt ist. Ein breiter Bogen mit Stufen bildet den Eingang zu einer Halle mit flachen Bogen, die von ionischen Säulchen gestützt werden. In der Hofmitte befindet sich ein Brunnen. Das Innere ist einfach, aber wohnlich und die Aussicht überaus schön und lieblich. Von der Granja führt ein ziemlich guter Weg nach Bañalbufar. Wenn man den ersten Bergrücken überschritten hat, gelangt man durch ein felsiges Seitenthal mit niedrigen Abhängen zu dem Coll de Son Valenti. Rechts liegt der Puig de Son Dameto, und dann erreicht man bald die Fortsetzung des Weges nach Bañalbufar.

Wir wollen das Thal von Esporlas nicht verlassen, bevor wir nicht von seinen reichhaltigen Quellen Kenntniss genommen haben. Die wichtigste der Quellen Mallorca's ist die Font de la Vila, welche, wie bereits erwähnt, Palma mit Wasser versorgt. Sie entspringt am Fusse einer Hügelreihe und vereinigt sich mit mehreren anderen Bächen. Hier giebt es auch noch andere

Quellen, wie die der Granja, von Son Tries, de l'Om und von Son Noguera. Die Font de la Vila erhält noch weiteren Wasserzufluss von der Quelle La Granja. Diese entspringt unterhalb eines Felsens bei dem Gute von Son Español und füllt eine Art viereckiges massives Becken, aus welchem das Wasser mittelst Kanalisation der Stadt zugeführt wird. Ein Theil dieses Kanals scheint schon zur Zeit der Mauren bestanden zu haben. Neuerdings hat man neben der alten eine neue gewölbte Wasserleitung von 2310 m Länge, 1 m Breite und 1,6 m Höhe hergestellt. Dieselbe läuft 5—6 m unter der Bodenfläche. Diese Wasserleitung zieht sich theilweise an einer der Seiten der Carretera de Valldemosa entlang, an der auch nicht überbrückte Theile der alten arabischen Wasserleitung zu sehen sind. Die Gesammtlänge der beiden Wasserleitungen von der Quelle bis nach Palma, Camino cubierto de Palma genannt, beträgt 5918 m und macht auf dieser Strecke viele Krümmungen. Die mittlere Höhe der Quelle über dem Meere ist 85 m, und da der Boden der Wasserleitung beim Eintritt in die Stadt 26,8 m über dem Meeresspiegel liegt, so ergiebt sich daraus, dass der Niveauunterschied zwischen den beiden Stellen 58,2 m für die Neigung der Wasserleitung beträgt, was 0,0007 für 1 m entspricht. Die Gesammt-Wassermenge, welche die Font de la Vila liefert, ist sehr veränderlich; sie hängt natürlich von der grösseren oder geringeren Regenmenge im Winter ab. Nach Bouvy beträgt ihr Maximalquantum 4000 cbm, im Minimum 300 cbm pro Stunde. Ein so geringes Quantum kommt jedoch nur in Jahren ausserordentlicher Dürre vor. Im Durchschnitt kann man 500 cbm in der Stunde annehmen. Im Winter geht ein grosser Theil des Wassers zwecklos verloren. Die Benutzung des Wassers aus der Font de la Vila beginnt erst 1878 m von ihrem Ursprung entfernt. Das Wasser wird zu diesem Zwecke aus kleinen Schleusen, Fiblas genannt, oder Messingröhren (Canons) und aus Oeffnungen an den Wänden der Wasserleitung entnommen, die in einem Messingrohr oder Doble endigen. Fiblas giebt es siebzehn; sie sind nur in den Stunden, wo die Stadt kein Wasser gebraucht, offen, im Gegensatz zu den Canons, deren es vier giebt, und zwar jene von Son Dameto, Son Serralta, La Granada und Son Cabrer. Nur der letztere kann der Stadt mit der Wasserversorgung schaden, die anderen bleiben während der für die Stadt reservirten Stunden geschlossen. Dreizehn Besitzungen haben das Privilegium, Wasser mittelst Dobles für sich zu gewinnen; sie nehmen daher Wasser während der ganzen Zeit auf, wo dieses durch die Acequia fliesst. Die Oeffnungen der Dobles sind in einer Höhe von 20 cm oberhalb des Grundes der Wasserleitung (Acequia) angebracht, eine Einrichtung, die in Hinblick auf die Abnahme des Wassers getroffen worden ist, so dass die Stadt beständig mit Wasser versorgt werden kann, ohne dass die Dobles gesperrt werden müssen. Gegenwärtig stopft man sie jedoch in Jahren grosser Dürre zu. Man hat berechnet, dass der der Wasserversorgung Palmas durch die Dobles und den Canon de Son Cabrer verursachte Schaden 10 oder 17% beträgt, und zwar richtet sich derselbe darnach, ob das Wasser in der Acequia 50 oder 30 cm hoch steht. Nur etwa der dritte Theil des Wassers der Font de la Vila gehört der Municipalität von Palma und dient zum Gebrauche der Stadtbewohner. Der Rest verbleibt industriellen Etablissements, und zwar dient es zum Betriebe von Wassermühlen und namentlich zur Bewässerung von Obst- und Gemüsegärten. Letztere ziehen sich in der Huerta von Palma in einer Ausdehnung von nahezu 400 ha in die Nähe der Stadt hin. Da der durch diese ertheilten Rechte bezüglich Vertheilung des Wassers Streitigkeiten nicht zu vermeiden sind, hat man wohlweislich die Unterhaltung und Vertheilung des Wassers durch königliche Verordnung dem Sindicato de Riegos de la Huerta de Palma unterstellt. Diese Körperschaft besteht aus sieben Mitgliedern, welche Sindicos heissen, von denen sechs aus den Interessentenkreisen gewählt werden. Nur das siebente Mitglied wird der Municipalität entnommen und Regidor Sindico genannt. Diesem Syndicatsbeamten unterstehen mehrere bezahlte Beamte. Dem Sindicato liegt die gesammte Verwaltung über die Wasserleitung im Interesse der Eigenthümer ob, vor Allem also die Erhaltung der Leitung und die Ueberwachung der richtigen Vertheilung des Wassers. Die Wasseraufnahme erfolgt in Zwischenräumen (Turnos) von 20 bis 30 Tagen. Diese Periode von 480 Stunden, vertheilt sich folgendermassen: 240 Stunden sind verschiedenen Personen zur Entnahme ihres nöthigen Wasserbedarfes für ihre Ländereien, 217 dem Publikum oder der Stadt und 23 Stunden dem Sindicato de la Huerta überlassen. Die Tandas umfassen einen Zeitraum von je acht Stunden. Die erste beginnt bei

Sonnenaufgang; diese, sowie die zweite am Dienstag, gehört der Municipalität. Nur der Sonntag ist ausgenommen, wo das Wasser vom Sonnenaufgang bis zum Sonnenuntergang ununterbrochen in Palma fliesst. Da dem Ayuntamiento von Palma im Ganzen 72 Stunden in der Woche behufs Wasserentnahme zur Verfügung stehen, die Gesammtstundenzahl in der Woche aber 168 ist, so bleiben 96 Stunden wöchentlich für das zur Bewässerung erforderliche Wasser übrig. Das Wasser der Font de la Vila ist rein und geruchlos und von angenehmem Geschmack; es ist aber nicht von derselben Güte, wie jenes der an den hohen Abhängen der Sierra entspringenden Quellen.

Die Font de na Basters oder d'en Baster entspringt ebenfalls in den Gebirgen von Esporlas, und zwar bei dem Gute La Granja, 1300 m vom Hause entfernt. Sie verdankt ihren Namen Guillermo Baster. Diesem und seinen Angehörigen überliess König D⁺ Jaime I. den gesammten Wasserreichthum von Esporlas, d. h. von Cañet, Boñull und Puigpuñent. Das Wasser führte er den Mühlen zu, welche er in der Stadt bei der Puerta del Envehidor (de S⁺⁺ Margarita) und beim Garten des Palacio errichtet hatte. Im Jahre 1406 ermächtigte König D⁺ Martin den Gouverneur von Mallorca, diese Gewässer im Interesse der Stadt zu verwenden, weil sie gesünder als das Wasser der Font de la Vila seien. Die Font d'en Baster ist weniger ergiebig, als die erstere. Im Mittel werden ca. 250 cbm Wasser in der Stunde gewonnen. Die Quelle ist Privateigenthum, und ihr Wasser wird zum Betriebe von 16 Mühlen benutzt. Drei von diesen Mühlen gehören zu Papierfabriken, während eine andere eine Stampfmühle treibt, die sich mit der Reinigung von Wolldecken befasst. Auch im Winter wird zu gewissen Zeiten Wasser der Font der Stadt zugeführt, und werden dann die öffentlichen und privaten Wasserreservoirs (Fonts) voll gefüllt.

Nicht unerwähnt mag die eine halbe Legua von Esporlas entfernte, im Predio Son Ferrá gelegene Font Salada bleiben, welche nach den vorgenommenen Analysen Kalksubstanzen und Salz in Menge enthalten soll.

Der Fahrweg nach Puigpuñent beginnt beim Ausgange von Palma mit der Carretera von Valldemosa gemeinsam; dann lässt man den letzteren Weg zur Rechten und nähert sich auf einer breiten Strasse in gerader Richtung der Sierra. Regelmässig gepflanzte Mandelbäume wechseln mit Maulbeerbäumen, Mais- und spanischen Pfefferpflanzungen ab. Dazwischen erscheinen hie und da kleine Bauernhäuser, die mit Weinlauben versehen sind. Dann begegnen wir einem grossen weissen Landhause mit anstossendem Pomeranzengarten. Im Westen liegen eine Reihe meist abgerundeter Hügel, an deren Fusse zahlreiche Landhäuser, umgeben von Baumpflanzungen, stehen. Zu beiden Seiten der Strasse zeigen sich zahlreiche kleine Bauernhäuser. Hier ist nun der Anfang von Establiments. Zur Rechten erscheint ein rothes, mit einem Thurme versehenes Landhaus, welches einer Palmesaner Familie gehört. In dem das Haus umschliessenden Garten steht ein Pavillon mit Thürmchen und einem hübschen Kapellchen in gothischem Style. Dann kommen ein Wasserfall, eine herrliche Rosenlaube, sowie ein hübscher arabischer Brunnen mit Hebel und chinesische Volièren. Ein Schweizerhäuschen erhebt sich auf einem künstlichen Felsenhügel, wo auch ein von Orangen umgebenes Wasserbecken ist, in welches sich durch ein Rohr fliessende Bächlein ergiesst. Unterhalb eines künstlichen Hügels ist eine Zelle mit einer von einem Stalaktit-Pfeiler getragenen Höhle. Zu erwähnen ist noch eine Epheulaube und eine Fontaine, sowie ein rustischer Pavillon oberhalb eines kleinen Bassins.

Der Strasse entlang setzt sich die Reihe der kleinen Häuser von Establiments fort, umgeben von kleinen Gärten. Sehr hübsch nimmt sich auf der Vorderseite der Häuschen eine Sonnenuhr, meistens mit einem lateinischen Motto und dem Jahre ihrer Errichtung versehen, aus. Der Name Establiments ist aus den Establecimientos (Erbzins) entstanden, und zwar des Gutes Sarriá, die man Establiments Nous, und des Gutes Son Gual, früher Pocaferina geheissen, die man Establiments Veys nannte. Früher führte es den Namen Ell Rulló. Gegenwärtig zählt die Ortschaft 1507 Einwohner in 439 Häusern, wovon die eine Hälfte zweistöckig und die andere Hälfte einstöckig gebaut ist. Die Häuser liegen aber derartig verstreut, dass von einem zusammenhängenden Ganzen hier keine Rede sein kann. Das wellige Hügelland von Establiments ist am meisten an der Stelle erhöht, wo sich Can Pomr, die Kirche und Son Berga befinden. Gegen Puigpuñent zu zieht sich eine Thalvertiefung hin, eine andere gegen das hintere Hügelland und eine dritte gegen Esporlas zu. Die Kirche, der Inmaculada Concepcion de Maria Santisima gewidmet, ist eine Vicaria von Esporlas, wurde im Jahre 1768 eingeweiht und blieb ziemlich unverändert. Nur im Jahre 1874 wurde an der Vorderseite ein dreifacher Glockengiebel angebaut. Der Bau dieser Kirche ist sehr einfach gehalten. Auf jeder Seite befinden sich fünf Kapellen, wovon eine als Seiteneingang dient. Die unter der Empore befindliche Kapelle enthält das Taufbecken, und die linke dient als Aufgang. Das Kirchdach liegt 146 m über dem Meere. Auf der höchsten Stelle des Hügels von Establiments liegt Can Pomar mit Doppeltreppe und einem Balcon mit einer Seitentreppe, die zum Garten führt. Hier geniesst man eine herrliche Aussicht auf die Umgegend.

Das jetzige Haus von Son Berga, eins der gefälligsten Landhäuser Mallorca's, ist im Jahre 1776 von der Adelsfamilie Zaforteza erbaut worden. Dasselbe gehört noch heute dieser Familie an. Die Eingangshalle des Landhauses weist Segmentbogen und eine einzelnstehende pseudoionische Säule auf. Von dem mit Ahnenbildern geschmückten Hauptsaal führt ein Zugang zu einer durch Bogen gebildeten Halle mit umfassender Aussicht auf die Bucht von Palma. Links vom Eingange befindet sich zu ebener Erde eine hübsche Hauskapelle und rechts ein Waffensaal. Sehr sehenswerth ist der mit vorzüglichen Weinsorten wohlbestellte gewölbte Keller mit einem Pfeiler in der Mitte. Der nahe gelegene Garten nimmt einen dreitachen Felsenvorsprung ein, und einer derselben ist von einem runden Thurm gekrönt. Hier sind ferner zu erwähnen zwei Springbrunnen, ein Labyrinth und ein auf der äusseren Seite gelegener Kiosk.

Hinter Establiments beherrscht die Fahrstrasse nach Puigpuñent die Thalvertiefung der Riera, in welcher einer Reihe von grösseren Besitzungen liegen. Der Weg führt über fruchtbares Hügelland an einer alten Windmühle und an der Possession Sarriá vorüber. Dieses grosse Haus, mit zwei Dockenbalcons auf beiden Seiten, hat eine Rundbogenthür, einen grossen Hof mit Treppe zur Rechten, sowie eine Doppeltreppe, welche zum oberen Hause führt. Am Eingange steht eine moderne Kapelle mit von zwei Spitzbogen gebildeter Vorhalle und ein Aujub, und vor dem Hause breitet sich eine grosse Terrasse mit Gärtchen und Springbrunnen aus. Buñoli, in dessen Nähe zahlreiche Cypressen wachsen, hat eine grosse Clasta und das Haus eine Treppe mit vier Absätzen. Dort befindet sich ein isolirt stehendes Kirchlein mit kleiner Fensterrose und Glockenbogen auf der Vorderseite. Dasselbe hat im Innern Kreuzwölbungen und einen Altar. Der Cañar ist ein modernes Haus mit Orangengarten. Unweit von Buñoll liegt Son Gual mit einem hübschen Hof. Rings um denselben sind Steinbänke angebracht.

Der Weg zieht sich nun weiter durch das kleine Thal. Oben am Hügelabhange liegt das Possessionshaus von Son Serralta. Die Thalsohle ist steinig; zwischen den Kalksteinfelsen wuchern Fächerpalmengebüsche, während an dem Flüsschen entlang Pappeln, Platanen und Maulbeerbäume wachsen. Zur Rechten liegt das dem Conde de Montenegro gehörige Son Puig mit einem Pomeranzengarten. Eine Brücke überschreitend, gelangt man auf die linke Seite des Thales, wo sich der Puig des Reures erhebt. Dies ist die einzige Stelle auf Mallorca, wo wilde Eichen wachsen. Am Ende einer theilweise mit Binsen bewachsenen Fläche erscheint: schon Puigpuñent, von dem hohen, kahlen, fast konischen Puig de Galatzó überragt. Durch die Calle de Villa zieht man in Puigpuñent ein.

Puigpuñent mit 745 Einwohnern, aus 376 in der Mehrzahl zweistöckigen Häusern bestehend, ist umgeben von blühenden Gärtchen. In der Mitte der kleinen Häusergruppe liegt die Kirche. Die Pfarre von Puigpuñent wird schon im Jahre 1248 als Sta Maria erwähnt. Die jetzige Kirche stammt aus dem 17. und der Mitte des 18. Jahrhunderts und hat ihren Platz an derselben Stelle gefunden, wo die erste stand. Sie wurde nämlich in zwei Perioden gebaut; zuerst wurden die Hochalturkapelle und zwei Kapellen auf jeder Seite errichtet; in der zweiten Bauperiode wurden zwei Kapellen links und eine rechts und erst 1810 der Glockenthurm aufgeführt, der jedoch 1881 wieder abgetragen und neu aufgebaut werden musste. Von aussen ist die hohe Kirche schmucklos und mit einem Thürmchen an der Seite geschmückt. Das Innere weist ein Tonnengewölbe auf, getragen von platten Pfeilern mit römischen Knäufen, und über dem Eingange ist eine Empore mit Orgel. Der neue Hochaltar aus dem Jahre 1859 besteht in seinem unteren Theile aus schwarzem Marmor.

Das neben der Kirche liegende Pfarrhaus, klein und grau wie die übrigen Häuser des Ortes, ziert vor dem Eingange eine Weinlaube. Im Winter herrscht in Puigpuñent in Folge der Nähe des Gebirges ziemliche Kälte, trotzdem ist der Aufenthalt dort sehr anmuthig und angenehm.

Von Puigpuñent aus kann man nach verschiedenen Richtungen hin Ausflüge unternehmen, denn auch die unmittelbarste Umgebung ist von der Natur nicht vernachlässigt. In einer die Ortschaft beherrschenden Lage erhebt sich das grosse, aber schmucklose Possessionshaus von Son Net, welches dem Marquez d'Ariañy gehört. In der dortigen kleinen Kapelle befindet sich ein interessantes altes Altarblatt von Holz, gemalt mit Figuren auf Goldgrund. Von Son Net zieht sich der Fahrweg nach der Coma hin, durch Oelbaumpflanzungen weiter bis zur Riera. Auf einer kleinen Erhöhung steht das weiss getünchte Haus des Molino Nuevo; rechts und links erheben sich terrassirte Hügel. Von dem stillen Thale her hört man das Geräusch des Räderwerks einer Papiermühle. Unterhalb der letzteren verengt sich zwischen Felsen das Thal der Coma, bildet dann wieder eine kleine Erweiterung, und nach Ueberschreitung der Riera gelangen wir zum Hause der Coma, welches auf starken, durch Böschungsmauern getragene Terrassen erbaut ist.

Zu den dankbarsten Ausflügen gehört jener auf den Puig de Galatzó, der, wenn er auch nicht so hoch, wie die beiden Puig Mayors ist, dennoch wegen seiner isolirten Lage eine der schönsten Fernsichten bietet. Man kann von mehreren Seiten hinaufklimmen, am vortheilhaftesten ist aber der Aufstieg von der Coma de Son Net aus. Hinter der Papiermühle führt ein Weg nach einer Barrera durch Eichenwald und zieht sich dann an den Abhängen entlang zu einer Art von kleinem Kessel, wo man dem Puig de na Fatima und dem stattlichen Puig de Galatzó gegenübersteht. Dann geht der Weg durch ein kleines Thal am Fusse eines Felsblockes und nach einigen sanften Windungen hinter dem Felsenkegel zum Puig del Verger, wo ein Häuschen mit Tenne steht. Gegen Westen zu schaut man hier weithin über Berge und Meer. Hierauf gelangt man auf einen Bergkamm, lässt links das einsame Thal von Coellar de las Someras liegen und kommt in ein mit Strandkiefern bewachsenes tiefes Thal, Sa Rota del Puig genannt, von wo man auf den zackigen Kamm des Puig del Galatzó gelangt. Auf der 1025 m über dem Meere gelegenen Spitze geniesst man eine schöne Fernsicht. Verfolgt man abwärts Sa Coma del Pont, so steigt man zwischen Cistus-, Mastix- und Fächerpalmen-Gebüschen zum Ratxó hinunter, einem von Felsen umgebenen Thal, durch welches ein Kanal führt. An einem freundlichen Bauernhause vorüber gelangt man in das kühle Thal des Verger.

Von Puigpuñent wollen wir nun die Fahrstrasse zu der nahen Possession Son Forteza entlang gehen, um den Pass nach Estallenchs kennen zu lernen. Wir gehen an der grösseren Häusergruppe von Puigpuñent, Son Bru geheissen, vorüber, biegen in den oberen Theil der Thalsohle ein, durchstreben die Oelpflanzungen und gelangen nach Ueberschreitung eines Bergrückens in einen ziemlich geräumigen Thalkessel, welcher von einem Bächlein durchzogen wird. Im Grunde desselben liegt neben einem Pomeranzengarten das breite, in Quadratform gebaute Possessionshaus von Son Forteza mit Rundbogenthor und einer kleinen Kapelle, deren Glockengiebel das Haus überragt. Rechts zweigt ein Pfad nach Esporlas ab, und im Thale fliesst ein Bach. Zu Anfang dieses paradiesischen Thales befindet sich das Häuschen des Hortalá mit einer breiten, mit Obstbäumen bepflanzten Terrasse. Am Ende einer sehr grossen Weinlaube, bei einem Berceau mit Tisch, ist ein gar lauschiges Plätzchen, wo die tropfsteinähnlichen Felsen mit Lorbeer und Epheu umrankt sind. Hier befinden sich zwei Wasserfälle. Die Quelle, die im Sommer nur sehr dünn, im Winter dagegen mächtig zwischen Venushaarfarn und Graminaceen dahinfliesst, entspringt in einem röthlichen Felsen unter Epheuranken. Der zu Son Forteza gehörige, gegenüberliegende, oben abgeplattete Hügel heisst Puig de na Fatima. Oberhalb befindet sich eine Wassermühle. Hinter Son Forteza führt ein Schlangenweg am Abhange eines Hügels hinauf zu einem kleinen Thale, in welchem, von grossen Pinien beschattet, eine massive Acequia das Wasser hinunter zu einer kleinen Thonwaarenfabrik führt. In Windungen zieht sich der Pfad weiter den Bergrücken hinauf. Bald wird dieser Weg besser und führt auf Stufen zu den Abhängen eines Hochthales, wo auf der Höhe der Felsenabstürze ein einsames Haus liegt, einst die Wohnung eines Einsiedlers. Wir sind auf der Höhe des waldigen Vorsprunges, Es Puntals genannt, angelangt, der 882 m über dem Meere liegt.

Grosse Felsblöcke treten hie und da aus dem röthlichen Boden an der Seite des sich hinabschlängelnden Weges hervor, von wo man den naben Koloss des Puig de Galatzó und das gegen das Meer sich öffnende Thal von Estallenchs schauen kann. In dasselbe steigt man auf Stufen hinab.

Von Son Fortesa kann man über die Ermita, durch das hohe Thal von Son Noguera ziehend, auch jenes von Esporlas erreichen. Man gelangt durch Eichenwald zum kleinen Hause der Ermita. Hinter demselben windet sich der Pfad durch den Wald über die Anhöhe von Sa Campaneta mit prachtvoller Aussicht auf ein terrassirtes Thal und auf das am Fusse eines Berges gelegene Possessionshaus von Sa Campaneta. Letzteres ist jetzt ein Bauernhaus. Hinter der Possession führt ein Stufenweg zu den Abhängen eines Thales hinab, an dessen Ende das schwärzliche Possessionshaus von Son Balaguer liegt, nach dem Hauptthale zu. Hier bilden Cypressen die Grenze der Possessionen von Son Balaguer, einer Bauernwohnung, und von Son Noguera, welches von dem hohen Berge der Mola de Son Noguera überragt wird. Nun kommt man in die Tiefe des Thales, geht über den Torrent d'Esporlas und trifft auf den Fahrweg, der bei Son Noguera aufhört und sich als Reitweg gegen Superna hin fortsetzt. Durch ein schluchtartiges Hochthal, welches von einem Torrent gegen den Sattel hin durchzogen wird, kommt man an dem Häuschen Sa Barrera d'en Marcó vorbei. Diesem gegenüber liegt

Es Salt de Son Fortesa.

Cas Medje. Man kommt nun in eine breite Verflachung, Es Comellar genannt, und zu den acht Häusern von Superna. Diese liegen zwischen Felsen, die mit Cactusfeigen und einigen Eichen und echten Pinien bewachsen sind, und beherrschen die gegenüberliegende Mola de Son Noguera und theilweise das Thal von Puigpuñent. Dieses Thal trennt sich in zwei Theile mit der Fatima in der Mitte. Bald erblickt man Puigpuñent und Son Net, sowie im Hintergrunde den Cosi von Galilea, ein stattliches Seitenstück zur Fatima, und gelangt nunmehr auf die Strasse nach Son Forteza.

Denken wir uns nach Son Noguera zurückgekehrt und gehen abermals in der Thalsohle auf dem Fahrwege hinab, so gelangen wir zu einer Wassermühle. Dort, wo die verengte Thalmulde eine mit Obstbäumen bedeckte Fläche darbietet, steht das Possessionshaus von Son Vich, überragt von den Felsenwänden der Mola de Son Vich. Beim Possessionshause steht ein verödetes Kapellchen mit Glockengiebel. Oberhalb desselben ist ein grosses Wasserreservoir. Hinter Son Vich erweitert sich das Thal etwas und zeigt eine mit Fruchtbäumen bepflanzte Verflachung. Der Weg geht um einen Vorsprung herum. Man überschreitet eine Brücke, kommt an dem kleinen

Die Höhen der Ermita de Son Forteza.

Bauernhause von Can Mari mit Wassermühle, dann an dem kleinen Hause von Son Guge, inmitten eines Pomeranzengärtchens gelegen, vorüber und erreicht bald die Umzingelung von La Granja.

Geht man dagegen von Puigpuñent gegen Südwesten zu, so zieht sich der Fahrweg nach Galilea hinter der Pfarrkirche an einem Sefareix vorbei gegen den konischen Hügel des Cosi zu, durch ein schmales Thal mit Ausblick auf Son Net und die Fatima. Man überschreitet das Torrentenbett. Kalksteinmassen lagern auf beiden Seiten des Weges. Dort werden die Steine auch gleich gebrochen. Kurz darauf bildet das Thal eine Art Kessel. In Windungen zieht sich der Fahrweg den Abhang hinauf, und am Ende desselben liegt das Possessionshaus von Conques. Man übersieht von hier das Thal von Puigpuñent; gegenüber sind die Höhen des Pouet mit dem weiss blinkenden Haus, dann die Häuser von Cána Luisa und Son Roc. Conques hat einen Hof mit zwei Pfeilern; an der Hauptfront des Hauses zur Linken ist ein Rebendach; oberhalb des Hauses sind Obstbaumpflanzungen mit einem Aujub und ein unteres unbewohntes kleines Haus, welches s'Hortet de Conques heisst. Der Weg schlängelt sich dann über den Coll, von wo man den Weg nach Galilea und das untere Son Cortey mit dem sich schluchtenartig herabwindenden Thal und das ferne Meer überblickt. Der Pfad führt zum Puig de na Bauzá, gewöhnlich seiner Form wegen der Cosi genannt, dann zum Pas des Midj und auf den Single des Frare, von wo ein anderer Weg nach Galilea zu führt. Hier, 613 m über dem Meere, hat man namentlich von der Stelle, welche Cadira Vermeya heisst, eine prächtige und weit ausgedehnte Fernsicht, und zwar sieht man im Süden das Thal von Valldurgent, den Vorsprung von Calafiguera, die Caps der Südküste, die Flächen von Calviá und Escapdellá, im Westen die doppelt gezackte Höhe der Dragonera und das ferne Ibiza; weiterhin, sich allmählich nordwärts wendend, die Steinkolosse der Mola de s'Escrop

Galilea von Osten aus.

und des Puig de Galatzó, das nahe Galilea mit den Abstürzen, den Puntals de Son Forteza, die stattlichen Molas de Planicia und Son Noguera, das Thal von Puigpuñent mit Conques, dann die Gruppe der Kirche, Son Bru, Son Fortesa, ferner Son Puig, jenseits der Carretera de Palma ein stattliches weisses Haus, schliesslich die Höhen des Teix, den Puig Mayor de Soller, de Lluch und die Comuna de Bañols, die coulissenartig aneinandergereiht sind, und im Osten die ferne Ebene. Um zwei Ausbuchtungen herum, unterhalb von Abstürzen, zieht sich der Weg gegen Galilea zu. Besonders wild ist die letzte Ausbuchtung, wo sich der tiefe, steile Torrent hinabzieht, der Son Cortey umschreibt und sich gegen Escapdellá hinzieht. Die Abhänge des schluchtenartigen Thales sind mit Eichen bewachsen und bilden einen malerischen Vordergrund zu dem konischen Hügel des Cosi.

Das 432 m über dem Meere gelegene Galilea steht unter der Oberherrschaft von Puigpuñent und ist von letzterem etwas über 3 km entfernt. Der Ort zählt ca. 550 Einwohner und 158 kleinere Häuser. Die Kirche, Filialkirche der von Puigpuñent, ist im Anfange dieses Jahrhunderts erbaut und der Purisima gewidmet. Zur Linken hat sie einen viereckigen Thurm, im Innern ein Tonnengewölbe mit Gurtbogen und sieben Rundkapellen; über dem Haupteingange befindet sich eine Empore. Von dem Platze vor der mit Celtisbäumen umgebenen Kirche kann man das ganze Thal gegen Escapdella zu mit Cap Malgrat und die Hügel gegen Andraitx übersehen. In Galilea giebt es fast durchweg nur Brunnen, etwa zwölf an der Zahl, und sehr wenige

Die Einsiedelei von Sª Segui.

Cisternen; erstere liefern aber ein sehr gutes Wasser. Eine eigenthümliche Erscheinung ist, dass der Wasserreichthum zunimmt, in je höhere Regionen Galilea's man kommt. Der beste und gleichzeitig ergiebigste Brunnen ist in dem Comellar de sa Font des Obis und heisst Pou de Can Mollá. Hinter der Kirche von Galilea führt ein Fahrweg zu dem Comellar des Inferns und dem Comellar des Obis. In der Mitte ist der Vorsprung der Clapers, hinter welchem sich die Mulden von Cá na Marilla und Can Font zeigen. Ein guter Stufenweg führt zu den Clapers hinauf. Die ganze Umgebung macht durch seine symmetrisch ausgeführte Bebauung einen recht netten Eindruck.

Es Serral begrenzt die Ortschaft nach oben hin; die höchsten Punkte befinden sich an beiden Enden, von denen der östliche mit einer Windmühle geschmückt ist, und hinter der tiefsten Stelle, Plá de Sa Mola, ist der äussere erhöhte Rand mit einigen Häusern besetzt. In der westwärts von der Windmühle gelegenen Vertiefung steht die Mühle Gran de Can Oleza. Von der

Plattform dieser Mühle hat man eine ähnliche umfassende Fernsicht, wie vom Cosi, wiewohl erstere viel niedriger gelegen ist. Von der Höhe des Serral überblickt man weithin das Thal des Ratxó, dann jenes von Galatzó, die beiden Berge von Galatzó und Escapdellá und das ferne Meer mit dem vortretenden Cap Malgrat. Verfolgt man den Serral weiter, so kommt man zum Comellar de Cal Bon Jesus, wo am Ende eines felsigen Vorsprunges die schon erwähnte Cova des Cavallés liegt. Der Serral endigt mit einem von Kiefern bestandenen Vorsprung, Es Serral des Pins benannt. Etwas weiter trifft man Son Perdiu mit einer kleinen Quelle. Dann folgt der Comellar de Sa Rota d'en Pera und ein gleichnamiger Serral, hinter welchem unterhalb der Kirche das Thal wieder seinen Anfang nimmt. Zahlreiche Hecken von Cactusfeigen sind hier zu finden. Man sieht hier den Rafal, welcher prächtige Fernsicht auf Son Cortey mit der darunterliegenden Costa und auf den Cosi gewährt. Junge Orangenbäume wachsen bei dem alten Hause von Son Cortey. Letzteres hat ein Rundbogenthor und einen kleinen Hof, und in der Küche befinden sich eigenthümliche, kreisförmige Sitze mit einem Rauchfang in der Mitte. Zur Rechten des Hauses liegt ein Kapellchen, in welchem einst der Gottesdienst abgehalten wurde. Oberhalb des Hauses steht eine Tenne, und links liegt auf felsiger Höhe der Avench de Son Cortey, in welchen todte Thiere aller Art geworfen werden.

Von Galilea kann man, über Galatzó und die Coma de Son Vidal gehend, das zwischen dem Puig de Galatzó und der Mola de s'Escrop gelegene Estallenchs erreichen. Am vortheilhaftesten ist hierbei, in das Thal von Escapdellá hinabzusteigen und von Son Claret aus das sich etwas erweiternde, von einem Flüsschen durchzogene und von hohen Hügeln begrenzte Thal zu verfolgen. Man gelangt dann in ein grösseres Gebirgsbecken und geht an einem Flüsschen entlang. Dann erscheint das ziemlich grosse Possessionshaus von Galatzó, umgeben von Orangen- und Mandarinenpflanzungen. Neben einem Obstgarten steht vor einer Felsenwand, von der Wasser herabfliesst, eine Wassermühle. Der Weg zieht sich durch die Gebirgsschlucht und bildet eine Art Kesselerweiterung, Ses Sinis genannt, die von hohen und kahlen und stellenweise schroff abfallenden Felsenwänden umgeben ist. Am Fusse derselben liegt die kleine Höble Cova d'Enterno. Die Schlucht nimmt hier einen grossartigen Charakter an. Der sich durch dieselbe schlängelnde Pfad führt auf felsigem Kalksteinboden steil nach unten, und der ernste Puig de Galatzó schaut auf ihn hinab. In mehrfachen Windungen gelangt man auf eine kleine Anhöhe mit hübscher Aussicht auf die Einsenkung Coma d'en Vidal. Zwischen den beiden Gebirgsspitzen, in deren Mitte Felder liegen, schlängelt sich der Pfad weiter nach unten.

Einzelnstehende Felsblöcke und die auf beiden Seiten befindlichen Kalksteingebirge verleihen der Landschaft einen alpinen Charakter. An den Seiten der Schlucht wachsen Strandkiefern, und in der Mitte liegt ein von reissenden Gewässern gebildetes Bachbett. Durch eine vortretende Felsspitze ist zum Theil die Schlucht versperrt, und derselben gegenüber liegt eine aus kleinen Steinen erbaute dürftige Hütte, welche den Schafhirten als Herberge dient. Der Weg trifft hier mit dem von Puigpuñent über die Ermita nach Estallenchs führenden zusammen.

Die Carretera von Inca nach Alcudia.

Ueber Marratxi, Sta Maria, Consell, Binisalem, Incu und Campanet.

Die Carretera von Inca, welche, von Palma ausgehend, über Inca nach Alcudia führt und fast in gerader Richtung, so ziemlich mit der Gebirgskette parallel, beide Bahias verbindet, ist die Hauptader des Verkehrs auf Mallorca. Fast alle andern Fahrwege im Centrum der Insel münden in dieselbe. Die vorzüglich gebaute Strasse ist 53 km lang und wird in sehr gutem Zustande erhalten. Sie nimmt in der Nähe der Puerta Pintada ihren Anfang, führt zu den uns aus der Umgebung Palma's schon bekannten Hostals hinaus und durchzieht vier Ortschaften. Hier erblickt man gleich zur Linken die Sierra, die uns mit ihren edlen Contouren den ganzen Weg begleitet. Zur Rechten erheben sich die einförmigen Rücken, die sich mit dem Cap Blanc bis zum Meere hin erstrecken. Der Weg zieht sich durch Mandelpflanzungen, und auf einer Brücke überschreitet man ein kleines ausgetrocknetes Flüsschen. Dahinter liegt Pont de Inca, eine kleine Häusergruppe, wohin Sonntagsausflügler gern ihre Touren unternehmen, weil es dort für wenig Geld ein gutes Glas Wein zu trinken giebt. Der Wein in der Stadt ist deshalb theurer, weil er dort versteuert werden muss. Die Schuhmacher fahren zu gleichem Zwecke Montags dorthin. Dieses regeren Verkehrs wegen befinden sich in der Ortschaft eine Reihe von Stallungen und Taviernas. Hier ist auch eine grosse Dampfmühle, La Harinera, durch welche der kleine Ort einen bedeutenden Aufschwung erhalten hat. In 300 m Entfernung von Pont de Inca liegt auf der Fläche Plá de na Tesa das öffentliche Oratorium von Sta Llatset unter dem Schutze der Virgen del Carmen. Dasselbe ist von der Pfarrei von Marratxi abhängig. Es wurde 1843 erbaut und hat nur eine Hochaltarkapelle, in welcher das alte Sn Cristo dels Esparters, so genannt, weil es dem Collegium der Spartflechter gehörte, verehrt wird. Von Pont d'en Inca 2 km entfernt liegt auf dem Plá de na Tesa Caserio mit 571 Einwohnern und 149 Häusern. In dieser Ortschaft befindet sich ein Kirchlein, nämlich das öffentliche Oratorium von Sa Llatse Nou, welches dem Schutze des heiligen Lazarus anvertraut ist. Dasselbe ist moderneren Ursprungs und wurde aus gespendeten Liebesgaben und gewissen Zehnten aus den Arbeitslöhnen der Ortseingesessenen errichtet. Es hat den Rang einer Vicaria von San Marcial, und besitzt auf jeder Seite drei, unter der Empore zwei niedrige Kapellen. In einer der letzteren befindet sich das Taufbecken.

Doch kehren wir nach Pont d'Inca zurück. Die Aussicht, die sich in der Nähe dieser Häusergruppe auf die ganze Reihe der nördlich gelegenen Sierra dem Auge darbietet, ist wirklich prachtvoll. In gewaltigen Massen thürmen sich die Gebirge auf einander, indem die niedrigeren gegenüber den höheren die Stelle riesiger, von der Natur geschaffener Strebepfeiler vertreten. Bald erheben sich lange Reihen in hohen, kahlen, grauen, scharf gezähnten Kämmen, bald senken sie sich wieder plötzlich in eine kleine Schlucht, die in das hell erleuchtete Bild durchsichtige Schatten wirft. Andere Höhen dagegen sind mehr kuppenförmig gestaltet, und eine Reihe solcher Kuppen lagert sich um die beiden Puig Mayors, gleichsam einen Hof um die Bergriesenreihe bildend. Am Fusse eines niedrigen, baumreichen und mit einer Windmühle geschmückten Hügels liegt die von der Carretera 2 km entfernte Kirche von S⁺ Marcial, die Pfarre der Gemeinde von Marratxi, der wir jetzt einen Besuch abstatten wollen.

Nach S⁺ Marcial führt ein Weg von der Carretera d'Inca aus über den sanft erhöhten Boden an dem stattlichen Hause von Son Veri, von einem viereckigen Thurm überragt, vorüber. Man überschreitet nun den kleinen, theilweise bewaldeten Rücken und gelangt zu der in einer Vertiefung liegenden unschönen Kirche von Marratxi. Dieselbe, gegenwärtig S⁺ Marcial gewidmet, gehört zu den ältesten Landpfarrkirchen Mallorca's. Sie wird urkundlich schon 1248 erwähnt und ist im Jahre 1636 zu einer selbstständigen Pfarrkirche erhoben worden. Es ist anzunehmen, dass das Kirchengebäude im Laufe der Jahre viele Umänderungen erlitten hat. In den Wölbungen ist das Datum 1714. Die Pfarrkirche steht isolirt und ist eine eigentliche Feldpfarre, da die Mitglieder der 3090 Einwohner zählenden Gemeinde von Marratxi sehr verstreut wohnen. Es giebt jedoch drei Haupt-Caserios oder Häusergruppen, nämlich La Cabaneta, den bereits erwähnten Plá de na Tesa, wo die gleichnamige, von La Cabaneta 4 km abstehende Häusergruppe von Pont d'Inca und Marratxi liegt, und Portol. Insgesammt hat der ganze Distrikt 857 Häuser, welche mit nur wenigen Ausnahmen einstöckig sind. Die auf einem freien Platze liegende Kirche hat an der Vorderseite zwei viereckige Thürme mit hässlichen Azelejos-Helmen und in der Mitte eine Rose in Gestalt eines Kreuzes. Das Innere enthält ein Tonnengewölbe; auf jeder Seite sind fünf Kapellen und eine Empore über dem Eingange. Daran schliesst sich eine gewölbte Sacristei. Die Statue von S⁺ Marcial soll aus dem 15. Jahrhundert stammen. Hübsch ist das aus einem einzigen Stück rothen Marmors gearbeitete Taufbecken. Zur Rechten der Kirche ist die Rectoria angebaut; links liegt der Kirchhof. Wenn man nun steil weiter hinaufsteigt, gelangt man zu der Häusergruppe der Cabaneta, welche sich auf einem etwas hinter der Kirche gelegenen Hügel lagert. Diese Rundbogenhäuschen liegen auf beiden Seiten des Fahrweges verstreut. Einige davon erstrecken sich bis in das links davon gelegene Thal, wo auch die Casa Consistorial sich befindet. Auf der anderen Seite liegt das zierliche Possessionshaus von Son Cos und an dem Ende dieser Thalsohle die Häusergruppe von Marratxi. Weiter südwärts denselben Weg verfolgend, gelangen wir nach Portol, 1 km von La Cabaneta entfernt. Dasselbe zählt 195 Häuser; sein Kirchlein gehört zur Pfarrei von Marratxi, welches der Virgen del Carmen gewidmet ist. Der Bau der Kirche erfolgte im Jahre 1878.

Nachdem man auf die Carretera zurückgekehrt und, diese weiter verfolgend, an Johannisbrodbäumen und einem Bauernhäuschen mit einer Noria vorübergekommen ist, nähert man sich dem Gebirge. Zur Linken bietet sich das grosse, mit einem viereckigen, bedachten Thurme versehene Possessionshaus von Son Sureda dem Auge dar. Dasselbe gehört dem Marques de Vivot und liegt in prächtiger, die ganze Umgebung beherrschender Lage. Etwas weiter ab steht das grosse, mit ausgedehnten Feigenbaumpflanzungen umgebene Possessionshaus von Son Salas. Der Weg schlängelt sich jetzt am Abhange zwischen Oelbaumpflanzungen weiter und erreicht in Kurzem mehrere Bauernhäuser und Weinberge und die 1145 Einwohner zählende Ortschaft S⁺⁺ Maria. Dieselbe hat 373 einstöckige Häuser mit kleinen Gesimsfenstern und viereckigen Thüren. Häufig sieht man auch von Bogen gestützte Vordächer, wie sie namentlich bei den Hostals gebräuchlich sind. An der Plaza de la Constitucion liegt die Pfarrkirche. Ursprünglich war dieselbe eine Feldpfarre, von welcher man annimmt, dass sie im Jahre 1236 gegründet worden ist. Die jetzige Kirche ist im Jahre 1837 zum Theil neu aufgebaut worden. Sie ist der Nuestra Señora del Camino geweiht, deren Bildniss am Hochaltare angebracht ist. Sie hat einen in Zopfstyl gehaltenen, sehr unschönen und im Jahre 1751 erbauten Thurm, welcher mit blauen Ziegeln gedeckt ist. Er erhebt sich 166 m über das Meer. Das in Rococostyl gehaltene Portal aus Marmorgestein trägt das Datum 1758, und die in ähnlichem Geschmacke erbaute Vorderseite ist mit kleinen, runden Fenstern durchbrochen. Das Innere besteht aus einer von Rundbogen gestützten Wölbung, von denen gewundene Rippen ausgehen, die sich in einer Rose mit Wappenschild kreuzen. Auf jeder Seite befinden sich fünf Kapellen. Eine derselben, die der Nuestra Señora del Rosario geweihte, ist in eine kleine Rotunde mit vier Altären ohne den Hochaltar ausgebaut, eine Bauart, die man sehr häufig in mallorquinischen Kirchen findet. Ihr gegenüber steht die Kapelle, in welcher sich eine Orgel befindet, welche von dem berühmten mallorquinischen Orgelbauer Jorge Bosch erbaut worden ist. Alle Kapellen haben Altäre in Zopfstyl. Verlässt man die Kirche und nimmt die kleinen Häuser genauer in Augenschein, so bemerkt man, gleichfalls auf der Plaza de la Constitucion, das ältere, kleine Ayuntamiento-Gebäude mit Halle, auf pseudoionischen Säulen ruhend. An den Fenstern befinden sich vielfach Balcons. In der Kirche wird ein aus dem Jahre 1470 stammendes Bild aufbewahrt, das auf Goldgrund die heilige Jungfrau mit dem Kinde darstellt. In der linken Hand hält das Kind einen Stieglitz, den die heilige Jungfrau mit einem Faden festhält. Rundherum sind Heiligenfigürchen angebracht, und im Giebelfelde ist die Kreuzigung Christi bildlich dargestellt.

Die Franziscanerkirche von Nuestra Señora de la Soledad liegt vor einem Platze, woselbst ein altes gothisches Steinkreuz steht. Vorher war an dieser Stelle ein Minimen-Kloster, welches aus der Nachbarschaft von Palma im Jahre 1682 nach Sta Maria verlegt wurde. Die Kirche ist jetzt Hülfskirche der Pfarrei. Dieselbe, sowie das Klostergebäude wurden bei der Aufhebung vom Marquez de la Puen Santa de Palma angekauft und renovirt. Ihr Aeusseres weist eine Reihe von Seitenfenstern, eine Rose und ein Portal in Zopfstyl mit dem Familienwappen auf. Am hinteren Ende steht der Glockenthurm. Im Inneren hat sie fünf Kapellen auf jeder Seite und eine Empore über dem Eingange. In den Schlusssteinen der Wölbung ist das Kreuz von Calatrava zu sehen, welchem Orden D. Mariano angehörte. Das Klostergebäude enthält einen Hof mit von pseudoionischen Säulen getragenen Segmentbogen. Sta Maria besitzt bedeutende Brennereien, wo die berühmte Anisette bereitet wird, und eine Ziegelei, in deren Nähe einige Windmühlen stehen. Am letzten Sonntage des April wird alljährlich in Sta Maria ein Jahrmarkt abgehalten.

Ein hübscher Ausflug von Sta Maria ist der nach dem nahe gelegenen Son Segui. Wenn man durch die Calle de Molinets Sta Maria verlassen hat, durchzieht man die auf der rechten Seite von niedrigen, meist mit Strandkiefern bestandenen Höhen umgebene Ebene und kommt an zwei Windmühlen vorüber.

Auf einem von Celtisbäumen beschatteten Platze steht das grosse Possessionshaus von Son Segui. Dasselbe hat einen viereckigen, bedachten Thurm. Eine breite, von Säulen getragene Halle und ein von runden Säulen gestütztes Vordach befindet sich über der Treppe. An einer Seite des Hauses befindet sich eine lange, von achteckigen Säulen getragene Rebenlaube. Vom Innern der Zimmer, in welchen alte Bilder aus der Zopfzeit aufgehängt sind, gelangt man auf den Terrado und zu einem kleinen Pomeranzengärten. Son Segui hat einen sehr grossen Weinkeller (Celle), und zwar können in demselben 30 Tonnen Wein gelagert werden. Das Oratorium ist alten Ursprungs. Eine Urkunde aus dem Jahre 1667 bestätigt die Stiftung einer noch bestehenden Pfründe, wonach an allen Sonn- und Feiertagen im Oratorium während der Zeit, wo sich der Eigenthümer oder seine Familie in der Possession aufhält, Messe gelesen werden muss. Dasselbe ist dem San Cristo und der Nuestra Señora de la Piedad gewidmet. Wiewohl es als öffentliches Oratorium betrachtet wird, ist es in Wirklichkeit Privatbesitzthum der Familie Oleza. An einer mit Oelbäumen bepflanzten Lehne vorbei gelangt man von Son Segui hinauf zu der in demselben Territorium auf der Höhe des Puig de las Covas gelegenen Einsiedelei; nach der zweiten Barrera trifft man eine Cypressenallee und an Ende derselben ein Gärtchen mit Brunnen und einer kleinen Kapelle mit Holzbedachung. Im Innern sind alte Kupferstiche von Einsiedlern, ein Altärchen, sowie eine historische Tablette vorhanden. Neben der Kapelle befinden sich kleine Zellen und die von den Eremiten benutzte Küche. Das Ganze ist von einer hohen Mauer umgeben. Seit langer Zeit wird die Kapelle nicht mehr von Einsiedlern bewohnt. Schön ist die Aussicht auf das ferne Palma und das zwischen Cypressen hervorblinkende Sta Maria. Hinter der Ermita, in einer Höhe von 319 m über dem Meere, geniesst man eine herrliche Aussicht über die umliegende Ebene, die Bahia de Palma, die Höhe von Llummayor und Randa, die Ebene gegen Artá zu, den Puig d'Inca, die Sierra und die verschiedenen am südlichen Abhange gelegenen Ortschaften.

Wir wollen nun durch die Calle de Inca Sta Maria verlassen, um die Carretera weiter zu verfolgen. Gleich hinter der Ortschaft ist eine Guixeria oder Gypsfabrik. Indem man die mächtige Sierra im Norden immer vor Augen hat und ihre schroffen, hohen Abstürze, sowie die davorstehenden waldigen Hügel überblickt, die sich weiterhin gegen die Ebene verflachen, durchwandert man Mandel-, Oel- und Johannisbrodbaum-Pflanzungen, sowie ausgedehnte Weinberge. Zuweilen findet man eine kleine Häusergruppe, und bald darauf tritt man in Consell, einer kleinen, von Alaró abhängigen Ortschaft mit 1077 Einwohnern und 337 Häusern, ein. Die jetzige Kirche der Visitacion de la Santisima Virgen, an Stelle eines älteren Oratoriums erbaut, das schon Ende des 16. Jahrhunderts bestanden hat, ist wenigstens zum grössten Theile Ende des vorigen Jahrhunderts vollendet worden. Von Consell führen zwei Fahrwege ab: der eine zu dem nahen Sta Eugenia, der andere nach Alaró.

Die Carretera, die als Fortsetzung der Calle de Palma den Ort durchzieht, geht von Consell weiter über eine kleine Brücke des trockenen Bettes des Torrenten de Consell oder de Sansellas, eines Nebenflusses des Torrent de Muro. Man kommt nun an einzelnen Bauernhäusern vorüber, durchzieht ausgedehnte Weinberge des reichen Weindistrikts von Binisalem und gelangt, bergab gebend, nach Inca, wo uns gleich beim Eintritt in die Calle de Palma eine Dattelpalme mit ihrer majestätischen Krone begrüsst. Inca, Cabeza de Partido, ist, abgesehen von Palma, diejenige Ortschaft Mallorca's, welche am meisten städtischen Charakter hat, wiewohl es der Bevölkerung nach erst in fünfter Reihe steht. Es hat 4729 Einwohner in 1365 Häusern. Der Ort, ziemlich weit ausgebreitet, zieht sich zumeist in der Ebene hin; mit seinem nördlichen Theile dagegen lehnt er sich an den flachen Hügelrücken Serral de ses Monjes an. Die Häuser sind klein, niedrig, haben zumeist Rundbogen-Eingang, manchmal aber auch viereckige Thüren, deren Pfosten weiss angestrichen sind. Es giebt aber auch, insbesondere im Centrum, viele grössere zwei-, sogar dreistöckige Gebäude, welche mit ihren Kaufläden denselben ein wohlhabendes Aussehen verleihen. In der Calle de Palma findet man die alte, aus Steinquadern aufgeführte Casa Consistorial mit vortretendem Alerò. Das Wappen von Inca ist über dem Rundbogen-Eingange angebracht. Die Strassen sind selten gepflastert, deshalb meist unwegsam. Inca hat mehrere Plätze, darunter die grosse Plaza de la Yglesia, auf welcher die Yglesia Parroquial steht. Der erste Kirche Inca's war eine dem christlichen Cultus angepasste Moschee, die dem Apostel Bartholomäus geweiht war. Die Ortschaft bestand schon zur Zeit der Eroberung. Inzwischen errichtete man mit grossem Eifer eine neue Kirche, welche dann im Jahre 1534 den Jeronimitinnen-Nonnen überlassen wurde. Diese gründeten dann das noch jetzt bestehende Kloster.

Eine andere Pfarrkirche wurde im Jahre 1706 niedergerissen, und man legte dann den Grundstein zur jetzigen, im Jahre 1785 zum grössten Theil vollendeten Kirche. Sie wird als Sta Maria la Mayor bezeichnet. Oberhalb der Maria ist am Hochaltar aufgestellt. Die Vorderseite der grossen Pfarrkirche zeigt ein einfaches, geschmackloses Portal mit Fensterrose; zur Rechten steht ein isolirt vortretender, hoher, in acht Stockwerke eingetheilter Thurm mit Spitzbogenportal und Spitzbogenfenstern. Auf beiden Seiten wird die Kirche durch Strebepfeiler gestützt, deren obere Enden durch Bogen mit einander verbunden sind. Die nischenförmige Hochaltarkapelle besitzt auf jeder Seite sechs Kapellen mit Rundbogen, gleichfalls auf ionischen platten Pfeilern ruhend; unter der Empore mit Dockengeländer und einfach sich kreuzenden Rippen befinden sich ebenfalls zwei Kapellen. Oberhalb der ersten Kapelle links, die jetzt als Taufkapelle dient, hängt an der Wand eine alte Holzwinde (Torno) mit eisenbeschlagenen Hölzern, welche ehemals dazu diente, die Kinder durch Untertauchen zu taufen; es ist dies die einzige Winde, die sich auf Mallorca erhalten hat. In der zweiten Kapelle links befindet sich ein schönes Altarblatt mit zwölf das Leben Jesu darstellenden Bildern aus der Renaissancezeit. Beachtenswerth ist die alte hölzerne Kanzel, von welcher herab S^n Vicente Ferrer gepredigt hat. Die kunstvolle Holzarbeit sieht wie ein Gitter aus. Die Sacristei schmückt ein höchst interessantes Madonnenbild auf Goldgrund mit dem Datum 1373. Ein anderes altes Bild stellt die Krönung der Maria dar. Ausser der Pfarrkirche besitzt Inca noch zwei andere Kirchen, nämlich die Yglesias de S^n Domingo und de S^n Francisco. Erstere ist auf der gleichnamigen Plazuela gelegen; sie wurde mit dem Kloster der Dominicaner in Folge eines Gelübdes der Einwohner von Inca im Jahre 1604 gegründet. Jetzt ist sie Yglesia Ayuda der Pfarrkirche. Die einfache Vorderseite ist mit einem Portal, einer mittleren Fensterrose und oben mit einem von zwei Bogen durchbrochenen Glockengiebel geschmückt. Das Innere hat ein Tonnengewölbe mit Gesims, von glatten pseudoionischen Pfeilern getragen, eine sich verengende

Hochaltarkapelle und vier Kapellen auf jeder Seite. Ueber dem Eingange ist eine Empore. Das Klostergebäude wird jetzt vom Juzgado del Partido benutzt. Die Kirche von S⁺ Francisco liegt gleichfalls auf einer Plazuela. Das Kloster war das zweite, welches der Orden im Jahre 1325 auf Mallorca besass. Bis 1494 gehörte es den Claustralen, von welchen es auf die Observanten überging. Die dem heiligen Franz von Assisi geweihte Kirche ist auf der Vorderseite mit einem Spitzbogenportal und einer hübschen gothischen Rose geziert. Das Innere bietet ein Tonnengewölbe dar. Zwischen den Bogen sind spitzige Zwickelkappen für die Fenster gelassen. Auf jeder Seite stehen sechs Rundbogenkapellen; die Hochaltarkapelle ist nischenförmig gebaut, und über dem Eingange befindet sich eine Empore mit sich einfach kreuzenden Rippen in ihrer Wölbung.

Hinter Inca ist El Serral de ses Monjes gelegen, wo sich das Kloster der Monjas de Sᵗ Geronimo de Sᵗ Bartolomé befindet, welches im Jahre 1534 von den Jeronimiter-Nonnen, die das nahe Kloster Sᵗᵃ Madalena verlassen hatten, gestiftet worden ist. Die kleine Kirche, vorher Pfarrkirche von Inca, war den genannten Nonnen geschenkt worden. In der einen Kapelle dieser Kirche befinden sich die Reliquien der Sor Clara Andreu vom Jeronimiter-Orden, einer sehr frommen, tugendhaften Nonne, die am 24. Juni 1628 starb. Ihr Körper hat sich unverwest erhalten. Oberhalb der Chorempore, unter welcher sich noch zwei Kapellen befinden, sind die in Nonnenklöstern üblichen Holzgitter angebracht. In der Sacristei wird ein hübscher Pax mit Filigranarbeit, sowie eine grosse silberne Lampe aus dem Jahre 1671 aufbewahrt. Eine Seitenthür der Kirche führt in den Hof hinaus und eine Rundbogenthür in das Innere des Klosters. Im Eingangszimmer oder Porteria steht noch der alte Altar mit den Bildern der heiligen Jungfrau und den Heiligen Bartholomäus und Jeronimus. Daneben liegt das Sprechzimmer mit eisernem Gitter, hinter welchem sich noch ein hölzernes, dünn durchlöchertes befindet, durch welches die Nonnen ihre Wünsche der Aussenwelt kundgeben. Im Refectorium befinden sich vier Tische, obenan der Tisch der Madre Priora mit gewundenen Säulen, und beim Eingange erhebt sich eine Kanzel mit Treppe, deren Pfeiler mit Renaissance-Verzierungen versehen sind; daneben befindet sich die Sacristei. Das grosse Gehöft mit einer Cisterne und einer Brunnenhalle enthält ein altes Cellé, eine Weinpresse in der Ecke und einen Hühnerhof. In der sog. Speis sieht man weisse Escudellas, in Inca hergestellte Teller, welche mit ihren grünen Verzierungen wie marmorirt erscheinen. Daneben ist die grosse Küche mit Cisterne in der Mitte und Lavadero aus Binisalemer Stein. Eine andere Clasta wird durch Feigenbäume geschmückt, und in einer Nische steht eine Heiligenstatue. Hieran schliessen sich der Backofen und das Zimmer zum Zubereiten des Teiges für die Congrets, ferner eine Mühle und ein altes kleines Refectorium an. Eine Treppe mit hölzernem Geländer führt in das obere Stockwerk des Klosters. Man gelangt durch eine kleine Thür zu dem Chor mit bequemen Stühlen und Tribünen an den Seiten. Es giebt auch einen Combregador und darunter ein Pantheon oder Begräbnissstelle. Letztere wird jedoch nicht mehr benutzt; an ihrer Stelle ist die Kirche dazu ausersehen. Rings um das Kloster ziehen sich vier Gänge und 40 Zellen. Voll interessanter Erinnerungen ist die Zelle der Sor Clara Andreu; sie enthält jetzt noch einen Tisch, ein Kistchen und drei Bilder, einen Gypsabguss und zwei Portraits derselben; das eine hat eine lateinische Inschrift, und diese ist das Original von dem in der Casa Consistorial von Palma befindlichen. Die übrigen Zellen haben ein Bett, fünf Estormias, eine kleine Kiste und ein Altärchen, sowie verschiedene Heiligenbilder. Viele Zellen haben marmorne Eingangsstufen und ein Heiligenbild am Eingange. Auch eine kleine Zelle mit Kragsteinthür, Cellό genannt, ist vorhanden. Das Arbeitszimmer und der Noviciatsaal enthalten zwei interessante Bilder auf Goldgrund mit Kielbogen darüber. Im ganzen Gange sieht man Llums de Cuina. Zu erwähnen sind noch ein altes Fanal und ein Enfermeriasaal mit kleiner Küche, mit eisernem Gitter, in welcher der Kaffee zubereitet wird. Der Garten enthält eine kleine Halle und Noria und ist ringsum von einer Mauer umgeben. Prächtig ist hier die Aussicht auf das untere Inca, den Puig de Randa, Sᵗᵃ Madalena, Sanselias und Sineu.

Inca hat zwei Gasthäuser. Eins von diesen, das auf der Plaza gelegene, ist recht comfortabel eingerichtet. Auch fehlt nicht eine Plaza de Toros, welche sich am äussersten Ende des Ortes gegen Nordwesten hin befindet. Diese ist nur in Rohbau aufgeführt und klein. Was Inca trotz seiner im übrigen langweiligen Einförmigkeit einen besondern Reiz verleiht, sind seine schönen

Gärtchen. Darin gedeihen in Fülle Granatäpfelbäume, seltener, aber nicht minder üppig, Citronenbäume und in vollster Pracht Palmen. Das Verkehrsleben in Inca ist ein ziemlich reges. Die Weinlese besonders bringt den Leuten viel Verdienst. Morgens herrscht auf der Plaza de la Yglesia durch den dort abgehaltenen Obstmarkt viel Leben; ausserdem findet an jedem Donnerstag ein Viehmarkt statt, zu welchem die Bauern aus der ganzen Umgebung ihr Vieh bringen. Jahrmärkte giebt es fünf im Jahre. Die Umgebung Inca's bietet wenig Abwechslung dar. Sie ist vollständig flach, mit Ausnahme der nördlich gelegenen Erhöhung des Serral de ses Monjes, von wo man schön die Sierra und das ferne Selva übersieht. Diesen Hügelrücken krönen sieben Windmühlen. Der Boden in der Ebene ist sehr üppig; vorherrschend sind Feigen- und Mandelbaumpflanzungen; dazwischen finden sich aber auch Kohl- und Gemüsegärtnereien. Hie und da stehen isolirte Bauernhäuser, bisweilen von Dattelpalmen umgeben. Im Nordosten des Ortes, neben einem Pappelwäldchen, befindet sich eine breite bedachte Tränke (Abeurador), wie solche in den Ortschaften der Ebene von Mallorca öfter zu finden sind.

Einer der sehenswerthesten Punkte bei Inca ist der Puig de Sta Madalena, gewöhnlich schlechtweg Puig d'Inca genannt. Der Weg dorthin ist der alte Weg nach Alcudia. Auf diesem Berge stand schon in alter Zeit ein der heiligen Magdalena geweihtes Kirchlein, bei welchem der Ueberlieferung nach die Mönche der Merced bis um das Jahr 1335 lebten. Alsdann hatten die Franziscanerinnen hier ihre erste Stiftung, von wo sie im Jahre 1515 zur Esglayeta und von dort nach Palma zogen. In dem verlassenen Kloster lebten einige Zeit Jeronimiten-Nonnen. Diese zogen wegen der unbequemen Lage im Jahre 1534 nach Inca und erhielten die Kirche Sta Bartolomé. Neben dieser bauten sie ihr Kloster auf. Nachher wurde die Kirche als öffentliches Oratorium und Sanctuarium benutzt; in den Klostergebäuden dagegen richtete man eine Schule ein. Das Aeussere der Kirche ist einfach. Die Vorderseite hat einen Glockengiebel mit rosengeschmücktem Spitzbogen und ein Rundbogenportal. Stufen führen hinab in das Innere, welches zwei schlanke Spitzbogen hat. Bemerkenswerth sind die Balken, die mit hübschen, sich durchkreuzenden Zierrathen in lebhaften Farben angestrichen sind. Es befindet sich darin ein roh gearbeiteter Hauptaltar mit der Sta Madalena, ein Seitenaltar und ein dritter Altar des S^{a} Cristo neben einer einfachen Kanzel. An die Kirche ist rechts das Klostergebäude angebaut, zu dessen Rundbogenportal eine äussere Treppe hinaufführt. Von diesem Treppenabsatze hat man eine herrliche Aussicht. Das Haus hat zu ebener Erde zwei Zimmer, eine Sacristei, Speisezimmer und daneben Küche und Speisekammer; vom Speisezimmer gelangt man zum Chor der Kirche. Von der Kirche getrennt und dem alten Klostergebäude gegenüber steht das Haus der Donada. Oben sind verschiedene Zimmer und eine Küche und unten in dem Felsenboden zwei Zimmer, von denen das eine mit Tonnengewölbe zum Schlafen dient. Links von der Kirche befindet sich ein 1761 erbautes Häuschen, und rings um die Gebäulichkeiten sieht sich ein Corral von Cactusfeigen und Agaven. Die Aussicht nach Norden zu ist prächtig: man sieht Selva, Mancor, Caimari, Moscari, Campanet, Buger, La Puebla und die Bucht von Pollenza. In der Mitte erheben sich die beiden Puig Mayors und die scharfen Höhen von Alaró. Die zweite Höhe von Sta Madalena ist die höchste, und auf derselben befindet sich das 304 m über dem Meere stehende Triangulationspfeilerchen. Am Abhange, unterhalb des Berges von Sta Madalena, sieht man auf Son Sastre des Puig d'Inca mit Weingeländen und Rundbogenthür. Daneben ist ein Aujub de Teulada. Etwas weiter liegt Son Vivot. Vor demselben steht ein Celtisbaum; es ist dies ein grosses Haus mit vielen Nebengebäuden und einem Hof, von zwei Seiten mit Gebäuden umgeben. Ueber der äusseren hohen Freitreppe befinden sich zwei Säulen mit einem Vordach. Die Vorderseite hat einen viereckigen Thurm und ist mit einem Balcon geschmückt. Auf dem Wege nach Inca begegnet man dem weissen stattlichen Hause Son Fuster, welches die Jahreszahl 1612 trägt. Das Wasser kommt aus der Nähe von Selva und füllt damit die Aujuba, damit man im Sommer Wasser hat, denn letzteres fliesst nur im Winter. Zieht man dagegen durch die Oel- und Mandelbaumpflanzungen ostwärts, so kann man das grosse, in der Nähe des Torrent de Llubí gelegene Haus von Vinagrella erreichen, in dessen Nähe sich ein herrlicher Weinberg, eine Feigenbaum- und eine Cactusfeigenpflanzung ausbreitet. Das von einem Glockengiebel überragte grosse Haus hat einen bedachten Thurm und Terrassenhallen mit Säulen und Dockengeländer, die Eingangshalle zwei Segmentbogen und zur Linken eine kleine Kapelle mit Treppenaufgang.

Um von Inca die Carretera weiter gegen Alcudia zu verfolgen, muss man die Ortschaft durch die Calle de la Sirena verlassen. Gleich hinter dem Orte führt eine Chaussee durch zwei Einschnitte hindurch, allmählich sanft bergab steigend, und kommt dann durch schöne Oelbaumpflanzungen. An den Seiten der Strasse machen sich Agavenhecken breit. Der gute Boden wird durch mehrere Norias äusserst fruchtbar gemacht. Vielfach wird das Land zum Maisbau verwendet. Wenn man den von der Sierra kommenden Torrent de Buger, einen Nebenfluss des Torrent de S^a Miquel, überschritten hat, erblickt man die hochgelegenen Ortschaften Selva, Moscari und Campanet. Die von Pappeln beschattete Strasse kreuzt sich mit den beiden nach dem nahen Campanet führenden Wegen und führt hinter der Brücke von Campanet an einer Windmühle vorüber.

Buger und Campanet von Sta Madalena aus.

Campanet fast gegenüber erhebt sich auf einer sanften Erhöhung in kurzer Entfernung von der Fahrstrasse Buger. Der von der Carretera dorthin führende passirbare Weg zieht sich mitten durch ein Thal, auf dessen Höhen einige Windmühlen stehen. Wir gelangen nunmehr nach Buger. Dieser Ort hat 694 Einwohner und 211, fast durchweg einstöckige Häuschen, die häufig mit einer Rebenlaube geschmückt sind. Auf dem höchsten Punkte der Ortschaft liegt die Kirche von S^n Pedro Apostol, zu welcher einige Stufen hinaufführen. Sie wurde im Jahre 1541 errichtet und ist Hülfskirche jener von Campanet. Die Kirche hat ein einfaches Portal und eine mittlere Fensterrose, und an dieselbe schliesst sich der viereckige, von Spitzbogenfenstern durchbrochene Thurm an, überragt von einem pyramidenförmigen Helm mit hervortretenden Ecksteinen an den Seiten. Der Thurm erhebt sich 128 m über das Meer. Das Innere zeigt ein von sechs Rundbogen gestütztes Tonnengewölbe, eine nischenförmige Hochaltarkapelle, vier Kapellen auf jeder Seite und eine Empore über dem Eingange, welche die Orgel trägt. Eine zweite Orgel befindet sich in einer Seitenkapelle rechts, in welcher ein werthvolles Bild, die Kreuzabnahme Christi darstellend, aufgehängt ist. Neben der Kirche sieht man in der Calle Mayor zwei Steinkreuze auf kegelförmigem Grunde.

Kehrt man nun von Buger auf die Carretera zurück und setzt auf dieser den Weg weiter fort, so bietet sich ein prächtiger Blick auf die Sierra dar. Allmählich bergab gehend, begegnet man einer kleinen Thonwaarenfabrik und erblickt die beiden Possessionsbäuser Son Gayeta mit kleinem glockenbogigen Oratorium und tief unten Son Pons. Auf der ganzen Strecke sind die Felder mit regelmässig angelegten Oel-, Johannisbrod- und Feigenbaumpflanzungen bebaut. Links erhebt sich auf einem der ziemlich entfernt liegenden Hügel, denen die grauen Spitzen der Sierra als Hintergrund dienen, das grössere Possessionshaus von Son Cladera. Auf dem Hügel oberhalb des Hauses, welcher Miador genannt wird, geniesst man eine prachtvolle Aussicht auf eine fruchtbare Ebene, die den Rahmen der Bucht von Alcudia bildet, durchzogen von der Carretera. Hier überblickt das Auge die Albufera mit dem Hauptcanal, das ferne Bec de Farrutx und die bewohnte Ebene bis nach Randa und dem Puig d'Inca. Die Gegend wird nun flach. Die Gründe werden durch zahlreiche Norias dadurch bewässert, dass man auf Holzstützen, die allmählich immer kleiner werden, Thonröhren legt, wodurch gleichsam eine oberirdische Wasserleitung hergestellt ist. Lässt man den Blick über diese Fläche schweifen, so entdeckt man die Sümpfe der Albufera und die einsame Ortschaft von Sa Puebla mit ihrer Kirche und ihren Windmühlen, während zur Linken die stille, von kahlen Felsenbergen umgebene Bucht von Pollenza sich darbietet. Nicht lange dauert es, und man steht vor den Mauern der alten Stadt Alcudia, wo hinter einem Steinkreuz die Carretera in die Puerta de Palma ausmündet.

Alcudia, die zweite Stadt von Mallorca, hat ausser dem Namen einer Ciudad nicht mehr viel von ihrer früheren Blüthezeit bewahrt. Sie wird jetzt von mehreren Villas Mallorca's an Grösse und Bedeutung übertroffen. Der Ort zählt 1379 Einwohner und 404, grösstentheils nur einstöckige Häuser. Ihre Wälle sind verfallen, die Bollwerke verödet und selbst die Häuser zum Theil verlassen. Nur der am 12. November jedes Jahres stattfindende Jahrmarkt bringt noch etwas Leben in den Ort. Wenn auch die Stadt wegen des dort, jetzt allerdings nicht mehr in so hohem Grade herrschenden Malariafiebers, das seit der Trockenlegung der Albufera bedeutend abgenommen hat, sich nicht weiter entwickeln konnte, so ist doch das Land in seiner ganzen Umgebung schön, classisch sogar sind die Formen der weiten gezähnten Vorsprünge von Formentor und des Bec de Farrutx. An der Wasserstrasse zwischen Süd-Frankreich und Afrika, dicht bei zwei der ausgedehntesten Buchten, welche ganze Flotten zu fassen im Stande sind, am Ausgange der Carretera, der Hauptverkehrs- oder einer fruchtbaren Insel gelegen, hätte Alcudia sicher mehr an Bedeutung gewonnen, wenn nicht Palma alle grösseren Geschäftszweige an sich gezogen hätte. Dass bereits die Römer die Wichtigkeit dieses Platzes erkannt hatten, beweist die Gründung des alten Pollentia, das, wie es scheint, in kurzer Entfernung von dem jetzigen Alcudia lag. Die Stadt liegt fast vollkommen in der Ebene, am Beginn der Landzunge des Cap del Pinar. Sie ist mit einer doppelten Umfassung und Wallgräben, die meist in den weissen Marés-Stein, auf dem die Stadt ruht, eingehauen worden sind, versehen; die aber nun halbzertrümmert und von Kapern überwuchert werden, weshalb Alcudia auch die Kapernstadt genannt wird. Bevor wir in der Schilderung Alcudia's fortfahren, wollen wir einen Blick auf seine geschichtliche Entwickelung werfen. Zur Zeit der Mauren war Alcudia nur eine Alqueria und erhielt erst von Jaime II. im Jahre 1300 den Titel Villa. Bereits im Jahre 1334 war Alcudia als befestigter Platz bekannt. Die Mauern scheinen aber geringe Widerstandsfähigkeit besessen zu haben, denn bereits in den Jahren 1464 und 1496 wurde ein Umbau der Mauerbefestigung angeordnet. Welchen Umfang dieselbe hatte und wie weit man durch dieselbe die Form der ursprünglichen Befestigungen Alcudia's abgeändert hat, lässt sich nicht feststellen. Allem Anscheine nach muss die erste Befestigung der Stadt ganz oder wenigstens grösstentheils im 15. Jahrhundert, zur Zeit Alfonso's V. de Aragon, erbaut worden sein, welcher bekanntlich von 1417—1458 regierte. Noch vor dem 15. Jahrhundert war der Platz mit Bombardas ausgerüstet, und zwar mit 20 Geschützen verschiedenen Kalibers, die in den Bollwerken aufgestellt waren. Die Courtinen konnten, in Folge des schmalen Erdwalles und weil sie ohne Banketmauer waren, nur durch Musketenfeuer vertheidigt werden. Als Alcudia im Jahre 1715 mit den Truppen von Philipp V. capitulirte, war es durch etwa 500 Mann mit 52 Geschützen vertheidigt. Man kann annehmen, dass die äussere zweite, mit Bollwerken versehene Befestigung zu Anfang des 18. Jahrhunderts erbaut worden ist, während welcher Zeit die Besetzung Menorca's durch die Engländer den Befestigungen Alcudia's eine grössere Bedeutung verlieh. Diese nahm jedoch aber immer mehr und mehr ab, so dass im Jahre 1828 der Posten eines Militär-Gouverneurs abgeschafft wurde. Die Comision de Monumentos historicos y artisticos erreichte jedoch, dass die Mauern, welche man zum Abbruch verkaufen wollte, erhalten blieben. Die äussere Mauer stellt jetzt ein etwas unregelmäfsiges Viereck dar, und zwar treten die alten Bollwerke ziemlich deutlich hervor. Die äussere Mauer ist niedrig, und die innere, welche von derselben abermals durch einen Wallgraben getrennt wird, hat so ziemlich die Gestalt der äusseren, abgesehen von den Vorsprüngen der verschiedenen Bollwerke. Die innere Mauer besteht aus einer sehr breiten Wand, welche mit

Die Puerta Rotja.

tiefen Schiessscharten, mit viereckigen Zinnen und rund gebauten Wächterhäuschen versehen ist. Diese Mauer ist so dick, dass oberhalb ein Gang vorhanden ist, auf dem man mit Ausnahme einer kleinen Strecke, bei der Puerta de Palma, bequem rund um die Stadt herum gehen kann. Dieser Mauer schliessen sich die alten 27 vorspringenden Thurmansätze an. Von dem Mauergange führen kleine Treppen zur Stadt hinab, die freilich jetzt zumeist in sehr schlechtem Zustande sind. Eigenthümlich ist, dass die Doppel-Wallgraben gleichbreitig ein Steinbruch für die aufgeworfene Muralla geworden sind.

Die Mauern von Alcudia haben drei Thore. Am interessantesten ist das nach Osten gelegene Thor, Puerta de Jara oder del Puerto genannt, welches zwischen zwei Thürmen der inneren Mauer liegt und über der Wölbung eine kleine Terrasse bildet; von der inneren Stadt aus führt eine kleine Seitentreppe zu diesem hinauf, von wo aus die Bucht von Pollenza und die in den edelsten

Umrissen gezeichnete Sierra überschaut werden kann. Der Eingang in der äusseren Umwallung ist bei diesem Thore ein einfacher Rundbogen. Die Puerta de Vila Rotja ist einfach und schmucklos; sie zeigt noch die Spuren der Fallbrücke über den Wallgraben, welche jetzt durch eine Brücke ersetzt ist. Daneben liegt der 1770 errichtete Spielplatz der Pilota. Wichtiger als diese zwei Thore ist der eigentliche Haupteingang zur Stadt, die Puerta de S⁎ Sebastian oder de Mallorca, gewöhnlich de Palma genannt, welche auf die Fahrstrasse nach Palma führt. Sie ist ein einfaches Tonnengewölbe in der Dicke eines Thurmansatzes der inneren Mauer; oberhalb des inneren Thores ist das Wappen von Alcudia, nach aussen zu das kaiserliche Wappen mit Inschrift angebracht, und über dem Thore der äusseren Umfassung prangen drei Wappenschilder. Auf der Innenseite des Thores ist eine Madonna aufgestellt, vor welcher beständig Lichter brennen. Es giebt aber

Die Kirche von Alcudia.

ausserdem noch ein Thor, die Puerta Nueva, welches 1860 zur Bequemlichkeit der Bevölkerung eingerichtet wurde. Von der Puerta de Palma bis zur Puerta de Jara wird die Stadt von der langen Calle Mayor durchzogen. Von dieser zweigen in buntem Gewirr sich mehrere schmale Gässchen ab. Sie sind in der Regel gepflastert, theilweise bildet aber auch der Marés-Felsenboden, auf welchem die Stadt ruht, für diese Gässchen das natürliche Pflaster. Die an den Gässchen liegenden Häuser sind meist aus Steinquadern erbaut und mit Rundbogenthüren versehen. Die meisten sehen dürftig aus, doch sind auch unter ihnen einige grössere mit Renaissancefenstern; auch verzierte Kielbogenfenster kommen vor. Von historischem Interesse ist das in der Calle de la Roca gelegene Haus, in welchem Kaiser Karl V. während seines Aufenthaltes in Alcudia gewohnt hat. Noch am meisten städtischen Anstrich, sowohl wegen der stattlicheren Bauten, als auch wegen ihrer besseren Erhaltung, zeigt sich die Calle Mayor. Hier wurde im Jahre 1864 eine Cisterne erbaut. Ueber derselben befindet sich eine durch einen breiten Spitzbogen gestützte

Terrasse. Dieser alte, durch die Länge der Zeit schwarz gewordene Bogen bildet einen von sieben Bogen unterhaltenen Durchgang zur Calle de la Cisterna, die sich schmal und düster nach Süden hinzieht. Gleich darauf kommt man zu der kleinen Plaza de la Constitucion mit einer Markthalle und einigen grösseren mit Balconen versehenen Gebäuden. Dicht beim Baluarte de Sta Teresa liegt die Pfarrkirche der Purisima Concepcion de Maria Santisima, vermöge ihrer hohen Lage sowohl nach aussen den zweiten Wallgraben, wie nach innen die niedriger liegende Stadt beherrschend. Die jetzige Kirche von Alcudia wird schon 1248 erwähnt. Dieselbe hat allerdings viele Umänderungen erfahren und im Laufe der Zeit den Charakter einer Feste angenommen. Im Jahre 1870 musste man in Folge Einsturzes einer ihrer Wölbungen zu ihrer Niederreissung und Wiederaufbauung schreiten. Es wurde ein starker, eleganter Neubau aufgeführt, der von aussen wohl schmucklos aussieht, dessen ernste Linien jedoch zu den alten Festungsmauern der Stadt passen. Im Innern ist die Kirche hübsch und eine erweiterte verschönerte Copie des einstigen

Römisches Amphitheater bei Alcudia.

Baues. Die gothische Wölbung wird von Tragsteinen gestützt, und die Seitenkapellen haben Spitzbogenwölbung. Die nahe dem Hochaltar gelegene Kapelle ist mit einer römischen Kuppel und zwei Seitenkapellen versehen. Die Kirche enthält prächtige alte Bilder auf Goldgrund. Gegenüber derselben steht die Escuela de Enseñanza, das frühere Spital mit einem gothischen Kreuz über dem Rundbogen.

Eine kleinere Strecke von Alcudia entfernt liegt der Hafen. Um dorthin zu gelangen, muss man durch die Puerta de Jara die Stadt verlassen. Ein guter Fahrweg führt dorthin. Gleich beim Ausgange des Thores, nur 500 Schritte von Alcudia entfernt, begegnet man dem öffentlichen Oratorio de Sta Ana, welches im 13. Jahrhundert gegründet worden ist und einst eine Einsiedelei war. Es hat einen Glockengiebel und rechts und vorn ein erhöhtes Kreuz. Nach einigen Schritten gelangt man an den sandigen Strand, wo der kleine Muelle vorspringt. Das Verkehrsleben ist hier nicht allzu gross, höchstens kommt einmal ein vom Sturme überraschtes Schiff in die Bucht, lichtet aber, wenn der Wind kaum nachgelassen hat, sofort wieder die Anker. Nur an den Tagen, wenn die zwei zwischen Barcelona und Menorca coursirenden Dampfer, Alcudia berührend, in die

Bucht einfahren, herrscht an dem kleinen Hafenstrande Leben und munteres Treiben. Bauern mit Früchten, Gemüse und Thieren, Händler aus Alcudia mit aus Palmenblättern verfertigten Körben, sowie Fischer mit ihrem Fang treffen hier zusammen. Besitzer benachbarter Güter kommen in ihren Omnibussen u. s. w. hierher. In den Häusern am Hafen sitzen in diesen Tagen die Hafenbeamten und Schiffer, welche das avisirte Dampfschiff erwarten, um die Waaren aus dem Schiffe an Bord zu bringen. Sobald das Schiff angekommen und Alles entladen ist, verlässt auch das Dampfschiff sofort wieder den Hafen. Die für Mallorca bestimmten Waaren werden von den Leuten sogleich nach ihrem Bestimmungsorte befördert, und nun hört auch sofort das rege Leben am Hafen auf, der wieder ebenso einsam und trostlos verlassen als früher erscheint. Um so unheimlicher wird man nun von den alten Wänden des nahen Lazarethes angestarrt. Dasselbe ist ein quadratischer Bau mit doppelter Umzingelung. Zwei Schilderhäuschen stehen an den Ecken. In der Mitte steht ein erhöhtes Gebäude mit Spitzbogen und zwei Mauern, die mit dem Meere parallel laufen. Dieses Haus ist im 18. Jahrhundert errichtet worden.

Lässt man den Puerto de Alcudia im Rücken liegen und wendet sich etwas mehr landeinwärts, gegen Südwesten zu, so gelangt man zu der Stelle, wo einst die alte blühende Stadt Pollentia, die Vorgängerin von Pollenza und Alcudia, gestanden hat. Vom Gemäuer sind nur kleine Ueberreste geblieben; dafür sieht man deutlich die Spuren eines Amphitheaters. Unterhalb einer Aushöhlung im Marès-Felsen reihen sich Stufen an, die aber nur einen Halbkreis bilden, während die weitere Fortsetzung gegen die Fläche zu fehlt. Hinter dem Amphitheater steht noch ein thurmartiges Haus, und neben demselben zeigen sich Ueberreste: die Nekropolis mit kleinen Gräbern. Am Saume einiger sumpfiger, mit Binsen bedeckter Strecken, wo die Fächerpalmen wuchern, liegt allem Anschein nach der eigentliche, von der ehemaligen Stadt eingenommene Platz; das Wenige, was von der Stadt noch übrig sein mag, birgt die Erde in ihrem Schoosse; über der Erde ist nichts mehr zu spüren. Wohl stösst der Landmann bei Bestellung seines Ackers nicht selten auf antike Gegenstände: so sind mehrere Steine mit Inschriften, Bleistangen und viele Münzen gefunden worden; das Meiste ist aber verloren oder verschleudert worden.

Unweit des Hafens von Alcudia, und zwar im Süden, erheben sich zwei kahle, fast konische Hügel: der Puig de Sᵗ Marti und der 267 m hohe Puig de Son Fé. Am unteren, mit Fenchel bewachsenen Abhange des erstern Hügels ist die Cova de Sᵗ Marti, gelegen. Wie von einigen Chronisten berichtet wird, haben sich in dieser Höhle die Christen der alten römischen Colonie von Pollentia und Bocar zur Zeit der Verfolgungen versammelt, und dieser christliche Cultus hat sich darin bis nach dem Aufhören der arabischen Herrschaft erhalten. Ohne Zweifel waren in diesem Oratorium zwei Kapellen, eine dem heiligen Martin, dem Bischof von Tours, die andere aber dem heiligen Georg, dem Patron von Aragon geweiht. Erstere scheint schon in alter Zeit die bevorzugteste gewesen zu sein. Sie soll aus milden Gaben in der ersten Hälfte des 14. Jahrhunderts erbaut, vielleicht aber auch nur wieder aufgebaut worden sein. Die andere, dem heiligen Georg geweihte Kapelle, ist neueren Ursprungs. Ihr Aufbau ist im Jahre 1632 erfolgt, wie solches das in Stein gebauene Datum beweist. Seit dem Bestehen dieser Höhlenkapelle feierte man alljährlich im Sanctuarium von Sᵗ Martin das zweite Osterfest. Wahrscheinlich las man auch an Sonn- und Feiertagen darin Messe; manchmal zogen die Bewohner Alcudia's in Processionen dorthin. Diese Sitte hatte sich bis zum Jahre 1830 erhalten, in welchem Jahre dieser Cultus aufgehoben wurde. Die Thür über der Treppe wurde beseitigt, und nunmehr dient die alte Stätte des Glaubens den weidenden Heerden als Herberge. Die Höhle ist eine offene, im Marès-Felsen eingeschnittene Grotte mit ausgehöhlten Steinen. Eine Treppe führt auf Segmentbogen in zwei Rampen hinab. Die Seiten derselben weisen vorspringende Köpfe auf, und bei der letzten Stufe läuft ein rauschendes Bächlein zwischen den Felsblöcken dahin. In der Haupthalle, mit Brunnen in der Mitte, erhebt sich die dem heiligen Martin gewidmete, mit gothischen Bogen versehene Kapelle, im Innern mit Spitzbogen und sich kreuzenden Rippen und mit unten zugespitzten gerieften Capitälen. Eine umgestürzte Säule stammt wahrscheinlich noch von dem einstigen Altar her. Links davon ist eine kleine Kammer mit Seitenthür in dem Rundbogen und ein Stufenaufgang zu einer primitiven Kanzel, und im Innern der von Fledermäusen bewohnten Höhle trifft man eine Wasserquelle. Der

Hauptbalte zur Rechten befindet sich die Sⁿ Jorge gewidmete Kapelle mit Rundbogen-Eingang,
durch Strebebogen gestützt. Am Schlussteine, wie an dem in Renaissance-Styl gehaltenen Altar
aus Steinen ist der heilige Georg in Basrelief dargestellt. Oberhalb der Höhlenöffnung erhob sich
ehemals eine Wölbung, von der sich im Jahre 1840 noch ein Portal erhalten hatte.

Der Puig bildet einen Sattel, von dessen Höhe die Aussicht prächtig ist. Man schaut den
Vorsprung des Cap del Pinar, feenhaft in die blauen Wogen hinausragend, und die namentlich zu
Feldern und Feigenbaumpflanzungen verwendete Zunge von Alcudia, die drei Lachen bildende
Albufereta mit dem Grau, das ganze Thal von Pollenza mit der dorthin führenden Carretera, den Puig

Cova de Sⁿ Martí.

der Mare de Deu und die Höhen von Formentor bis zum Puig Mayor de Soller, die Hauptberge
von Ternellas, Fartaritx, Tumí, Mayor de Lluch, dann die Hügel von Son Fé und die dahinter-
liegenden, auf der Strasse von Pollenza den Puig d'Inca, die von der Sierra hinabsteigende Ebene.
Undeutlicher sieht man die Höhen von Randa, Bonañy und Sⁿ Salvador im Hintergrunde der breiten
Albuferafläche. Weiter überschaut man die Ortschaften von La Puebla, Muro und Sᵗᵃ Margarita
mit den zahlreichen Marjalsbeeten und die ganze Babia de Alcudia, zu der der herrlich geformte
Bec de Fatruix einen schönen Hintergrund bildet. Auf dem Puig de Sⁿ Martí, der eine Erhöhung
mehr gegen die Carretera de Alcudia zu aufweist, wachsen Carritx und Fächerpalmen, sowie einige
Mastixsträucher. Am Ausgange eines mit Strandkiefern bewachsenen Thales, wo die Quelle der

Cisterneta liegt, siebt das Haus Son Bau von Auguera mit Mandel- und Feigenpflanzungen. Der Stelle gegenüber, wo das alte Pollentia stand, dehnt sich gegen Süden eine weite Fläche aus, welche einen grossen Theil der Bucht von Alcudia einfasst und sich in östlicher Richtung bis hinter La Puebla erstreckt, während sie sich im Norden unmittelbar an die isolirte Hügelgruppe des Puig de Sᵃ Marti und des Puig de Son Fé anlehnt. Diese Ebene bildete früher in ihrer Mitte einen breiten, weit ausgedehnten Sumpf, den grössten der Insel, Albufera Mayor genannt, welchen nur bald höhere, bald niedrigere Sanddünen vom Meere schieden, an mehreren Stellen jedoch mit der Bucht zusammenhängend. Die Lagune, die aus mehreren fischreichen, von Wasservögeln stark bevölkerten Teichen bestand, in welchen die Torrentengewässer zusammenflossen und die sich über eine Fläche von mehr als 2000 ha ausdehnte, war die Ursache, dass die ganze Umgegend, namentlich die Distrikte von Alcudia, La Puebla und Muro sehr ungesund waren. Sie wurden im Jahre 1863 von einer englischen Albufera-Company mittelst Dampfmaschinen vollständig ausgetrocknet

Cap de Pinar vom Puig de Sᵃ Marti.

mit Abzugskanälen zur Bewässerung versehen und sind jetzt vollständig cultivirt. Auch hat man Baumpflanzungen angelegt und mehrere Brücken, Magazine und Häuser errichtet.

Von Alcudia führt westlich von den Ruinen von Pollentia und längs der Sanddünen ein breiter Fahrweg durch die weit ausgebreiteten Felder, welche durch Gräben in oblonge Beete eingetheilt sind, zu dem Hauptkanal der Albufera, der sich dann nach rückwärts in die Canales de Muro und de Sᵗ Miquel trennt. Die drei Kanäle werden durch starke Dämme von einander geschieden und durch Brücken in Verbindung gesetzt. Der mittlere Hauptkanal, dem entlang eine Strasse führt, ist sehr breit. Er hat eine Länge von 16880 m, sowie Ausfluss in das Meer und ist durch zwei aus grossen Steinblöcken hergestellte, je über 100 m lange Molos gesichert. Die Neben- oder Vertheilungskanäle haben eine Gesammtlänge von 51000 m. Was die zwei seitlichen Kanäle anbelangt, die etwa ein Viertel der Breite des mittleren haben, so ist der nördlichere schon stark versandet, der südlichere aber mit einer zweiten Brücke versehen, an welcher Schleusen angebracht sind. Von der Albufera aus führt noch ein zweiter Fahrweg zur Carretera, und zwar an dem Beamtenhause vorüber; dann kreuzt man einen von La Puebla kommenden, gut gemauerten, nicht gewölbten Kanal, welcher das zur Bewässerung der Grundstücke erforderliche Wasser nach hier leitet. Nun kommt man durch ein Strandkieferwäldchen mit wilden Oelbäumen und Eichen zu Feldern, wo grosse Strecken mit Pfahlrohr bedeckt, andere mit Riesenkürbissen bebaut und zu Maisfeldern verwendet sind, und gelangt auf die Carretera, um auf derselben gegen Norden zu in das Thal von Alcudia einzubiegen.

Ausser dem kleinen, gegen die Mitte der grossen Bucht zu liegenden Estany d'en Bauló giebt es noch einen, nur 1 km von der Stadt entfernten, nach der Bahia de Pollenza zu gelegenen Sumpf, welcher die Albufereta genannt wird und einen Umkreis von 2—3 km hat mit einer veränderlichen, aber stets geringen Tiefe. Die Albufereta steht mit dem nahen Meere in Verbindung. Da nun ihr Niveau tiefer liegt, wird sie nie gänzlich leer. Ihr Wasser ist salzig. Ein Bächlein, El Rech, auch Torrent de Vall de Colonia genannt, mündet neben einigen anderen Torrenten, von denen der d'en Burguès der wichtigste ist, in die Albufereta. Das dort zahlreich wachsende Pfahlrohr wird zur Papierfabrikation verwendet. Die vielen Bäche sind sehr fischreich. Etwas weiter als der Corral de S^a Bartolomé Bosch ist die Casa de sa Bufereta gelegen, wo die Fischer hausen, welche die Albufereta in Pacht genommen haben. In den Canal El Grau, welcher den Ausfluss der Albufereta bildet, können Llauts einfahren.

Der Rech ist der einzige Bach Mallorca's, welcher selbst im heissesten Sommer der Albufereta Wasser zuführt. Bei dieser Gelegenheit sei auch der interessanten Font de Malañy erwähnt, welche unweit des Rech entspringt und nach einem Laufe von 2 km sich unweit der Albufereta beim Vado Es Pas den Cero in den Rech ergiesst. Ihren Ursprung nimmt sie in zahlreichen Quellen, welche im Bette und am Ufer des Torrent de Marina entspringen, und zwar an der Stelle, wo der alte Weg von Alcudia nach Pollenza diesen kreuzt. Von hier ab führt der Torrent den Namen de Malañy. Diese Quellen sind unabhängig von der grösseren oder geringeren Regenmenge. Häufig versiegen sie nach ergiebigem Regen und fliessen dagegen während dürrer Zeit, woher auch sicher der Name entstand, den sie bereits seit dem Anfang des 14. Jahrhunderts führen. Der starke Fluss dieser Quelle ist nicht durchweg periodisch, nichtsdestoweniger hat sie eine Zeit grossen Wasserreichthums, und zwar den ganzen Sommer hindurch; am ergiebigsten ist sie bei grosser Hitze. Dieser sommerliche Wasserreichthum hört manchmal plötzlich auf, und wenn dies geschieht, so erfolgt — das wissen die dortigen Landleute aus Erfahrung — in kurzer Zeit eine grosse Wetteränderung ein. Während des Winters fliesst die Quelle gewöhnlich nicht, und wenn es dennoch einmal geschieht, pflegt dies das Zeichen grosser atmosphärischer Veränderungen zu sein, so dass sie als eine Art natürlichen Barometers betrachtet werden kann. Sobald die Quellen sich zu rühren beginnen, zeigen sich in der Erde des Torrentenbettes feuchte Flecken, sich langsam erweiternd, bis sie Lachen bilden und dann fliessendes Wasser haben. Die ersten Quellen mit fliessendem Wasser sind jene des Torrentenbettes, die letzten und ergiebigeren sind die am Ufer, und wenn diese fliessen, sind in dem Wasser viele Aale zu finden. Die erste solcher Quellen mit fliessendem Wasser ist die Font de las Cortanas, die in der Possession von Can Canavér entspringt. Die wichtigste Quellengruppe, die am spätesten stark fliesst, ist die auf dem rechten Torrentenufer gelegene, welche auf dem Weinberge d'en Fasol entspringt. Das Wasser der Font de Malañy ist sehr stark mit Salz, namentlich mit Soda, durchsetzt, so dass das Wasser erst filtrirt werden muss, ehe es benutzt werden kann.

Einer der schönsten Ausflüge von Alcudia ist der nach der Halbinsel des Cap del Pinar, welche zwischen beiden Buchten in das Meer vorspringt und dieselben von einander scheidet; sie trägt nicht wenig zur Verschönerung dieser auf beiden Seiten wirklich classisch geformten Ufer bei. Auf den Lehnen dieser hügeligen Halbinsel liegt 8 km von Alcudia entfernt die Wallfahrtskirche der Nuestra Señora de la Vitoria. Bei einer Windmühle scheidet sich der Weg von dem zum Hafen führenden und durchzieht die üppige Verflachung gegen das Cap del Pinar zu. Links in der Nähe gewahrt man das Haus des Llort d'en Serra und die Casa del Moro, beide mit Thürmen versehen. Rechts neben der Strasse erheben sich ein ähnlicher, aber isolirt stehender Thurm, La Magola genannt, und der mit Bäumen bekleidete Puig d'en Brullet.

Man steigt zwischen Johannisbrod- und Oelbäumen allmählich höher, kommt hierauf in eine kleine Verflachung, wo sich ein Brunnen befindet und ein Weinberg angelegt ist, und endlich auf die felsige Erhöhung, auf welcher ein altes, zerfallenes Schloss steht, dessen wir bei Beschreibung der Küste noch gedenken werden. Der Weg führt bergab zwischen Fächerpalmen und Buschwald an der Playa del Mal Pas hin, in deren Grunde sich der Canal de Coconá befindet, am Strande entlang und steigt etwas in die Höhe auf eine Verflachung, La Guardia genannt. Von der Barrera de la Montana ab wird der Weg schmäler und ist theilweise durch den bröckeligen Felsen gehauen. Man überschreitet mehrere Felsenspitzen und gelangt an der Ausmündung eines anderen Torrenten zu einer nur durch eine Landzunge verbundenen kleinen Insel. In einem steilen Felsenthale geht es bergan zu dem auf einem Vorsprunge liegenden Oratorio der Mare de Deu de la Vitoria.

Nach der Ueberlieferung wurde hier das Bildniss der heiligen Jungfrau in Folge der Vision eines Hirten um das Jahr 1300 entdeckt. Man erbaute nun an dieser Stelle ein Kirchlein, und zur Pflege desselben siedelten sich Eremiten an. Ueber hundert Jahre weilten hier die Einsiedler, welchen Carmeliter-Mönche folgten. Gegenwärtig ist es nur noch ein Wallfahrtsort, der von den

Der Cap del Pinar von der Playa del Mal Pas aus.

Bewohnern von Alcudia hoch verehrt wird. Dieselben schreiben nämlich dem Eingreifen der Mare de Deu de la Vitoria die zahlreichen Siege zu, die ihre Vorfahren über die Mauren, die häufig selbst auf die Berge des Sanctuariums kamen und namentlich am Strande von Alcudia und der Cala del Pinar landeten, erfochten haben. Ebenso schreibt man Dank einer dem Padre Antonio de Avila gemachten Offenbarung ihrer Hülfe den glänzenden Sieg zu, den die Insassen Alcudia's über die die Festung belagernden Comuneros zur Zeit Karl's V. davontrugen, so dass Einige behaupten, dass ihr erst um diese Zeit der Name de la Vitoria beigelegt worden ist. Das erste Kirchen- und Wohngebäude der Vitoria war sehr einfach, aber als bei einem Angriffe und einer Plünderung durch die Mauren alles Werthvolle, selbst das Bildniss der heiligen Jungfrau geraubt wurde, das die Bewohner von Alcudia auf wunderbare Weise wieder zurückerlangten, begann man mit dem Bau des jetzigen Gebäudes, welches im Jahre 1704 vollendet und eingeweiht wurde. Das Hauptfest des Sanctuariums, dessen Kosten durch Almosen bestritten werden, wird am 2. Juli, also am Tage der Heimsuchung Mariä, abgehalten. Die Verwaltung und der Kirchendienst untersteht zwei Mayordomos, die vom Rector der Pfarre und dem Alcalde von Alcudia dem Bischof zur Genehmigung vorgeschlagen werden.

Man kommt an einer Fuente vorbei, welche unter einer von zwei Pfeilern getragenen Halle entspringt, und unter der sich ein Wasserreservoir und ein kleiner Gemüsegarten befinden, zu der auf einer Verflachung liegenden Kirche, von der sich ein Vorsprung gegen die Ebene hin erstreckt. Sie nimmt den unteren Theil des Gebäudes ein und bietet auf der Vorderseite über der viereckigen Eingangsthür eine Nische mit Statuette und eine Fensterrose dar. Das daranstossende Gebäude zeigt ein Fenster mit Dockengeländer und darüber eine Wurfluke. Ueber den übrigen Fenstern des Dezvan steht das Datum 1694, und auf der Nordseite ist das Terrado, wo an Festtagen Tanz abgehalten wird. Im Innern hat die Kirche ein Tonnengewölbe, drei Kapellchen auf jeder Seite, eine Hochaltarkapelle mit in Zopfstyl gehaltenem Altar, dessen Mitte das Bild der heiligen Jungfrau mit dem Kinde einnimmt. An den Wänden hängen zahlreiche Exvotos, namentlich Matrosenhemden und -Hüte. Oberhalb der Wölbung der Kirche befindet sich die Hospederia mit Küche, und auf jeder Seite des grossen Speisezimmers sind drei Zimmer mit Betten und zwei weitere geräumige

Die Pedra Rotja.

Säle. Hinter dem Corridor liegt ein kleiner Garten, zu dem eine Treppe nach unten führt. An der hinteren Seite sind die Stallungen angebaut.

Bei dem Oratorium der Vitoria liegt ein Marmorsteinbruch, welcher aber nur sehr wenig ausgebeutet wird. Ueber den Hügel El Calvario, auf welchem drei Kreuze stehen, führt der Weg zur Atalaya steil zu den mit Strandkiefern bewachsenen Abhängen des Canal de Laderná hinauf dessen Felsenwände zahlreiche Höhlen aufweisen. Bald gelangt man zu der Casita del Clot, und auf dem Bergrücken kommt man oberhalb des Canal de s'Engolidú in ein Felsenthal mit Aussicht auf den im Hintergrunde liegenden Bec de Farrutx. Dann geht es am Fusse der Felsenwände entlang zu dem auf hohem Felsen stehenden Thurme. Von hier, der höchsten Stelle der Halbinsel des Cap del Pinar, ist die Aussicht auf den Vorsprung dieses Caps und auf die beiden Buchten herrlich. Einerseits sieht man die Bucht von Alcudia mit dem in vier Theile geschiedenen Vorsprung des Cap del Pinar, dann die zerklüfteten Höhen des Bec de Farrutx, die Colls de Artá und die Hügel der Ebene, ferner die Fläche gegen Alcudia zu, den Hauptkanal, die beiden Albuferas, die zackige Sierra und die Hügel von La Puebla, den Puig d'Inca; weiter die Bucht von Pollenza

mit dem vortretenden Aubercuix und dem zackigen Formentor, endlich die nahen Höhen und das
ferne Menorca. Der 451 m über dem Meere sich erhebende Thurm der Atalaya de Alcudia, wie
er genannt wird, ist rund, oben von Tragsteinen umgeben, die für die Wurfluken dienten, und im
Innern befindet sich ein gewölbtes Zimmer. Am leichtesten ist die Höhe von dem Grat gegen
Alcudia zu erklimmen.

Vor der Casita del Clot geht auf bröckligem Kalksteinboden ein anderer schlechter Pfad
am Fusse der steilen Felsenwände der Falaguera über die Erhöhung der Casita, unterhalb welcher
eine Quelle entspringt. Von dieser Höhe, in der Form einer Einsattelung, schaut man die Bucht
von Pollenza. Dann gelangt man zum felsigen Coll d'en Jueus und zur Pedra Rotja, in deren Abhängen sich eine Kanone befindet. In der unteren Felsenwand ist ein Loch, durch welches die
Wächter hinaufklimmen müssen.

Von dem Sattel unterhalb der Petra Rotja überblickt man das Meer und Menorca. An den
Felsenwänden entlang führt der Pfad nach unten. An dem Ende der Petra Rotja, gegen das Cap
del Pinar zu, befinden sich Terrassen, welche einst die Thurmwächter bepflanzten. Rechts liegt
ein spitziger, mit Fächerpalmen geschmückter Bergkegel. Dann geht es jenseits des Grates auf einem
sehr felsigen und schlechten Pfade hinab mit Aussicht auf die Bahia de Alcudia, und nun gelangt
man zu dem in einer Vertiefung gelegenen, der Gemeinde gehörigen Pinar Mayor. Das Unterholz
der hier befindlichen Bewaldung können die Gemeindemitglieder zu ihrer Benutzung schlagen.

Der östliche Theil der Insel.

Nach La Puebla, Muro, Sta Margarita, Maria.

Bevor wir zur Schilderung des eigentlichen Innern der Insel übergehen, wollen wir noch jene Fläche besprechen, die im Südwesten der Bucht von Alcudia gelegen ist. Am besten lernt man diesen einförmigen, aber fruchtbaren Landstrich kennen, wenn man sich von der Carretera de Alcudia über La Puebla nach Sta Margarita begiebt. Der dorthin führende Fahrweg zweigt sich von der Chaussee gerade gegenüber der nach Pollenza führenden Strasse ab. Auf einer Brücke setzt man über den im Sommer ausgetrockneten Torrent de Sn Miquel; hinter demselben ist der breite Weg von Oelbäumen beschattet und wie die nahen Felder mit dichten Agavenhecken eingefasst. Durch zahlreiche Feigenbaumpflanzungen gelangt man zur Calle del Cementerio in La Puebla. Dieser Ort ist, obwohl in einer Ebene gelegen, mit seiner hohen Kirche und mit den sie umgebenden, auf Terrassen stehenden Windmühlen weit und breit zu sehen. Er zählt 3453 Einwohner. Im Gesammt-Distrikt wohnen 3637 Personen, von denen eben nur 184 Menschen in 36 isolirt stehenden Häusern in den sumpfigen ungesunden Gründen hausen. Die 1332 Häuser der Ortschaft sind meist klein und düster, wie überall auf der Ebene von Mallorca, und theilweise mit Rundbogen versehen. Die Calle Ancha und die Calle Mayor sind die bedeutendsten Gassen. Letztere durchzieht den ganzen Ort. Ein Plätzchen mit dem landesüblichen Namen Plaza de la Constitucion weist die etwas stattlichere Casa Consistorial auf. Mit dem Bau der gegen das westliche Ende zu gelegenen Kirche wurde im Jahre 1697 begonnen, und zwar unter dem Namen Sn Antonio Abad. Sie hat eine einfache, durch Gesimse in drei Stockwerke eingetheilte Vorderseite; das untere wird von dem Portal, das mittlere von einer schmucklosen Fensterrose durchbrochen. Linker Hand steht ein in vier Stockwerke eingetheilter Thurm mit Spitzbogenfenstern. Das in römischem Renaissancestyl gehaltene Innere der Kirche ist nicht unschön zu nennen. Acht Rundbogen, zwischen denen sich gewundene Rippen einfach kreuzen, stützen das Gewölbe; diese lehnen sich an die Bogen an und ruhen auf Pfeilern mit römischen Knäufen, auf denen ein starkes Gesims ruht. Die Kirche hat eine nischenförmige Hochaltarkapelle und eine von zwei Rundbogen getragene Empore mit Dockengeländer über dem Eingange. Auf jeder Seite sind sechs Rundbogenkapellen. Die zweite, an der linken Seite gelegene Kapelle, de las Almas, ist wahrscheinlich älter, vielleicht ein Ueberbleibsel einer früheren Kapelle und enthält alte Holzbilder, und die dritte Kapelle wird von einem Seiteneingange eingenommen. Die gegenüberliegende Kapelle del Rosario ist sehr gross und die einzige, die nicht weiss getüncht ist. Am Hochaltar befindet sich das Bildniss von Sn Antonio Abad und von Son Margarita, der Patronin der Ortschaft; oben ist die Mare de Deu de Vialfar, die Mutter Gottes mit dem Jesuskinde auf dem Arme bildlich dargestellt, welches Bild aus der alten Kirche von Sn Antonio de Vialfar stammen soll. Links unter der Empore ist eine Kapelle, rechts ein Aufgang. La Puebla, dessen Einwohner den Anbau von Marjals betreiben und auch viel Hanf bauen, stellt die meisten Arbeiter für die Albufera. Es sind rüstige, an das dortige Klima gewöhnte Leute, die ziemlich entblösst in den Wassergräben tagelang arbeiten, ohne ihre Gesundheit zu schädigen. Die Trockenlegung der Sümpfe hat nicht wenig zur Wohlfahrt der

Ortschaft in jeder Beziehung beigetragen. Ein stark besuchter Jahrmarkt wird dortselbst alljährlich am 11. November abgehalten.

Durch die Calle del Frio, in welcher das niedliche Haus Can Ferragut mit Rundbogenfenstern und grossem Hort steht, verlässt man die Ortschaft gegen Muro zu. Eine gute Strecke von der Fahrstrasse entfernt liegt das grosse Possessionshaus von Talapi, früher eine Alqueria: Atanapi. Dann gelangt man auf die steinige, nur mit Gebüsch bewachsene Anhöhe, auf welcher die schon von weitem sichtbare Ortschaft Muro liegt. Dieselbe hat einen sehr hohen Thurm und ist von zahlreichen Windmühlen umgeben. Den Hintergrund der Ortschaft bildet die prachtvolle Sierra. Leicht hinaufsteigend und zur Linken den Kirchhof liegen lassend, sieht man zu beiden Seiten grosse Steinbrüche mit förmlichen Gängen. Einige grosse Pfeiler stehen davon noch da, so dass das Ganze mit den langen senkrechten Wänden das Gepräge einer versunkenen Stadt hat. Muro zählt 3174 Einwohner und 1088 Häuser. Von letzteren liegen nur zehn in der Umgegend von Muro aus gleichem Grunde, wie es bei Puebla der Fall ist und kurz vorher erwähnt wurde. Die Häuser sind klein und einstöckig, dagegen haben die übrigen zweistöckigen grosse Rundbogenthüren. Einige sind fensterlos, andere mit ganz kleinen Fenstern mit Gesims versehen. Die Gassen sind gerade und ungepflastert, und zwar zieht sich die Calle Mayor durch die ganze Ortschaft. An ihrem Ende liegt das Haus Massanet. Auf der Plaza de S.ᵗ Marti befinden sich ein Steinkreuz mit Stufen und die Kirche. Während die Pfarre von Muro schon im Jahre 1248 bestand, ist mit dem Bau der jetzigen Kirche erst im Jahre 1570 begonnen worden. Einige alte Figuren und ein Altar der heiligen Margaretha sind offenbar viel älter, als die eben angegebenen Daten besagen. Die Kirche hat eine hübsche Fensterrose und ein in Zopfstyl gehaltenes einfaches Portal, während an der Vorderseite seitlich sich ein schönes Portal mit dem Datum 1778 befindet. Die Strebepfeiler auf jeder Seite sind durch Rundbogen verbunden. Der grosse viereckige Thurm ist in sieben Stockwerke eingetheilt; die zwei letzten auf jeder Seite sind von zwei Spitzbogenfenstern durchbrochen. Die obere Terrasse wird von einem Thürmchen überragt, dessen Knopf 117 m über dem Meere steht. An den Ecken sind Thurmansätze, und ein kleiner Schwibbogen verbindet den Thurm mit einem der achteckigen Kirchthürmchen. Das Innere ist ein gothisches, von sieben Bogen gestütztes Schiff mit einer Empore über dem Eingange und sich einfach kreuzenden Rippen mit Wappenschild in den Schlusssteinen, welche, vortretend, von leichten Rundpfeilern unterstützt werden, die mit pseudoionischen Knäufen versehen sind. Jeder Bogenraum enthält ein Spitzbogenfenster. Die Kirche hat an jeder Seite sechs Seitenkapellen und je eine unter der Empore; die dritte Kapelle links ist gross, und die rechts gelegene wird als Eingang benutzt. Muro ist noch im Besitze der sehr schlichten Kirche des ehemaligen, im Jahre 1583 gegründeten Minimen-Klosters von S.ᵗ Ana, die jetzt Yglesia ayuda der Pfarrkirche ist. Im Klostergebäude ist die öffentliche Knaben- und Mädchenschule, ferner die Kaserne der Guardia civil und das Gefängniss untergebracht. Die Einwohner beschäftigen sich hier, wie in La Puebla, mit der Bebauung der Marjals-Gründe. Ganz besondere Pflege lassen sie der Kultur des Hanfes angedeihen, der in Unmassen producirt wird. Der alljährliche Jahrmarkt findet am 13. November statt.

Wir verlassen diese Ortschaft und gelangen an jetzt ausgebeuteten Steinbrüchen, schlechtweg Ses Pedreras genannt, alsdann Aeckern mit ausgedehnten Feigenpflanzungen vorbei. Zur Linken liegt Alicantí, und bald erreichen wir die Anhöhe von S.ᵗ Margarita. In die Ortschaft selbst gelangt man durch die Calle de la Cuesta.

Das einförmige, von mehreren Windmühlen umgebene S.ᵗ Margarita hat 2773 Einwohner und 887 einstöckige Häuser. Kleine Gärtchen mit Weinlauben befinden sich an den Häusern, welche in der Regel ein grosses Rundbogenthor davor haben. Ein altes Kreuz erhebt sich auf dem unregelmässig gestalteten Plätzchen, wo die Kirche steht. Urkundlich besass diese Ortschaft im Jahre 1232 schon eine Pfarrkirche. Diese wurde im Jahre 1320 jedoch durch Brand zerstört, und im Jahre 1336 schritt man zum Wiederaufbau, der indessen erst um die Mitte des 18. Jahrhunderts zur Vollendung kam. Auf dem im Jahre 1759 eingeweihten Hochaltar prangt das Bild S.ᵗ Margarita Virgen y Martir, welches bei dem Brande im Jahre 1320 gerettet worden ist. Zur Kirche führt eine Gradinade hinauf. Sie hat ein schönes Portal mit cassettirter, sich verengender Wölbung und einem Wappen. Die Vorderseite ist in vier Stockwerke eingetheilt. Der Thurm hat die Form, wie sie schon öfter bei anderen Gebäuden beschrieben ist. Das Innere ist ein gothisches Schiff mit einer Hochaltarkapelle. Auf jeder Seite befinden sich fünf Kapellen. Neben der Kirche steht das Rectoriahaus mit einem Kreuz am Dachrande und mit zugespitzten Zinnen, die abwechselnd durch eine Kugel gekrönt werden. Fast demselben gegenüber liegt das grosse alte Haus des Condes de Formiguera mit einem Wappen über dem breiten Rundbogeneingange. Rechts sind zwei alte, jetzt vermauerte gothische Fenster zu sehen. Im Innern des geräumigen und mit Brunnen versehenen Hofes ist eine äussere Treppe mit Steingeländer. Ueber einer Thür zur Rechten sieht man in einem Wappen die Jahreszahl 1661 eingravirt. Von dem Balcon des Hauses geniesst man eine schöne Aussicht. Das Haus hat einen grossen gewölbten Keller oder Celle, und über demselben befindet sich eine geräumige Sala, in welcher zur Zeit der Zehntenablieferung das Getreide aufbewahrt wurde. Bei Sta Margarita, 1 km von der Ortschaft entfernt, sind auf einem Hügel die Ruinen eines nicht vollendeten Oratoriums zu sehen.

Um nach der Ortschaft Maria zu gelangen, verlässt man Sta Margarita durch die Calle de Buenos Aires, geht an einem Abeurador vorbei und steigt den ziemlich breiten Weg nach unten. Man begegnet verstreut liegenden Bauernhäusern und von Pareis umgebenen Feldern, und zur Rechten präsentirt sich dann auf einem kleinen, mit einigen Windmühlen gezierten Hügel Maria mit seiner Kirche und dunkler Häuserreihe. Die Kirche von Maria war ehemals ein kleines Oratorium, wahrscheinlich noch aus den ersten Jahren nach der Eroberung stammend. Die Chronisten berichten, dass wenige Jahre nach der Eroberung an dem Platze, wo die Kirche steht, in einer Wand unter einem Baume das Bildniss der Nuestra Señora de la Salud aufgefunden wurde. Das öffentliche Oratorium wurde in Folge der Vergrösserung der Ortschaft mehrfach umgebaut und erweitert, zuletzt im Jahre 1856. Im Jahre 1876 wurde das Hauptportal vollendet, in dessen Nische eine Virgen de la Salud steht. Am linken Ende erhebt sich der Thurm. Im Innern hat die Kirche sechs Kapellen auf jeder Seite, von denen die neue, der Virgen del Carmen geweihte Kapelle die schönste ist. Am Hochaltar befindet sich das alte Bildniss der Nuestra Señora de la Salud in einer reich verzierten Nische. Das Aussehen des Ortes gleicht jenem von Sta Margarita in mancher Beziehung; er zählt 1123 Einwohner und 406, fast durchweg einstöckige Häuser. Ein Kapellchen neben einem Häuschen auf dem Hügel der Roqueta steht 143 m über dem Meere.

Der eigentliche Fahrweg nach Manacor berührt nicht die Ortschaft Maria selbst, sondern diese ist durch zwei Wege mit demselben verbunden. Die Fahrstrasse schlängelt sich durch die baumlose Feldebene und führt dann über einen Bergrücken. Zur Linken erscheint auf einer Anhöhe das einfache Kirchlein von Ariañy, umgeben von einer Häusergruppe. Letzterer Ort zählt 137 Häuser mit 515 Einwohnern. Das öffentliche Oratorium von Ariañy, von Petra abhängig, ist ein modernder, der Nuestra Señora de las Nieves geweihter Bau. Das Kirchlein hat die Form eines Rechtecks und drei Kapellen auf jeder Seite; den Hochaltar ziert ein Bildniss der Virgen de Atocha.

Man durchwandert eine fast baumlose Fläche mit Weinbergen und Aeckern, und wenn man die über einen wasserfreien Bach gelegte Brücke überschritten hat, so hat man Manacor erreicht.

Das südöstliche Hügelland.

Nach Sⁿ Llorens, Artá, Son Servera und Capdepera.

Im Südosten der Insel zieht sich ein ausgedehntes Hügelland hin, welches gegen das Meer zu mehrere Vorsprünge bildet, von denen der Bec de Farrutx und das Cap de pera die bedeutendsten sind. Wegen der Entfernung von Palma ist diese Gegend der von den Eigenthümern bisher weniger besuchte und mithin auch weniger sorgfältig bebaute Theil der Insel. Grosse Strecken desselben sind als Weideland oder Wald belassen, nichtsdestoweniger ist auch hier mancher Fortschritt zu verzeichnen, namentlich von Seiten einiger der reicheren Besitzer von Artá. Vier Ortschaften entfallen auf diesen Theil: Son Servera, Sⁿ Llorens, Artá und Capdepera, von denen aber nur Artá von einer gewissen Bedeutung ist. An landwirthschaftlichen Reizen fehlt es in diesem Theile durchaus nicht; auch ist er viel wasserreicher, als der südwestliche, und mithin einer grösseren landwirthschaftlichen Entwickelung fähig. Wir wollen unseren Ausgangspunkt von Manacor nehmen (auf diese wichtige Ortschaft kommen wir später noch zurück) und den Fahrweg, der über Sⁿ Llorens nach Artá führt, schildern.

Die Fahrstrasse zieht sich von Manacor gegen Artá an einer fruchtbaren Ebene entlang. Zur Rechten sieht man einen kegelartigen und zur Linken abgerundete, sich gegen die Ebene zu verflachende Hügel. Der Manacor am nächsten gelegene Hügel heisst Roca del Castellet, mit dem die Gebirgskette beginnt; dann kommen der Puig de Sᵗᵃ Lucia und jener von Sa Cabana; hinter Manacor erheben sich der Puig de Callcant mit einem weiss angestrichenen Thurm und etwas weiter hin die Muntaña de Tanguera. Rechts lassen wir den Weg liegen, der zum Kirchhof führt, und gehen durch Weinberge und durch zahlreiche Feigenpflanzungen. In einem Weinberge sieht ein bedachter Thurm. Der Weg zieht sich auf flachen, meist kahlen Hügeln mit bald spitzigen, kegelartigen Kuppen, bald tafelartigem Rücken weiter. Neben Oelbäumen liegen ein weisses Possessionshaus und in der Ferne ein Bauernhaus. Vor sich hat man einen hübschen Ausblick auf die Escuys oder Colls de Artá; auch sieht man einzelne Windmühlen, kleine Mandelpflanzungen, einige Oel- und Johannisbrodbäume. Man biegt links in eine, gegen das Gebirge zu von sanften Anhöhen umgebene Fläche ein. Nicht weit von den Escuys de Artá, die den Hintergrund bilden, liegt Sⁿ Llorens mit kleinen Opuntien- und Granatäpfelgärtchen. Diese, von Manacor 10 km entfernte Ortschaft hat 1896 Einwohner und 200, grösstentheils einstöckige Häuser. Häufig ist in der Vorderseite der Häuser ein Holzpflock (Estaca) zum Anbinden der Lastthiere, statt des sonst üblichen eisernen Ringes, eingemauert. Durch die Calle de la Reyna gelangt man zur Kirche. Man kann annehmen, dass dies die schon seit 1334 bestehende Pfarre von Sᵗᵃ Maria de Bellver ist. Sie hat einen modernen Hochaltar und sechs Seitenkapellen; die bemerkenswertheste von letzteren ist die eine Rotunde mit Kuppel bildende Kapelle der Virgen Trobada, deren Bildniss ursprünglich allein in dieser Kirche verehrt wurde. Wie Urkunden besagen, ist dasselbe kurz nach der Eroberung mitten unter Gebüsch und Disteln aufgefunden worden, weshalb sie auch den Namen Sⁿ Lorens des Cardasar (Disteln = mallorquinisch Cards) erhalten hat. Die Kirche, welche, wie die Ortschaft, von Manacor abhängt, hat eine kleine Fensterrose, ein unschönes Portal und auf der linken Seite einen Thurm. Das Innere ist ein Tonnengewölbe mit Hochaltarkapelle. Ueber dem Eingange befindet sich eine Empore mit einer rechts gelegenen Kapelle und links einem Aufgange und einem Taufbrunnen. In der Nähe ist eine Thonwaarenfabrik, und weiterhin steht eine Windmühle. Der Weg zieht sich längs der Einsattelung der Escuys de Artá hin, welche nur mit Haidekraut, Mastixsträuchern und anderen Gebüschen bewachsen sind. Vom Rücken schlängelt sich der Weg in eine breite Ebene hinunter, welche von zwei, fast kahlen Hügeln begrenzt wird. Ausgedehnte Oelbaumpflanzungen und einzelne Johannisbrod- und Maulbeerbäume gedeihen in dem steinigen Boden. In einiger Entfernung von der Fahrstrasse liegt Xiclati, der Familie Zafortera gehörig, einst eine Alqueria. Durch einen grossen Wald gelangt man zum Possessionshause von Bellpuig, das wir seines historischen Interesses wegen näher beschreiben wollen.

Kurz nach der Eroberung wurde im Distrikt von Artá ein Prämonstratenser-Kloster unter dem Namen Nuestra Señora de Bellpuig gegründet. Die Mönche tauschten 1425 ihre Renten und Vortheile gegen die Ortschaft Os in Catalonien ein, und die Besitzung Bellpuig, auf welcher jenes Kloster sich befand, ging an D⁰ Alberton Dometo y Cotoner über, dem 1637 der Titel eines Marquez de Bellpuig verliehen wurde, der seit jener Zeit mit der Besitzung der Familie Dameto verblieben

Hinter dem Rücken gegen Artá.

ist. Die alte Kirche von Bellpuig ist jetzt in ein Bauernhaus umgewandelt. Ein Flügel des Klosters steht noch; der andere ist eine Ruine. Auf den Hauptfahrweg zurückgekehrt, geht man zwischen Erdbeerbäumen und Haidekrautgebüsch hin. Schön ist der Blick auf Artá mit dem befestigten Hügel von S⁰ Salvador. Man kommt durch ein kleines, fruchtbares von beiden Seiten mit steilen Hügeln umgebenes Thal. Hier führt der Weg zwischen Mandel- und Feigenpflanzungen hindurch und dann durch die Calle de Palma nach Artá.

Artá, mit 4206 Einwohnern, gehört zu den anmuthigsten Ortschaften der Insel. Es liegt inmitten eines wasserreichen Thales, das von Obstgärten und waldigen Hügeln umgeben ist. Die Häuser, 1167 an der Zahl, sind meist klein und einstöckig. Einzelne modernere Häuser, so namentlich die Posadas von Palmensaner Herren, zeigen Wappenschilder über dem Eingange und Thürpfosten aus schwarz geädertem Marmor. In der Calle Major sind auch verschiedene elegant gebaute Häuser zu finden. Die Gassen, meist eng, häufig ansteigend, sind zum Theil ungepflastert; vielfach sind auch Gärtchen mit Pomeranzen und anderen Obstbäumen an den Häusern. Rechts von der Strasse nach Manacor befindet sich ein sog. Vorstadttheil der Ortschaft mit ca. 50 Häusern, welcher S⁰ Catalina genannt und mit dem einen Ende der Ortschaft von Artá zusammenhängt. Von der kleinen Plaza de la Constitucion führt die Calle de la Paroquia zu der auf einer Anhöhe gelegenen Kirche. Um in diese zu gelangen, muss man erst eine steile Treppe mit drei Abstufungen zum

Portal ersteigen. Auf dem Platze befindet sich auch ein Brunnen mit einer Pumpe. Im Jahre 1870 wurde dortselbst auch eine Cisterne angelegt. Die Ortschaft von Artá bestand schon zur Zeit der Araber und wurde damals Jartan genannt. Kurz nach der am 31. December 1229 erfolgten Eroberung liess Jaime I. die dort bestehende Moschee in eine Kirche umwandeln, die er der Asunción de Nuestra Señora weihte. Der erste Bischof von Mallorca, Torella, übertrug 1240 dem Abte und den Prämonstratenser-Mönchen von Bellpuig die geistliche und weltliche Leitung der Pfarre von Artá. Die Kirche zeigt durch Rundbogen verbundene Strebepfeiler mit dazwischenliegenden gothischen Fenstern; die schmucklose Vorderseite weist eine Fensterrose auf. Auf der Rückseite hat sie einen viereckigen bedachten Thurm mit zwei Reihen Spitzbogenfenstern. Das Innere ist im gothischen Stil gehalten. Die Pfeiler haben Knäufe mit unschönen Verzierungen und nach unten gekehrte Blätter. Spitzbogen stützen die Wölbung. An den Seiten sind fünf Kapellen; die dritte derselben ist eine in Renaissancestyl gehaltene Rotunde mit gewundenen Rippen, welche die Kugel tragen; sie hat auf jeder Seite zwei Seitenkapellen und enthält, wie alle übrigen, Altäre in Zopfstyl. Eine Empore über dem Eingange wird von Säulen aus einheimischem Marmor getragen. Am Hochaltar befindet

Die Kirche von Bellpuig.

sich gegenwärtig die Transfiguracion del Señor, eine Copie des Gemäldes von Raphael, welche angeblich von einem seiner Schüler stammen soll. Von der unregelmässig angelegten Terrasse vor der Kirche, wo sich am Sonntag Vormittag regelmässig verschiedene Leute einfinden, hat man eine reizende Aussicht auf die von Hügeln begrenzte üppige Fläche von Artá mit der ganzen im Vordergrunde sich ausbreitenden Ortschaft, sowie auf das Meer, welches hinter dem Thale und Hause von Cañamel mit seinem Thurm sichtbar wird.

Ein breiter Stufenweg führt beim Hauptthore der Pfarrkirche vorbei nach Sⁿ Salvador hinauf, wo sich die gleichnamige Kirche innerhalb der alten, von runden Thürmen flankirten Befestigung erhebt. Hinter diese feste Mauern sollen sich nach der Ueberlieferung gelegentlich der Angriffe der maurischen Piraten die kampfunfähigen Leute von Artá geflüchtet haben. Im 17. Jahrhundert wurde hier eine der heiligen Jungfrau geweihte Kirche errichtet, aber 1820 schon wieder niedergerissen, weil sie während der Pestzeit als Lazareth verwendet worden war. Bald nachher wurde sie aber wieder aufgebaut. Das in derselben befindliche Bildniss der Nuestra Señora de Sⁿ Salvador, eine rohe Marmorarbeit, stammt aus einer früheren Zeit, als dem 17. Jahrhundert, denn es muss dort wohl schon früher ein Oratorium bestanden haben. Die Vorderseite der Kirche hat eine Vorhalle mit drei Eingangsthüren. Ueber der Vorhalle befindet sich eine Terrasse mit Dockengeländer. An der Vorderseite sind ferner zwei bedachte Seitenthürme mit je einem Spitzbogen und in der Mitte einem von einem Glockenbogen überragten Giebel, unterhalb dessen sich zwei kleine Spitzbogen und eine Fensterrose öffnen. Die Kirche hat die Grundform eines lateinischen Kreuzes. Vier ionische Ecksäulen tragen die sich vereinigenden Bogen der Kreuzarme und des Hauptschiffes, auf welchen sich dann eine ovale Kuppel über dem Transsept erhebt. Im Presbyterium und im Längsraume sind blinde Fenster zwischen den Zwickelkappen oberhalb des Gesimses, welches von glatten ionischen Säulen getragen wird. Ueber dem Eingange befindet sich eine Empore, und in den Seitenarmen stehen Altäre. Links von der Kirche befindet sich die Wohnung für den Geistlichen, ein Marés-Haus mit zwei Reihen von Spitzbogenhallen und eisernen

Der Aufgang nach St Salvador von Artá.

Gitter. Von dessen Terrasse übersieht man die Festung, um welche man rundherum gehen kann. Das alte Schloss ist ein unregelmässig aufgeführter Bau, von dem nur die Wände übrig geblieben sind. An den Seiten stehen sechs Thürme, deren vorderster viereckig ist. Einige davon sind rund. Bei dem zweiten viereckigen Thurme, hinter der Pfarrkirche, ist das Schloss am höchsten, gegen Osten zu nimmt es an Höhe ab. Auf diesem Thurme befindet sich eine Rundbank, von wo man schönen Ausblick auf das unten liegende Artá und die ganze Ebene hat; dahinter erblickt man Es Olors und das Hügelland. Artá besitzt noch im Untertheile des Ortes die Kirche des grossen Convento de St Antonio de Padua. Dieses Franziscaner-Observanten-Kloster wurde im Jahre 1581 gegründet. Die Kirche ist jetzt Yglesia Ayuda der Pfarre und hat auf der schmucklosen Vorderseite eine Rose und ein viereckiges Thürmchen, im Innern ein einfaches Tonnengewölbe mit vier Seitenkapellen. Das anstossende Klostergebäude dient als Hospicio. In der Mitte des alten viereckigen Klosterhofes ist ein Brunnen, um den sich Segmentbogen auf runden Säulen mit pseudoionischen Knäufen erheben.

Interessant sind die in der Nähe von Artá vorhandenen Grabhügel in arabischer Art; sie werden auf Mallorca Tumuli, Talayots oder Clapérs de Gegants genannt. Am besten erhalten sind die dicht bei der Ortschaft unter Eichen gelegenen Pajises des Dⁿ Pedro Font des Olors. Es ist dort noch eine Befestigung vorhanden. Die Wand zieht sich kreisförmig um alte Eichen herum, und auf der Südostseite ist ein anderes Portal, beiderseits durch grosse Steine gestützt, 130 cm breit und 180 cm hoch. Das Innere bildet eine kleine Kammer, deren Fussboden gepflastert ist. Links davon liegen grössere, fast zwei Mann hohe Steine über einander, und auf der Südwestseite ist noch ein drittes Portal mit Eingangsstelle. Die Umringelung ist vollständig, wenn auch nicht überall gleichmässig. Dem ersterwähnten Portale gegenüber liegt der andere Clapér, von dem nur noch ein Theil der unteren Reihe besteht. Es giebt noch andere Talayots bei Artá. Der Clapér hinter der letzten Mühle ist zerstört, dagegen jener auf der höchsten Spitze des Puyols gelegene gut erhalten. Prächtig ist von hier die Aussicht auf den dreifachen Einschnitt von den Colls de

Puig de Sⁿ Salvador von Artá.

Artá, von Cañamel und Cap de pera auf das Thal des Olors und die Höhe des Cap de Farrutx, sowie auf das nahe Artá mit dem Schloss. In S'Heretat und auf kleinen Hügeln gegen das Meer hin sind ähnliche kleine Talayots.

Eine der schönsten Besitzungen von Artá ist jene des Olors, Dⁿ Pedro Font gehörig, der sich als Pferdezüchter einen weiten Ruf erworben hat. Der Fahrweg dahin geht von Artá an der stattlichen Posada des Olors vorbei und führt hinter den Hügel von Sⁿ Salvador, passirt den Torrent, über den Pedras pasadoras gehend, neben welchem ein felsiger bewaldeter Vorsprung vortritt. Man kommt nun zu einer kleinen Hügelreihe, verlässt den Weg, der geradeaus nach Aubarca führt, und geht tief hinab ins Thal zum stattlichen Hause des Olors, zu welchem sich der Weg in Windungen durch Oelbaumwald hinaufzieht. Der Boden besteht aus grauem, weiss geädertem Marmor. Das Haus selbst hat drei Balcone, und an der Sonnenuhr steht die Aufschrift: „Aprovecha el tiempo" („Nutze die Zeit!"). Von der Terrasse aus schaut man auf Artá, die Gruppe von Calicant, das Meer, sowie auf das Thal gegen Cañamel bis zur Muntaña des Recó.

Ein grosser Lavadero mit Sefareix, der von einer kleinen Quelle gespeist wird, dient auch zum Betriebe einer Mühle und zur Bewässerung des Horts. Je drei besondere Stallungen für die Stuten, Hengste und junge Maulthiere sind besonders gut und luftig eingerichtet.

Der Hauptanziehungspunkt von Artá ist aber seine weltberühmte Grotte, zu welcher der Weg am Fusse der Anhöhe von Sᵃ Salvador hinführt und sich auf hügeligem Boden gegen das Meer zu wendet. Zur Linken sieht man das grössere Haus von El Recó von Zafortesa und in unmittelbarer Nähe das Possessionshaus von Son Sastres. Hierauf erreicht man die am Fusse eines

Haupteingang in die Tumuli-Einfassung bei Artá.

spärlich mit Strandkiefern bedeckten Hügels liegende Possession von Son Favar, eine Häusergruppe, welche schöne Fernsicht darbietet. Durch üppiges Gebüsch von Fächerpalmen und Eichen kommt man in ein kleines Thal, welches in die weite Ebene mündet und von der viereckigen Torre de Canamel überragt wird. Man gelangt alsdann zu dem kahlen, geschichteten Berge des Cap Vermey, der, von einem tonnenförmigen Thurme überragt, das Meer beherrscht. An einer Thalfurche steht ein altes, kleines, thurmartiges Haus. Der Weg schlängelt sich gegen das Meer zu am Abhange des buschigen Hügels hin, der mit grossen Pinien bewachsen und Es Pins de ses Vegas genannt wird. Hier hört der fahrbare Weg auf, und am Hügelabhange entlang zieht der Pfad an einem schmalen Thale vorüber, wo sich hinter den Klippen eine Einbuchtung gebildet hat, in welcher die Fischer ihre Boote aus Land ziehen. Wir sind jetzt bei der Höhle von Artá angelangt. Zweifellos ist diese Höhle schon den ersten Bewohnern Mallorca's bekannt gewesen; die zweite Höhle (Segona Cova) wurde erst 1806 entdeckt. Bis zum Jahre 1860 musste man mit Anwendung von Stöcken und Körben in dieselbe hinabsteigen, dann wurde sie durch eine Steintreppe zugänglich gemacht. Die im Distrikt von Capdepera gelegene Höhle heisst zwar Cova de s'Ermita, doch ist sie im Lande unter dem Namen Cova de Artá bekannter. Die Beleuchtung geschieht durch Petroleum-Lampen, die auf Stangen von Führern vorangetragen werden, sowie durch bengalisches Feuer, welches der Besitzer liefert. Man braucht sich nur an den Bevollmächtigen von Artá zu wenden, um Führer und Lichter zu erhalten. Einmal im Jahre wird den Bewohnern von Palma Gelegenheit gegeben, diese Höhle zu besuchen, indem ein mallorquinischer Dampfer eine Lusttour dorthin unternimmt. Imposant ist der dachförmige Eingang zur Grotte, eine Spitzbogenwölbung bildend, zu dem die 45 stufige Treppe hinaufführt. Man hat von hier eine prachtvolle Aussicht auf das Meer und auf die ersten Vorgebirge zur Linken, welche von in grosser Zahl umherfliegenden Cormoranen belebt werden. Von der Treppe aus gelangt man in den ersten Saal mit prachtvollen Stalaktit-Säulen; eine weitere Treppe leitet von hier in den zweiten Saal. Einzelne bevorzugte Punkte der Höhlen haben ihre eigenen Namen, welche die Phantasie der Besucher ihnen beigelegt hat. So heisst ein schmaler Gang Cuart de ses Criadas; ausserdem giebt es hier einen Infern, Möwenkopf, Kanzel, Löwe, Cypresse. Wenn man nach oben geht, folgen die Obra fina de Mallorca, der Bellem, die Balustrade der Font del Bautismo, der Teatro und die Stalaktitenwand der Audiencia. Letztere hat auch viele Stellen mit eigenen Namen; so giebt es einen Lobnstubl und oben eine Flagge, eine Orgel und zwei weitere Flaggen. Dann kommt zur Rechten ein kugelförmiger Tropfsteinfelsen, wegen seines Glitzerns die Pedra de Plata genannt. Darauf folgen zwei kleinere, aus lauter Stalaktiten bestehende Kammern, die dem Gerippe eines sehr grossen Thieres sehr ähnlich sind. Auf einem ganz schmalen Pfade geht es weiter nach unten. Es folgen säulenförmige Stalaktite und eine hohle Wölbung. Dieser Raum hat keinen weiteren Ausgang. Von der Pedra de Plata biegt man links ab und kommt in einen grossen Saal, in welchem die Stalaktite wie die Blüthen des Blumenkohls aussehen. Auch dieser Saal hat keinen Durchgang. Man biegt rechts ein und sieht ein prachtvolles Vestibül, dessen Eingang von ganz dünnen und schlanken Säulen gebildet ist. Weiterhin folgen zwei Pfeiler und ein anderer grosser Saal mit Stalaktit-Wölbung und -Wänden, aber ohne Durchgang. Eine Steintreppe führt in einen weiteren grossen Saal, der Aehnlichkeit mit dem Innern eines Doms hat. Es befinden sich hier grosse Felsblöcke und einzelnstehende Pfeiler. Hierauf kommt eine kleine Halle, und eine schmale Thür, durch welche man gebückt gehen muss, führt in die sog. Kirche mit sehr hoher Felsenwölbung. Sodann gelangt man in die Capolla del Rosé. Eine weitere Treppe führt in einen Saal von riesigen Dimensionen, der von einem einzigen starken Pfeiler gestützt wird. Von hier kommt man in eine zeltartige Halle mit vortretenden Stalaktit-Wänden, die sich gegen oben zuspitzen. Links ist ein Saal mit Pfeilern. In einem zweiten Vestibül mit Stalaktitdach, Columna de Bronzo genannt, ist ein röhrenähnlicher Tropfstein, der einen eigenthümlichen Klang von sich giebt, wenn auf denselben geschlagen wird. Unweit davon ist die Mare de Deu del Pilar, und hinter diesen beiden liegt die Sala de sa Font. Von da ab bildet eine Reihe, theilweise dicht verbundener Stalaktite ein natürliches Gitter, hinten mit einem schmalen Durchgang versehen. Durch ein kleines Zimmer tritt man weiter in einen grossen Saal mit Steinwölbung, grossen herabhängenden Stalaktiten, fächerartigen Wänden und zahlreichen dünnen Pfeilern. Unter denselben führt der Weg durch mehrere kleine Zimmer, um einen grossen Pfeiler herum, wieder zurück, und man gelangt dann in einen weiteren grossen Saal mit Tropfsteinen. Man biegt hierauf links ein, und ein schmaler Durchgang führt in einen grossen, sehr hoch gewölbten Saal mit Vorhängen. Man muss längere Zeit in der Grotte umherwandeln, um die seltsamen Gestalten dieser Unterwelt ordentlich in Augenschein zu nehmen, schon eine nur halb oberflächliche Wanderung nimmt eine volle Stunde in Anspruch. Doch sehnt man sich endlich aus der warmen dumpfen Atmosphäre heraus, und doppelt erfrischend und belebend erscheint die Seebrise, wenn man wieder beim Thore angelangt ist.

Wenn wir von der Cova de s'Ermita unsere Schritte gegen die Mitte des Thales zu lenken, führt uns von der am Meere gelegenen Cova des Auberdans eine Fahrstrasse an den Häusern von Cañamel und Artá vorüber zu der Torre de Cañamel, welche aus der Mitte des 15. Jahrhunderts stammt. Vielleicht ist sie auch auf den Trümmern eines älteren Thurmes errichtet worden. Um diese Zeit ihrer Errichtung scheint der Bau des Zuckerrohres (Cañamel) in jener Gegend eingeführt worden zu sein. Vielleicht hat der Thurm früher als Zuckerfabrik (Trapitx) gedient. Derselbe ist ein viereckiger Bau mit Wurfluken, welche durch einen Tragstein und zwei Ecksteine an den Seiten gestützt werden, von denen die an den Ecken stehenden im Winkel vorspringen, und vielen anderen hervorragenden Tragsteinen an den Seiten. Den Eingang bildet ein Rundbogenthor; die beiden Rundbogenfenster sind klein, die Zimmer gewölbt; der Saal hat drei Rundbogeneingänge; es liegen drei Salas neben einander, zu denen eine Wendeltreppe führt. Oben sind wieder Zimmer, von denen man zu der Thurmterrasse gelangt, von welcher aus die vielen Fensterchen und Wurfluken zugänglich sind, und in der Mitte derselben erhebt sich ein kleinerer, ebenfalls bedachter Thurm. Um das ganze Gebäude geht eine Clasta. Gegenüber liegen zwei zerfallene Papiermühlen. Der Sumpf von Cañamel, in welchem Aale leben, steht mit dem Meere in Verbindung.

Wir kehren nunmehr nach Artá zurück und schlagen zu diesem Behufe den ziemlich guten Weg nach Son Servera ein. Derselbe führt zunächst an ein paar Windmühlen vorüber; zur Linken sieht man Capdepera auf den Hügeln liegen, in dem Thale kleine Häuser mit abfallenden Ziegeldächern und auf dem nahen bewaldeten Hügel das Possessionshaus von Son Catiu. Auf der Einsattelung angekommen, überschaut man das Thal und Port Vey, welcher als Hafen für Artá betrachtet werden kann. Auf dem steinigen Boden ist meist Weizen angebaut. Dazwischen stehen theilweise Mastixgebüsche und weiter oben Oelbaumpflanzungen. Man kommt an einem grösseren Possessionshause mit niedrigem Thurme und bedachter Terrasse vorbei. In der Nähe stehen eine Windmühle und ein einfaches Bauernhaus, und der Weg zieht sich nun gegen spitzige, spärlich mit Gebüsch bewachsene Hügel hin. Nachdem man diese überschritten hat, gelangt man in ein mit Oel- und Feigenbäumen bepflanztes Thal, in welchem einige Norias, kleine Weinberge und Anpflanzungen von spanischem Pfeffer vorhanden sind. Jetzt erblickt man Son Servera am Fusse eines Schieferstein-Hügels, während sich auf einer niedrigeren, rechts gelegenen Anhöhe einige Windmühlen befinden. Es ist ein flacher, unschöner, von einem kleinen Bach durchzogener Ort mit 1577 Einwohnern. Weinberge, Mandelbäume und kleine Opuntiengärten liegen neben den 391 einstöckigen Häuschen. Die Kirche steht auf dem Plätzchen de la Yglesia, welche früher nur ein von Artá abhängiges Oratorium war, und lag an der Stelle der jetzigen Hochaltarkapelle, welche sich unterhalb des Thurmes befindet. Letzterer war zur Vertheidigung gegen die Mauren erbaut worden und ist jetzt Glockenthurm. Im Jahre 1861 hatte die Kirche schon die Länge der drei ersten Kapellen, und 1763 wurde ihr eine weitere Kapelle angebaut. Im Jahre 1823 gab man ihr die jetzige Gestalt, wo auch zugleich die Empore erbaut wurde. Die Kirche, S⁰ Juan Bautista geweiht, hat einen Seiteneingang, einen alten viereckigen, bedachten Thurm mit zwei Spitzbogenfenstern auf jeder Seite. Das Innere weist ein Tonnengewölbe und fünf Seitenkapellen mit Altären auf. Ueber dem Eingange ist eine Empore mit Orgel, und darunter befinden sich ebenfalls zwei Kapellen. Der Hochaltar stand ehemals in der Kirche von S⁰ Nicolas Vell oder Nicolauet von Palma; in dessen Mitte hängen ein kleines Bildniss der Nuestra Señora del Rosario und an beiden Seiten zwei Bilder, welche die heiligen Petrus und Johannes Baptist darstellen. Bei Son Servera erhebt sich der Puig Gros de s'Estepá als Fortsetzung der Colls de Artá; daran schliesst sich der Puig Segut und zur Linken der Puig de sa Font. Die Font des Molins treibt drei Wassermühlen, während die weiter oben gelegene Font d'en Rebassa nur einer Mühle Wasser giebt. Am Ende der Ortschaft liegt Cal Hereu mit einem viereckigen Thurm zur Linken und einem Vorsprung hinten gegen den Corral zu. Von dessen Terrat bietet sich Aussicht auf das Thal bis zur Goya bei Capdepera und auf das Meer. Eine Fortsetzung des Puig de sa Font ist die Montaña de cal Hereu, von welcher ein Fahrweg bis zum Port Nou hinabführt. Dieser geht an Son Sard und Son Pola vorüber, die beide mit viereckigen Thürmen versehen sind. Hierauf kommt das grosse Haus von Rafalet und dann die Oelbaumausbuchtung von Rafal mit S⁰ Rescló, während zur Linken der Puig d'en Mí liegt. Passirt man den Coll de Son Catiu und lässt zur Linken den

Puig de Corp liegen, so geniesst man eine dreifache Aussicht auf die Thäler von Port Vey, von Capdepera, mit dem fernen Menorca, sowie auf Artá. Durch die Calle del Molino in Son Servera führt ein ziemlich breiter Weg nach Manacor. Im Thale liegen einzelne Bauernhäuser, umgeben von Opuntiengärtchen und Eichen. Man gelangt, in einer von einem Hügelrande begrenzten Getreidefelderfläche bald bergauf, bald bergab gehend, nach Sa Llorens, und der Weg mündet nun in die Strasse ein, die wir, um nach Artá zu kommen, benutzt haben.

Von Artá nach Capdepera kommt man durch fruchtbare Felder und Mandelbaumpflanzungen an runden Hügeln, Pujols genannt, vorüber. Der Weg zu den Olors trennt sich an dem Lavadero von jenem nach Capdepera. In einer Vertiefung der Hügel gelangt man, den Recó des Pujols umgehend, zu dem Torrent de sa Badeya, welchem entlang die Wasserleitung liegt und welcher sich in den nach Cañamel herabfliessenden Torrent ergiesst. Hier übersieht man Capdepera. Ist man über die Brücke des von Feigenbäumen umsäumten Torrent gegangen, sieht man rechts den felsigen Puigget de na Majans, überragt von Ses Covas d'en Sureda. Links erblickt man das zwischen Oelbäumen liegende neue Haus der Creu Veya. Der Weg zieht sich nun nach unten und führt an mehreren Wassermühlen vorüber zu der Häusergruppe von S'Heretat. Nicht weit davon liegen Son Amoyana und Son Basso. Es folgen Windmühlen, dann der isolirt stehende Moll d'es Camp Roig, hinter welchem der Weg gerade bis nahe an Capdepera führt. Wenn man dann steil bergan an einem runden Thurm vorbeigegangen, tritt man durch die Calle de Palma in Capdepera ein. Dieses ist eine kleine, nur 1419 Einwohner und 495 Häuser zählende Ortschaft, deren Bewohner grosstentheils Fischer und Seeleute sind. Eine lange Gasse, die einzige, welche fahrbar ist, durchzieht den Ort; anfangs heisst sie Calle de Palma und an ihrem breiten Ende Calle del Puerto. Es giebt auch zwei kleine Plätze: die unschöne Plaza Mayor und die kleine Plaza Vieja. Die Häuser sind grösstentheils einstöckig. Da sich die Ortschaft in letzterer Zeit vergrössert hat, so sind auch mehrere Neubauten in formvollendeter Form entstanden. Die Dachrinnen stehen im Winkel unter dem Ziegeldach, um das Regenwasser aufzufangen, da hier Wassermangel herrscht, und in Folge dessen hat man zahlreiche Cisternen angelegt. Nur die grosse Font de s'Aujob erhält von einer Quelle gutes Trinkwasser.

Das alte Castell liegt auf einer kegelartigen, fast die Mitte des Thales einnehmenden Anhöhe, während sich die neue Kirche und ein Theil des Ortes am Abhange mehr gegen Westen zu befinden. Abgesondert von diesen liegen gegen Osten zu andere kuppenartige Hügel, welche das Thal von dem Meere abzusperren scheinen. Dass das Schloss, sowie die Ortschaft nach dem benachbarten Cap de Pera benannt worden sind, lässt sich annehmen, da letzteres in der Ursprache Steincap bedeutet. Der König Dn Sancho von Mallorca stiftete im Jahre 1303 für das Oratorium des Castells eine Pfründe. Dieses Datum lässt allein Muthmassungen auf das Alter des Schlosses zu. Nachdem im 16. Jahrhundert dasselbe in Folge seiner Unbedeutsamkeit geschlossen worden war, wurden innerhalb seiner Mauern verschiedene Wohnhäuser aufgeführt und das Kirchlein 1577 zur Suffragan-Kirche von Artá erhoben. Das Schloss zählte im Jahre 1662 ca. 40 Insassen, von welchen des Nachts vier Mann Wache hielten. Für die Ausübung letzteren Dienstes waren sie von der Mahlsteuer befreit. Später wurden eigene Wächter angestellt. Trotz seiner geringen militärischen Bedeutung erhielt Capdepera fortan einen im Range eines Hauptmanns stehenden Gouverneur, und zwar bis zum Jahre 1854, wo das Schloss zum Verkaufe kam. Das Castell bildet ein Dreieck und hat fünf Thürme, welche mit runder Tonnenwölbung versehen sind; nur der beim Portal del Rey en Jaume gelegene Thurm hat ein spitziges Tonnengewölbe. Der Thurm neben dem Portalet ist viereckig, hat aber eine spitzwinklige Kante. Rings um die Umringelung läuft ein Mauergang auf Kragsteinen mit Steinplatten, der zu den Schiessscharten führt. Zwei Thore führen in das Innere: Es Portal del Rey en Jaume und Es Portalet. Auf der rechten Seite des Schlosses befindet sich ein Kerker. Ein gepflasterter Weg leitet in Windungen zu der Casa des Gobernador und der an dieselbe angebauten Kaserne. Letztere ist jetzt eine Ruine. Vom Bogenhause des Gobernadors sieht man das darunterliegende Capdepera liegen; unweit davon befindet sich das Pfarrhaus, jetzt ohne Dach. Neben dem isolirt stehenden Thurme Torre d'en Baña wurde eine Windmühle aufgebaut, von deren Plattform man die ganze Umgebung überschauen kann; die Fläche von Artá mit dem Puig de na Mayans, den Puig de Son Amoyans, die Colls d'Artá mit einigen Bergspitzen im Hintergrunde, die Muntaña de sa Torre de Cañamel, weiterhin die nahe gelegene, 234 m hohe Muntaña de sa Cova Negra, von welcher der Puig de sa Font (oder de sa Coma) ein Vorsprung ist, sowie die Ebene des Port und den Vorsprung des Cap de Pera. Ein guter Stufenweg führt zur Kirche hinab, deren Dach 162 m über dem Meere liegt. Die Kirche hat ein Spitzbogenportal, eine Rose und einen schwerfälligen Glockengiebel mit zwei Spitzbogen, im Innern ein Schiff in gothischem Styl mit Pfeilern, zwischen denen einfach sich kreuzende Rippen liegen. Eine der Seitenkapellen hat eine unregelmässige, in Zopfstyl gehaltene Wölbung, welche eine Art Netzwerk bildet. Es hängen hier viele Envotos; am Altare steht eine moderne Mare de

Schloss von Capdepera.

Deu de s'Esperanza. Eine erhöhte Spitzbogenkapelle mit kleiner Luke befindet sich rechts beim Portal und links die Kanzel, von welcher herab angeblich S" Vicente Ferrer gepredigt haben soll. Neben der Kirche befindet sich ein kleines, von einer Mauer umgebenes Terrat mit Cisterne. Die Häuser innerhalb der Schlossmauer bildeten den ersten Bestandtheil von Capdepera; die starke Vermehrung der Bevölkerung brachte es jedoch mit sich, dass bei dem beschränkten Raume des Inneren bald ausserhalb der Mauer um das Schloss herum und am Fusse des Schlosshügels sich Leute ansiedelten. Man führte in Folge dessen eine neue grössere Kirche auf, die im Jahre 1840 eingeweiht wurde. Diese, dem heiligen Bartholomäus geweihte Kirche liegt am Anfang der Ortschaft. An der Vorderseite hat sie eine Fensterrose mit vier platten Pfeilern, einen Giebel und ein gewölbtes Thor, sowie einen Thurm mit Kuppel und an den Seiten vier Bogen in der Form jener der Kirche von Artá. Das Innere ist ein Tonnengewölbe mit Zwickelkappen und hat vier Rundbogenkapellen auf jeder Seite. Der Hochaltar ist von schwärzlich-weiss geadertem Marmor aus Artá, und über dem Eingange befindet sich eine auf Segmentbogen ruhende Empore. Bei Capdepera steht ein Haus des Clapér, und beim Puig de sa Font ist ein Tumulus (Grabhügel) zu finden.

Von der Calle del Puerto in Capdepera aus führt ein guter Fahrweg nach der nahe gelegenen Cala Retjada, dem Hauptlandungsplatze der Ortschaft. An einem Marés-Steinbruch und einer Grava-Grube neigt dieser Weg sanft nach unten, umkreist den mit zwei Windmühlen gezierten und mit Strandkiefern, Mastixsträuchern und Fächerpalmen bestandenen Hügel de na Cabrona, und nach kurzem Weg durch üppige Feldflächen hat man Cala Retjada erreicht. Der Weg nach der auf der Anhöhe der Guya gelegenen Atalaya de Son Jaumell durchzieht das flache Land hinter Cala Retjada und einen Strandkiefernwald; oberhalb der Playa de ses Covasses links lässt man die Häuser von Cala Moltó mit dem konisch geformten Puig de s'Aliga liegen, der durch einen niedrigen Coll mit der Guya zusammenhängt. Ein steiler Pfad führt zu den nur mit Carritx bewachsenen Lehnen der Guya hinauf. Von hier übersieht man die Playa de la Mesquida mit dem Arenal und dem reichbebauten Thal bis zu dem weiss angestrichenen Hause der Mesquida, die drei Vorsprünge der Caleta de Marzoch mit dem Parayó und dem Bec de Ferrutx und in der Ferne Formentor. Hinter dem Marzoch liegt, geschieden durch die Höhen von Ferrutx, ein abgetheiltes Hügelland gegen Aubarca zu. Auf der anderen Seite blickt man auf das Thal von Capdepera bis nach Artá und den Vorsprung des Cap, sowie auf das Cap Vermey. Die Atalaya de Son Jaumell ist ein alter, ziemlich kegelförmig gebauter Signalthurm mit Holztreppe und einem von vier eisernen Ketten gehaltenen optischen Telegraphen, der die Verbindung mit dem nahen Calicant und der Insel Menorca vermittelt. Neben dem Thurme liegt nach Süden zu ein kleines Häuschen. Wir steigen auf dem sanfteren Abhange der anderen Seite zu der Playa de la Mesquida hinab, indem wir zunächst den zu Son Jaumell gehörigen Strandkiefernwald durchwandern und gelangen, über einen Torrent schreitend, in eine Thalvertiefung. Links sieht man Son Barbassa mit Thurm liegen. Alsdann gehen wir oberhalb von La Caleta in dem sich erweiternden Thale Cala Torta abwärts. Mehrere Thaleinschnitte befinden sich in dem abgetheilten Terrain. Die Casas de Douaya Nova liegt in der Nähe mehrerer Häuschen, die mit Gärten umgeben sind. Dem erhöhten Rückenlande des Gebirgsstockes folgen wieder eine Thalvertiefung und das neue Haus von Aubarca; hinter diesem liegen El Verger und S'Alqueria Vella. Durch das tiefe Thal Es Canal del Verger und dann durch ein schmales Thal mit Namen Es Canal de ses Muradas, geht der Pfad von Aubarca nach Artá. Den Canal del Verger beherrscht der kegelförmige Puig Porrassá, der durch ein kleines Thal von dem Puig de s'Atalaya Freda getrennt wird. Schön ist die Aussicht von dem auf vorspringenden Abstürzen gelegenen Hause Sa Cova, dem drei danebenliegende Höhlen den Namen gegeben haben. Man kann von der Cova über die Douaya Nova wieder gegen Capdepera ziehen und kommt dabei durch ein Thal, mit dem Puig de s'Esquerda in der Mitte, und in das mit Strandkiefern bewachsene Kesselthal, das von dem in die Cala Torta ausmündenden Torrent durchzogen wird. Von dem weissen Hause der Mesquida mit Rundbogenthor kann man Capdepera und die Häusergruppe von Son Terrassa mit drei Besitzungen überschauen. Es folgen der von niedrigen Binsen umgebene Torrent de ses Fontanellas und das Haus Son Jaumell mit einem unten durch eine kleine Mauer verbundenen, oben aber freistehenden, viereckigen Thurm, und einer von hohen Mauern umgebenen Clasta. Daneben befinden sich Marés-Steinbrüche. Der Ortschaft etwas näher liegen Son Guiem und nach Cala Retjada zu der Thurm de Font, wo sich eine Quelle und ein Stück Rieselland befinden.

Von Aubarca führt ein Fahrweg bis zum Marzoch; auf hügeligem Boden kommt man zur Playa der Font Salada und auf steilem Pfade zu der Verflachung Es Plá de ses Billes, von wo aus man Capdepera und die Guya, sowie das ferne Menorca überblickt. Sie wird von dem Puig de ses Fites, dem Puig des Vey-Meri und hinter dem Thale des Gallerich durch die Atalaya Moreya und den Coll Paret begrenzt. Im Comellar del Gallerich wachsen viele Cistus- und Mastixsträucher, sowie Fächerpalmen und Kiefern; an den Seiten stehen Felsberge. Etwas tiefer gegen das Meer zu liegt die Font de la Vaca, und auf einer Erhöhung des weiterhin flachen Coll steigt der Weg sanft bis zur Atalaya Moreya hinauf. Es ist dies ein kegelförmiger, 432 m über dem Meere sich erhebender Thurm, hoch oben mit einer kleinen viereckigen Thür und einer Wurfluke versehen. Derselbe wurde im Jahre 1604 erbaut, im Jahre 1629 als Atalaya aufgehoben und auf

Von der Atalaya moreya aus.

Bitten der Bewohner Artás wegen der Mauren-Ueberfälle wiederhergestellt. Man hat von diesem Punkte aus Aussicht auf die Berge und das ganze Hügelland. Einige Schritte davon entfernt liegt ein Corral mit den Resten eines verfallenen Häuschens.

Durch ein Thal geht der Pfad hinter den Häusern von Aubarca, indem man den nach Artá führenden Weg liegen lässt, zum Verger hinauf. Es giebt hier zwar mit Strandkiefern bewachsene

Stellen, doch überwiegt der Carritx. Die Thalsohle ist reich mit Getreide bebaut. Man geht um den Vorsprung herum, kommt unterhalb des Puig de ses Muredes heraus und gelangt im Grunde des an dieser Stelle steinigen Thales zu dem schlichten neuen Hause del Verger mit einem ummauerten Hort und einem Sefareix. An demselben vorbeigehend, ersteigt man auf felsigem Pfade den Puig des Corp, welcher mit dem Porrassá und der Atalaya Freda das Thal der Alqueria Veya umgiebt, das mit dem ziemlich steilen Comellar des Pinar beginnt und in dessen weiterem Verlaufe sich Oelbaumpflanzungen befinden. Der Weg führt über den Coll des Garbayó, von wo man zwischen der Atalaya Freda und dem Puig Porrassá das Thal de S'Esinaret, die ferne Atalaya Moreya, das kesselartige Thal der Alqueria Vella mit dem zwischen Oelbäumen gelegenen, kleinen, einfachen Hause, sowie das ferner liegende Thal von Artá mit seinen abgerundeten Höhen sieht. Den Hügel verfolgend und an einem Avench vorbeigehend, gelangt man auf die mit Kalksteinfelsen bedeckte Höhe der Atalaya Freda, auch Moreya genannt, die 562 m über dem Meere steht, und von wo man das südöstliche Hügelland, die ganze Bucht von Alcudia mit der Ebene bis zum Puig de Randa und die ganze Reihe der Sierra bis zum Cap de Formentor und del Pinar mit der dahinter liegenden Bucht überschauen kann. Man sieht ferner den Scheroj, den Peñal de Farrutx, den höchsten, nach Westen zu gelegenen Berg, der sich 519 m über dem Meere erhebt, alsdann den Puig del Pare, Calicant, den im Hintergrund einer Oeffnung sichtbar werdenden Puig de S⁺ Salvador, dann die Colls de Artá, die Höhen hinter Son Servera, die lange Punta d'en Amer, den Berg und das Thal von Cañamel, die Höhe des Cap Vermey, den Berg von Ses Planetas, die Vorsprünge vom Cap de Pera mit der Guya, den Marroch mit dem Faroyó, das ferne Menorca und die Atalaya Moreya. Geht man einige Schritte weiter, so hat man das ganze Ufer von der Cala Moltó bis zum Pinar de Sa Canova vor Augen. Gern weilt man auf diesen Höhen und ergötzt sich an der wohlthuenden Abgeschlossenheit vom Verkehrsleben und an der Stille, die nur mitunter durch das Meckern der auf den unteren Hängen weidenden Ziegen unterbrochen wird. Sehr gut übersieht man auch die beiden Ebenen von Bellem und der Devesa, sowie die Kuppen des südlichen Theiles der Insel, die sich, von Randa anfangend, durch die fruchtbare Ebene hinziehen, bis sie dann das südöstliche Hügelland bilden. Vom Coll de Garbayó führt ein Pfad oberhalb des Thales der Alqueria Vella zu der Ermita. Demselben folgend überblickt man die Thalfortsetzung der Alqueria Vella, des schöne Olivar de Son Morey mit unbedachtem Thurm am Fusse des felsigen Puig Figué, hinter welchem das Possessionshaus von Sos Sanchos mit guter Quelle liegt und die Bucht von Alcudia. Innerhalb steiler Felsenwände fliesst eine kleine Quelle, etwas tiefer unten die aus einem Felsen auf Venushaarfarn herabtröpfelnde Font des Capellá mit grosser Tränke. Im darunterliegenden Thale befindet sich das neue Haus von Bellem. An der zwischen Felsenwänden fliessenden Font de s'Ermita liegt eine kleine Wassermühle und eine Tanca mit breiten Terrassen, welche mit grossen Feigen- und Oelbäumen, und vielen Cactusfeigen bewachsen sind. Etwas weiter oben liegt der Hort und die Einsiedelei. Die Ermita de Biniagolfa, die entlegenste und abgeschlossenste aller Einsiedeleien Mallorca's, ist noch nicht sehr alt, denn erst im Anfange dieses Jahrhunderts haben sich hier einige Einsiedler angesiedelt. In einem kleinen Thurme, welcher dort stand, errichteten sie ein provisorisches Oratorium. Für dasselbe erbaute man die jetzige Kirche, welche dem Cultus der Geburt Christi gewidmet ist, und daneben die neue, im Jahre 1818 eingeweihte Einsiedelei. Die Kirche hat eine kleine Vorhalle; eine einsame Cypresse wächst neben derselben. Oberhalb der Kirchenthür ist eine Sonnenuhr, ein Fensterchen und darüber eine Rose angebracht. Die Kuppel und die Arme des Kreuzes haben ein gemeinsames Dach. Das Innere der hübschen Kirche hat die Form eines lateinischen Kreuzes, mit rustischen Säulen an den vier Ecken, welche mittelst vier Rundbogen die eiförmige Kuppel tragen. Die Kuppel ist mit einem schönen Gemälde versehen. Im Schiff, wie in den Armen des Kreuzes tragen platte rustische Pfeiler die Gurte, zwischen welchen sich Zwickelkappen mit Fenstern befinden. Die Sockel derselben sind aus Tropfstein, die Gesimse aus schwarz und weiss geädertem Marmor aus Artá. In beiden Kreuzarmen sind Altäre. Der Hochaltar ist aus Marmor und Jaspis der Insel hergestellt, und die Marmorfiguren sind von dem Bildhauer Adrian Ferran angefertigt. Links ist das Grab des Jaime Morey, der den Grund und Boden für die Ermita unentgeltlich hergegeben hatte und 1853 gestorben ist. Rechts neben der Kirche besteht noch das frühere Oratorium. Das Gebäude der Ermita bildet ein Viereck; es enthält im Centrum einen Hortet und sechs Zellen und wird gegenwärtig von vier Einsiedlern bewohnt, von denen nur einer Priester ist. Neben der kleinen Küche befindet sich der Zugang zu dem kläglichen Hortet; ein Stall mit breiter Thür steht am Ende des Gebäudes, und im Garten ist der kleine Kirchhof, auf welchem einige Cypressen stehen. Hinter Biniagolfa ersteigt man zwischen tief ausgehöhlten Felsenwänden einen Hügel und wendet sich dem nahen Coll zu, von dem man das kesselartige, gegen die Ebene der Devesa gerichtete Carritxthal und das lachende Artá sieht, das uns inmitten der mit Bäumen bepflanzten Ebene mit den Torres des Cap Vermey erscheint. Ausserdem überblickt man das Thal von Cañamel und das ferne Son Servera, darüber die beiden Meeresbuchten von Alcudia und Pollenza und den fernen Meereshorizont. Schlängelnd zieht sich der Pfad auf dem mit Erdbeerbäumen bewachsenen Abhange nach unten. Auf gutem Fahrwege erreicht man Son Canals, ein schlichtes, aber grosses Haus mit Glockenbogen und Son Sureda mit offener Clasta und Rund-

Ermita de Biniagolfa.

bogenthor. Letzteres hat eine kleine Kapelle mit einer in Renaissancestyl gehaltenen Thür; ein gewundener, auf kleinen Pfeilern ruhender Segmentbogen trägt die Wölbung. Unmittelbar am Hause ist ein Tumulus. Der gute Fahrweg nach dem Figueral von Son Canals führt durch die liebliche Landschaft nach Artá zu, welches man durch die Calle Mayor wieder erreicht.

Wir wollen nun die letzten Ausläufer des südwestlichen Hügellandes gegen die Ebene zu betrachten. Durch die Calle del Higueral zieht sich von Artá aus die Strasse gegen Son Forteza zu und weiter in der Richtung nach Calicant hin. Auf einer massiv gebauten Brücke überschreitet man den tiefen Torrent de sa Font und, leicht bergan steigend, gelangt dann bald zu einer flachen Einsenkung unterhalb der ersten Gebirgskette des Bec de Farruix am Fusse des kleinen konischen Hügels de s'Esquerda, der sich 382 m über das Meer erhebt. Links erblickt man den 487 m hohen Puig d'en Pare, an dessen Fuss das stattliche, weiss getünchte Haus von Carrossa von Villalonga liegt. Man geht abermals bergab und kommt nun an Ses Carbones vorbei; es ist dies eine Vertiefung, in welcher einige Norias gebaut sind. Durch Eichenwald und Oelbaumpflanzungen zieht sich der Weg gegen das auf einer kleinen Erhöhung gelegene Son Forteza hin. Dasselbe besteht aus einem Herrenhaus und mehreren grossen Wirthschaftsgebäuden; daneben ist eine kleine Kapelle und ein hübscher Hort mit Orangenbäumen, welcher durch einen grossen Aujub durchzogen wird, der von der Font de Farrutx Wasserzufluss hat. In der Nähe befindet sich eine grosse Tafona mit vier Bigas und einer Presse, sowie eine grosse Botica mit Sefareix. Wenn man von Son Forteza aus den Torrent passirt, so erreicht man auf einem anderen Wege wieder die Hauptfahrstrasse. In dominirender Lage sieht man das stattliche Haus Carrossa in der Nähe liegen, und durch einen Strandkiefernwald gehend kann man den Coll de Morell ersteigen. Von hier geht der Weg steil in Windungen bergab. Am Ende des Puig d'en Pare sieht man S'Ameilerar, und in der Tiefe der Thalmulde ist der Hort mit Ulmen-, Orangen- und Cypressenbäumen bestanden. Das dem Marquez de Bellpuig gehörige stattliche Haus von Morell, welches eine alte Alqueria war, hat ein Terrassendach, eine alt aussehende Clasta und einen flachen Bogeneingang. Hinter dem Hause liegt ein Gärtchen mit Springbrunnen, welcher von einem von der Font de Morell gespeisten Aujub sein Wasser erhält. Am Ende desselben liegen auf Terrassen der gewölbte Backofen und die Brodknetekammer, von wo man die Bucht von Alcudia überblicken kann. In der Nähe steht eine Kapelle, in der Sonntags Messe gelesen wird. Nebenan stehen eine Tafona mit zwei Bigas, sowie ein Sefareix und ein Haus, in welchem zur Zeit der Oelernte die Arbeiterfrauen ihre Nachtruhe halten.

Der Hauptfahrweg führt auf welligem Thalboden nach unten. Hier übersieht man die Gebirgskette und das Cap de Formentor. Am Fusse des phantastischen Farrutx liegt Na Devesa oder Davesa mit einer ausser Dienst gestellten Windmühle. Wenn man rechts den ziemlich tiefen, gleichnamigen Barranc liegen lässt, gelangt man bald nach dem kleinen Hause Sa Canova mit Rundbogenthür und einem bedachten viereckigen Thurm. In der Umgebung ist Marés-Boden, und der Canova gegenüber liegen zwei von Mastixkräutern überwachte Tumuli oder Clapérs de Gegants; ein anderer ist in der Deveza zwischen dem Hause und dem Meere gelegen. Der in besserem Zustande erhaltene und deshalb zu einem Besuche sich empfehlende Tumulus hat eine 4 m dicke Rundwand aus horizontal gestellten Blöcken, welche gerade Reihen, die an Stärke abnehmen, bilden; innen befindet sich eine Wand aus kleinen Steinen. Der grösste hierzu verwendete Stein ist 350 cm lang und 60 cm dick; seine Höhe beträgt 4,50 m. An der äusseren Reihe fehlt kein Stein. Von diesem Clapér aus übersieht man den 108 m hohen Pinar de Rafal, die Vorsprünge des Cap del Pinar und de Formentor, sowie die Höhen von Farrutx. Ein anderer, unweit davon gelegener, von Mastixsträuchern überwucherter Clapér ist fast viereckig und leicht konisch aus Marés-Stücken gebaut. Von Sa Canova steigt man nach dem Pinar zu leicht nach unten, indem man links den Rafael baix und unweit davon Ses Pastoras liegen lässt. Von hier aus gesehen scheint die Doppelgruppe des Puig Mayor de Lluch und de Soller eine grosse Pyramide zu bilden, welche Mallorca krönt. Links sieht man welterhin das röthliche grosse Haus Es Dobblons, während diesseits Es Cabanells Vey liegt. Der Weg zieht sich in dem tiefen muldenartigen Thale des Torrent de na Borja entlang, in dessen Grunde sich eine regelmäfsig angelegte Pappelpflanzung befindet, führt über eine Brücke und dann auf die Höhe, von welcher der Blick meerwärts die Wiesen-Thalsohle beherrscht, welche der Torrent durchfliesst und bei dessen Ausmündung ein Arenal zur Rechten liegt. Nach Durchwanderung eines Kiefernwaldes sehen wir das stattliche Haus von Son Serra de Marina mit dem hohen Thurm, in dessen Nähe eine Windmühle steht. Links liegt das Haus des Amo mit einer kleinen Kapelle. Hinter derselben ist ein Thurm mit Fenstern und Glockenbogen, von dem man eine weite Aussicht auf die umliegende Ebene, sowie auf die ganze Sierra mit dem nahen grossen Figueral hat. Man überschaut ferner die verstreut liegenden Nebengebäude mit angebauten Schweineställen, die Clasta für die Maulthiere, die grosse Cactusfeigenpflanzung und die alte Windmühle. Bemerkenswerth ist die schöne Getreidekammer oder Cuartera. Unterhalb derselben befindet sich ein schöner Keller oder Celló, in welchem grosse Fässer und Botas congreñadas lagern.

Der Weg zieht sich hinter Son Serra durch Buschwald gegen Sta Margarita hin. Man geht in gewisser Entfernung dem Torrent von Son Meri entlang, dessen Häuser man am Ende eines von Mastixsträuchern bewachsenen Plateaus erblickt. Hierauf gelangt man auf schlechtem Pfade in das muldenartige Thal des Torrent de Son Meri' hier wird der Weg gut und breiter und führt durch

niederen Buschwald. Eine weite Rundschau hat man von dem Häuschen des Caminé aus, von wo
man die beiden, in das Meer vorspringenden Caps von Formentor und Pinar liegen sieht. Jenseits
des Torrent de Son Merī ist Son Real gelegen; weiterhin folgt eine runde Hütte, welche für die
Caminer's bestimmt ist. Auf erhöhtem Rücken erscheinen das neue stattliche Haus Sa Taulada
und unweit einer Feigenpflanzung Binicaubell, das eine alte Alqueria war. Gleich darauf erblickt
man vor sich Sᵗᵃ Margarita. Ein Hügel enthält Steinbrüche, wo man einen weissen Marés wie in
Muro gewinnt. Ueber eine einbogige Brücke führt der Weg in eine Thalmulde hinab und man
gelangt nach dem uns schon bekannten Sᵗᵃ Margarita.

Wir wollen jetzt noch die Anhöhen von Calicant besprechen. Um von Manacor dorthin zu
gelangen, benutzt man am besten den, Camí de Cunijas genannten Weg, welcher an Marés-Brüchen
vorbeiführt. Die felsige Höhe der Mesquida, Sa Muntaña del Ciprés genannt, mit Windmühle und
Kapelle liegt zwischen erdigen Hügeln; eine andere Anhöhe heisst Puig de s'Aliga. Es folgt das
niedrige Haus von Calicant mit der Quelle im Thale; dann führt der Pfad in Windungen auf den

Sa Canova und Na Devesa.

mit Mastixsträuchern bedeckten Hügel von Calicant hinauf, und, oben angelangt, erblickt man das
herrliche Thal von Artá, die Muntaña del Tresor oder de s'Esquerda, dann die Höhen des Puig
Agut und des Puig de sa Font de Sⁿ Llorens, Son Servera, weiterhin den Puig de ses Talayas,
einen konischen, erdigen Hügel, die leicht bewegte Fläche bis nach Manacor mit Sⁿ Llorens in der
Mitte, den Puig de na Mosa und den Puig de Llodrá mit dem langen Rücken des Puig de Guilana davor,
endlich rechts von Manacor den Puig de Son Soliano, das ferne Randa, Bonañy und die Sierra.
Weithin schweift das Auge über die Ebene von Alcudia und Son Serra, die Caps del Pinar und
de Formentor. Auf der Höhe von Calicant steht der optische Telegraph. Ein doppelt bedachtes
Häuschen ist zur Aufnahme des Telegraphen bestimmt. Dasselbe enthält ausserdem zwei Zimmerchen
für die beiden Wächter. Oben weht die spanische Flagge, und rohe Malereien bedecken die Thür
des Gebäudes, an welchem eiserne Ketten befestigt sind, die den Telegraphen festhalten. Der
Höhenzug von Calicant gipfelt in drei Erhöhungen, von denen die letzte, nördlichste die höchste
ist; sie steht 472 m hoch. Gegen den Peñal de Ferrutx liegt der Puig d'en Paro, neben diesem
der rundliche Puig Negre, welcher mit dem von Calicant zusammenhängt, der in der Richtung nach
Sⁿ Llorens sehr steil abstürzt. Ein enges Thal trennt die vier Höhen der Calicant-Gruppe.

Das Centrum der Insel.

Manacor, Petra, Sineu, Sⁿ Juan, Llorito, Sansellas und Llubi.

Von den Ortschaften der Ebene ist die wichtigste Manacor, die Cabeza des gleichnamigen Partido. Sie zählt 8725 Einwohner und 2925 Häuser und ist mithin nach Palma die grösste Ortschaft der Insel. In der Mitte der mit Weinstöcken, Feigen- und Mandelbäumen bepflanzten Ebene, zwischen zwei wellenartig bebauten Erhöhungen mit kegelartigen Höhen im Hintergrunde gelegen, erhält sie einen charakteristischen Anstrich durch die ca. 60 Windmühlen in ihrer Umgebung, unter denen sich mehrere aus Quadern erbaute und mit eisernem Dache versehene auszeichnen. Die Häuser, die auf einförmige Gassen stossen, sind meistens nach ländlicher Sitte numerirt und in Manzanas eingetheilt. Sie sind, wenige ausgenommen, einstöckig und zeigen in der Regel Rundbogenthüren und wenige kleine Fenster. Eines der besseren älteren Häuser ist die Rectoria, die mit rund ausgelappten, mit Kugeln überragten Zinnen gekrönt und mit einem Renaissance-Cordon unterhalb des Dezven geschmückt ist. Einige hübsche neue Gebäude befinden sich an der Plaza, darunter die Fonda de Femenias mit luftigen, von Blumen gekrönten Bogenhallen, ein gutes, sauberes Gasthaus, nächst dem in Palma das beste Mallorca's. Gleich hinter demselben, einst auf den Platz vor der Pfarrkirche stossend, lag das alte Alcazar von Manacor. Wie aus einigen von den Königen Dⁿ Jalme II. und Dⁿ Sancho verliehenen Privilegien ersichtlich ist, hielten sich diese Souveraine auch einige Zeit in diesem Alcazar auf. Der König Dⁿ Fernando el Catolico schenkte ihn seinem Secretair Juan Ballester; jetzt ist er im Besitz verschiedener Privatleute. Der Palast ist im Laufe der Jahre ganz umgewandelt worden, und man sieht inmitten verschiedener Häuser, welche nun den Raum, den er bedeckte, einnehmen, ausser dem noch erhaltenen Thurm kaum noch einzelne Spuren des alten Zustandes. Die Pfarrkirche, welche mit ihrem Thurm die Umgebung weithin beherrscht, gehört zu den ältesten Kirchen der Insel; wahrscheinlich wurde sie um 1240 erbaut. Sie ist von einem Glockenbogen gekrönt, hat zwei Seitenthüren und ein zopfiges Portal und an der linken Ecke einen Kuppelthurm mit achteckigem Aufsatz mit Spitzbogenfenstern. Das Innere ist ein einziges gothisches Schiff, dessen Wölbung von Spitzbogen unterstützt wird, an die sich die in hübsch sculptirten Schlusssteinen mit Wappenschildern und Heiligenfiguren kreuzenden verkehlten Rippen anlehnen. Am Hochaltar sind die Statuen der Mutter Gottes und dem heiligen Jacob, des Patrons der Ortschaft, aufgestellt. Zwei Kuppelkapellen bilden gleichsam die Arme des Kreuzes; ausserdem zählt man noch sieben Kapellen, von denen nur noch einige ihre einfach gekreuzte Wölbung und ihre zierlichen Pfeiler behalten haben.

Die zweite Kirche von Manacor, die Yglesia de Sⁿ Vicente Ferrer stösst auf die Plazuela del Convento. Dieselbe gehörte dem gleichnamigen im Jahre 1576 gegründeten Dominicanerkloster an und dient jetzt als Yglesia Ayuda der Pfarrkirche. Den Eingang bildet ein einfaches Rundbogenportal, über dem sich eine Fensterrose befindet. Das niedrige Thürmchen zur Linken, mit einer Terrasse, die von einem Pyramidenhelm bedeckt wird, ist nach dem Vorbilde desjenigen von Sⁿ Cruz in Palma erbaut. Das Innere zeigt ein Tonnengewölbe mit sich verengender Kapelle für den Hochaltar, der Sⁿ Vicente Ferrer geweiht ist, zur Erinnerung, dass dieser Heilige dort predigte.

Ausserdem hat die Kirche fünf Seitenkapellen; die zweite, rechts in Renaissance-Styl erbaute, ist recht hübsch; sie weist eine Kuppel und römische Knäufe an gewundenen Säulen auf. Eine von pseudorömischen Säulen unterstützte Orgelempore befindet sich über dem Eingange. Das ehemalige, an die Kirche anstossende Kloster dient verschiedenen öffentlichen Zwecken. Es ist Sitz des Juzgado de Partido, des Colegio de segunda Enseñanza, und dient gleichzeitig als Gefängniss. Davor liegt die Plaza de la Balsa, wo der Schweine- und Thonwaarenmarkt abgehalten wird. Der schöne Klosterhof bildet ein längliches Viereck; eine Säulenhalle läuft rings um ihn herum. Auf derselben Plaza de la Balsa in dem alten Hause der Puigdorfila befindet sich in einer gothischen Bogennische ein altes bemerkenswerthes Relief, Engel und Heilige darstellend. Das Haus selbst dient jetzt als Kloster für die Terciarias-Nonnen, die sich mit dem Unterricht und der Krankenpflege beschäftigen und sich neuerdings auch eine Kapelle errichtet haben. Längs des Baches wurde eine Art Spazierweg, die Calle del Torrente genannt, angelegt und mit Platanen bepflanzt. Viele Brücken führen von derselben zu den gegenüber liegenden Häusern, die auf der Seite des Baches in seiner ganzen Länge mit einem Trottoir versehen sind. Ueppige Gärten mit frischem Grün unterbrechen hin und wieder das einförmige Graugelb der Häuser. Am Eingange der Calle del Torrente befindet sich ein mit einer Büste geschmückter Brunnen. Daneben ist ein Bassin, das von dicken Pfeilern und einer Dachung gedeckt wird und als Viehtränke dient. Nahebei liegt das Schlachthaus mit geschlossener Bogenhalle. Auf der unregelmässigen Plaza de la Constitucion liegt die Casa Consistorial mit dem Wappen von Manacor (eine Hand, die ein Herz hält) und dem Datum 1573. Manacor ist eine Ortschaft, deren Bewohner die Landwirthschaft in hervorragender Weise betreiben; namentlich die Viehzucht steht in hoher Blüthe. Der

Torre del Palau in Manacor.

Handel ist so rege, dass ein wöchentlicher Markt besteht und drei Jahrmärkte stattfinden. Die Hauptindustrie von Manacor bildet die Fabrikation von Thonwaaren, hauptsächlich von grossen Ziegeln, welche man ohne Bovedillas gleich auf die Balken legt. Auch bestehen zwei Dampfmühlen.

Die Umgebung von Manacor ist flach und einförmig. Auf der Strasse von Son Fortesa, in unmittelbarer Nähe von Manacor, erhebt sich die Torre des Anegistas oder de Can Ribera, ein viereckiger, mit Zinnen gekrönter Bau mit langen Schiessscharten und einem kleinen Rundbogenfenster. Die Façade des Hauses zeigt eine Rundbogenthür, zwei Ventanas Coronellas mit aus dem Achtecke gebildeten Pfeilerchen und ein Kleibogenfenster. Links vom Eingange steht eine Kapelle mit Renaissancegiebel und einem Wappen darauf. Gegen den Hof mit Nebenbauten zu ist ein Rundbogenthor in der Ecke, zu dem anscheinend in früherer Zeit eine offene Treppe führte. Der mit Segmentbogen versehene Rand dient als Fronton in dem oberen Raum, wo jetzt blos noch die Dachung vorhanden ist. Oben, nach zwei Seiten gegen die Strasse zu, ist das Gelände von viereckigen Zinnen gekrönt, die durch eine kleine Mauer verbunden sind. Ausserhalb der Ortschaft, im Westen, liegt die Torre d'en Mí, auch Torre de ses Puntes genannt. Ein Rundbogenthor bildet den Eingang. Sehr hübsch ist die Hauptfront gegen Westen, die durch ein Rundbogenthor und Zinnenkrönung einen fesselnden Schmuck erhält.

Im Westen der Ortschaft, in ganz kurzer Entfernung von derselben, liegt der Puig de Sta Lucia, eine Fortsetzung der Kette des Puig de Llodrá oder, besser gesagt, ihre nördlichste Kuppe. Von der Höhe des Puig de Sta Lucia, wo eine alte Einsiedelei steht, hat man eine hübsche Aussicht auf das aus mehreren Häusern bestehende Llodrá und die ganze flache Ebene, die sich zwischen Llodrá, Bonañy, Randa und San Salvador hinzieht. Vor dem von vielen Cactusfeigen umgebenen ruinenhaften Gebäude liegt eine Art Terrasse mit entzückender Aussicht auf Manacor, das in seiner ganzen Ausdehnung ausgebreitet liegt, auch die Gruppe von Calicant, die Colls d'Artá, und die Hügel von Son Servera. Ueber den Ursprung dieser Einsiedelei berichtet die Ueberlieferung, dass ein Eigenthümer des dortigen Grundes, Namens Truyol, eine Einsiedelei erbaute, in welcher er einige Jahre mit Einsiedlern zusammen lebte, welche später nach der Ermita von Valldemosa übersiedelten. An jeder Seite der jetzt dachlosen Kirche waren eine Anzahl Zellen mit kleinen viereckigen Fenstern angebaut. Daneben liegt noch heute ein ummauertes Gärtchen mit Cisterne und einem isolirten kleinen Stalle.

Der Distrikt von Manacor ist besonders reich an Kapellen und kleinen Kirchen, die den einzelnen Possessionshäusern zugehören und in welchen zur Bequemlichkeit der Landbevölkerung an Sonn- und Feiertagen Messe gelesen wird. So ist im Gute Son Negra ein kleines, dem Sⁿ Antonio Abad gewidmetes öffentliches Oratorium, und in der Gegend von Sⁿ Llorens ein anderes, das im Jahre 1872 im Gute Son Carrió erbaut wurde und dem Arcangel Sⁿ Miguel geweiht ist; ausserdem mehrere andere, die man als zu der Possession gehörig und nicht als öffentliche ansehen kann, nämlich in Son Llodrá, in San Masiá, in El Fangar y La Plana, in Son Forteza, in Son Barba, in Son Mesquida, in Son Porch, in Son Sureda Rich, in Albocaser und anderen mehr.

Der Hauptanziehungspunkt der Umgebung von Manacor ist die Cova des Drach geworden, auf welche ich zuerst die Aufmerksamkeit des Besitzers lenkte und die, wenn auch nicht an Grossartigkeit, doch an Schönheit der Cova de Artá gleichkommt, ja sie sogar nach Ansicht Einiger übertrifft. Man schlägt, um zu derselben zu gelangen, den Fahrweg ein, der von Manacor zur Cala führt, geht durch die Calle del Pont gros und die Calle de la Torre aus Manacor hinaus und kommt an den vielen Windmühlen vorüber. Zur Rechten des Weges sieht man die schon früher besprochene Torre des Anegistas. Der ziemlich gute Weg führt an dem Mol d'en Sopá vorbei und zieht sich langsam den Hügel hinauf, der in lange Terrassen eingetheilt und mit Feigenbäumen bepflanzt ist. Kleine Weinberge, sowie einzelne Johannisbrod- und Mandelbäume beleben die Landschaft. Rechts zwischen Getreidefeldern stehen das alte Haus von Mendiga und eine Windmühle. Am Abhange eines Hügels hingehend, gelangt man bald auf seinen Rücken und über eine breite, von Hügeln umsäumte Fläche. Links steht das hohe thurmartige Possessionshaus von Santa Cilia, und weiterhin folgt Son Crespi und Es Coll. Der Boden senkt sich allmählich gegen das Meer zu, wo er in flachen Hügeln abfällt, welche vortretende Vorsprünge bilden. Zur Rechten befindet sich der viereckige, mit Wurfluken versehene Thurm von Rafal Pudent, und in der Ferne erblickt man Son Moro mit seinem weissen Thurm. Dann führt der Weg an mehreren runden Thürmen vorbei zu den Barreras de la Marineta und bald darauf zur Meeresbucht. Man umschreibt den sumpfigen Grund derselben, ersteigt dann einen kahlen rundlichen Rücken und gelangt an die Stelle, wo die Cova des Drach liegt. Nach dem Eintritt befindet man sich in einer tief gelegenen, lochartigen, nur mit einem Gitter versperrten Halle. Durch einen Pass zwischen

Tropfsteinen gelangt man zunächst in die Cova Negra mit einer malerischen Gruppe mit Säulen, dann zu einem hohlen Raume links, mit einer Dachung von dünnem Tropfstein; hierauf zur Bethlehemshöhle, dann zu dem Diamanten-Tropfsteinabhang mit einer Decke der Botiferrons, welche bis zum See reicht. Sehr dünne, zarte Tropfsteine befinden sich über dem Wasser, und die Säulen und glitzernden Felsen gewähren einen prächtigen Anblick. Man kommt nun zur sogenannten Jericoquelle, kommt durch die Gibraltar genannte Stelle hinauf und gelangt wieder zur Haupthalle, von wo aus ein Weg zur Cova Blanca führt. Unangenehm ist es, dass man, um von hier in die Cova de los Arabes zu gelangen, abermals hinabsteigen muss; diese Höhle hat keine Tropfsteine. Vor etwa zwanzig Jahren hatten einige Catalanen die Oeffnung der Höhle entdeckt, waren hier ein-

Cova del Drach rechts vom See.

gedrungen und gelangten erst nach mehreren Tagen des Umherirrens wieder zum Ausgang. Sie hatten in der Cova eine Jarra gefunden, die jetzt im Gasthause von Femenias aufbewahrt wird. Es ist dies ein kleines Thongefäss mit breitem Mund, zwei Henkeln und vierblattartiger Verzierung. Man gelangt weiter zum Dosel der Virgen del Pilar, dann geht es eine Strecke hinab zu dem ziemlich grossen „See". Wenn der Wind vom Lande weht, fällt das Wasser; wenn er vom Meere kommt, steigt es mehrere Spannen, was auf einen unterirdischen Zusammenhang mit dem Meere hinweisen dürfte. Es kommt dann die Stelle, wo die verirrten Catalanen die Worte: „no hay esperanza" an die Wand schrieben. Von hier steigt man in ein Loch mit weissen, schönen, schleierartigen Tropfsteinen hinab und kommt hierauf in die Höhle der Murcielagos zu einem Abgrund, der bis zum See geht. Wenn man etwas weiter oben einen Stein in den 25 m tiefen Abgrund hinunterwirft, hört man denselben nach einiger Zeit im Wasser auffallen. Links vom Haupt-Eingange liegt die kleine Tropfsteinhöhle Cova Petita, in welche Stufen hinabführen. Dieselbe enthält einen kleinen natürlichen Saal, dann einen grösseren mit breiten Säulen und dünnen Tropfsteinen, die von der Decke herabhängen. Dann kommt die kleine Aushöhlung des Sagrario mit röthlichen und weisslich glitzernden Tropfsteinen, endlich folgen rostfarbige Stalaktiten und der gewaltige Ochsenkopf oder Cap de Bou.

Manacor ist durch eine Chaussee mit Palma verbunden, welche nach jener von Inca die wichtigste der Insel ist. Durch die Calle de Palma und dann durch die der Alegria verlässt man, an der Fuente de Campo vorbeigehend, die Ortschaft. Die Strasse führt in gerader Richtung

Der See in der Cova des Drach.

von Osten nach Westen bis nach Palma; sie schliesst auf diese Weise mit der Carretera von Inca ein gleichschenkliges Dreieck ab, dessen Basis die Carretera von S^a Margarita im Osten bildet und welches das eigentliche Centrum der Insel umschliesst. Die Bodenformation dieses Theiles von Mallorca ist ein leicht gewelltes Flachland. Unter den Ortschaften ist Sineu die wichtigste. Wir wollen uns zuerst nach Petra begeben, wohin eine gute Fahrstrasse von der Carretera de Manacor abbiegt. Sie durchzieht den flachen, etwas steinigen, meist mit Feigenbäumen bepflanzten Boden, wo auch gute Weinberge mit an kurzen Pflöcken befestigten Reben auftreten. Durch die Calle de Manacor tritt man in Petra ein. Windmühlen umgeben den Ort, welcher 2104 Einwohner und 703 meist einstöckige Häuser hat, an denen eine Art Trottoir, aus Schotter gepflastert, entlang führt. Die Sala oder das Ayuntamientogebäude ist mit einem Thürmchen und einer Uhr versehen. An jedem Ende der langen, uneben gepflasterten Calle Mayor, welche den Ort quer durchzieht, liegt eine der zwei Kirchen der Ortschaft. Die Pfarrkirche von Petra gehört zu den ältesten Mallorca's, sie wird schon im Jahre 1248 erwähnt. Ursprünglich befand sie sich indessen an einer anderen, nicht weit entfernten Stelle. Der Grundstein der jetzigen wurde im Jahre 1582 gelegt und dieselbe dem hl. Petrus und der hl. Praxedes, der Patronin der Ortschaft, geweiht, welche auf dem Hochaltar dargestellt sind. Die Kirche wird auf beiden Seiten von Strebepfeilern unterstützt; die in fünf Stockwerke eingetheilte Vorderseite ist durch achteckige angebaute Thürme flankirt, welche auf jeder Seite oben von einem Fenster durchbrochen sind, der linke ist nicht ausgebaut. Das Spitzenbogenportal ist nicht fertiggestellt, darüber befindet sich eine riesige, aber unschöne Fensterrose. An das hintere Ende des Chors lehnt sich ein sechseckiger Thurm an, dessen zwei oberste Stockwerke von Spitzenbogenfenstern durchbrochen sind. Das Innere, ganz aus Marés gebaut, ist recht hübsch, es bildet ein einziges gothisches Schiff, die Wölbung wird von sieben Spitzbogen unterstützt, welche, wie die sich einfach kreuzenden Rippen, weiss verkehlt sind. Auf jeder Seite sind sieben Kapellen. Die andere Kirche von Petra ist die des ehemaligen Franziscaner-Observantenklosters von S^n Bernardino de Sena, welches im Jahre 1607 gegründet wurde. Sie hat ein Renaissanceportal mit cassetirtem, sich verengendem Gewölbe, zwei Seitennischen und eine hübsche Renaissancerose nach Art jener von S^n Francisco in Palma, sowie einen Thurm in demselben Styl, welcher 103 m über dem Meere steht, und die linke Seite der sonst flachen, steinernen Vorderseite überragt. Das Innere ist ein einfaches Tonnengewölbe, das von fünf Rundbogen unterstützt wird, die auf eben so vielen flachen, römischen Säulen ruhen. Ueber dem Eingange befindet sich eine Empore mit sich einfach kreuzenden Rippen und die Orgel; fünf Kapellen sind auf jeder Seite. Ausserdem besitzt die Kirche eine sich verengende Hochaltarkapelle, links ist unter der Empore die Bellem-(Praesepium-) Kapelle. Das Klostergebäude weist noch einen halbzertrümmerten Klosterhof mit rohen Helldunkel-Malereien auf.

Vier Kilometer von Petra entfernt liegt auf der Höhe des Puig de Bonañy die Kirche, in welcher das alte Bildniss der Mare de Deu de Bonañy verehrt wird. An den Mühlen vorbei geht der Fahrweg nach Bonañy durch Feigen-, Mandel- und Johannisbrodpflanzungen, sowie Weinberge hinauf und erreicht in sechs Serpentinen die Höhe des Hügels. Die Ueberlieferung berichtet, dass das alte Bildniss von den mallorquinischen Christen, als die Insel im 8. Jahrhundert von den Mauren besetzt wurde, in einer Höhle versteckt worden und, als durch Jaime I. die Insel wieder in die Hände der Christen kam, dort entdeckt worden sei. Durch seine Einwirkung sei den Bewohnern der dortigen Gegend viel Gnade zu theil geworden. Im Jahre 1697 fand die Einweihung der jetzigen Kirche statt, welche unter dem Schutze des Ayuntamiento de Petra steht und momentlich durch milde Gaben von Privaten erhalten wird. Zuweilen liest man dort Messe und am dritten Ostertag wird ein kirchliches Fest gefeiert, das von vielen Andächtigen besucht ist. Vor der Kirche steht ein eisernes Eingangsgitter mit rund ausgeschweiften Pfeilern aus Midjans an den Seiten. Die kleine Kirche selbst trägt das Wappen von Petra mit dem Datum 1789 auf der Eingangsthür und einen kleinen Glockengiebel. Im Innern sind bemerkenswerth zwei Rundbogenkapellen, sowie zwei alte Triptichons. In der dem heiligen Johannes geweihten Kapelle befindet sich ein Kielbogen mit einem Heiligenbild. In der Kapelle rechts ist Mariä Verkündigung dargestellt. Hinter dem Altar befindet sich die verehrte Statue der heiligen Jungfrau mit dem Jesuskind auf dem Schoosse, welche nur bei Festlichkeiten von vorn sichtbar ist. An den Wänden sind viele Lluis und Purisima-Kleider, Krücken und andere Exvotos aufgehängt. Bei der Kirche steht ein Brunnen mit erhöhter Terrasse und achteckiger Oeffnung, die einen eisernen Renaissance-Aufsatz trägt. Von hier hat man einen herrlichen Blick auf das untere Villafranca und Petra, die lachende, sanftbewegte Ebene von Manacor mit ihren vielen Ortschaften und der Sierra im Hintergrunde. Die nahe Hospederia, die unter der Obhut eines dort wohnenden Donat steht, enthält ausser dem Empfangs- und Speisezimmer und der Küche vier Schlafzimmer mit Betten. Der Gebirgsstock des Puig de Bonañy, welcher 317 m über dem Meere steht, zieht sich ziemlich genau von Nordost nach Südwest. Prächtig ist die Aussicht, die man von hier auf die nahe Hospederia und die Kirche geniesst. Dahinter sieht man die Babia de Alcudia, die Höhen von Farrutx und Calicant, die Colls d'Artá, den Puig de Liodrá, die Mola del Fangar, S^a Salvador und Santueri, den Puig Gros de Santagny, Montesion de Porreras und die ganze Gruppe von Randa, ferner den Puig de S^a Miquel, de Son Segui, de S^a Onofre und de Sta Madalena, sowie im Hintergrunde den Zug der Sierra. Auf der dritten und letzten Anhöhe des hier gewundenen Rückens des Puig de Bonańy liegt eine halbzerstörte Windmühle und daneben ein von Feigenbäumen umgebenes Bauernhaus.

Ein Fahrweg, vorbeiführend an Son Gibert, setzt Petra mit dem nur wenig entfernten Sineu in Verbindung. Nach kurzer Strecke erscheint auf einer kleinen Anhöhe die Kirche mit der Ortschaft, von Windmühlen und Opuntiengärten umgeben. Der Weg, der an der Anhöhe der Windmühlen vorüberführt, tritt durch die Calle de la Esperanza an einem steinernen Kreuz vorbei in Sineu ein. Diese Ortschaft zählt 2803 Einwohner und 854 kleine Häuser und ist ihrer ganzen

Von der Höhe von Bonańy gegen Manacor.

Länge nach von der Calle Mayor durchzogen, der durch das Thälchen abgeschiedene Theil heisst Son Ramis. Auf die kleine unregelmässige Plaza de la Constitucion stösst die Yglesia parroquial de los Angeles. Man glaubt, dass die Pfarrkirche von Sineu ursprünglich eine Moschee war, welche dem christlichen Cultus angepasst und der Nuestra Señora de los Angeles gewidmet wurde. Als im Jahre 1505 diese Kirche ein Raub der Flammen geworden war, erbaute man bald darauf die jetzt noch bestehende Kirche. Sie hat ein schönes Portal und an den Seiten durch Bogen verbundene Strebepfeiler. Zur Rechten ist ein kräftiger, von zwei Reihen Spitzenbogenfenstern durchbrochener Thurm mit Terrasse, die 175 m über dem Meere sich befindet und von einem pyramidenförmigen Helm bedeckt ist. Im Innern bildet sie ein einziges Schiff, das von vierzehn Pfeilern gestützt wird. Am Hochaltar ist die Statue der Nuestra Señora de los Angeles, die aus dem 16. Jahrhundert stammt, aufgestellt; in dem Grunde der beiden Kreuzesarme sind gothische Altäre. Fünf Seitenkapellen und eine zopfige Empore über dem Eingange vervollständigen die innere Ausstattung. In der vorletzten Kapelle ist ein schöner, alter, platerasker Altar mit dem Bilde des heiligen

Paulus. Auf dem Platze neben der Kirche und an diese angebaut befindet sich die Rectoria und oberhalb des jetzigen Municipalgerichtes steht ein Kapellchen, das unter einem Rundbogen ein altes hübsches Gemälde der heiligen Jungfrau, die auf dem Throne sitzt, von 14 runden Bildern umgeben, Scenen aus dem Leben Jesu darstellend, enthält, und am Eingange befindet sich ein altes, aus einem Brande gerettetes Leinwandbild, hinter welchem man die Pisside mit drei Hostien unversehrt in einem kleinen Altar fand. Hinter der Kirche liegt das Haus der Vives mit einem Rundbogenthor und drei gothischen Fenstern, von denen das eine oben flach ist, die anderen zwei Kielbogen aufweisen und das mittlere reich verziert ist.

Am interessantesten ist das Nonnenkloster, weil es an der Stelle des alten Alcazar der Könige von Mallorca steht und zum Theil noch dasselbe Gebäude ist. Sineu, einst Sixneu, eine der sechs Ortschaften, welche Jaime I. vorfand, gewann wegen seiner centralen Lage und Gesundheit des Klimas die Vorliebe der ersten Könige Mallorca's, welche dort einen Alcazar bauten, wo sie häufig, namentlich D⁰ Jaime II. und auch S⁰ Sancho, eine Zeitlang ihre Wohnungen aufzuschlagen pflegten. Unter Jaime II. wurde im Jahre 1300 durch Francisco Campredoni der bronzene Engel, der auf der Torre del Angel im Palast von Palma aufgestellt werden sollte, dorthin gebracht. König Philipp II. schenkte den Alcazar im Jahre 1579 den Franziscaner-Nonnen, damit sie in demselben ein Kloster ihres Ordens stifteten. Dieses Kloster ist das noch jetzt bestehende Convento de la Inmaculada Concepcion de Maria Santisima, das in Erinnerung an den Ursprung des Gebäudes noch heutzutage im gewöhnlichem Sprachgebrauche del Palau genannt wird.

Pfarrkirche von Sineu.

Die jetzige Kirche scheint 1583 eingeweiht worden zu sein, sie ist hoch gelegen; hat zur Linken einen durch drei Gesimse abgetheilten Thurm mit zwiebelartigem Ende, eine zopfige Façade mit Eckvasen und eine runde Oeffnung als Fensterrose in der Mitte. Sie weist im Innern vier Kreuzwölbungen und ein Tonnengewölbe über der Hochaltarkapelle auf. Links steht eine Segmentbogenkapelle mit gewundenen Bogen und Pfeilern, rechts eine Rundbogenkapelle mit einem bemerkenswerthen Altargemälde. Der Hochaltar ist der unbefleckten Empfängniss gewidmet. Das Klostergebäude hat fünf Stützpfeiler gegen die Hauptfront zu, das Sprechzimmer doppelte Spiegelgewölbe. In der Eingangshalle mit Kreuzgewölbe laufen bis zur halben Höhe der Wand Verzierungen aus Muscheln mit Palmen und Kreuzen. Hier ist der Zugang zum Corral, und eine Thür führt nach dem von unregelmässigen Gebäuden umschlossenen Hof mit Brunnen in der Mitte. Hierauf folgt der Kapitelsaal mit Bänken ringsum, und über eine Treppe gelangt man in den Hort. In sieben Rampen mit hölzernem Renaissancegeländer führt die Haupttreppe hinauf zu dem Gange, der rings um das Haus läuft und auf den die Zellen, das Noviziat und der Chor münden. Letzterer, ein schlichtes Kreuzgewölbe mit Fenstern darstellend, enthält Pulte im Renaissancestyl und eine Orgel und ist mit Kreuzwegstationen und einem Portrait der Maria Sabater aus Sineu, die im Jahre 1790 starb

Im Klosterhofe von Sineu.

und hier in grosser Verehrung steht, geschmückt. Im ganzen Kloster zählt man 41 Zellen, einige haben unter den Fenstern einen Vorsprung mit Holzgittern, wo Blumentöpfe stehen, welche mit ihren bunten Farben die alten geschwärzten Wände beleben. Beim Eingange links ist die kleine Küche, welche fast nur zur Bereitung der Chocolade dient. Die Zellen sind mit je drei Stühlen, drei niedrigen Sillones, einem Kreuz und einem Bett ausgestattet. An der inneren Seite der Fenster sind Azulejos angebracht, in dem Dezvan befinden sich ebenfalls sechs Zellen, die jetzt ausser Gebrauch sind. Von der Haupttreppe führen einige Stufen hinab durch einen Rundbogen zu einer kleinen Vorhalle mit Kreuzgewölbe, von dem eine Thür auf einen Balcon führt. Es folgt das grosse Refectorium mit einer Kanzel, wo man während des Essens vorliest, hölzernen Tischen und Stühlen und einem roh gemalten Abendmahlbildniss an der Wand. Dahinter liegt die grosse Küche,

Das Centrum der Insel.   183

neben derselben ein Corral und ein Gartenhof mit Palme und Brunnen mit Aujub. Gegen den
Hof zu geht die schlichte Sacristei, und hinter der Kirche befindet sich der Friedhof.
    Das Kloster der Minimen, de Jesus y Maria genannt, das im Jahre 1667 gegründet wurde,
wird gegenwärtig als Knabenschule und als Kaserne der Guardia Civil verwendet. Die Kirche,
die 1812 eingeweiht wurde, hat den Rang einer Hülfskirche. Am Hochaltar erblickt man die
Statue des Titularheiligen S. Francisco de Paula. Das Innere gliedert sich in vier Rundbogen-
wölbungen und vier Seitenkapellen, sowie zwei Kapellen unter der Empore. In der Mitte des
Hofes, der von einer Bogenhalle, die durch pseudoionische Säulen und Bogen getragen ist, umgeben wird, steht ein Brunnen aus gelbem Marmor.
    Im Hospital de Sineu, im unteren Theil der Ortschaft gelegen, besteht das öffentliche

Deia.

Oratorium de S. José, welches, wie die Anstalt, sehr alten Ursprunges ist; es wurde aber im
Anfang dieses Jahrhunderts gänzlich renovirt. Ein Spitzbogen-Glockengiebel befindet sich über der
Bogenhalle. Die Wände sind, wie bei mehreren anderen, nicht weit davon entfernten Häusern,
aus einer Mörtelmasse (Tapia) errichtet. Das modernisirte Innere zeigt drei Rundbogen, welche
das Tonnengewölbe tragen, sowie Zwickelkappen in den Ecken. Zwei Bilder an den Seiten stellen
die Heiligen Cosmas und Damian dar; es sind alle hübsche Bilder, die auf dem modernisirten
Altar stehen, dessen Mitte die Statue des Heiligen Joseph einnimmt. Daneben befindet sich das
Gemeindehaus, ebenfalls aus Tapia erbaut. Von hier führt eine Tribüne zur Kirche. Sehenswerth ist in Sineu, als einer der am meisten Getreide producirenden Ortschaften der Insel, die
noch erhaltene alte Barcella, ein früheres Getreide-Mustermass mit dem Wappen von Aragon und
Sineu. Wegen der grossen Production an Feldfrüchten sind die zwei Jahrmärkte von Sineu und
der Wochenmarkt am Mittwoch von Händlern stark besucht.

Das hübscheste und sehenswertheste Possessionshaus bei Sineu ist das dem Conde de España gehörige, ganz nahe gelegene Defla. Vor der Eroberung durch Jaime I. war Defla eine Alqueria, Rahal Adelfe Exasquia genannt, deren Ausdehnung 91 ha betrug. Das Haus gehört zu den ältesten Gebäuden der Insel, es muss früher ein grosses Areal eingenommen haben, denn man fand bis in ziemlicher Entfernung von demselben noch Grundmauern. Der alte, mit Zinnen gekrönte Thurm scheint in alter Zeit isolirt und, da er keine Treppe im Innern besass, nur mittelst einer aufziehbaren Strickleiter zugänglich gewesen zu sein. Als das noch heute stehende Haus erbaut wurde, blieb der Thurm noch immer isolirt. Nur von dem höchsten Theil des Gebäudes aus konnte man mittelst einer Zugbrücke zu ihm gelangen. So blieb er bestehen bis zu Anfang dieses Jahrhunderts. Damals wurde das Haus vollständig umgebaut und der Thurm von Theilen des Gebäudes fast umschlossen. Von dem Thurme hat man zur Zeit der häufigen Ueberfälle der Mauren die Fahrzeuge, die sich den Ufern von Sta Margarita näherten, beobachtet, und in dem Falle, dass sie verdächtiger Art erschienen, den Bewohnern Sineu's und der Umgebung davon Kunde gegeben.

Tumulus bei Llubi.

Am Anfange des Weges nach Defla ist ein Weinbergsportal beachtenswerth, das zu beiden Seiten Pfeiler begrenzen, deren Spitzen Pyramidenform zeigen. Die aufsteigende Strasse führt durch einen immergrünen Eichenwald, in dem einige verwilderte Pfauen hausen. Das Haus umschliesst auf drei Seiten einen Hof. Der starke Thurm hat einen Kranz von Zinnen, und in einer Ecke gegen die Clasta hat man eine Sonnenuhr angebracht. Das gothische, der Institucion der Sagrada Cucarestia gewidmete Kapellchen mit Glockengiebel wurde erst 1862 erbaut. Im Innern ist in einer Wandnische der Sarkophag mit den Resten von Dⁿ Carlos de España interessant, der zur Zeit von Ferdinand VII. Capitan general von Mallorca und einer der ersten Heerführer im Carlistenkrieg war. Im Hofe, über dem Haupteingange des Herrenhauses, sowie des Hauses für den Arrendador ist das Wappen von Rossiñol angebracht. Hübsch ist der Blick auf Sta Margarita, das Meer, die kleine Häusergruppe von Ariahy, die Höhen von dem nahen, mit Strandkiefern bedeckten Puig d'en Genovart; dahinter erblickt man die Mühlen von Sineu, die hohe Sierra vom Puig de Galatzó bis zum Puig Tumi, der hinter den welligen, als Weinberg benutzten nahen Anhöhen emporragt, und den gegenüberliegenden Puig d'Inca, sowie ferner den sich hinter dem Hause ausbreitenden immergrünen Eichenwald. Rückwärts liegen noch mehrere Wirthschaftsgebäude, unterhalb des Hauses befindet sich ein Ziergärtchen und dem Eingange gegenüber ein Garten mit schönen Orangenbäumen und einem im Anfang dieses Jahrhunderts erbauten Aujub mit Dockengeländern und Thonstatuen in den Ecken mit schöner Aussicht.

Nördlich von Sineu erheben sich mehrere, aus gewaltigen Blöcken erbaute Tumuli, stark mit Mastix-, Myrten- und wilden Oelbäumen überwachsen. Der grösste hat eine quadratische Form; Breite und Länge betragen zwölf Schritte. Nach der einen Seite ist er hufeisenförmig nach Art der Nau von Menorca. Er ist aus vier Reihen von Felsblöcken aufgebaut, von denen die grössten eine Länge von 4½ m haben. An einer Windmühle vorbei gelangt man in die Selva de Rossiñol, wo ebenfalls Tumuli liegen, verfolgt den Barranc, in dessen Nähe sich kleine Tropfsteinhöhlen befinden, durchwandert ein Gebüsch von Mastixsträuchern und gelangt endlich wieder nach Sineu.

Um nach S⁎ Juan zu gelangen, geht man durch die Calle del Mirador aus Sineu heraus, überschreitet einen mit üppigen immergrünen Eichen und Strandkiefern bewachsenen Rücken und wendet sich auf dem leicht bewegten Boden des Thales, welches durch kleine Häuser mit umgebenden Opuntiengärtchen belebt wird, den auf dieser Seite liegenden Hügeln zu. Bald erblickt man zwischen kleinen Anhöhen mit Windmühlen S⁎ Juan, in alten Tagen Alahmar genannt. Dieser Ort mit seinen einförmigen Gassen und grauen Häusern zählt 1532 Einwohner, die in 491, meist einstöckigen

Bei Son Rossiñol.

Häusern wohnen. Die Kirche gehört zu den alten Bauwerken der Insel und wurde schon vor 1300 erbaut, in welchem Jahre die Ortschaft als Villa genannt wird. Ursprünglich stand ein Gotteshaus an der Stelle, wo sich jetzt das Oratorium de Nuestra Señora de la Consolacion befindet, bis gegen Ende des 14. oder im Anfang des 15. Jahrhunderts die jetzige Kirche erbaut wurde. Die Wölbungen derselben stammen aus der Mitte des vorigen Jahrhunderts; der Thurm wurde erst 1865 erbaut. Die Kirche hat an der Vorderseite eine runde Fensterrose und einen rechts von dem Portal der Kirche später hinzugebauten Thurm, der sich 175 m über das Meer erhebt. Das Portal auf der Seite, zu dem einige Stufen hinaufführen, zeigt im Bogenfeld den geflügelten Löwen und den Adler des Evangelisten. Das Innere bildet ein Tonnengewölbe mit flachen verkehlten Pfeilern. Die Empore über dem Eingange hat einfach sich kreuzende Rippen in der Wölbung, unter ihr befinden sich zwei Kapellen, während fünf Kapellen zu beiden Seiten liegen. Die Sacristei zeigt gothische Wölbung.

Im Süden von S⁎ Juan, und zwar in kurzer Entfernung von der Ortschaft, liegt der Puig de Nuestra Señora de la Consolacion oder der Mare de Deu de la Consolació, auf den in vier fahrbaren Windungen ein Weg hinaufführt.

Bei der ersten Biegung trifft man eine Quelle, die neben einem Kapellchen unterhalb eines ziemlich grossen spitzigen Marés-Gewölbes entspringt. Es folgt ein grosser Aujub mit Thorgewölbe. Auf der Terrasse desselben, zu der Stufen hinaufführen, befinden sich eine Brunnenöffnung und in der Ecke ein Kreuz. Hübsch überslebt man von hier die Ebene von Sᵃ Juan bis zum Hause der Horta, dahinter die beiden Hügel von Bonañy und den emporragenden Hügel von Sᵃ Onofre, links Sineu, dann den Plá de Solanda, von der Strasse von Montuiri durchzogen, und in weiter Ferne die luftige Sierra mit den beiden Puig Mayors und dem Puig Tuml. Links befindet sich der Friedhof. Nach vorn liegt das Haus der Donada, und rechts von diesem steht die Kirche, zu der man auf einem Treppenaufgang hinaufgelangt. Ein Kreuzweg mit Stationen in Fayence führt aus der Ortschaft bis zur Kirche, an der die vierzehnte Station angebracht ist. Das Oratorium der Consolacion, dass eine Zeitlang als Pfarrkirche der Ortschaft Sᵃ Juan diente, ist eines der ältesten der Insel, es wurde aber im vorigen Jahrhundert renovirt und vergrössert. Das Bildniss der Mutter Gottes wurde nach der Ueberlieferung von einem maurischen Sklaven, der die Schafe des Eigenthümers des Gutes Solanda hütete, auf wunderbare Weise aufgefunden. Er sah nämlich, dass auf dem Stamme eines wilden Oelbaumes ein grosses Licht erglänze, und setzte den Herrn davon in Kenntniss; dieser begab sich dahin und fand in dem Stamme das Bildniss der Mutter Gottes. Kurz darauf wurde neben dem wilden Oelbaum das Oratorium erbaut. Beachtenswerth sind in der Kirche drei Bilder aus dem Kloster von Sᵃ Domingo von Palma und zwei sehr schlanke Säulen mit schönen, aus dem Achteck gebildeten Capitälen und Postamenten, die aus grauem Nummulitenkalkstein bestehen. In der nischenförmigen Hochaltarkapelle befindet sich hinter dem Altar auf einer doppelten aus sechs Stufen bestehenden Treppe die verehrte Madonnen-Statue mit dem Kinde aus Holz; es hängen dort viele San Lluis und Purisima-Kleider, Krücken, Exvotos, Bilder, Rosenkränze, Silberstücke u. s. w. Der wilde Oelbaum, in welchem die heilige Jungfrau gefunden wurde, hat noch junge Triebe. Das alte Kleid, mit dem man sie bedeckt fand, wird unter Glas aufbewahrt. Nach rückwärts hat man eine hübsche Aussicht auf die Horta und den Plá de Solanda. Unterhalb des Hügels der Consolacion befand sich eine alte Ortschaft, von welcher man noch Fundamentspuren findet. Im Norden von Juan ist der Puig de Sᵃ Onofre oder de la Bastida, den ebenfalls ein gothisches Kirchlein krönte; dasselbe dient jetzt anderen Zwecken, und, wo früher der Altar war, ist jetzt ein Backofen.

In Windungen führt der Weg hinauf zur ehemaligen Einsiedelei, in welcher nach dem Chronisten im Jahre 1595 schon Einsiedler gelebt haben. Gegen Norden bietet der Puig steile Abstürze; die Umzingelung der Einsiedelei liegt auf der Höhe gegen Osten etwas tiefer als die höchste Spitze. Man sieht hier einen gemauerten Eingang, Trümmer eines Gebäudes und ein von dem jetzigen Besitzer hübsch restaurirtes Kapellchen mit Segmentbogenthür. Dasselbe enthält eine Heiligenstatue, viele Exvotos, sowie einen alten hölzernen Christus am Kreuze. Hinter dem Kirchlein befindet sich eine Cisterne. Von der höchsten Anhöhe, 225 m über dem Meere, hat man eine entzückende Aussicht auf die Sierra, die Bucht von Alcudia, die liebliche Ebene von Mallorca, die mit Ortschaften gleichsam besäet ist, auf die Höhen von Randa, ferner auf Bonañy und Sᵃ Salvador in der Ferne, sowie auf die ganze gegen Artá zu liegende Gruppe. In grösserer Nähe sieht man Sineu, Llorito, Petra, Ariañy und Maria, sowie die untern Felder und Weinberge.

Von San Juan geht ein ziemlich guter Fahrweg nach Montuiri, er zieht sich auf der linken Seite eines ziemlich breiten, meist nur mit Feldern bebauten Thales hin, das am Rande von niederen, mit Strandkiefern bewaldeten, weisslichen Hügeln umsäumt ist. Etwas weiter liegt die Horta mit ergiebiger Quelle und Sefareix und das stattliche Haus Horteta mit seinen ausgedehnten Cactasfeigenpflanzungen. In einer kleinen Einsattelung mit hübscher Aussicht führt der Weg aus dem Thale heraus. Man erreicht ein Possessionshaus mit einem viereckigen bedachten Thurme, eine Windmühle und gelangt endlich zu dem Hügelrücken, an den sich Montuiri anlehnt.

Wir lassen vorläufig die Strecke der Carretera von Montuiri bis nach Algaida unberücksichtigt, da wir von derselben später sprechen werden. Von letzterer Ortschaft führt uns abermals ein Weg nach Sineu, Pina und Llorito berührend. Nachdem man an ein paar Hostals mit vorderer Bogenhalle auf dem Fahrweg von Manacor vorübergekommen ist, lässt man diesen zur

Das Centrum der Insel. 167

Rechten liegen und gelangt an kleinen Bauernhäusern und Waldstücken vorüber, durch ein unbedeutendes Thal nach dem Lugar Pina mit seiner weissen Kirche. Dieses zählt 480 Einwohner und 95 Häuser. Die Kirche der Nuestra Señora de la Salud und der Santos Cosme y Damian stammt wahrscheinlich aus dem vorigen Jahrhundert, worauf die Jahreszahl 1717 in der Wölbung hinzudeuten scheint. Vielleicht steht sie an der Stelle eines älteren Gebäudes, denn das Weihwasserbecken trägt das Datum 1622. Das Kirchengebäude hat zwei vordere Thürme, von denen nur der rechte ausgebaut und mit einem rothen Helm versehen ist. Das Innere hat Kreuzesform. Die Kirche wird von barmherzigen Schwestern, welche auch den Mädchen Schulunterricht ertheilen, in Stand gehalten.

Wir kommen in das Thal, das sich gegen die Ebene zu öffnet, welche von dem tafel-

St Onofre.

artigen Rücken des Puig de Randa und den ihn fortsetzenden Hügeln begrenzt wird. Uns gegen die mit Strandkiefern bewachsenen Anhöhen wendend, gelangen wir an dem grossen weissen Possessionshause von Son Servera vorüber. Links lässt man den ummauerten, mit Cypressen bepflanzten Friedhof von Llorito liegen. Diese kleine, 1150 Einwohner zählende Ortschaft befindet sich auf einer Anhöhe und ist von mehreren Windmühlen mit kleinen Opuntiengärten umgeben. Die einförmigen Häuser, 234 an der Zahl, sind hier fast alle zweistöckig mit Rundbogenthüren, Gesimsen unter den kleinen Fenstern und auf beiden Seiten mit abfallenden Dächern versehen. Die Ortschaft Llorito hiess ehemals Manresa. Als die Franciscaner im Jahre 1543 dort ein Kloster unter dem Titel der Nuestra Señora de Loreto gründeten, entstand aus der Corruption dieses Namens Llorito. Nach der Klosteraufhebung im Jahre 1835 wurde die 1819 neu aufgebaute Klosterkirche Suffragankirche von Sineu, während die Klostergebäude in Privathände geriethen. Der

Thurm hat eine obere Terrasse und einen zopfigen Helm. Das Innere, das ein Schiff mit Tonnengewölbe und vier Seitenkapellen bildet, ist mit zopfigen Altären ausgestattet; den Hochaltar schmückt die vergoldete Statue der Nuestra Señora de Loreto.

Um von Llorito nach Sineu zu gelangen, geht man am Fusse der kleinen Anhöhe hin. Die terrassirten Hügel steigen nur sanft an und sind mit prächtigen Weinbergen bedeckt. Der Boden des Thales ist kreidig und weisslich, aber reich mit Feigenbäumen und Pfahlrohr bewachsen. Einzelne kleine Bauernhäuser werden dazwischen sichtbar; auch eine alte Alqueria, Biniatzel, liegt am Wege.

Wir wollen nun jene Ortschaften betrachten, welche in dem von beiden Carreteras gebildeten Winkel mehr nach der Seite der Carretera de Inca zu liegen. Vorerst lenken wir unsere Schritte von Consell aus, durch die namentlich mit Weinbergen bebaute Ebene, nach Sᵗᵃ Eugenia. Rechts steht auf dem spärlich bewaldeten Hügel eine Häusergruppe, Las Covas genannt, und von hier führt der Weg durch die kleine Häusergruppe von Las Alquerias nach Sᵗᵃ Eugenia. Ueppige grosse Feigenbäume und vereinzelte kleine Häuser mit Opuntiengärten beleben die Umgebung. Durch die Calle Mayor tritt man in den Ort ein. Die 162 Häuser sind bis auf drei alle einstöckig. Die ursprüngliche Kirche war sicher sehr alten Ursprungs. Die Annahme dürfte gerechtfertigt sein, dass sie kurz nach der Eroberung erbaut wurde, wo die Ortschaft den Namen von Dⁿ Bernardo de Santa Eugenia Señor de Torrella, des ersten Gouverneurs der Insel, erhielt. Wahrscheinlich wurde das einstige Oratorium aber 1317 durch eine grössere Kirche ersetzt. Im Anfange des 18. Jahrhunderts wurde sie neu aufgebaut und vergrössert. Die Kirche ist klein, der Thurm mit kuppelartigem Aufsatz versehen. Ueber dem Portal ist eine Fensterrose. Ein Fahrweg führt durch Weinberge und Felder nach der Chaussee von Manacor.

Von der zweiten Mühle bei Binisalem führt der Weg über eine mit Wein bebaute Ebene mit kleinen Häusern, deren Dächer nach Süden abfallen, und man kommt zur Häusergruppe von Binisgual, einem mit Binisalem zusammengehörigen Caserio, mit schlichten Häusern und einfachem Kirchlein mit Glockengiebel. Am Pou Mayor mit vielen Tränken aus Stein vorbei gelangt man, nachdem man einen Torrenten überschritten hat, nach Sanselles. Die auf sanften länglichen Hügeln gelegene Ortschaft mit ihren üppigen Opuntiengärten zählt 1812 Einwohner und 622 kleine Häuser, welche auf ungepflasterte Gassen stossen. Die Yglesia parroquial liegt auf der grossen Plaza de la Constitucion.

Dieselbe wurde im Jahre 1691 erbaut und dem heiligen Petrus gewidmet. Das Portal ist zopfig; der Glockenthurm, welcher in sieben Stockwerke eingetheilt ist, wird von einem Helm gekrönt. Ein Theil des Innern ist im Renaissancestyl gehalten, es weist ein Tonnengewölbe mit sechs Rundbogenkapellen und eine nischenförmige Hochaltarkapelle auf. Die beiden Fenster sind nicht genügend, um die Kirche zu erhellen. Jede Woche wird in Sansellas Markt abgehalten; auch ein Jahrmarkt findet im Mai statt. Unweit von Sansellas, in der Nähe des südöstlich davon gelegenen Gutes Son Jordá in dem Distrikt Costitx, liegt die kleine, 156 Einwohner zählende Aldea von Ruberts, wo im Jahre 1780 ein kleines öffentliches, der Nuestra Señora del Carmen geweihtes Oratorium erbaut wurde. Von Sansellas führt ein Weg nach Sᵗᵃ Maria. Durch den Strandkiefernwäldchen und ausgedehnte Mandelbaumpflanzungen erreicht man Biniali. Es ist dies ein kleiner, 519 Einwohner zählender Ort mit 138 roh gemauerten Häuschen mit Rundbogenthüren. Er besitzt eine neue, an der Plaza gelegene Yglesia de Sᵗ Cristobal, Suffragankirche von Sansellas. Dieselbe zeigt aussen ein Giebelportal und einen viereckigen Glockenthurm mit Spitzbogen und Pyramidenhelm. Am Hochaltar ist eine Statue von Sᵗ Cristobal zu sehen. Unter den sieben Seitenkapellen ist die schönste die Almas del Purgatorio. Durch die Calle del Pozo gelangt man an schönen ausgedehnten Weinbergen vorbei zur Häusergruppe Las Covas und nach Sᵗᵃ Maria.

Von Sansellas kann man in kurzer Zeit Inca auf einem guten Fahrwege, der an bebauten Feldern und Weinbergen vorbeiführt, erreichen. Andererseits geht von Sansellas auch ein Fahrweg nach Costitx auf einer kleinen Erhöhung hin, welche mit Feigen-, Mandeln- und Johannisbrodbäumen bepflanzt ist. Schön ist von hier die Aussicht auf das ferne Inca und die Fortsetzung der Sierra, bis zu den zackigen Bergen von Formentor. Im Grunde des Thälchens angelangt, überschreitet man einen Bach auf kleiner Brücke und ersteigt einen felsigen, mit wilden Oelbäumen und Opuntien bewachsenen Hügel. Ueberhaupt trifft man theils sanfte, wellige, theils tafelartige Erhöhungen.

Costitx mit 783 Einwohnern liegt auf einer kleinen Anhöhe; seine 334 einstöckigen Häuser haben zumeist viereckige Thüren und sind an den Vorderseiten mit Mörtel beworfen. Auf der Plaza Mayor erhebt sich die alte Kirche, welche 1673 den Charakter einer Suffragan-Kirche von Sansellas erhielt. Das Bildniss der Mare de Deu de Costitx, das am Hochaltar steht, ist seit alter Zeit der Gegenstand grosser Verehrung. Das Innere der Kirche ist schlicht. Der Glockenthurm, in zwei Stockwerke gegliedert und von Spitzbogenfenstern durchbrochen, ist mit einem spitzen Helm gedeckt, der sich 161 m über das Meer erhebt. In dem Kloster der Monjas de la Misericordia mit einer Hauskapelle werden die kleinen Mädchen der Ortschaft von Nonnen unterrichtet.

Von Costitx steigt man auf der anderen Seite des Thales hinab und geniesst dabei eine schöne Aussicht auf die Colls. Die Häuschen liegen zwischen Opuntien- und Johannisbrodbäumen; sie sind überschattet von immergrünen Eichen, von den Erhöhungen ziehen sich Weinberge hinab. Man überschreitet eine mit Mastixwald bedeckte Anhöhe und gelangt nach Fornets, einer 2 km von Costitx entfernten Aldea mit 197 Einwohnern. Es hat ein öffentliches, Sⁿ José gewidmetes Oratorium aus dem vorigen Jahrhundert; rechts liegt das grosse Possessionshaus von Son Bordil. In den Einschnitten der Strasse, welche an vielen kleinen Bauernhäusern vorüber nach Inca führt, sieht man deutlich die Conglomeratfelsblöcke.

Durch die Calle de Sineu kommt man von Inca auf dem Hauptwege von Sineu durch schöne Mandel- und Feigenbaumpflanzungen, sowie ausgedehnte Weinberge mit niedriggehaltenen Reben. Die Gruppe des Puig Mayor und die ganze Sierra bildet einen schönen Hintergrund. Auf einem erhöhten Hügelrücken sieht man den Ort Costitx mit seinen Windmühlen und das Possessionshaus von Corbera. Links erblickt man den einzelnstehenden Puig de Sta Madalena, der auf den oberen Abhängen fast kahl, weiter dagegen waldig und mit grösseren Possessionshäusern bedeckt ist. Der Weg führt durch einen prächtigen immergrünen Eichenwald, dann durch üppige Pflanzungen, sowie an kleinen einzelstehenden Häuschen vorüber nach Llubí. Man tritt durch die Calle de Sⁿ Feliu in die Ortschaft, welche 1676 Einwohner zählt, ein. Die 511 Häuser sind mit wenigen Ausnahmen alle einstöckig, mit Rundbogenthüren und kleinen Gesimsfenstern versehen. Auf der kleinen Plaza de la Constitucion befinden sich die Kirche und daran anstossend ein grösseres zweistöckiges Gebäude. Nach den Chroniken stammt die Kirche von Llubí, welche Suffragan-Kirche von Muro ist, aus dem Jahre 1419. Das Innere zeigt ein einfaches Tonnengewölbe mit vier Seitenkapellen und Empore. In der sich verengenden Hochaltarkapelle steht die Statue von Sⁿ Feliu, des Patrons des Ortes, dem auch die Kirche geweiht ist. Zu Llubí gehören noch zwei kleine Kirchen; es sind dies das öffentliche Oratorium von Son Perrot, der Purisima Concepcion geweiht, und jenes von Sⁿ Juan Bautista, welches sich neben dem Possessionshause von Son Verdera befindet, eine halbe Legua von Llubí entfernt. Beide sind moderneren Ursprungs.

Die Carretera de Manacor.

Nach Algaida und Montuiri.

Um diese Fahrstrasse kennen zu lernen, wollen wir unsere Wanderung in Palma beginnen. Am Anfang des Weges sehen wir unweit von Palma die uns schon bekannte Kirche der Mare de Deu de la Soledad. Der Blick schweift über die fruchtbare Huerta mit ihren Maispflanzungen, Maulbeerbäumen und verstreut liegenden Häusern und Häusergruppen. Man gelangt an dem Häuschen des Peon Caminero vorüber; unweit davon ist ein Garten und weiterhin S'Hortet d'en Cerols. Man sieht einzelne Strandkiefern, Feigen-, Johannisbrod-, Oel- und Mandelbäume, von denen die letzteren auch regelmässige Pflanzungen bilden, und zur Rechten den prächtigen Garroveral del Rey, welches die grösste Johannisbrodbaumpflanzung der Insel ist. Hierauf kommt der Aujub d'en Lludé und der Plá de ses Bruxes; auf beiden Seiten sieht man Strandkiefernwald und dann Felder. Man steigt leicht hinab in eine moratige, mit Binsen bewachsene Fläche. Es folgt der Moli d'en Ferragut, eine in arabischem Styl gebaltene Wasserhebemühle, man gelangt durch den Plá de Sⁿ Jordi, passirt den Hostal des Plá und beginnt dann allmählich hinaufzusteigen. Links sieht man das offene, zum Theil unbewohnte Xorrigo des Marquez d'Ariañy und erreicht bald darauf nach starker Steigung die Creu d'Algaida. Grossartig ist von hier der Rückblick auf Palma mit der tiefblauen Bucht, der grünenden Huerta und der erasten Sierra. Die Grundstücke sind mit hohen Mauern umzäunt. Man überschreitet ein Bachbett und einen kleinen Einschnitt und erreicht die Häusergruppe der Hostals de Algaida, die von Feigen- und Johannisbrodbäumen, sowie kleinen Opuntiengärten umgeben ist. Es giebt vier Hostals; das Dach des grössten ist von Marés-Säulen unterstützt. Unweit davon trifft man auf dem alten Wege nach Sineu das Häuschen von Son Falconer; links davon entspringt eine wasserreiche, 30 Canas tiefe Quelle, und nahebei befindet sich eine Höhle in der Richtung von Consell; das Wasser läuft zum Pou d'en Tries gegen den Prat de Sⁿ Jordi zu. Wirft man einen Strohhalm oder was immer für einen schwimmenden Gegenstand hinein, so sieht man ihn gleich in dieser Richtung verschwinden, so dass viele Leute der Meinung sind, dass dieses Wasser einem unterirdischen Bache angehöre. Das Wasser ist sehr warm und eignet sich besonders zum Kochen von Saubohnen. An einem steinernen Kreuz vorbei kommt man auf den Weg nach Algaida durch eine Art Gasse mit Häusern, welche die eigentliche Ortschaft mit der Carretera de Manacor verbindet. Zahlreiche Windmühlen umgeben Algaida, welches 1946 Einwohner und 604 Häuser zählt. Einen hübschen Hintergrund für die Ortschaft bildet der doppelgipfelige Puig de Randa. Die meist einstöckigen Häuser zeigen in der Regel Rundbogenthüren und schöne Rebenlauben vor den Eingängen. Die Calle Mayor führt auf ein Plätzchen mit grosser Tränke, das von einer schmalen Bogenhalle und neueren Häusern umgeben ist. Die Kirche ist ziemlich alt, nämlich so alt, wie die Ortschaft selbst, die ungefähr im Jahre 1300 unter der Regierung von Dⁿ Jaime II. gegründet wurde. Die günstige Lage von Algaida brachte es damals mit sich, dass viele der neuen Einwohner dorthin übersiedelten, und bald wurde der Bau einer Kirche nothwendig, welche, wie erwähnt, im Anfange des 14 Jahrhunderts errichtet wurde. Die Vorderseite des ziemlich grossen Gebäudes ist in drei Stockwerke eingetheilt und bildet mit dem Thurme ein Ganzes.

Im ersten Stockwerke ist das gothische Hauptportal mit Darstellung der sitzenden Madonna mit Kind, im dritten die gothische Fensterrose, überragt von einem zopfigen ausgeschweiften Giebelaufsatz. Ueber diesem Stockwerke erhebt sich zur Rechten der noch zwei Stockwerke höhere Thurm mit kleiner Terrasse, die sich 216 m über das Meer erhebt, mit schwerfälligen Tragsteinen, welche das Gesims stützen, und mit einem kuppelartigen Aufsatz. Auf den Seiten der Kirche treten Strebepfeiler hervor, zwischen denen Segmentbogen mit Wasserspeiern sichtbar werden. Auf jeder Seite befinden sich fünf gothische Kapellen mit sich einfach kreuzenden Rippen in den Wölbungen. Die Eckkapelle ist grösser als die übrigen. Der Hochaltar in tonnenförmiger Apsis ist reich verziert. Eine Empore befindet sich über dem Eingange. Bei der Calle del Colomer, dem oberen Ausgange der Ortschaft, steht ein schönes Kreuz aus der Renaissancezeit.

Von Algaida kann man am besten das 4 km abstehende Randa durch das gleichnamige Querthal erreichen. Randa, ein mit Algaida politisch zusammengehöriges, 412 Einwohner zählendes Lugar hat mehrere Gassen mit natürlichem Pflaster. Die 53 Häuser sind in der Mehrzahl zweistöckig, mit Rundbogeneingang und kleinen Gesimsfenstern versehen. Die Kirche stammt erst aus dem vorigen Jahrhundert, obschon die kleine Ortschaft an Stelle einer Alqueria entstand, welche die Mauren Arrenda nannten. Sie ist Suffragan-Kirche derjenigen von Algaida. Der mit Spitzbogenfenstern versehene Thurm trägt ein Kuppelchen und ist mit einer Uhr versehen. Das Innere der Kirche bildet ein spitzes Tonnengewölbe. In der Hochaltarkapelle befindet sich ein Bild vom seligen Ramon Lull.

Geht man von Randa am waldigen Abhange des Puig de Randa entlang, so gelangt man nach Aubeña, einer früheren Alqueria, und unweit davon zur grossen Possession von Castellitx. Man hat von hier einen schönen Blick auf Montuiri, Randa und die benachbarten Possessionshäuser, sowie auf Sa Mata Escrita, eine ehemals der Familie Ramon Lull's gehörige Besitzung, so genannt, weil der Sage gemäss die Mastixsträucher noch die Schriftzüge des mallorquinischen Seligen auf ihren Blättern tragen. Eine kleine Quelle entspringt unterhalb der Besitzung. Zwischen beiden Häusern steht das alte interessante Kirchlein von Castellitx, das der Nuestra Señora de la Paz geweiht ist. Dasselbe bildete früher die Pfarrkirche des Distrikts von Algaida und blieb nach Erbauung der grösseren Kirche ein öffentliches Oratorium. Das von einem Glockenbogen überragte Kirchlein hat eine Vorhalle mit Segmentbogen-Eingang und einer hölzernen Kanzel, die durch einen hohen Pfeiler mit abgefassten Ecken gestützt wird. Erwähnenswerth ist der sehr hübsche Rundbogeneingang mit kleinen zierlichen sich kreuzenden Verzierungen, die auch an den Capitälen und den Pfeilern wiederkehren. Im Innern befinden sich Spitzbogen, die durch Wandpfeiler getragen werden; der eine hat sich kreuzende, der rechts befindliche verschlungene Verzierungen. Die Altarkapelle stammt aus der Renaissancezeit und besteht aus einem Tonnengewölbe, das von zwei gewundenen Bögen und Pfeilern getragen wird. Rechts vom Eingange ist ein altes beachtenswerthes Weihwasserbecken mit muschelartiger Verzierung und einem Kreuz im Grunde auf einem abgefassten Pfeilerchen. Sehr hübsch ist der gothische Altar mit zwei Seitenflügeln, der eine reiche Ausschmückung durch Krabbenverzierungen und Kreuzblumen erhalten hat. Bilder aus dem Leben des heiligen Petrus und Paulus vervollständigen seine Ausstattung. Das mittlere Stück fehlt. Man bewahrt in der Kirche auch ein schönes goldgesticktes Messkleid und einen alten schönen Kelch mit einem Wappen. Hinter dem Altar befindet sich ein Renaissance-Altärchen, wo die Mare Deu de la Pau, ein kleines Renaissance-Figürchen, aufgestellt ist; ein alter Cosi dient als Taufbecken. Neben der Kirche ist ein Corral, der einst als Begräbnissplatz diente.

Nach Aglaida zu geht ein guter Weg durch schöne Mandelpflanzungen. Von diesem Orte aus gelangt man, die einförmige Ebene durchwandernd, auf guter Strasse durch üppige Pflanzungen und Weinberge nach Montuiri. Die Ortschaft mit 1861 Einwohnern und 397 Häusern liegt auf einem langen einförmigen Hügel, der von Windmühlen gekrönt und von der Kirche überragt wird. Kleine Gärten mit Granatäpfelbäumen umgeben den Ort, an dessen Ende sich ein Lavadero, sowie ein steinernes Kreuz befinden. Montuiri hat nur einstöckige Häuschen, die meist Rundbogenthüren, kleine Fenster und ein unteres Gesims zeigen. Es giebt aber auch einzelne moderne Häuser mit grossen Fenstern und Sommerläden. Alte Wappenschilder und Kielbogenfenster befinden sich an den Häusern, namentlich auf der Plaza Nueva, wo auch die Pfarrkirche liegt. Die Pfarre von Montuiri, eine der ältesten, umfasste ursprünglich ein grosses Territorium, von dem nach und nach Felanitx, Algaida, Llummayor, Porreras, Campos und Santagny abgetrennt wurden, als im Jahre 1300 Jaime II. diese Ortschaften gründete.

Nach der Ueberlieferung war die ursprüngliche Pfarrkirche eine dem christlichen Cultus angepasste Moschee und befand sich an der Stelle vor der Ortschaft, die man El Velá de la Torre nennt. Die zweite Kirche wurde auf dem „El Molinar" genannten Teile von Montuiri errichtet, endlich erbaute man die jetzige Kirche, welche zu Anfang des 17. Jahrhundert umgebaut und dem S⁰ Bartolomé Apostol gewidmet wurde. Die Façade ist mit einem runden Fenster und einem zopfigen Portal versehen. Der Thurm ist mit einem Kuppelchen gekrönt. Das Innere zeigt eine nischenförmige Hochaltarkapelle, sechs Seitenkapellen und eine Empore über dem Eingange. Der ehemalige Hochaltar aus dem 17. Jahrhundert, jetzt etwas verkleinert, steht in der Kapelle von S⁰ Pedro. In der Wölbung sind die Daten 1550—1770 aufgezeichnet. Ueber einem Seitenportal steht die Jahreszahl 1643.

Unterhalb Montuiri steht ein grosses neues Hostal mit Säulenhalle vor dem Eingange. Die Carretera zieht sich von hier durch die Ebene hin, die mit Feigen-, Maulbeer-, Mandel-, Quittenbäumen und Weinbergen bedeckt und von einigen Norias bewässert wird. Man überschreitet einen unbedeutenden Hügelrand, sieht rechts Son Collell und links neben der Strasse den auf dieser Seite nur mit Mastixsträuchern besetzten Puig de S⁰ Miguel mit dem Oratorio, zu dem ein Weg in sanften Windungen hinaufführt. Es fehlen genauere Notizen über den Ursprung und das Alter des jetzigen Gebäudes, man weiss nur, dass es Ende des vorigen Jahrhunderts vergrössert und renovirt wurde. Wir kommen an einem verlassenen Corral, der einst als Rubestätte diente, vorüber und erblicken links die Kirche, den Stall und die Pajissa, sowie andere Nebengebäude. Die einfache Kirche hat einen Spitzbogen-Glockengiebel, sowie ein Segmentbogenportal mit Lünette und Rosenöffnung; zwischen diesen beiden befindet sich eine Sonnenuhr. Das Innere des Kirchleins ist schlicht; eine Empore über dem Eingange, auf beiden Seiten eine Kapelle, jedoch ohne Altar, und eine nischenförmige Hochaltarkapelle bilden die Gliederung des Innern. Am Hochaltar ist das Bildniss der Nuestra Señora de la Buena Paz mit dem heiligen Michael und Johannes dem Täufer. Verschiedene Exvotos hängen an den Wänden. Zur Linken, an die Kirche angebaut, befindet sich ein doppeltes Haus mit zwei Thüren, an einem vorn offenen Hof, dessen obere Räume für den Donat bestimmt und einer Art Hospederia waren. Seit einiger Zeit wohnen dort einige Einsiedler aus der Ermita de S⁰ Honorato vom Puig de Randa, welche das Oratorium bewachen. Rechts von der Kirche ist ein Anbau und eine Cisterne mit dem Spitzbogengiebel des achteckigen Brunnenaufsatzes, etwas weiter ein Aujub de Carré. Man hat von dieser Höhe eine hübsche Aussicht auf den Puig de Randa und die sanften Höhen bis nach Montesion de Porreras und auf diese Ortschaft, ferner auf die Gruppe von S⁰ Salvador mit Felanitx bis nach Llodrá, auf die Höhen von Bonañy und Farrutx im Hintergrunde. Auf der anderen Seite erblickt man die wellige Fläche der Insel mit dem nahen Montuiri, den Thurm von Algaida, den länglichen Puig de Son Segui und die lustige Sierra de Galatzó bis nach Formentor. Auf der Plattform des Puig, wo ein paar grosse Stein-Clapérs stehen, wachsen einige Feigenbäume.

Hinter S⁰ Miguel geht der Weg den Coll de sa Grava hinauf, zu dessen beiden Seiten sich Gravabrüche, welche zu den besten der Insel gehören, befinden. Man kommt dann auf dem hügeligen Boden, bald bergauf, bald hinunter, gehend zu Son Camellas und einer zertrümmerten Windmühle. Die Strasse schlängelt sich durch Getreidefelder an Weinbergen und verstreuten kleinen Bauernhäusern mit doppelter Dachneige vorüber in die Ebene hinab, welche von der Gruppe des Puig de S⁰ Salvador und der ihn fortsetzenden Hügelreihe eingefasst wird. Zur Rechten lässt man Son Sant Martí liegen und tritt durch die Calle de Palma in den kleinen Ort Villafranca ein, den man mit seinen Windmühlen und seiner Kirche schon eine lange Zeit vorher sieht. Die fast durchweg einstöckigen Häuser mit doppelter Dachneige haben üppige, über die Mitte des Hauses herabhängende Rebenlauben. Hauptsächlich sind die Häuser der Calle de la Yglesia auf diese Weise ausgeschmückt, was nicht wenig zur Hebung der einförmigen Erscheinung dieser Ortschaft der

Ebene beiträgt. Im Jahre 1630 wurde der Grundstein zur jetzigen Kirche gelegt, die der heiligen Barbara gewidmet ist, deren Bildniss auch den Hochaltar schmückt. Der viereckige Thurm ist mit Spitzbogenfenstern und einem Pyramidenhelm bedeckt. Das Innere zeigt ein Tonnengewölbe mit drei Seitenkapellen auf jeder Seite und eine Empore mit der Orgel, welche das Datum 1804 trägt.

Eine gute Strasse mit Maulbeerbäumen an den Seiten führt von Villafranca nach Son Sant Martí, dessen stattliches Possessionshaus, auf einer sanften Erhöhung gelegen, weithin sichtbar ist. Es hat einen Rundbogeneingang, über dem sich ein Relief befindet, welches den heiligen Paulus darstellt, wie er einem Bettler ein Stück seines Mantels giebt. Rechts sind die Kapelle und ein breites Gehöft mit einer Halle, die von sieben, auf achteckigen Pfeilern ruhenden Segmentbogen getragen wird, unter welchen von der Mitte aus eine bequeme Treppe hinaufgeht. An einer thurmartigen Erhöhung des Gebäudes sieht man eine Sonnenuhr und Spuren vermauerter Ventanas Cornellas. Das Ganze krönt ein Thürmchen mit Glocke. Die breite felsige, zum Theil als Tenne verwendete Plattform vor dem Hause gewährt eine herrliche Aussicht auf Villafranca und den Puig de Bonañy mit der fernen Sierra; links erblickt man den Peñal de Ferrutx und die von den Höhen von Calicant, Artá, Llodrá, Fangar, Sⁿ Salvador und Santuiri begrenzte, reich bebaute Ebene. Deutlich sieht man das lachende Felanitx. Zwei Cisternen befinden sich im Hofe und zwei Norias bei den Häusern. Der Keller oder Celté mit vier Pfeilern, welche je vier Bogen tragen, hat einen riesigen Holz-Cup, welcher wie eine sehr umfängliche Bota congreñada aussieht, die auf 21 Marés-Pfeilern ruht. Im Pinar, nicht weit von dem Hause, stehen zwei alte Windmühlen. An Son Sant Martí vorbei führt ein Weg von Villafranca nach Porreras.

Von Villafranca kann man leicht Sⁿ Juan erreichen. Man kommt auf diesem Fahrwege am Possessionshause des Cremat vorbei und steigt dann in ein Thälchen hinab, auf dessen Anhöhe der Calderers ein hübsches weitläufiges Haus mit drei Stockwerken mit grossem Keller und einer kleinen Kapelle liegt. Im Hofe ist ein guter Brunnen mit kühlem Wasser, ringsum ein Rebendach, und hinter dem Hause sind weitläufige Nebengebäude und ein grosser Weinberg. Sⁿ Juan liegt in einer Vertiefung; dahinter erheben sich ein Hügel mit Windmühle und der Puig de la Consolacion, und man gelangt auf den Weg von Petra.

Die Fahrstrasse von Villafranca bis nach Manacor zieht sich in sanfter, aber dauernder Senkung hin; sie durchzieht guten Ackerboden, der mit vielen Weinbergen bepflanzt ist. Man hat schon einen hübschen Blick auf Manacor und links auf La Moleta, sowie auf Alcudierom, welches auf einer Erhöhung liegt. Der Boden der Ebene ist weiterhin etwas steinig; man überschreitet eine Brücke über den Torrent und sieht auf einem kleinen Hügel das Possessionshaus von Caperó, dann Petra und Bonañy. Rechts geht ein kürzerer Weg ebenfalls nach Manacor. Die von uns eingeschlagene Fahrstrasse ist sehr schön und in der Thalvertiefung mit Wasserdurchlässen versehen; sie führt auf eine sanfte Wellenerhöhung, von der man einen weiten Blick auf die Ebene und das ferne Randa hat; namentlich hübsch erscheint die ferne Gruppe von Llodrá del Fangar, die aus sechs kegelartigen Hügeln besteht, mit Sⁿ Lucia und dem hohen Felsenkegel Castellet de Gegant, auf San Salvador und Calicant. Durch Mandel- und zahlreiche Feigenbaumpflanzungen erreicht man Manacor.

Der südliche Theil der Insel.

Nach Porreras, Felanitx, Santagny, Campos, Llummayor.

Wir kehren zu dem Kreuzwege, gegenüber Montuiri, zurück, um von hier die nach Felanitx führende Strasse einzuschlagen, welche die flache Sohle des vorerwähnten Ortes durchzieht. Zur Rechten hat man die Tafelhöhen von Randa, links den Puig de Sⁿ Miquel, auf dessen unterem, mit Strandkiefern bedeckten Vorsprunge sich das grössere Possessionshaus von Son Gogell darbietet. Nach Ueberschreitung einer kleinen Erhöhung am Beginne eines niedrigen, theilweise terrassierten Rückens, sieht man neben Strandkiefern Son Ripoll. Man gelangt durch viele Feigenbaumpflanzungen und Weinberge mit an kurzen Pfählen befestigten Reben auf einen niedrigen Hügel mit Windmühle, von dessen Höhe man die fruchtbare Thalebene von Porreras mit dem langgedehnten Rückenzug von Montesion zur Rechten und das schön geformte Gebirge von Sⁿ Salvador im Hintergrunde erblickt. Dann überschreitet man einzelne mit Strandkiefern und üppigen Pflanzungen bewachsene Hügel und kommt unter der Possession von Pas, die man zur Rechten lässt, und an schönen jungen Maulbeerbäumen vorbei nach Son Mas, einem alten Haus, das auf kleiner Anhöhe in dominirender Lage steht. Dasselbe hat eine alte Ventana Coronella mit einer Sonnenuhr, in einem stumpfen Winkel und an die Mauer gestellte Ziegel, die als Dachrinne dienen. Hierauf führt die gute Strasse zu dem Friedhofe mit der daneben gelegenen Kirche von Sᵗⁿ Cruz (oder Sᵗⁿ Creu) de Porreras. Schon im 13. Jahrhundert stand hier ein steinernes Kreuz, wie man dies überall in früherer Zeit an den Kreuzwegen oder am Eingange der Ortschaften zu thun pflegte. Nach der Ueberlieferung erhielten im Jahre 1712 die dorthin Pilgernden so viele Gnaden, dass die Bewohner der Ortschaft sich entschlossen, an jener Stelle eine Kirche zu errichten. Der Bau wurde jedoch lange Zeit unterbrochen und erst im Jahre 1871 gänzlich vollendet. Die Kirche hat eine flache Vorderseite mit einem runden Giebel in der Mitte und hinten einen Glockenbogen. Am Hochaltar steht ein Marés-Kreuz mit einem eingelegten Stückchen des wahren Kreuzes Christi, und auf jeder Seite befinden sich zwei Kapellen.

Nach kurzem Wege durch ebenes Terrain gelangt man zu einem Renaissance-Kapellchen mit einem alten steinernen Kreuz und tritt durch die Calle de Palma in die Ortschaft ein. Porreras mit 4288 Einwohnern zählt 1128 Häuser, von denen viele zwei- und dreistöckig, die meisten aber nach gewöhnlicher Art mit kleinen Fenstern und Rundbogenthoren versehen sind. Bisweilen beschatten Rebenlauben den Eingang.

Auf der unregelmässigen Plaza Mayor, in welche die Calle de Palma mündet und die wie eine erweiterte Gasse aussieht, steht die Casa Consistorial. Auf der Plazuela de la Yglesia befindet sich das stattliche Rectoría-Gebäude. Nach der Ueberlieferung hat im Jahre 1300 in Porreras ein Kirchlein der Consolacion bestanden, an dessen Stelle im Jahre 1666 der Bau der jetzigen Kirche begonnen wurde. Sie zeigt eine unschöne flache Vorderseite mit einer grossen Fensterrose und einem stattlich aussehenden Portal, das von zwei Säulen gestützt wird. Rechts stösst ein Glockenthurm mit sieben Abtheilungen an, von denen die beiden letzten von je zwei Spitzbogenfenstern durchbrochen sind. Oben ist eine 161 m über dem Meere stehende Terrasse mit Dockengeländer und einem Pyramidenhelm mit Krabben an den Ecken. Die Kirche von Porreras gehört zu den im Innern an Verzierungen reichsten Landkirchen Mallorca's. Das weitläufige, 56 Schritt lange Gebäude zeigt ein grosses einschiffiges Tonnengewölbe auf, das von Bogen unterstützt ist, welche auf platten römischen Pfeilern ruhen. Links befinden sich sechs Seitenkapellen mit zopfigen Altären. Auf einem Sockel aus rotem Binissalemer Marmor erhebt sich der Hochaltar in einer mit muschelartigen Ornamenten versehenen Kapelle. Interessant ist das alte Bildniss der Nuestra Señora de la Correa, gewöhnlich der Consolacion genannt, sowie diejenigen der heiligen Patrone Johannes des Täufers und des Evangelisten. In den einzelnen Kapellen befinden sich Marmoraltäre. Die Stühle der Chorempore, welche nach der Ueberlieferung einst den Tempelherren dienten, sind mit Skulpturen und Wappen reich verziert. In der Sacristei wird ein prächtiges silbernes Kreuz der Tempelherren aus dem 14. Jahrhundert stammend, aufbewahrt.

In Porreras giebt es noch ein kleines Oratorium, das des Hospitals von S^a Cosme y Damian, mit einem einzigen Altar, das im Jahre 1652 neben dem kleinen Hospital, welches schon im Jahre 1640 bestand, errichtet wurde. Die Bewohner von Porreras betreiben den Ackerbau in sehr ausgedehntem Masse, und die benachbarten Gründe gehören zu den am sorgfältigsten bebauten der Insel. Der dort in Menge cultivirte Safran hat einen guten Ruf erlangt.

Im Südosten, etwas mehr wie eine Meile von Porreras entfernt, liegt der abgerundete Hügel von Montesion, auf welchem nach der Ueberlieferung im Jahre 1348 ein Oratorium neben einer Einsiedelei errichtet wurde, weswegen man jährlich am 2. Juli ein Volks- und religiöses Fest mit Wettrennen feierte. Dieses Oratorium, welches der Virgen Maria geweiht ist, wurde durch die jetzige Kirche ersetzt, welche im Jahre 1711 renovirt oder wieder aufgebaut wurde. Neben dem Oratorium steht ein ziemlich grosses Gebäude, welches schon seit alter Zeit und bis vor kurzem Colegio de Humanidades war. Es wurde gegen das Ende des 17. Jahrhunderts neu aufgebaut; 1694 kam der Saal, welcher als Aula diente, zur Vollendung. Im Jahre 1680 wohnten daselbst über 200 Studenten, von denen viele in der Ortschaft wohnten, da das Haus von Montesion nicht genügend Raum für sie enthielt. Am Anfange des vorigen Jahrhunderts begann der Verfall des Collegiums, nachdem der Bischof die Errichtung einer grammatischen Schule in jedem Hauptorte der Insel angeordnet hatte. Die Anstalt wurde vor etwa 60 Jahren geschlossen. Von der Ortschaft Porreras führt der Weg durch die Calle Mayor gegen den Puig zu, und bei einem alten Kreuze beginnen die modernen Kreuzwegstationen aus Azulejos. Am Abhang des Puig ist ein kleines Strandkiefernwäldchen. Vor dem Eingange des Collegiums, nunmehr zum Theil Hospederia, führt eine Treppe mit zwei Kugeln an den Seiten hinauf, und ein Segmentbogen bildet den Eingang zur Halle. Gegen Porreras zu unterstützen zwei mächtige Pfeiler das Gebäude. In der Eingangshalle sind die beiden vorletzten Kreuzstationen und eine Mutter-Gottes-Statue angebracht. Der Hof, mit Bogenhallen ringsherum hat in der Mitte einen Cisternenbrunnen. Die Zimmer für die Studenten enthielten einen Alcoven aus Midjanada, in welchem oft acht Schüler schliefen, eine kleine Küche, einen Waschplatz und ein Stellbrett. Oberhalb des Alcovens ist ein Ort zur Aufbewahrung des Holzes. Ausserdem waren Wohnungen für die Lehrer und Dienerschaft vorhanden, im Ganzen 20 Zimmer. Im linken Theile befindet sich ein grosser Schulraum, über dessen Thür das Wappen von Porreras angebracht ist. Inschrift: Dilicit Dñs portas Sion dil. Dñs portas studiosorum. Er bildet ein grosses, durch Bogen getragenes Tonnengewölbe mit runden Säulen und steinernen Bänken an den Wänden. Die Küche hat ein sehr umfangreiches, von einem Pfeiler gestütztes Kamindach. Von einem kleinen Speisezimmer mit dreifachem Kreuzgewölbe hat man eine herrliche Aussicht auf die Ebene von Santagny bis nach Campos, das ferne Meer und das schön gezeichnete Cabrera. Im Vordergrunde sieht man die beiden Possessionshäuser Son Porquer und Es Monjos, mit je einer Windmühle. Die Sierra de sa Mesquida springt gegen Son Porquer vor; vor Campos erhebt sich der mit Strandkiefern bedeckte hügelige Puig de Son Dragó. Ueber dem Speisezimmer ist ein Saal, auf den vier eingerichtete Schlafzimmer münden, mit entzückender Aussicht auf das Meer und Cabrera. Eine kleine Rundbogenthür führt zum Cuarto del Mestre, das jetzt zur Wohnung des Donat verwendet wird. Die Kirche, an deren Eingang sich die letzte Kreuzwegstation befindet, ist ein gothischer Bau, dessen Gewölbe durch zwei Spitzbogen in drei Felder mit sich einfach kreuzenden Rippen getrennt wird, und deren Schlusssteine Figuren und Wappen aufweisen. Auf jeder Seite sind zwei Seitenkapellen mit Tonnenspitzgewölben und rohen Blätterknäufen; links befindet sich eine Tribüne mit Dockengeländern. Kleine Bilder und Kleider sind als Exvotos an den Seitenwänden angebracht. Die Statue der Mare de Deu mit dem Jesuskinde auf dem Arme, welche auf dem Hochaltar steht, ist aus Marmor. Beachtenswerth ist ein marmornes Weihwasserbecken, welches am Eingange angebracht ist. Von dem First des Kirchendaches, um welchen man herum gehen kann, hat man eine weite Aussicht auf den Puig de Randa und die Sierra mit den drei emporragenden Anhöhen des Puig Mayor de Soller de Lluch und des Puig Tumí, und gegen Felanitx zu sieht man die kleinen Hügel Sa Peña und Son Nebot. Die Glocke

Im Hofe des Montesion de Porreras.

stammt aus dem Jahre 1680. Die äussere Seite des Gebäudes mit seinen viereckigen Fenstern ist sehr schlicht. Wasserspeier gehen von einer kleinen Azotea oberhalb der Eingangshalle aus. Diese nüchterne, einförmige Aussenseite des Collegiums sieht auf den kahlen Kalksteinhügel von Montesion hinaus, der nur mit Asphodelen bedeckt ist.

Porreras ist berühmt wegen seiner Höhle, welche bei Son Lluis an dem Wege von Porreras nach Llummayor liegt. An der von Montuiri kommenden Strasse vorbeigehend, ersteigt man langsam die Höhen des Riquérs, die kahl und steinig, nur mit einigen Strandkiefern und Buschwerk bewachsen sind. In der Thalsohle sieht man ein paar Häuser und vor sich den konischen, bewaldeten Hügel Sa Bastida, an dessen Fuss der ansteigende Weg nach einem mit Oelbäumen und Weinbergen bewachsenen Thale hinführt, wo sich der felsige Puig de Maymona, sowie der höhere de Mina erheben. Man kommt am Possessionshause von Perola vorbei, im Grunde des Thales liegen

Son Frigola mit einer Palme davor und einer Windmühle, ferner Perola Vey; dann kommt Mina mit dem gleichnamigen Puig, ein schlichtes, gelbliches Haus. Jetzt erscheint noch Son Frigoleta vor unseren Blicken und weiterhin Son Lluis, bei dem eine Balsa steht. Das stattliche Haus hat eine Rundbogenthür, oben einen Glockengiebel und zur Seite eine Kapelle; nahe dabei ist der Sestador für die Schafe. Einige Schritte vom Hause entfernt, an dem gleichnamigen Berge ist der schmale Eingang der Cova de Son Lluis. Ein tiefer Brunnen, zu dem man auf einer Treppe hinabgeht, und eine kleine Thür bilden den Eingang. Hinter einem schmalen Loche fängt die grosse Höhle an. Zwei inmitten derselben befindliche grosse Stalagmiten werden nach ihrer Gestalt der Frare und die Monja (der Mönch und die Nonne) genannt. Weiterhin folgt eine grosse breite Kammer, dann eine zweite, zu welcher man an einem Strick hinabgeht. Durch die niedrige Thür gelangt man zum Cuarto des General mit sehr hübschen weissen Tropfsteinen, die wie phantastische Verbrämungen von der Steinwölbung herabhängen. Dann folgt ein langer schmaler Estret, durch den man nur schwierig sich hindurchzwängen kann, dann aber gelangt man in ein grosses Zimmer mit lockeren, von der Felsenwölbung herabhängenden Stalaktiten. Weiter tritt man in eine grosse, sich nach rechts hinziehende Höhle und erblickt viele klare, caramell- und blüthenartige Tropfsteine.

Die Gruppe des S⁰ Salvador und das Castell de Santuiri.

Man bemerkt auch in der Bildung begriffene Stalaktiten mit Stalagmiten, die sich vereinigen, von herrlicher Caramellfarbe. Der stark nach abwärts gehende Kreis de Guapo hat eine ziemlich hohe, aber von Stalaktiten arme Wölbung. In dem Loch der ersten Kammer gewinnt man eine an Kalkspat reiche Erde, welche zur Bereitung von Stuck dient. Der Weg führt von Son Lluis an der Besitzung von Perola Vey und der weissen Possession von Son Fullana mit zwei unbenutzten Windmühlen vorüber in die lachende Ebene von Llummayor.

Durch die Calle de Salà, mit einer kleinen Erweiterung am Ende, wo ein steinernes Kreuz auf Stufen steht, geht man von Porreras nach Felanitx hinaus. Der Weg kommt an mehreren, um die Ortschaft herumliegenden Windmühlen, die bisweilen von Opuntiengärten umgeben sind, und an Maulbeerbäumen vorbei und entfernt sich hierauf von der Ortschaft, während die stattliche Kirche derselben noch lange Zeit sichtbar bleibt. Rechts liegt auf der Kuppe eines Hügels das Possessionshaus von Porto, links sieht man vor dem Puig de Son Nebot S'Alqueria Blanca mit einem Rundbogenthor und dahinter Son Veny. Der Weg schlängelt sich durch einen Strandkieferwald, und etwas bergauf wandert man zwischen schönen Mandelpflanzungen und üppigen Weinbergen hin. An dem Wege und in den Feldern wachsen Johannisbrod-, Mastix- und wilde Oelbäume, herrlich nehmen sich namentlich bei Abendbeleuchtung die am Fusse des herrlich geformten Berges von S⁰ Salvador gelegene Ortschaft und die wie von einem duftigen Schleier umhüllt erscheinenden Colls de Artá, sowie die dazwischenliegenden Hügelreihen aus. Bei dem Scheidewege steht auf Stufen ein steinernes Kreuz; zur Rechten erhebt sich eine Reihe von stattlichen Hügeln mit einigen Windmühlen, an deren Fuss einzelnstehende Bauernhäuser und Norias zwischen den grünen üppigen Pflanzungen liegen. An den felsigen, nackten Abstürzen und Steinbrüchen der Mola, die nur theilweise mit Gebüsch bekleidet sind, vorübergehend, hat man eine herrliche Aussicht auf Felanitx.

Felanitx gehört zu den bedeutenderen Ortschaften der Insel, denn es zählt 6684 Einwohner und 1867 Häuser. Es liegt anmuthig auf einer kleinen Anhöhe, und die Grazie seiner Bewohner wird gerühmt. Einige schöne Palmen ragen über die Gebäude hervor. Die Häuser sind gut gebaut, wiewohl die meisten nach einem Modell aufgeführt scheinen. Bei einigen beschattet eine Weinlaube den Eingang; manche sind modern, ziemlich gross und bequem gebaut. Die bei weitem grösste Anzahl der Häuser ist einstöckig, nur wenige erreichen die Zahl von zwei und drei Stockwerken. Ueberhaupt ist Felanitx die hübscheste Ortschaft in der Ebene, deren Häuser auch von einem verhältnissmässig grossem Wohlstande der Bewohner Zeugniss ablegen. Auch der Handel ist rege und recht wichtig

Aus der Calle Nueva in Felanitx.

sind die beiden Jahrmärkte, die am 28. August und am letzten Sonntag des Monats September abgehalten werden. Felanitx hat mehrere Plätze; auf der schmalen Plaza de Constitucion, welche eigentlich nur eine Gasse ist, befindet sich das Rathhaus, ein kräftiges Steingebäude mit Wappen und der Jahreszahl 1702. In der Halle mit einfachem Kreuzgewölbe wird der Markt abgehalten. Vor der Kirche sprudelt auf der Plaza de la Fuente eine Quelle, die nie versiegendes und gutes Wasser liefert. Von dem eben genannten Platze gehen die Calle Nueva und die Calle Mayor längs der Kirche als Hauptgassen ab. In der letzteren sieht man ein altes Relief, das heilige Abendmahl darstellend. Es finden sich überhaupt in Felanitx viele alte Reliefs, die Kreuzstationen bezeichnend. Auf der Plaza de Arrabal, von der eine Gasse zum Hafen führt, entspringt ebenfalls eine kleine Quelle. Die Kirche von Felanitx des Arcangel S⁰ Miguel ist noch älter als die Ortschaft und bestand urkundlich schon im Jahre 1233, während der Ort erst 1300 gegründet wurde. An Stelle der alten Kirche erbaute man im 16. Jahrhundert die jetzige. Die Erweiterung vom Jahre 1865 erstreckte sich hauptsächlich auf die Baulichkeiten neben dem Chor. 1877 wurde der neue Hochaltar eingeweiht. Der hohe, weithin sichtbare Thurm, durch Gesimse in Stockwerke eingetheilt, ist oben von zwei Spitzbogenfenstern durchbrochen und wird durch ein Kuppelchen abgeschlossen. Die Terrasse desselben steht 151 m über dem Meere. Eine Gradinade von breiten Stufen mit steinernem Dockengeländer an den Seiten, das von Kugeln überragt wird, führt zur Kirche. Die Vorderseite hat einen zopfigen Giebel mit Uhr und zwei Obelisken an beiden Seiten, eine Fensterrose mit farbigen Gläsern darunter und ein hübsches platereskes Portal, über dem eine Statue des heiligen Michael angebracht ist. Das gothische Innere ist modernisirt; man hat den natürlichen Stein mit weissem Stuck überzogen und mit zopfigen Vergoldungen verziert; an den Seiten befinden sich sechs Pfeiler, auf denen die Spitzbogen ruhen, zwischen welchen sich die Rippen einfach kreuzen. In jedem Bogenfelde ist ein kleines rundes Fenster, von dem Festons zu einem Heiligenbilde abgehen. Die Kirche besitzt sechs Seitenkapellen mit gothischen, sich einfach kreuzenden Gewölberippen und zwei Kapellen unter der über dem Eingange befindlichen, mit Dockengeländer versehenen Empore. Die der Nuestra Señora del Rosario gewidmete hübsche Renaissancekapelle weist eine muschelartige Altars- und zwei Seitenkapellen auf. Diese und die des seligen Ramon Llull zur Rechten sind sehr reich ausgestattet. Eine luftige Kuppel überragt das Ganze; fünf Stufen führen vom Längsschiff zu der Hochaltarkapelle hinauf. Auf beiden Seiten des modernen gothischen, am Eingange des Presbyteriums stehenden reichen Hochaltars stehen Altäre, von welchen der zur Linken dem Sᵗᵒ Cristo gewidmet ist; hier befindet sich der Eingang zur Sacristei. Auf dem Platze hinter der Kirche steht die Schule, und auf der linken Seite ist das Gebäude der Rectoría beachtenswerth wegen seiner sich fächerartig hineinziehenden Ecke, die einen kleinen Balcon stützt. Am Ende der Ortschaft, an der Calle del Convento, liegt das ehemalige Kloster de Sᵗ Agustin, welches im Jahre 1603 gegründet wurde und bis zur Klosteraufhebung bestand. Das Gebäude ist an Private verkauft und nur noch zum Theil erhalten. Die Kirche dient als Hülfskirche; sie hat eine neu beworfene Façade, eine gothische Renaissance-Fensterrose, einen zopfigen Aufsatz mit Glockengiebel zur Linken und rechts ein Fenster mit einem Scheinbalcon. Das im Jahre 1862 renovirte Innere stellt ein Tonnengewölbe dar mit Bogen, die auf Pfeilern mit pseudorömischen Säulen ruhen, sowie eine Hochaltarnische, fünf Seitenkapellen und eine grosse Empore mit eisernem Geländer, Segmentbogen und sich einfach kreuzenden Rippen dar. Auf beiden Seiten, unterhalb der Empore, sind Seiteneingänge; die dritte Kapelle links enthält die neu aufgebaute Orgel, die rechte, dem Sᵗ Nicolas gewidmete, ist eine achteckige Kuppelkapelle, auf denen sich je ein Kuppelchen erhebt, das bei den seitlichen Kapellen plattgedrückt und bei der vorderen rund ist. Der Kirche schliesst sich ein Gärtchen an. Am Ende der Ortschaft liegt in der Richtung des grossen Hauses von Sa Torre, am Fusse des Calvarienberges, das Haus des Hospicio, wo man im Jahre 1881 ein hübsches, öffentliches, dem Sᵗ Alfonso de Ligorio gewidmetes Oratorium erbaute. Eine andere Kapelle befindet sich in dem Hause der Soras de la Caridad.

Felanitx liegt anmuthig zwischen zwei Hügeln, dem Puig del Calvari und der 170 m hohen Mola, an deren Abhange ein Steinbruch liegt, welchem man Schwellen- und Ecksteine (Cantons) entnimmt. Neben der Mola erhebt sich der Puig de Sᵗ Nicolas mit drei Windmühlen, und hinter den Molins de sa Torra, auf welchen 15 Windmühlen inmitten eines Opuntiendickichts stehen, wird der Puig Vert sichtbar. Der Calvario auf der Höhe des Puig des Call oder de sa Sixta, der nachher schlechtweg Puig del Calvari genannt wurde, erhebt sich im Südosten der Ortschaft in einer Entfernung von 15 Minuten. Derselbe besteht aus zwei Höhen, dem Calvari und dem Puig d'en March, die vielfach bebaut oder mit Strandkiefern bewachsen sind. Der Weg hinauf führt bis zu einer Bank, wo man sowohl auf Sᵗ Salvador, wie auf das an alten Erinnerungen reiche Santuiri und das wie in einem Plane ausgebreitete Felanitx blickt. Einige aus dem Häusermeere hervorragende Palmen beleben aufs Anmuthigste das Landschaftsbild. Anfangs in Retjas eingetheilt, später auf Stufen führt der mit Cypressen bepflanzte Weg in Windungen hinauf. Die Stationen des Kreuzes, welche demselben entlang liegen, weisen einfache Marés-Pfeiler mit Fayence-Bildchen auf. Vor der Calvarienberg-Kapelle ist ein Gärtchen, das, mit Agaven und Cypressen bepflanzt, eine prächtige

Aussicht auf die lachende Ebene bis zum Puig de Bonañy, die Colls de Artá, auf die Gruppe des S⁎ Salvador auf der anderen Seite und die Hügelreihe bis zu dem vorspringenden Puig de la Consolació darbietet. Unten erblickt man die weisse, mit Cypressen bedeckte Ruhestatte mit dem dazugehörigen Kirchlein. Bis zum fernen Meer und Cabrera, sowie den Höhen des Puig de Randa und der duftigen Sierra reicht der Blick. Das Kapellchen des Calvarienberges wurde im Jahre 1850 erbaut, und daneben errichtete man ein Häuschen für den Donat. Das Kirchlein ist abgerundet und trägt oben einen Glockenbogen. Das Innere zeigt ein Tonnengewölbe, zwei Kreuzkapellen und eine nischenförmige Altarkapelle, wo ein Christusbild in Naturgrösse, Cristo de la Sanch, steht, welches einen Gegenstand grosser Verehrung bildet. Von Bellavista, einem neben der Kirche 1851 erbauten Aussichtspunkte, hat man eine herrliche Aussicht.

Der schönste Punkt der Umgebung ist der Puig de S⁎ Salvador, der blos 5 km entfernt ist. Um dorthin zu gelangen, muss man durch die Calle Nueva Felanitx verlassen und den Fahrweg nach Santagny einschlagen, der am Fusse des Calvarienhügels einbiegt; hierauf überschreitet man eine flache, gut bebaute Thalsohle. Links steht das Possessionshaus von Son Guellas mit dem Oliver de Son Bennaser. Man gelangt in ein Kiefernwäldchen, dessen Vorsprung Es Picot heisst, und überblickt Can Pan Cult oder Ses Fontanellas. Der Weg führt in einem Torrententhälchen weiter, wo ein weisslicher Stein zu finden ist, auf den die frommen Vorübergehenden einen Stein werfen, eine arabische Sitte, welche den Sinn hat, gewissermassen in der Wüste durch einen Stein mehr den geheiligten Platz zu bezeichnen, und die sich auf Mallorca häufig findet. In einer Biegung erreicht der Weg ein Kapellchen neben einem Celtisbaum, wo die Vorübergehenden ein Salve Regina zu beten nie versäumen. Das Kirchlein der Salve enthält eine Renaissancenische mit einer Madonnenstatue. Man sagt, dass sie an der Stelle erbaut sei, wo das Bildniss der heiligen Jungfrau gefunden und verehrt wurde, das man auch S⁎ Salvador übertrug, als der König D⁎ Pedro IV, de Aragon im Jahre 1348 dem Einsiedler Romeo Burguera die Erlaubniss zur Errichtung des Sanctuariums von S⁎ Salvador gab, das dieser auch, von den Almosen der Bewohner von Felanitx unterstützt, ausführte. Dieser Wallfahrtsplatz war anfangs ein Monasterium oder eine Einsiedelei. Daraus erklärt man sich die Grösse des an die ebenfalls stattliche Kirche anstossenden Gebäudes, welches heutzutage Hospederia ist, wo man, dem mallorquinischen Brauche gemäss, unentgeltlich beherbergt wird. An drei Festtagen, am Sonntag nach Ostern, am 6. Mai und am zweiten Sonntag des Novembers, wird das Incarnationsfest gefeiert, und an Sonn- und Feiertagen in der Kirche eine stille Messe gelesen. Ein kleiner Aufub ist neben dem Wege, der in Serpentinen hinaufführt; es beginnen die Stationen des Calvarienberges mit Azulejos, massigen Kapellchen und zwei Voluten oben. Eine kleine Terrasse mit Brunnen gewährt eine schöne Aussicht. Das Aeussere von S⁎ Salvador ist ernst und zu der Lage passend. Drei ungleich hohe Thurmansätze, sowie mehrfache Vorsprünge des Mauerwerkes geben dem Gebäude ein lebendiges, interessantes Aussehen. Die Kirche schliesst sich vorspringend und, eine Ecke nach innen bildend, das Gebäude des Hospederia an mit drei Reihen kleiner, viereckiger Fenster, welches dann gegen Osten gleichsam vier Tracte aufweist, die mit Quaderecken von einander geschieden und mit ein paar breiten Balconfenstern versehen sind, wovon das letztere jener der Eingangshalle ist. Diese war wahrscheinlich ein Kapellchen, wie die modernisirte Fensterrose und der Glockenbogen darauf beweisen.

Im Innern bildet die Kirche ein Kreuzgewölbe mit dem Datum 1733. Zur Rechten ist ein Theil mit Tragsteinen versehen, zur Linken ein Rundbogenthor mit einem alten Relief in einem Kielbogen. Treten wir ein, so kommen wir in eine grosse Eingangshalle mit einem von Segmentbogen mit Kämpfer-Consolen getragenen Tonnengewölbe. Auf beiden Seiten der Halle leiten Treppen mit eisernem Geländer zu den oberen Räumlichkeiten und abgerundete Stufen in ein kleines Gehöft, wo ein zopfiges Portal den Eingang in die Kirche bildet. Auf ihrem Dach ist eine kleine Holzterrasse, wo sich 509 m über dem Meere die umfassendste Aussicht auf die Umgebung darbietet. Man übersieht die Ebene gegen das Meer und Cabrera bis nach Llummayor, den Puig de Randa und die duftige Gebirgskette bis zur Bucht von Alcudia; vor sich hat man die nahe Ortschaft Felanitx und hinter diesem Porreras, dann das schöne geformte Hügelland gegen Artá mit der grossen Kirche und das Possessionshaus des Fangar. Prächtig übersieht man die beiden

Häfen von Porto Petra und Porto Colom. Die Kirche hat eine mittlere, tonnenförmige Dachung und vier Seitenwölbungen oberhalb der Kapellen, sowie Wände, die sie trennen und gleichsam Cassetten bilden, und einen von einem Kreuz überragten Glockengiebel mit zwei ausgeschweiften Kugelpfeilern an den Seiten. In der Mitte befindet sich die Tonnendachung der Hochaltarkapelle, die, wie das Gebäude überhaupt, mit Holzziegeln bedeckt ist. Sie läuft nach rückwärts etwas spitz zu. Die Bogen, welche das Tonnengewölbe im Innern tragen, ruhen auf Pfeilern; auf jeder Seite sind drei Rundbogen-Kapellen und zwei Altäre, auch unterhalb der mit Dockengeländer versehenen Empore. In einer der Kapellen wird ein sehr hübsches Bild, den heiligen Sebastian vorstellend, aufbewahrt; in einer anderen findet man einen alten steinernen Reliefaltar, auf dem die Passion dargestellt ist. Eine anscheinend sehr alte Steinstatuette der Mare de Deu ziert den zopfigen Hochaltar, zu dem Stufen hinaufführen. Ringsum hängen Exvotos von Silberplatten und darunter

Es Puig de Sⁿ Salvador.

auch ein Dampfermodell, sowie kleine Kreuze und Rosenkränze. Einige von diesen Gegenständen erinnern an die Vertheidigung gegen die Maurenangriffe im Jahre 1737. Die Sacristei wird von einem Spiegelgewölbe bedeckt. In einem Renaissancerahmen wird das Kleid, in welchem man die dortige Mare de Deu fand, aufbewahrt. Gegen den kleinen Hof zu ist die Thür des Speisezimmers. Ein Theil der Hospederia, zu der eine steinerne Treppe vom Hofe aus führt, weist einen Corridor und mehrere Zimmerchen mit Wölbung aus dem 18. Jahrhundert auf. Die Hospederia hat 32 Schlafzimmer mit 40 Betten, vier grosse Küchen mit vorspringenden Kaminen, ohne die Kochöfen, die in einigen Wohnungen stehen, mitzurechnen, einen grossen Speisesaal und viele andere Nebengebäude. Das Ganze ist äusserst solid gebaut und ohne Balkenwerk. Ueberall sind Wölbungen verwendet, von denen man nicht weniger als 57 zählt, ohne jene der Kirche mitzurechnen. Ein ebener Weg auf der Bergspitze führt zu einem runden, von einer steinernen Bank umgebenen Mirador mit einem Tisch in der Mitte, wo in der guten Jahreszeit viele Leute zu Mittag essen, indem sie sich am Genusse einer der schönsten Aussichten Mallorca's erfreuen, da man von hier den ganzen südlichen und östlichen Theil der Insel aus der Vogelperspective erblickt. Mit Wohlgefallen schaut das Auge auf die nahen Höhen und auf das alte Santuiri. Hochthronend und stolz, gleichsam ein Adlerhorst, erscheint von hier aus das Sanctuarium von Sⁿ Salvador mit dem duftigen Hintergrunde der ewig schönen Sierra und der Tafelhöhe von Randa. Die Aussicht ist ganz besonders interessant, denn man sieht von Calafiguera bis nach Cañamel, von Galatzó bis nach Alcudia, von Sⁿ Salvador bis zum nahen Meere. Sehr steil, aber mit Gebüsch von Mastix, Haidekraut, Cistus und Carritx bedeckt sind die Hügel von Sⁿ Salvador, die unten mit Strandkiefern bewachsen sind. Der Gebirgsstock löst sich in einer Reihe von schönen, mit Kiefern bedeckten Kuppen gegen den Hafen zu auf. Für Spaziergänger sind an schönen Punkten Bänke aufgestellt, wo es sich gar traulich mit dem lieblichen Landschaftsbilde vor sich ruhen lässt.

Nicht minder interessant wie Sⁿ Salvador ist das alte Schloss Santuiri, eine der vier mittelalterlichen Burgen Mallorca's und die am besten erhaltene von allen. Der Weg von Felanitx dahin führt von der Fahrstrasse von Santagny links hinauf, in kurzer Entfernung an dem grossen Possessionshause von Ca Coma vorüber, dann weiter an Can Burguera und anderen Häuschen mit grossem Orangengarten vorbei. Das coupirte Terrain gestaltet sich zu einer Art Thal, am Fusse des Castell stellenweise mit Strandkiefern bewachsen. Das Schloss zeigt sich vor uns mit seinen hohen Felsenwänden, an beiden Enden mauergekrönt und von Zinnen überragt. Rechts vom Castells ist ein steiniger Vorsprung mit durchbrochenem Felsen, Sa Roca Foradada genannt; diesem folgt ein abgerundeter Hügel. An Can Aiguela des Castell, dann an einigen Orangenbäumen und kleinen Quelle vorbei gelangt man zum eigentlichen Hause des Castells, oberhalb dessen sich ein kleiner Sesareix befindet, spärlich ernährt durch sickerndes Wasser, das einige Gemüseterrassen mit Opuntien bewässert. Der Pfad führt an Strandkiefern, wilden Oelbäumen und üppigen Mastixsträuchern vorbei zu den Felsenwänden des Castells. Vorerst aber wollen wir einige Worte über die Geschichte dieser Feste sagen. Einige alte Urkunden bezeichnen diese mit dem Namen San Lueri und Montueri; man glaubt, dass sie von sehr altem Ursprunge sei, vielleicht aus der römischen Periode stammend und zur Vertheidigung der einst stark besuchten, benachbarten Häfen von Porto Colom, Porto Petra und Cala Llonga errichtet. Wie einige mallorquinische Chroniken behaupten, indem sie sich auf ein Document aus dem Jahre 1229 beziehen, besass damals dieses Schloss ein Conde de Rosselon y de Cerdaña, der bei der 115 Jahre vor der eigentlichen Eroberung durch Jaime I. erfolgten Eroberung der Insel durch den Conde Dⁿ Ramon Berenguer de Barcelona mitgekämpft hatte. Nichtsdestoweniger war bei der allgemeinen Vertheilung der Insel durch Jaime I. das Schloss Santuiri eins derjenigen, welche sich der Eroberer bei dem Tausche der Insel mit der Grafschaft Urgel zurückbehielt. Im Jahre 1285 eroberten die Krieger von Dⁿ Alfonso de Aragon das Schloss, in welches sich viele dem Könige Dⁿ Jaime II. de Mallorca treu gebliebener Ritter geflüchtet hatten. Kurze Zeit darauf ergab sich das Schloss ein zweites Mal, und zwar dem Dⁿ Pedro IV. von Aragon nach der Schlacht von Llummayor, welche dem Reiche und dem Leben von Dⁿ Jaime III., dem letzten Könige von Mallorca, ein Ende machte. Durch Verordnung im Jahre 1406 wurde dem Castellan befohlen, das Schloss in Vertheidigungszustand zu setzen und die Befestigung zu verstärken, um einem auf Mallorca befürchteten Maurenangriffe Widerstand zu leisten. Die Wichtigkeit, welche dieses Schloss hatte, ist aus den verhältnissmässig grossen Summen, welche das Patrimonio real zu dessen Erhaltung verwendete, ersichtlich. Die letzten Maurerarbeiten, von denen man Kunde hat, sind die im Jahre 1552 ausgeführten. Der Eingang des Schlosses ist sehr malerisch. Ueber dem Rundbogenthor erblickt man ein Wappen; zu beiden Seiten ist die Wand mit Schiessscharten versehen. Zur Linken befindet sich eine gewölbte Casematte mit Rundbogeneingang, dahinter der runde Eckthurm mit Krapsteinthür, Quaderkuppel und Schiessscharten. Das nördliche Ende des Schlosses gegen den sich mächtig aufbäumenden Sⁿ Salvador zu ist mit einer in stumpfe Winkel vorspringenden Befestigung mit Schiessscharten versehen; hierauf folgt ein kleiner viereckiger, zinnengekrönter Thurm, der den etwas ansteigenden Bergrücken vertheidigte. Innerhalb des Thores ist eine gemauerte Vertiefung mit Brunnen und kleinen Tränken daneben. Etwas weiter befindet sich ein stark gewölbter, anjubartiger, mit röthlichem Trispol bedeckter Bau. Gegen Süden ist eine kleine Thür und ein Anbau, der eine Vorhalle zu bilden scheint. Die Südseite, d. h. die dem Meere zugekehrte, ist die interessanteste und war am meisten befestigt. Wir finden hier mehrere gewölbte Räume, die wahrscheinlich als Cassematten benutzt wurden. Auf einem Vorsprunge des Hügels ist eine, zwei vorspringende stumpfe Winkel bildende Wand, hinter welcher sich ein Steinbruch befindet. Darauf folgt eine Hausruine, und dieser gegenüber stehen zwei Thürme: ein kleiner niedriger und ein grösserer, der aus Quadern erbaut worden ist. Eine Mauer verbindet den Thurm mit dem Eingange des anderen Eckthurmes. Dem Castellthore gegenüber befindet sich ein Vorsprung, der als Obstgarten Verwendung findet. Die rechts vom Schlosse gelegene Anhöhe heisst El Puig

Schloss von Santueri (Südseite).

de' l'Envestida, und der rundliche Hügel, der gleichsam das Thal versperrt, Puig de Can Molinera. Links liegt der Puig de Sengonera mit felsigen, weisslichen Abstürzen, dessen vorderer Theil Sa Badalona nach dem gleichnamigen Possessionshause benannt wird.

Wiewohl Felanitx vom Meere 11 km absteht, hat der gute Hafen von Porto Colom und die grosse Productivität der Gründe einen gewissen Seehandel entwickelt, namentlich seit den Jahren als der Export spanischer Weine nach Frankreich in hoher Blüthe stand. An vielen Cactusfeigen und Windmühlen vorbei führt der Weg von Felanitx zum Port Es Camp de la Mar. Zwischen den Hügeln dehnt sich eine fruchtbare, mit Weinpflanzungen bebaute Verflachung aus; links liegen der Torrent de ses Figues und der Weg zur Mola del Pangur. Man berührt Sa Puijada de Ribellé und Sa Puijada des Carro, geht durch mit Kiefern bedecktes coupirtes Hügelland und sieht am Ende der Erhöhung Can Alou, in dessen Nähe eine sehr gute Sorte des feinkörnigen Kalkmergels, den man Pedra de Santagny nennt, gebrochen wird. Oberhalb Can Alou liegen Ses Serras de Can Alou, auf deren Höhen Windmühlen stehen. Man steigt sanft hinab und kommt an dem ehemaligen Hostal und an dem Wege, der sich zum Kirchlein von Porto Colom hinzieht, vorüber. Das Kirchlein mit spitzem Glockengiebel steht auf einem freien Platze, von dem man eine schöne Aussicht geniesst. In den letzten Jahrzehnten sind hier beim Hafen viele Häuser und Magazine aufgebaut worden, die fast den Umfang einer kleinen Ortschaft erreichen.

Vom Hafen von Felanitx, nahe an dem Hause von Sa Punta vorbei, zieht sich der Weg gegen Manacor zu. Man kommt an dem schönen Figueral von La Piana vorüber, dessen Haus mit Rundbogenthor und einem Aujub davor in einer Vertiefung liegt. Dann folgt ein dünn mit Kiefern bestandenes Terrain, von dem aus man rechts die Ebene des Fangar überblicken kann. El Fangar mit breitem Gehöft, mit Mauern umgeben, hat eine äussere Treppe und eine neuere Kapelle mit zwei

Aus der Höhe der Mola de Fangar.

Kreuzwölbungen. Die Mola del Fangar bietet uns einen verflachten Rücken mit senkrechten Abstürzen gegen Westen hin. Von der flachen Höhe, die sich 318 m über dem Meere erhebt, hat man eine schöne Rundsicht. Am Fusse des Hügels liegen die Possessionshäuser von S'Espinagar und s'Hospitalet. Verfolgt man den Weg weiter, so gelangt man in die Vertiefung der Vall und von Son Marcló; zwischen diesen und Son Llodrá erhebt sich der Puig de Llodrá oder Puig d'en Amoixa. Von der Höhe dieses Berges, der 333 m über dem Meere steht, sieht man auf die Ebenen mit der Sierra im Hintergrunde, dann auf Bonañy, Randa, S⁰ Salvador, Son Amoixa und Llodrá, als auch auf die Höhen von Calicant, die Colls de Artá und die Hügel von Son Servera mit den Gebirgen des Cap Vermey und des östlichen Hügellandes im Hintergrunde. Mächtig breit erscheinen von hier die Ebenen von Manacor und von Porreras und Llummayor bis zum Meere. Man geniesst von dieser Höhe die beste Uebersicht auf das ganze Hügelland. Gegen das Meer zu erblickt man das Cap Vermey, die Punta d'en Amer, die Torre de Manacor, Porto Colom und die Gruppe des

S⁽ᵃ⁾ Salvador, zwischen diesen und dem Puig del Calvari das ferne duftige Cabrera. Der Puig de Llodrá zeigt vielfach tiefe Furchen und bildet fünf Hauptkuppen, von denen die zweithöchste 399,79 m misst. Nördlich zwischen beiden Kuppen liegt Sa Roca des Castellet. Unten erblickt man die Häuser von La Cabana, das stattliche Manacor mit seinem Häusermeer, Son Cladera, Sa Vall, Son Maciá, Son Llodrá, S'Hospitalet, dann Son Amoixa, Rafal Pudent und viele andere Possessionshäuser der Ebene. Von der höchsten Höhe aus gegen Llodrá verläuft ein tiefes Thal. Der Weg nach Manacor zieht sich durch viele Weinberge, Mandel- und Feigenbaumpflanzungen hin. Verlässt man den Weg des Fanger, so sieht man links Son Cifre und weiter hin den Weg, der nach S'Auboccassa führt, und das Haus von Son Amer. Alsdann folgen, nachdem man den Torrent de Son Monente passirt hat, Son Vaquer d'alt und die Hügelgruppe von Son Amengual. An einer Vertiefung vorbei kommt man bis Llodrá am Fusse des Puig de S⁽ᵗᵃ⁾ Lucia, von dem gelegentlich der Beschreibung Manacor's die Rede war.

Der Weg von der Windmühle bei Can Alou führt zur Horta am Fusse des gleichnamigen Hügels. Die Häusergruppe der Horta, auch Es Bubots genannt, liegt in schöner, das Meer beherrschender Lage. Sie zählt etwa 900 Einwohner. Die Häuser liegen zwischen Cactusfeigenpflanzungen und Mandelbäumen, ebenso drei runde Thürme, denen Häuschen angebaut wurden, mit Tragsteinen ringsum. Bei einem sind noch theilweise die Steinplatten der Wurfluken erhalten. Auf der höchsten Stelle liegt die Kirche. Das alte, dem S⁽ⁿ⁾ Isidoro Labrador gewidmete Kirchlein, Suffragan-Kirche von Felanitx, wurde vor 20 Jahren durch eine neue stattliche Kirche ersetzt. Unterhalb der Horta in Can Villa wird der beste Pedra de Santagñy gebrochen. Ein anderer Thurm mit dem Datum 1633 befindet sich in Son Marina, wo vor dem Possessionshause ein grosser Figueral und ein paar Palmen stehen. Von der Höhe dieses Thurmes hat man einen schönen Blick auf die Umgegend und auf die benachbarte einfache, 1845 erbaute Kirche von Calonge mit Glockenbogen und Tonnengewölbe, welche der Inmaculada Concepcion gewidmet ist. Calonge, eine von Santagñy abhängige Aldea, von dem es 11 km absteht, zählt 295 Einwohner und 50 Häuser;

Torre de s'Horta.

viele derselben haben aussen Backöfen. Von Ca l'Amo en Pau hat man eine liebliche Aussicht auf Porto Petra und das Meer.

Durch die Calle Nueva verlässt man Felanitx, um gegen Santagñy weiter zu gehen. Der gute Weg schlängelt sich auf hügeligem Boden hin zwischen Weinbergen, Mandelpflanzungen und zahlreichen Johannisbrodbäumen. Hier und da liegen Bauernhäuser, von Opuntiengärtchen umgeben. Nahe bei Son Sureda kommt man an Cas Concos vorüber, einem kleinen, von Felanitx abhängigen Caserio von etwa 800 Einwohnern. Das einfache Kirchlein ist weiss getüncht und zeigt Strebepfeiler auf jeder Seite und einen kleinen Pyramidenthurm. Die Umgebung ist reich an Weinbergen und Windmühlen. Nach kurzer, einförmiger Strecke tritt man durch die Calle del Mayoral in Santagñy ein.

Bevor wir Santagñy besprechen, wollen wir noch der Alqueria Blanca gedenken. Nach Son Sureda geht vom Fahrwege, einer Windmühle gegenüber, ein Fussweg dorthin durch das Thal des Carritxó mit den auf einer kleinen Erhöhung gelegenen Häusern des Carritxó Vey und Carritxó Nou. Man überschreitet einen Coll und steigt in coupirtem, von vielen Häusern besäetem Terrain gegen das Meer hinab. Links lassen wir Can Fruital, ein Haus mit rundem Thurm und Tragsteinen für Wurfluken und Kuppeldach, liegen, treffen Es Puig d'en Puyana mit weissem Haus, erblicken rechts den Puig Gros, dessen Fortsetzung oberhalb S'Alqueria Blanca Sa Peña heisst, und gelangen endlich zu der grossen Kirche der Alqueria Blanca und dem Puig de la Consolació. Die Alqueria Blanca ist ein von Santagñy, von dem es 5 km absteht, abhängiges, 883 Einwohner und 112 Häuser zählendes Lugar. Im Jahre 1863 wurde die jetzige, in Kreuzesform gebaute Kirche eingeweiht, welche, mit der Vorderseite gegen das Meer gewendet, zwei Thürmchen an beiden Seiten und eine Vorhalle mit nach hinten vortretender Apsis zeigt. Das Innere bildet ein von rustischen Säulen getragenes lateinisches Kreuz, in dessen Armen sich zwei Kapellen befinden. Zur Rechten ist die Thür der Communionskapelle und am Fusse des Bogens, der die grosse schlanke, cassettirte Kugel trägt und die muschelförmige Altarkapelle bildet, je ein Altar. In der Nähe der Kirche liegen die viereckige Torre d'en Timoné, mit Renaissancefensterchen und Wurfluken versehen, und ein anderer Thurm, welcher rund und leicht gebüscht ist. Auf dem felsigen Wege, der von der Alqueria Blanca nach Santagñy führt, begegnet man einem grossen Hause für Nonnen und vielen Steinbrüchen.

Santagñy, bei einem sanften Hügelrücken, den zwölf Windmühlen krönen, gelegen, ist eine 2534 Einwohner und 710 Häuser zählende Ortschaft. Letztere sind, wenige ausgenommen, einstöckig und nach Art der übrigen der Ebene mit Rundbogenthüren und ganz kleinen Fenstern versehen, die Gassen uneben und ungepflastert. Die Ortschaft ist wasserarm, und die Umgegend steinig und dürr; dafür besitzt sie vortreffliche Brüche des feinkörnigen, compacten Kalkmergels, der unter dem Namen Pedra de Santagñy berühmt ist. Die ursprüngliche gothische Kirche aus dem 14. Jahrhundert ist noch theilweise sichtbar. Zur Zeit, als Santagñy mit Mauern befestigt war und ein einziges Thor hatte, war die Kirche die Hauptfeste und in der Azotea derselben sind noch die Scharten, durch welche man zu schiessen pflegte, zu sehen. Im Jahre 1811 wurde die jetzige Kirche, welche dem Mysterium der Geburt Mariä gewidmet ist und als Patron den heiligen Apostel Andreas hat, eingeweiht. Sie ist aus Stein gebaut, mit einfacher Façade an den Seiten, durch Strebepfeiler gestützt und hat an beiden Enden thurmartige Seitenspitzen. Der viereckige Thurm ist von Spitzbogenfenstern durchbrochen. Das Tonnengewölbe im Innern wird durch Rippen mit Zwickelkappen gestützt, welche von vermauerten Fenstern durchbrochen sind. Flache Pfeiler, auf deren Knäufen Triglyphen liegen, unterstützen den oberen Sims und trennen die fünf seitlichen Kapellen mit zopfigen Altären. Unter der Empore über dem Eingange, befinden sich ebenfalls zwei Seitenkapellen. Die dritte Kapelle links mit fünf Altären zeigt noch Spuren ihres gothischen Baues; jetzt ist sie verzopft und mit kleiner Kuppel versehen. Ein Lustre in der Kirche ist aus lauter kleinen Oelgefässen gebildet. Das einzig Merkwürdige in Santagñy ist das alte Rundbogenthor, Porta Murada genannt, auf der Plaza de la Puerta gelegen, welches einige Bewohner des Ortes als arabischen Ursprunges ansehen, das möglicherweise aber nur aus dem 16. Jahrhundert stammt, als man die Ortschaft befestigte. Dies geschah, als die Mauren nach der Auflassung Cabrera's häufig die dortigen Küsten heimsuchten und sogar 1531 das Innere der Ortschaft verwüsteten. Die Einwohner flüchteten und verliessen fast sämmtlich Santagñy; um diesem künftig vorzubeugen, wurde die Ortschaft mit Mauern umgeben.

Im Nordosten von Santagñy, 5 km davon entfernt, liegt auf der Spitze eines Hügels das Sanctuarium von Nuestra Señora de la Consolacion, welches vor mehr als drei Jahrhunderten errichtet wurde. Die jetzige Kirche ist aber nicht so alt, sie wurde anfangs dieses Jahrhunderts umgebaut und vergrössert. Das schlichte, aber massiv aussehende Wohngebäude liegt in rechtem Winkel zu der Kirche, und zwar gegen den rundlichen, lang gedehnten, 271 m hohen Puig Gros zu, welcher durch ein Thälchen davon getrennt ist. In der Wand sind Ringe eingemauert zum Fest-

Porta Murada in Santagñy.

binden der Saumthiere. Es hat eine kleine Eingangsthür und ein breites gepflastertes Gehöft mit Schutzdach, hinreichend gross, um an Festtagen die Menschenmenge zu fassen, die in der Kirche nicht genügend Raum findet. Gewöhnlich wird in diesen Fällen auch am Kirchenportal gepredigt. Das Gebäude hat kleine Renaissance-Gesimsfenster; unten befindet sich die Wohnung des alten Donat, und oben sind mehrere Donat-Zimmer; eine eigentliche Hospederia giebt es aber nicht. Von der Treppen-Plattform führen sechs Stufen zur Kirche. Die andere Kapelle enthält das Bildniss der heiligen Scholastica, das grosse Verehrung bei den Einwohnern von Santagñy geniesst, welche jedes Jahr in einer Procession zum Oratorium ziehen und die Heilige um den in der Gegend sehr mangelnden Regen anflehen. Die Hochaltarkapelle ist ein höherer, später angebauter Theil mit Zwickelkappen, unterhalb deren viereckige Fenster sind. Die am modernen Hochaltar aufgestellte Mare de Deu de la Consolacion stammt aus dem vorigen Jahrhundert. An den Seiten sind Matrosenkleider und S" Lluis aufgehängt. Von dem nach aussen führenden Rundbogenportal hat man eine hübsche Aussicht. An die Kirche ist ein rundes Treppenhäuschen, welches zur Empore und zur Plattform führt, angebaut; an der Hausecke befinden sich ein Brunnen mit Bogen und ein hübsches Relief mit Kreuz und der Jahreszahl 1677. Ganz nahe liegt die kleine Ortschaft Llomberls mit 350 Einwohnern und 116 Häusern. Die Kirche ist klein und hat nur einen einzigen Altar.

Die grösste Besitzung von Santagñy und gleichzeitig eine der allergrössten Inseln ist La Vall de Santagñy, dem Marquez del Palmer gehörig; sie liegt nahe am Meere im Schutze von durch Strandkiefern und viele Mastixsträucher gekrönte Dünen. Das Meiste, was vorhanden ist, ist Buschwald, es giebt aber auch eine grosse Tanca für das Getreide. Das Haus von La Vall oder L'Avall, das von einem Glockenbogen mit Glocke überragt wird, ist sehr gross und modern aussehend. Von dem viereckigen Thurme hat man einen herrlichen Ueberblick auf die ganze Umgebung. La Vall hat grosse Nebengebäude. Unweit von La Vall liegen die Torre de ca Gosta und der Estañy de ses Gambes, von etwa 300 ha Oberfläche, der salziges Wasser enthält, wiewohl er ohne sichtbaren Zusammenhang mit dem Meere ist. Nur sehr selten trocknet er im Sommer so weit aus, dass seine Wasserfläche sich um mehr als die Hälfte verkleinert. Unweit davon ist eine Windmühle mit Triangelsegel. Auf dem länglichen Rücken begegnet man der Ortschaft Las Salinas, einem von Santagñy abhängigen Lugar, von dem es 8 km entfernt ist; es zählt 733 Einwohner und 122 Häuser. Die Kirche, mit spitzigem Thurme, wurde 1876 an Stelle der alten erbaut. Sie hat vier Seitenkapellen auf jeder Seite. Gegen das Meer zu erblickt man die Salinen, die vielfach von Acequias durchschnitten sind. Das Haus der Salinen ist mit Wällen umgeben, die zur Vertheidigung gegen Angriffe von Salzdieben mit Schiessscharten versehen sind. Auch bei dem Eingange, gegenüber dem Landungsplatze der Casetas de la Sal, steht ein Wächterhäuschen. Ein junges Kieferawäldchen liegt nahe am Meere, nur wenig vom Thurme des Cap Salinas.

Wenn man Santagñy durch die Calle de Palma verlässt, um sich gegen Campos zu wenden, so durchzieht man in gerader Linie eine grosse Ebene hinter der Ortschaft, wobei man rechts den Puig Gros behält. Durch mit Parets umzäunte Felder, grosse, üppige Opuntien-, sowie junge Mandel- und Feigenbaumpflanzungen kommt man, an einer Noria vorbeigehend, welche einen von hohen Mauern umgebenen Garten bewässert, nach Son Danus mit altem viereckigem Thurm, der mit Tragsteinen und Wurflucken versehen ist. Man sieht grosse umzäunte Opuntienfelder, Clapers, einen Tumulus und eine Windmühle; auf einer sanften Erhöhung, die man ersteigt, erblickt man einen riesigen Figueral de Moro. Es folgt dann eine grosse unbebaute, nur mit Mastixsträuchern bewachsene Strecke, durch welche sich der Weg schlängelt.

Campos mit 3238 Einwohnern und 920 Häusern kann als der Typus einer mallorquinischen Ortschaft der Ebene angesehen werden. Die meist einstöckigen Häuser sind von dunkler Färbung, angebaute Thürme und mehrfach vorkommende Details im gothischen Stil verleihen ihnen etwas Alterthümliches. Einzelne Häuser sind recht stattlich und legen Zeugniss davon ab, dass den Erbauern Kunstsinn und Geschmack nicht fehlte. Aus den Gärtchen ragen Granatäpfelbäume und hier und da auch schöne Palmen empor. Die ursprüngliche Pfarrkirche ist sehr alten Ursprungs und wurde urkundlich schon im Jahre 1248 erwähnt, die jetzige, neu erbaute, im Jahre 1873 vollendet. Sie hat sieben weit sichtbare Bogen an den Seiten, einen viereckigen Thurm mit Rundbogenfenster und kleinem oberen Helm und sieben Kapellen auf jeder Seite. Man bewahrt in der dritten Kapelle rechts ein Bild unter dem Namen Jesus de la Paciencia auf, welches Murillo zugeschrieben wird. Es giebt in Campos noch eine Kirche, nämlich die Yglesia de S" Francisco de Paula, früher dem im Jahre 1607 gegründeten, gleichnamigen Minimen-Kloster gehörig, mit einem nicht unschönen Renaissance-Portal, in dessen Giebelfelde die rohe Statuette des Heiligen und zwei Blumentöpfe prangen. Oben auf der Façade befindet sich eine schmucklose Fensterrose, sonst ist kein Fenster vorhanden; zur Linken steht ein kurzer unschöner Thurm. Das schmucklose Innere zeigt uns ein Tonnengewölbe mit Hochaltar zu Stufen und vier Spitzbogen-Kapellen mit zopfigen Altären. Sie dient als Hülfskirche der Pfarre, das Klostergebäude als Municipalgericht, als Kaserne der Guardia Civil und zu anderen Zwecken. Neben dem Kloster befindet sich das Hospital von Campos mit einem dazu gehörigen Oratorium. Das Letztere, mit Kreuzgewölbe und Bogen und hölzernem Altar, dient jetzt als Primärschule. Etwa 2 km südöstlich von Campos entfernt steht die Kirche de Sⁿ Blas, welche einen modernen Hochaltar und vier Seitenkapellen aufweist. Das Interessanteste von Campos sind seine Thermalbäder, die nur 7 km im Süden von der Ortschaft entfernt liegen. Um dahin zu gelangen, geht man an einem Kreuzwege vorbei, wo der andere Weg zum Hafen führt, durch Mandel- und Feigenbaumpflanzungen, indem man eine fortgesetzte Reihe ganz niedriger Hügelrücken und den die anderen Anhöhen beherrschenden Puig de Sⁿ Salvador überblickt. Die einzelnstehenden Bauernhäuser sind erdfarbig, nur mit einer Dachneige und Rundbogenthor versehen. Rechts steht der viereckige alte Thurm von Son Julians neben einem Bauernhause, und etwas davon entfernt die Torre Redona. Es folgen unbebaute, mit Mastixgebüschen bewachsene Strecken. In einiger Entfernung wird nun das weisse Haus der Barrala sichtbar und kurz darauf sind wir bei Baños de Sⁿ Juan de Campos angelangt. Man vermuthet, dass die warmen Schwefelquellen schon zur Zeit der Römer bekannt und gebraucht worden seien, doch hat es an Beweisen für diese Annahme bisher gefehlt. Erst nach der Eroberung wurde man auf die Heilkraft des Quellwassers aufmerksam und bald wurden einige Häuser und ungefähr um das Jahr 1443 ein dem heiligen Silvestre y Sⁿ Coloma gewidmetes Oratorium errichtet, und ein Donat ernannt, der dreierlei Pflichten hatte: auf der ganzen Insel zu betteln, den Dienst der Bäder zu versehen und für die Erhaltung des Cultus des Oratoriums zu sorgen. Der Gebrauch der Heilquellen beschränkte sich damals auf ein Bad, indem man nämlich das dazu nöthige Wasser in zwei Wannen schöpfte, die noch vorhanden sind, und in denen die Kranken je nachdem, längere oder kürzere Zeit badeten. Eine der Wannen trägt die Jahreszahl 1507. Sicher ist auch, dass im Jahre 1516 die Jurados mit Rücksicht auf die zunehmende Zahl von Kranken bestimmten, dass Zimmer und Stallungen eingerichtet würden. Im 17. Jahrhundert gerieth jedoch das Oratorium und die Hosperida in einen so baufälligen Zustand, dass die Jurados von Campos zum Wiederaufbau der Kirche, Wiederherstellung der Badehäuser und Bau eines Aujub schreiten mussten. Bis Anfang dieses Jahrhunderts kannte man nur die Font Santa und die benachbarten Quellen, wie der Gorg de Gorguet und andere. Ein hervorragender Regimentsarzt, Dr. Samaniego, der im Jahre 1800 hier wissenschaftliche Studien machte, lenkte die Aufmerksamkeit auf eine Quelle, welche fast im Centrum einer kothigen Wasserlache von gewöhnlicher Temperatur in einem Perimeter von 30—30 m, je nach der Regenmenge, entsprang, die man Balsa de las Estacas nannte. Bisher hatte man der Quelle keine Wichtigkeit beigelegt, jedoch Dr. Samaniego entdeckte in ihr Eigenschaften, welche das Wasser der Font Santa nicht hatte. Er empfahl sie zur Heilung gewisser Krankheiten, und die grossen, hierbei erzielten Erfolge führten dazu, dass das Wasser der Balsa de las Estacas die von allen nach Sⁿ Juan de Campos eilenden Kranken vorgezogene Quelle wurde. Trotz der sehr unvollkommenen Art der Anwendung des heilkräftigen Wassers wiederholten sich die Heilungen in grosser Menge und die Bäder gewannen immer mehr an Wichtigkeit, so dass die Diputacion provincial, der allgemeinen Stimme des Landes Folge leistend, auf den vom Marquez del Palmer unentgeltlich überlassenen Gründen eine Badeanstalt errichtete. Im Jahre 1844 wurden die nöthigen Arbeiten zur Isolirung der Thermalquelle begonnen, indem man die Balsa de las Estacas aufschüttete und mit der Errichtung einer entsprechenden Badeanstalt anfing, die 1845 vollendet stand. Man kann sagen, dass seitdem die Vergrösserungs- und Verbesserungsarbeiten an der Anstalt nicht aufhörten, die geringen Mittel gestatteten jedoch noch immer nicht, ihr den zeitgemässen Aufschwung zu Theil werden zu lassen, wiewohl Alles, wenn auch in bescheidenem Maße, recht bequem eingerichtet ist.

Es giebt in der Anstalt einen dirigirenden Arzt, dem die anderen zur Pflege der Kranken nöthigen Beamten unterstehen, welche von der Diputation provincial ernannt werden. Das jetzige Gebäude ist noch immer nur ebenerdig und besteht aus zwei parallelen Pavillons mit 26 Zimmern, in welchen etwa 50 Personen beherbergt werden können. Ein transversaler Mitteltract, der hübsch möblirt und mit einem Piano versehen ist, dient als Versammlungssalon. Die dem Gebäude angebaute Badenabtheilung enthält 18 Cabinen mit Wannen aus Marmor von Binisalem, von denen sechs mit Douchen versehen sind. Das Thermalwasser wird mittelst einer kräftigen Pumpe aus dem Brunnen emporgehoben und durch eiserne Röhren direct in die Badewannen geleitet. Die

Azotea dieses Wasserdepots steht 9,98 m über dem Meere. Für jedes kalte oder warme Bad zahlt man, wenn man in der Anstalt wohnt, ein Peseta, im anderen Falle 1,25 Pesetas; Militärpersonen haben ermäßigte Preise. Es giebt in der Anstalt ein empfehlenswerthes Restaurant, welches das Essen in drei Klassen liefert. Unmittelbar nebenan befindet sich das sogenannte Hospital, d. h. das Badehaus für die Armen, in dem 40 Personen beherbergt werden können. Dasselbe enthält getrennte Säle für Frauen und Männer und einen dritten Saal für Soldaten. Die Armen erhalten die Bäder unentgeltlich, die Verköstigung müssen aber die betreffenden Ortschaften, denen sie angehören, vergüten. Ganz nahe bei der Badeanstalt und blos 30 m von der Thermalquelle oder von der einstigen Balsa de las Estancas entfernt, liegt das alte Kirchlein von S^a Juan de la Font Santa, dessen Erhaltung und Cultus von den Almosen der Badegäste bestritten wird. Das an die Kirche anstossende Gebäude ist jenes der ehemaligen Hosperida, dem Ayuntamiento von Palma gehörig, in welchem man die zwei Picas des Roñosos (Badewannen der Krätze) aufbewahrt, da man in früherer Zeit dieses Wasser nur als wirksam gegen Hautkrankheiten, namentlich gegen die Krätze und den Aussatz, betrachtete. In diesem Gebäude werden auch einige Badegäste, die wenig zu zahlen haben, beherbergt. Bei der jetzigen Frequenz genügt jedoch die Anzahl der vorhandenen Fremdenzimmer des Bades nicht, und viele Kranke sind genöthigt, sich in den benachbarten Possessionshäusern und in der Ortschaft Campos selbst einzuquartieren. Wenn man die Zahl der Badegäste in den zehn Jahren von 1873—1882 in Betracht zieht, so haben im Mittel pro Jahr 241 Wohlhabende, 233 Arme und sieben Militärs, im Ganzen 475 Personen jährlich, das Bad benutzt. Der Ort ist leicht, sowohl von dem nahen Campos, wie auch von Palma zu erreichen, wohin gute Fahrwege führen. Die nur 2 km betragende Entfernung vom Meeresstrande ist sowohl für Spaziergänger, wie für die Fischer von Vortheil. Leider ist die Umgegend nicht gerade reizend zu nennen; auch schadet die Nachbarschaft des Salobrar de Campos der Anstalt sehr, sie ist deshalb nur während der Monate April, Mai und Juni geöffnet. Es ist sehr zu wünschen, dass man diesen Sumpf austrockne und cultivire; dann werden vielleicht auch von dem Festlande Leute kommen, um die Cur an dieser kräftigen Heilquelle zu gebrauchen.

Die Wassermenge, welche aus der Thermalquelle, jedoch kaum sichtbar, in einer Stunde hervorsprudelt, ist mit Genauigkeit nicht gut anzugeben, da sie wie ein Brunnen fast immer das gleiche Niveau behält; sie soll aber immerhin sehr ergiebig sein. Das Wasser ist hell, ohne besondere Farbe, und riecht stets, selbst bis zu einer gewissen Entfernung von der Quelle, wenn dasselbe auch noch so wenig bewegt wird, stark nach Schwefel. Dies wird an ruhigen, warmen Tagen mehr beobachtet, als an kalten, windigen. Wird das Wasser der Luft ausgesetzt, so verliert sich der Schwefelgeruch rascher, als die Wärme; erkaltet, ist es ganz geruchlos, und der Geschmack stark salzig. Wenn man aber das Wasser an der Quelle, wie es entspringt, geniesst, so hat es einen salzigen, bitteren und unangenehmen Geschmack. Die Wärme dieser Quelle sind nicht constant, gewöhnlich beträgt sie 30—38° R. Es scheint jedoch, dass in Folge der unvollkommenen Isolirung, wodurch sich das warme Wasser der Thermalquelle mit den kalten Infiltrationen der Balsa de las Estacas verbindet, ihre Temperatur seit einiger Zeit etwas niedriger geworden ist. Die Densität der Quelle ist auch verschieden; bei einer Temperatur von 38° zeigt das Aräometer 16°, wenn das Wasser abgekühlt ist, blos 13 oder 14°. Die während des Gebrauchs des Wassers, wie es an der Quelle entspringt, sich zeigenden Empfindungen werden als stimulirend geschildert, man hat das Gefühl, als bade man in Oel. Das Wasser von 27 oder 28° verursacht eine sanftere Empfindung, ähnlich jener während eines lauen, leicht alcalischen Bades. Kühlt man das Wasser bis zur Lufttemperatur ab, dann ist die Empfindung gleich der während eines Bades in gewöhnlichem Wasser. Ein genaues Nivelliren hat gezeigt, dass die Vertiefung, wo die Thermalquelle entspringt, sich im selben Niveau wie jene des Salobrar befindet, der nur 100 m davon entfernt ist, d. h. einige Zoll höher, als die Meeresoberfläche. Dies führte zur Ansicht, dass die Enstehung dieser Quelle auf directen Zufluss von Seewasser, durch eine unterseeische Oeffnung zurückzuführen sei, welche wenigstens 1500 m tief hinabsteigt, um ihre hohe Temperatur zu erreichen, und dann durch irgend eine Spalte wieder zur Oberfläche gelangt. Es ist auch wahrscheinlich, dass das Schwefelhydrogen dem Koth, welcher die kreisförmige Vertiefung, aus der die

Quelle entspringt, in einer unbekannten Tiefe anfüllt, entstamme. Die im Jahre 1878 von einer Commission der Real Academia de Medecina von Palma vorgenommene Analyse hat folgendes Resultat ergeben: (Thermales Brunnenwasser, Temperatur 40° Centigrad, Dichtigkeit 1,178).
In 1000 g sind enthalten:

Gase.

Oxygen und Azot im Verhältniss von 10 zu 100, Oxygen 3 cbcm; auch ist keine freie Kohlensäure, Schwefelwasserstäure und Schwefelsäure vorzufinden.

Sodiumchlorür	25,23 g
Magnesiachlorür	2,14 „
Magnesiasulfat	3,67 „
Kalksulfat	2,10 „
Kalkcarbonat	0,06 „
Kieselsäure	0,36 „
Organische Stoffe	0,11 „
Eisenoxyd	0,03 „
Verlust	0,40 „
Spuren von Brom	0,00 „
	34,10 g

Nach alledem gehören die Quellen von Campos zu den thermoalchlorürat-sodischen Quellen.

In kleinen Mengen wirkt das Wasser der Quelle tonisch und stimulirend, wird jedoch abführend, wenn man die Quantität bedeutend vermehrt. Sie belebt den Magen, gleichzeitig eine fibröse Contraction, eine Appetitzunahme und grössere Secretionen verursachend. Aeusserlich angewendet, vermehrt sie die Vitalität der Haut und fördert die Heilung einer Anzahl von Hautkrankheiten. Die längere Zeit gebrauchten Bäder können auf einige Tage eine fieberhafte Pulsbewegung verursachen, gleichzeitig aber auch als Mittel zur Heilung verschiedener Krankheiten dienen. Man kann das Wasser der Quelle als Getränk, zu Gesammtbädern, Dampf- und partiellen oder Douchebädern verwenden. Der gewöhnlichste Gebrauch besteht im allgemeinen Baden, manchmal mit dem Trinken combinirt.

Auf einer kleinen Anhöhe, die sich dicht bei der Thermalquelle, etwa 100 m im Osten, erhebt, befindet sich eine 7—8 m tiefe Aushöhlung voll Süsswasser, die der Gorg oder Gorch genannt wird, und am Fusse des Hügels ein Brunnen süssen Wassers, Gorguet (kleiner Gorch) genannt, der eine bedeutende Tiefe hat.

Ein schlechter Weg führt von der Badeanstalt durch die Felder mit vielen Clapérs zu dem benachbarten, unweit vom Cap Salinas gelegenen grossen Estañy de Salobrar. Auf der vollständig glatten, nackten, röthlichen Erdfläche wächst kein Gras, weil der Boden zu salzig ist. Am Ufer sieht man Strandkiefern, Mastixsträucher und Sivinengebüsche, die aber nie geschnitten werden, weil sie den Wind von der Seite abhalten, sowie Binsen und eigenthümliches fettes Gras mit gelben Blüthen. Es folgt eine kleine, mit einigen Kiefern bewachsene Anhöhe mit der Aussicht auf Cabrera und das Meer. Der Salobrar de Campos ist nächst der Albufera der grösste der Sümpfe Mallorca's. Von dem Beginne der Regengüsse an bildet eine Salzwasser-Lagune den eigentlichen Sumpf, welcher eine Oberfläche von etwa 400 ha und einen Umfang von etwa 11—12 km hat. Dieser Sumpf, der gegen das Meer zu von einer Sanddüne (Arenal), die mit Gebüsch, sowie mit jungen Kiefern bewachsen ist und auf der anderen Seite von den bebauten Feldern von Campos begrenzt wird, kann als die Mulde eines breiten Kanals zwischen zwei Kiefernwäldern, dem von La Barrala und jenem von La Canova, angesehen werden. Seine Oberfläche lässt sich in drei Theile oder Sectionen scheiden. Die erste, Trench genannt, zwischen dem Arenal und den Höhen des Cap Salinas befindlich, enthält eine kleine Lagune von unregelmässiger Form und könnte etwa 11 ha Oberfläche haben. Die zweite, von einer Chaussee in zwei Theile getrennt, besteht aus einer viel bedeutenderen Lagune, dem Estañy de baix (unteren Sumpf), dem Estañy d'en mitz (mittleren Sumpf) und aus den Vorsprüngen des Sumpfes in den Waldungen von La Barrala und von La Canova; sie hat eine Ausdehnung von etwa 128 ha. Die dritte, zwischen den eben erwähnten Sümpfen und den bebauten Gründen von Campos, ist die grösste der drei Sectionen, mit einer Oberfläche von etwa 261 ha. Der Boden dieser Sümpfe ist im allgemeinen hart; er besteht ohne irgend eine Spur von Lehm aus Sand, unterhalb dessen in verschiedener Tiefe Marés liegt, und ist am tiefsten gegen die Ufer, gewöhnlich mit 4—6 dcm Wasser; in sehr regnerischen Jahren aber erreicht dasselbe die Höhe von 8—12 dcm. Die dammartige Chaussee, El Pas genannt, welche die beiden Sümpfe der zweiten Section von einander scheidet, ermöglicht es, von einer Seite der Lagune, die hier am engsten ist, zur anderen zu gehen. Sie hat eine Länge von 292 m und eine Breite von 4—5 m. Wiewohl die kleine Lagune der ersten Section 208 m vom Meere entfernt ist, und die grosse Düne, die sie von demselben trennt, über 2 m über der Meeresfläche liegt, überschwemmen die Wogen des Meeres bei heftigen Stürmen dieselbe doch und breiten sich im Sumpfe aus. Die dritte Section ist überdeckt von Pflanzen, die in sumpfigen Gründen gedeihen, so mit Binsen, Tamarisken und Salsolas. Der harte Boden zeigt hier und da grössere Vertiefungen, wo sich das Wasser lachenförmig lange Zeit hindurch erhält. Er ist culturfähig, und man hat auch bereits begonnen, einzelne Strecken für den Anbau von Getreide zu verwenden, wobei man freilich der Gefahr ausgesetzt bleibt, durch eine Ueberschwemmung von Salzwasser oder in regnerischen Jahren durch ein Uebermafs an Feuchtigkeit die Frucht der Arbeit wieder zu verlieren. Der Salobrar wird erzeugt durch die Gewässer, die von den Höhen des Cap Salinas, von Felanitx, Porreras und Llummayor herniederfliessen. Das zwischen diesen Anhöhen gelegene Becken hat eine Ausdehnung von sieben Quadrat-Seemeilen. Während der nassen Jahreszeit, namentlich wenn ergiebige Regengüsse stattgefunden haben, gewinnt der Salobrar das Aussehen einer grossen Lagune, nimmt dann in dem Mafse, als die Ausdünstung zunimmt, allmählich ab und verschwindet Ende Juni oder Anfang Juli, nur wenige feuchtere Kreise oder kleine Lachen zurücklassend, wo das Wasser sich bis zu der neuen Regenzeit erhält. Man weiss nicht, wie man sich den Salzgehalt des Salobrar erklären soll, da derselbe in keinem directen unterirdischen Zusammenhange mit dem Meere stehen kann, weil der Boden des Sumpfes 0,215 m höher als das Niveau der Meeresfläche ist. Man erkennt im Salobrar noch Spuren einer früheren Ausbeutung seiner Salze, die zweifellos wegen ihrer geringen Rentabilität aufgegeben wurde.

Von Campos nach Llummayor führt die Fahrstrasse, an mehreren Windmühlen vorbei, durch den etwas steinigen, röthlichen Alluvialboden, man sieht mit regelmässig aufeinandergelegten Steinen umzäunte Grundstücke und ausgedehnte Weinberge mit niedrig gehaltenen und in kurzen Stöcken befestigten Reben. Rechts liegt auf einem kleinen Hügel das Possessionshaus von Son Mulet mit einer Windmühle, schöne Mandelpflanzungen, üppige Johannesbrodbäume, die häufig die Strasse beschatten; hochgewachsene Strandkiefern und einzelne wilde Oelbäume bilden die Vegetation, und zahlreiche Windmühlen umgeben die Ortschaft Llummayor, in welche man durch die Calle de Campos eintritt.

Llummayor, in gesunder Lage auf dem hochgelegenen Tafellande gelegen, hat 7640 Einwohner und 2392 Häuser und ist mithin nach Manacor die grösste Ortschaft der Insel; sie gilt aber auch als eine der vorgeschrittensten; Handel und Verkehr sind sehr rege. Es werden fünf Jahrmärkte daselbst abgehalten. Die meist einstöckigen Häuschen sind klein, erdfarbig, mit grossen Rundbogenthoren aus Steinquadern und ganz kleinen Fenstern mit unterem Gesims versehen. Einzelne alte Reben bilden ein grünes Dach über den Thüren. Am Ausgange der Strassen stehen steinerne Kreuze. Die ursprüngliche Kirche ist älter, als die Ortschaft, obschon diese im Jahre 1300 von Jaime II. gestiftet wurde, und zwar auf dem Grund der gleichnamigen Alqueria, und man glaubt, dass sie 1235 mit mehreren der ältesten Pfarren Mallorca's gegründet wurde. Im Laufe der Jahrhunderte, bei der Zunahme der Bevölkerung, wurde der erste Bau mehrfach erneuert und vergrössert, fand Ende des letzten Jahrhunderts nothwendig, eine neue, noch grössere Kirche zu errichten, die im Anfange dieses Jahrhunderts vollendet wurde. Sie ist nächst der Domkirche von Palma die grösste Kirche Mallorca's. Die Vorderseite zeigt ein schmuckloses Portal mit einer mit farbigen Scheiben versehenen Fensterrose, ein niedriges Giebelfeld und zur Rechten einen kurzen, unschönen Thurm, der 191 m über dem Meere steht. Das etwa 66 Schritt lange, sehr hohe Innere zeigt die Gestalt eines lateinischen Kreuzes, die Arme sind aber in unschöner Weise kurz. Das Transsept ist von einer Kuppel überragt, die durch vier runde Fenster beleuchtet wird. Der dem Erzengel Michael gewidmete Hochaltar steht in einer erhöhten Hochaltar-Kapelle. Zu beiden Seiten des Längsschiffes befinden sich sechs Kapellen, von denen eine als Seiteneingang benützt wird, und über dem Eingange ist eine von zwei Messenpfeilern gestützte Empore. Die Wandpfeiler, die ein schweres Gesims tragen, stützen das Tonnengewölbe. In der grossen Sacristei wird ein Portrait des Miguel Thomas de Texaquet, Bischofs von Lerida, aufbewahrt, der einer der Doctores Canonici des Trienter Concils war. Bemerkenswerth ist eine hübsche gothische Patena mit Pfeilerchen an den Seiten und ausgeschnittener Basis, sowie Figürchen mit Narrenkäppchen und Fledermausflügeln an den vier Ecken. Ein altes Bildchen stellt auf Goldgrund eine heilige Königin mit Hirtenstab und Krone dar. Hinter der Kirche sieht man Spuren der einstigen Capilla Byzantina. An die Kirche stösst die Casa Rectoral an, welche auf der fast dreieckigen, geräumigen Plaza Mayor liegt; sie enthält eine Halle, die von 14 Pfeilern gestützt wird.

Die Klosterkirche von S^a Francisco de Assisi auf der Plazuela del Convento, dem ehemaligen, im Jahre 1600 gegründeten Franziscaner-Observanten-Kloster gehörig, ist in Renaissance-Styl erbaut. Die Vorderseite zeigt über dem Portal ein Giebelfeld mit Marmorbild; oben ist dasselbe mit einem Engel, unten mit einem Adler mit schöner Verbrämung geziert, und darüber befindet sich eine Fensterrose. Zur Rechten erhebt sich ein viereckiger Thurm mit einer oberen Terrasse und kleiner Kuppel, die auf jeder Seite von einem Fenster durchbrochen wird. Das Innere ist ein einfaches Tonnengewölbe mit vier Seitenkapellen und vielen, in Zopfstyl gehaltenen Verzierungen. Zum Hochaltar führen Stufen hinauf, eine Empore mit Orgel über dem Eingange wird von einem Bogen gestützt. Die Kirche dient als Hülfskirche der Pfarre, und das alte Klostergebäude wird gegenwärtig als Hospiz, Gefängniss, Kaserne der Guardia civil und zu ebener Erde als Schlachthaus benützt.

Einen vorzüglichen Hintergrund von Llummayor bildet der 549 m hohe Puig de Randa, der von jedem Punkte der Ebene der Insel sichtbare heilige Berg. Auf diesem ist das Sanctuarium von Gracia, am südlichen Abhange des Berges, der Ortschaft ganz nahe gelegen und durch einen bequemen Fahrweg mit derselben verbunden. Die Geschichte des Sanctuariums der Mare de Deu de Gracia verliert sich in das Mittelalter. Wie in der Beschreibung des Lebens des verehrbaren Fr. Bartolomé Catañy zu lesen ist, zog sich im Jahre 1440 ein Franziscaner-Mönch, der ein einsames, beschauliches Leben führen wollte, auf diesen Berg zurück, eine Statue der heiligen Jungfrau mitbringend, der er den Namen „Virgen de Gracia" gab. Man sagt, dass er in einer Höhle wohnte, wo man heutzutage an der heiligen Anna gewidmete Kapelle sieht. Der Eigenthümer des Grundes der Alqueria S'Aresta schenkte ihm ein Stück Land, und er baute von den Almosen der Gläubigen eine Kapelle und eine kleine Wohnung für den Donat. Die erste kleine Kirche erweiterte man im Laufe der Jahre, bis sie 1644 die jetzige Grösse erhielt. Seit der Zeit wurden aber noch mehrfach Verbesserungen an der Kirche und an der Hospederia ausgeführt. Die Verwaltung des Sanctuariums und der Dependenzen steht dem Rector der Pfarre und dem Ayuntamiento von Llummayor zu. Es werden zwei Feste gefeiert: das am 26. Juli, als dem Tage der Nuestra Señora de Gracia und der heiligen Anna, und am 25. März, dem Tage von Mariä Verkündigung. Alle Auslagen für die Erhaltung der Kirche, der Hospederia und der Strasse werden mit den Almosen, die man in dem Opferstocke findet, bestritten. Der Donat hat keinen Gehalt, er lebt von den Erträgnissen der Naturalien, die er während des Sommers auf seinen Bettelfahrten im Distrikte von Llummayor erhält. Ausserdem darf er niemals wöchentlich in der Ortschaft Llummayor Brod sammeln. Anderseits ist er verpflichtet, die Lampen der Kirche von Gracia bei allen Gelegenheiten, wo dies anbefohlen ist, angezündet zu erhalten. In den Felsenwänden von Gracia steht am Anfange La Presó, ein an den Felsen angebautes Bauernhäuschen, dann kommt im Opuntien-Dickicht ein kleines Haus, das als Stall dient. Auf einer Steinplatte ist zu lesen, dass im Jahre 1794 der Einsiedler Jaume Bertran hier starb, und darüber steht ein modernes, steinernes Kreuz auf Stufen. Bald gelangt man zu der hochgelegenen Cisterne von

Gracia und unmittelbar unter der Ausbuchtung des vortretenden, ausgehöhlten Felsens, mit seinen eigenthümlichen Schichtungen auf einen breiten Platz mit der Brustmauer stossend, befindet sich das Sanctuarium mit der Hospederia. Die Vorderseite der Kirche ist mit einem Glockenbogen und einer runden Fensterrose versehen. Ueber der Rundbogenthür befindet sich ein kleines, altes, gothisches Relief in einem von Krabben verziertem Kielbogen, welcher nach aussen Mariä Verkündigung, nach innen die Grablegung darstellt. An der Seite der Kirche sind Stützpfeiler und zahlreiche Wasserspeier angebracht, und vom Terrassendach derselben hat man eine prächtige Aussicht auf den sich darüber wölbenden Felsen, wo die Nephrons ungestört, friedlich zu nisten pflegen. Hinter der Kirche ist eine kleine, zum Theil künstliche Höhle im Felsen mit klarer Tropfsteinquelle. Die Hospederia, welche gleichzeitig als Wohnung des Donat und seiner Familie dient, enthält tonnengewölbte Räume; im Ganzen sind es neun Zimmer mit Betten und Möbeln und eine Küche mit den nöthigen Geräthschaften. Die Wölbungsdachung der Hospederia bildet drei Einsenkungen mit tonnenförmig gewellter Dachung. Die Kirche mit runden Fenstern und Thüren hat im Innern Bogen und Zwickelkappen, eine Hochaltarkapelle und vier Seitenaltäre unter Bogen. Die ursprüngliche Kapelle, welche eine Höhle war, in der zuerst die Mare de Deu aufgestellt wurde und wohin sie dreimal zurückkehrte, befindet sich links unter der Empore mit Orgel. Eine Treppe führt zu dem Kapellchen mit drehbarem Camarin, wo viele Exvotos-Kleider aufgehängt sind.

Von Gracia gelangt man, links einbiegend, auf die fahrbare Strasse, welche quer über den Puig de Randa führt und die Ortschaft von Randa mit Lluumayor über Son Creus in Zusammenhang setzt. Man geniesst vom Coll einen wunderschönen Blick über Lluumayor und die weite Ebene mit der Sierra in der Ferne und die Insel Cabrera. Ein Pfad führt vom Coll weiter an ein paar Kapellchen mit Holzkreurchen vorüber nach der Einsiedelei von S^a Honorato, welche von Algaida 5 km entfernt ist. Sie liegt auf der Ostseite des Puig de Randa auf einem Felsen, unmittelbar über Gracia, ist aber noch älter, als dieses Sanctuarium. Nahezu 30 Jahre waren nämlich verflossen, seitdem einige Einsiedler sich an dieser Stelle niedergelassen hatten, als sie im Jahre 1394 von den Allodial-Besitzern des Bodens die nöthige Schenkung erhielten, um dem heiligen Honoratus geweihte Kapelle und ein Wohngebäude erbauen zu können. Es sind gegenwärtig zehn Einsiedler in S^a Honorato. Sie erhalten sich von den Almosen wohlthätiger Leute von Algaida und Lluumayor, wohin sie wöchentlich gehen, um Brod zu betteln. Gleichzeitig suchen sie durch Verfertigung von Körben und anderen Palmito-Sachen sich ihren Unterhalt zu verdienen. Während der Arbeit tragen sie Säcular-Kleider. Das Fest des heiligen Honoratus wird feierlich begangen.

Vor der Thür, vor welcher rechts und links je ein steinernes Kreuz steht, liegt ein kleiner Platz, auf dem zwei immergrüne Eichen und eine einsame Cypresse stehen. Ueber dem Eingange ist der Name Jesus geschrieben und in der Eingangshalle die Statue des heiligen Honoratus aufgestellt. Das von einem Spitzbogenglockengiebel gekrönte Kirchlein ist einfach und schlicht. Auf jeder Seite befinden sich zwei Seitenkapellen mit verkehlten pseudolonischen Säulen und Rundbogen. Die Hochaltarkapelle, zu der marmorne Stufen hinaufführen, ist tonnenförmig. Ein altes steinernes Weihwasserbecken trägt das Datum 1736. Hinter der Kirche sieht man die kleine Sacristei mit Kappengewölbe, die Zellen der Einsiedler und die Werkstätte der Einsiedelei. Der kleine Garten vor der Kirche bietet eine schöne Aussicht gegen Süden auf Lluumayor, Campos, Las Salinas und Cabrera. Etwas weiter oben befindet sich eine Cisterne mit Brunnen. Von einem Mirador oberhalb der Felsenabstürze, welche horizontale Schichtungen bilden, geniesst man einen hübschen Blick auf die Ebene mit Felanitx und Manacor, den Puig de S^a Salvador bis zur Bucht von Pollenza und auf Montesion und Porreras.

Von S^a Honorato geht ein Pfad nach Cura hinauf, während der Hauptweg nach dort beim Coll von der Strasse nach Randa sich abtrennt und in steilen Serpentinen die Höhe erreicht. Auf der höchsten Spitze des Puig de Randa, dem sog. Puig de Cura, stehen noch Reste des einstigen Collegiums der lateinischen Schule, welche Ramon Lull, der sich gegen das Jahr 1275 auf diese Anhöhen zurückzog, gegründet hat. Nach der Ueberlieferung lehrte Ramon Lull selbst dort während einiger Zeit seine Wissenschaft in dem Collegium, das von einigen seiner Schüler und Nachfolger bis zu Ende des 15. Jahrhunderts in Thätigkeit erhalten wurde. Die Gebäude, aus der Zeit Ramon Lulls stammend, geriethen aber allmählich in Verfall, und König Juan II. de Aragon gab den Einsiedlern von Sⁿ Honorato, die sich mit den Künsten und der Arzneikunde befassten, die Erlaubniss, auf der Höhe von Randa Häuser, Zellen, Aemter und ein Monasterium zu Ehren Ramon Lull's wieder aufzubauen. Die Schule für Primär-Unterricht und Latein wurde 1481 einem Geistlichen übertragen, und während einiger Zeit hatte dieselbe im Lande einen grossen Ruf, namentlich für den lateinischen Unterricht. Man zählte Ende des 16. Jahrhunderts bis 100 Schüler aus Palma und anderen Gegenden der Insel. Die Anstalt wurde dann von der Universidad literaria von Mallorca abhängig und bestand bis Anfang dieses Jahrhunderts. Neben der Kirche hat man in den Thürmen den optischen Militärtelegraph aufgestellt.

Das Gebäude hat Aehnlichkeit mit einem Castell; die einförmigen schmucklosen Mauern sind nur von kleinen Fensteröffnungen durchbrochen. Beim Eintreten stösst man auf die durch

Colegio de Nuestra Señora de Cura.

Pfeiler gestützte Kirche mit einer Sonnenuhr aus dem Jahre 1603. Die Wölbung wird von Rundbogen und Wandpfeilern getragen. Die sich verengende Hochaltarkapelle wurde 1868 renovirt; sie enthält auf dem Altar das alte Bild der heiligen Jungfrau, welches unter dem Namen Mare de Deu de Cura verehrt wird. Die Kirche nimmt eine der Seiten des grossen rechtwinkligen Hofes ein. Herrlich ist die Aussicht von der Dachung des Telegraphenthurmes, der 548 m über dem Meere steht; sie ist eine der umfassendsten Mallorca's. Nach Süden zu sieht man die Ebene mit dem Cap Salinas und dem Solobrar de Campos, dann Cabrera, die Bahia de Palma von Calafiguera und den Illetas bis nach Galatzó. Weiter hin erblickt man die hügelige Ebene von S^a Maria, den Hügel von Son Seguí und in klaren Umrissen die ganze Gebirgskette mit den Höhen des Teix, den Puig Mayor de Soller, de Lluch und Tomi, dann die Hügel von Pollenza, Cap Formentor und del Pinar, die Doppelbucht von Pollenza und Alcudia, den Bec de Ferrutx, die Colls de Artá und die Gruppe des Puig de Sⁿ Salvador. Unten breitet sich die mit Ortschaften besäete Ebene aus; im Hintergrunde erhebt sich die massige Rundung des Puig de Randa, der Puig de Son Colet und de s' Heretat, welche beide den Hügel von Llummayor bilden, sowie der runde Hügel von Llummayor gegen Osten. Durch die Hauptthür kommt man in eine grosse gewölbte Halle, die hinter der Kirche steht, mit Kappen und Kreuzgewölbe, von 20 m Länge und 7 m Breite, welche einst als Schule diente. Eine Segmentbogenthür mit abgefasster Kante führt zu der gewölbten Küche. Rechts von der Kirche ist eine kleine Sacristei, wo ein Waschbecken mit der Jahreszahl 1662 in einer Rundbogennische steht; es folgt ein einfaches Kreuzgewölbe mit Kugeln in den Ecken. Hinter der Kirche führt eine Thür zur angebauten, ausgebesserten Ermita mit Corridor und fünf Zellen, der einstigen Wohnung des Professors. Auf der entgegengesetzten Seite befinden sich 15, jetzt baufällige Zellen des Collegiums zur Unterbringung der Schüler, jede mit kleiner Wandnische, die nur für den Waschtrog dient, und inneren Unterabtheilungen. Ein jedes Gemach trägt die Spur der Caminduchung der Küche. Die Zellen sind jetzt dachlos und baufällig; darunter befinden sich Gewölbe. Im Süden liegen sechs kleine Terrassen und eine Cisterne mit gemauerter Unterlage; ausserhalb des Gebäudes sieht man ein eingestürztes Häuschen mit einem doppelten Backofen.

Auf dem Wege gegen Randa zu, unterhalb Cura, liegen zwei Höhlen, die nicht ihrer Grösse, sondern der Ueberlieferung wegen, da sich der sel. Ramon Lull hierher zurückgezogen hatte, merkwürdig sind. Unter einem herabgerutschten Felsen befindet sich die nur 2 m tiefe Cova de San Ramon Nou, von der ein natürlicher, wie gepflastert aussehender Weg zur Höhle von San Ramon Vey führt, und tiefer hinab im Torrent liegt die Cova Negra, hinter welcher das Postament Creu de Randa steht; rechts führt ein alter Weg hinauf nach Cura. Erwähnenswerth ist der trefflliche krystallinische Kalkstein, der auf dem Puig gebrochen wird. Derselbe eignet sich vorzüglich für die Sohle der Backöfen. Auch gute Schleifsteine, Pedras esmoladoras, werden dort gebrochen.

Llummayor ist mittelst eines guten Fahrweges mit Palma verbunden. Man verlässt, um dorthin zu gehen, die Ortschaft durch die Calle de la Caridad, gelangt an den zahlreichen Windmühlen, welche Llummayor umgeben, durch Mandel- und Feigenbaumpflanzungen und überschreitet auf einem kleinen Bogen ein trockenes Bachbett. Rechts behält man den Puig de Randa und erblickt dann die Hügel von Galdent mit zwei spärlich bewachsenen, spitzigen Kuppen. Selten begegnet man einem Bauernhause mit ein paar Obstbäumen und kleinem Gärtchen daneben. Der Weg zieht sich geradlinig durch die öde einförmige Gegend; dann führt er hinab, passirt zwei kleine Einsenkungen und gelangt an dem Hostal de Can Sopeta mit Vordach vorbei in eine grosse Einsenkung im Buschwald, Sa Coma Fregon genannt, mit Häuschen, das, 269 m über dem Meere, eine herrliche Aussicht auf die Huerta von Palma und die Bahia bietet. Weiter gehend, kommt man am Besitzthum von S'Aranjasse, dann an zwei Hostals von Can Butxaca und Can Tofolet vorüber, überschreitet wieder ein Bachbett, neben welchem Binsen- und Sivinengebüsch wachsen, von dem in der Gegend auch baumgrosse Exemplare vorkommen, und in die grosse Einsenkung des Prat de S⁰ Jordi.

Man sah bis vor ungefähr 50 Jahren an dieser Stelle einen 5 km langen und 3 km breiten Sumpf. Während der Wintermonate und in regnerischen Jahren war derselbe fast gänzlich durch die von den Bergen herabströmenden Gewässer überschwemmt und machte durch seine Ausdünstung die ganze Gegend ungesund. Eine Gesellschaft aus Palma führte in den Jahren 1846—1849 die Austrocknung desselben durch, und seit dieser Zeit betrachtet man den Prat als ausgetrocknet und vor der Gefahr neuer Ueberschwemmungen durch die Kanäle, die man zu diesem Zwecke gebaut hat, geschützt. Nichtsdestoweniger bleibt dem Meere näher gelegen noch eine kleine Lagune, Estañy Blanc oder Estañy de Son Suñer genannt, welche das ganze Jahr hindurch Wasser behält. Seitdem die Austrocknung ausgeführt ist, hat sich das ehemals unproductive Land mit Feigen- und Mandelbäumen, auch Rebenpflanzungen, vielen Häusern, Wasserhebemühlen und Norias bedeckt, so dass nicht allein die Mehrzahl der Gründe des alten Prat bereits bebaut ist, sondern auch der Reichthum und die Zahl der Bevölkerung sich ansehnlich vermehrt hat.

Im Osten des Prat erhebt sich die Sierra de S⁰ Jordi, welche von dem alten Possessionshause von Son Ferrer gekrönt wird, und gegen die Bahia zu, gleichzeitig an ihrer höchsten, 24 m über dem Meere stehenden Stelle liegen die paar Häuser von S⁰ Jordi, an dessen Ende sich das gleichnamige Kirchlein befindet. Das Oratorium bestand schon im Jahre 1451. Lange Zeit war es nahezu verlassen, bis man es 1863 wieder dem Cultus widmete, und im Jahre 1880 wurde ein Kaplan ernannt, der in S⁰ Jorge seinen Wohnsitz nahm. Da die Bevölkerung sehr zunimmt, wird auch bald eine Ortschaft sich dort gebildet haben. Das Kirchlein sieht von aussen mit der breiten Vorderseite mit Querbogenthor, Dach und Glockengiebel wie ein Bauernhaus aus. Auf dem linken zopfigen Hochaltar, der aus der Kirche von S⁰ Eulalia stammt, befindet sich ein Bild des heiligen Georg, das einst auf dem früheren, aus dem 16. Jahrhundert stammenden Altare stand. Höchst interessant ist die Kanzel mit hölzernem Gitter, jener ähnlich, welche sich in der Hauptkirche von Inca befindet. Im zweiten Bogen ist noch eine alte Freske zu sehen. Vor der Front der Kirche steht ein steinernes Kreuz auf Stufen und eine Cisterne. Der Rücken, mit vielen Mastixsträuchern bedeckt, erhöht sich noch etwas; links davon liegt Son Olivé und näher noch Son Fullana, neben welchem viele Maulbeerbäume wachsen.

Sobald der Prat hinter uns liegt, wird der Boden bewegter und die Strasse führt langsam hinauf. Am Anfange eines mit Strandkiefern bedeckten Rückens sieht man Lon Suñer, rechts die Hügel gegen Marratxi, die einen ganz ungetrennten flachen, nur in der Mitte etwas erhöhten Rand

Son Ferreret, ein Haus auf dem Prat.

bilden, und Son S⁰ Juan mit einem viereckigen hohen Thurm. Dann kommen Getreidefelder, die Häusergruppen von Son Baña, eine alte Windmühle und neben Agavengebüschen der Steinbruch, die Torre d'en Pau. Es folgt ein kleiner Hostal. Der Boden wird jetzt fruchtbar und ist mit üppigen Pflanzungen bedeckt, die von Pareis umgeben sind, und an einer Windmühle vorbeischreitend erreicht man durch die Huerta von Palma die bekannte Häusergruppe des Coll d'en Rebassa, den Molinar de Levant und die Stadt.

Zwischen der Carretera de Llummayor und dem Meere befindet sich eine breite Fläche, die mit dem Gesammtnamen als Marinas de Llummayor bezeichnet wird. Es ist ein flaches, wenig fruchtbares, mit Garrigas bedecktes Land, meist in grössere Besitzungen eingetheilt und wenig bevölkert. Es liegt aber ein eigenthümlicher Charakter und ein gewisser Reiz in diesen flachen, nur hin und wieder gewellten Gegenden, wo nur die öden Tumuli oder einsame, meist bethürmte Possessionshäuser die allgemeine Einförmigkeit unterbrechen. Wir wollen eine Tour durch dieselben unternehmen, um die wichtigeren Punkte zu besichtigen und hierbei den Weg, der in der Nähe von Son Suñer, von der Carretera de Llummayor abgeht, benutzen. Wenn man die kleine Brücke überschritten und an dem sandigen Pinar de Son Suñer vorübergegangen ist, wo zahlreiche Sivinen und Scyllas wachsen, wendet sich der Weg immer mehr gegen das Meer. Man kommt an den Häuschen der Arbeiter und den nahen Marésbrüchen vorüber zu dem sandigen Strande und überschreitet die Ausmündung des Torrent d'en Jueua. Durch ein welliges Marésland, das Gruppen von Strandkiefern überkleiden und welches zu Son Verí de Perot gehört, dessen Häuser mit grossen Opuntienpflanzungen umgeben sind, kommt man zu einer Barrera und sieht einzelne steinerne Häuser, die Wohnungen der Roten. Durch einen Mastix-Buschwald steigt der Weg fortwährend, links sehen wir die verlassenen Häuser von Son Granada, den Puig de Ross, und bald erscheint Sa Torre in flacher, öder Umgebung. Vor dem Hause steht ein gothisches Mausoleum, welches zur Einnerung an den verstorbenen Villalonga von seiner Wittwe erbaut

Sa Torre.

wurde. Das Haus von Sa Torre ist alt, schwärzlich und festungsartig. Es ist gegen das Meer zu mit einem massiven Thurme zur Vertheidigung versehen. Der Rundbogeneingang ist mit alten Wappen geschmückt, die von Löwen gehalten werden; darunter befinden sich zwei vermauerte Coronellas. Die gewölbte Eingangshalle mit halbflachen Rundbogen und gothischen Knäufen nennt man die Llongeta, weil man früher dort Getreide mafs; noch heutzutage sieht man an den Wänden verschiedene Inschriften mit gothischen und limousinischen Schriftzeichen. Die rechte Hälfte der Eingangshalle wurde vermauert und dient jetzt als Kapelle. Im breiten Hofraume führt ein Rundbogen mit dem Wappen von Villalonga zur Treppe, auf welcher eine Renaissance-Thür steht, mit Wappen von Anno 1737; ein solches über der oberen Eingangsthüre trägt das Datum 1540. Im Innern sind geräumige Zimmer.

Von hier geht der Weg weiter, zwischen Parets mit schöner Aussicht, auf die Höhen von
Randa; rechts liegt Sas Casitas, ein kleines Besitzthum. Links lässt man den Weg nach Liummayor
und gelangt zur Aguila, einem stattlichen, aber im Vergleich zur Torre modernen Hause. Es hat
einen viereckigen Thurm und einen Rundbogen-Eingang; links im Hofe ist eine kleine, von vier
flachen Bogen in der Mitte getragene Kapelle. Im Hofraume befindet sich eine Cisterne und gegen
das Meer zu ein vortretender, von zwei achteckigen Säulen getragener Terrat; hinter dem Hause
liegt ein grosser Opuntiengarten, Hortals genannt. Von der gedeckten Terrasse hat man eine
schöne Aussicht auf das nahe Cabrera. Etwas weiter oben liegt eine Art Ortschaft, aus lauter
Roters-Hütten (Barracas) gebildet; dieselben sind aus Stein gebaut und oben mit Holzstöcken,
welche Steine tragen, gestützt. In diesen Hütten bildet die eine Hälfte die elende Schlafstätte des
Roters, die andere den Stall. Der mittlere Theil zwischen diesen beiden dient als Eingangshalle
und enthält das kleine Fensterchen und einen Wandraum zum Aufbewahren der Wasser-Jarras.
Einige dieser Hütten sind von einer mit Dornsträuchern überwucherten, trockenen Mauer umgeben,
die ein Gemüsegärtchen, wo namentlich Opuntien gedeihen, einschliessen, und erinnern lebhaft an
afrikanische Negerhütten. Einige haben einen kleinen Backofen, alle eine Porchada mit einer

Eine Roters-Hütte.

Krippe, wo im Sommer die Thiere, ohne ausgespannt zu werden, gefüttert werden können. Vor
manchen Hütten ist auch ein offener Feuerheerd, wo man im Sommer Feuer zum Kochen anzündet;
fast alle haben ihre eigene Tenne. Diese Roters leben nur im Sommer, und namentlich zur Zeit
der Getreidesaat und Ernte hier; nur zwei derselben halten sich fast immer an diesem Platze auf.
In der Mitte der Ortschaft, wenn wir diese Reihe von Hütten so nennen können, befindet sich ein
grosser Aujub mit einem Basain zur Aufnahme des Regenwassers und ein Schöpfbrunnen. Man
trifft hier in der Marina mehrere natürlich ausgehölte Marés-Stellen, in welchen sich das Regenwasser ansammelt, und wo man das Vieh tränkt und wäscht; man nennt sie Cocós, und einzelne derselben sind überdeckt. Aehnliche Hütten werden auch ganz aus Steinen, ohne Mörtel, mit konischer
Dachung aufgeführt, um den Schafen als Herberge bei schlechtem Wetter zu dienen. Geht man
auf dieser Marina gegen das Meer zu, so gelangt man nach einer Viertelstunde zu dem Leuchtthurme
von Cap Blanc.

Um nach der Besitzung von Cap Blanc zu kommen, schlägt man am besten den Weg ein,
der von der Torre der Garriga de Sª Aguila aus dorthin führt. Man durchwandert eine öde, einförmige Ebene und kommt durch zwei Barreras, an einem Aujub und einigen Barracas vorüber.
Links sehen wir das bethürmte Haus von Son Mutiliardo, weiter oben bei einer Windmühle

Gomera. In einem Strandkieferwalde sind viele, theils gut erhaltene, theils halb zertrümmerte Tumuli zu sehen; namentlich sind jene zwei viereckigen Tumuli sehr gut erhalten, welche neben dem alten, halb zerfallenen Hause von Capo Corp Vey liegen. Dieses Gebäude mit Rundbogen-Eingang hat zerbrochene gothische Fensterchen und eine Kielbogenthür; im Hofe steht ein Aujub. Die kleine Kapelle mit gothischen Verzierungen wird als Küche verwendet, daneben steht das neuere Haus von Bethlem; beide dienen als Wohnung für die Arrendadors. Neben Bethlem sind mehrere Roters-Hütten. Hinter einer ausgedehnten Garnga kommen wir nach Capo Corp Nou und steigen dann in eine Vertiefung hinab, wo sich das gelbliche, malerische Haus von Cap Blanc befindet. Zu ebener Erde ist ein schlichtes Kapellchen, dessen runder Thurm ein konisch gewölbtes

Inneres einer Roters-Hutte

Zimmer enthält. Vom Capo Corp Vey geht der Weg an den von wilden Oelbäumen umschatteten Tumuli vorüber, von denen einige sich gut erhalten haben. Links lassen wir die beiden bethürmten Häuser von Gomera und Gomereta liegen, sowie die Windmühle Moli d'en Maset mit dem nach Llummayor führenden Wege und gelangen durch eine Barrera zu dem zertrümmerten Hause von Son Aubert. Die Eingangshalle desselben bildet eine Art Thurm mit einem steinernen Ansatz und ist schief bedacht; gegen den Hof zu zeigt er runde Fensterchen, und auf der Vorderseite sind zwei verbaute Ventanas Coronellas. Ein Rundbogen-Eingang führt hinein; links von demselben liegt die verödete Kapelle. Das eigentliche Haus ist eingestürzt. Wir kommen gleich darauf nach Son Servereta mit rundem Thurm, hierauf an mehreren Tumulis vorbei zu dem Hause von Garonda. Etwas weiter hin folgt das grössere Haus von Marola und noch mehr gegen Osten zu das kleine neuere Sa Talaya, neben welchem wieder ein recht gut erhaltener, mit Opuntien bewachsener Tumulus

liegt. Herrlich ist die Aussicht von diesem stillen, einsamen Platze auf das lichtvolle Cabrera und
den wie verklärt in den blauen Himmel emporragenden Puig de Randa. An Son Boscana vorübergehend, kann man Es Pedregar erreichen, in dessen Nähe, 106 m über dem Meere, sich ebenfalls eine
Anzahl Tumuli befinden, und über Son Gravet gelangt man wieder nach Llummayor.

Wir wollen uns jetzt zu der Torre zurückbegeben und von hier den Weg nach Llummayor
einschlagen. Der gute Fahrweg zieht sich durch die fruchtbare, mit einzelnstehenden Landhäusern
und zahlreichen grossen wilden Oelbäumen belebte Ebene. Rechts liegt das Possessionshaus Cas
Frares mit schöner Mandelbaumpflanzung. Dasselbe hat einen Rundbogen-Eingang und eine gewölbte
Eingangshalle mit einem Kapellchen. In dem grossen Hort nebenan befindet sich ein gut erhaltener
Tumulus mit der Spur eines aus grossen, flach gelegten Steinen gebildeten Tunnels, der ihn mit dem
gegenüberstehenden Hügel im Zusammenhang setzt. Weiter oben sind noch mehrere, von Mastixsträuchern überwucherte und theilweise halb zerstörte Tumuli. Auf einem Seitenpfade gelangt
man auf den Weg, der von der Aguila nach Llummayor führt. Die Umgebung von Son Taxaquet,
einem schlichten
Hause mit Rund-
bogenthor, ist wie-
der reich an halb-
zerstörten Tumuli.
Dem Hause gegen-
über befindet sich
eine Höhle mit einem
Pfeiler, in der Mitte
in den Marés-Felsen
künstlich ausge-
hauen, und noch
eine andere kleinere
Höhle. Rechts lassen
wir Bennóc, links
Son Juliá liegen, das
dem Conde de
Ayamans gehört.
Die Ebene, die sich
jetzt rings um uns
ausbreitet, ist reich-
lich bebaut mit

Tumulus bei Capo Corp Vey.

Feigen- und Mandelbaumpflanzungen. Wir gelangen zum Possessionshause Son Juliá, einem stattlichen Gebäude mit Rundbogen-Eingang. Die gewölbte Eingangshalle wird von drei Bogen,
die auf pseudodorischen Säulen ruhen, getragen. Im Hofe befindet sich ein Brunnen mit dem
Datum 1693. Die zopfige Kapelle zeigt das Datum 1616 im Schlussstein der Wölbung. Son Juliá
besitzt ein grosses Cellé mit vielen Weinfässern, und in dem Hortet erhebt sich ein sorgfältig
aufgeführtes Clapér in Pyramidenform, das mit Blumen und Sempervivum geschmückt, recht hübsch
aussieht. Von Son Juliá kann man in Kürze nach dem mit einem Thurme versehenen Son Noguera
gelangen, über dessen Rundbogen-Eingang sich eine Bischofsstatuette mit Inschrift und der Jahreszahl
1713 befindet. Die kleine verödete Kapelle hat eine Marien-Statuette über dem Eingange; daneben
liegt ein runder Tumulus, der deswegen interessant ist, weil man ihn abgedeckt hat und in Folge
dessen der ganze leere, innere Raum übersehen werden kann. Die Wandung ist sehr stark und beim
Eingang, in welchem ein Mann stehen kann, fünf Schritte dick. Links von der Strasse von Son
Juliá nach Llummayor befindet sich ein mit einem grossen Stein und vier Pfeilerchen gedeckter,
sehr tiefer Avench. Durch Mandel- und Feigenbaumpflanzungen gelangt man bald nach Llummayor.

Die Eisenbahnen.

Der Gedanke, auf Mallorca eine Eisenbahn zu erbauen, tauchte ernstlich zuerst im Jahre 1852 auf. D⁾ José Manso, Viscoode de Monserrat, der damalige Gouverneur der Balearen, nahm sich eifrig des Projects an. Wenn schon damals der Plan nicht zur Durchführung gelangte, so war doch immerhin erreicht worden, dass die Frage des Eisenbahnbaues das Interesse weiterer Kreise mehr und mehr beschäftigte.

Viele Verdienste erwarben sich u. A. die beiden Ingenieure D⁾ Enrique und D⁾ Federico Gispert, die 1857 das Project einer Bahnlinie von Palma nach Inca ausarbeiteten. Eine noch in demselben Jahre eröffnete Actien-Subscription hatte thatsächlich den Erfolg, dass 3400 Actien gezeichnet wurden, d. h. die Hälfte der zur Aufbringung des Gesammtkapitals nöthigen Anzahl. Gleichwohl zerschlug sich das Unternehmen, wohl in Folge von Streitigkeiten zwischen den mallorquinischen und spanischen Kapitalisten. Erst im Jahre 1871 wurde, hauptsächlich durch die Bemühungen des mallorquinischen Ingenieurs D⁾ Eusebio Estada, die Angelegenheit wieder in Fluss gebracht; diesmal blieb auch der Erfolg nicht aus. 1872 constituirte sich die Sociedad Ferro Carril de Mallorca, und 1873 wurde bereits der Verkehr auf der Linie Palma-Inca eröffnet. Seitdem sind die übrigen Strecken in rascher Folge ausgebaut worden.

Die Gesammtkosten der Bahn von Palma nach Inca betrugen 2886445 Pesetas, das Material mitgerechnet, jene von Inca nach Manacor, die Zweigbahn nach La Puebla mitgerechnet, mit Einschluss des Materials 3792702 Pesetas. Die Organisirung der Gesellschaft ist äusserst einfach. Eine Junta administrativa, aus zwölf Vocales bestehend, wird von der Junta general der Actionäre, die sich in gewöhnlicher Sitzung einmal jährlich versammelt, ernannt. Die Leitung liegt in den Händen eines Präsidenten, eines Vicepräsidenten und eines Director general. Letzterer, der active Vertreter der Gesellschaft, ist der oberste Chef der Beamten und gleichfalls stimmberechtigtes Mitglied der Junta administrativa. Betreffs der Verwaltung hat er unter sich den Secretär der Gesellschaft und einen Rechnungsbeamten. Für den Betrieb ist ein Subchef, dem die vier Dienstbranchen unterstehen, in welche das Unternehmen eingetheilt ist, ernannt. Die Stationen haben einen Stationschef und die wichtigeren einen Factor und einen Espendedor. Ausser den nöthigen Bahnwärtern sorgen auf den Linien sieben Brigaden von Arbeitern für die Instanderhaltung. Die Bahn ist eine ökonomische oder schmalspurige mit einer Breite von 0,915 m. Die Schienen sind nach dem System Vignoles gefertigt. Das ganze Eisenmaterial wurde anfangs aus England bezogen, ebenso die Holztheile der ersten Waggons. Zu den Telegraphenstangen wurden vielfach Siwinen aus Ibiza verwendet. Im Jahre 1879 besass die Gesellschaft neun Locomotiven, die in Manchester gebaut worden sind, und 36 Waggons, von denen sechs nach dem System Cleminson mit Radialachsen versehen sind; alle bestehen aus natürlichem, gefirnisstem Holz und sind recht bequem. Ausserdem hat sie 113 Waaren-Waggons und 10 Fourgons. Der Dienst der Züge ist, je nach den Jahreszeiten, verschieden. Gewöhnlich fährt ein Zug mit den beiden vorhandenen Wagenklassen dreimal hinauf und dreimal hinunter.

Wir wollen nun zu einer Schilderung der bestehenden Bahnstrecken übergehen. Die Eisenbahnen bestehen zunächst aus einer Hauptlinie von Palma nach Manacor mit einer Länge von

63,853 km, die man als aus zwei Hauptstrecken bestehend betrachten kann: aus einer Strecke von Palma nach Inca mit einer Länge von rund 29 km und einer solchen von Inca nach Manacor mit einer Länge von rund 35 km. Ausserdem giebt es noch die Zweigbahn von La Puebla mit einer Länge von 12,680 km und eine Trambahn von dem Bahnhofe nach Palma zum Hafen mit einer Länge von 3 km, so dass die Gesammtlänge aller Bahnen 79,533 km beträgt. Die allgemeine Richtung der Tracirung ist von Südwesten nach Nordosten, von Palma nach Inca, und von Nordwesten nach Südosten, von Inca nach Manacor. Bei diesen Hauptrichtungen giebt es aber viele Richtungswechsel, welche durch die Lage der Ortschaften und durch die Bodenverhältnisse bedingt werden, die man mit Neigungen von 0—15 mm pro m und Biegungen, deren Radien zwischen 350 und 1000 m schwanken, thunlichst zu vermindern trachtete. Die dadurch verursachten Einschnitte betragen 0—12 m und die Anschüttungen 0—9 m. Das wichtigste Bauwerk ist die Brücke von Son Bordils, deren Gesammtlänge 132 m und deren Höhe 12 m beträgt. Die übrigen Bauwerke beschränken sich auf Brücken von geringer Wichtigkeit; sie dienen zur Passirung von Torrenten und Fahrwegen und gehen manchmal über und manchmal unter den letzteren hin; ausserdem giebt es eine grosse Zahl von Wasserdurchlässen für untergeordnete Wasserläufe. Die von den Bahnstrecken-Bauten, Dienstwegen und Nebengebäuden der Bahnhöfe eingenommene Bodenfläche umfasst 421 199 qm. Die Breite des Geleises innerhalb der inneren Schienenräder beträgt, wie wir sagten, 915 mm, die Breite der Planirung ist 3,70 m. Dasselbe gilt für die Zweigbahn nach La Puebla, welche beim 34. km der Hauptlinie bei der Station Empalme abgeht. Die Gesammtrichtung der Tracirung ist von Südwesten nach Nordosten; die Neigungen betragen 0—13 mm, der Radius variirt zwischen 400 und 100 m. Die Bauwerke sind unbedeutend. Die von dieser Linie mit den Bahnhöfen eingenommene Bodenstrecke beträgt 139 105 qm.

Der Bahnhof in Palma ist ein einstöckiges Gebäude aus Marés-Quadern, 39 m lang, 10 m breit und 5,70 m hoch; er hat 9 Fenster auf der Front und 2 auf der Seite. Diesem zur Rechten steht ein im Aeussern ganz gleiches Gebäude, welches für die Aemter der Verwaltung und des Betriebes dient. Beide sind aus fortificatorischen Rücksichten niedrig gebaut und obendrein unterminirt, um im Nothfalle in die Luft gesprengt werden zu können. Gegen die Stadt zu ist der Bahnhof durch ein 78 m langes eisernes Gitter abgesperrt, welches vier Eingänge hat: zwei für Fussgänger und zwei für Fuhrwerke. Zwischen diesen und den beiden Gebäuden befinden sich kleine Gärtchen mit Cisternen. Für die Waaren giebt es ein 17 m langes, 8,50 m breites gedecktes Magazin und zwei gleichbreite, 38 m lange Abladungsmolos. Diese, wie der Magazinboden sind 80 cm höher, als die Schienen. An das Magazin stösst ein kleines, als Aufgabe- und Rechnungsamt verwendetes Gebäude und eine Magazin-, sowie eine Fuhrwerkswage. Es giebt hier ausserdem eine Werkstätte, eine Maschinenkammer und Eisenwerkstätte mit einer hohen Esse, sowie ein Wasserdepot mit einem 26 m tiefen Pumpbrunnen; ferner ein Kohlenmagazin und daneben einen hydraulischen Krahn für den Maschinendienst, sowie einen Waggonschuppen und eine Rotunde, die als Locomotivenhaus dient.

Kurz nach der Abfahrt von der Stadt erreicht man die erste Station von Pont d'Inca und sieht den riesigen Bau der Mahlmühle zur Linken; neben dem Bahnhofe gruppirt sich die kleine Ortschaft. Man erblickt in der Ferne den schönen Puig de na Fatma von Valldemosa und im grünenden Thale die stattliche Cartuja. Rechts erscheint uns die Kirche von Marratxi und der gleichnamige, zweistöckige Bahnhof. Man sieht auf derselben Seite die Fahrstrasse gegen Inca und kommt durch den Einschnitt bei Son Sureda durch kuppiges Hügelland nach Sta Maria, dessen Bahnhof mit mehreren Nebenbauten und vielen, in der Nähe neu aufgeführten Häusern der Ortschaft uns zur Rechten erscheint. Den Hintergrund bilden die Höhen von Son Segui und in der Ferne sieht man die Ortschaft von Sta Eugenia. Man durchzieht schöne Weinberge und sieht zur Linken den Bahnhof von Alaró, dessen schöne Berge sich uns in ihrer Pracht eröffnen. Vom Bahnhofe geht eine Tramwaylinie zur Ortschaft, die jedoch einer von der Bahngesellschaft ganz unabhängigen Gesellschaft gehört. Bald darauf fährt man in den kleinen, wohlgebauten Bahnhof von Binisalem ein und sieht demselben gegenüber das malerische Bellvue. Man passirt hierauf schöne Oelbaumpflanzungen mit prächtigem Blick auf die Sierra, und an dem Kirchlein der Mare de Deu des Cocó dicht vorbeifahrend, erreicht man den kleinen Bahnhof von Llosets mit gutem Blick auf die malerisch gelegene Ortschaft. Nach kurzer Fahrt erblickt man die Palmen des Frauenklosters von Inca und langt in dieser Ortschaft an. Hier hat man ein stattliches Stationsgebäude errichtet; ausserdem Nebengebäude für die Waaren. Eine neu angelegte breite Strasse führt von demselben zur Ortschaft hinab.

Von Inca aus geht die Bahn am Franziscaner-Kloster vorbei; links liegt eine Windmühle und der Puig de S⁺⁺ Madalena mit der Besitzung von Son Cata. Man durchschneidet grosse regelmässige Mandelbaumpflanzungen und, an der Strasse von Sineu entlang fahrend, die man dann rechts lässt, sieht man einzelne kleine Häuschen. Rechts hat man den fernen Puig de Randa mit Sansellas und Custitx auf kleiner Erhöhung. Es folgt ein starker Einschnitt, das Haus von Son Bordils, dann eine Brücke, und man hält an dem Kreuzungspunkte Empalme mit kleinen Häuschen, wo der Zug bereit steht, der nach La Puebla bestimmt ist. Die Schienen laufen in einem Einschnitte neben einander, dann trennt ein vortretender Felsen die Wege. Weiterfahrend, sieht man Campanet, fährt durch ein Kiefernwäldchen und erblickt in der Ferne Muro. Es folgt ein Thälchen und der Pont de Corbera. Das Volk nennt jedoch diese Brücke Pont de Son Bordils, weil sie den gleichnamigen Torrent überschreitet. Hierauf durchfährt man einen starken Einschnitt in dem Kalksteinfelsen, den Kiefernwald von Son Rossiñol, sowie Felder mit einzelnen Oelbäumen auf dem welligen Boden. Links sieht man das Haus von Son Rossiñol, man passirt einen weiteren tiefen Einschnitt, und an der Ruhestätte vorbeifahrend, erreicht man Sineu, dessen Häuser malerisch um die Kirche gruppirt, von der Station aus einen hübschen Anblick gewähren. Das Stationsgebäude ist einstöckig, links liegt ein Schuppen für einen Reservewagen. Frauen in malerischer Kleidung mit dem mallorquinischen Schleier, Rebosillo, auf dem Haupte, verkaufen Aygoardent und Rosquillas, eine Backwaare, durch welche Sineu berühmt ist. Hinter Sineu kommt ein tiefer, geböschter Einschnitt in den Kreideboden, der sehr schwer zu durchstechen war. Links sieht man Sa Bastida und den Puig de S⁺⁺ Onofre mit dem gleichnamigen Kirchlein. Kleine Häuschen zeigen sich zwischen den Feldern. Man beschreibt eine grosse Krümmung links, mit gutem Rückblick auf Defla bei Sineu. An einem grossen Weinberge vorbei, fährt man am Fusse des Puig de S⁺⁺ Onofre durch zwei Einschnitte. Auf einer Brücke über den Fahrweg von Sineu nach Petra, gelangt man dann durch einen starken Einschnitt, Es Romarius genannt. Figuerals und Weinberge wechseln mit von Strandkiefern bewachsenen Hügelchen ab. Rechts erhebt sich der Hügel von Bonafry. Man kommt in Petra an, dessen beide Kirchen wir rechts lassen. Der Bahnhof ist aus Stein cyclopisch gebaut; er hat ein ziemlich grosses, ähnlich construirtes Magazin. Links sieht man einen langen Kiefernrücken und rechts die Spitze vom Puig de S⁺⁺ Salvador de Felanitz. Links zieht sich die Carretera von Inca nach Manacor hin, rechts jene von Palma nach Manacor, das man bereits in der Ferne erblickt. Man gelangt an dem Hügel der Ermita de S⁺⁺ Lucia vorbei und erreicht Manacor. Wenn man ankommt, liegen rechts die Abladestelle, sowie das Magazin für die Waaren; links befinden sich zwei Waggonschuppen und nach aussen die Dampfwasserpumpe und das Maschinenhaus.

In Empalme pflegen sich die Züge zu kreuzen, und die von und nach La Puebla fahrenden Passagiere haben den Wagen zu wechseln. Der Bahnhof liegt neben einem steinigen Hügel. Indem wir nach Puebla weiter fahren, sehen wir in den Feldern viele kleine verstreut Häuser, mit Opuntien umgeben und kleine Steinhaufen (Clapérs) in den Gründen. Man fährt durch Erdeinschnitte über den röthlichen Boden und passirt eine Strasse: links sieht man den Puig de S⁺⁺ Madalena. Man erreicht Llubi mit seinem kleinen Bahnhofe aus Höhlenkalkstein. Die Bahn führt weiter durch schön gebaute Gründe, die durch trockene Mauern eingefasst werden; dann folgt ein kleiner Damm. Man gewahrt einzelne Possessionshäuser, alte Feigenbaumpflanzungen und Weinberge; und, an einem Wäldchen von grossen immergrünen Eichen vorbeikommend, trifft man auf dem kleinen Bahnhofe von Muro ein, der aus cyclopischen Mandelstein-Mauern besteht. Links sieht man ein Strandkieferwäldchen; auf einem sanften Hügel erblickt man die Ortschaft Muro, dann Campañet und Buger auf ihren Hügeln. An Agavenbecken vorbeifahrend, erreicht man jetzt den an der Ostseite der Ortschaft gelegenen kleinen Bahnhof von La Puebla mit breiter Wartehalle.

Die Küste der Insel.

Wir verlassen jetzt das Innere unserer schönen Insel und besteigen das Boot, um in einer Rundfahrt die Küste Mallorca's genauer kennen zu lernen. Palma soll unser Ausgangspunkt sein. Zuerst, gegen Westen uns wendend, wollen wir der gebirgigen Nordküste einen Besuch abstatten, hierauf das Cap Formentor umsegeln und, am Cap de Pera, Capo Salinas, Capo Blanco vorüberfahrend, wieder in die Bahia von Palma zurückkehren.

Palma verschwindet allmählich mit seinem herrlichen Gebirgskranze. An dem lachenden Terreno vorbei, kommen wir zu Porto Pi und der felsigen Spitze von Sᵃ Carlos, sowie zu der Punta de la Fortaleza; beide sind felsig und ausgehöhlt, letztere, mit einer Strandbatterie besetzt. Zauberhaft ist die Aussicht auf Palma von der Mitte der Bucht aus, wenn die Seo über den Coll de Soller zu stehen kommt. Hierauf folgt die Cala Mayor mit felsigen Abstürzen und kleinen Spitzen, zuerst die Punta del Grells, dann die Punta de Son Vent, von dem gleichnamigen Hause überragt, worauf das kleine Sandufer der Cala Mayor folgt, mit einem grünenden Thale im Hintergrunde, von den beiden Ortschaften, Bonanova mit seiner Kirche und Genova beherrscht. Die Cala hat bis vier Faden Tiefe in ihrer Mitte und Sandgrund. Mächtig dehnen sich dahinter die Höhen der Sierra de la Burguesa aus. Dann kommt die durch die Ueberbrückung der Strasse nach Andraitx leicht kenntliche Cala de Son Tuells, worauf die schmale Cala Formatje folgt mit dem ersten Hostal, das einst zu Bendinat gehörte. Eine andere kleinere Ausbuchtung führt den Namen Cala Nova. Die vorspringenden Hügel heben hier ein kahles Aussehen, da sie nur spärlich mit Oel-, Johannisbrodbäumen und Strandkiefern bedeckt sind. Hierauf folgt der Carregador del Gulx, ein sich ausdehnender Vorsprung mit schmaler niedriger Spitze, von El Ruax gegen die Isla de la Caleta zu, indem er eine kleine Einbuchtung mit schmalen Sandufern, die ziemlich grosse Cala Broji oder Caleta, darbietet, wo sich meist Fischer aufzuhalten pflegen. In ihrer Mitte hat sie 7, neben dem Lande 2½ Faden Wasser, der Grund ist Seetang. Hierauf zeigt sich die niedrige, kahle Isla de la Caleta, nur spärlich mit Gras bewachsen, dann die durch eine schmale Zunge mit dem Lande verbundene Spitze von El Ruax, zu der die Carretera von Bendinat hinabführt, das man vorher mit seinen vier Thürmen einige Zeit lang vor Augen hatte. Man kommt dann zu der ziemlich lang gedehnten, von einem verwitterten Thurme überragten Isla d'en Salas, welche leicht ausgebuchtete Abstürze zeigt. Dieses ist der erste Küstenthurm, den wir auf unserer Fahrt treffen, und wir wollen, bevor wir auch die Schilderung desselben übergehen, einige Worte über die Küstenthürme Mallorca's im Allgemeinen vorausschicken.

Die ganze Küste Mallorca's war von einer Reihe von Thürmen eingefasst, die mit dem Namen Torres oder Atalayas, wenn grösser, als Castillos bezeichnet wurden. Sie dienten in alter Zeit als Herbergen der Guyatas oder Wächter, welche die Fahrzeuge zu beobachten hatten, die sich der Küste näherten, und sobald ihnen ein solches verdächtig erschien, den Ortschaften die Kunde zu übermitteln hatten, damit sie jeder Angriff in Kampfbereitschaft fände. Später, um das Jahr 1590, wurde zu diesem Zwecke ein Signalsystem mittelst Feuer und Flammenrauch (Hogueras), eingerichtet, durch das die Thurmwächter täglich bei hereinbrechender Nacht mit einander verkehrten, und man wusste so auf allen Punkten der Küste die Zahl der Schiffe, die man in dieser

Zeit erblickte, sowie die Richtung, die sie einschlugen und von wo sie kamen. Dieses System wurde bis in die neueste Zeit zur Anwendung gebracht. Wiewohl die Wachtthürme der Küste schon seit den ersten Jahrhunderten nach der Eroberung bestanden, waren sie damals in so geringer Zahl auf wenigen hoch gelegenen Punkten der Insel vorhanden, dass dieses Bewachungssystem erst im 16. Jahrhundert zu seiner Entwickelung kam, in welcher Zeit wegen der zunehmenden Streifzüge der Mauren sich eine aufmerksamere Bewachung nöthig machte. In Folge dessen erkannte man im Jahre 1530 die Nothwendigkeit, diese Thürme stärker zu befestigen, damit sich die Wächter auch darin vertheidigen konnten.

Die Municipalregierung beschloss, der Küste entlang Thürme zu erbauen, eine Bestimmung, die, jedoch erst vom Jahre 1580 an, sehr rasch betrieben wurde, so dass im Jahre 1583 nur zehn fehlten, die nöthig gewesen wären, entsprechend dem Projecte auf der ganzen Insel eine zuverlässige Bewachung der Küste zu ermöglichen. Diese Thürme wurden sämmtlich auf Rechnung des Königs erbaut; die meisten waren aus Marés-Quadern errichtet. Man trat in das Innere durch eine kleine, ziemlich hoch gelegene Thür, zu welcher man mittelst einer Handleiter, meist aus Strick mit Holzstäben bestehend, hinaufstieg, und welche man dann im Innern hinaufzog. Zu ihrer Vertheidigung waren die Thürme mit ein oder zwei Kanonen versehen. Die Bewachung derselben war ehemals Wächtern anvertraut, welche in den ersten Jahren theils durch die Ortschaften, theils durch die Universidad, in den letzten Jahren insgesammt durch letztere bezahlt wurden. Ihre Zahl schwankte zwischen zwei und vier; selten war ein einziger Wächter vorhanden. In den ersten Zeiten war es nicht leicht, Jemand zu finden, der dieses Amt annehmen wollte, einerseits, weil die Wächter sehr den Angriffen der Mauren ausgesetzt waren, welche dieselben manchmal gefangen nahmen, andererseits wegen der strengen Anforderungen des Virrey, der bei manchen Gelegenheiten verlangte, dass alle fortwährend auf der Wache wären, während sie sonst gewöhnlich am Tage mit der Wache abwechselten und blos des Nachts alle zusammen wachten; endlich auch wegen der Verspätung, mit welcher sie ihren Sold bekamen, weshalb sie häufig zum Virrey gehen mussten, um denselben zu erhalten. Der Wachtdienst wurde Ende des 16. Jahrhunderts durch die Ernennung von zwei Inspectoren oder Inquisidores, wie man sie nannte, vervollständigt, welche die Thürme von Zeit zu Zeit zu besichtigen hatten. Einer von ihnen war für die Costa de Levante von Palma bis Alcudia, der andere für die Costa de Poniente mit Palma inclusive bestimmt. Unter der Regierung der Königin Isabel II. wurde der Wachtdienst der Thürme neu organisirt, indem im Jahre 1852 ein eigenes Corps, Cuerpo de Torreros, geschaffen wurde. Dieses hatte den Zweck, zur besseren Vertheidigung der Insel beizutragen und für die Bewachung der Küste zu sorgen, jedwede unerlaubte Landung zu verhindern, auch zur Unterdrückung des Schmuggelhandels und zur Erhaltung der öffentlichen Gesundheitspflege mitzuwirken, sowie von jedweder Neuigkeit, die an der Küste sich ereignen würde, die Behörde mittelst der alten Feuer- und Rauchsignale in Kenntniss zu setzen. In Folge der königlichen Verordnung erhielt dieses Institut einen rein militärischen Charakter; es unterstand dem Capitán general der Balearen als Inspector nato des Corps, während die Militärgouverneure von Menorca und Ibiza Subinspectoren der betreffenden Inseln waren. Das Corps der Torreros wurde im Jahre 1867 aufgelöst, und seit dieser Zeit wurden die Thürme aufgelassen und von der Finanzbehörde an Private verkauft. Ausser diesen, der Regierung gehörigen Thürmen waren längs der Küste noch einige Privatthürme vorhanden, die, theils einzeln stehend, die Ufer zu schützen hatten, theils, den isolirten Possessionshäusern angebaut, als Zufluchtsort und Vertheidigungspunkt im Falle eines Angriffes dienten.

Die Torre de las Illetas (oder de las Isletas), im Jahre 1580 erbaut, ist rund, von 7 Varas Durchmesser, aus gewöhnlichem Mauerwerk, mit einer Barbette versehen. In ihrem Inneren sind zwei Räume für die Thurmwächter und ein Munitionsmagazin. Hübsch ist der Rückblick auf die Illetas; dann folgt der Caló des Guix und gegenüber einigen röthlichen Abstürzen, vor welchen ein paar schwarze Riffe emporragen, die kleinere, erhöhte, kable Isla d'en Salas; am Ufer befindet sich die Kirche der Mare de Deu de Portals. Es folgen nach den Jäben, roth gefärbten Abstürzen des Forat d'en Palou mit Höhlen, wo man das Rauschen des hier gewöhnlich ruhigen Meeres hört, der Torrent de los Amellarets und die Playa de s'Hostalet; dann kommt die Punta Negre und die schön bepflanzte Verflachung von Ses Planas vom Coll des Cocons, welcher der bis hierher sich hinziehenden Sierra de la Burguesa folgt. Hinter der Punta Negra liegt eine kleine Cala, welche kleinen Küstenfahrern bei Ostwinden, wenn sie sich von La Porrassa zu weit entfernt haben, Schutz gewährt. Dann sieht man auf einem kleinen Vorsprunge das Haus von Son Caliu. Der Name rührt daher, dass die Fuhrleute, sich über die ebene Strecke freuend, hier einen Caliu, d. h. eine Cigarette, anzuzünden pflegen. Dahinter liegt das Hostal der Carretera, wo die Leute, die nach La Porrassa fahren, Rast halten. Am Ufer bietet sich uns ein Stück Mauerwerk dar, welches einst der Comandaria de Sⁿ Pedro gehörte und als Schutzhäuschen für die Fischer diente, jetzt aber dachlos ist. In der breiten Ausbuchtung von La Porrassa ist das Wasser seicht, am tiefsten gegen den Thurm zu, an dessen rechter Seite man in einer Tiefe von 3 Faden am besten vor Anker geht. Gegen aussen zu ist die Ausbuchtung etwa 7$^{1}/_{2}$ Faden tief, während in der Nähe des Ufers die Tiefe bis zu $^{1}/_{2}$ Faden abnimmt. Der Grund ist Seetang; die Ufer sind niedrig, zum Theil Sandstrand. Gegen den Thurm zu steigt ein Vorsprung an, in dessen Nähe sich drei zertrümmerte Häuschen finden; der stattliche Thurm Torre Nueva de la Porrassa, auch Na Nadala genannt, im Jahre 1616 vollendet und 1619 wieder aufgebaut, ist rund, von 14 Varas Durchmesser, mit einer Barbette (Brustwehr) gegen das Meer, leicht konisch, mit einem Cordon oben und unten. Eine hochgelegene, viereckige Thür, oberhalb welcher sich eine Wurflucke befindet, bildet den Eingang. Von dem

Illetas.

Vorsprunge des Thurmes aus, der jetzt von einigen Roters als Unterkunftsstätte verwendet wird, hat man einen schönen Ausblick auf die Ebene und die morastige Verflachung der Porrassa, auf die Illetas, Bellver, S^a Carlos und dahinter Palma, dann die Höhen von Son Segui, von Randa bis zum fernen Cap Blanc und Cabrera. Auf der felsigen, aus Kalkmergel gebildeten Spitze von der Torre de la Porrassa befindet sich ein alter Marés-Steinbruch. Hierauf erreicht man die Playa del Megaluf, neben der sich ein Carregador befindet, von dem man zu dem nahen Hause der Porrassa gelangt. Demselben gegenüber liegt die rundliche, einem Riesenwallfisch ähnliche Isla de la Porrassa. Der Rücken derselben, der ganz aus horizontal geschichtetem Conglomerat besteht und nur mit Gras und auf der Höhe mit wenigen Fächerpalmen bewachsen ist, zeigt an seiner höchsten Stelle die Spuren eines Thurmes oder Schlosses. Man geniesst von hier einen schönen Blick auf den Vorsprung des Thurmes, die Porrassa, den Hügel von Sta Ponsa, die Mola de N'Escrop, die lang gezogene, waldige Sierra de la Burguesa, Portals, die Illetas, Palma und die Ebene, andererseits auf den langen Vorsprung von Calafiguera. Zahllose Heuschrecken beleben die sonst unbewohnte Insel. Man sieht am Ufer das Haus von Campsaya, dann den Vorsprung von Campsaya mit der Cova del Salamó.

Daneben springen die Abstürze des Cabo Falcon vor, oben mit spärlichen Kiefern bekleidet. Wir treffen dann den Caló de la Nostra Dona mit geschichteten, ausgehöhlten Marés-Wänden. Weiter sehen wir vor uns den mit einer schwarzen Scharte versehenen Morro de la Torre de Portals mit

III. Mallorca.

steilen Abstürzen und einen runden Thurm, die Torre de Portals, nach 1580 erbaut und im Jahre 1631 restaurirt; sie hat 9 Varas im Durchmesser. Portals hat einen kleinen Hafen, der grossen Schiffen bei Westwinden, kleinen aber bei jedem Winde Schutz gewährt; daher wird er jede Nacht von Fischern aufgesucht. Er hat eine Tiefe von 1—3 Faden; der Grund ist Seetang, und die Ufer sind überall hoch. In seinem Hintergrunde zeigen sich vier Thalfurchen; in der ersten derselben, der nächsten vom Thurme, giebt es in einiger Entfernung vom Ufer einen Brunnen mit gutem Wasser. Im Grunde des Hafens bieten sich horizontal geschichtete Marés-Felsen dar. Der südliche Rand des Cap Cbesclet enthüllt die schon früher von uns beschriebene Höhle. Portals gegenüber liegt die Isla del Sec, ein kleines, schwarzes Riff, das gegen Palma zu eine unterseeische Klippe von sich aussendet. Von hier sieht man die Mola de s'Escrop, den Puig de Galatzó und den waldigen, niedriger werdenden Vorsprung von Calafiguera. Das Cap Cbesclet setzt sich als ein immer niedriger werdender Absturz bis zum Carregador del Cavallo fort; dann folgt Cala-

Torre de Calafiguera.

figuera, zu dessen Linken sich die Cova Fresca befindet, wo Fischer zur Sommerszeit Wasser abkühlen lassen. Die Calafiguera ist klein, von 7 Faden Tiefe und 3 Faden in ihrer Mitte; der Grund besteht aus Seetang. Ringsum sind Felsenabstürze; röthliche, niedrige Wände bilden den Vorsprung der Farols, der kahl, mit Buschwerk bekleidet, von der Torre de Calafiguera überragt wird und horizontale Schichtung zeigt.

Der Leuchtthurm von Calafiguera auf dem gleichnamigen Cap, welches im Westen die Grenze der Bahia de Palma bildet, besteht aus einem viereckigen Gebäude, in dessen Mitte sich ein Thurm erhebt, von dem man eine herrliche Aussicht auf das grenzenlose Meer, den verflachten Vorsprung des Cap, die rissige, steile Küste, die sich mächtig einbuchtende Bahia von Palma mit den Höhen von Bellver und die Stadt geniesst, welcher die Sierra als Hintergrund dient. Hinter dem Cap mit dem näheren Portals sieht man die Falaisen des Puig de Galatzó und der Mola de s'Escrop. Der in Paris construirte Apparat ist von fünfter Ordnung, katadioptrisch und mit fixem, weissem Licht — die Laterne hat 1,60 m Durchmesser und die Lampen sind von constantem Niveau — das einen Bogen von 295° beleuchtet und in der Regel zwölf Meilen weit sichtbar ist.

Der Vorsprung von Calafiguera sendet eine kleine Spitze, die Punta del Mola, aus, hinter welcher eine Art kleines Caló liegt, und so ziemlich auf der Anhöhe desselben thront die runde Torre de Calafiguera, welche im Jahre 1580 erbaut wurde. Das Cap de Calafiguera schliesst mit dem Cabo dels Cautius ab, wo sich auf der Westseite die gleichnamige Höhle befindet. Dann kommt der Morro d'en Fellu mit horizontalen Schichtungen und die breite Falaisen-Ensenada von Refalbex oder Reufeibex, von dem gleichnamigen, runden Thurm, welchen wir etwas weiter nach innen zu sehen, überragt. Er dient nur als Signalthurm, ist mit Barbette-Parapeten und einer Wurflucke über der Thür versehen. Von den horizontalen Schichtungen springen die unten gegen die Inselchen des Toro zu befindlichen in einer dünnen, langen Spitze vor; man nennt sie Punta del Toro, die Fischer heissen sie aber auch Las Berbines. Vom Toro entdeckt man die Doppelhöhe der Mola de s'Escrop und von Galatzó und die Gebirgsvorsprünge gegen Andraitx zu. Nach der Punta del Toro folgt eine Falaisen-Ensenada, El Clot del Moro genannt, dann im Grunde der Ausbuchtung, am Schlusse des Vorsprunges von Calafiguera, wo die niedrigen, röthlichen Falaisen anfangen, Ses Peñas Rotjes, wohin häufig Leute aus Palma mit ihren Wagen zum Fischen fahren. Hierauf erscheint das Cap Negret mit niedrigeren, schwärzlichen Vorsprüngen. Herrlich ist der Blick auf die Isla de Malgrat, die sich kahl, felsig und schartig repräsentirt, auf die gleichnamige, runde Torre, sowie auf die Höhen von Galatzó, die Mola de s'Escrop und von Escapdellá, mit den röthlichen Abstürzen und den hochgelegenen Wänden. Vor der Torre de Malgrat ist eine kleine Ensenada mit niedrigen, röthlichen Falaisen und horizontalen Schichtungen, Ses Pedreretas genannt. Die Isla de Malgrat bietet uns von der inneren Seite aus steilere, höhere Wände mit verticalen Spaltungen, einen schlossartigen Felsen bildend; dann kommt ein isolirtes Inselchen und ein natürlicher, über die Wogen gespannter Felsenbogen. Es folgen die Abstürze der Torre de Malgrat, die, wie die anderen, 9 Varas im Durchmesser hält; sie ist mit Barbette-Parapet auf der Seeseite und Erhöhung auf der Landseite versehen. Darauf öffnet sich nach hügeligen Vorsprüngen mit Abstürzen die breite, weit hineinragende Einbuchtung von Sta Ponsa. Dieselbe bietet einen guten Ankerplatz und ist nur den Westwinden ausgesetzt. Sie hat eine Tiefe von 9 Faden, die bis zu 1 Faden abnimmt, und Sandgrund. Die Ufer sind mittelhoch und zeigen einige ebene Strandstücke. Wir treffen zuerst die tief hineinragende Caleta, welche kleinen Booten als trefflicher Hafen dient. Da sie aber sehr wenig Wasser enthält, müssen Küstenfahrer an der Mündung ankern. Zur Linken bietet sich uns eine in den Felsen geschnittene Treppe und ein Wächterhäuschen dar; dann kommt eine Höhle, von einem künstlichen Pfeiler gestützt, ein Unterkunftsort für die Fischer und einige Fischerhäuschen. Den ganzen Grund der Caleta überkleidet ein noch junges, aber üppiges Pinar. Von der Punta de la Caleta, die zur Linken, wenn man hineinfährt, liegt, übersieht man die Ebene von Sta Ponsa, mit dem Thurm und Haus, den Windmühlen und das mit Tamarisken bekleidete Ufer, dann den konischen Puig del Castellot und die seichte Ausbuchtung der Secanjs, die auf der anderen Seite von dem Vorsprunge des Castillo de Sta Ponsa eingeschlossen wird. Diese doppelte Einbuchtung mit dem flachen Lande von Sta Ponsa dahinter erscheint trefflich zu einer Landungsstelle geeignet, was sie auch thatsächlich zur Zeit der Eroberung war. An den Secanjs mit der Laguna von Sta Ponsa und einem Hause im Grunde vorbei, erreicht man den Vorsprung des Castillo de Sta Ponsa, von dem ebenso benannten Thurme beherrscht. Bei der Punta del Castillo befindet sich ein kleiner Carregador, wo man auch bei Aussenwinden in der Nähe einiger weisser Felsen gut ankern kann. Wir treffen dort zuerst einen kleinen Marés-Steinbruch und mehrere Ruinen von dachlosen, niedrigen Häusern in der Nähe des Thurmes. Das Castillo ist rund, von 19 Varas Durchmesser, konisch, mit zwei Cordons und gebösteter Basis und mit Schiessscharten durchbrochen. Oberhalb des ersten Cordons ist ein kleines Rundbogenthor, zu dem ein Stück Treppe aus locker gesetzten Midjans hinaufführt, man sieht aber noch ein Stück der morschen Strickstreppe. Der Morro del Llamp bildet zu dem Castillo einen malerischen, wilden Hintergrund. Hübsch übersieht man von hier auch die Bucht von Paguera. Inwendig zeigt das Castillo ein dunkles Zimmer mit doppelter, eisenbeschlagener Thüre und ist mit Wurflucken in der Mauerdicke versehen. Dann kommen die meist röthlichen, erdigen Abstürze des hie und da mit Strandkiefern bekleideten Puig dels Gats, der Kiefernstrand der Playa de Paguera mit dem gleichnamigen Hause dahinter, dann der Carregador von Cas Playas mit gewölbt gestellten, blattartigen Schichtungen und links die Einbuchtung von Paguera oder das Bordellet. Von dem Sandufer zieht sich auf einer Verflachung der Pfad zu dem Thurme Torre de Andrixol hin, den man, durch den Kiefernwald, dann durch Oelbäume gehend, erreicht; er ist rund, hat 9 Varas Durchmesser, 12—14 Varas Höhe und drei Kanonenscharten auf der Terrasse. Ringsum wachsen in Menge Cactusfeigen, und herrlich ist von hier der Blick auf die untere Cala Fornells und die breite Einbuchtung von S¹ᵃ Ponsa. Hinter der zwischen Felsen eingeklemmten Cala Fornells mit nur einem kleinen Sandstrande in ihrem Grunde springt der von dem Thurme überragte Cabo Andrixol vor mit spärlich mit Kiefern bedeckten Hängen und ganz steilen Felsenwänden gegen vorn zu, wo man, da das Wasser sehr tief ist, bis knapp an die Küste fahren kann.

Es folgt die grosse Einbuchtung des Camp de Mar oder des Portixol mit 8—12 Faden Tiefe. Der Grund besteht aus Sand und in einigen Theilen aus Seetang; ringsum sind die Ufer hoch, nur im Grunde befindet sich ein niedriger Strand, wo ein Torrent bei malerischer Gruppirung ausmündet; die Conglomerat-Felsen bilden einen kleinen Hafen am Sandufer; davor liegen die kleine Insel der Salinas, nahe am Ufer ein schwärzliches Riff. Man gelangt an einen Vorsprung mit einzelnstehenden Felsen und hierauf zur Cala Blanca, einer Vertiefung in den röthlichen Felsen, und sieht viele grössere Riffe. Es treten nun die bis hoch oben reichenden zwei Furchen in den drei abgetheilten hohen Felsenwänden des am Ende mächtig erhöhten Morro del Llamp vor mit von Tropfstein bedeckten, überhängenden Ufern, um welche die dort nistenden Seemöwen stets schreiend umherfliegen. Eine enge Furche im Vorsprunge des Morro heisst S'Escala del Vascell. Gern sucht man diese hohen Felsenwände am Nachmittage auf, wenn sie im Schatten stehen, um die labende Kühle an ihrem Fusse zu geniessen. Die enge gerade Stirn des Morro bildet oben gleichsam in der Mitte einen Sattel mit zwei erhöhten Pitons an den Seiten. Dann kommt die breite, lang gedehnte, aber wenig tief hineinreichende, vom Cabo Andrixol auf der einen, von der weit vorspringenden Mola auf der anderen Seite eingeschlossene Cala de Llamp mit ziemlich bedeutenden Höhen. In der Mitte wird sie durch einen hügeligen Vorsprung in zwei Seiten-Calas getheilt, von denen die der Mola von Andraitx näherliegende Cala Marmacell hochrothe Felsen in ihrem Grunde zeigt. Man wird nicht müde, den Blick auf die wilden Abstürze der Mola mit den röthlichen, abgewaschenen, mannigfaltigen Tropfsteingebilden zu geniessen. Hier und da sind sie mit krummen Kiefern bewachsen oder manchmal tief ausgehöhlt, an einer Stelle eine Art doppelten Bogen bildend.

Biegt man nun in die Mola gegen den Hafen von Andraitx zu ein, so zeigt sich der Aguilot, ein kahler, einzelnstehender Felsen. Darauf folgt Es Murtér, eine kleine Cala, wo auf beiden Seiten je ein gemauerter Pfeiler steht, von wo man die Fische, die in die Netze gehen, beobachtet. Gewöhnlich ist auch noch auf den Felsenwänden, welche die Cala überragen, ein Mann postirt. Von der Mitte des Hafens führt ein Weg zur Mola hinauf. Auf der sich zur Rechten darbietenden Feldernhöhe liegt eine zwei Seiten und einen stumpfen Winkel darbietende Strandbatterie, Bateria de Andraitx, mit je einer Oeffnung gegen die Hafenmündung und gegen Marmacell zu mit enger Scharte gegen den Murtér, und einen gepflasterten Estrich. Daneben liegt ein kleines Häuschen mit Corral. Man hat einen schönen Blick auf die Cala Marmacell mit den Höhen des Morro del Llamp und erreicht bald den mit Strandkiefern bedeckten Vorsprung der Mola. Die Torre Vieja d'Andraitx, auch Castillo de Andraitx genannt, scheint ursprünglich im 14. Jahrhundert zur Vertheidigung des Hafens erbaut worden zu sein. Der dicke, runde, 14 Varas im Durchmesser haltende Thurm weist oben einen Wachtvorsprung mit Wurfluken auf und Kanonenscharten gegen den Hafen und Gewehrscharten gegen den Aguilot zu. Im Innern ist er gewölbt, mit einem Pedriz ringsum; daneben sind einige halb zerstörte Corrals und Hütten. Herrlich überschaut man von hier den Morro del Llamp, den Hafen von Andraitx, von der Mola de s'Escrop und Galatzó beherrscht, dann die wilde Küste gegen die Dragonera und diese mit dem vorspringenden Cap Llebexe und dem hoch gelegenen Leuchtthurm und blickt auf die dahineilenden Schiffe. Gegen aussen zu nimmt der Vorsprung der Mola an Höhe zu; auf ihrem höchsten Sattel mit Schlussvorsprung liegt ein

Häuschen mit Tenne, und nur einige wilde Oelbäume und Mastixkräuter, vom Mistral niedergebogen, wachsen auf den von grauen spitzen Felsen bedeckten Höhen.

Der Hafen von Andraitx gewährt einen sehr guten Ankerplatz, da, wiewohl er den Südwestwinden ausgesetzt ist, der Grund trefflich ist; er besteht nämlich aus Seetang und blauem Lehm, so dass keine Gefahr vorhanden ist, dass die Anker nachlassen. Die Ufer sind unmittelbar am Meere ringsum niedrig und werden erst mehr landeinwärts höher. Es hat 5—7 Faden Tiefe, welche bis zu ½ Faden abnimmt. Zur Rechten liegt, wenn man einfährt, die kleine, uns bekannte Ortschaft des Hafens mit der viereckigen Torre de S⁎ Francisco oder Castillo del Puerto de Andraitx. Die Regenwasser bringen in den Hafen viel Schlamm, und der seichte Grund desselben wird von angesammeltem Seetang, welchen die Südwestwinde hineintreiben, gebildet. Hin und wieder sieht man an den Ufern vorspringende Conglomerat-Felsen.

Nach den flachen Ufern des Hafengrundes kommt die Ausbuchtung der Coveta Rotja, wo einige Fischerhäuser stehen, und eine niedrige Spitze, auf welcher in neuerer Zeit ein Molo erbaut wurde; dann folgen die Punta des Port und die Thalfurche der Cala en Moragues wie ein tiefer, weit nach hinten reichender Sattel, dann Abstürze mit kleinen Felsen davor. Die breite Cala de las Yeguas oder Cala Egos mit kleinem Sandufer ragt weit hinein; von ihr zieht sich eine Thalfurche mit einigen grünen Strandkiefern hin. Man gelangt zu der Spitze von Na Deut mit felsigem Ende und der darauffolgenden Ausbuchtung von Ne Gollar mit Abstürzen von verworrenen Schichtungen. Nun tritt der felsige, mit eigenthümlichen Absätzen versehene Cabo Falcon vor, hierauf die breite Cala en Tió, oben mit bebauten Hängen, nordwärts wird sie von dem Morro de Galiana eingeschlossen mit den molasähnlichen, aber niedrigen Kalkstein-Abstürzen und oben flachen, mit Kiefern bedeckten Rücken. Hierauf kommt die Cala Cunijs, von wo sich eine steile Thalfurche hinaufzieht. Auf beiden Seiten der Cala, in der einige Fischerhäuschen sich zeigen, sind Marès-Steinbrüche, die jedoch nicht mehr ausgebeutet werden; und etwas weiter oben ist ein anderer Steinbruch noch in Betriebe: es sind ziemlich tiefe Gruben; die Qualität des Steines ist aber nicht besonders gut. Hier bietet sich uns die Mündung des Hafens des Pentaleu dar. Man wird in der Regel vor dem hineinzufahren, indem man die Isla del Pentaleu links lässt, und am besten gegenüber der Insel, gerade in der Mitte des nicht sehr geräumigen Hafens, in etwa drei Faden Tiefe, den Anker auswerfen. Leider gewährt der Sandgrund den Ankern einen schwachen Halt, so dass es bei schlechtem Wetter gerathener ist, den Hafen von Andraitx aufzusuchen. Die Isla de Pentaleu oder Colomera ist auf dieser Seite abgerundet, ziemlich erdig, mit Gebüsch von Mastix und Fächerpalmen bekleidet, mit Felsen aus grauem, weiss geadertem Kalkstein; auf der Seite gegen den Freu der Dragonera bietet sie felsige Abstürze dar. Sie dient nur einigen Ziegen als magerer Weideplatz. Oberhalb der niedrigen Spitze, welche die Cala Cunijs umschliesst, zieht sich ein mit Strandkiefern bewachsener Hügel hin; dann kommt das doppelte Ufer von S⁎ Telmo mit dem von den beiden Torrenten umschlossenen, mir gehörigen Hügel von S⁎ Telmo, welchen der uns schon bekannte Thurm und das Sanctuarium überragen. Der vom Beschauer aus links liegende Torrent ist der stärkere und weist üppige Terrassen an seiner Sohle auf; im Winter erlangt er bisweilen eine bedeutende Gewalt. Herrlich geeignet ist hier das Ufer zum Baden, da es mit dem feinsten Sande bedeckt ist. Es umschliesst eine Spitze, welche sich gegen die Isla del Pentaleu ausdehnt, die, oben abgerundet und bebaut, ein felsiges, niedriges Ende hat. Häufig liegen dort Escampava's vor Anker, denn der Freu ist ein trefflicher Punkt für den Schmuggelhandel, und die alten Patrone wissen von mancher abenteuerlichen Prise aus Algier u. s. w. zu erzählen und bedauern nur den Verlust der schlanken Schmugglerboote, welche, wenn sie nicht zu Regierungszwecken brauchbar sind, verbrannt werden, um zu verhindern, dass sie wieder in die Hände der Schmuggler gerathen. Nach der Spitze, welche die Playa de S⁎ Telmo im Norden abschliesst, kommt eine kleine Cala mit niedrigen Kiefern im Grunde, dann folgen bankartige Vorsprünge und hierauf eine kleine Playa und die felsige Spitze des Carregador del Guix, dann eine breite Cala mit Häuschen auf der sanften Lehne, von der Punta Blanca eingeschlossen. Diese weist uns weissliche, erdige Abstürze, wo einige Kiefern und Rosmarin wachsen, und abgebrochene, würfelartige Felsen am Ufer auf. Derselben gegenüber liegt die schwarze, schwammige Isla Midjana, die man beim Herausfahren durch den Freu links liegen lassen kann, wennschon man sich nahe an derselben halten soll, da an der Küste das Wasser seicht ist. Nach der Punta Blanca kommen vorspringende Conglomerat-Felsen und dann das felsige Cap Calambasel, welches mit niedrigen Abstürzen vorspringt; vor demselben ist eine Ensefiada mit kleiner vorspringender Spitze in der Mitte und mit Kiefern bedeckten Hängen. In eine Aushöhlung mit Tropfsteingebilden dringt das Meer ein. Calambasel weist gegen Norden zu steile, knotige, verwitterte Wände mit einer Höhle auf, die von dem gleichnamigen Thurme, Torre de Calambasel oder La Ravassada, überragt wird, wo wilde Tauben hausen. Er ist rund, von 9 Varas Durchmesser, mit Barbette-Parapet gegen das Meer, sowie einer höheren Wand mit Gewehr-Schiessscharten nach rückwärts zu und ist der letzte Thurm der Westküste. Am Fusse desselben erhebt sich ein mächtiger, phantastisch geformter Farallon. Die darauffolgende Cala Calambasel hat 4 Faden Wasser mit Seetang und Felsengrund. Bevor wir die Schilderung der Insel fortsetzen, wollen wir uns mit der S⁺ Telmo gegenüberliegenden Insel der Dragonera beschäftigen.

Die Isla de la Dragonera, hoch und felsig, liegt etwa eine Meile von der Küste Mallorca's entfernt, von welcher sie durch den gleichnamigen Freu geschieden wird. Sie hat 4 km Länge und 800 m Breite. Gegen Osten und Süden zu, d. h. auf den Seiten, welche nach Mallorca zu liegen, ist sie lehnig, auf der Nord- und Westseite aber mit wilden Abstürzen versehen, und überall felsig und kahl. Die ganze Insel gehört der D⁺ Catalina Villalonga Zaforteza; nur wenig bebaute Strecken dienen Schafheerden als magere Weide. Der Hauptlandungsplatz ist bei der Cala d'en Lladó, wo neben dem Ufer ein kleiner Aujub mit etwas Wasser steht. Rechts ist eine Hütte, um Boote hinaufzuziehen, in der Mitte eine felsige Spitze mit drei kleinen Häusern, mit einem Opuntien-Corral, darüber ein Parel und einzelne Getreidefelder und eine Tenne mit einem Brunnen, aber mit schlechtem, salzigem Wasser. Es hausen hier Leute aus der Bonanova und Valldemosa, welche 100 Duros Pacht für die Weiden und das wenige Getreide der ganzen Insel zahlen. Sie haben ein Haus in S'Arracó, wo sie zur Messe gehen. Der Weg zum Leuchtthurme geht oberhalb der kleinen Häuser durch die Hauptfurche, überschreitet sie auf kleiner Brücke und zieht sich die felsigen Lehnen hinauf. Oben fangen Strandkiefern an, sonst ist Rosmarin vorwiegend anzutreffen. Es folgen zwei Riffe hinter dem Cala, welche eine niedrige Spitze bilden, dann ein Inselchen in der Mitte des Freu; hierauf durchzieht man die lange Strecke gegen die Mola, und auf kurzen Serpentinen gelangt man zu dem hochgelegenen Leuchtthurme, welcher im Jahre 1852 gleichzeitig mit dem 7 km messenden Dienstwege vollendet wurde. Der untere Theil des Gebäudes, der wegen der steilen Lehne gänzlich von dem oberen getrennt ist, dient den Leuchtthurmswächtern als Wohnung, als Oelmagazin und Reinigungskammer; der obere enthält die Wohnung für den Ingenieur und bildet die Basis des aus seiner Mitte sich emporhebenden Thurmes. Dieser wurde aus Marés gebaut; die äussere und innere Bekleidung, alle Ecken und Sockel bestehen aus hartem, daselbst gebrochenem Kalkstein, die Schneckentreppe ohne Seele aus Marés mit Thonstufen. Der Apparat ist von dritter Ordnung und von fixem Licht mit Blitzen (Destellos), von drei zu drei Minuten den ganzen Horizont beleuchtend. Es ist katadioptrisch, von grossem Modell, indem die Laterne inwendig 2½ m Durchmesser hat. Von der Plattform, wo sich eine Cisterne, sowie ein Platz mit Brunnenöffnung befinden, führen Stufen zu einer zweiten Terrasse; hier springen auf beiden Seiten die Nebenflügel des Gebäudes vor, und zur dritten breiten Terrasse, von wo man weithin die ganze Gegend bis zum Cap Blanc beherrscht; fernerhin sieht man den ganzen Vorsprung von Andraitx mit der Mola, sowie die Nordküste und den Freu. Auf der nahen Höhe ist ein Blitzableiter angebracht, und auf der anderen zweithöchsten Spitze der Dragonera, Cap del Falcó, ein Triangulationszeichen, das 311 m über dem Meere steht. Von der Höhe der Thurmterrasse mit Geländer ringsum sieht ein schwindelndes Abgrund bis zum Meere. Herrlich blickt man von hier auf die Spitze des Cap de Falcó und das in der Ferne wie hingehaucht erscheinende Ibiza. Gern möchte man stundenlang auf dieser Höhe weilen, und prächtig ist die Beleuchtung, wenn die Sonne auf das spiegelglatte Meer sinkt und die fernen Schiffe vergoldet, die am Horizonte dahinschwimmen. Unterhalb des Faro-Gebäudes liegt neben einem gesprengten Felsen eine starke, trockene Muralla mit Nebengebäuden. An dem hohen Pic des Leuchtthurmes befindet sich eine Höhle, Sa Cova del Single de la Font genannt, mit Tropfsteinwasser oder Sa Font del Moro.

Welche Aussicht kann sich auch mit dieser, wie ein Finger in den Himmel sich erhebenden Spitze von Na Popi messen! Die Leuchtthurmwächter haben ein Maulthier. Zwei alte Matrosen versorgen mit einem Falucho ihre Ueberfahrt nach Sª Telmo. Man beabsichtigte, den Leuchtthurm tiefer zu setzen, da er häufig von den Nebeln eingehüllt wird und daher, wenn er am nothwendigsten wäre, unbrauchbar wird. Einerseits wäre es doch sehr schade, denn man sieht ihn wegen seiner Höhe bei klaren Nächten aus einer grossen Entfernung, von 52 Meilen, und gerne sehe ich aus meinem Bette in Miramar das auf und nieder glitzernde Licht blinken, das mir wie ein alter Bekannter und treuer Gefährte erscheint.

Geht man von Cala Lladó statt gegen den Leuchtthurm zu, hinauf auf den Comellar, so trifft man die Cova del Moro mit doppelter Aushöhlung am Eingange. Eine Treppe führt in dieselbe hinunter; man findet mehrere Kammern mit abschüssigem Boden und Tropfsteingebilden. In einer kleinen von zwei Säulen getragenen Höhle befindet sich Wasser, dessen Niveau um eine Spanne höher als das Meer ist. Man hat hier viele Tropfsteine abgebrochen, am Bellems, d. h. Bethlehemskapellchen daraus zu machen.

Wir wollen nun um die Dragonera und die Nordküste herum fahren, und zwar zuerst an der Ostküste anfangen. Nach der Cala Lladó oder Lladró, welche eine niedrige, sichelartige, felsige Spitze umschliesst, kommt eine kleine Ensefiada, Cala en Ragau genannt, und daneben mehrere kleine und eine vortretende, schwarze, schwammige und von den Wogen abgewaschene Spitze mit zwei abgetrennten Felsen am Ufer, welche die Cala abschliesst. Es folgt das massige, wilde Cap de Tramuntana, welches den Wendepunkt von der Ost-, zur Nordküste bildet; von demselben hat man einen prächtigen Blick auf die wilde Trapa und die Falaisen der Nordküste. Nach coulissenartig aufeinanderfolgenden Vorsprüngen mit horizontalen, gewellten Schichtungen folgt der hohe Felsenpic des Leuchtthurmes mit phantastischen, schwindelnd hohen, senkrechten Wänden. Bemerkenswerth sind die Tropfsteinabsickerungen der Felsen unterhalb der Font del Moro und der Cova del Vey Mari, welche unter dem Leuchtthurme liegt. Zwischen zwei kleinen Pics bildet sich ein Einschnitt mit grünenden Lehnen, Single de la Ginebrera. Die Küste bietet nun phantastische Gruppirung: man sieht das hohe, vorspringende Cap Liebeix mit einer Aushöhlung in der Mitte und nur regelmässig gestellten, wagerechten Schichten; von diesem Cap ab sind die Schichten gegen Mallorca zu schräg geneigt. Dunkelgraue Falken hausen auf dieser Höhe. Knotige Felsenmassen steigen sich an der Stelle, wo eine tiefe Spalte ist, von dem runden Thurm überragt. Bei Cap Liebeix liegen der Poral de ses Gambas und hinter demselben Ses Peñas Rotjes. Darauf folgt die ziemlich tief eindringende Cala Liebeix mit einer tief gezogenen Thalfurche im Grunde. Der das Cap überragende Thurm, Torre de Liebeix genannt, dessen Erbauung im Jahre 1585 angeordnet wurde, hat 9 Varas Durchmesser und etwa 12 Varas Höhe, mit einer Wurfluke oberhalb der kleinen Thür, sowie einer vertieften Plattform mit Barbette-Parapet gegen die Mola de Andraitx zu. Beim Ausgange der Cala Liebeix ist ein kleiner Caló, Cala en Bagu genannt; dann kommen ungleiche, zerrissene Abstürze und die gegen Pentaleu zu sich vertiefende Spitze, welche zwischen zwei Thalfurchen vorspringt. Nach dieser folgt die kleine Cala Cucó am Fusse des abgerundeten Berges der Farola und nach einer steilen, aber wenig ausgeprägten Thalfurche, welche den Hügel des Faro durchfurcht, die Cala dels Arts. Hierauf erreicht man wieder die Cala Lladó.

Das Freu der Dragonera, welches die nach Barcelona fahrenden Dampfer gewöhnlich benutzen, da sie blos um die Insel fahren, wenn das Meer zu stürmisch ist und die verschiedenen in der Nähe der Dragonera gelegenen Riffe gefährlich werden, zeigt gewöhnlich hohe Wellen, namentlich bei Nordost wird es von den Wogen durchpeitscht. Dafür ist es aber sehr fischreich, und das wissen nicht blos die Fischer von Valldemosa und Andraitx auszunutzen, sondern auch die unzähligen Cormorane und Puffinen, von welchen manchmal das Meer förmlich schwarz ist, und die auf der Dragonera nistenden Seemöwen pflegen sich ihnen auch meistens zuzugesellen.

Kehren wir nun zur Schilderung der Küste Mallorca's wieder zurück. Die dem Vorsprunge der Torre de Calambasel folgende, gleichnamige Cala mit 4 Faden Wasser, Seetang und Felsengrund weist erdige, röthlich graue Abstürze und einige Strandkiefern neben den herabgerollten

Felsen auf, von denen einer ganz allein aus dem Wasser emporragt unterhalb der jähen, vom Thurme überragten Wände. Mit drei, nur oben in die steilen Wände einschneidenden Thälchen, dehnt sich der Vorsprung des Cabo de Groser aus, worauf die hohen, steilen, mit Strandkiefern bedeckten Felsenwände des Cap d'en Fabiolé mit dem gegenüberliegenden gleichnamigen Riff davor folgen. Nach vorn zeigen sich gewellte, abgebrochene, mächtige Schichtungen, nach welchen die jähen Felsenwände Sa Pedra de Xeloc folgen. Hier an dieser Stelle bildet die Küste eine kleine Einbuchtung, welche El Gancho genannt wird, nach welcher der tiefe Einschnitt des Torrent del Retjoll folgt mit den röthlich steilen Abstürzen des Puig Roig, welcher auf dieser Seite einem emporragenden Piton gleicht, auf der anderen einen nur hochragenden Thaleinschnitt aufweist;

Vom Riff bei Cap Tramontana aus.

dann kommt die Ausbuchtung der Vangelica mit dem wilden Thale im Grunde. Mit seinem mit Oel- und Feldterrassen bebauten Sattel tritt nun der mit Strandkiefern bekleidete, von dem runden Thurme überragte Vorsprung der Vangelica mit zerrissenen, leichten Abstürzen gegen uns vor. Dieser Thurm ist der erste der Nordküste und, wie alle Thürme dieser Küste, von unten unzugänglich und hochgelegen. Obenan stellen sich die hochthronenden Höhen der Mola de s'Escrop mit ihren aschgrauen Felsenmassen. Von vorn weist die Vangelica eine ganz scharfe Kante, mit einem schwammigen Felsen davor, auf, welcher einen natürlichen Felsenbogen bildet und noch ein kleines Riff daneben hat. Nun kommen niedrige, erdige, von schönen Kiefernhainen überragte Höhen. Die Mola beschreibt ein sich schlängelndes Bachbett des Torrent de la Clota mit einigen Riffen als Fortsetzung der gegenüberliegenden Escuys d'en Pujol. Ein kleines, mit Feigen und anderen Bäumen bebautes Thälchen, de Can Cardá, reicht bis nahe ans Meer; dann folgen die bebauten Terrassen von Can Chocolaté und eine ganze, mit Strandkiefern und Oelbäumen bewachsene Ausbuchtung, hoch oben von der Spitze des Puig de Galatzó beherrscht. Zwischen zwei mit Strandkiefern bedeckten Kuppen und leberrothen Abstürzen liegt der kleine Hafen von Estallenchs, wo Conglomeratbänke auf hochrothen Schichtungen das kleine Sandufer überragen. Bei dem hier sich erhebenden isolirten Felsenabsturze, Es Fondo d'en Virondell genannt, wird Holz eingeschifft, und mehrere Häuschen für Boote liegen am schottrigen Strande. Ueppige Terrassen ziehen sich in dem engen Thale hin und wirklich reizend ist der Blick auf die kleine, gleichsam wie eine mittelalterliche Burg inmitten des mit Oelbäumen bekleideten Kesselthales sich erhebende Ortschaft, die der hohe, steile Puig de Galatzó überragt. Es folgen hierauf die schräg geschichteten Abstürze der Punta Rotja, der tiefe Einschnitt des Torrent de sa Tanca,

Port d'Estallenchs.

dann die wagrecht gewellten Schichten von der Punta de Son Serralta, welche gegen eine Ausbuchtung mit eisenrothen Falaisen blätterartiges, schwärzliches Gestein aufweisen. Weiterhin sieht man die knotigen Felsenmassen des vorspringenden Pedra de s'Ase und die steilen Felsenwände der phantastischen Torre del Verger. Es folgen sodann terrassirte Weinberge; im Grunde sieht man tischartige Vorsprünge mit einer Tropfsteinhöhle in der Mitte und tiefe Aushöhlungen, vor denen Riffe lagern. Einen herrlichen Anblick bieten die sich daranlehnenden Wassermühlen von Bañalbufar mit Rafal de Planicia obenan und Son Veni, von denen das Wasser, einem Wasserfall ähnlich, herabstürzt. Vor dem Cabó-Platze landen Fischer mit ihren Barken. In hübscher Abwechselung folgen die weisslichen, erdigen Abstürze und die schrägen wagerechten Schichtungen des mit Kiefern bedeckten Vorsprunges der Aliga oder Aguila. Einige Fischerhäuschen beherrschen dieselben, und ein Pfad führt an ihnen vorbei zur Punta de la Galera hinab, wo vier aus den Abstürzen herrausragende Hütten für Barken und einige offene Escars im Schutze der dünnen vorspringenden Felsenspitze stehen. Dem Strande gegenüber, wo herabgerollte Felsen liegen, erhebt sich ein kleines isolirtes Riff aus dem Wasserspiegel mit einem Bauernhause mit Dachneige. Von den ins Wasser vorspringenden Felsen ist der grössere, Es Cavall Bernat genannt, mit üppigem Kiefernwald fast bis ans Ufer bedeckt. Dann werden die Felsen höher und es kommt der Recó de s'Aliga mit den phantastisch geschichteten Wänden. Hier wird man am besten bei Südwest ankern, da man dann den meisten Schutz hat. Die Abstürze werden rissiger und hoch röthlich mit Weiss untermischt, sind stets mit Strandkiefern bedeckt und springen eisenroth in der kleinen Punta de sa Guarda vor. Dann folgt die kleine Playa de Son Buñola und hinter einer kleinen Schotter (Playa) die Conglomeratbänke, welche mit einer Reihe unterseeischer Riffe den Port del Canonge umschliessen.

Die Molins de Badalbufar.

Das ganze eingebuchtete Land erscheint uns von einem ziemlich hohen Gebirgszuge überragt, hinter dem sich die Mola de Planicia aufthürmt, und bis zu den oberen Kalksteinwänden mit Kiefern zeigen sich verschiedene Possessionshäuser, darunter Son Coll und das stattliche Son Buñola. Nahe dem Port del Canonge zeigt sich ein Torrenten-Einschnitt, dann erscheinen hohe, mit eisenrothen und grauen Schichten abwechselnde Wände, und am Ende derselben kommt der tiefe, mit einigen Terrassen versehene Einschnitt von Sa Cova zum Vorschein, an dessen Schotterufer Fischerhäuschen stehen. Von hier springt das Land wieder vor, das bebaute Vorland der Einbuchtung hört auf, und es bieten sich uns nun bis zum Hafen von Valldemosa die steilen Hänge dar, die mit einer sanft geneigten, von Buschwald grünenden Lehne beginnen und bis zum Meere reichen.

Der Port de Valldemosa mit kleinem Schotterufer und einem schlechten Landungsfelsen mit einem vorstehenden Riffe hat eine Playa links. Eine Anzahl Fischerhäuschen stehen neben den rothen Wänden, welche der Felsen gegen das Meer zu darbietet, und auf den erdigen Palaisen;

Die Küste der Insel. 217

hinter denselben ist ein Escar, wo die Boote zur Winterszeit mit Flaschenzügen hinaufgezogen werden. Noch weiter am Ufer stehen einige weiss angestrichene Häuschen und spitz gewölbte Schuppen für Boote auf dem hochrothen Erdboden. Ein Dutzend Boote sind hier zu sehen; einige wurden hier verfertigt. Diesseits des Torrenten arbeitet unter dem Schatten einer rohen Porchada aus Kiefernzweigen ein Meister, der Boote ausbessert und neue construirt; fast jährlich wird ein Llaut gebaut. Er baut die Rippen aus Kiefernholz, die Planken aus Taulons, den Kiel aus immergrüner Eiche. Etwas höher hinauf liegt das von Antonio Moragues erbaute, mir gehörige Häuschen, von einem gemauerten Corral umgeben, mit kleinem Rebendach davor und drei Fenstern Front, von dem wir bereits bei der Beschreibung des Thales gesprochen haben. Darauf folgen eisenrothe, mit Grau abwechselnde Wände, welche sich in das dahinterliegende tiefe, kesselartige Thal hin-

Port del Canonge.

ziehen und einen grellen Contrast zu den lachenden Terrassen der Thalsohle bilden. Nach dem Port kommt eine Spitze, Ses Basses genannt, dann die Cova des Coloms, hierauf der Cañaret, eine kleine Quelle am Meeresufer und es folgt die Font Figuera mit einem schönen üppigen Kiefernwalde und erdigen Conglomerat-Abstürzen, deren Terrassen fast bis zum Meere reichen. Oben zwischen Oelbäumen liegt das Haus der Font Figuera. Die Hänge wechseln mit Strandkiefern und immergrünen Eichen ab, oben thürmen sich die Wände der Muntaña de Son Moragues empor. Hierauf folgt eine mit erdigen Abstürzen versehene Spitze mit einem Riff, von einem Theile der Weinpflanzungen der Estaca mit ihren unzähligen Terrassen bekleidet. Zwei Thalfurchen theilen die Vorsprünge, und in einer kleinen Ausbuchtung liegt die dem Felsen angebaute Ortschaft der Fischer, von den steilen Wänden der Torre de Valldemosa überragt. Aus den steilen Höhen tritt ein mit Kiefern gekrönter Vorsprung vor, über welchem sich hinter dem grünenden Thälchen der Font die Wände des Mirador de Miramar erheben. Die Spitze der Estaca heisst Sa Punta Seca und ist mit Conglomerat-Massen und herabgerollten Felsen am Ufer und einzelnstehenden Klippen davor versehen. Bei der Spitze sind schräg geschichtete Felsen und eine kleine Seehöhle; dann kommen senkrechte Abstürze, wo Wasser von der kleinen oberen Quelle herabrieselt, undeutlich gewellt geschichtet; darüber erblickt man Kiefern und das weiss blinkende Haus der Estaca. Hinter demselben liegt der kleine Caló, wo die Fischer unter den steilen Felsen ihre Boote an das Ufer ziehen und einige mit Pinienzweigen und Balken oben eingedeckte, an den Seiten trocken gemauerte Escars haben, und wo ihre Häuschen stehen, bereits 14 an der Zahl, zu deren Erbauung ich ihnen die Erlaubniss gegeben habe; die untersten werden bei grossen Stürmen manchmal von den überfluthenden Wellen benetzt. An stürmischen Tagen arbeiten die Fischer nach dem Meter auf meinen Gründen, und so bilden sie eine kleine, glückliche Dependenz der Weinberge. Auch den Stufenweg, sowie den Weg, auf dem sie auch mit einem Maulthiere die Fische hinaufschaffen können, habe ich ihnen ausbessern lassen, doch ziehen sie meistens den Transport mit Körben vor.

Die Foradada.

Weiter gehend, erreicht man das Häuschen des Guix, von welchem aus der von mir erbaute Fahrweg am Meere entlang zur Foradada führt und nach vier Thalfurchen in den steilen Wänden dieser Halbinsel vorspringt. Es ist ein malerischer Felsen, das am Meere weit sichtbare Kennzeichen meiner Einsiedelei. Die Foradada sa bona nennen sie die Fischer, denn, weit vorspringend, gewährt sie an der schutzlosen Küste auf der einen oder anderen Seite kleinen Barken einen momentanen Schutz. Man kann auch westlich von derselben ankern, wobei man vor Ost- und Nordostwinden geschützt ist, dem Nord, Nordwest und West aber ganz ausgesetzt bleibt, so dass es nur bei ganz schönem Wetter im Sommer gerathen ist, hier vor Anker zu liegen.

Die Foradada besteht gleichsam aus zwei Theilen: aus einem niedrigen Vorsprunge, der zu einer Art von tiefem, abgerundetem Sattel (Coll) herabsinkt, aus dem man auf die Torre de Deyá und das Cap Gros blickt, und aus der hohen Masse des durchbrochenen Felsens, der, aus dunkelröthlichen Conglomerat-Massen bestehend, mittelst einer starken Wand den Ausgang zum Estar gegen das wildtobende Meer schützt und die Playola der Foradada bildet. Bei einer kleinen Hütte und einer Aushöhlung des Gesteins befindet sich der Ausgang zum Felsen der Foradada, wo man erst mühsam hinaufklettern muss. Die Aussicht ist eine der schönsten, die man von hier auf das nahe Miramar geniesst. Der hintere, niedrigere, rückenartige Vorsprung der Foradada, welcher auch eine kleine Cocó-Quelle, wo sich das Regenwasser ansammelt, aufweist, wird von einem Wächterhäuschen überragt und besitzt gegen Soller zu geneigte Schichtungen. Am Ufer desselben, gegen den Guix zu, kommen hinter der Playola grosse Felsblöcke, und dann bilden vorstehende Felsen vom Berg gegen das Meer zu eine breite, lange Höhle mit Sand in ihrem Grunde, Sa Cova del Sal benannt. Hier herrscht zur Sommerzeit die herrlichste Kühle, und man lauscht gern dem sanften Plätschern des Meeres, das im Winter die Wellen so hoch hinaufwirft, dass das Wasser in den Aushöhlungen des Gesteins verbleibt und im Sommer Salz hinterlässt, welches die Frauen der nahen Anhöhen manchmal hier sammeln. Nach dieser Höhle kommen zwei grosse Felsen, dann steile Wände mit herabgerollten Steinen am Fusse und der tiefe Coll, der die Halbinsel der Foradada mit der steilen Küste verbindet, neben welchem ein guter Reitweg zu dem hochgelegenen Son Marroix hinaufführt.

Viele Punkte der Küste Mallorca's sind schön und wild, kaum aber einer bietet so viel malerische, unbelauschte Schönheiten, wie dieser. Um die ganze wilde Pracht der Foradada kennen zu lernen, muss man an einem Nachmittage bei Meeresstille, wenn der Schatten auf die dunkle Aushöhlung tiefer herabgesunken ist und der über dem Loch der Foradada nistende Fischadler kreischend die Lüfte durchkreist oder einen silberglitzernden Fisch zu seinem Horste hinaufbringt, mit dem Boote die Halbinsel entlang fahren. Dann hört man das Jauchzen der grossen Silbermöwen, die wie stille Schildwachen auf den Felsenspitzen stehen und sich in der Abendsonne letzten Strahlen sonnen und harfenähnliche Töne ausstossen: ein Bild des friedlichen, zufriedenen Nichtsthuns. Die Welle küsst das bemooste Ufer, wo die grossen Mayas umherkriechen, oder fällt plätschernd von einem kaum emportauchenden Riff zurück. Wir sind im Schatten und geniessen die labende Kühle, das Boot schlüpft zwischen dem Riff und den steilen Wänden hindurch, von deren Grossartigkeit man von oben keine Ahnung hat. Doch still jetzt! die Ruder treiben kaum den Kahn, und man biegt um die Spitze der mächtigen Halbinsel. Welch ein Anblick! Hunderte von Cormoranen, die sich da sonnten, fliegen empor, tauchen nieder und hüpfen im Wasser, Schaaren von Puffinen ergreifen den Flug, Tausende von Mauerschwalben umkreisen zischend nach allen Richtungen die Felswände. Ein förmliches Gewühl hat die unerwartete Erscheinung des Bootes in der Vogelwelt hervorgerufen. Es ist ein Gejauchze, ein Geschrei, ein Plätschern von Wogen ohne Ende. Selbst die friedlichen Tauben fliegen verscheucht von Höhle zu Höhle, welche sich wie lustige Dome über uns ausbreiten. Nur die Silbermöwen bleiben still auf ihren Felsenwarten, als wären es Marmor-Statuen, auf den rothen Felsen aufgesetzt. Bleibt man aber einen Moment still, so hört man zuerst nur das Tröpfeln der Meerestropfen, die von den Rudern auf die Fläche niedergleiten, dann aber beleben sich phantasmagorisch die scheinbar verlassenen Felsenwände. Aus jedem Loche blickt ein vorsichtiger, furchtsamer Cormoran mit seinem grauen Köpfchen hervor, oder alte erfahrenere strecken ihren langen Hals aus dem durch ihre Excremente weiss geränderten Gesimse der Felsen, andere tauchen aus der Fluth empor und verstecken sich in den Seehöhlen, bis endlich auch die entferntesten mit schweren Flügelschlägen zurückkehren, da sie sehen, dass ihnen keine Gefahr droht. Alle nehmen ihr Alltagsleben wieder auf, und selbst der Adler schreit zufrieden von seinem Horste. Zieht man von der vorspringenden, den Sporn eines Panzerschiffes ähnlichen Spitze weiter, so trifft man eine Reihe von Seehöhlen, kleine und grosse, welche das Meer einschlürfen und in die man mit dem Boot hineinfahren kann. Es sind zwei riesig grosse, gleichsam feuchte, gothische Dome und von einem Kranze von Zoophyten und Seetang umgeben, für welche die stets zerstörende Welle eine Art Stufen ausgewaschen hat; eine wahre Nereidenbank, wo man sich an Sommertagen auf einem Algenbett gern ausstreckt und hinab in die Tiefe schaut, wo die Aktinien sich öffnen und die Napfschnecken sich anschmiegen, die Seeigel und Seesterne ihre Heimath haben. Endlich erweckt das Schnaufen einer Robbe, die mit ihren grossen gutmüthigen Augen uns anglotzt, uns aus solchen Träumereien.

Die Foradada bildet gegen Osten ein Cap, hinter welchem sich die Einbuchtung des Coll darbietet; hier befindet sich der im Sturme weittönende Bufador. Dann folgen geschichtete Felsen und eine Einbuchtung, am Anfange der Foradada-Halbinsel gelegen, mit einem kleinen Landungsplatz. Hierauf kommt man an terrissenen Abstürzen vorbei, welche, an Höhe abnehmend, mit dem Vorsprunge der Torre de Deya abschliessen, vor welcher sich eine kleine Vertiefung mit ein paar Kiefern ausbreitet. Herrlich ist der Rückblick von hier auf die Foradada, die wie ein Löwe in das Meer vorspringt, mit dem duftigen Hintergrunde. Die Torre de Deya oder de la Pedrisa, im Jahre 1612 erbaut, liegt auf einem verflachten Vorsprunge, und ist von Cactusfeigen, Euphorbien und Agaven umwuchert, welche letztere sich häufig mit ihren Riesenblüthen auf den steilen, mächtig ausgehöhlten Felsen gegen das Meer neigen. Mehr nach innen zu wachsen aber auch Reben und Feigenbäume, sowie hohe Kiefern. Der Thurm ist rund und einfach gebaut; er hat 9 Varas Durchmesser und 12 Varas Höhe und ist bis zur Hälfte geböscht und hat ein kuppelgewölbtes Innere. Oben ist ein halbes Dach mit zwei Zellchen und einer Terrasse mit Barbette-Parapet, wo eine alte eiserne Kanone steht; eine Schneckentreppe führt hinauf. Von der Terrasse des Thurmes hat man eine schöne Aussicht auf das Meer mit der Steinwüste der Pedrisa, sowie auf die vorspringende Foradada mit der Dragonera dahinter und ostwärts auf Cap Gros und die schönen Ufer von Deya, von dem stattlichen Teix überragt. Im Hintergrunde erscheint die hochgelegene Kirche am Fusse der stattlichen Berge. Es setzen sich von hier steile Wände, bis zu dem kleinen Ufer der Cala de Deya fort, dessen Sand mit vielem kleinen Schotter sich vorzüglich für die Gartenwege der Insel eignet. Schön ist von der Cala der Blick auf das Cap Gros und die Escollás der Cala de Deya. Auf der linken Seite, vom Meere aus, stehen bei der Cala Conglomerat-Blöcke, welche einen passirbaren Gang bilden; es befindet sich hier ein verlassenes Escar, und eine Treppe führt zum Wärterhäuschen, bis zu welchem vom Meere aus sich Terrassen hinziehen. Auf einem Vorsprunge ist die Cova des Coloms und auf der anderen Seite die Cova del Vey Marí, ein tiefes, dunkles Loch, so benannt, weil Robben dort hausen. Nach den drei weissen Felsen bei der Cala de Deyá, Es Escollás oder Codols genannt, folgen weisse, graue Felsenvorsprünge, ferner ein Landungsplatz, S'Escar de Son Beltran und die mit Oelbäumen bepflanzten Lehnen durchfurchend, der Torrent der Viñas de Son Beltran. Terrassen mit prächtigen Orangenpflanzungen und Weingeländen ziehen sich bis zum Meere hin, und grünendes Pfahlrohr ragt über die röthlichen Abstürze unterhalb des malerischen Lluchalcari mit seinen vier Thürmen hervor, denen fünf grosse Riffe gegenüberliegen. Unterhalb der Kirche von Lluchalcari ist S'Escar de Can Simó. Oben sieht man die Berge von Can Prom, dann kommt die Ausbuchtung des Fondal und die Cova del Vey Marí bei dem Pujol del Sol. Neben grossen, roströthlichen Felsenwänden senkrecht gespalten und von dem Hause von Can Terreta überragt, öffnet sich eine grosse Thalfurche. Hieran schliessen sich die erdigen Abstürze des Dols mit einem Torrenten daneben. Ueppiges Pfahlrohr wächst, von der ergiebigen Quelle berieselt, die von oben herunterkommt, und Oelbäume und Strandkiefern bekleiden die Wände. Der vorstehende Stein heisst La Torrasa; von hier springt das lange Cap Gros vor. An seinem Fusse sind herabgerollte Felsen; manche davon stehen isolirt im Meere. Es kommen eine vorspringende Spitze, die felsige Punta des Gall, dann der schattige Absturz der Aushöhlung der Cova des Carré, wo mit Vorliebe Robben hausen. Hoch oben über einer Höhle, Sa Seu genannt, mit einem Tropfstein-Gebilde ringsum, ist das Nest eines Fischadlers, deren mehrere an dieser Küste hausen. Im Grunde zeigt sich ein säulenartiger Felsen mit einem tischartigen Ansatze. Die Oelbaumterrassen der Moleta bilden eine Ausbuchtung, nach welcher in den steilen Felsenwänden eine Seehöhle sichtbar wird, die von weitem wie eine viereckige Thüre aussieht, die Cova del Ví Blanc oder des Capella genannt, in die man bequem mit einem grossen Boote hineinfahren kann. Man geniesst aus dem dunkeln Innern desselben einen magischen Blick hinaus auf das lichtstrahlende Meer, ohne etwas Anderes zu sehen. Die Höhlen des Vorsprunges des Cap Gros weisen viele Ausbuchtungen als knotige Tropfsteinmassen nach Art der Foradada auf. Die breite, grosse, hoch gewölbte Aushöhlung, mit einem starken Pfeiler in der Mitte, heisst die Falconera. Ein Eckvorsprung bildet den Schluss der breiten Stirn, welcher, allmählich an Höhe abnehmend, einen spärlich bewaldeten Rücken darbietet, den der Faro überragt.

Es eröffnet sich uns nunmehr der Puerto de Soller mit schmaler Mündung, die von dem Cap Gros und der vorspringenden felsigen Punta de la Cruz, vom gleichnamigen Faro überragt, eingeschlossen wird. Namentlich vom Meere aus ist die Einfahrt, von der hohen, zackigen Gebirgsgrenze überragt, malerisch, und man ahnt schon von aussen, dass man in ein Eden kommt. Die Punta de la Cruz oder de la Creu wird so nach einem schwarzen, hölzernen Kreuze benannt, welches die Schiffer der absegelnden und heimkehrenden Schiffe andächtig begrüssen. Nach innen ist der Hafen mächtig ausgebuchtet und fast elliptisch, so dass links scharf einbiegend, selbst beim heftigsten Sturme die Küstenfahrer dadurch einen trefflichen Schutz haben; bei Nordwinden ist allerdings die Einfahrt etwas schwierig. Die Gewässer des Hafens sind, obwohl gegen das Land zu etwas seicht, in Folge der beiden sich in sie ergiessenden Torrenten doch gut ausgebaggert. Der Grund ist indessen schlecht, da er aus Schotter und Sand besteht. Der rechte Abhang, wo das Wasser am tiefsten ist, bildet den spärlich mit Strandkiefern und Sivinen bewachsenen Vor-

Punta de la Cruz.

sprung des Cap Gros, welcher in der Mitte eine kleine Cala aufweist. An einer Art Ausbuchtung, die bei Nordwind geschützt ist, liegt das alte Lazareth, ein längliches, von Mauern umschlossenes Gehöft, und hinter demselben führt ein guter Reitweg zum Faro de Cap Gros. Dieser, gewöhnlich Faro del Puerto de Soller genannt, ist der älteste Leuchtthum Mallorca's; er wurde bereits 1842 erbaut, leuchtet aber erst seit dem Jahre 1859. Der Apparat ist katadioptrisch, von vierter Ordnung, mit fixem Lichte, und beleuchtet drei Viertel des Horizontes. Er weist uns einen runden Thurm, an der Nordseite des viereckigen Gebäudes angebracht, auf, der mit vier rothen Cordonringen auf dem weissen Verputz versehen ist. In dem durch die Schneckentreppe des Thurmes übriggelassenen Raume sind kleine Zimmerchen, in denen die Wächter wohnen. Rückwärts von dem Faro liegt ein kleines Haus mit einigen Strandkiefern davor. Herrlich ist die Aussicht, die man von der Terrasse des Thurmes geniesst. Man übersieht einerseits die Abstürze der Torre

Picada, denn die ferne Torre Seca, das Thal der Coma und den darauf herabschauenden Puig Mayor, die Costas, den Barranc und die Sierra, sowie das lachende Thal und den Hafen von Soller. Auf der entgegengesetzten Seite blickt man über die Masse des Cap Gros, auf die ferne Dragonera und die Gebirge von der Muntaña de Son Maragues bis zu jener von de Can Prom.

Zwischen dem Vorsprung des Cap Gros und der Moleta bildet ein mit Oelbäumen terrassirter Hügel den Zugang zu dem von einem Torrenten durchfurchten Thale von Soller. Es Camp de la Mar genannt, mit üppig gedeihendem Horts und kleinen Häusern besetzt, im Hintergrunde die duftige Sierra. Eine kleine Barre trennt gewöhnlich nach Stürmen, wo dann die Wogen sich dort am sichelförmigen Schotterufer heftig brechen, den Torrent vom Meere, sonst kann man meist mit dem Boote hineinfahren. Nicht weit davon ist die Font des Mul, wo die Schiffe das Trinkwasser einzunehmen pflegen. Auf dem letzten Vorsprunge der Moleta, gegen dem Camp de la Mar zu, liegt das uns schon bekannte Castillo de Soller. Darauf zieht sich das Schotterufer in mächtigen Bogen um den ganzen Hafen, über welchen am Saume der Oelbaumpflanzungen die erhöhte Fahrstrasse führt. In den Hafen ergiesst sich der Torrent de la Figuera, von welchem rechts sich das Haus des Port mit dem malerischen Blick auf die Gebirge und den steilen Peñal Bernat im Hintergrunde darbietet. Ein Fahrweg führt am Torrent entlang, sowohl zum Port, wie zum Figueral. Grössentheils auf Holzgestellen werden am Lande die Boote hinaufgezogen. Am Ende liegt die uns schon bekannte Kirche von S^a Ramon de Peñafort, und dann kommt die vorspringende Mola, auf welcher man noch den Stein zeigt, von dem aus sich S^a Ramon de Peñafort einschiffte. Hier liegt auch das viereckige, gelbliche Sanitäts - Terrassenhäuschen. Oberhalb des Molo gehen zwei Wege ab; einer nach Sta Catalina und eine gute Strasse zum Faro der Punta de la Cruz oder de la Creu an dem strandkiefernbedeckten Abhange. Hier befindet sich eine kleine Batterie und ein Haus für die Finanzwächter. Der Leuchtthurm der Punta de la Cruz ist, wie die anderen, aus Kalksteinquadern gebaut. Der Apparat ist von sechster Ordnung mit fixem, weissem Lichte, mit katadioptrischen Linsen und beleuchtet den ganzen Horizont. Der innere Durchmesser des Apparates ist 0,30 m, jener der Laterne 1,60 m.

Innerhalb der Punta de la Cruz befindet sich eine grosse, oben offene Aushöhlung, in welche bei stürmischer See das Meerwasser eindringt, und oben erscheint der Bufador, der den Leuchtthurm öfters bei starken Stürmen ganz übergiesst; gleich darauf folgt das schwammige Riff des Pajez und hinter diesem die Aushöhlung mit der vierfach gebrochenen Zickzackmauer des Single. Davor liegen dicht beim Ufer ein unterseeisches Riff, Es Calafat, und in den horizontalen Felsenschichten eine Seehöhle. Die hohen, mächtigen Abstürze, die von der Torre Picada überragt werden, nehmen an Höhe ab und gehen in die Fortsetzung der Punta's über, die in einer vorstehenden Spitze mit einem Wächterhäuschen darauf endigt. Hinter dieser liegt eine breite Cala und ein Platz zum Hinaufziehen der Boote, ein zertrümmertes Häuschen und eine kleine Playa; Alles zusammen heisst Ses Cambres. Dann folgen lose Riffe und die Felsabrutschung des Codolá mit niedrigen Seehöhlen. Die höheren Abstürze, welche die Illeta genannt werden, sind mit Weinstöcken, Oelbäumen und Strandkiefern bekleidet; oben ragen steile Wände und die beiden Peñals Bernats empor. Dann kommt ein loser Vorsprung mit Vertiefung, S'Axugador genannt, an den sich eine kleine Terrasse mit Pfahlrohr- und Weingelände anschliesst, und diesem gegenüber liegt die felsige kahle Illa. Sie ist am niedrigsten nach aussen, am höchsten nach innen zu, wo sie Abstufungen und eine Verflachung in deren Mitte aufweist. Nur einige Ginster- und wilde Oelbäume wachsen auf der Höhe der Illa. Herrlich ist die Aussicht, die man von der, die steilen Abstürze gegen die Küste zu beherrschenden höchsten Anhöhe geniesst, sowohl gegen Ses Puntes mit der Torre Picada, den Cap Gros und der fernen Dragonera, als auch gegen Tueut zu, welche sich als schwammige, knotige Felsenmasse, die eine Art Vorsprung gegen Westen bildet, darstellt. Schön überschaut man von hier die fruchtbaren terrassirten Abhänge der Illeta, welche, aus Kalksteinmassen bestehend, mit Tropfsteinen behängt und ausgehöhlt, durch die brandende See alle Farben der Palette erhalten haben: tintenschwarz, weiss, ockergelb; am wildesten und steilsten sind sie gegen die Torre Picada zu. Damit kommt man an dem horizontal geschichteten, sanft gegen aussen geneigten Morro de S⁎ Juan mit dem davor an der Oberfläche des Wassers liegenden Riff El Bassi de s'Oli.

Stellenweise reichen die Kieferapflanzungen bis hinab, namentlich wo Abrutschungen die steilen Wände unterbrechen, und wieder kommt ein Wächterhäuschen. Zwischen den herabgerollten Felsen am Fusse des hohen zweiten Peñal Bernat rieselt eine Quelle herrlichen Wassers, Sa Font del Joncar genannt, hervor. Nach einem Vorsprunge zeigt sich die steile hohe Felsenwand mit der tiefen Cova des Pujador; daneben steht ein einsames Fischerhäuschen. Durch den Einschnitt des Torrent de Balitx kann man, wie in einer Art tiefer enger Cala zwischen hohen Felsenwänden

Es Verger de la Costera.

hineinfahrend, bis zu einer kleinen Sand-Playa gelangen, in der das Wasser sehr tief ist. Obenan thront die Torre Seca; im nächsten Vorsprung wird eine mit einem Pfeiler versehene Höhle sichtbar, dann eine ähnliche am Meere, Sa Cova de na Mora genannt, in welche man von der einen Seite hinein- und von der anderen hinausfahren kann. Mächtig dringt das Meer in zwei weitere Höhlen, eine tiefer und eine höher gelegene, ein; daneben erblickt man grauliche Abstürze mit Gras, Single d'en Amer genannt. Hinter einem vorspringenden dicken Felsen mit davorstehendem Escuy, der Es Puyador de Sa Costera heisst, wird Sa Pedra de Mosson Pons sichtbar, dann ein grosses vorspringendes Cap, Rotja genannt, mit einer gleichnamigen Höhle, und hieran schliesst sich eine felsige Spitze der Costera, hinter welcher sich die Ausbuchtung Es Talec zeigt, wo Es Escar des Senó Juan mit einer Baracke, steht. Conglomerat-Bänke mit darauf wachsenden Kiefern, sowie ein tischartiges, einzelnstehendes Riff, S'Esclatasanch genannt, bietet sich unseren Blicken dar. In der Mitte ist die mächtige Quelle der Verger de la Costera, und gleichzeitig erblickt man die malerischen Ruinen einer Fabrik für Eisenwaaren, welche durch das Wasser getrieben wurde, während sich dahinter Terrassen mit Weingeländen auf Stöcken, üppig wachsendes Pfahlrohr und Küchengewächse ausbreiten. Eine Acequia leitet das Wasser zu der baufälligen Fabrik und jetzigen Hausruine, wo jetzt auch eine Boden-Terrasse ist. Eine tiefe Ruhe und einsame Stille herrscht an diesem Platze, nur von dem Getöse des sich an drei Stellen rauschend und schäumend ins Meer hinabstürzenden Wassers

La Calobra.

unterbrochen. An keinem Orte der Insel ist eine so umfangreiche Quelle nahe am Meere vorhanden. Feigen- und junge Pappelbäume wachsen neben dem Strome; westwärts kommt eine andere kleine Quelle herab, deren Wasser durch eine Acequia zu einer Mühle geführt wird. Es folgt eine kleine Verflachung von Can Gelat mit einigen Oelbäumen und ein üppiger Kiefernvorsprung; bald rauscht wieder eine Quelle, die von Las Fontanellas, neben welcher sich an der Meeresoberfläche liegende Riffe befinden. Der Recó de Sarradell mit dem einem Zuckerhute ähnlichen Felsen steht am Vorsprunge der Torre, welche wie ein quadratischer Kopf mit theilweise terrassirtem Sattel herausragt. Der Felsen, Es Turó genannt, ist in der eingeschobenen Spitze wie eingeklemmt; es folgt eine tiefe Höhle, und man dreht sich um das Cap der Torre del

Forst. Hinter den steilen Felsenwänden derselben bietet sich uns das lachende Thal von Tuent mit dem Puig Mayor im Grunde der felsigen Thalfurche dar. Zur Rechten liegt die Ausbuchtung von Sa Taronja, links Es Recó de la Coma mit hohen Felsenwänden und einem Kieferathälchen, durch welches Saumthiere bis ans Ufer gelangen können. An diesem sind grosse Conglomerat-Felsen, darunter der stärker vorspringende Penal Foradat, daneben eine Terrasse, El Cañaret, mit Pfahlrohr bekleidet. Es folgt hierauf die röthliche Playa de Tuent, welche zur Rechten mit dem Vorsprunge der Font de la Murtera abschliesst; hier ergiesst sich eine gute Quelle in das Meer. Wegen der Maurenangriffe hinter dem Felsen gebaut, befindet sich das Haus des Vergeret, eines der wenigen alten Häuser der ganzen Insel, welche am Meeresufer liegen. Dem Vergeret gegenüber liegt Can

Torre de Lluch von der Vaca aus.

Guiem inmitten üppiger Oelbäume und Opuntien, und etwas weiter hinauf zeigt sich die wie ein Mönch ausschauende Felsennadel, Es Frare de Can Guiem genannt. Der dortige Strand führt den Namen des Guten, weil die Fischer sich dorthin, auch bei bewegter See, Dank des Sandes zu retten vermögen. In die Playa ergiesst sich der Torrent, an dessen Bett einige Tamarisken und Pfahlrohr wachsen. Prächtig ist die Aussicht, die sich uns von La Calobra mit den beiden Morros darbietet; nahe am Ufer sieht man Fischerhäuschen und drei andere mit breiter Thür, um Boote hinaufzuziehen; zur Rechten erheben sich die von der Torre de la Calobra gekrönten Vorsprünge.

Der hohe Morro de sa Corda, obenan von der Torre de la Mola de Tuent überragt, zeigt wilde, rostfarbige Abstürze mit mehreren tiefen Höhlen, darunter eine fast viereckige und eine solche grössere mit Tropfsteinbildung. Hieran schliesst sich eine mit Gras bewachsene Abrutschung, unter welcher sich die Cala Falera befindet. Herrlich bietet sich uns unterhalb der schwindelhohen Felsenwände die vorspringende Vaca dar. Zwei mächtige Aushöhlungen mit Tropfsteinbildungen zeigen sich gegen die Rinconada von Ses Fellas zu, in deren Grunde steile Felsenwände, die Abstürze eines Coll, schräg horizontal geschichtet liegen. Von hier kann man hinaufsteigen. Dann kommt der Morro del Megalaf, hoch und steil mit kurzer, niedriger, schwarzer Spitze; gegenüber liegt die schöngeformte Vaca, auf der Rechten, in der Calobra den Single del Romani mit hohen

Einmündung des Torrent de Pareys.

Felsenwänden darüber, und am Ende befindet sich El Tormas, eine Höhle am Ufer. Sa Pedra del Maltemps heisst ein rundlicher Felsen, an dem sich bei herannahendem Sturm die Wogen rauschend brechen. Das mit Kiefern bedeckte lachende Thal der Calobra, mit dem Puig Mayor als schönem Hintergrund, bietet sich dem Blicke dar. Daneben zeigen sich die Spitzen Es Peñal d'en Gaspar und Es Recó d'en Lluch und eine Torrenten-Playa; ferner die Vaca, auf deren Höhe sich eine schöne Aussicht über die ganze benachbarte Küste darbietet. Neben der breiten Ausmündung des Torrent de Pareys mit schottriger Playa erhebt sich die von der Einsattelung der Vaca vorspringende Spitze des Recó des Puys, dann die Punta de Gavina mit einzelnstehenden Felsen davor und darauf der gleichnamige Recó. Man kommt zu der Cova des Tabac, einer tiefen Höhle mit niedriger Mündung, in der die Schmuggler Tabak zu verstecken pflegen. Die vom Meere abgewaschenen Felsen des Coll werden sichtbar, dann eine glatte Felsenwand, an deren Ende sich hinter einem Thalfurchen-Einschnitt die Höhle des Capellá befindet. Etwas weiter gelangt man nach S'Escar d'en Lluch, dem Morro des Capellans mit dem isolirten hohen Felsen davor und einem niedrigen Carritx-Sattel darauf, sowie an die tiefe Cala Tets mit kleiner steiler Thalfurche im Grunde. Auf der anderen Seite der Cala erscheinen hohe Felsenwände, dann kommen niedrigere, zerrissene Abstürze und in dem Thälchen vor dem hohen Vorsprunge die Torre de Lluch mit einem Häuschen, von wo ein Weg für Saumthiere bis nach Lluch an Coscona und Son Pontico vorbeiführt. Man sieht eine tiefe Höhle, Morro der Torre de Lluch, steil und wild, aber mit grossem Eingang. Darauf kommt die Cala Codolá. Nur einige kleine Kiefern unterbrechen die einsame Steinwüste dieses Strandes. Zwischen die Geröllabrutschung hindurch kann man auf den

Morro des Aucells mit dem Morro d'en Llorel.

Coll der Torre de Lluch oder de Bordils hinaufsteigen. Der runde Thurm hat sieben Varas Durchmesser. Auf der anderen Seite sind unersteigbare Felsenwände. Schön ist der Rückblick auf die Vaca; dann zeigt sich ein isolirter Felsen, der Murteret und das mächtig vorspringende grosse Cap des Morro d'en Llobera mit einer Höhle nahe am Meere und Strandkiefern auf dem Gipfel. Hier liegt neben einer aus den steilen Wänden, mit kurzem Rücken vortretenden Spitze eine Seehöhle, die Cova Bexa genannt. Die steilen Abstürze sind hin und wieder zerrissen. Dann folgt Ses Marchescas, wo man wiederum durch einen steilen Schnitt der jähen Felsenwände hinaufsteigen kann. Hierauf springt als Spitze der Pi vor. Neben dem Single tritt uns der steile Morro d'en Llorel mit senkrechten glatten Wänden entgegen; nach diesem kommt die Ausbuchtung von Ses Pellas, auf der einen Seite von dem Morro des Aucells begrenzt. Im Grunde, als einer tiefen Spalte im grauen Felsen, mündet der Torrent de Mortitx. Die Wände werden nun niedriger. Ein Riss in den oberen Felsenwänden der benachbarten Caleta führt den Namen Es Torrent des Miracle. Dann erscheint ein steiler Felsenpipton am Fusse eines mit Carritx bedeckten Abrutschhanges.

Die niedriger werdenden Abstürze springen in die weit sichtbare Punta de Beca vor, welche oben eine breite Höhle mit Tropfsteingebilden zeigt. Unten in den steilen Wänden befindet sich die Cova de la Figuera, in welcher Wasser fliesst. Passirt man die Punta de Beca, so bietet sich uns die grosse Ensenada del Romegueral dar, von hohen, vielfach zerklüfteten, durchfurchten Hängen umgeben und vom Castell del Rey beherrscht. Vor allem zeigt sich die weisse Spitze der Punta de la Sal und die zweite vorspringende, neben welcher die Pont de Can Pera Doray fliesst. Romantisch liegt vor uns das historische Castell del Rey, welches gleich einem Adlerhorst die felsigen Höhen überragt; unterhalb desselben werden die Abstürze jäh und springen in der mit steilen Wänden versehenen Spitze der Cala Castell vor. Daneben erheben sich isolirte Felsen. Das enge Thal

Castell del Rey vom Meere aus.

des Castell ist auf der einen Seite begrenzt durch die felsenbesäete Punta des Castell; weiter nach den Feldern zu weist es breite Hänge mit magerer Erde auf, aber mit üppigen Feigenbäumen besetzt. Auf der anderen Seite schliesst die langgedehnte Punta de la Galera mit niedrigen felsigen Abstürzen gegen vorn zu ab. Dahinter dehnt sich die breite, aber wenig tiefe Cala Estremer aus, auf der anderen Seite von der mit einem doppelten Vorsprunge versehenen Punta de Covas Blancas begrenzt, die schon die Ausbuchtung von S^a Vicente zum Theil schliesst. Beim Ufer gegen S^a Vicente zu sieht man ein kleines isolirtes Riff. Die Cala zeigt 10—3^1/$_2$ Faden Tiefe. Im Grunde erscheinen uns das niedrige Hügelland mit einigen Fischerhäuschen und das Haus des Aloj und die Steinbrüche, an denen der Weg nach Pollenza führt. Aguas Dulces in der Cala de S^a Vicente heisst eine Quelle, welche bei Meeresstille an der Oberfläche sichtbar wird. Die Grenze des Sandufers bildet der felsige Vorsprung, der mit dreieckiger Vorderseite versehenen Torre de S⁂ Vincente, worauf die Cala Molins sich ausbuchtet. Dieser grenzt die Cala Carbó an, und hierauf kommt als unbedeutender Vorsprung die Punta Negra, nach welcher der dreifach erhöhte, viel mit ausgehöhlten Wänden versehene Morro de la Vall vorspringt. Neben zwei mächtigen Aushöhlungen läuft die Spitze scharf und eng zu, die Vall de Boca mit niedrigem Sattel und grauen, erdigen Abstürzen einschliessend. Mit zwei Einsattelungen zieht sich nun der langgedehnte Coll beim de Formentó fort. Der Colomé erscheint uns nahe am Ufer als ein mächtiger, unerklimmbarer Fels mit grünendem Buschwerk auf der domartigen Höhe, wo zahlreiche Möwen zu nisten pflegen. Die demselben gegenüber vorstehende Küste bildet ein fingerartiges Piton; weiterhin setzt sie sich oben mit zerklüfteten Wänden, unten mit steilen Lehnen fort. Dann folgt die wie ein Cap vorspringende, jähe Stirn von Ses Arcades mit bogenartiger Spitze und der vorspringende Felsen von Ses Antenas, welcher eine kleine Ausbuchtung bildet. Massig tritt nun das Cap de Cataluña vor, hinter welchem sich die Cala Figuera ausbreitet. Obenan sieht man den Weg zum Faro de Formentor und im Grunde den Kiefernwald, sowie die emporragende Atalaya d'Aubercuix. Auf der anderen Seite wird die Cala Figuera vom felsigen Morro d'en Tomas umschlossen. Darauf folgen die kleine Ausbuchtung und Höhle, Es Poust genannt, wo Llauts ankern können, und ein steiler Absturz bis zum Faro.

Der Leuchtthurm von Formentor mit viereckiger Basis erhebt sich aus der Mitte des Gebäudes, welches als Wohnung für den Leuchtthurm-Wächter dient. Der Apparat ist ein solcher zweiter Ordnung mit Finsternissen von 30" zu 30" und von 3° Breite; der Durchmesser der Laterne beträgt 3 m und besteht aus zwölf Annular-Linsen. Der mittlere Theil dreht sich um eine Achse und führt eine katadioptrische Kuppel mit sich, um die Dauer des Glanzes zu verlängern; unterhalb des Centraltheiles befindet sich ein katadioptrischer fixer Theil.

Hat man Formentor passirt, so deckt sich schon Cap de Cataluña, und mächtig erweitert sich vor uns die Doppelbucht mit dem Cap del Pinar und dem fernen Bec de Parrutx. Schon erblickt man Alcudia mit Manresa und die Hügel dahinter, mit Strandkiefern bewachsen, die steilen Abhänge des Cap Formentor, die einen Vorsprung bilden, dann der vortretende Punta del Vent. Von hier an hören allmählich die steilen Abstürze auf; wir sehen eine Thalfurche, dann die tief hineinragende Cala Engosauba, dann vor einem Vorsprunge die Cala Murta mit schönem waldigen Hintergrunde. Eine Spitze, Es Castellet genannt, welche mit einem grossen, von Kiefern gekrönten Farallon, Es Castellet, endigt, schliesst die Cala ab. Von hier ab weisen die kuppigen Hügelchen unten kurze Abstürze und viele Thalfurchen auf, wovon nur eine tiefere, jene der Cala en Feliu mit noch einer Höhle bis zum Meere reicht, und nun zeigt sich die sichelförmig gestaltete Illa, welche durch einen schmalen, nur für Barken passirbaren Freu von der Festlandsküste getrennt ist. Hinter derselben breitet sich die Ausbuchtung des Pí de la Posada aus, auf der einen Seite von der Punta de la Plana, auf der anderen von der Punta de la Moneya umschlossen, wo Schiffe im Schutze der Insel vor Anker gehen. Dann kommt eine Pared, welche auf der entgegengesetzten Seite mit einem Walde von immergrünen Eichen und Strandkiefern abschliesst. Hier fängt so ziemlich das feine sandige Ufer mit rundlichen, kahlen Hügeln und Thalfurchen an. Getrennt durch den rundlichen Vorsprung de la Pinona, bietet sich uns die Spitze der Fortaleza mit den kahlen Abstürzen und der sie überragenden Fortaleza de Aubercuix dar, welcher gegenüber, am anderen Ufer der Bucht, jener von Manresa liegt.

Den Eingang der Fortaleza de Aubercuix bildet eine in Winkel gebaute Batterie, die Avanzada del Castillo de Pollenza genannt. Dieselbe hat in der Mitte eine breite Plattform mit Schiessscharten in der dicken Wand, rings um einen Graben und einen Riffdamm. Ein Pfad, theilweise mit Stufen, führt über eine einbogige Brücke und ein Stück Hebebrücke zur Festung, und ringsum leitet ein Weg auf der Mauer mit leichter Böschung gegen den Wall zu. Die Fortaleza hat auch eine bedeutende Böschung mit Cordon und darauf einen senkrechten Aufsatz. Ueber der Thür, unterhalb der Wurfluke, ist eine Mutter Gottes mit dem Jesuskinde im Renaissanceschild; darunter sind die Wappen von Aragon und Mallorca angebracht. Auf Stufen gelangt man hinab in ein tonnengewölbtes Zimmer und zu einem Cisternenbrunnen; vorn führt ein Thür zur Rotunde, welche oben eine von Tragsteinen und Holz getragene Terrasse mit einförmiger Kuppel aufweist. Auf der Terrasse stehen rückwärts die aus Marés provisorisch erbauten Wohnungen, drei kleine Zimmer des Commandanten. Der Thurm bildet ein Sechseck mit vier demontirten eisernen Kanonen, und der untere Theil verfolgt hinter dem Wall die gleiche sechseckige Form. Auf der Terrasse überblickt man den inneren Rundhof, von dem die sechs Thüren in tonnengewölbte Casematten führen. Weiter gegen den Hügel zu steht das bedachte Kapellchen, welches jetzt zu einer Wohnung eingerichtet ist. Man übersieht das herrliche Landschaftsbild des Puig Mayor de Soller, des Puig Tuxí und des Puig Mayor de Lluch, die luftigen Höhen von Alcudia und das Cap del Pinar.

Der Port de Pollenza weist uns einen kleinen, auf der linken Seite mit behauenen Kalkstein-Quadern versehenen Molo, an dessen Ende die Carretera zur Ortschaft führt, auf. Beim Landen trifft man ein Hostal mit runden Marés-Säulen und eine Anzahl kleiner Häuser am Ufer. Es

Bei Cala Muria.

Pedret liegt unterhalb der Casa de Boca und oberhalb der Casa des Port. Die Gesammtbucht von Pollenza stellt einen grossen Hafen vor, denn nahezu überall kann man ankern; am geeignetsten ist jedoch die Stelle zwischen der Feste von Aubercuix und dem Landungsmolo, des Port de Pollenza. Nach dem Port zieht sich ein flaches Schotterufer dahin, dann erscheinen uns der mit Gebüsch abwechselnde Puig de Llenaire mit einem Strandkieferenwald davor und regelmässige Oel- und Cactusfeigenpflanzungen beim Hause an dem kleinen, von einem Taubenhause überragten Felsenhügel des Colomé. Prächtig thront der Puig de la Mare de Deu mit dem Puig Tuxí im Hintergrunde. Nach dem von Pollenza herabfliessenden Torrent La Borada de Casa Bolantina erblickt man den kuppigen Doppelhügel des Puig d'Almadrava mit einer Windmühle davor. Von Tamarisken und Schilfrohr umgeben zeigt sich uns der Sumpf der Albofereta mit Pappela im Hintergrunde und das weisse Possessionshaus von Can Soli. Neben Algenbänken treffen wir den Auslauf der Albofereta, El Grau genannt, durch welchen Kanal die Llauts bis zum kleinen Hause fahren können; hierauf folgen Sanddünen bis gegen Alcudia hin. Im Hintergrunde erhebt sich die aus der Ebene emporragende Gruppe des Puig de Sª Marti, wo das Haus von Cá na Siona sichtbar wird. Bald erscheint Alcudia mit seinen Festungsmauern, und nach dem Corral d'en Bennasar springt die niedrige Spitze der Xabelins hervor, und dann breitet sich die Ausbuchtung des Port de ses Ollas mit Marés-Felsenufer und vier Windmühlen im Grunde vor unseren Augen aus. Diese trennt eine gleichfalls niedere, schwammige Marés-Spitze, welche zwei Häuschen krönen, von El Barcarés; das grössere ist für die Fischer, das andere für die Wächter des Leuchtthurms von Formentor bestimmt. Die Gewässer des Barcarés sind sehr seicht. Hat man die Marés-Brücke des Clot passirt, so steht die Rinconada des Molo Vermey vor uns. Hier springt die Punta de Manresa,

Fortaleza de Aubercuix.

von der viereckigen Feste überragt, vor, von deren Ufern aus man den Grund der Pollenza-Bucht überschauen kann.

Das Castillo de Manresa ist jetzt unbewohnt, und seine Kammern werden nur noch zu Viehställen benutzt. Hinter der Festung von Manresa liegt eine kleine Sand-Playa im Grunde der von niedrigen Hügeln begrenzten Ausbuchtung. An dem Fusse der letzteren liegt ein Possessionshaus, wo die Höhen des Cap del Pinar ihren Anfang nehmen. Letzteres erscheint in zweifachen Vorsprüngen: die Punta de la Bateria mit der Batterie auf dem zweiten Vorsprunge, und unter der Feste fliesst bei der kleinen Playa die Font de Sª Juan. Dahinter liegt die Stelle, wo die Thalfurche, die um den Puig de la Atalaya sich hinzieht, ausmündet. Die Grenze derselben bildet die Insel S'Illot. Hinter Illot ragt die Spitze der Victoria hervor. Dann sieht man die Rinconada beix de la Vitoria und unterhalb des von Mauern umschlossenen Hort eine Felsenspitze. Es folgen der dreifach erhöhte Vorsprung des Cap del Pinar und der isolirt stehende Riff Niu de s'Aliga mit spitzem Ende. Die Küste hat nun lehmigen Boden. Hier bieten sich dem Auge die Playas del Pinar dar. Nach der dritten Playa sind eine Felsspitze, drei kleine Ausbuchtungen, die Spitze des Cap del Pinar und ausgehöhlte Felsen des flach zulaufenden Caps sichtbar. Bemerkenswerth ist hier ein mittelst einer natürlichen Brücke mit den Abstürzen verbundener Farallon.

Hat man das Cap hinter sich, so geniesst man von der Cova des Bastions die herrlichste Aussicht auf das Cap Menorca. Der Vorsprung des Cap del Pinar endet mit der schroff abgebrochenen Punta Solana. In deren Spitze liegt die Cova des Coloms, wo viele Tauben nisten. Nun öffnet sich die Cala de na Solana; hierauf zeigen sich die weissliche Punta und die wellenförmigen Abstürze des Salobrar, ferner die Ausbuchtung des Salobrar und drei Thalfurchen, von denen die Rinconada die bedeutendste ist. Das Cap Menorca springt wie ein Wallfischrücken mit

Playa del Cap del Pinar.

steilen, nur oben felsigen Lehnen und Abstürzen ins Meere vor; alsdann sieht man Fächerpalmen, kleine Thalfurchen mit Carritx und Kiefern und zwei Seehöhlen; in der einen ist das Wasser so tief, dass man mit einem Llaut hineinfahren kann. Hinter dem Cap Menorca steht ein Wächterhäuschen, und weiterhin zeigt sich Sa Balsa Blanca mit Aussicht auf den gegenüberliegenden Bec de Ferrutx. Alsdann folgt die kalksteinfelsige Ausbuchtung von S'Aucanada, in welche das durch einen Vorsprung vom Meere getrennte Thal des Torrent de Aucanada an seiner Mündung ausläuft. Der grosse Weinberg von S'Aucanada bildet einen Vorsprung, die Punta des Sech und des Farayó eine flache Spitze, die hier von S'Aucanada aus gegen die gleichnamige Insel sich hinzieht. Die Einbuchtung der Aucanada hat 5—2 Faden Wassertiefe.

Die Insel der Aucanada ist etwa 60 m breit und 150 m lang, auf welcher der gleichnamige Leuchtthurm steht. Ein kleiner Molo mit drei Holzstufen steht bei der Aucanada. Das Leuchtthurm-Wärterhäuschen hat einen Hof mit Brunnen und wird als Küche und Dependenz verwendet. Dasselbe ist viereckig gebaut, und in der Mitte steht der Thurm. Für den Ingenieur sind in demselben einige Zimmer eingerichtet.

Nachdem man an einer Landzunge vorübergesegelt ist, sieht man die Spitze der Torre des Port Mayor, welche den eigentlichen Hafen von Alcudia bildet. Dieselbe ist im Jahre 1602 erbaut und hat 12 Varas im Durchmesser. Von hier aus hat man einen schönen Ausguck auf die Aucanada-Insel, die Höhen des Bec de Farrutx, den Grund der Albufera und den Hafen von Alcudia. Nach der Strasse zu befindet sich ein in Verfall gerathenes Haus, und unmittelbar hinter der Torre liegt die Cova del Carretó. Unterhalb des Thurmes, gegen das Meer zu, stand eine zweiseitige Strandbatterie, die Avanzada der Torre Mayor, von der aber jetzt kaum noch Spuren sichtbar sind. Der Hafen von Alcudia ist neben jenem von Palma der wichtigste, namentlich wegen seiner bequemen Zugänglichkeit und auch deswegen, weil er an der Hauptpassage des Kanals von Menorca liegt. Thatsächlich wird er auch als Zufluchtshafen stark benutzt. Vor uns breitet sich nun die Landschaft von Alcudia mit den Höhen des Cap Formentor und im Hintergrunde die Kirche und die berühmte Puerta del Jan aus. Beim Molo liegen eine kleine Häusergruppe und das Lazareth.

Illa d'en Porros.

Nach dem Port de Alcudia erscheint das Riesenufer der Albufera mit dem Sandstrande Playa de Sta Margarita. Bei der Wasserhebemaschine vor dem Puig de Sn Marti sieht man die Brücke, dann das Albuferahaus, auf dem hohen Sandufer ca. ein Dutzend Arbeiterhäuschen, Muro auf seiner Erhöhung im Hintergrunde, sowie den Hauptkanal und die auf fünf Segmentbogen ruhende Brücke. Unweit vom Ufer ist die niedrige Isla Plana gelegen. Hin und wieder stösst man auf Algenbänke, dann auf tieferes Wasser und auf einen torrentartigen Ausschnitt in den Dünen, Es Canal d'en Pep genannt. Ein Häuschen auf einem Marés-Vorsprunge heisst Sa Caseta d'en Beret und liegt der Illa d'en Porros gegenüber. Der Vorsprung zieht sich bis zum Wächterhäuschen des Cuarté hin. Auf der Illa d'en Porros mit dem Riff S'Uliolet wachsen Porros und Seefenchel. Hinter Marés-Bänken tritt zwischen die Sandufer die Düne Punta del Serclot mit einem Häuschen vor. Nach einem Vorsprunge der Caseta d'en Bisbal kommt der Einschnitt des Torrenten de na Borja, und hinter demselben zieht sich der Rücken Pinar de sa Conova bis unterhalb der ersten Spitze der Farrutx-Kette hin; das gleichnamige Possessionshaus liegt hinter dem Pinar. Unterhalb der ersten Höhe einen länglichen Vorsprung aussendenden und durch ein kleines Thal von den Colls de Artá geschiedenen Bec de Farrutx erscheint das Haus von Na Devesa mit rundem Thurm. Die Kette des Bec de Farrutx bietet uns nach dem Peñal de Farrutx, Na Scheroy, dem Puig de Sa Murta, der Muntaña de Bellem, dann nach Sa Tudosa del Vey und S'Atalaya

Moreya schönen Ueberblick. In dem folgenden Thaleinschnitte zeigen sich Feldflächen, bei der Ausmündung einer Thalfurche eine kleine Playa, Cala Scamps oder Camps genannt. Darauf kommt wieder eine Rinconada mit Marés-Steinen in horizontaler Schichtung. Das ganze Flachland der Häuser von Bellem springt etwas weit abgerundet vor, überragt von der Ermita de Arta. Das flache Uferland hört unterhalb der Muntaña de Bellem mit der Cala Metas auf. Von einer vorspringenden Spitze fliesst ein kleiner Bach, Es canal de s'Aygo, herab und endet in einigen Riffen. Hinter der steilen Cala Molto befindet sich eine andere kleine Cala, Na Picarendau, welcher eine dreifach vorspringende Spitze mit schmalem Riff und überall schroffe, wilde Wände folgen. Die tiefe Seehöhle Cova des Coloms ist sehr gross, so dass ein Llaut mit Mast und Segelstange bequem hineinfahren kann. Es ist dies die schönste Seehöhle auf der Insel. Man kann sich keine Vorstellung von dem wonnigen Gefühle machen, dort an stillen Sommertagen vor Anker liegen zu können. Die erquickende Frische, die angenehme Seeluft, der fast betäubende Geruch des Seetangs, das Geflatter der Tauben, Alles erheitert des Menschen Seele. Vor der letzten Erdspitze liegen einige Riffe, sowie eine Bruchspitze des Bec de Ferrutx mit jähen Abstürzen, Es Triquet des Moro geheissen. Mit ihnen zeigt sich eine kleine Höhle, die von den Wänden der Yglesia Nova überragt wird. Darauf folgt der rothe vorspringende Morro mit Thalfurche; oben werden die Felsen von der Atalaya Moreya gekrönt. Im Felsenabrutsch unterhalb des rothen Morro weist dunkle Höhlen auf, und ein niederer Vorsprung und eine Rinconada, beide flach, sowie die Playa Salada schliessen sich an. Auf der Cala S'Arenlet befindet sich ein Wächterhäuschen der Guardia del Moso, neben welchem die Playa der Font Salada liegt. Das nun folgende rötbliche Cap vor dem Arenal heisst Peña Rotja; von hier führt ein Fahrweg nach Aubarca hinauf.

Nach der Playa der Font Salada kommt der lang ausgedehnte, kahle Vorsprung der Torre de la Falconera, hinter welcher sich die Cala Marzoc ausbuchtet. Sie hat felsige Ufer, ragt ziemlich weit hinein und weist eine gute Playa auf. Im Torrententhale der Marzoc befindet sich etwas aufwärts ein Brunnen, sowie rosenfarbiger Kalkstein. Die Torre de la Falconera hat zwei Häuschen mit danebenstehendem Corral. Von hier überschaut man die Punta de la Guya und die Vorsprünge von Farrutx Pinar und Formentor, sowie das nahe Menorca. Der kegelförmige Thurm ist rund, hat 12 Varas Höhe und 8 Varas Stärke. Eine kleine Rundbogenthür befindet sich oberhalb des mittleren Gesimses. Darüber sind vier Tragsteine für Wurfluken, und eine Wendeltreppe leitet zur Terrasse, wo sich noch eine demontirte Kanone befindet. Hier hat man das Meer, sowie den gegenüberliegenden Farayó de Aubarca, ein isolirt stehendes, weit sichtbares Felsenriff mit einem Vorsprung nach aussen, vor Augen. Hinter dem Thurme dehnt sich das Cap noch weiter aus. Auf dem kahlen Hügellande, in welchem etwas landeinwärts zwei Possessionshäuser stehen, nämlich La Aduaya und Sa Cova, liegt etwas weiter hinten Aubarca. Dann kommt eine Playa, die Cala Midjana, und nach einem Vorsprunge zeigen sich die Sandufer von Cala Torta, worauf die Cala Dentol und Cala Estreta folgen. Die Punta de la Caleta, ein ziemlich bedeutender Felsenvorsprung, der die gleichnamige Cala begrenzt, trennt die Calas-Reihe von dem Arenal der Playa de la Mesquida. Dieselbe weist einen kleinen Marés-Bruch bis Las Averases auf; alsdann folgt ein länglich runder Vorsprung, der einem angeschnittenen Schinken ähnlich sieht. Dem Cap der Guya mit starken Abstürzen nach aussen schliesst sich eine mächtige Ausbuchtung mit dem Cap de Pera in der Ferne und den felsigen Lehnen im Grunde an. Alsdann erscheint ein rundlicher Hügel, durch eine Thalfurche von dem Berge der Atalaya de Son Jaumell getrennt, sowie die breite längere Ausbuchtung der Covasses mit den Häusern Casas de Cala Moltó. Das mit hohem Felsenkegel versehene El Guyó liegt mit der gleichnamigen Playa daneben; hierauf folgt die Felsenspitze der Guya mit bewaldetem Rücken und felsigem Ende und dann die Playa nach dem Flachlande vor Capdepera.

Der mächtige Vorsprung des Cap de Pera erscheint anfangs in seiner Nähe wie ein meerschwammähnliches Riff, Nul genannt, dann buchtet sich eine felsige Cala mit Bänken zur Linken aus. Drei niedrige Vorsprünge mit pitonartigem Felsen springen von dem Cap de Pera-Vorsprung gegen die Bai-Einbuchtung und die Guya zu vor. Vor dem ersten und niedrigsten kann man ein pilzartig geformtes Felsenriff sehen, dann eine kleine Cala mit natürlicher Brücke, deren Grund von einem weisslichen Coll mit fester Schicht gebildet wird. Die hier befindliche Olla ist ein runder Hafen mit schmaler Mündung und von riesigen Felsen umgeben. Nach dem Cap de Pera kommen Cala Gats, wo zwei Häuschen stehen, und Cala Retjada. In beiden befindet sich ein Escar zum Heranziehen der Boote ans Ufer. Neben dem Hügel oberhalb der Cala Retjada steht die Torre Cega. Beim Thurme sind ringsum dicke Wände, ein Oblongum bildend, aber theilweise verfallen.

Der Weg zum Faro von Cap de Pera zieht sich um den Hügel der Torre Cega herum, läuft am Torrent der Cala Gats entlang und steigt in Windungen zu dem auf einem Hügel befindlichen Leuchtthurme hinauf. Auf der letzten geraden Strecke befindet sich die durch eine

Cala Molto.

Piraten-Fregatte gesprengte Torre de Cap de Pera, von welcher nur noch die Hälfte erhalten ist. Der Weg führt etwas nach unten, und wir kommen zu dem Faro, von wo man auf den Caló der Comussa del Castellas (den grossen Farayó) blicken kann. Auf der Plattform desselben befinden sich in der Mitte ein Brunnen und gegen das Meer zu nach beiden Seiten hin eine steinerne Bank, von der man, da der Faro auf einem engen Vorsprunge liegt, das Meer übersieht. Dieser Leuchtthurm ist rechtwinklig mit vorspringendem Pavillon aus Kalksteinmauerwerk gebaut. Im Innern ist eine Kalkmergeltreppe. Der Apparat ist ein solcher dritter Ordnung mit weissem Licht und rothen Blitzen, von 2 zu 2' variirend, und besteht aus einer katadioptrischen Kuppel.

Hinter den Häusern von Cala Retjada kommt eine Felsenküste, nach welcher die sandige Playa de San Moll folgt. Dahinter liegen zwei Windmühlen, wo das Telegraphenkabel nach Menorca sein Ende hat. Im Grunde derselben Playa ist ein Torrent, eine kleine Cala Sa Pedruscada mit Häuschen und Noria, denen sich die Thalfurche Na Guyata anschliesst. Der Strand zieht sich bis zum Carregador fort. Es folgen ein kleines Riff vor der Cala und die Felsenspitze des Carregadors. Alsdann zeigt sich die breite Cala mit Playa zur Linken, woselbst dicht am Meeresufer eine ergiebige Quelle mit gutem Wasser entspringt. Dieses Wasser ist das beste in der ganzen Umgebung. Darauf treten die breite Punta del Peu Llarg, dann Caló en Suau mit seinen auffallenden Schichtungen, sowie das rechts gelegene Cova de na Blanquera zu Tage. Hinter dem Cap Gros liegen die Cova des Vey Mari und die Punta del Single, welch letztere links eine gleichnamige Höhle aufweist. Hierauf erblickt man, von hinten durch Na Massot geschützt, eine kleine gleichnamige Cala. Prächtige Aussicht hat man von der vereinsamten, konisch gebauten Atalaya de Fora du Cap Vermey oder Atalaya Veya. Von hier reicht der Blick nämlich auf alle die Vorsprünge

Von der Höhe der Atalaya de Fora des Cap Vermey.

gegen das Cap de Pera zu bis zur Guya, auf der Rückseite mit der Atalaya Nova, auf das ganze Thal von Artá, sowie auch das von Cañamel mit der stattlichen Torre, auf den Vorsprung des Cap del Pinar, dann die Punta d'en Amer und die flache Punta de Felenitx. Gern blickt man in das Thal von Artá mit der Kirche und fruchtbaren Feldern. Ueber den Coll schreitend, gelangt man zur Atalaya Nova oder d'en Massot, einem kegelförmigen Thurme mit Wurfluken oberhalb der kleinen viereckigen Thür; neben diesem Thurme war, wie bei den anderen, ein kleines Corral. Man übersieht von hier das Thal von Cañamel mit der am Torrent gelegenen, bethürmten Casa de Nañana und die Ausmündung des Torrenten La Gola.

Nach dem Caló de na Massot, welcher einen kleinen Bootshafen bildet, bietet uns das Cap Vermey rothe Abstürze dar bis zum Einschnitt von La Torets, in welchem sich eine kleine Höhle befindet. Hat man das Cap passirt, so erscheinen wieder rothe Wände und am Schlusse derselben die breite Oeffnung mit der Treppe der berühmten Cova de Artá; darauf kommt man zum Vorsprunge und der Seehöhle Caló der Cova des Coloms. Unweit von der Gola sind die Pins de ses Vegas, woselbst die Leute Pancaritats abhalten. In der Cala findet man grosse Escars; der Caló ist doppelt ausgebuchtet. Darauf folgen die lehmigen Abhänge des Cap del Pinar. Auf die Playa del Cañamel folgen die Caseta d'en Simoneta, ein Wächterhäuschen auf den Abstürzen, dann die kleine Cala, Cova des Aubardans, und die von hufeisenförmigen Abstürzen umgebene Cala Rotja, welche am Eingange zur Rechten des Meeres mit Riffen bedeckt ist. Dann schliessen sich die Punta des Pi und die Einbuchtung des Farayó an. Das Cap hat eine dicke Spitze gegen die Ausbuchtung des Cañamel zu, und zwischen der Rinconada und dem Stamme des Cap liegt isolirt der aus Kalksteinmergel bestehende Farayó, von dessen Spitze man die Atalaya Freda, Calicant, Cap Vermey und Port Vey schauen kann. In der sandgrundigen Enseñada de Cañamel kann man in 6—2 Faden Wasser ankern, ist aber Südwinden ausgesetzt. Das Cap del Pinar zeigt auf der anderen Seite kuppige Lehnen, dann bieten sich uns zwei Höhlen, sowie das flache, sehr sorgfältig bebaute Ufer der Port Vey dar.

Port Vey ist eine breite, nur Süd- und Südostwinden ausgesetzte Rhede, in welcher man bei einer Tiefe von 8—4 Faden Wasser ankern kann; es ist die am tiefsten hineinragende Stelle der breiten Einbuchtung vor Son Servera, welche im Osten das Cap del Pinar mit dem Vorsprung des Cap d'en Ribell und im Westen die Punta d'en Amer abschliesst. Hier in Port Vey befinden sich ein Hafen- und Aduana-Gebäude, zwei Magazine, sowie ein kleiner viereckiger Molo und ein gewölbtes Häuschen mit kleinem Molo. Hinter der Playa ist ein weiss angestrichenes Haus von Rafalet und dahinter zur Rechten Rafal sichtbar. Es schliesst sich Son Jordi mit viereckigem, bedachtem Thurme an; gegen das Meer zu sind zwei Tumuli vorhanden: einer von Son Jordi, der andere von Son Pula, sowie ein Magazin. Dann kommen ein Uyal, wo Wasser entspringt, und ein nahe am Meere gelegener kleiner Brunnen. Von den die Verflachung umgebenden Hügeln fällt am meisten der Puig de Son Quadre mit dem gleichnamigen Possessionshause auf. Ein auf einem kleinen, etwas erhöhten Vorsprunge befindlicher Thurm heisst Torre de Port Vey. Etwas weiter hinten tritt die felsige Punta Rotja vor; hinter derselben liegt der kleine Estañy d'en Basó, dann kommen drei Felsenspitzen mit davorstehenden Riffen, Es Camp de Mar, Cala Nau und Playa de Ca s'Hereu, bis weiterhin am Beginne der vorspringenden Punta d'en Amer die sandige Ausbuchtung folgt. Hinter der letzteren befinden sich einige Kieferwäldchen und bewohnte Gründe. Nun ragt ein zu Ca s'Hereu gehöriger Felsenhügel empor, und hinter dem Häuschen der Punta Rotja dehnen sich unterhalb des mit einem Thurme versehenen Son Corp Oelbaumpflanzungen aus. Bald hat man nun die Mühlen von Son Servera vor sich.

Die Punta d'en Amer zeigt uns eine kleine Ausbuchtung, woselbst sich eine Paret befindet; auf der Spitze, in dominirender Lage, wurde im Jahre 1696 das gleichnamige Castell erbaut. Dasselbe hat einen viereckigen, aber mit runden Ecken versehenen Wallgraben und ringsherum einen von einer Mauer umgebenen Weg. Das mit einer leichten Böschung versehene Gebäude, zu welchem eine Segmentbogenbrücke und dann eine jetzt zerfallene Hebebrücke führt, ist viereckig. Gegen Osten zu zeigt es einen mit Quadern bedachten Aujub, dem das Wasser von einem Torrent zufliesst. Neben dem Schlosse sind zwei Hütten und zwei Corrals. Auf der Terrasse sind auf jeder Seite winkelförmig gestaltete Oeffnungen gegen den Wallgraben zu und je zwei Kanonenscharten angebracht.

Hinter der Punta d'en Amer zeigen sich eine sehr breite Ausbuchtung, sowie ein kleiner Marés-Steinbruch, alsdann die Caseta de sa Punta, ein Wächterhäuschen mit einem kleinen Dervan und die Playa. Hügel bilden den Hintergrund, und in der Mitte eines breiten Thales sieht man Calicant. Eine felsige Spitze, Sa Punteta, hinter welcher ein kleiner Sumpf (Estañy) sich befindet, trennt diese Playa von Na Moreya, bei welcher das hohe Possessionshaus von Son Vives sichtbar ist. Bei der Punta de la Moreya treten die kleine Marés-Insel S'Illot, viele Einschnitte der Punta und eine niedrige Seehöhle zu Tage. Darauf folgt die ziemlich grosse Cala Morlanda, hinter welcher die gleichnamige und zwei Ausbuchtungen bildende Spitze vortritt. In der rechts gelegenen ist ein gepflasterter Escar und ein am Kalkstein-Felsen angebautes Häuschen mit nun eingestürztem Dache zu finden. Hier sind zwei Tunnel vorhanden. Alsdann betritt man die kleine Playa am Fusse von Kalksteinabstürzen; vielfach ausgehöhlte Marés-Bänke und einige weniger geschützte Rinconada liegen zur Rechten. In der Spitze der Morlanda ist eine breite, von Tauben bevölkerte Höhle. Nun zieht sich ein niedriges, mit Mastixsträuchern bewachsenes Felsenufer dahin, und wir erblicken nun die Torre de Manacor mit den Höhen von Sª Salvador und Santueri, sowie eine tief ausgebuchtete Cala, in welcher zwei Riffe isolirt liegen. Die flache Plateauküste ist mehrfach ausgehöhlt. Die Felsenschichten springen, immer niedriger werdend, vor, und auf der anderen Seite, durch das Cap Carabassa geschützt, wo die Cala Petita liegt, folgt der Vorsprung der Torre mit der Cova des Coloms. Nun zeigt sich uns die nur den Südostwinden ausgesetzte Cala de Manacor und eine für kleine Boote geeignete Ausbuchtung. Neben einem hier ausmündenden Strome pflegen sich Schiffer aufzuhalten. In der Cala wird gewöhnlich nur Gyps, der aus Bendinat kommt, ausge-

Castell d'en Amor.

schifft, sonst geht alle Ladung nach Felanitx. Unweit davon liegt die Cueva del Drach. Vom Strande führt der Fahrweg nach Manacor hinauf. An letzterem liegt eine Taverne aus Matten und nebenan ein kleiner Stall. Die im Jahre 1580 erbaute Torre de Manacor ist ein in Kegelform aufgeführter Mauerbau, dem später ein Theil aufgesetzt wurde. Daneben liegt ein kleiner Corral. Von der Torre sieht man die Höhe des Cap del Pinar bis Calicant und von Sª Salvador und Santueri bis zur Torre de Felanitx.

Bis zur Torre de Puerta Colom zieht sich die mit Abstürzen versehene Küste hin. Von dem Puig de Llodrá getrennt erscheint uns der Puig de Llanár. Neben einem Marés-Steinbruche liegt ziemlich tief die kleine Cala Muria mit schmaler Thalfurche und einem Häuschen oberhalb einer Einbuchtung. Hieran schliesst sich die Cala Angulla mit Doppelausbuchtung an. Alsdann tritt die Cala des Estañy d'en Mas mit breitem Sandufer im Grunde und Marés-Bruch zur Rechten in die Erscheinung. Auf einer Erhöhung in der breiten Thalfurche sieht man Can Forteza; hierauf folgen die gerade Küste Sa Cova del Moro, die Cala Falió mit Höhle, die Punta de la Falió, geschmückt mit einem Naturbogen und Wächterhäuschen. Am Ufer stehen zwei Häuschen, wo die Boote landen. Nach einer Felsausbuchtung kommen die kleine, ziemlich tief hineinragende Cala Sequé, hierauf ein kleiner Recó de S'Olla und die Cala Magraner mit dem breiten Morro. In der Mitte derselben liegen zwei Thalfurchen, von denen die rechts mit steilen Wänden, Sandstrand und Paret versehene Cala Mendia genannt wird, während die linke, schmale im Morro eine Seehöhle aufweist. Letztere ist mit schönen, natürlichen Säulen geschmückt. In der auf der linken Seite befindlichen Cala Magraner liegt die sehr tief hineinragende Cala Virgilii und bietet im Grunde eine Thalfurche, die durch das Meer vollkommen geschützt ist. Jetzt gehen wir an einem Wächterhäuschen vorüber, dem sich die Höhle Sa Pedra que Sona und die Cala Bota mit Thalfurche anreihen. Alsdann passirt man zwei kleine Cala, gelangt zur ziemlich grossen Cala Antena, welche zur Linken eine Höhle hat, und die kleine Cala Romagué. Hierauf gelangt man zur Cala Domingo, die durch eine ausgehöhlte Spitze getrennt ist. In ihrem Grunde befindet sich ein kleiner Brunnen, sowie die Baracke Cova de Can Meco. Links, tief ausgebuchtet, liegt die dahinterliegende Cala Murada mit Rietó, in welcher man früher bis tief hinein rudern konnte. Dann erscheinen ein zerfallenes Wächterhäuschen, eine Höhle und eine, El Algar genannte Ausbuchtung mit abgebröckeltem Felsen. Nun folgt die Spitze des Faro de Puerto Colom, die wagerechte Schichten darbietet; unterhalb desselben erhebt sich bei der Hafenmündung ein isolirt liegender Felsen.

Puerto Colom ist der beste und grösste Hafen der Südküste und eignet sich besonders für kleinere Schiffe, weil er vollkommen geschützt liegt und nur die Mündung Südwinden ausgesetzt ist. Thatsächlich hat sich dort, namentlich seit er Nationalhafen geworden, der Seehandel sehr entwickelt. Alle vierzehn Tage verkehrt von dort, Soller berührend, ein Dampfer nach Cette. Vor Allem giebt der sehr bedeutende Weinexport nach Frankreich den Einwohnern von Felanitx und Umgegend reichliche Subsistenzmittel. Für grössere Schiffe erweist sich der Hafen zu klein. Zwei Spitzen, rechts beim Einfahren jene des Leuchtthurmes und links jene des Forti, bilden seine Mündung. Auf ersterer befindet sich neben einem Cuartel-Häuschen ein runder Thurm. An der Seite stehen ein Stall und Nebengebäude. Ueber der Thür ist eine Wurflukenöffnung in der Terrassen-Balustrade. Gegen den Faro zu liegen ein kleiner Aujub, sowie zwei Corrals aus Marés-Bruchsteinwänden.

Der Leuchtthurm von Puerto Colom besteht aus einem viereckigen Gebäude und dem anstossenden Thurme aus compacten Kalksteinquadern mit Basis aus Mauerwerk. Von der aus Glanzziegeln hergestellten breiten Terrasse des Faro schaut man auf das Meer, die Hafenmündung und die Höhe von Son Amoxa bis zur Consolación. Auf der anderen Spitze liegt der Cuartel des Forti mit einem von drei Pfeilern getragenen Doppeldach; daneben ist eine Ende des vorigen Jahrhunderts erbaute Strandbatterie mit Wand, die den Eingang des Puerto beherrscht und dem Faro gegenübersteht. Von hier übersieht man gegen Westen zu die flache, mit Abstürzen versehene, Cap an Cap sich reihende Küste und den Hafen mit der Ausbuchtung Sa Bassa Nova. Im Grunde der letzteren ist ein kleines Thal, wo ein kleines gewölbtes Fischerhaus mit rohem Stein-Molo steht, und am Landungsplatze lagert sich eine kleine Ortschaft mit niedrigen Häuschen und ein Escar. An der Ausbuchtung des Camp Roig liegen ebenfalls zwei gleiche Häuschen. In der Nähe befindet sich auch eine kleine Kapelle. In der Ausbuchtung des Hafens wird künstliche Fischzucht betrieben. Einer abermaligen kleinen Ausbuchtung folgt eine geschichtete Spitze und ein Arenal.

An der Forti-Spitze befindet sich eine natürliche Bogenhöhle, und die felsige Cala de sa Barbacana ist von Abstürzen umgeben; dann kommen die Doppel-Ausbuchtungen Calo d'en Mornes und die noch die bedeutendere Es Portixol, in welcher man rechts vom offenen Meer geschützt ist. In derselben steht auch das von Agaven umgebene Häuschen von Can Marsal. Nach der gerade hinlaufenden Küste mit dem isolirt stehenden Farayó d'en Frot kommt die ziemlich schmale Cala Brafi und dann die enge Cala de Punta Negra, welche nach der danebenliegenden Spitze so benannt ist. In der sich anschliessenden Spitze mit Riff ist ein Marés-Steinbruch und dahinter die Cala sa Neu oder Ras, welche mit ihrer offenen, tief hineinragenden Mündung Schutz bei Unwetter gewähren. Darauf folgen ein natürlicher Felsenbogen El Pontas und rechts die sich einbuchtende Cala Midjana, ein guter Ankerplatz auch für Küstenfahrer, am Ende mit feinem Sandufer und Thalfurche. Ausserdem bildet sie noch einen Caló, der aber felsig und offen ist, El Bufador genannt. An der röthlichen Seeküste ist eine offene, von Tauben bewohnte Seehöhle; darauf folgt eine Spitze mit Wächterhäuschen und ein isolirter Farayo mit flachem Rücken vor der Mündung von Cala Ferrera. Diese bietet uns rechts den Caló de ses Donas mit Sandstrand, und an dem mit Kiefern bewachsenem Ufer sieht man das Schloss von Santueri und den S^a Salvador. Am Cala-Grunde mit Thalfurche und Brunnen, neben welchem Pfahlrohr wächst, ist ein gewölbtes Häuschen für ein Boot, halb in den Felsen hineingebaut. Hierauf zeigen sich die Cala Ras und Midjana, letztere mit 2—14 Faden Wasser, beide mit Algengrund. Unmittelbar hinter der kleinen Ausbuchtung, noch in derselben Hauptausmündung von Cala Ferrera, mit 6—13 Bisses Wasser und Algengrund liegt der Caló des Corrals mit felsigem Ufer und kleinem Sandstrand; dahinter zeigt sich Calonge. Nach ziemlich niedriger, felsiger Küste, die ein vorspringendes Riff aufweist, kommt man zum Forti von Cala Llonga, mit 6—14 Faden Wasser und Algengrund, in dessen Ausmündung

Natürlicher Bogen El Pontas.

die weit hineinragende Cala (Caló) Gran liegt. Die durch die Punta der Forti herrlich geschützte, leider aber zu seichte Cala Llonga bietet uns zwei Ausbuchtungen mit Sandufer im Grunde dar; zu beiden Seiten liegen spitzgewölbte Häuschen mit Thüren, um ein Boot hineinzuziehen, und einige Baracken der Nähe bei einem guten Marés-Steinbruche. Das viereckige Castell Es Forti oder Bateria Nueva de Cala Llonga wurde im Jahre 1793 erbaut; es hat 30 Varas auf jeder Seite und 6½′ Dicke mit Böschung und viereckigem Eingangsthore in dem Gehöfte; auf zwei Seiten sind Häuser mit theilweise eingestürzten Dächern, in der Mitte eine durchbrochene Cisterne. Ein Rampenaufgang führt zur Plattform, welche zwei Seiten des Gebäudes einnimmt, während das Übrige einen freien Platz bildet, um Kanonen aufzustellen. Von hier übersieht man die Höhe von S^o Salvador, Santueri, den Puig gros de Santagny und S'Alqueria Blanca. Ueber der Thür ist ein Wurflucken-Vorsprung; in der äusseren Mauer sind Schliessscharten, und daneben befindet sich ein aufgelassenes Corral. Nach dem Schlosse kommt eine felsige Ausbuchtung mit vorspringendem Felsstück, dann die Punta de Cala Llonga mit einem Wächterhäuschen darauf, und dieser folgt die tief hineinragende, im Grunde schmale Cala Yeguas mit deutlich ausgeprägten Schichtungen, zur Rechten einige Strand-

Kiefern und Paret an der Thalfurche, wo ein schotteriges Ufer ist. Letztere hat 3—11 Faden Wasser mit Seetanggrund. Darnach zeigt sich der Caló del Llamp und nach diesem öffnet sich Puerto Petra, das malerisch in einer Einbuchtung der Küste liegt.

Puerto Petra ist ein schöner, breiter Hafen, für kleine Fahrzeuge sehr geeignet, mit von 6—11 Faden Wasser, Seetang und Schlammgrund; rechts bildet er eine kleine felsige Ausbuchtung, Es Caló del Mox genannt, mit einer Thalfurche und einem Häuschen, um Boote hinaufzuziehen, überragt von der Kiefernhöhe des Punta. Auf der linken Seite, im Grunde einer ziemlich tiefen Ausbuchtung des Hafens, liegen noch zwei kleine Calós, deren Strand mit Bäumen bewachsen ist. Neben einem Häuschen mit Segmentbogenthür und kleinem Backofen liegt der Thurm oder Castillo de Puerto Petra. Er gehört zu den stattlichsten Thürmen der Küste und stammt aus dem 17. Jahrhundert. Im Jahre 1607 stellten die Jurados des Königreichs Mallorca den Antrag auf

Cala de Santagöy.

Erbauung einer Feste im Puerto Petra, wo viele Galeeren Schutz finden können, um zu verhindern, dass nicht wieder, wie ehemals geschehen, wegen Mangel an Ueberwachung die englischen Seeräuber sich eines französischen Schiffes bemächtigen könnten. In der That führte man in den Jahren 1616 und 1617 auf der Südwestseite bei der Hafeneinfahrt erst ein viereckiges, thurmartiges Schloss auf, welches von der Zeit an den Namen Castillo de Puerto Petra führte und das mit einem von dem König ernannten und bezahlten Alcaide und einigen, von der Universität unterhaltenen Wächtern besetzt wurde. Seit 1697 wurde dieses Schloss, wie die übrigen Festungen der Küste, von Seiten des Staates erhalten und behielt bis 1865 einen Militär-Gouverneur im Range eines Lieutenants. Der Thurm ist viereckig aus Quadern gebaut, mit einem Corral daneben und hat eine äussere Treppe mit kleiner Thür in der Ecke gegen das Meer zu; darüber ist eine Wurfluke, ebenso eine oberhalb des Bogenaufganges. Er hat vier Kanonenscharten und Fenster gegen die Mündung zu, 9 Varas auf jeder Seite und 12 Varas Höhe, sowie Barbette-Parapete von 4½ Fuss Dicke.

Hinter Puerto Petra folgt eine felsige, abgebrochene Küste, dann eine mächtige Ausbuchtung mit ganz zerrissenen Ufern und zur Rechten der Caló der Barca Trencada mit schönem Kiefernhain und Feigenbäumen hinter dem Sandufer. Daneben befindet sich rechts die ausgebuchtete Cala d'en Bugit. Auf der darauffolgenden Spitze steht ein Wächterhäuschen; es kommt sodann die tief hineinragende Cala Mondrágo, welche mit doppelter Einbuchtung, mit Sandufer und bebauter Sohle versehen ist; dann folgt Es Caló d'en Garrot mit einem Häuschen. Weiter tritt uns ein Vorsprung mit natürlichem Bogen entgegen und diesem folgt das Cap del Moro mit etwas höheren, gleichfalls horizontalen Abhängen und einem Wächterhäuschen. Es erscheinen hierauf Marés-Steinbrüche von vielen Midjanades und die Caló del Siviná mit isoliertem, schwammigem Riff, natürlichem Felsenbogen und steinigem Thalfurchen-Grunde. Weiterhin kommt man an einem Vorsprunge mit weisslichen, herabgerollten Felsenmassen vorbei. Schon erscheint uns der bankartige Vorsprung der Torre de Santagñy am Fusse der Abstürze mit frei umherliegenden Felsblöcken, welcher zu den am meisten vortretenden Spitzen der Küste gehört. Eng und flussartig zeigt sich

Einmündung der Cala Figuera bei der Torre Nova.

die tief hineinragende Cala, Port de Santagñy, von welcher links die Hauptfahrstrasse vom Meere nach Santagñy an zwei Carregadors vorbeiführt. Die Landungsplätze bestehen aus einer Abrutschung auf beiden Seiten mit Treppen daneben. Der sogenannte Hafen, der eine einfache Cala ist, hat bei seiner Mündung die Tiefe von 16 Faden Wasser, ist aber weiter hinein sehr seicht und ganz verschlammt. Derselbe hat Felsenufer und bildet zwei Ausbuchtungen mit Thalfurchen im Grunde, wo mehrere spitzgewölbte Baracken für Fischer und um Boote hinaufzuziehen sichtbar werden. Ringsum wachsen Strandkiefern, die einen hübschen Hain bilden, und verbreiten einen wohlthuenden Schatten. Der Thurm von Santagñy oder Torre de la Roca Fesa, im Jahre 1663 erbaut, ist rund, von 11 Varas Höhe und 5 Varas Durchmesser, sowie mit Barbette-Parapet und Marés-Verstärkungen versehen, hat eine kleine hochgelegene Thür mit starker Böschung und eine offene Cisterne an seinem Fusse. Daneben, zwischen grossen baumartigem Cactusfeigen, liegen zwei Häuschen mit eisernen Thüren. Von dem Thurme aus geniesst man eine schöne Aussicht auf Cap Salinas und ganz Cabrera, welche vor unseren Augen ausgebreitet liegen. Auf der anderen Seite der Hafenmündung sind auch, wie unterhalb des Thurmes, Schichtenvorsprünge, auf welchen grosse abgebrochene Felsblöcke umherliegen.

Hinter dem Hafen von Santagñy bilden sich niedrigere Abstürze; es erscheint uns eine kahle Felsenwand, von der runden Torre Nova gekrönt, die im Verhältniss zur weit vorspringenden Torre de Santagñy sehr tief hineingeht; hinter dieser breitet sich die Cala Figuera mit 2—6 Faden Wasser und Sandgrund aus. Zu deren Linken erhebt sich ein hoher, isolirter Farayó. Auf beiden Seiten bieten sich uns tischartige Vorsprünge, und im Grunde, wo die doppelte Thalfurche ausmündet, ist eine Playa von feinem Sande mit Häuschen, und daneben sind fünf gedeckte Escars in den Felsen hineingebaut. Ein breiter Weg führt zwischen Cactusfeigen zum Thurme, dem gegenüber sich ein Häuschen mit drei Thüren, Backofen und eingestürztem Dache befindet. Die runde, leicht konische Torre Nova, oder Torre de Cala Figuera, wurde im Jahre 1617 wieder aufgebaut; sie hat 6 Varas Durchmesser und 14 Varas Höhe, hat Barbette-Parapet und einen wulstförmig geböschten Fuss; sie ist mit vier Marés-Verstärkungen versehen und hat ein modernes Aussehen. Man sieht von hier die hohe Kirche von Santagñy mit spitzem Kirchthurme. Drei isolirte Riffe, wovon eines pilzartig gestaltet, und ein unten durchbrochener Farayu, Es Pontas genannt, dem gegenüber sich eine grosse doppelte Höhle mit mittlerem Pfeiler befindet, folgen. Sehr malerisch ist die von der Natur selbst gebildete Brücke. Darnach fährt man an einen hufeisenförmigen Einschnitt vorbei, sieht eine Thalfurche, woselbst rechts im Schutze der Felsen ein Escar mit kleinem Häuschen steht, und nach der abgerundeten Felsenspitze des Sandufers von Cala Llombars. Man gewahrt einen Torrenten mit einigen Binsen, eine Seehöhle mit vorstehendem Tropfsteindach und nach einem wieder durchbrochenen Felsen mit einigen losen Blöcken daneben die Punta de sa Parei, in welcher ebenfalls zwei Seehöhlen sind. Diesen folgen wieder zwei mit Marés-Schichtungen; hierauf kommen die kleine felsige Ausbuchtung der Fontanella's, und nach einem doppelten Morro, wovon das erstere höher und mit kleiner verrauchter Höhle versehen ist, wird S'Almonia sichtbar. Man fährt um die Spitze, und es entfaltet sich vor unseren Augen die hübsche Cala von Fontanella mit vier Escars mit gelblichen Marés- und drei erdbedachten Häuschen. Im schwarzen Felsgesteine ist eine Höhle; die Fischer haben in den weichen Marés sich ein Bett, eine Küche und einen Platz für das Boot ausgearbeitet; auch giebt es hier Cosis zum Färben der Netze. Die drei Häuschen mit Marés-Platten ringsum haben auch einen Kamin und ein spitzes Erddach, sonst ist aber die Mauer mit der Erde verbunden und ringsherum ein Pared. Von hier geniesst man einen schönen Blick auf die Küste und Cabrera. Beim Hineinfahren in die Cala stösst man auf ein Thälchen mit Ausbuchtung und einigen Feigenbäumen; darauf folgt das Cap Blanc de la Agoña mit weisslichen Abstürzen und vortretenden unteren Bankschichten. Vorher trifft man eine Seehöhle mit einem offenem Dom, darauf wieder einen grossen Steinbruch. Hat man das Cap passirt, so erscheint ein einzelnstehendes Riff vor einem pitonartigen Vorsprung, El Calafat genannt, und die kleine felsige Cala Figuereta, mit Höhle und Marés-Steinbruch zur Linken und Thalfurche im Grunde, tritt vor das Auge; darnach folgen hohe Abstürze, welche vorspringende Felsen aussenden, und die Cala Enditá oder Alquitran mit sich hinaufziehender Thalfurche, woselbst ein trockener Brunnen und ein kleines Wächterhaus sichtbar sind. Einige von den Fischern verrauchte Aushöhlungen und Marés-Brüche, sowie eine Tiefe von 4—2 Faden und Sandgrund sind hier vorhanden. Vor der Spitze liegt die Cala Sacorrada mit Thalfurche und Strandkiefernwäldchen im Grunde, sowie eine zweimal vorspringende Küste. Zur Rechten nehmen die Abstürze an Höhe allmählich ab und springen in eine niedrigen Spitze der Salinas vor, hinter welcher uns der Leuchtthurm herüberwinkt, während auf der Erhöhung der Spitze, ziemlich weit landeinwärts, sich uns die Torre de la Gosta, oder Na Gosta, ein runder, leicht konischer Thurm mit Wasserspeier, von der Terrasse sich zeigt. Er ist jetzt ohne Thür und Fenster und hat eine Terrassen-Plattform 64 m über dem Meere, mit herrlicher Aussicht auf den namen Pinar, die Vall, den Puig da Randa, den Hafen von Campos und die ferne Sierra, und dient nur als Signalthurm. Neben dem Thurme sind fünf erdbedachte Hütten aus Marés-Stücken erbaut und ein mit Ziegeln bedecktes Häuschen, neben welchem eine riesige Mata Mosquera wächst.

Der Faro liegt auf der am weitesten flach vorspringenden, felsigen Spitze des Cap Salinas. Der Apparat des Leuchtthurms ist katadioptrisch, von sechster Ordnung, mit fixem weissen Licht und beleuchtet den ganzen Horizont. Sein innerer Durchmesser beträgt 0,30 m und jener der

244   III. Mallorca.

Laterne 1,60 m. Das viereckige Faro-Gebäude, mit rundem Thurm ausserhalb des Wohngebäudes, hat einen kleinen Hof in der Mitte und einen schönen Ausblick von der Terrasse. Hinter demselben liegt ein Terrat mit Cisterne, daneben ein Haus für Arbeiter am Saume eines Strandkiefernwäldchens und unterhalb des Faró ist ein kleines Caló in der Felsenspitze. Die Küste läuft dann flach fort bis zu dem mit Kiefern bedeckten Inselchen. Im Hintergrunde erblickt man alsdann das stattliche Haus von Sa Vall mit hohem viereckigem Thurm und die luftigen Berge von Randa, denen die ferne Sierra als duftiger Kranz dient. Vor uns liegen die einförmigen Abstürze von Cap Blanc und das gleich einer Sirene im Meere schwimmende Cabrera.

Die erste Spitze nach dem Faró de Cap Sallnas wird Punta de na Milá genannt; die darauf vorspringende Spitze mit zwei Escars ist die Punta Negre. Bei derselben liegt noch eine eiserne Kanone von einem verunglückten, französischen Kriegsschiffe, das hier verbrannte. Sandufer, sowie Felsenvorsprung mit kleinen Häuschen folgen; diesen reiht sich eine kleine Insel, S'Illot d'en Cust genannt, an mit abgebrochenen Marés-Felsen, welche mittelst einer seichten Stelle mit der Landspitze zusammenhängt, sowie hinter derselben eine Ausbuchtung, deren jenseitige Spitze die Punta Entugores mit trümmerhaftem Wächterhäuschen ist. Dahinter liegt die gleichnamige, ziemlich tief ausgebuchtete, aber sehr seichte, 2—1 Faden tiefe Cala, deren felsiges Ufer später in der schwärzlichen Punta des Cosconá vortritt. Zwischen dem niedrigen Ufer und der Isla Moltona, auf der ein Häuschen und ein Marés-Steinbruch ist, zieh sich ein seichter, nur für Boote passirbarer Kanal mit einem isolirten Riff hin. Dann folgt die kleinere Insel, Sa Polada genannt. Das Sandufer bietet jetzt von Strandkiefern bedeckte Dünen, in deren Hintergrunde sich der Puig de la Consolacion und Sa Salvador, scheinbar wie eine einzige Gruppe, erheben; weiterhin sieht man die Playa des Port de Campos mit der Illa de na Guarda davor und Es Pouet des Port, sowie ein Kapellchen.

Der Puerto de Campos, mit Sand-, Algen- und Steingrund, ist ein schlechter Ankerplatz, da die Wogen durch den Freu von Cabrera bei Südost stark eindringen; darin liegen S'Illot mit Pedrera, dann Ses Botxes, sowie eine salzige Ebene. Die Spitze der Torre del Puerto de Campos, ein runder Thurm von 12 Varas Höhe und 5 Varas Durchmesser, mit Parapeten und Wurfloken, bietet hier einen breiten, aber offenen Caló mit felsigem Ufer, Caló de sa Torre genannt; hier sind einige Häuschen. Der Torre-Spitze liegt die flache Isla Cormorana gegenüber; es folgen eine Rinconada, alsdann die Windmühle und das Haus der Salinas und auf felsiger Uferausbuchtung das dreispitzige Gebäude des Carregador mit kleinen Oeffnungen und Stellagen aus Kiefernstämmen, auf welche Bretter gestellt werden, um das Salz in die Boote hinabzuwerfen. Ringsherum zieht sich eine Mauer und gepflasterter Boden. Ein Escar für einen Llaut und ein paar Häuschen sind daran angebaut; dann folgt die Fläche der Salinen.

Dem Carregador gegenüber stösst man auf die lange felsige Isla Llarga und den Illot. Hierauf kommt das Sandufer Ses Playas de Campos, in dessen Nähe sich die flache, schräge Isla de la Gavina befindet und welches sich weiter bis zu den Steinbrüchen Sa Punta de ses Covetas hinzieht. Auf einem felsigen Vorsprunge zeigt sich den Blicke die Torre de la Rapita, ein runder, im Jahre 1595 erbauter konischer Bau aus Mauerwerk von 12 Varas Höhe, 5 Varas Durchmesser, mit Parapeten, Kanonenscharten und vier Wurflocken. Im Marés-Felsen sind mehrere Escars und an der niederen einförmigen Küste mehrere Gruppen von Häuschen sichtbar; ferner ein Carregador de la Rapita, wo Güter abgeladen werden. Einige Schritte weiter finden wir die Spitze von Can Xorquel, auf welcher zwei neue Herrenhäuser mit Rundbogen erbaut wurden. Die vorspringende felsige Spitze des Estañyol mit kleiner, gleichnamiger, flacher Insel reiht sich an. Auf dieser Seite stehen ein paar Hütten und Baracken für die Boote, daneben ein breiter Escar. Zwischen der Insel und dem Sandufer ist eine seichte Passage; vor der Spitze, nahe an der Meeresoberfläche liegt ein Riff. Nun reiht sich die Cala Empeias mit felsigen Marés-Ufern, auf welcher ein paar Hütten stehen, an, und weiter sieht man eine Spitze mit losen Felsen davor, von der Torre de Esterell, auch Estellella genannt, beherrscht. Diese, 1659 erbaut, ist ein runder, von der oberen Hälfte an gerader Bau von 12 Varas Höhe und 5 Varas Durchmesser, mit Parapet und kleiner Thüre, Kanonenscharten, und oben einer durch Tragsteine gestützten Terrasse. Unterhalb des Thurmes befindet sich eine kleine Aushöhlung, Caló, und eine offene Höhle; daneben ist ein dachloser Cuartel mit Stall und einigen Hütten. Von dieser Spitze fängt die Küste an; jähe, wiewohl niedrige Abstürze weisen viele kleine, von Tauben bewohnte Höhlen auf; sie bilden eine Art Rinconada mit dem Cap de sa Paret. Dann kommt der Vorsprung der Vallgornera dahinter, mit Strandkiefern bepflanzt, der kleine Recó del Regano und ein Torrenteinschnitt in den hier hohen Felsenabstürzen. Hierauf folgt Sen Covasses mit Tropfsteingebilden und mächtig vorspringendem Dache. Eine sehr lange, rechts eingebogene Felsenspitze und ein kleiner isolirter Felsen schützen die nächste Cala, die 4—2 Faden Wasser, Algen und theilweise Steingrund hat und am Ende, wo der Torrent ausmündet, ein kleines Sandufer zeigt. Der die rechte Spitze überragende und im Jahre 1451 erbaute Thurm, die Torre de Cala Pi oder Py, ist 1595 und 1662 renovirt worden. Er ist von runder, oben gerader Form und mit einem Doppel-

Sa Vaca.

Cordon von 12 Varas Höhe und 7½ Varas Durchmesser versehen. Neben demselben befindet sich ein gewölbter Aujub, oben mit einer Oeffnung versehen, dann ein verlassener Corral und einige verstreut liegende Hütten. Es folgt wieder ein Riff unten an den ausgehöhlten Felsenwänden und die schmale felsige Cala Beltran, kurz darauf ein vollkommen geschützter Grund mit schattigen Thalfurchen. Nach der, niedrige Abstürze aufweisenden Punta del Bancal mit horizontalen Schichtungen erblicken wir die Cova des Ossos, eine kleine Höhle nahe am Meeresufer. Der Clot des Cap Blanc ist eine Ausbuchtung mit weisslichen und roströthlichen Abstürzen. Bis zur Torre des Cap Blanc zieht sich ein sanft ansteigender Boden, theils Garriga-, theils Kiefernwald, hin. Der Thurm, neben welchem einige Hütten stehen, hat 10 Varas Höhe und 5 Varas Durchmesser. Mit seinem Bau wurde im Jahre 1597 begonnen; er ist mit einer einförmigen Kuppel und Rundbogenthor versehen. Vor dem Thurme befindet sich ein gepflasterter Platz, auf welchem eine demontirte Kanone steht. In früherer Zeit diente er nur als Signalthurm.

Der Leuchtturm von Cap Blanc besteht aus einem rechtwinkligen Gebäude mit zwei Flügeln und einem Hofe in der Mitte. Im Centrum der hinteren Façade erhebt sich der Thurm mit katadioptrischem Apparat, dessen Licht den ganzen Horizont bescheint. Sein Durchmesser beträgt 0,30 m, der der Laterne 1,60 m. Wie bei allen diesen Thürmen, wird schottisches Paraffin zur Beleuchtung verwendet. Von der Terrasse des mit Glanzziegeln gepflasterten Leuchtthurm-Gebäudes sieht man Cap Salinas, Cabrera mit der Conejera, Cap Enderrocal und Calafiguera vor sich liegen, und von der Thurmterrasse beherrscht man die Gruppe von Randa und Llummayor. Die einförmigen Plateau-Abstürze hinter Cap Blanc bieten nur zwei Vorsprünge: das Cap Roig und das Cap Regana oder Alt; denn folgt die flach vorspringende Spitze des Pou Salat mit Marés-Steinbruch. Bis zu dem thurmgekrönten Cap Enderrocal zieht sich eine leicht sichelförmige Ausbuchtung, anfangs mit minder steilen Abstürzen und einem schmalen Torrenten-Einschnitte, La Regana genannt, hin, bei deren Mündung links sich die gleichnamige Cova befindet; es ist eine offene Seehöhle, in deren kühlem Schatten sich Boote aufzuhalten pflegen. Ein kleiner Marés-Steinbruch, El Llensol, dann El Pujador del Frare und ein vorspringender Felsen der Caseta reihen sich an; hierauf bietet das ganze Ufer nur Steinbrüche, La Fossa genannt, dar. Bei einem zerfallenen Häuschen von L'Almadrava werden Thunfische gefangen. Hierauf folgt eine kleine Einbuchtung mit dem schmalen Sandufer Cala Veya. Die Cova des Punterró und eine andere, der Coloms, treten uns alsdann vor Augen. Der Vorsprung des Cap Enderrocal hat einen runden, im Jahre 1597 erbauten Thurm. Derselbe ist jetzt nach aussen zu theilweise eingestürzt.

Nach den Abstürzen des Cap Enderrocal und dem kleinen Caló de la Torre folgen eine Spitze und der Caló Llarg, ein unbedeutender Riss, dann S'Escar des Chorri; es schliessen sich einige zerfallene Wächterhäuschen und eine Thalforche mit einer Hausruine und gutem Escalar an, dann der kleine Caló de ses Mosques. Man sieht ferner das Cap de s'Arenal mit Marés-Brüchen, dann den kleinen Caló von Sa Cova und den Torrent des Jueus, wo die Playa anfängt. Sehr schön ist der Anblick, den uns der Pinar de Son Suñer mit der weiss blinkenden Playa, sowie der Rücken von Son Segui und das ferne Gebirge gewähren. Darnach trifft man auf S'Arenal del Sur mit Mont Gros und Mont Petit, auf Ses Fontanellas, eine kleine Quelle am Meeresufer, auf die Wasserleitung des Prat mit Thurm und mehreren neuen Häusern für die Badegäste, sowie einen Hostal am Ufer S'Estañy. Einem kleinen Caló gegenüber liegt die Isla de la Galera. Dieselbe ist ziemlich flach und felsig. Ihr reihen sich die Cova de la Gata, Son Mosson und die stellenweise felsige Küste bis zur Torre d'en Pau an, vor welcher eine kleine Ausbuchtung, die Cala Gamba, liegt. Die Torre d'en Pau ist ein viereckiges Schloss mit optischem Telegraphen. Dahinter zeigen sich die Häuser des Coll d'en Rebassa, dann die Ufer der Perablanca, des Torrent Gros und die Häuser der Figueras Baixas, ferner die Häuser des Portixol, Ses Troneras, sowie des Molinar de Levant. Alsdann präsentirt sich uns Palma in voller Pracht und Herrlichkeit.

Die Insel Cabrera.

Die Insel Cabrera, ca. 17 km vom Cap Salinas entfernt und nur durch einen Freu von 10 km Länge (der bis zur Insel, der Foradada, reicht) getrennt, ist eine südlich gelegene Nebeninsel Mallorca's. Sie ist hügelig, doch sind auch viele Thäler vorhanden. Im Mittel liegen die Hügel 100 m über der Meeresoberfläche; der höchste Berg ist der Puig de la Guardia mit 172 m. Der Boden ist im Allgemeinen kalksteinig, mergelig und sehr felsig auf den Anhöhen, in den Thalfurchen aber gut und fruchtbar. Man findet aber auch feste Kalksteine und Gyps. In den ostwärts gelegenen Hügeln ist Steinsalz verborgen. Im Allgemeinen ist die Insel kahl oder mit Buschwerk bedeckt. Die in geringer Anzahl vorhandenen Ackerflächen liefern Cerealien, Gemüse und Obst, denen aber die zahlreichen, dort in Wildniss lebenden Ziegen — hiervon hat die Insel (cabra = die Ziege) auch ihren Namen erhalten — und die Menge Kaninchen verheerend entgegentreten. Cormorane halten sich in Unmassen an den Ufern Cabrera's und den nahen Felsenriffen auf. Die dortigen Gewässer sind sehr fischreich. Einwohner der nahen Südküste und der Bahia von Palma treffen fast alltäglich in Faluchos, besonders aber im Winter hier zum Fischkauf ein. Die Fischer tragen jeden Morgen die Fische nach Campos, von wo sie nach Porreras und Llummayor weitergeschafft werden. Das Klima ist sehr gesund und mild, aber den Winden sehr ausgesetzt; der Sommer ist warm. Recht störend wirkt der Wassermangel, denn es giebt dort nur zwei etwas stärker fliessende Quellen, welche aber auch im Sommer nur spärlich fliessen; die eine ist im Thale, welches die Hügel von Bella Mirada und Peñas Blancas, nahe am Grunde des Hafens, bilden, sie wird von den dortigen Bewohnern benutzt und bewässert einen kleinen Hort; die andere befindet sich bei der Cala d'en Ciola, unweit des Leuchtthurmes. Cabrera zählt 31 ansässige Einwohner, bestehend aus dem Militär-Commandanten, der einzigen Behörde der Insel, welcher auch die Papiere der ein- und auslaufenden Schiffe zu visiren hat, einem Militär-Arzt, der von dem Kriegsministerium ernannt wird, den Leuchtthurmswächtern nebst ihren Familien, den Bauern und Fischern; ferner ist ein Infanterie-Detachement errichtet und daselbst auch ein Geistlicher angestellt, so dass die gesammte Bevölkerung mit den Arbeitern nahezu die Zahl 80 erreicht. Auf Cabrera giebt es Ziegen, Schafe, Schweine und einige Maulthiere. Nach der Isla Conejera kommen alle Ziegenböcke, die castrirt wurden; auf der Redona befinden sich die zu verkaufenden Lämmer, etwa 20 an der Zahl, auf der Imperial 12 Lämmer, und auf dem Esteil weiden mehrere alte Ziegen und Schafe. Das einzige, stete Verkehrsmittel ist ein von der Militärverwaltung unterhaltenes Falucho, welches vier Reisen monatlich nach Palma macht, und die Post-, sowie den Privatverkehr besorgt. Ausserdem fahren aber häufig Fischerboote zur nahen Küste; namentlich mit Santagñy ist der Verkehr ein häufiger. Das Centrum der Insel wird durch den grossen Hafen eingenommen, der nach dem von Mahon als der beste der Balearen angesehen werden kann; er erstreckt sich so ziemlich von Norden nach Süden und wird im Osten durch die Punta de la Creueta, im Westen durch das weit vorspringende Cap Llebetx oder Llebeitx begrenzt, welche beide eine etwa 300 m breite Oeffnung zwischen sich lassen. Das Wasser ist bis an die Küste tief, so dass Schiffe an derselben leicht anlegen können und mithin nahezu die ganze Hafenfläche benutzt werden kann, die etwa 508 000 qm beträgt. Die Tiefe variirt von der Mündung gegen die Mitte zu von 8—20 Faden, mit 3½ und 4 in der Nähe des Ufers; überall ist trefflicher Schlammgrund vorhanden. Die Süd- und Südweststürme verhindern Segelschiffen die Einfahrt, die Nord- und Nordoststürme die Ausfahrt. Die Nordost- und Nordnordostseestürme, welche mit Gewalt gegen die Ausmündung drängen, machen bisweilen die Einfahrt beschwerlich; die Süd- und Südwest-, sowie Ost- und Südostseewinde verursachen nur Wogenanprall und Strömungen im Innern.

Wir wollen nun die Ufer des Hafens näher besprechen. Gleich nach der Punta de la Cruenta kommt die Rinconada baix des Castell, auch Cala Castellas genannt, welche von dem malerischen Schlosse überragt wird, und unterhalb derselben tritt der steile, felsige Vorsprung in die Punta des Castellas vor. Hierauf kommen die schiefen Schichtungen der Cala Noitorn und der Landungsplatz des Castell, von welchem der Aufgang zum Schlosse hinaufführt; er hat einen doppelten Mollet vor dem Häuschen von Can Coraxet und Can Beyn, welche von den Carabineros und ihren Familien bewohnt werden. Unmittelbar neben einem halb zerstörten Mollet befindet sich, wenige

Der Hafen von Cabrera von der Miranda aus.

Schritte vom Ufer entfernt, das einfache, einstöckige Haus des Arrendadors, d. h. Possessionshaus von Cabrera. Dasselbe hat ein breites Zimmer mit Küche und vorspringendem Backofen mit von weitem sichtbarem Kamin; oberhalb des Hauses ist die Tenne und der Corral und dahinter der Sestador für die Schafe, während etwas weiter ein grosser Figueral mit einem Brunnen liegt. Am Hafen entlang läuft ein kleines Sandufer, die Playola, hinter welcher sich der Comellar de sa Font hinaufzieht. Dann kommt die Ausbuchtung des Esplamador mit einem trefflichen Platz zum Landen; dann die Punta del Espalmador, die Coveta Rotja, sowie die rothen Abstürze des Llenegay, welche der Punta de la Crueta gegenüberstehen und somit die Grenze des eigentlichen inneren Hafens bilden.

Das Interessanteste von Cabrera ist sicher sein, wie ein Adlerhorst aussehendes, 72 m über der Meeresfläche gelegenes Schloss, zu dem vom Landungsplatze ein Fahrweg hinaufführt. Dasselbe scheint spätestens am Ende des 14. Jahrhunderts erbaut worden zu sein; es war stets mit einer, wenn auch gewöhnlich kleinen Besatzung belegt. Das Schloss hatte den Zweck, die algierischen Piraten zu verhindern, sich im Hafen von Cabrera festzusetzen und von dort mit grösserer Leichtigkeit ihre häufigen und zerstörenden Angriffe auf die freien Punkte der Küste Mallorca's auszuführen. Bei der allgemeinen Vertheilung der eroberten Gründe, welche Jaime I. anordnete, entfiel Cabrera mit den benachbarten Inselchen an D^n Ferrario de Sant Marti Paborde de la Santa Yglesia de Tarragona, als Lohn für die dem Könige mit seiner Person und seinen Mitteln gewährten Dienste. Durch Erbe und Verkauf gelangte die Herrschaft der Insel und des Schlosses in viele Hände; im Jahre 1334 wurde dieselbe der Universidad übertragen, welche dieselbe bis 1716 behielt und mit Wachen und Alcaiden versah. Die kleine Besatzung einerseits, und andererseits die Nachlässigkeit, mit welcher der Dienst verrichtet wurde, brachten es mit sich, dass das Schloss mehrmals von Mauren angegriffen, ja eingenommen und theilweise zerstört wurde, so dass in mehreren Fällen nöthig wurde, dass die bewaffnete Macht aus Palma ausrückte, um dasselbe wieder einzunehmen oder um die wieder aufzuführenden Bauten zu schützen. Im Jahre 1587 wurde der Bau einer kleinen Kirche angeordnet und zur Dienstverrichtung in derselben ein Feldcaplan bestimmt.

Castell de Cabrera.

Dieser war der erste Militärcaplan, den es für die Besatzung Mallorca's gab. Das letzte Mal, dass das Schloss für die Artillerie zur Verwendung kam, geschah im Jahre 1715, und zwar bei der Gelegenheit, als das Expeditions-Geschwader, welches Philipp V. zur gelungenen Unterwerfung Mallorca's geschickt hatte, in den Hafen von Cabrera einfuhr. Im Jahre 1716 wurde das Schloss mit Heerestruppen unter einem vom Könige ernannten Militär-Gouverneur besetzt, und noch heutzutage untersteht es einem Hauptmann des Cuerpo Mayor de Plazas.

Das Aussehen des wilden Schlosses mit seinen hohen goldgelben Marés-Mauern ist, von jeder Seite aus betrachtet, ausserordentlich malerisch; hauptsächlich nimmt es sich aber von dem Collet, von wo aus man auch schon Mallorca schön sieht und auf dem sich der kleine ummauerte Kirchhof befindet, herrlich aus. Das polygone, unregelmässig gebaute Schloss, welches auf Felsen ohne Böschung ruht, liegt 72 m über dem Meere. Militärische Bedeutung hat es jetzt nicht mehr, denn es hat nur sechs oder sieben kleine Geschütze in verschieden hohen Batterien aufgestellt, wovon die höchste 87,50 m über dem Meere steht. Der erhöhte Theil des Schlosses bildet eine Art Thurm, der untere, gegen Nordosten zu, ist aus unregelmässigen Quadern gebaut und wahrscheinlich älteren Ursprungs; gegen die Hafenmündung zu hat es ein spitzes Ende mit unregelmässig geformten,

Steinen. Das Schloss weist im Innern eine Segmentbogenthür und eine äussere Holztreppe auf; alsdann kommt eine schmale Wendeltreppe mit einem Strick-Geländer; oben ist ein Holzgitter mit Thürchen zum Aufklappen. Man trifft zuerst eine Batterie mit drei Kanonen, die gegen aussen zu stark zugespitzt ist; sie hat vier Scharten, wovon eine sehr breite gegen die Hafenmündung zu gerichtet ist. Die Cisterne mit zwei Brunnenöffnungen ist in gutem Zustande; ein Rundbogenthor führt uns in die niedrigen dunklen Zimmer, von welchen man auf den Leuchtthurm von Anciola blickt. Eine kleine Kapelle mit Kreuzgewölbe und Wappen von Mallorca schliesst sich an; daneben befindet sich die Wohnung des Gobernador. Dann kommen die Wohnungen des Arztes und des Geistlichen. Die zweite Terrasse besitzt ein Schilderhaus und einen Glockengiebel; hierauf folgt eine grössere, höhere Terrasse mit drei Ecken, auf welcher noch eine Flaggenstange und Kanonen mit breiten Scharten gegen die Hafenmündung zu stehen. Oberhalb der Offlziers-Wohnung ist das Cuartel oder Schlafgemach für die Mannschaft mit Marés-Wölbung, welche die Dachung für das Ganze bildet. Eine achteckige Säule bei der Kapelle stützt die modernen Vorbauten.

Alle diese Wohnungen sind aber in schlechtem Zustande, und da sich auch noch Raummangel hinzugesellte, so wurden der Commandant, der Geistliche und der Arzt in dem im Jahre 1830 erbauten Presidio-Haus untergebracht. Dieses Gebäude, Cuartel oder Casa Pabellones genannt, liegt etwa 300 m vom Schlosse entfernt; es ist ein niedriger Bau mit Ziegeldach und enthält 18 Zimmerchen mit Küche und Backofen; sodann hat es einen Aujub und einen Blumen- und Gemüsegarten. Oberhalb der Creueta steht auf der Spitze ein kleines baufälliges Hospital, das gegenwärtig als Werkzeugmagazin für das Militär verwendet wird.

Auf den Höhen und in den Thälern Cabrera's kann man manchen hübschen Spaziergang unternehmen. Gleich hinter dem Hause des Arrendador befindet sich ein ziemlich steiler Aufgang zur Bella Miranda, welche diesen Namen nicht mit Unrecht führt. Man sieht nämlich von jener Höhe aus die ganze Insel, den Hafen, die Kuppen von Picamoscas und Cap Lliebetx, den Peñal Blanc und die Serra de sa Font, hinter welcher der Kanal de s'Aygo sich hinzieht. Zu unseren Füssen liegen der Torrent des Caló des Palangré und das Cap des Moro Boti, sowie der mächtige Vorsprung des Cap Ventos, das zwischen dem Caló des Palangré und der Olla mittelst eines Paret von dem übrigen Theile der Insel getrennt ist. Obgleich die bebauten Gründe von Cabrera nur von geringer Ausdehnung sind, giebt es dennoch fünf Saatabtheilungen oder Sementers, nämlich: Cala Ganduf, La Miranda, Es Comellar del Mal Nom, Es Comellar de sas Figueras und dann S'Espalmador.

Beim Hafengrunde befindet sich die Hauptquelle. Sie entspringt unter einem Felsen und fliesst durch einen mit Marés-Platten gewölbten Gang zu den Abeuradors hinab. Neben derselben ist ein mit Terrassen versehener kleiner Hort, welcher durch einen Safareix bewässert wird. Zwischen dem Comellar de sa Font und dem Comellar de ses Figueras liegt die Serra del Mitj mit dem ca. 8 m hohen Obelisk aus Pedra de Santañy, der zur Erinnerung an die auf Cabrera während des spanischen Unabhängigkeitskrieges in der Gefangenschaft gestorbenen Franzosen errichtet wurde.

Hinter dem Comellar, wo sich das Franzosendenkmal befindet, ist eine Hügelreihe, mittelst welcher sich die Serra de sa Font mit dem Peñal Blanc vereinigt. Auf der anderen Seite des Peñal Blanc ist das tiefe Thal des Torrent Llarg und dahinter die gleichnamige Serra. Auf der anderen Seite liegt die Anhöhe des Picamosques und der Guardia. Der Comellar des Torrent Llarg bildet gegen oben zu eine kesselartige Erweiterung. Auf der höchsten Stelle des ziemlich abgeplatteten und mit üppiger Garriga bedeckten Rückens des Peñal Blanc wurde eine kleine Baracke errichtet. Von hier aus sieht man, welche Gestalt die Insel hat. Man erblickt den ganzen Kreis, welcher die zwei Comellars, von der Miranda beginnend, umschliesst, sowie auch den anderen, der vom Peñal Blanc mit der Ausbuchtung des Coll Roig bis zum Cap Lliebetx sich hinzieht. Der Weg zum Faro führt über den Coll zu dem Torrent Llarg hinab, wo man den Hauptweg zum Faro mit dem Häuschen des Epalmador findet. Auf Cabrera giebt es weder Zugthiere, noch Wagen, um das Getreide und das Holz verfrachten zu können. Von dem Puig de la

Guardia, dem höchsten Berge Cabreras, hat man Ausblick auf die ganze Insel, die Vorsprünge des Cap Llebetx, den Cavall und das Cap Ventos, sowie auf die Punta de Anciola. Der Torrent de Picamosques zieht sich zwischen dieser Anhöhe und der zweiten de Picamosques hin, welche, nur 172 m hoch, als eine Fortsetzung derselben anzusehen ist. Sie dehnt sich gegen den Coll Roig hin nach der Cala Galiota zu aus. Unterhalb der Höhe der Picamosques ist noch ein Torrent, welcher sich steil gegen den Pont de Picamosques zu hinzieht. Der Comellar de na Miranda, welcher die gleichnamige Höhle umschliesst, ist eine mit Haidekraut bewachsene Thalfurche, während in der Sohle Mastixsträucher, wilde Oelbäume und Alaternen stehen. Durch dieselbe steigt man fast bis zur Olla hinab, wo über die Einbuchtung des Borri eine natürliche Brücke führt. Das Thal Sa Rota d'en Pera ist das grösste und fruchtbarste der Insel; es zieht sich nach oben hin, verengt sich dann etwas und erweitert sich abermals am Saume eines Kiefernwäldchens. Ueber-

S'Olla.

schreitet man einen Collet, so kommt man wieder in eine ziemlich geräumige, nicht bebaute Verflachung. Nach Passirung einiger Gypsgruben gelangt man in ein zweites bebautes Thal, welches sich mit dem vorerwähnten verbindet und die Ruinen einer Hütte aufweist. Von dem nun folgenden Collet überschaut man nach beiden Seiten das Meer. Auf der höchsten Spitze oberhalb Cala en Boxa wächst Buchsbaum und Wachholder. Weiterhin bietet sich uns der dreifach erhöhte Vorsprung des Cap Ventos dar.

Bei einer Tour um die Küste wollen wir, vom Hafen nach Osten ausgehend, mit der Punta de la Creueta beginnen und mit dem Cap Llebetx abschliessen. Auf der Punta de la Creueta, welche von einem Holzkreuze überragt wird, befindet sich ein runder Felsen, der eigenthümlicher Weise Sa Pancha del Governador genannt wird; dann kommt man zu einer kleinen Einbuchtung, der Cala en Donzell, und dem Cap Xoriguer, einem einfachen, niedrigen, aber schroff abfallenden Hügelvorsprunge mit der Punta del Revellar. Zwischen Cap Xoriguer und der Punta del Moro Boti liegt eine breite Enseñada oder Port Ganduf, welches ein guter Ankerplatz ist. Rechts befinden sich die Cala Ganduf und dahinter ein Coll gegen den Hafen zu, sowie der hohe Berg von Guardia. Nach der kleinen Ausbuchtung kommt eine grössere, der Porn de Cals, mit einer Thalfurche und einem Häuschen am Ufer; auf der linken Seite ist ein flacher Coll mit Es Caló des Palangrós, wo Marés-Felsen sich befinden. Weiter hin, gegen die linke Spitze der Ensenada zu, liegt Cala Sta Maria mit einer Seehöhle. Im Grunde ist eine Thalfurche mit kleiner Playa, und auf der Seite zeigen sich mehrere Riffe. Alsdann trifft man einen geschichteten Vorsprung, dann mehrere steile Wände und den Vorsprung des Moro Botí mit der Seehöhle Sa Cova d'en Pepeu. Hierauf kommen nach einem felsigen Cap wildere Küstenabstürze, Sa Corda, welche mit dem gleichnamigen kahlen Morro abschliessen. Die der Isla Redona gegenüberliegende Küste der Insel ist mit Bäumen bestanden, sowie am Ufer mit Abstürzen bis zur Punta de la Cala en Box versehen. Hier schliessen sich an der Morro des Cap Ventos, eine Höhle und eine Felsenküste bis zur Isla Imperial, die mit dem Cap Carabassa endet. Die breite, ziemlich tiefe Ensenada de s'Olla, mit gutem Ankergrunde

Cap Ventos und die Isla Redona.

aber den Ostwinden ausgesetzt, wird von den Abstürzen eines Vorsprunges in der Mitte, Es Borré, und einer kleinen Cala, mit der gleichnamigen Punta auf dieser Seite umschlossen.

Weiterhin tritt die Cova des Frares und jene der Isla de ses Bledas, sowie eine nackte Klippe vor unsere Augen. Es folgen Sa Punta des Codolá und Codolá de la Imperial mit rostrothen und weisslichen Abstürzen, aus welchen die Cova de s'Aliga hervorblickt. Freu de s'Isla Imperial heisst der kleine Kanal zwischen dieser und Cabrera. Die Isla Imperial ist sehr hoch und hat schroffe, rostrothe Wände, aber auch die Küste Cabrera's zeigt gleichfarbige Felsen. Mit besonderer Vorliebe nistet dort eine Falkenart. Die drei Riffe, hohe, schroffe Faraltones bildend, heissen S'Estell de Fora, S'Estell del Midj und S'Estell Gros; der erste hat zwei Felsspitzen, welche Ueberresten riesiger Bauten gleichen. Bevor man dorthin gelangt, bildet die Küste zwei kurz vortretende, ganz kahle Vorgebirge. Hierauf fällt ein steiler Thalfurchen-Einschnitt, Es Canae de s'Aygo genannt, auf; derselbe ist mit einer kleinen Höhle bei der Mündung, sowie mit mehreren pilzartigen Riffen versehen. Im Canal de s'Aygo ist eine Quelle, die unter den Steinen fortläuft und namentlich zur Winterszeit sehr viel Wasser liefert. Darauf folgt der Codolá des Estells, dem gegenüber S'Estell d'en Terra liegt. Alsdann zeigt sich ein schöner Vorsprung, Es Morro del

Alcair, von dem Leuchtthurm überragt, dem Auge; davor liegt die Cova des Calmars, eine kleine Ausbuchtung, sowie ein Absturz. Es folgen zwei stattliche, freistehende Riffe, Codolá de Anciola geheissen. Gegen Westen zeigt sich die Punta de Anciola mit mehreren Höhlen. Oben entspringt eine gleichnamige Quelle; dann gelangt man an die breite Cala d'en Ciola oder de Anciola mit Felsenriffen, und im Grunde derselben liegt die Caseta des Ferró dicht am Meeresufer und am Beginn des Weges, der über den Coll zum Hafen führt. In der Mitte erhebt sich die felsige Isla de ses Ratas. Zur Rechten kommt der Desembarcador der Farola, von wo in zwölf Windungen ein Weg zum Leuchtthurm führt; unterhalb desselben steht ein Arbeiterhaus. Das Licht des Leuchtthurmes beleuchtet den ganzen Horizont.

Der Faro, in welchem drei Leuchtthurmwärter mit ihren Familien wohnen, ist ein massives, viereckiges, hohes Gebäude. Vor dem Eingange befindet sich ein Brunnen, und in der Mitte steht der viereckige, kegelförmige Thurm, zu welchem hundert Stufen hinaufführen. Von der Terrasse überschaut man fast ganz Cabrera, namentlich die nahen Calas und sogar den Hafen und den Canal gegen Mallorca zu mit dem länglichen Vorsprunge von Calafigeura.

Cap Carabassa und Isla Imperial.

Von dem zum Carregador der Farola führenden Wege zweigt ein kleiner Pfad ab zu einer unter Felsen entspringenden Quelle, welche in einen Sefareix fliesst. Nach der Cala d'en Ciola kommt die gelbliche Punta des Coll Rolg, weiter hin die gleichnamige Einbuchtung. Der Morro de ses Mosques ist ein schief geschichtetes Cap, in dessen Mitte zwei steile Thalfurchen sind. Gern lauscht man dem Gesange der einsamen Spatzen, wenn man hier vorbeifährt. Dann kommt die Höhle Sa Cova Foradada und oberhalb eines isolirt liegenden Riffes der Felsenkegel S'Homo de Bronzo. Diesem schliesst sich der Mal Entrador mit gleichnamigem Morro an. Alsdann trifft man das Cap d'en Sebastiá und nach einem niedrigen Vorsprunge die ziemlich breite Cala Galiota, die von hohen Abstürzen umgeben ist. Oberhalb derselben zeigt sich eine schöne Tropfsteinhöhle, die Cova des Frare oder de s'Ermitá, welche 60 Schritte lang und eben so breit ist und ihren Namen von dem an ihrer Mündung sich erhebenden Felsen in Gestalt eines geschorenen Mönches erhielt. Zwei grosse Pfeiler im Grunde bieten einen grossartigen Anblick dar. Von der Hafenseite aus kann man am bequemsten zu der Grotte gelangen.

Die Cova de s'Amich ist eine breite Seehöhle mit Tropfsteingebilden, in welcher trinkbares Wasser vorhanden ist. Bei einem vorspringenden Felsen bildet eine dunkle, oben offene Höhle eine natürliche Brücke. Unmittelbar darauf springt das letzte Ende des Cap Liebetx vor, und in seinen Abstürzen gegen die Hafenmündung zu bietet sich wieder eine grosse Höhle dar, Sa Cuina del Bisbe mit Namen.

Unter den Inseln, welche gleichsam Cabrera mit Mallorca verbinden, befindet sich nur eine etwas grössere, nämlich die Conejera oder Cunillera, auch Isla des Cunys genannt, die alte Tricuadra, während die anderen nur Riffe sind. Die über 1 km breite Conejera erstreckt sich in der Länge von über 2 km von Nordosten nach Südwesten. Von Cabrera ist sie durch einen Freu getrennt. Die mittelhohe Isla hat einen rundlichen, flachen Rücken und ist namentlich gegen Westen mit röthlichen, senkrechten Abstürzen versehen. Sie besitzt drei Hauptanhöhen; die höchste derselben ist der Blanquer und 112 m hoch. Auf der Conejera sind, wie ihr Name schon andeutet, viel Kaninchen, die dort gejagt werden. Auch hausen dort unzählige schwarze Eidechsen.

Südlich von der Conejera, doch ganz nahe an derselben, liegt die kahle, nur mit Gebüschen bewachsene Isla Redona. Sie weist gegen Norden und Osten steile, schroffe Abstürze auf, die nahe dem Meere kleine Höhlungen bilden. Auf der anderen Seite ist sie abgerundet und nur am Ufer mit grösseren Felsblöcken besät. Nordöstlich liegen dann die dunkle Esponja, die Isla Plana und die darauffolgende Pobre; zwischen den beiden letzteren erheben sich drei kahle Riffe: die Illotels. Die Isla del Midj hat gegen Südosten einen natürlichen Felsenbogen; die Foradada, ähnlich der Plana, oben flach, am Meere senkrecht abfallend, weist gegen Süden zwei von Cormoranen bevölkerte Inselchen auf. Auf der Foradada ist die Erbauung eines Leuchtthurmes projectirt, welcher in Verbindung mit jenem von Cap Salinas den Freu zwischen Mallorca und Cabrera bezeichnen würde.

Sehr schön bietet sich Cabrera von dem Freu aus dem Auge dar; am weitesten rechts sieht man das Cap Lieberx, die Vertiefung des Hafens, die Anhöhe mit dem Castell, den Vorsprung der Escala von Conejera mit seinen senkrechten Abstürzen, die vorstehende dunkle Klippe der Esponja, die Isla Plana, die lang gestreckte Isla Pobre, sowie weiter zur Linken die Isla Foradada. Aber das Boot, welchem die Mittagsbrise die Segel anschwellt, dampft munter auf der schäumenden Fluth gegen die Küste von Mallorca zu. Möge es uns vergönnt sein, an seinen trauten Ufern zu landen. Mit diesem Wunsche sei es mir gestattet, diese Schilderung der lieb gewonnenen Insel zu schliessen.

IV. Abteilung.

MENORCA.

ALLGEMEINER THEIL.

Lage, Oberfläche und Klima.

Menorca, das Minorica des späteren Alterthums, ist die östlichste der Balearen und gleichzeitig der östlichste spanische Boden in Europa. Es ist aber auch die nördlichste dieser Inseln, indem es gewissermafsen die Richtung der beiden anderen nach Nordosten verfolgt, so dass, während die Südküste von Formentera die südlichste Stelle bildet, das Cap de Cavalleria auf Menorca der nördlichste Punkt der Balearen ist. Die Insel nimmt so ziemlich das Centrum des durch die

Die Gruppe des Toro.

spanische, algerische, französische, corsicanische und sardinische Küste begrenzten westlichen Beckens des Mittelmeeres ein, indem sie zwischen den Parallelkreisen von 39° 47' und 40° 41' nördlicher Breite und 3° 52' 14" und 4° 25' 37' östlicher Länge von Greenwich liegt. Das nächstliegende Land ist Mallorca, von dem Menorca durch einen Kanal getrennt wird, der im Norden zwischen dem Cap Bajoli auf Menorca und dem Cap Formentó auf Mallorca 48 km und im Süden zwischen dem Cap d'Artrnix auf Menorca und dem Cap de Pera auf Mallorca nur 38 km breit ist. Der nächste Punkt des europäischen Festlandes ist die Mündung des Llobregat bei Barcelona, die 21 Myriameter entfernt ist. Die Oberfläche von Menorca beträgt mit der Isla d'en Colom 664.857 qkm. Die Insel ist somit die kleinste der Balearen, wenn wir Ibiza und Formentera mit den angrenzenden Inselchen als ein

Ganzes betrachten, das 680,004 □km zählt und somit sie um 15,147 □km an Grösse übertrifft. Nehmen wir dagegen Ibiza mit Tagomago, das nur 564,714 □km zählt, so ist Menorca um 100,143 □km grösser; die grösste Länge vom Cap Bajoli bis zu jenem der Mola beläuft sich auf 46,403 km und die mittlere Breite auf 13985 km. Der Umfang ist 368 km, den Umkreis der grossen Häfen von Mahon und Fornells mitgerechnet. Die Gestalt der Insel ist fast nierenförmig, indem der ausgebuchtete Theil nach Süden liegt; sie ist aber von allen Balearen, wenn wir von den tiefen Einschnitten der beiden Haupthäfen absehen, die am meisten compacte.

Das Klima der Insel ist in Folge ihrer Lage das am wenigsten milde der Balearen; sie ist den Einflüssen des Golfes von Lyon ausgesetzt. Nichtsdestoweniger hat Menorca in Folge

Cova de Alcaurá.

des Fehlens von hohem Gebirge den Vortheil, dass es nicht, wie Mallorca, einen Theil des Jahres auf seinen Bergspitzen Schnee behält und somit die dadurch nothwendiger Weise erfolgende Abkühlung der umgebenden Luft hier wegfällt. Die mittlere barometrische Höhe ist in Mahon nach 23 vorgenommenen Beobachtungen 761,1 mm. Die höchste Höhe beträgt 774,7 und die niedrigste 739,9 mm. Die monatlichen Mittel differiren nicht sehr von einander. Mit den Südost- bis Nordwestwinden, alle dazwischenstehenden südlichen und westlichen mitgerechnet, sinkt das Barometer; das Umgekehrte findet bei den entgegengesetzten Winden statt. Starkes Sinken geht heftigen Winden und manchmal Hagelfall voran. Das innerhalb 24 Stunden beobachtete stärkste Sinken beträgt 10,8 mm. Die Steigerung ist manchmal bedeutender.

Die Jahreszeiten vertheilen sich auf Menorca folgendermassen: Der Herbst fängt zwischen dem 20. und 30. September an und zeichnet sich durch rasche Verminderungen der Temperatur.

Nordwinde und starke Regengüsse aus. Während dieser Jahreszeit ist das Wetter stets veränderlich und wird erst gegen den 20. December beständig, wo der Winter und mit demselben das schöne Wetter anfängt. Das Frühjahr beginnt im März und kündigt sich durch Regengüsse und starke Winde an, welche im Monat April aufhören; mit diesem fängt der Sommer an, der sich mit seiner Dürre ohne Unterbrechung bis zum Monat September fortsetzt. Das Innere der Insel und namentlich die mittleren Theile von Mercadal und Ferrerias sind im Winter kälter und im Sommer heisser, als die Striche längs der Küsten. Die mittlere Jahrestemperatur beträgt nach einer 23jährigen Beobachtung 16,9°. Die höchste verzeichnete Temperatur ist 35°, die niedrigste — 1°. Die Schwankungen der Temperatur während des Tages sind im Allgemeinen sehr gering, namentlich während des

Die Halbinsel der Cavalleria.

Sommers; sie werden aber sehr fühlbar bei Uebergehen der Winde vom zweiten und dritten Quadranten auf den Nord, der fast immer mit Heftigkeit weht und manchmal ein Sinken des Thermometers um 10° verursacht. Die grösste Hitze herrscht in den Monaten Juli und August, die grösste Kälte vom 15. December bis zum Anfang des März. Die Luft ist auf Menorca im Allgemeinen feucht. Das Mittel beträgt nach 23jährigen psychrometrischen Beobachtungen 76; im Herbst und Winter ist selbstverständlich die Feuchtigkeit am grössten, und manches monatliche Mittel erreicht 85, ja 86. Die Winde haben einen grossen Einfluss auf den hygrometrischen Zustand. Die feuchtesten Winde sind jene des zweiten und dritten Quadranten, der trockenste ist der Nordwind, und nicht selten ruft der Wind, von Süden nach Norden überspringend, eine sehr bedeutende plötzliche Abnahme der Feuchtigkeit hervor.

Wenn auch die Feuchtigkeit im Winter beträchtlich ist, so ist andererseits die Dürre im

Sommer auch eine bedeutende, da es gewöhnlich von Mai bis September, ausgenommen einzelne Regenschauer in den wärmsten Monaten, nicht regnet und die Vegetation gänzlich auf die Thauniederschläge angewiesen ist. Man hat beobachtet, dass die dürren Jahre fast immer in Serien kommen, woraus sich periodische Missjahre ergeben.

Die Dürre der Jahre 1679 bis 1681 scheint die schrecklichste gewesen zu sein. Die Hausthiere starben fast sämmtlich in Folge des Futtermangels, und die Hungersnoth verheerte die ganze Insel.

Die Thauniederschläge (Rocios, menorquinisch Bañadura) sind auf der Insel, wie im Allgemeinen auf den Balearen, während der ruhigen Frühjahrs-, Herbst- und namentlich Winternächte sehr bedeutend. Man sieht viele Pflanzen, welche bei anhaltendem Regenmangel einfach durch die Bethauung wieder aufkeimen und auch fortgedeihen.

Reif (Escarcha) ist äusserst selten, Frost (Helada) ist gleichfalls ein seltenes Vorkommniss, und es gehen Jahre vorüber, ehe einmal Schneefall eintritt; auch pflegt sich der Schnee in Folge der geringen Höhe der Insel nur wenige Stunden zu halten. Während eines Jahrhunderts finden

Cap d'Autruix von der Punta de la Guardia aus.

sich nur sechs Jahre, wo Schnee in einer bemerkenswerthen Menge fiel. Der stärkste Schneefall während des Zeitraumes von 27 Jahren war der am 10. März 1883, wo der gefallene Schnee einer Wassermenge von 44,9 mm Höhe entsprach. Der Hagel (Pedra) und das Graupeln (Calabrux) sind Erscheinungen, welche ihrer Aehnlichkeit wegen von den Beobachtern häufig verwechselt werden. Der eigentliche Hagel ist viel seltener, als das Graupeln, welches häufig im Winter und zu Anfang des Frühjahres fällt, ohne von Gewittern begleitet zu sein. Gewöhnlich sind die Hagelkörner nicht gross genug, um bedeutenden Schaden anzurichten; selten halten sie über 1 cm im Durchmesser. Man erwähnt als einen der ausserordentlichen Hagelfälle jenen vom 22. September 1803, wo die Körner so gross wie ein Taubenei waren, und jenen vom 15. Mai 1836, von welchem man behauptet, bis 6 menorquinische Unzen (200 g) schwere Körner gesehen zu haben.

Menorca gehört, wie fast alle Inseln des Mittelmeeres, zu jener Zone, wo im Winter Regen und im Sommer Dürre herrscht, aber die Wassermenge, die auf Menorca fällt, ist bedeutender, als die Höhe der Niederschläge auf den anderen Balearen. In Mahon fielen in der beobachteten Periode von 23 Jahren jährlich durchschnittlich 644 mm Wasser. Das Centrum der Insel, wo die Haupterhöhungen liegen, scheint mehr bewässert zu sein, als das Meeresufer. Die Regengüsse sind bei Nordwind häufiger, etwas weniger zahlreich bei Nordost- und Südwestwind. Alle Winde aber bringen, wenn auch in geringerer Menge, als die vorerwähnten, Regen. Manchmal beobachtet man, dass die Regenwolken von Süden nach Norden ziehen, während auf dem Lande der Wind von Norden kommt; man nennt das corre en boca en es vent (dem Winde in den Mund laufen); zuweilen habe ich diese Erscheinung auch bei leichten Westwinden und von Südwesten heranziehenden Wolken beobachtet; in solchen Fällen pflegen die stärksten Regengüsse stattzufinden. Die Zahl der Regentage im Jahre beträgt im Mittel 77. Der Nebel ist weder häufig, noch von langer Dauer. Am häufigsten tritt er im Mai und November während der Nacht, auf und die Sonne zerstreut ihn vor 10 Uhr des Morgens.

Der Himmel ist zur Winterszeit auf Menorca selten blau. Wenn es auch nicht regnet und in der Ferne klar ist, liegt doch auf der Insel ein Hut von grauen Wolken, die pancha de borrico, wie ein geistreicher General mir sagte, der den Himmel von Menorca mehr demjenigen einer nordischen als dem einer Mittelmeer-Insel für ähnlich hält. Im östlichen Theile der Insel ist er trüber, als im westlichen, daher hat Ciudadela mehr Sonne, als Mahon.

Die Nordwestwinde, welche an den südfranzösischen Küsten wüthen, kommen auf Menorca fast immer als Nord- oder Nordostwinde an, aber ohne von ihrer Gewalt zu verlieren, ja dieselbe

Einbuchtung von Addaya.

erscheint im Gegentheil noch verstärkt, so dass sie eine wahre Plage für die Vegetation sind, namentlich wenn sie während des Frühjahres sich einfinden. Die Nordwestwinde, wiewohl seltener, sind manchmal noch stärker, als die Nordwinde; namentlich machen sie sich auf der Seite von Ciudadela bemerkbar. Die anderen Winde verursachen selten Schaden an Land- und Garten-Culturen oder Gebäuden. Die niedrigste Temperatur tritt bei Nordwestwinden, die höchste dagegen bei Süd- und Südostwinden ein. Von Mahon aus lassen sich indessen die Windrichtungen nie gut beurtheilen; so weht häufig Südwest hinter Cabrera, und er erscheint uns hier als Nordwest. Der Nordwind ist zu allen Jahreszeiten vorherrschend; er ist jedoch gewöhnlich schwach während des Sommers und sehr heftig in den anderen Jahreszeiten. Nordost-, Ost- und Südostwinde wehen häufig während des Sommers und Frühjahres und sind in den anderen Jahreszeiten seltener. Der Südwind ist in keiner Jahreszeit häufig; der Südwest ist während des Herbstes und Winters sehr häufig, während er im Sommer nicht ganz so oft auftritt. Die West- und Nordwestwinde sind immer selten, sie wehen mit einiger Häufigkeit nur im Herbst und Winter. Stürme kommen zu allen Jahreszeiten, am meisten aber im Herbste und Frühjahre vor; sie dauern in der Regel zwei bis drei Tage und verursachen ziemlich oft grossen Schaden an Weinbergen und Baulichkeiten. Wasserhosen werden häufig beobachtet.

Blitz und Donner sind im Allgemeinen seltener, am meisten kommen sie noch im Juni,

September und October vor. Das Polarlicht ist äusserst selten; man hat es im Zeitraume von 23 Jahren nur viermal beobachtet; am 4. Februar 1872 war eine Aurora australis zu sehen.

Die Erdbeben, welche, nach der Bodengestaltung der Insel zu schliessen, in vorhistorischen Zeiten sehr heftig gewesen sein müssen, sind nunmehr eine Seltenheit geworden und von geringer Stärke. Im Jahre 1652 wurde am 19. October die Kirche von S^a Lorenzo de Binixems durch ein Erdbeben zerstört. Am 17. April 1831 verspürte man gegen 11 Uhr Nachts in Ciudadela ein leichtes Erdbeben, das sehr kurze Zeit dauerte und keinen Schaden verursachte. Am 20. August 1856 um 9½ Uhr Nachts gewahrte man in Mahon eine Erderschütterung, dem eine meteorartige Erscheinung vorausging; während desselben war eine ausserordentliche Fluth zu beobachten,

Ausmündung des Sta Galdana-Flusses.

welche die ganze Linie der Quais überschwemmte und die Ketten einiger der im Hafen vor Anker liegenden Schiffe zerriss. Gegen 11 Uhr des folgenden Morgens wiederholte sich das Erdbeben mit grösserer Gewalt; die Bewegung ging von Osten nach Westen. Am 31. März 1858 nahm man gegen 10 Uhr Abends in S^a Cristobal ein leichtes Erdbeben wahr, und am 1. April, als man den Gottesdienst begann und die ganze Kirche von S^a Cristobal mit Leuten überfüllt war, verspürte man eine heftige, wiewohl kurze Erschütterung, welche sehr sichtbar die Glaskronleuchter und Ampeln, die von der Kirchendecke und von den Bogen der Kapellen herabhingen, schwanken machte, was zwar grossen Schrecken, aber glücklicher Weise keinen Schaden verursachte.

Menorca ist ringsum vom freien, offenen Meere umgeben, mit Ausnahme der Westseite, wo es, wie wir schon anfangs erwähnten, der Canal von Menorca begrenzt. Der mittlere Theil des Canals ist sehr wenig tief, da beide Inseln durch eine Bank von Sand und Muscheln verbunden worden, auf welcher die grösste Meerestiefe 75 m nicht überschreitet; je 7 km vom Cap d'Artruix findet man nur 50 m Tiefe. Auf der Nordseite des Canals nimmt die Tiefe zu und erreicht 150 m bei dem Korallen-Steingrunde, den man zwischen dem Cap Menorca und Cap Formentó findet. Gegen Süden, wo sich der Canal beträchtlich erweitert, so dass er vom Cap Salinas bis zur Südküste Menorca's 196 km misst, nimmt die Tiefe sehr zu, so dass man an seinem südlichen Ende, 8 km von der Küste Menorca's entfernt, bereits 450 m Tiefe findet. Die geringe Tiefe des engeren Theiles des Canals erklärt den hohen Seegang, der dort zu herrschen pflegt, wenn die Winde vom Golfe von Lyon her wehen, so dass manchmal selbst die Dampfer ihn nicht zu passiren vermögen. In dem Meerestheile, der Menorca vom Festlande trennt, findet man sehr grosse Tiefen, die bis

Die Bufera.

2240 m im mittleren Theile betragen, während die Meterzahl an den 27 km von der Spitze des Llobregat entfernten Stellen auf 1760 und 1380 und auf 960 in gleicher Entfernung vom Cap Menorca herabgeht. Das Meereswasser ergiebt im Mittel 30,4 g Seesalz auf jeden Liter Wasser. Dieses Salz ist ziemlich rein, es enthält 97 % Sodiumchlorür und 3 % andere Salze, nämlich Magnesiumchlorür, Magnesiumsulfat und Kalksulfat.

Die eigentliche Fluth ist immer sehr unbedeutend. Die Fluthbewegung, welche in das Mittelmeer durch die Meerenge von Gibraltar eindringt, breitet sich derart aus, dass sie in dem Maße, wie sie weiter vordringt, an Höhe abnimmt; daher verursachen in Menorca zufällige Verhältnisse viel grössere Schwankungen der Oberfläche, als die Fluth. Der Wind ist namentlich ein wesentlicher Factor. Im Hafen von Mahon verringern die Nordwestwinde manchmal das Meeresniveau um 50—60 cm, und andererseits steigt das Niveau mit den Südostwinden, indem das in dem langen und schmalen Meeresarme befindliche Wasser durch die ersteren weggetrieben und durch die letzteren gestaut wird. Im Hafen von Ciudadela sind die Schwankungen der Meeresoberfläche noch bedeutender, was wohl in der geringen Breite und Tiefe des Canals seinen Grund hat. Manchmal steigt sie um 1,30 m über die mittlere Höhe und bisweilen noch darüber. Im Allgemeinen finden die grossen Fluthen während der Aequinoctien und Syzygien bei sehr leichten Südostwinden unter sehr tiefem Barometerstande und drückender Hitze statt. Dabei ist die Luft sehr unrein, und man hat beobachtet, dass sich dann eine leichte Wolke bildet, die im Zenith unbeweglich stehen bleibt. Ihr schreiben die Seeleute die Unbehaglichkeit, welche man empfindet, zu, während dieselbe in Wirklichkeit wohl nur in dem Mangel an Luftbewegung beruht. Die Strömungen sind an den Küsten Menorca's sehr veränderlich, je nach den herrschenden Winden und anderen Verhältnissen. In der Mehrzahl der Tage besteht jedoch eine Strömung von Norden

Ansicht gegen Westen vom Escuy de ses Bledes aus.

nach Süden mit einer Schnelligkeit von 2—3 km in der Stunde und eine in entgegengesetzter Richtung bei frischen Süd- bis Südwestwinden. Man hat beobachtet, dass die heftigen Winde des Golfes von Lyon in bemerkbarer Weise die Schnelligkeit der ersteren Strömung vermehren. In der Bucht von Ciudadela besteht gewöhnlich eine Küstenströmung, welche eine der allgemeinen Strömung entgegengesetzte Richtung hat.

Menorca ist im Allgemeinen flach und bei oberflächlicher Betrachtung eher einförmig zu nennen, indem die bedeutendste Erhebung der Insel, jene des Toro, nur eine Höhe von 357,06 m erreicht. Er nimmt mit den anderen Haupterhebungen, unter welchen die 274,38 m hohe Inclusa die bedeutendste ist, so ziemlich die Mitte der Insel ein, und der flache Boden steigt auf beiden Seiten derart an, dass von beiden Enden, von der Ferne aus betrachtet, die Berge des Centrums nur als kleine Hügel über die Ebene emporragen, während sie doch von ihren Kesselthälern aus sich ganz stattlich ausnehmen. Der Hauptfahrweg von Mahon nach Ciudadela schneidet die Insel so ziemlich in zwei Hälften, und entspricht, wie wir später sehen werden, dem mit geringen Ausnahmen die Scheidung der geologischen Structur derselben, so dass wir sehr gut diese künstliche Linie als Trennungslinie der nördlichen und südlichen Hälfte ansehen können. Die nördliche bildet eine ganze Reihe von ameisenhaufenartigen, durch kurze, enge Thäler getrennten kleinen Hügeln, welche, von der nördlichen Seite des Hafens von Mahon anfangend, sich bei einer mittleren Höhe von 50—100 m bis nahe an Ciudadela hinziehen, die Richtung von Südosten nach Nordosten einnehmen und die Wasserscheide zwischen dem Norden und dem Süden bilden. Der südliche Theil der Insel besteht aus einem gegen Süden geneigten Plateau, dessen höchste Stellen 170 m hoch sind und welches auf beiden Seiten ansteigt. Im Osten erreicht es in den felsigen Höhen der

Cala Macarella.

Cutainas, im Westen in jenen der Murvedras, welche einander nach beiden Richtungen gewissermassen als Gegenstück dienen, seine grösste Höhe und nimmt in so ziemlich gleichmässiger Höhe das südliche Centrum der Insel ein, durch tiefe Furchen zerrissen, welche den Abfluss der Gewässer nach Süden gestatten. Etwas Oederes und Einförmigeres als dieses steinige Plateau-Land lässt sich kaum denken, und es scheint fast, als ob sich die Natur vorbereiten wollte, um die Contraste gegen die Ueppigkeit der Torrenten-Furchen noch greller zu machen. Weit schöner ist der bewegtere Norden; denn, wiewohl auch hier sich viele Stellen ähneln, fehlt es doch nicht an herrlichen Punkten. Unter den schönsten stellen wir obenan die Aussicht von der Calafata von Bini Mellá, eine der schönsten der Balearen, dann jene vom Puig des Caragol de Lonzell, welche wohl die zweitschönste ist, die von Sta Eulalieta und die ganz herrliche von Puig Vermey bei der Font Santa. Alle diese Punkte aber sind wenig besucht und bekannt, so dass viele Leute, welche blos Mahon und Ciudadela ansehen, häufig mit einer ungünstigen Meinung von den landschaftlichen Reizen der Insel scheiden. Es giebt mehrere kleine, ziemlich flache, beckenartige Thalsohlen im Centrum der Insel, die grösste Ebene ist aber diejenige im Norden von Mercadal, welche etwa 5000 ha misst.

Junger Mahoneser.

Die Küsten von Menorca sind im Allgemeinen scharf abgebrochen, mit jähen, häufig ausgehöhlten Wänden, mit tiefen Seehöhlen, in welchen manchmal die Meeresbrandung sich bricht. Strandufer sind dagegen selten und sehr beschränkt. Der bemerkenswertheste Strand ist jener von Son Bou im Süden der Insel, der eine Länge von etwa vier Seemeilen hat. Die Nordküste ist sehr unregelmäfsig gestaltet; man unterscheidet hier das Cap de Cavalleria, das Cap Pentinat und das Cap Favaritx; das Cap Menorca springt im Westen und das Cap de la Mola im Osten vor. Auf der Südseite ist die Küste viel regelmäfsiger, und es findet sich an ihr nur ein bemerkenswerthes Cap, nämlich d'Artruix. Der Hafen von Mahon ist der beste der Insel und einer der besten des

Junger Mahoneser.

Mittelmeeres überhaupt; er misst 7½ km in der Länge und hat eine grösste Breite von 1700 m. Im Centrum der Nordküste liegt der schöne Hafen von Fornells, fast so lang und viel breiter als jener von Mahon, aber leider nicht so tief. Der schmale Hafen von Ciudadela ist für Küstenfahrer ein sicherer Ankerplatz. Ausser diesen Häfen sei noch jener von Addaya erwähnt, welcher durch Ausbaggerung ein trefflicher Hafen werden könnte, sowie die vom Cap de Cavalleria geschützte Rhede von Sa Nidja. Von sonstigen Ankerplätzen ist namentlich derjenige von Sta Galdana, im

Süden der Insel, und zwar in der Mitte ihrer Ausbuchtung gelegen, als Schutzhafen bei Nordostwind bemerkenswerth.

Menorca hat keine eigentlichen Flüsse, sondern nur Bäche, steil in ihrem Anfang und mit

Junge Frau aus Mahon.

sanftem Verlauf gegen ihre Mündung hin, welche im Sommer nahezu austrocknen, während der Regenzeit dagegen manchmal Ueberschwemmungen verursachen, die an den angebauten Ufern grossen Schaden anrichten, Bäume entwurzeln und ganze Mauern und Landstücke mit sich fortreissen. Die Bäche verlaufen im Süden in tiefe Furchen, welche, wie schon erwähnt, das flache Tafelland durchschneiden und den Centralthälern als Abfluss dienen. Diese Furchen, welche von den Insulanern Barrancs genannt werden, sind häufig von ganz senkrechten Felsenwänden begrenzt, haben aber bei aller ihrer Schönheit einen gewissen einförmigen Charakter. Es sind dieselben sich

Mädchen aus Ciudadela.

immer wiederholenden Bilder: üppige Vegetation in der Thalsohle und weissliche, tief ausgehöhlte Felsenwände, so dass es Einem manchmal schwer fällt, zu sagen, ob man sich in dem einen oder dem anderen Barranc befindet. Am tiefsten und schönsten ist der Barranc d'Algendar, an Schönheit ihm nahekommend der Barranc d'en Fideus und derjenige von Cala en Porter. Sie fehlen im

Norden, wo sie durch erdige Torrenten, welche die flachen Thalsohlen durchfurchen, ersetzt werden. Unter den ersteren ist auch als Bach der wichtigste der Barranc d'Algendar; er entspringt am Fusse von S¹ᵃ Agueda und fliesst von Norden nach Süden bis zur Cala von S¹ᵃ Galdana in einer Gesammtlänge von 15 km. Zugleich bildet er den Abfluss des breiten Centralthales am Fusse der Inclusa und läuft in eine Länge von etwa 10 km in einer bis 100 m tiefen Furche dieser senkrechten Wände dahin. In zweiter Reihe kommt der Bach von Trebuluge, der dem Barranc d'Algendar parallel verläuft und als Abfluss des Thales von Ferrerias dient; er ist aber nur 13 km lang und bei Weitem nicht so grossartig als der Barranc d'Algendar, erhält jedoch zur Linken den schönen d'en Fideus als Zufluss. Weiter sind zu nennen der Bach von Son Bou, welcher den Abfluss des Thales von Mercadal und der ganzen Fläche am Fusse des Toro und des Puig de S'Hermità bildet und sich durch das breite Thal des Cañesias mit zumeist sanften Lehnen hinzieht, in welchem er

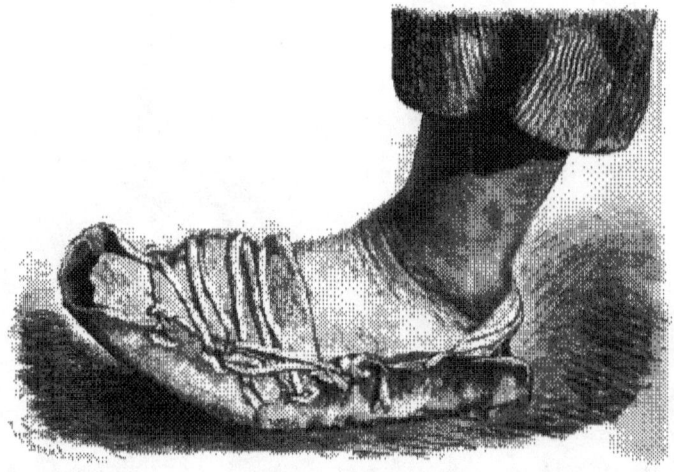

Aubarca aus Mercadal.

von Mercadal bis zum südlichen Ufer in einer Länge von 12 km verläuft, und der Barranc de Cala en Porter, der den Abfluss des ganzen Südens von Alayor bildet. An der Nordküste mündet der Bach von Tirant, der bei Mercadal entspringt und gegen Norden 10 km lang bis zur Bucht von Sans verläuft. Die grösste Fläche der Insel durchfliessend, ist er wohl der grösste, dann kommen diejenigen der Font Santa von Saleyró und des Favaritx, der sich in die Bufera ergiesst, sämmtlich nur unbedeutende, häufig wasserlose Torrenten, und der Gorg, der nach 6 km Verlauf das etwa 1 km breite Thal durchzieht und, den Abfluss der Fläche von S¹ᵃ Juan in sich aufnehmend, in den Hafen von Mahon bei der Gulassa mündet.

Die Sümpfe, welche ehemals einen grossen Theil der Oberfläche Menorca's einnahmen, sind nach und nach der Cultur gewichen. Diejenigen, welche das Thal des Gorg bedeckten und so sehr zu der Verderblichkeit des Klimas für die ersten englischen Besatzungen beitrugen, wurden auf Befehl des Gouverneurs Kane in schöne Gärten umgewandelt. Durch die Fürsorge verschiedener Besitzer, welche den hohen Werth des Bodens erkannten, wurden die Sümpfe, die im Norden von Mahon bei der Bufera bestanden, trocken gelegt, ebenso die wichtigsten der Distrikte von Mercadal und Ferrerias. Gegenwärtig bleibt in dieser Richtung nur noch wenig zu thun übrig, und die einzigen Sümpfe von grösserer Ausdehnung sind der von Binidonaire im Norden von Mercadal, sowie jener der Bufereta bei Sⁿ Juan de Carbonell, dessen Umfang jedoch jährlich abnimmt. Die Bufera ist ein kleiner See im Norden von Mahon, sehr nahe an der Küste gelegen und mittelst eines kleinen, bei Sturm häufig versandenden Kanals von nur ½ m Tiefe im Zusammenhange mit dem Meere. Es fliessen in den See mehrere Bäche, und er bildet ein Wasserbecken von etwa

Das Haus des Conde und Martorell.

4 km Länge und an einigen Stellen 1 km Breite. Seine Oberfläche beträgt etwa 250 ha, seine Tiefe 3 m.

Menorca ist füglich wasserarm zu nennen, denn, wiewohl sich die Zahl seiner Quellen auf 170 beläuft, sind die meisten derselben doch von geringer Bedeutung. Das ganze südliche Tafelland ist sehr durchlässig, und das darauffallende Regenwasser sickert hier durch seine Schichten hindurch und erscheint als Quelle nur in den tiefen Furchen des Barrancs. Im ganzen Norden sind auch die Quellen nicht allzu häufig, da fast alle Regenwässer an der Oberfläche weiter fliessen; nichtsdestoweniger entspringen einige grössere Quellen an der Nordseite der Central-Hügelgruppen. Die Distrikte von Mercadal und Mahon sind diejenigen, welche mehr Quellen besitzen; am wenigsten hat deren Ciudadela aufzuweisen. Alle Quellen Menorca's befinden sich ausserhalb des Weichbildes der Ortschaften, wiewohl einige ihnen recht nahe liegen. Von denjenigen, welche zu Mahon gehören, sind die ergiebigsten, beständigsten und besten die Font des Clot (oder Cañar) de la Mola, welche die Festung von Isabel 2. mit Wasser versieht, die Font de Sª Juan, welche 20,8 l in der Secunde bei niedrigem Wasserstande liefert, die gleichnamige Huerta bewässert und von den Leuten in Mahon viel getrunken wird, die Font d'en Simon, welche viele andere Gemüsegärten berieselt, die Font de ne Baseta und die Font d'en Maria. Sehr ergiebig, aber lediglich zum Viehtränken und zur Bewässerung brauchbar sind die drei folgenden Quellen: der Ual de Sᵗª Catalina, 12 km von Mahon entfernt, der 72,6 l in der Secunde abgiebt und durch seine Sedi-

Forma.

mente incrustirt, der Ual de Tudurnell und die Font de Binixarroya. In Villa Carlos ist die Quelle des Fonduco, wiewohl sie sehr spärlich fliesst, die beste. Die ergiebigsten und zugleich recht gute Quellen sind diejenigen von Calas Fonts und Cala Corp, welche die bei der Hafenmündung liegenden Geschwader mit Wasser versehen, während die vorerwähnte von Sª Juan bei Mahon den Geschwadern, welche zwischen Calafiguera und dem Hafengrunde ankern, Wasser liefert. An der Grenze der Municipaldistrikte von Mahon und Villa Carlos sind gleichfalls zwei ergiebige und sehr gute Quellen, welche die dortige Weberei (Industria Mahonesa) mit Wasser versorgen. Die Quellen von Sª Luis und Sª Clemente sind insgesammt in jeder Hinsicht unbedeutend. Im Distrikte von Alayor giebt es zwar wenige, dafür aber gute Quellen. Die ergiebigsten und besten sind im Süden die Font de Torresoll und im Norden Se Cabota, welche alle Obstgärten des Es Puntarró bewässert; in zweiter Reihe kommen die Font d'es Salt und Se Fontets. Die ergiebigsten Quellen von Mercadal sind die Font des Peu del Toro, Ne Corta und die Font de se Figuera, welche die Horta von Carbonell berieseln, Ne Porca, zu Binisbini gehörig, auch Na Seca genannt, weil sie vor etwa 20 Jahren einmal ganz austrocknete, und die Font des Frares; sie sind sämmtlich gut, die besten sind aber die Font Santa und Ne Muxerl. In der Gegend von S^a Cristobal sind die wichtigsten die Font de se Vall, welche zwei Mahlmühlen treibt, die Font d'es Recó des Berril, welche in der Nähe des Meeres ergiebig entspringt, von demselben aber häufig verdeckt wird, und die Font de Foradada. Die Quelle von Fornells liegt am Eingange der kleinen Ortschaft, wo die Viehtränke sich befindet. Von den im Allgemeinen guten Quellen von Ferrerias sind die reichsten die Font Gross, die Font de St Antoni, die Font de s'Arch und de ne Cabrera,

S'Argolam.

die besten die Font de Son Febrer und die Font de se Mata. Sehr wenige Quellen hat der Distrikt von Ciudadela, indessen zwei sehr bemerkenswerthe, die Font des Pld (oder des Paseix de S^a Juan), sehr ergiebig und vorzüglich, welche der Hälfte der Stadtbevölkerung Trinkwasser liefert, und die Font de St Antoni Martí, deren Wasser als das beste von Ciudadela gilt.

Es giebt auf Menorca keine Mineralquellen im eigentlichen Sinne des Wortes; man kennt nur drei eisenhaltige Quellen: die Font d'en Rovey in Cala Noupiña im Hafen von Mahon, deren Wasser manchmal auf medicinische Anordnung getrunken wird, sowie die Font von Ne Rovey in Biniduenis, im Distrikte von Mercadal gelegen, und endlich die Font de se Montañeta in dem von Ciudadela. Von den Quellen von Ferrerias befördert diejenige von S^a Pera die Verdauung, die Quelle von Sta Barbara löst den Kalkstein, den sie berührt, und Ne Potera, welche Furunkel verursacht, bewirkt Erbrechen. Auffallend diuretisch ist Ne Sedulina im Distrikte von Mercadal, unweit von den Covas novas gelegen, von der man so viel trinken kann, wie man will.

Geognostischer Aufbau, Flora und Fauna.

Geognostischer Aufbau.

Schon vor langer Zeit hatte man auf der Isla d'en Colom Kupfer, an einigen Stellen bei Alayor Blei, Schiefer an der Nordküste und Gyps im Centrum entdeckt, sowie auf die grosse Zahl von Fossilien aufmerksam gemacht, die man im südlichen Theile von Menorca überall, wo man hinkommt, findet. Dem Werke von Hermite haben wir über die geologische Formation Menorca's folgende Notizen entnommen.

Beim ersten Anblick wird auch dem Laien gleich der grosse Unterschied zwischen Norden und Süden auffallen. Horizontale oder wenig geneigte Schichten finden sich im Süden, stark geneigte Schichten im Norden, die aus Schiefer, Sandstein und Kalkstein gebildet werden. Hier haben die Felsen häufig ein aufstrebendes Aussehen, was namentlich bei dem Hügel bei Sta Agueda ganz auffällig ist, und die Nordküste hat grosse Einschnitte, welche sich daraus erklären, dass grosse Senkungen stattfanden. Von der Mola bis nach Algairens zieht sich eine Linie, welche beide Formationen trennt; dieselbe geht fast gerade aus bis nach Alayor, wendet sich hier südwärts, geht 1 km nördlich von S^{a} Cristobal (an der Pont Redones de d'alt) und 1 km südlich von Ferrerias vorbei und läuft dann gegen Nordwesten, wo sie an dem Cap Falconera aufhört. Aeusserlich wird diese Trennung zwischen beiden Formationen durch eine Senkung bezeichnet, die meistens von steilen Wänden eingefasst ist.

Der nördliche Theil ist bei Weitem nicht so einförmig als der südliche; er kann in drei Hauptgruppen geschieden werden: 1. Devon, 2. Buntsandstein, 3. Secundärboden. Das Devon besteht aus Thonschiefer und Sandstein, die ihm zugehörigen Bildungen sind weithin kenntlich an der dunklen mattgrauen Farbe; das Rothe dominirt im Buntsandstein. Die Hügel, welche der letztere bildet, sind gewöhnlich bedeutender. Der secundäre Kalk findet sich fast ausschliesslich im Centrum des Nordens der Insel von Alayor bis Addaya und Cap Pentinat. Da der Kalk mit Clypeaster des Miocän gegen diese Schichten stösst, so wird das Centrum von Menorca von Süden nach Norden von Kalksteinschichten gebildet; sie sind für die Cultur unergiebig. Dünen kommen nur an der Nordküste in Algairens, Tirant und Castell vor. Sehr gross ist die Entwickelung des Devon; es nimmt eine Oberfläche von etwa 130 qkm ein, d. h. über zwei Drittel des Nordens der Insel oder ein Sechstel der Gesammtoberfläche derselben. Man kann es nach drei Regionen gruppiren. Im Osten nach Westen von der Trias begrenzt, zieht sich eine Devonschicht von Mahon bis zum Cap Favaritx. Im Centrum bildet es ein Dreieck, dessen beide Schenkel im Süden von Mercadal, liegen und dessen Basis von Son Hermitá nach Fornells sich ausdehnt, im Westen eine wenig wichtige Insel, die ringsum von Trias umgeben ist und zwischen dem Puig de Sta Agueda und der Playa de Algairens liegt.

Die mineralogische Zusammensetzung dieses Systems ist ziemlich veränderlich, aber es hat in seinem Gesammtaussehen eine auffallende Gleichförmigkeit. Die Kalksteine sind gewöhnlich ziemlich selten, sie zeigen sich häufig von zahlreichen weissen Aederchen von Kalkspat durchzogen; Schiefer- und Sandsteinberge sind dagegen sehr zahlreich vorhanden und mächtig genug, um an gewissen Stellen, wie beispielsweise an der Mola, Schiefer in grossen Massen zu liefern. Vermuthlich hat das Devon eine Dichtigkeit von 1000 m. Die Devon-Sandsteine sind nicht sehr hart, gelblich oder grünlich und zeigen häufig vegetabilische unbestimmbare Abdrücke, zahlreiche Fossilien, namentlich Polypen in Sta Rita. Sie bilden mehrere kegelförmige Höhen, welche mit mehr oder minder kenntlichen Silexspuren sich vom Meeresufer mit dem Hügel der Calafats von Binimellá nach den Corpats bei Mercadal und weiter bis fast nach Son Granada im Centrum der Insel hinziehen. Phtanites oder

Haus mit Thurm bei Mahon.

stark kieselhaltige Sandsteine finden sich zwischen Ferragut und Fornells; einige ihrer Theile bestehen nur aus Kieselerde, im Zustande von Chalcedon oder Opal; sie kommen in der Nähe eines Eruptivgesteins, Andesitporphyrit, vor, welches das Devon durchstossen hat. Fast immer tritt das Devon zu Tage, und nur ausnahmsweise zeigt es sich unter dem Miocän (an der Mola) oder unter der quartären Formation (bei Montgofre, Pou d'en Calas). Die untere Triasformation ruht nur auf dem Devon; sie enthält wenige organische Reste, ist aber leicht abzutrennen, weil sie von rothem oder gelbem Sandstein gebildet wird. Etwa 500 m stark, nimmt die Triasformation einen ziemlich bedeutenden Theil der nördlichen Hälfte der Insel ein. Sie vertheilt sich auf drei Flächen, welche von Norden nach Süden laufen. Die erste östliche geht von Mahon nach Addaya zu; sie ist im Osten vom Devon, im Westen vom Plateau von Alayor und den nördlich davon gelegenen Kalksteinschichten begrenzt. Die Centralregion fängt im Westen von Alayor an und zieht sich nordwärts gegen Fornells hin; die westliche fängt in der Umgebung der Font Redonas de d'alt an, wendet sich gegen Nordosten und endigt am Meeresufer zwischen Algairens und Son Hermitá. Stark glimmerhaltiger Sandstein ist hier häufig; er ist zerbrechlich und feinkörnig, seine Farbe variirt zwischen Weiss und Weinsatzroth. Einige Bänke enthalten eine starke Menge Lehm; die Puddingsteine sind in dieser Formation sehr selten; sie sind, nur 2—3 m dick, namentlich in Mercadal, Sta Teresa und Montgofre sichtbar. Die rothen Sandsteine sind voll vegetabilischer, aber zumeist unbestimmbarer Abdrücke; die rothen Thonerden dürften 10—20 m dick sein.

Ein Haus in S^a Luis.

Obere und mittlere Trias, Muschelkalk, findet man bei Alpzar, auf dem Wege nach Ciudadela; diese Formationen enthalten viele Tubuluren; es sind compacte, graue Kalksteine. Zwischen Binixemps und Sta Margarita finden sich ähnliche Lager, die eine gleiche Fauna enthalten. Der Tubuluren-Kalkstein, welcher so sehr dem Muschelkalk ähnelt, ist oberhalb des Buntsandsteins an vielen Stellen sichtbar, insbesondere an den Wänden des Toro, welche gen Mercadal schauen, die wohl der oberen Trias zuzutheilen sind; sie werden von einer dünnen Platte voll Hallobia Lommeli und Posidonomia überragt, welche auch sehr stachelige Ceratiten enthält, die man als dem Keuper zugehörig betrachtet. Die Tubuluren- und die dolomitischen Kalksteine sind gut vertreten in dem engen Thale, das nach S^a Juan de Carbonell führt.

Der Basis, der oberen Lias-Formation, werden die Kalksteine mit einer grossen Menge von Rhynchonella meridionalis von Alcoitx zugeschrieben. Sie finden sich auch auf anderen Stellen des secundären Plateaus, das sich von Alayor bis zum Cap Pentinat hinzieht. Der Neocom nimmt nur etwa 1 qkm der Oberfläche von Menorca ein, Cap Pentinat, das von mergeligem hellem Kalkstein mit Belemnites pistilliformis und Ammonites difficilis u. s. w. gebildet wird.

Von den verschiedenen Abtheilungen der tertiären Formation giebt es auf Menorca nur das mittlere Myocän oder Kalk mit Clypeaster, das aber so stark vertreten ist, dass es über die Hälfte der Insel in einer Stärke von etwa 120 m einnimmt. Im Allgemeinen sind diese Schichten merklich horizontal, was man an der Mehrzahl der Abstürze der Barrancs, welche das Myocän-Plateau der Insel durchschneiden, und an den abgebrochenen Ufern der Südküste sehen kann. Die Umgebungen von Sta Ponsa von Alayor, Ferrerias und S^a Cristobal sind namentlich fossilien-

Bini Saidi de sa Torra.

reich; letztere liefern besonders viele Echiniden, Clypeaster crenicostatus, latirostris und marginatus, sowie Echinolampas und Schizaster. Die quartären Lager von Helix sind auf Menorca ganz unabhängig von den anderen Formationen und liegen mehr in Erosionsthälern; gut vertreten sind sie bei Ciudadela, Mercadal, an der Basis des Toro, bei Fornells, Ses Covas veyas und bei der Cavalleria, wo sie bis 50 m über den Meeresspiegel steigen.

Nach Cardona giebt es ausserdem noch zwei quartäre Lager; es sind dies das Lager am Cap Pentinat mit Helix u. s. w. und desjenige des Cap de Cavalleria mit grossen Helix, grossen Bulimus, Cyclostoma u. s. w.

Die Flora.

Der Boden ist auf Menorca in Hinsicht auf seine Fruchtbarkeit sehr verschiedenartig. Er wechselt zwischen der Dürre der Nordküste, welche die Seewinde bestreichen, und der ausserordentlichen Ueppigkeit der humusreichen, vor den Winden gut geschützten Barranc-Thäler. Im Allgemeinen sind die auf dem Miocän-Plateau gelegenen Gründe sehr fruchtbar, wenn der Boden eine gewisse Dichtigkeit hat, was jedoch ziemlich selten der Fall ist. Fast überall sieht man die felsige Unterschicht an die Oberfläche treten, wodurch das Pflügen dieser Gründe besonders erschwert wird. Auch nehmen leider die Felsen zu, sie wachsen so zu sagen empor; denn die darauf liegende, kleine Humusschicht wird durch die Regengüsse, welche die Erde abspülen, und durch die heftigen Winde, welche sie in Staubform wegtragen, von Jahr zu Jahr vermindert. Andererseits bilden diese kalksteinhaltigen, dünnschichtigen Gründe treffliche Weideplätze, die während des ganzen Winters und Frühjahrs grün sind. Ist hingegen der Sommer gekommen, so verdorren die bewachsenen Flächen, und man bekommt bis zum Herbst fast kein Gras zu sehen. Die Thäler des Nordens der Insel sind sandig oder lehmig und ermangeln im Allgemeinen des Humus; wenn sie indessen gut bebaut und namentlich gut gedüngt werden, sind sie viel ertragreicher, als die Kalksteingründe des Südens. Die fruchtbarsten Plätze der Insel sind wohl die von Bächen

Küche in St Luis.

Die Flora. 279

und Quellen berieselten Barranc-Thäler, namentlich diejenigen von Algendar, im Süden von Ferrerias und von Cala en Porter bei Alayor, sowie auch das Thal des Gorg bei Mahon.

Die geringe Entfernung von Mallorca muss hinsichtlich der Flora selbstverständlich eine grosse Aehnlichkeit Menorca's mit seiner grösseren Schwesterinsel bedingen. Man verzeichnet von Gefässpflanzen der Insel 623, von den Monocotyledonen 180, von den Acotyledonen 16 Arten. Diese Gesammtzahl von 819 Gefässpflanzen zeigt unter Berücksichtigung der geringen Ausdehnung der Insel eine sehr reiche Flora, verhältnismäßig reicher, als diejenige anderer grösserer Inseln des Mittelmeeres. Allerdings ist Menorca an Arten weniger reich, als Mallorca, weil ihm die gesammte Flora der Gebirgsgegenden abgeht. In viel geringerem Maße sind die cellularen Pflanzen erforscht, wiewohl sie auf Menorca sehr zahlreich sind, namentlich die Lichenen und Moose. Was die Algen betrifft, wurden 461 Arten festgestellt, die im Meere in einer Tiefe von oft über 100 m zu finden sind.

Diejenigen Pflanzen, welche wegen ihrer auffälligen Erscheinung und Häufigkeit gewissermafsen die Physiognomie Menorca's ausmachen, sind wohl nur Bäume oder Sträucher. Obenan stehen wegen ihrer Häufigkeit der wilde Oelbaum (Uastre) und der Mastixstrauch (Mata), die

Kuche in Llumesanes.

allenthalben, bei jedem Schritt und Tritt, zu finden sind; sie bezeichnen gewissermafsen die Grenze der Cultur, denn eine trockene Wand, ein Haufen Steine, die unwegsamen steilen Hänge eines Barrane sind damit bedeckt, und in manchen derselben erreichen sie eine ausserordentliche Fülle und Ueppigkeit, während sie oben auf dem Plateau-Land vom Winde zerzaust und südwärts gebeugt mit knorrigen, alten Stämmen dahinwachsen. Von Waldbeständen bildenden Bäumen giebt es nur zwei, die immergrüne Eiche, Eusina genannt (Quercus ilex), und die Strandkiefer, P' genannt (Pinus halepensis); erstere wächst mehr im Centrum der Insel, letztere in den maritimen Gegenden des Nordwestens und in einigen Theilen des westlichen Südens. Auf den unbebauten Hügeln des Nordens wachsen in Menge Cistus Monspeliensis (Estepara negre), Erica multiflora (Sipell) und

IV. Menorca.

Myrtus communis (Murta), seltener Phyllirea angustifolia (Aladern). Voll goldener Blüthen im Frühjahr wuchert überall an unbebauten Stellen und im Buschwald (Garrigas) die Calycotome spinosus (Argelaga). Die Fächerpalme (Garbayó), welche an der Ost- und Westküste Mallorca's so häufig ist, fehlt auf Menorca fast gänzlich; man sieht sie nur vereinzelt auf der Höhe bei Bini Ach nou und in der Nähe von Curniola, unweit Ciudadela. Auf den trockenen Wänden, welche die Strassen und Gründe einfassen, wuchert häufig die Clematis cirrhosa (Vidauba), und dort, wo die Gewässer stagniren, sowie an den Torrenten entlang erhebt die Tamariske (Tamarix africana), Tamarell genannt, manchmal in herrlichen, riesigen Exemplaren, vorzüglich in den flachen Thalsohlen der Nordküste vertreten, ihre lockere Krone. Die maritime Zone wird durch Euphorbia dendroides (Mulas), Sonchus cervicornis (Socorell), Astragalus Poterium (Socorrella) und Thymelaea velutina charakterisirt, welche auf den der See zugewendeten Hügeln und Abhängen wuchern; die Felsen der Seeküste sind mit Seefenchel, Critmum maritimum (Fonoy Mari), bewachsen, und die Sandufer der Nordküste, sowie manche Waldufer der Südküste zeigen Juniperus Phaenicea (Sivina). Als eine Eigenthümlichkeit möge erwähnt werden, dass der Kapernstrauch, der auf Mallorca voll Dornen ist und der in so grosser Menge die alten Stadtmauern von Alcudia überwuchert, auf Menorca überall dornenlos ist.

Die Fauna.

In ähnlicher Weise, wie die Flora, so ist auch die Fauna Menorca's, welche eine Gesammtzahl von 1742 Arten ergiebt, derjenigen Mallacas fast gleich. Um nun einen Ueberblick zu ermöglichen, geben wir eine Uebersicht über die Vertheilung der verschiedenen Arten, wie folgt: Zoophyten 35, Mollusken 402, Gliederthiere 920 und Wirbelthiere 387, zusammen 1744. Von den 402 Mollusken-Arten sind sechs Menorca eigen. Sehr zahlreich sind die Helix-Arten; auffallend ist die bedeutende Grösse, welche der Bulinus decollatus anzunehmen pflegt. Unter den Seemuscheln sind namentlich die Venus-Arten zahlreich, unter welchen die Venus verrucosa zu den geschätztesten Marisc-Arten des Hafens von Mahon gehört; auch sind die Pecten- und Murex-Arten, unter den ersteren namentlich P. varius mit seinen unzähligen Varietäten, unter den letzteren brandaris und trunculus, sehr zahlreich. Ueberhaupt sind die Küsten Menorca's sehr molluskenreich. Von den Coleopteren sind nicht weniger als 13 Arten der Insel eigen, und ausserdem finden sich hier vier Arten, welche der afrikanischen Fauna angehören. Einige Arten sind auf Menorca in auffallender Menge vertreten, so namentlich die Timarcha Balearica, welche sich namentlich längs der Strassen an schattigen Plätzen vorfindet, der Oniticellus flavipes und pallipes, der auf allen Strassen zu finden ist, und der Copris Hispanus.

Von Fischen verzeichnet man 194 Arten, die wohl Menorca mit Mallorca gemein hat; ihre Zahl dürfte indessen grösser sein; wir werden auf dieselben, was die häufigeren und geschätztesten Arten betrifft, gelegentlich der Schilderung des Fischfanges noch zurückkommen. Von Amphibien und Reptilien giebt es 13 Arten. Merkwürdig ist hinsichtlich der letzteren das Vorkommen der gemeinen Eidechse (Lacerta agilis) mit schwarzer Färbung auf der kleinen, flachen Isla del Aire, während sie auf dem nur um Schussweite entfernten Menorca die gewöhnliche Farbe besitzt. Der behende Gecko mauritanicus ist auf den vielen trockenen Mauern stets zu sehen; die Testudo graeca ist manchmal, die Süsswasserschildkröte (Emys tigris) aber an allen sumpfigen Stellen, besonders in der Gegend von Mercadal und in den Gewässern vieler Barrancs, massenhaft zu finden. Von den Schlangen ist Coluber Aesculapii am häufigsten, den man bisweilen auf den Fahrstrassen, namentlich auf der Seite von Ciudadela, vorüberziehen sehen kann; in sumpfigen Gegenden, vorzüglich in der Bufera, findet sich der Coluber natrix in ausserordentlicher Menge.

Die Zahl der auf der Insel vorkommenden Vogelarten wird auf 153 angegeben; es sind aber wohl auch bei ihnen mehr Arten vorhanden. In den Sümpfen der Nordküste und in der Bufera hausen namentlich zur Winterszeit zu Tausenden Wasservögel, darunter der herrliche Flamingo, der indessen wohl nur ein seltener Gast dort ist; häufiger dagegen sind die Reiher, von denen alle unsere europäischen Arten daselbst vorkommen. Die Wildente (Anas boschas) und das Wasserhuhn nisten häufig dort, sowie bei Saleyró, Lluriach und Son Bou; dasselbe thut auch eine kleinere Entenart, hier Anadó genannt, die Querquedula aestiva. Der weisse Ptarmigan wurde einige Male, offenbar von Nordweststürmen aus den Pyrenäen hierher verschlagen, bei Ciudadela gefangen; auch der Pyrrhocorax alpinus hat sich manchmal auf ähnliche Weise nach Menorca verirrt. Das Steinhuhn ist stark vertreten und wohl viel häufiger, als auf Mallorca. Auffallend ist auch die viel grössere Menge kleinerer Vögel, was wohl hinsichtlich der Kernbeisser in der ausgedehnteren Getreidecultur und den zahlreichen, für sie geniessbaren Samen tragenden Weidepflanzen seine Erklärung findet. Unter diesen mag der Passer Petronia, der gleichfalls dort vorkommt, hervorgehoben werden. Was die Sänger betrifft, so dürften diese wohl die windgeschützten, busch- und insektenreichen Thäler der Barrancs anlocken; namentlich sind die Nachtigallen im Frühjahre in Unzahl vorhanden, und es ist eine wahre Freude, am frühen Morgen oder gegen Sonnenuntergang in jenen grünen Hainen zu lustwandeln und ihrem Gesänge zu lauschen. Die Drosseln sind aber weniger zahlreich, als auf Mallorca, wohl weil ihnen hier die Olive, einer ihrer Hauptleckerbissen, abgeht. Manchmal sieht man in ballenartigen Schaaren die Staare dahinziehen, und auf den etwas sumpfigen Ebenen des Nordens finden sich bisweilen im Frühjahre zahlreiche Merops apiaster. An den Seeküsten sind die Wildtauben (Columba livia) sehr häufig, wo sie während des Sommers die dort befindlichen kühlen und schattigen Höhlen bewohnen; auch findet man sie so manchen Barranc-Wänden, wo sie eigenthümlicher Weise mit den Thurmfalken, Xoriguéra genannt (Tinnunculus turrinus), in freundlicher Eintracht leben. So manche Fischadler nisten an den wilden Felsen des Ufers, und sie werden hier so kühn, dass ich sie mehrfach in dem inneren Hafenbecken von Mahon beutesuchend gesehen habe. Zwei Raubvögel sind aber in hohem Masse charakteristisch für Menorca, der Königsmilan (Milvus regalis), Milana,

Kamin bei Mahon.

und der Aasgeier (Neophron percnopterus), Miloca genannt. Ersteren kann man als wahren Luftsegler stundenlang in der Nähe von Häusern in unermüdlichem Fluge seine Kreise ziehen sehen. Die Kreise des letzteren sind länger und der Flug ist höher; sie sind recht zahme Thiere, und häufig konnte man sie in der Gegend von Ciudadela auf den Barracas für Schafe gravitätisch sitzen sehen, namentlich vor Jahren, während jetzt ihre Zahl etwas abgenommen hat. Sie nisten in den Felsenwänden der abgelegenen Högel und stellen sich in grossen Mengen ein, wenn ihnen ein verendetes Thier die stets erwünschte Gelegenheit zu einem Schmause bietet. Der grosse Vultur cinereus, der auf Mallorca so häufig ist, fehlt hier gänzlich, wohl nur aus dem Grunde, weil kein Hochgebirge vorhanden ist; ebenso fehlt die Loxia balearica, so viel ich zu erfahren im Stande war.

Von Säugethieren zählt man 26 Arten, die Hausthiere mitgerechnet; wohl zu den zahlreichsten gehört das Kaninchen, das besonders in den abgelegenen Vorgebirgen der Nordküste häufig ist. Der Myoxus nitela kommt, wiewohl selten, dort vor; der Igel ist häufig. Die Robbe (Phoca monachus und vitulina) ist an der Seeküste nur ein seltener Gast; dagegen sind die Delphine (Delphinus delphis und phocaena) namentlich an der Ostküste in grosser Menge vorhanden.

Die Bewohner von Menorca.

Zahl der Bewohner. Hygienische Verhältnisse. Charakter der Menorquiner.

Nach der letzten Volkszählung vom 31. December 1887 betrug die Gesammtzahl der Bevölkerung Menorca's 38237 Einwohner, welche sich folgendermafsen auf die verschiedenen Municipal-Distrikte vertheilten: Alayor zählte 5050, Ciudadela 8200, Ferrerias 1310, Mahon 18032, Mercadal 3036 und Villa Carlos 2609, zusammen 38237 Einwohner.

Da Menorca fast 665 qkm Bodenfläche hat, entfallen somit 59 Einwohner auf 1 qkm.

Ueber die Bevölkerungszahl Menorca's in der antiken Zeit wissen wir nichts Sicheres. Zur Zeit der Eroberung der Insel durch Alfonso III. im Jahre 1287 waren auf der Insel, die von Afrika geschickte Hülfsmannschaft von 5900 Soldaten ungerechnet, 29976 Personen (nach Anderen 33876), von den Greisen und Kindern abgesehen, von denen 20000 dort blieben. Im Jahre 1319 hatte die Bevölkerung sehr abgenommen; es war dies eine Folge der grossen Sterblichkeit, der fortwährenden Kämpfe mit den barbareskischen Seeräubern und der Dürre und Unfruchtbarkeit des Bodens. Als Francisco Penas die Insel im Jahre 1462 mit Hülfe von Catalanen eroberte, welche sich gegen Dn Joan II. empört hatten, fand er daselbst viele Catalanen vor, die sich dort seßhaft gemacht hatten. Die Zahl der Bewohner nahm indessen 1535 und 1558 abermals ab, in welchen Jahren die Türken die Mehrzahl der Bewohner von Mahon und Ciudadela als Gefangene fortschleppten. Seit 1700 fand eine progressive Zunahme statt; im Jahre 1794 steigerte sich nochmals die Bewohnerzahl, da viele Familien von französischen Emigranten nach Mahon kamen, welche der Ayuntamiento in Privathäusern unterbringen musste. Im Jahre 1799 nahm Menorca durch Einwanderung vieler Familien aus Gibraltar und Juden wieder zu, welche sich in Mahon ansiedelten. Im Jahre 1805 zählte die Insel bereits 31548 und 1823 44020 Einwohner. Diese ausserordentliche Zunahme wurde durch die Einwanderung zahlreicher Catalanen bedingt, welche aus ihrem Lande in Folge der politischen Störungen flohen; nach der französischen Intervention, als Catalonien von dem Heere des Herzogs von Angoulême besetzt wurde, kehrten die Flüchtlinge nach ihrer Heimath zurück, und die Bevölkerung sank im Jahre 1825 auf 37272 herab. Die Bevölkerungszahl von 1830, 38883 Einwohner, ist, wenn wir die Ausnahme von 1823 abrechnen, die höchste, welche erreicht wurde. Im Jahre 1840 war die Zahl der Bewohner indessen schon wieder auf 33622 herabgesunken, und 1845 zählte man nur noch 30170 Einwohner. Diese merkliche Abnahme von 8713 Einwohnern in fünfzehn Jahren wurde wohl durch die Auswanderung nach Algerien bedingt. Im Jahre 1846 war die Bevölkerung auf 31443, 1860 auf 37221 Einwohner gestiegen. Diese Zunahme kann den Arbeiten an der Mola zugeschrieben werden, welche nicht nur die Auswanderung hemmten, indem durch sie viele Arbeiter des Landes Beschäftigung fanden, sondern auch viele Auswärtige zur Einwanderung und Ansiedelung veranlassten.

Die verschiedenen Besetzungen der Insel durch fremde Mächte, die Abnahme des Handels in der Levante nach dem griechischen Kriege, die schlechten Ernten und vor Allem die Quintas oder die Militärpflicht verursachten in der ersten Hälfte dieses Jahrhunderts eine bedeutende Auswanderung, die sich vorzüglich nach Algerien richtete, wo die Auswanderer, ähnlich wie in Florida, den alten Sitten der Mutterinsel treu geblieben sind. Diese Auswanderung wurde namentlich durch den Umstand herbeigeführt, dass nach den ersten Jahren der französischen Besitznahme von Algerien längere Dürren mit folgenden Missernten, Handelsstockungen und mithin Verluste und Armuth in Menorca eintraten. Die genannten Umstände im Verein mit der Nähe der afrikanischen Küste, dann aber auch die grosse Zahl von französischen Kriegsschiffen, welche in Mahon Scala machten, wo die Franzosen mit Erlaubniss der spanischen Regierung ein Militär-Hospital für die in Algerien Verwundeten einrichteten, trugen sehr zur Erleichterung der Auswanderung bei, so dass die Insel in den Jahren 1835—1840 zu Gunsten Algeriens fast entvölkert wurde und im Jahre 1836 schon mehr als 16000 Menorquiner mit ihren Nachkommen in Afrika vorhanden waren. Die französische Regierung, welche erkannt hatte, von welchem Vortheil die Gewinnung so trefflicher Unterthanen für sie war, förderte nach Möglichkeit die Auswanderung und schickte zu diesem Zwecke Emissäre nach Menorca, welche den Leuten Boden bei ihrer Ankunft in Algerien, Wahl und Vertretungsrecht in den Gemeinden und vor Allem Freiheit von der Militärpflicht anboten; es war nun namentlich letzterer Umstand, der Viele zum Verlassen ihrer Heimath bewog; konnte doch auf diese Weise eine bemittelte Familie, die sich auf Menorca durch den Loskauf ihrer vier oder

Verschiedenartige Kamine.

fünf Söhne vom Militärdienste zu Grunde gerichtet hätte, mit denselben hier eine gute Existenz führen. Jene Abneigung der Menorquiner gegen den Waffendienst ist nicht Mangel an Muth, den sie vielmehr bei vielen Gelegenheiten zur Genüge dargethan haben, wie sie denn in den ersten Zeiten als Pioniere häufig mit einer Hand die Hacke und mit der anderen das Gewehr zu halten gezwungen waren, sondern die grosse Liebe der Eltern zu ihren Kindern, in welcher sie es nicht über's Herz bringen konnten, sich von ihnen zu trennen. Menorquiner waren es, welche viele Ländereien culturfähig machten, so dass die Truppen dann auch Gemüse- und Feldfrüchte zu essen bekommen konnte; auch sind es Menorquiner gewesen, welche nach Empfang der ihnen zugewiesenen Ländereien von 15 oder 20 ha sich daselbst lediglich im Schutze von zwei oder drei Regenschirmen, die ihnen zugleich als Hütte dienten, niederliessen. Ihre Enkel besitzen jetzt eine fest begründete Stellung, und es giebt überhaupt nur wenig Menorquiner, die sich in Afrika einen verhältnissmässigen Wohlstand geschaffen und es zu bereuen gehabt haben, nach Algerien ausgewandert zu sein. Seit vielen Jahren hat aber die Auswanderung abgenommen, ja in den letzten Jahren fast aufgehört. Hierzu trugen mehrere Gründe bei, darunter die Bestimmung der französischen Regierung, unentgeltliche Grund-Concessionen nur den eigenen Unterthanen zu verleihen, die Anwendung des Gesetzes vom Jahre 1875, welches die in Algerien Wohnenden der Militärpflicht unterwirft, die seit dieser Zeit erfolgende Anwendung des § 5 des 1862 zwischen Spanien und Frankreich abgeschlossenen Consular-Vertrages, welcher der französischen Regierung gestattet, die in der Colonie geborenen spanischen Landeskinder, welche nicht nachweislich ihrer Militärpflicht in Spanien genügt haben, dem Militärdienste zu unterwerfen, das für die Fremden geltende Verbot, sich als Setzer in den öffentlichen Licitationen vorzustellen, die Zurücknahme des Wahl- und Vertretungsrechtes in den Gemeinden, sowie andere Ursachen, welche hier zu erwähnen zu weitläufig wären. Andererseits erhielt auch die Auswanderung auf Menorca selbst eine Hemmung durch die Gründung der Schuh-Industrie in Mahon und Ciudadela, durch welche eine grössere Leichtigkeit des Gewinnes geschaffen wurde und der allgemeine Wohlstand auf der Insel zunahm.

Nichtsdestoweniger ist die Zahl der Menorquiner in Algerien keineswegs in Abnahme begriffen, im Gegentheil, dieselbe nimmt täglich zu, allerdings nur in Folge des sich zwischen den Geburten und Todesfällen zu Gunsten der ersteren ergebenden Unterschiedes, so dass die Zahl der Menorquiner und ihrer Abkömmlinge gegenwärtig in Algerien auf 20000 geschätzt werden kann. Sie stammen zumeist aus Alayor, S⁰ Luis und Ciudadela und werden allgemein mit dem Namen Mahoneses bezeichnet. Bei den Franzosen werden sie als eine eigene bevorzugte Race angesehen, die sich durch die Sanftmuth ihres Charakters, wie durch die Reinheit ihrer Sitten auszeichnet. D⁰ Francisco Truyol, dessen Freundlichkeit ich diese Angaben verdanke, versicherte mir, dass in den zwanzig Jahren, die er beim spanischen General-Consulat in Algier angestellt war, nur ein Menorquiner im Gefängniss sass, und zwar ein junger Mann, der eines Vergehens wider die Sittlichkeit beschuldigt war. In den Spitälern von Algier, wo man eine grosse Anzahl spanischer Unterthanen zu finden pflegt, trifft man selten einen Menorquiner, was sich wohl durch ihre verhältnissmässige Wohlhabenheit erklärt. Wie die angeborene Biederkeit, den Wunsch, schlechte Thaten nicht zu begehen, die Förmlichkeit bei Verträgen, die Genügsamkeit und Sparsamkeit der alten menorquinischen Einwanderer, welche nunmehr grösstentheils verstorben sind, so haben sich die Nachkömmlinge auch genau deren Sprache und deren Sitten mit allen ihren eigenthümlichen Hausgebräuchen bewahrt, so dass man sich in ihrer Mitte auf ihrer Stamminsel wähnt. Seitdem man lediglich französischen Unterthanen Land-Concessionen verleiht, sind diese bestrebt, wenn sie grössere Ländereien besitzen, spanische, und zwar namentlich menorquinische und mallorquinische Arbeiter zu erlangen; ihnen geben sie das Land in Strecken von 15 oder 20 ha mit dem Versprechen in Pacht, binnen einer Periode von 10, 12 oder 15 Jahren das Land um einen bestimmten Preis ankaufen zu können. Während der Zeit, in welcher man den Kaufvertrag nicht abschliesst, zahlen sie Zinsen für den Werth des Bodens, die gewöhnlich 6% betragen.

Die von Menorquinern gegründeten und ausschliesslich von ihnen bewohnten Ortschaften in Algerien sind: 1. Fort de l'Eau, 18 km östlich von Algier am Meeresufer, in derselben Bucht gelegen. In dieser Ortschaft, die man als eine der gesündesten und gepflegtesten Algeriens ansieht, sind nur der Maire, die Conseillers und der Schulmeister Franzosen; selbst der Geistliche ist ein Spanier. Ein einfacher Garde champêtre übt die Polizei über diese friedliche Bevölkerung aus. 2. Ain Taya, 32 km östlich von Algier gelegen, welches 967 Menorquiner zählt. In beiden Ortschaften hört man nur menorquinisch reden, wiewohl die neue Generation durchweg französisch versteht. In Hussein-Dei, Coubba, Maison Carrée, Romba, Cap Matifou, Reghaia, Rivet, El Biar, Algier und Umgebung sind, wie die letzte Volkszählung beweist, die Menorquiner stark vertreten.

Was die Geburtsbewegung auf Menorca anbetrifft, so ist das Vorherrschen der Knaben gegenüber den Mädchen auffällig. Die ärmsten Ortschaften haben im Verhältniss zur Bevölkerung die meisten Geburten aufzuweisen. Die Durchschnittszahl der Geborenen pro Jahr beträgt 1044,0, der Gestorbenen 794,2, was 6,7 zu Gunsten der ersteren ausmacht. Beachtenswerth erscheint, dass die proportionelle Sterblichkeit in Ferrerias am grössten ist, was sowohl in dem ungesunden Klima als auch in der Armuth der Einwohner seinen Grund hat. Ersteres würde auch für Mercadal gelten, es wird aber durch die sehr gesunde Lage des ganzen Striches von S⁰ Cristobal, der dem Distrikt angehört, ausgeglichen. Nach Ferrerias ist Ciudadela derjenige Distrikt, in welchem die Sterblichkeit am grössten ist und epidemische Krankheiten am meisten herrschen. Merkwürdig ist, dass der Distrikt von Mahon, wiewohl er das stark bevölkerte Centrum der Insel darstellt, die geringste Sterblichkeit aufweist, was wohl der Breite der Gassen Mahons, den vielen Gärtchen innerhalb der Stadt und der im Vergleiche zur Bevölkerung grossen Ausdehnung derselben zuzuschreiben ist.

Betreffs der sanitären Verhältnisse des Landes kommen auf Menorca im Allgemeinen zwei sehr verschiedene Regionen in Betracht das tertiäre Hochland des Südens und die niedrigen Thäler mit sanfter Neigung und lehmigem Boden des Nordens, in welchen sich die Feuchtigkeit an der Oberfläche erhält. Man kann sozusagen an der Hand der Geologie Menorca's die Gesundheitsverhältnisse der Gegend feststellen, denn wo Sandstein und Devon auftreten, sind sie schlecht, und wo sich Kalkstein mit Clypeaster findet, dagegen gute. Nichtsdestoweniger zieht sich strichweise die Malaria über die ganze Insel, ich erinnere mich immer wieder des Ausspruches eines reichen Gutsbesitzers von Mahon, dessen Hauptgut, für das er eine besondere Vorliebe hatte, im ungesunden nördlichen

Spinnrocken aus S⁺ Luis.

Peu de Filous aus S⁺ Cristobal.

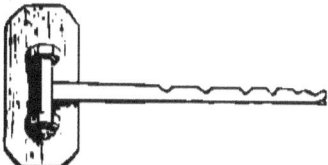

Wand-Pajes.

Theile der Insel liegt, dahin lautend, dass es unnötig sei, am Lande auf Menorca gesunde Plätze zu suchen, denn überall sei es hier ungesund. Thatsächlich habe ich bei meiner steten Anfrage in jedem Besitzthume der Insel gefunden, dass früher oder später die Familie von Wechselfieber heimgesucht worden war mit einziger Ausnahme der Bewohner von S⁺ Agueda und Toro. Wohl mögen vielfach die Leute das Wechselfieber, welches sie an gesunden Plätzen bekamen, dort

sich nicht zugezogen haben, sondern in den benachbarten Niederungen, wo sie entweder ihrer
Arbeit nachgingen oder bei Ausflügen nach dort, namentlich am Sonntag. Dass auch die Lebensweise, in erster Linie die schlechte Nahrung und schlechte Behausung, hierzu beitragen, unterliegt
keinem Zweifel, während kräftige, junge Leute, trefflich untergebracht und wohlgenährt, stets
davon befreit blieben.

Die hochgelegenen Stellen des Südplateaus sind wohl die gesündesten, und namentlich gehören S⁸ Luis, fern von jeder schlechten Ausdünstung und trefflich ventilirt, sowie S⁸ Cristobal zu
den gesündesten Plätzen. Nicht so ist es aber mit den das Südplateau durchziehenden Barranc-
Thälern, in welchen, wenn die Hitze anfängt, eine wirklich mephitische Luft herrscht. Auch die

Torraubet son.

Ufer der Südküste sind theils in Folge Ausmündung der Torrenten, theils in Folge der starken
Ansammlung von Algen am Ufer durch die Südweststürme, die dann am Strande verfaulen, Sitze
des Fiebers. Unter den gesündesten Stellen mag noch das steinige Hochland nördlich von Ciudadela
von der Torre del Ram und den Truqueries bis zu Son Bernardi genannt werden. Auch die kleine
Ortschaft von Fornells gilt, wenn sie auch von lauter sumpfigen Flächen umgeben ist, allerdings
nur dank der Nachbarschaft des offenen Meeres und grosser Ventilation, als sehr gesund. Die
ungesündesten Gegenden sind wohl die Sümpfe der Lluriachs oder von Binidonaire und diejenigen
der Bufera und Bufereta, sowie das Thal der Cañesias; sie sind aber alle wenig bewohnt. Von
den Ortschaften ist Ferrerias, in einem sanften Thalkessel gelegen, die ungesündeste, wozu auch
die Armuth der Bevölkerung sehr viel beiträgt; eine ähnliche Lage hat Mercadal, wiewohl dort mehr
Reinlichkeit und Wohlhabenheit herrscht. Obwohl jährlich in den beiden Ortschaften eine nem-

liche Menge von Wechselfieber-Erkrankungen vorkommt, nehmen sie in wenig Fällen einen schlechten Ausgang; auch werden die Personen, welche vernünftig leben, selten davon ergriffen; das ungesunde Klima kommt jedoch in der schlechten Constitution der Bevölkerung zum Ausdruck. Die Verbesserung der Cultur, das Austrocknen der Sümpfe, das Drainiren der niedrigen Gründe beschränken mit jedem Tage die Grenze der ungesunden Gegenden, und eine erfreuliche Aenderung hat im Vergleich zum vorigen Jahrhundert stattgefunden, wo die vielen Sümpfe noch einen grossen Theil der Insel bedeckten und durch die Krankheiten die Bevölkerung decimirt wurde.

Wechselfieber kommen auf der ganzen Insel vor, und namentlich herrschen sie gegen Ende des Sommers, aber gewöhnlich machen ihnen die starken Herbstregen und die kühlere Witterung ein Ende. Die Leute sind allerdings schon an sie gewöhnt, so dass sie sich nichts daraus machen; sie brauchen die Bezeichnung Escorcha, wenn Jemand davon befallen wird, und manchmal werden ganze Familien, gross und klein, davon heimgesucht; glücklicher Weise nehmen sie fast alle einen tödlichen Ausgang. Die gastrischen, Gallen- und Schleimfieber sind ebenfalls sehr gewöhnlich und gehen manchmal in typhöse Fieber über. Die Pleuresien, Pneumonien, Pleuro-Pneumonien und Bronchiten rufen selten Todesfälle hervor, wiewohl sie zur Winterzeit häufig vorkommen. Rheumatische Leiden, wahrscheinlich durch den

Steinfilter, Pié und Pié d'Oastre.

auf Menorca so häufigen Temperaturwechsel bedingt, sind sehr verbreitet; sie gehen auch leider in einen chronischen Zustand über. Die Gastralgien sind namentlich unter den Fremden sehr gewöhnlich und dem Genusse von in Cisternen angesammeltem Regenwasser zuzuschreiben. Die Renella (Harngries), die Hämorrhoiden und die Eczeme sind ziemlich häufig; die Tuberculose nimmt namentlich in Mahon in den letzten Jahren in erschreckender Weise zu; wohl mag dies einerseits mit der Verbreitung des Schuhmacher-Handwerkes und seinen schlechten Lohnverhältnissen, unter welchen die jungen Leute arbeiten, im Zusammenhang stehen, andererseits trägt aber wohl auch der lange Aufenthalt in den schlecht ventilirten Casinos, aber wohl auch und die zunehmende Ausschweifung die Schuld. Die Esplenitis kommt unter den Bewohnern des nördlichen Theiles der Insel und selbst unter dem Vieh vor. Die Hydropisia ascetis war vor der Einführung des Chinins unter den Bewohnern im Centrum der Insel eine sehr gewöhnliche und gefährliche Krankheit, heutzutage aber ist sie viel weniger gefährlich geworden. Die Kinder und alten Leute sind namentlich zur Sommerszeit Diarrhöen ausgesetzt. Blinde giebt es nur 38, von welchen 17 nicht von Geburt an blind sind, sondern es erst später in Folge von Zwischenfällen wurden. Die Zahl der Taubstummen beträgt nach der letzten Volkszählung 26. Etwas grösser ist die Zahl der Idioten; sie beträgt 42. Auffallend gering ist dagegen, wie überhaupt auf allen Balearen, die Zahl der Irrsinnigen, wozu die ruhigen Verhältnisse sicher viel beitragen; sie beläuft sich auf Menorca auf nur 11. Ein hohes Alter erreichen auf Menorca ziemlich viele Leute; die Individuen beider Geschlechter, welche über 60 Jahre leben, belaufen sich nach der Volkszählung von 1860 auf 3032, so dass man einen Greis auf je 10 oder 11 Einwohner rechnen kann. Es ist noch hinzuzufügen, dass die über 80 Jahre alten Leute auf Menorca einen bedeutenden Theil der Bevölkerung bilden. Verhältnissmässig viele Leute sind dort schon über 100 Jahre alt geworden.

Die Religion der Menorquiner ist schon seit alter Zeit die katholische. Bereits im 5. Jahrhundert war die christliche Religion auf Menorca sehr verbreitet, das einen Bischof Namens Severus besass, der im Jahre 418 540 Juden bekehrte. Der König Alfons III. von Aragon liess, nachdem er im Jahre 1287 die Mauren von Menorca vertrieben hatte, Kirchen errichten und dotiren, und der katholische Glaube erhielt sich rein bis auf unsere Tage. Wohl bestand im Jahre 1507 eine Synagoge in Mahon; die Zahl der Juden war jedoch nur eine beschränkte. Zur Zeit der ersten englischen Besetzung der Insel wurden einige Kirchen dem anglikanischen Cultus gewidmet; auch hatte man in neuerer Zeit nach der Bekanntgabe der Glaubensfreiheit in Mahon mehrere protestantische Bethäuser, namentlich presbyterianische, eingerichtet, die jedoch nur wenige Proselyten (etwa 100) machten und bis auf ein einziges, das ein englischer Pastor leitet, wieder aufgehört haben, denn die Menorquiner haben stets an ihrem Glauben festhalten wollen. Allerdings ist, namentlich in Mahon, ein gewisser Indifferentismus in Bezug in religiösen Dingen vorhanden, der sich auch am Lande, namentlich im östlichen Theile der Insel, geltend macht; auf der Seite von Cindadela ist wohl in Folge des grösseren Einflusses der Geistlichkeit wenigstens die äussere Religiosität grösser.

Unter den Gewerbetreibenden auf Menorca sind 21 Aerzte und Wundärzte, 10 Advokaten, 12 Apotheker, 1469 Grundbesitzer und Halbpächter, 2155 Schuhmacher, und 8505 Personen betreiben verschiedene Gewerbe.

Wie ihren Glauben, so haben die Menorquiner im Laufe der Jahrhunderte sich auch ihre Moralität bewahrt, und diese bildet einen Hauptzug ihres Charakters. Dieser ist sanft und gutmüthig, daneben ist ein gewisser Ernst in ihnen, welchen die vielen Wechselfälle des Schicksals verursacht haben mögen, denen ihre Heimath ausgesetzt war, die in weniger als einem Jahrhundert siebenmal ihren Beherrscher wechselte. Die Liebe zu ihrem Vaterlande ist bei den Menorquinern, wie bei allen Insulanern, hoch entwickelt; ich möchte aber fast sagen: bei ihnen in noch stärkerem Grade, als bei den anderen Balearen-Bewohnern, so dass dieser Zug in gewissen Fällen geradezu als eine Schwäche angesehen werden kann. Namentlich macht sich dies in dem Selbstgefühle Mallorca gegenüber geltend; durchschnittlich gebildeter und sozusagen civilisirter, möchten die Menorquiner in allen Dingen eine gewisse Superiorität Menorca's behaupten, so dass einer meiner Bekannten mir einmal sarkastisch bemerkte, dass die beiden Inseln mehr Schwager- als Schwesterinseln seien. Ausserordentlich ist ihre Freude, wenn man an ihrer Insel die guten Seiten ausfindig macht, und man sieht sie mit Wohlgefallen in ihrem Selbstgefühl schwelgen. Ich erinnere mich immer an den Ausspruch einer Dame mir gegenüber, die, auf mich hinweisend, sagte: „Ja, Menorca ist schön; wäre dem nicht so, würde er nicht unser Land auf die Weise bereisen"; und ich muss gestehen, ich bejahte diese Behauptung nicht nur aus Courtoisie, sondern aus Ueberzeugung.

Ein anderer charakteristischer Zug der Menorquiner ist ihre Freundlichkeit; ich kann sagen, dass ich bei meinem wiederholten Aufenthalte auf der Insel und bei meinen vielen Wanderungen nach allen Richtungen, durch welche ich mit Personen von jeglicher Bildungsstufe und aus verschiedensten Kreisen zusammenkam', keinen einzigen Menschen begegnet bin, der mich nicht gastfreundlich aufgenommen hätte. Ganz überraschend ist die Freundlichkeit, mit der man namentlich im inneren Lande bewirthet wird; überall werden freundliche Anerbietungen gemacht, überall ladet man freigebig zum Essen oder zum Trinken ein. „No som entre Moros" (wir sind nicht unter Mauren), sagte mir einstmals ein Bauer, „nehmen Sie nur, was Sie wünschen". Besonders unter den jungen Mädchen findet man in den verschiedenen Landhäusern nichts von jener falschen Scheu, der man in vielen anderen Gegenden begegnet, sondern eine natürliche Freundlichkeit und Lebhaftigkeit, die nur eine freie, aber sittsame Erziehung zu geben vermag. Gar herzig sind auch die kleinen Kinder, wenn sie mit gekreuzten Armen Einem entgegenkommen (Pleger ses mans, wie man hier zu Lande sagt), damit man sie segne. Auch selbst die auf der Gasse, namentlich in Ciudadela, spielenden Kinder sind heiter und liebenswürdig.

Es herrscht zwischen den Bewohnern beider Städte eine grosse Rivalität; diese geht so weit, dass manche Leute aus Ciudadela sich in Mahon nur so lange aufhalten, als nöthig ist, um sich einzuschiffen, oder gar von Ciudadela aus direct mit einem Segelschiffe abfahren. Dies findet wohl in dem Umstande seine Erklärung, dass Ciudadela gewissermafsen in seinem historischen Range in Folge des guten Hafens von Mahon von den Engländern herabgesetzt wurde. In Ciudadela findet man viel mehr Localpatriotismus, als in Mahon; wenn dortige Leute anderswo reich geworden sind, kehren sie dorthin zurück. Früher waren in Ciudadela nur Adelige (Cavallés) und Arme; erstere führen heutzutage eine sehr zurückgezogene Lebensweise. Die Leute aus Mahon sind viel mehr kosmopolitisch; wo sie reich werden, bleiben sie meistens. Sie zeigen entwickeltere Ideen, was wohl von ihrer stetigen Berührung mit den Fremden herrühren mag; die vorherrschende Staatsgewalt ist die republikanische. Grosse Vorliebe haben sie für das Militär, und viele Mahoneserinnen heirathen Officiere der Garnison; freilich mag auch der Mangel an guten

Formetjades.

Partien im Lande hierauf von Einfluss sein. Eigenthümlich sind die Spitznamen, welche die Leute auf Menorca sich nach den verschiedenen Ortschaften einander geben. So nennt man die Leute aus Mahon Ingleses (Engländer), die aus Villa Carlos auf der Seite von Cala Corp Sulleres und auf der Seite von Calas Fonts Cranquets (kleine Krabben). Die Bewohner von S⁰ Clemente heissen La Judeus, die von Mercadal Verros (Eber), die Leute aus Ferrerias Bavays, diejenigen aus S⁰ Cristobal Cutrelluts (mit starkem Scheitel) und die aus Ciudadela Gent des Cap des Mistral (Leute vom Nordwest-Ende). Nur die Bewohner von S⁰ Luis und Fornells haben keine derartigen Spitznamen.

Die Menorquiner sind ein gewecktes, intelligentes Volk mit sehr guten Anlagen, namentlich zeigen sie eine grosse Vorliebe für Musik; viel mehr, als die anderen Balearen-Bewohner, erlernen sie dieselbe mit Leichtigkeit und excelliren darin. Jährlich gehen aus den Musikschulen von Mahon Zöglinge hervor, die nach verschiedenen Gegenden und namentlich nach Amerika als Musiklehrer ziehen und von denen manche ein hübsches Vermögen zusammenbringen. Für die mechanischen Gewerbe zeigen die Menorquiner ebenfalls grosse natürliche Anlagen, und man findet eine ansehnliche Anzahl von Werkleuten, welche ohne Gewerbeschule oder sonstige Vorbildung, nur vermöge ihrer Intelligenz, merkwürdig gute Arbeiten zu Stande bringen. Für die Schifffahrt besitzen sie eine nicht minder grosse Vorliebe, so dass sie zu allen Zeiten treffliche Seeleute abgeben. Geringe Neigung zeigen die Menorquiner zur militärischen Laufbahn, und es sind nur die jüngeren Söhne von einigen der reicheren Familien, welche als Officiere in der Armee dienen. Der Theologie haben sie sich, was wohl durch die bedeutende Zahl der Geistlichen zu erklären ist, sehr häufig zugewandt, wie die vielen theologischen Werke, die von Menorquinern seit dem Anfange des 17. Jahrhunderts geschrieben worden sind, beweisen. Gross war auch ihre Vorliebe für die Philosophie, die seit dem Ende des 16. Jahrhunderts in allen Klöstern gelehrt wurde. Als Geschichtsforscher ragten D⁰ Juan und D. Antonio Ramis mit ihren die Geschichte der Insel betreffenden Publicationen hervor; mehrere Menorquiner haben lateinische, englische, castillianische und menorquinische Lehrbücher veröffentlicht, und durchgehends zeichnen sie sich durch die Gewandheit, mit der sie fremde Sprachen erlernen, aus. Für die Jurisprudenz haben sie gute Anlagen, und zu allen Zeiten hat die Insel treffliche Rechtsgelehrte geliefert. Die Arbeitsamkeit der Menorquiner ist ziemlich gross, und faule Arbeiter sind selten; weniger thätig sind leider die reicheren Klassen, vorzüglich was die Steigerung der Productivität ihrer eigenen Gründe betrifft.

Wie wir bereits gelegentlich der Besprechung des Charakters hervorhoben, ist die Moralität der Menorquiner in ganz Spanien sprichwörtlich geworden, und überall, wohin sie auch gewandert sein mögen, sind sie ihrer sie auszeichnenden Eigenschaft treu geblieben. Die Mehrzahl der Häuser Mahons bleibt während der Nacht unverschlossen, und trotzdem sind Diebstähle äusserst selten. In S⁰ Luis gehen die Arbeiter häufig auf eine Woche weg, ohne ihr Häuschen zu verschliessen, und wenn sie am Sonntag zurückkehren, finden sie Alles in bester Ordnung. Ich selbst liess wiederholt das Haus, welches ich sowohl in Mahon, wie in Ciudadela bewohnte, offen, ohne dass Jemand zu Hause geblieben wäre, und niemals hat mir auch nur die kleinste Sache gefehlt. Den besten und authentischen Beweis für die Moralität der Menorquiner liefern uns die Criminalstatistiken von Menorca, welche zu den günstigsten Spaniens gehören und überhaupt die günstigsten der Balearen sind. Die Mehrzahl der Verbrechen betrifft den Schmuggel, und Niemand hält sich durch eine Anklage wegen Schmuggels entehrt, der gewöhnlich mittelst einer Geldstrafe gesühnt wird.

Allgemeine Bildung. Sprache und Litteratur.

Die Sprache Menorca's, welche fast gar nicht als Litteratursprache verwendet und erst in neuester Zeit von einigen wenigen Schriftstellern als solche benutzt wird, ist dieselbe der anderen Balearen, reiner aber als in Palma und ähnlich derjenigen von Soller und Deyá auf Mallorca. Man nennt das Menorquinische häufig auch Mahonés, denn Mahon repräsentirt die Insel, und häufig sagt man in der Umgangssprache Mahon für Menorca, ebenso wie man für Mallorca auf Menorca häufig schlechtweg Palma sagt. Die Leichtigkeit, mit welcher die Menorquiner Worte anderer Sprachen zu assimiliren vermögen, und der rege Verkehr brachten es mit sich, dass sie castillianische, französische, italienische Wörter und namentlich in der Sprache der eigentlichen Mahoneser in Folge der dreifachen Staatsangehörigkeit auch englische Wörter annahmen. Auch giebt es gewisse Redensarten, die von dem Mallorquinischen abweichen und sich mehr dem Catalanischen nähern. So sagt man beispielsweise häufig noi (Knabe) statt allot, enblancar (weissen) für enblanquinar u. a. m. Der Ausdruck Geliebter, Geliebte, Estimat und Estimada, wird in der Umgangssprache namentlich von den Verkäuferinnen auf dem Markte vielfach gebraucht, was auf Mallorca nicht der Fall ist. Die Aussprache der Menorquiner ist nach den einzelnen Distrikten derart verschieden, dass ein Einheimischer an ihr gleich erkennen wird, welchem derselbe angehört.

Der Gebrauch des Menorquinischen als Schriftsprache in den öffentlichen und amtlichen Acten ist seit 1834 abgeschafft worden, und seit dieser Zeit wird die Schreibweise desselben in den Schulen nicht mehr gelehrt.

Die Litteratur ist eben nicht eine starke Seite der Menorquiner. Wiewohl sie eine grosse Fertigkeit im Improvisiren besitzen, haben sie nur wenige bekannte Dichter aufzuweisen, und man kann nur einen hervorragenden anführen, Miguel Verí, der, erst achtzehnjährig, im Jahre 1486 starb und in lateinischer Sprache seiner Zeit sehr geschätzte Moral-Dichtungen verfasste. Sein Vater, Hugolino de Verí, der 1502 starb, hinterliess auch einige geschichtliche Werke. Juan Odon de Menorca, der um 1502 lebte, schrieb eine Obra en loor del Beato Ramon Llull, und der Geistliche D⁰ Marcos Martí, der im Alter von 106 Jahren 1617 starb, hinterliess eine handschriftliche Beschreibung einer Reise nach Konstantinopel, welche behufs Loskaufung der während der Plünderung Ciudadelas im Jahre 1558 gemachten Gefangenen unternommen wurde. Im 17., 18. und 19. Jahrhundert brachte Menorca eine grössere Zahl von Schriftstellern hervor. Eine Beurtheilung des Werthes dieser verschiedenen schriftstellerischen Producte, von denen diejenigen des 18. Jahrhunderts zumeist Manuscripte sind, ist wohl kaum möglich, und vor Allem muss man sich die geringen Bildungsmittel vergegenwärtigen, welche Menorca bis in den Anfang dieses Jahrhunderts aufzuweisen hatte.

Es giebt kein einziges wichtiges litterarisches Erzeugniss in menorquinischer Sprache. In letzterer wurde überhaupt wenig geschrieben.

Wenn es nicht die Schriftsteller waren, welche die Sprache Menorca's pflegten, so haben dagegen die Volksdichter die Sprache ihrer Väter vor allen Dingen gepflegt. Einige derselben improvisiren mit einer ausserordentlichen Leichtigkeit und sind im Stande, einen Wettkampf in Versen selbst stundenlang zu führen. Viele dieser Volksdichtungen zeichnen sich, wie es auch auf dem benachbarten Mallorca der Fall ist, durch die Zartheit der Empfindung aus. Sie bilden entweder Octavas, Sextinas, Quintetas oder Decimas. Manche haben einen satyrischen Charakter und nehmen zuweilen die Form eines Disloges an. Wir lassen hier einige der verschiedenen Arten mit der wörtlichen Uebersetzung folgen:

Amor de mare.	Mutterliebe.
Mumare, mia mumare,	Meine Mutter, meine Mutter,
Sa mes dolsa compañia	Die süsseste Gesellschaft;
Qui la te no la conex	Wer sie hat, kennt sie nicht,
Y qui la pert la sospira.	Und wer sie verliert, seufzt darnach.
(Anonymum.)	
¿Ahoot anau pobre Madona,	Wohin gehst Du, arme Madoooa,
Ahoot sosu per aquets camps,	Wohin gehst Du durch diese Felder
Plens de oeo y de malesas,	Voll Schnee und Gestrüpp,
Ah es fret y veot que fá?	In dieser Kälte und diesem Wind?
¿Ahoot sosu pobre Madona	Wohin gehst Du, arme Madoooa,
Sense abrigo y peu descals?	Ohne Mantel und barfuss?
— A cercá un petit de lleña	— Etwas Holz zu suchen,
Per calentá es meus lofants.	Um meine Kinder zu erwärmen.
¡Que contenta sosu Madona!	Wie zufrieden gehst Du, Madoooa!
Que dois adevall des bras,	Was birgst Du unter dem Arm?
Que caminau tao deveras	Warum gehst Du so rasch
Y a ningu ja saludau?	Und Niemand grüssest Du?
¿Que teoia tanta frisera;	Was hast Du so viel Eile,
Anau a festa o a ball?	Gehst Du zu einem Feste oder einem Tanze?
— Es meus lofants tenen gana	— Meine Kinder haben Hunger,
Y jo venc de comprar pa.	Und ich habe Brod gekauft.
Soo las onze de la nit,	Es ist elf Uhr Nachts,
¿Madona perque vetlau,	Madoooa, warum wachst Du?
Perque vos cremau la vista	Warum verdirbst Du Dir die Augen,
Ja cusint o ja filant?	Bald nähend, bald spinnend?
Apagau es llum, madona,	Lösche das Licht aus, Madona,
Y nauvosne a descansar.	Und begieb Dich zor Ruhe.
— Teoc una fia qui's casa	— Ich habe eine Tochter, die heirathet,
Y jo per sa dot trabay.	Und ich arbeite für die Mitgift.

IV. Menorca.

¿Que teniu pobre madona, / Was hast Du, arme Madonna,
Que teniu que suspirau, / Was hast Du, was seufzst Du,
Digaume perque estau trista / Sage mir, warum Du traurig bist,
Que teniu que plorau tant? / Was hast Du, was weinst Du so viel?
¿Perqué anau descomoluda, / Warum gehst Du trostlos,
Perqué veniu a Ciutad? / Warum kommst Du zur Stadt?
— A cercá veng un doctó / — Suchen komme ich einen Doctor,
Que teng un infant malalt. / Weil ich ein krankes Kind habe.

Digaume, pobre madona, / Sage mir, arme Madonna,
Perque veneu s' heretat / Warum verkaufst Du das Land,
Que teniu des vostros l' avia, / Das Du hast von Deinen Ahnen?
¿No guañau prou per manjar, / Verdienst Du nicht genug zum Essen,
O volen vestí a lo moda / Oder willst Du Dich nach der Mode kleiden,
Com tantes y tantes fan? / Wie so Viele und so Viele thun?
— Un infant meu entra en quinta / — Ein Sohn von mir kommt in die Quinta,
Y no 'l voj veurer soldad. / Und ich will ihn nicht als Soldaten sehen.

Es qui no estima sa mare / Wer nicht die Mutter liebt,
A ningú pot estimar, / Niemand kann er lieben,
Perque una mare es un martir / Weil eine Mutter ein Märtyrer ist
Per es bé dels seus infants. / Für das Wohl ihrer Kinder,
Nos vetla cuand som petits / Sie bewacht uns, wenn wir klein sind,
Y nos cuida cuand som grands, / Und pflegt uns, wenn wir gross sind,
Riu cuand veu qu' estelm contents, / Lacht, wenn wir zufrieden sind,
Plora cuand noltros plorem, / Weint, wenn wir weinen,
Setiafá es nostros caprichos... / Willfahrtet unsern Launen;
¿Que mes podem desitjar? / Was wollen wir mehr wünschen.

(Fabregas.)

Octava esalta moderna. / Lose moderne Octave.

En tems de ma juventud, / Zur Zeit meiner Jugend
Molt m' agradava 's glosar, / Gefiel mir sehr das Dichten,
Manifestand sa virtud, / Zeigend die Tugend, die
Que Deu del Cel me va der; / Gott des Himmels mir gab.
Are 'mparó, vey, geperud, / Jetzt aber, alt und buckelig,
Tod lo he deixad anar; / Habe ich Alles gehen lassen.
Y ab se carrota en se ma, / Und mit der Krücke in der Hand
Per el mon faix lo que pug. / Mache ich auf der Welt, was ich kann.

Alte menorquinische Verse.

En Juan y na Juana / Juan und die Juana
A lleña ven; / Gehen zu Holz,
Dilluns ensellen, / Montag satteln sie,
Dimars s' en van; / Dienstag gehen sie weg,
Dimecres arriben, / Mittwoch kommen sie an,
Dijous lleña fan; / Donnerstag fällen sie Holz,
Divendres carregan, / Freitag laden sie,
Dissapte s' en van; / Sonnabend gehen sie weg,
Diumenje tornen, / Sonntag kehren sie zurück,
Y es moren de fam. / Darum sterben sie vor Hunger.

Es giebt auch Glosas in Form kurzer Dialoge, wie beispielsweise der folgende:

Jove: faren vos se fia	Junges Mädchen, seid Ihr die Tochter
De mestre Josep Vivó,	Von Meister Joseph Vivó,
Qué sol tenir tremoló,	Der zu zittern pflegt
Y quand dorm sempre somiu?	Und, wenn er schläft, immer träumt.
— Sí, som jo se seua fia,	— Ja, ich bin seine Tochter
Y el defensaré si perd:	Und ich werde ihn vertheidigen, wenn er verliert.
Ell sab més quand somia	Er weiss mehr, wenn er träumt,
Que vos quand estau despert.	Als Ihr, wenn Ihr wachet.

Die Glosas, welche gesungen werden, sind meistens vier Verse lang, sog. Glosas de cuatro mots. Es giebt deren eine Unzahl, welche auf dem Lande und in den Ortschaften des Innern, namentlich unter den älteren Männern sich erhalten haben und von ihnen bei der Arbeit oder im Gehen gesungen werden. Wir lassen hier einige als Beispiel mit der wörtlichen Uebersetzung folgen:

Cansóns populars molt antiguas en Menorca. **Alte menorquinische Volkslieder.**

L'amou Pera, alsau bandera,	L'Amon Pera, hisset die Fahne,
Vos qui tant heu carregad;	Ihr, der Ihr so viel gewandert habt,
Heu goñad una somera,	Habt gewonnen eine Eselin,
Qui cad' añ vos ferá un ruc.	Die jedes Jahr Euch ein Eselchen werfen wird.

Es dematí, pa y sèba;	Des Morgens Brod und Zwiebel,
A mitj dia, sèba y pa;	Mittags Zwiebel und Brod,
Y es vespre, si no i ha altre cosa,	Und Abends, wenn es nichts Anderes giebt,
Pa y sèba u pegará.	Wird Brod und Zwiebel es zahlen.

Marieta, tú 'm degollas;	Marieta, Du köpfst mich;
Ta mare ja 'u feya axí:	Deine Mutter machte es schon so:
Sempre u hem sentid á dir,	Immer haben wir sagen hören,
Qu' es téts semblan á sos allas.	Dass die Topfdäcke dem Töpfen ähneln.

No 'u faxis, y no 'u dirán,	Thue es nicht, und man wird es nicht sagen,
Ni 't ferán tornar vermeya;	Und sie werden Dich nicht roth werden lassen;
Que ses mates tenen uls,	Denn die Mastixsträucher haben Augen
Y ses parets tenen oreyas.	Und die Wände haben Ohren.

Na Mariana s' enfufa,	Die Marianna prahlt,
Coant l' i parlen de casar;	Wenn man Ihr spricht vom Heirathen;
Son pare la vol tancar,	Ihr Vater will sie einschliessen
Dins s' estable de se ruca.	Im Stalle der Eselin.

Zum Schlusse seien noch ein paar alte Kinderverse, die man häufig von dem rosigen Munde der blühenden Kinderchen auf Menorca wiederholen hören kann.

Für Knaben.

A, bé, cé,	A, be, ce,	M' i atrapa,	Mich ertappt,
Se pastera	Die Knetebank	Fugiré	Werde ich fliehen
Ja la sé:	Kenne ich schon:	Com una rata;	Wie eine Ratte;
Si i ha pa,	Wenn Brod darin ist,	Si mon pare	Wenn mein Vater
M' el menjaré;	Werde ich es essen;	No m' i vol,	Mich dort nicht will,
Si i ha peix,	Wenn Fisch darin ist,	Fugiré	Werde ich fliehen
Per lo mateix:	Gleichfalls	Com un musòl.	Wie ein Ohrenkauz.
Si mumare	Wenn meine Mutter		

IV. Menorca.

Für Mädchen.

Se mare	Die Mutter	Y ella	Und sie
Li diu:	Sagt ihr:	Li respon:	Antwortet:
»Bruta,	Schmutzige,	»Vos ja 'u	Ihr, ihr waret
Maleriada«;	Schlecht Erzogene;	Son estada«.	Es schon.

Besonders interessant sind die Sprichwörter; die meisten derselben hat Menorca allerdings mit Mallorca und Ibiza gemein, und wir wollen uns deshalb darauf beschränken, in alphabetischer Reihenfolge einige derselben, die wir gelegentlich der Schilderung der beiden Schwesterinseln nicht erwähnten, hier wiederzugeben.

A casa qui no i ha pa, en Juriol i ha fret.
In einem Hause, wo es kein Brod giebt, ist es im Juli kalt.

Ahre ajegud, totòm y fa llenṅa.
Wenn der Baum gefallen ist, so schlägt ein Jeder Holz daraus.

Ametler abundós prop d' es camí, agre segur.
Ein ertragreicher Mandelbaum in der Nähe eines Weges ist sicher bitter.

Añ de puses, añ de blad.
Añ de trons, añ de morts.
Are qu' ets morter pare, cuant serás mase ja plorarás.
Flohjahr, Kornjahr.
Donnerjahr, Todtenjahr.
Jetzt, da Du Mörser bist, empfange; wenn Du Schlägel sein wirst, magst Du stossen.

Avuy menjèm, que demá ja 'u veurèm.
Baranaus y dejuns, no canten junts.
Heute essen wir, morgen werden wir ja schon sehen.
Leute, die gefrühstückt, und Leute, die gefastet haben, singen nicht zusammen.

Bó y mal, cuand es passat es igual.
Bona papéta, fa bona carèta.
Bones senes dobles, me la pas p' es sés.
Cada bó, té sa sena clovèa.
Cada campana fa 's seu só.
Cada sol, uns calsóns.
Cada olleta, té sa sena cobertureta.
Cada u, té 's seu modo de matar puses.
Cap japemat 's veu es seu jep.
Capovall ningú es vey.
Com mes costa, mes val.
Cuand canta 's puput, dematí humad y vespre axut.
Gutes und Schlechtes ist, wenn es vorbei ist, gleich.
Gutes Süppchen macht gutes Gesichtchen.
Mit einer Börse ohne Geld reibe ich mir den Hinteren.
Alles Gute hat seine Schale.
Jede Glocke hat ihren Klang.
Für jeden Hinteren ein Paar Hosen.
Jedes Töpfchen hat sein Deckelchen.
Jeder hat seine eigene Weise, Flöhe zu tödten.
Kein Buckliger sieht seinen Buckel.
Bergab ist Niemand alt.
Je mehr etwas kostet, desto mehr ist es werth.
Wenn der Wiedehopf singt, ist es früh nass und Abends trocken.

Cuand s' añada es bona, es paghx encara jamèga.
Cuand vejis se barba d' es veinat qui 's crèma, posa se teua á remuar.
Wenn das Jahr gut ist, beklagt sich der Bauer noch.
Wenn Du den Bart Deines Nachbarn brennen siehst, so stecke den Deinigen in Wasser.

De cada nit surt un dia.
De casar y sembrar, ningu 'n pod donar conseys.
Jede Nacht hat einen Tag zur Folge.
Ueber Heirathen und Säen kann man Niemand einen Rath geben.

De casarse jove y baranar demati, ningú s' ha hagud de penadir.
Jung geheirathet und zeitig gefrühstückt, hat Niemand gereut.

Deu pega sense bastó, pero espera s' ocasió.
Gott schlägt ohne Stock, aber er wartet auf die Gelegenheit.

Deu te mes per dar que no ha donat.
Dim es pots petits, i ha ses bones confitures.
Dos Peres y un Bernad, fan un ase acabad.
Gott hat mehr zu geben, als er gegeben hat.
In den kleinen Töpfen befinden sich die guten Confituren.
Zwei Peter und ein Bernhard machen einen vollkommenen Esel aus.

En dirli, dirli grosa.
Wenn man schon sagt, sage man sie dick.

Allgemeine Bildung. Sprache und Litteratur.

Catalan	German
En s' excusa d' en Pere, en Pau s' escaufa.	Mit Peter's Ausrede erwärmt sich Paul.
Eo temporal pasad, es barcos oo s' i perdao.	In vergangenen Stürme verlieren sich keine Schiffe.
Eo tems de delubíns, els escarabats nedao.	Zur Zeit von Ueberschwemmungen schwimmen die Käfer.
En tot y ha maldad, menos en se llet, qui y posa aiga.	In Allem findet sich Böses, nur nicht in der Milch, in die man Wasser setzt.
Errar per erra, val mes primerenc que tardá.	Irrthum für Irrthum ist besser früh als spät.
Es cap la s' homu, y se cos la s' usell.	Der Kopf macht den Menschen und das Vogel der Schwanz.
Es com s' ase d' en Mora, qoi de tot s' enamora.	Er gleicht dem Esel von Mora, der sich in Allem verliebte.
Es prometrer, oo la cap homu pobre.	Versprechungen machen keinen Menschen arm.
Eus atrevidis, se cremen es dids.	Die Kühnen verbrennen sich die Finger.
Festes pasadas; cocas menjadas, roba bruta y bosa bolds.	Verflossene Feste: gegessene Kuchen, schmutzige Wäsche und leere Tasche.
Frare monja y poll, may està sadoll.	Mönch, Nonne und Huhn sind nie satt.
Gat ab goants, oo agafa ratas.	Eine Katze mit Handschuhen fängt keine Mäuse.
Home previngod, jamai es vensud.	Ein gewarnter Mann ist niemals besiegt.
Home valent y bota de vi bò, acabao prest.	Ein tapferer Mann und ein Fass guten Weines nehmen ein schnelles Ende.
La mar no 's mou, sense vent.	Das Meer bewegt sich nicht ohne Wind.
Lo poc no agrada, lo molt enfada.	Das Wenige gefällt nicht, das Viele langweilt.
Mar pasada, amor olvidada.	Hat man das Meer hinter sich, ist die Liebe vergessen.
Més moscas s' agafen ab una cuerada de mel, qu' emb un barril de vinagre.	Mehr Fliegen fängt man mit einem Löffel voll Honig, als mit einem Fass voll Essig.
Molta diligencia y poca coociencia, fao no homo ric.	Viel Fleiss und ein wenig zartes Gewissen machen einen Menschen reich.
Molta ufana y poca llana.	Viel Prunk und wenig Wolle.
Molts d' ases se semblan, y no son tots d' un amo.	Viele Esel ähneln sich und sind nicht alle eines Herrn.
Ningú sab dins s' olla qu' y ha, sino se cuera qui 'n remena.	Niemand weiss, was im Topfe vorhanden ist, ausser dem Löffel, der ihn rührt.
No es tard, mentras tocan horas.	Es ist nicht spät, so lange Stunden schlagen.
No plou, per qui xorteix vol.	Es regnet nicht für Den, der weggehen will.
Pagés soabolad, bon añ li es fallad.	Verschuldetem Bauer ist ein gutes Jahr ein Missjahr.
Pensa bé de totom, y no 't fiis de ningú.	Denke gut von Jedermann und traue Niemand.
Per fog y per muller, no surtis d' es teu carrer.	Um Feuer und Weib gehe nicht aus Deiner Gasse.
Per massa pa, may es mal añ.	Bei zu viel Brod giebt es nie ein Missjahr.
Per Nadal, cada oveya á son corral.	Zu Weihnachten ist jedes Schaf in seinem Gehöfte.
Per san Llorens, figas á quens.	Zu St. Lorenz Feigen von vier zu vier.
Per sa Maciá, es puput vé y es tord s' en vá.	Zu St. Maciá kommt der Wiedehopf, und die Drossel zieht weg.
Per sa Maciá, ni parenéta ni berenar.	Zu St. Maciá weder Jause noch Frühstück.
Per sa Martí, espira ton ví.	Zu St. Martin zapfe Deinen Wein aus.
Per sant Agustí, ni berenéta ni dormir.	Zu St. Augustin weder Jause noch Schlaf.
Per santa Catalina, un més se refina.	Am Tage der heiligen Catharina fehlt ein Monat (bis Weihnachten).
Per sa mostra, se coneix es paño.	Nach dem Muster kennt man das Tuch.
Per Tot-Sants, llentrisca y aglans.	Zu Allerheiligen Mastixfrucht und Eicheln.
Poc se me dona que mumare fos foroera, si jo 'm mor de fam.	Wenig hilft mir, dass meine Mutter Bäckerin war, wenn ich vor Hunger sterbe.
Puesto qu' habitan porcs, no 'l arquis espigas.	An einem Orte, wo Schweine wohnen, suche keine Aehren.

IV. Menorca.

Pmlleins, mudali d' eins.	Dem Arbeitsscheuen wechsle das Werkzeug.
Qui bon jornal vol fer, dematí 'l camensa.	Wer ein gutes Tagewerk machen will, der soll es zeitig anfangen.
Qui compre lo superflau prest ven lo necessari.	Wer das Ueberflüssige kauft, verkauft bald das Nothwendige.
Qui emb allots se colga, ... concagad s' exéca.	Wer sich mit kleinen Kindern zusammenlegt, steht mit Dreck beschmutzt auf.
Qui en bon banc sèu, bona ventura espera.	Wer auf guter Bank sitzt, erwartet gutes Glück.
Qui està bé y es cerca mal, que vaji á Ervissa á du sal.	Wer sich gut befindet und Schlechtes sucht, der gehe nach Ibiza Salz holen.
Qui no mira emb un diné, cuand l' ha menester no 'l té.	Wer nicht auf einen Pfennig sieht, hat ihn nicht, wenn er ihn braucht.
Qui no mira endevant, cau enderrera.	Wer nicht nach vorwärts sieht, fällt nach rückwärts.
Qui no sab á Deu pregar, que vaji per la mar.	Wer nicht zu Gott zu beten weiss, der gehe zur See.
Qui no' està acostumad á dur bragues, ses vètes li fan llagas.	Wer nicht daran gewöhnt ist, Gurte zu tragen, dem machen die Bänder Wunden.
Qui no te vergoña, tot lo mon es séu.	Wer keine Scham hat, dem gehört die ganze Welt.
Sant Tomás, estira es porc p' es nas.	Sanct Thomas zieht das Schwein bei der Nase.
Sa pedra cuand surt de sa má, no sab 'hont va.	Wenn der Stein aus der Hand fliegt, weiss er nicht, wohin er geht.
Sa ventura no es de qui la cerca, sino de qui la troba.	Das Glück hat nicht Der, welcher es sucht, sondern Der, welcher es findet.
Sa roba vey, guarda sa nova.	Die alten Kleider ersparen die neuen.
Segons es Sants, s' encens.	Je nach den Heiligen der Weihrauch.
Si t' agradan ses figas, no diguis mal de se figuera.	Wenn Dir die Feigen schmecken, sprich nicht schlecht von dem Feigenbaume.
Si totom dugués se seua creu á sa plassa, cada u s' en tornaria ab sa seua.	Wenn Jeder sein eigenes Kreuz zum Markte bringen würde, würde ein Jeder mit dem seinigen nach Hause zurückkehren.
Si vols esser honrat, vestite de sa terra 'hont ets nat.	Wenn Du geehrt sein willst, gehe weg von dem Lande, wo Du geboren bist.
Si vols estar ben servit, tú mateix t' has de fer es llit.	Wenn Du gut bedient sein willst, musst Du Dir selbst das Bett zurichten.
Son tots d' un ventre, y no son tots d' un temple.	Sie sind alle aus einem Bauch, aber nicht alle einer Temperaments.
Tot lo que penja, pot caurer.	Alles, was hängt, kann fallen.
Tot lo sab, qui té peseles.	Alles weiss Der, welcher Geld hat.
Tramontana morta, ponent á se porta.	Hat sich der Nordwind gelegt, steht der Westwind vor der Thür.
Un conta fa s' ase, y un altre 's traginer.	Eine Rechnung macht der Esel und eine andere der Treiber.
Val més petit y viu, que gros y ase.	Es ist besser klein und lebhaft, als gross und dumm.
Val més un bon nó, qu' un dolent sí.	Ein gutes Nein ist besser, als ein schlechtes Ja.

Die Bildung ist auf Menorca grösser, als auf den anderen Balearen, was am besten aus der Zahl der Lese- und Schreibkundigen ersichtlich wird. Nach der Volkszählung 1887 betrug dieselbe 5883 Männer und 4420 Frauen. Das Verhältniss derjenigen Personen, welche nicht lesen können, zur Bevölkerung auf dem ganzen Archipel ist 0,85, auf Menorca nur 0,74, was eine bemerkenswerthe Ueberlegenheit dieser Insel gegenüber den Nachbarinseln hinsichtlich der Bildung bekundet. Es ist auch mit Zuversicht zu hoffen, dass von Jahr zu Jahr die Bildung rasch zunehmen wird, denn es ist unter dem Volke Menorca's ein sichtbarer Hang dafür, der auch Seitens der Regierung und der Gemeinden durch die Begründung vieler Schulen in den letzten Jahren kräftig unterstützt wurde.

Was zunächst die primäre Bildung betrifft, so ist dieselbe ziemlich weit vorgeschritten und verbreiteter als auf irgend einer der anderen Balearen. Von den im Jahre 1887 vorhanden gewesenen öffentlichen 34 Elementarschulen waren 16 für Knaben und 18 für Mädchen; Privatschulen gab es 25, sowie 4 Kleinkinderschulen und 29 Vorschulen, vier Abendschulen für Erwachsene und Lehrlinge und eine Sonntagsschule. In Ciudadela sind ein Seminario für Knaben und drei Privat-Collegia für Mädchen; ausserdem wird, wie auch in Mahon und Alayor, Unterricht in fremden Sprachen, Malen, Zeichnen, Musik und Turnen ertheilt. In Mahon hat die katholische Propaganda auch ein Unterkunftshaus für Waisenkinder.

Unterrichtswesen. Primärschulen. Höhere Bildungsanstalten.

Es bestehen drei Arten von Primärschulen. Die öffentlichen Schulen werden von der Gemeinde erhalten, die eingeschriebenen Schüler (Matriculados) müssen aber, wenn sie nicht ganz arm sind, ihrem Lehrer monatlich $1/2$ bis $1 1/2$ Peseta, je nach der Klasse und Stellung ihrer Eltern,

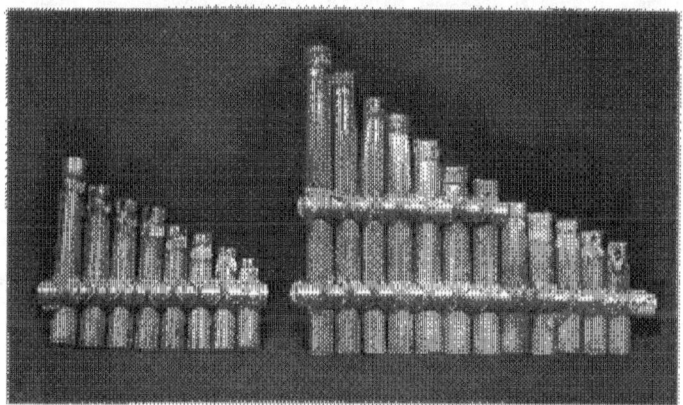

Bufs-Cañas.

zahlen. Der Unterricht in den Schulen der katholischen Propaganda ist unentgeltlich, die Eltern der Zöglinge zahlen jedoch an den Lehrer je nach ihren Mitteln und ihrem Gutdünken. Die übrigen Auslagen werden durch Verpflichtungen und freiwillige Almosen von Wohlthätern der Anstalt, durch verschiedene Geschenke des Bischofs und kleine Subventionen der Regierung bestritten. Die Privatschulen erhalten sich aus dem Monatsgelde, welches die Zöglinge zahlen. Was die Costuras betrifft, so werden sie von Frauen mit einer gewissen Bildung, religiösem Sinn und guter Moralität geleitet; man lehrt in denselben die ersten Gebote des Katechismus und bringt den Mädchen das Stricken bei.

Von höheren Bildungsanstalten giebt es auf Menorca ausser dem Seminar, von dem später die Rede sein wird, nur das Instituto de segunda Enseñanza von Mahon. Dasselbe ist hervorgegangen aus der Escuela oficial de Nautica, die im Jahre 1855 eröffnet wurde. Diese Schule war die erste höhere Bildungsanstalt Menorca's; sie hatte einen dreijährigen Cursus. Es schrieben sich nicht nur Diejenigen ein, welche die nautische Laufbahn einschlagen wollten, sondern auch viele andere junge Leute, denen das Studium der Mathematik, Geographie, Physik und des Zeichnens, das man dort lehrte, auch zur Verfolgung anderer Laufbahnen geeignet erschien. Nach vielen Projecten für Vermehrung der Lehrfächer erzielte man die Gründung eines Colegio de segunda Enseñanza, aggregirt dem Instituto Balear (der Provinz). Hierzu benutzte man das Personal, das Gebäude und das Material der nautischen Schule und vermehrte nur die Zahl der Professoren für den Unterricht in den neuen Gegenständen. Das Collegium wurde im Jahre 1865 eröffnet und wirkte mit Regelmässigkeit bis 1869, wo das Ayuntamiento von Mahon für gut hielt, ein freies Institut zu gründen und die nautische Schule aufzuheben. Das freie Institut wurde im Jahre 1874 in ein officielles umgewandelt, welches zweimal, während El Anunciador ein dreimal wöchentlich herausgegebenes Handels- und Anzeigenblatt ist. Die vierzehntägige La Revista Apicole ist ein Organ für Bienenzüchter.

Bücher werden in der Regel wenig gelesen. Von Bibliotheken giebt es nur die öffentliche von Mahon mit 13526 Bänden, die aber nur sehr wenig benutzt wird und meistens nur im Sommer wegen der darin herrschenden Kühle Besucher findet. Diejenige des Seminars von Ciudadela mit 7000 Bänden dient nur für den Gebrauch der Anstalt selbst. Ausser der bischöflichen Bibliothek in Ciudadela giebt es noch einige kleine Privatbibliotheken von 1000—2000 Bänden, von denen jedoch keine nennenswerth erscheint.

Religiöse Bildung und Aberglauben.

Die religiöse Bildung wird auf Menorca nicht besonders gepflegt, dafür ist aber das Volk religiös aus Gefühl, und zwar, wenigstens nach den Aeusserlichkeiten zu urtheilen, in stärkerem Grade in Ciudadela, als in Mahon, was wohl in dem zahlreichen Clerus in der ersteren Stadt und dem regen Verkehr mit Fremden in der letzteren seine Erklärung findet. Auch in dem Grusse ist auf Menorca der religiöse Stempel aufgedrückt. Alabat sia Deu (Gott sei gelobt), worauf der Andere erwidert: Per sempre alabat (für immer gelobt), sagen viele der älteren Leute, namentlich in der Gegend von Ciudadela; Ave Maria Purisima (sei gegrüsst, unbefleckte Maria) wird vielfach beim Eintreten angewendet. Die Sitte, den Rosenkranz als Abendgebet zu wählen, ist namentlich in den Häusern auf dem Lande eine sehr weit verbreitete.

Wenn die Kalkbrenner das Feuer in ihren Oefen anzünden, thun sie es mit einer Fackel, die sie an der Lampe, welche vor einem Bildnisse der Mutter Gottes des Toro brennt, angezündet haben, nachdem sie knieend ein Gebet verrichtet, damit Gott sie vor den Gefahren ihrer Arbeit beschütze. Auch hat sich noch die Sitte erhalten, durch einen Geistlichen alle Häuser am Ostersonnabend einsegnen zu lassen. Der Pfarrer und seine Kaplane theilen sich die Arbeit, so dass nicht ein einziges Haus, mag es noch so entlegen sein, übergangen wird. Eine eigenthümliche Sitte ist es auch, dass an den grossen Festtagen und den Tagen der Titular-Heiligen eine Flasche (Barracha) mit vier oder sechs Seitenlöchern mit Kölner Wasser, das mit Wasser vermischt ist (Aygo d'olor genannt), in der Kirche von einem Messner herumgetragen wird, der Denjenigen, welche Almosen spenden, davon giebt. Man beobachtet dieselbe Sitte nicht nur in Mahon, sondern auch in den Ortschaften.

Sibilas, wie sie auf Mallorca und zur Zeit der Mönche im Kloster des Carmen in Mahon bestanden, giebt es gegenwärtig in keiner Kirche Menorca's mehr. Man nennt heutzutage Sibilas die Messknaben (Monaquillos), welche bei den festlichen Matineen der Weihnachtszeit die Geistlichen zur Kanzel begleiten, welche die Lectionen singen sollen.

In der Diöcese von Menorca werden Processionen weniger häufig als früher, aber doch immer noch zahlreich abgehalten, und zwar sowohl grosse öffentliche Processionen durch die Strassen, oder solche, die sich auf einen Pfarrsprengel beschränken; ferner Processionen innerhalb der Kirchen. Die Fronleichnams-Procession mit dem allerheiligsten Sacramente wird überall, namentlich in Mahon, höchst feierlich begangen und stark besucht unter Betheiligung der Behörden, Bruderschaften u. s. w.: die gesammten Truppen der Garnison bilden auf dem ganzen Wege (dessen Balcons und Fenster mit Teppichen bedeckt werden) Spalier und schliessen sich dann der Procession

Hof des Seminario von Ciudadela.

an, um das grosse Gefolge zu vervollständigen; es werden Altarbauten zum Aussetzen des Allerheiligsten aufgestellt.

Die Menorquiner sind gewissenhaft in Befolgung religiöser Gebräuche hinsichtlich der Erfüllung der Osterpflicht, der Fasten u. s. w. Betreffs der letzteren sei bemerkt, dass Diejenigen, welche auf Menorca fasten, gewöhnlich früh eine Schale Kaffee ohne Milch und etwa 25 gr Brod zu sich nehmen; beim Mittagessen ist keine Beschränkung vorhanden, und das Abendessen besteht aus einer Schüssel voll Gemüse. In den Zwischenräumen von einer Mahlzeit zur anderen wird die Enthaltung von Speisen streng berücksichtigt.

Von den in der Fastenzeit abgehaltenen Fastenpredigten werden ganz besonders diejenigen in der Charwoche stark besucht.

Dank einerseits dem tief eingewurzelten religiösen Gefühl, welches dem Aberglauben kein offenes Feld lässt und denselben verurtheilt, dank andererseits der allgemeinen Aufklärung, die auf Menorca herrscht, sind abergläubische Anschauungen auf der Insel wenig verbreitet und verschwinden von Tag zu Tag immer mehr; wo sie sich aber noch wach erhalten haben, ist dies nur im Geheimen der Fall, und man wagt dieselben nicht vor anderen aufrecht zu erhalten. Manche sind übrigens so ziemlich in ganz Europa verbreitet; es dürfte nicht ohne Interesse sein, eine Uebersicht derselben zu geben. Unter die ersteren gehören: Wein, welcher unabsichtlich auf dem Speisetische oder irgendwo anders vergossen wird, verspricht Heiterkeit und Glück; in umgekehrter Weise verkündet Salz, welches man unwillkürlich auf dem Tischtuche verschüttet hat, einen Unfall. Oel, welches

Pared mit Meajadoras.

zufälliger Weise auf dem Tische vergossen wird, bedeutet einen Unfall für Den, der es verschüttete, oder für die Familie des Hauses; als Gegenmittel schüttet man ein Waschbecken mit klarem Wasser auf die Strasse. Wenn Dreizehn an einem Tische sitzen, stirbt im Laufe des Jahres einer von ihnen, so dass, wenn sich die Zahl zusammenfindet, was man übrigens sorgfältigst vermeidet, entweder einer oder alle aufstehen, oder man ladet einen Anderen dazu ein, damit es Vierzehn werden. Dieses Vorurtheil, welches wohl in der Zahlenreihe von Judas seinen Ursprung hat, ist selbst unter Personen von einer gewissen Bildung verbreitet. Eine Eule, welche des Nachts in der Nähe eines Kranken heult, an dessen Lager man wacht, verkündet, dass derselbe sterben wird. Ein Hund, der in einer Strasse während der Nacht heult, bedeutet ein Unglück für die dortigen Bewohner; ebenso wird dem Zerbrechen eines Spiegels diese Bedeutung beigelegt. Die Zerstörung eines Schwalbennestes am Dache eines Hauses bildet die Ursache des Todes eines Mitgliedes der Familie. Scheeren, welche auch unabsichtlich unter Liebenden verschenkt werden, sind immer die Ursache davon, dass die Liebe aufhört und man nicht zur Vermählung gelangt. Ein Hufeisen, von

Eine Barrera bei S^a Clemente.

welchem Thiere es auch benutzt sein mag, hinter der Eingangsthür aufgehängt, bringt Glück für die ganze Familie, ein Glaube, der wohl englischen Ursprungs ist. Auch glaubt man an die Bedeutung der Träume und an Hexen. Von den eigenthümlichen abergläubischen Ansichten, die wohl theilweise Menorca mit Mallorca gemein hat, mögen nachstehende erwähnt werden: Wenn ein Borin Ros (eine Art Sphinx) in ein Haus eintritt, bringt es Glück, wenn aber ein Borin negre (Xylophaga violacea) erscheint, Unglück. Ein Zinselbaum, der in dem Garten eines Hauses steht, darf nicht gefällt werden, ohne dass der Familie ein Unglück zustösst. Von einem Barbier geschnittene Haare lassen, wenn sie von einer Hexe oder anderen Person, die schlechten Sinnes ist, genommen werden, Denjenigen, der sie lange trug, leiden. Nadeln, welche in ein Lamm- oder Schafsherz gestochen werden, lassen, ins Meer geworfen, den Feind leiden, an dem der Verfertiger dieser Arbeit sich rächen will. Bohnen, welche in das Oel und Wasser der Kirchenlampen geworfen werden, schaffen in dem Maße, wie sie darin anschwellen und sich schliesslich öffnen, Demjenigen, der etwas gestohlen hat, Unruhe und nöthigen ihn, das Gestohlene seinem Besitzer wieder zuzustellen, wenn er sich nicht der Gefahr aussetzen will, fortwährend zu leiden oder zu sterben. Salz, welches man absichtlich vor die Thür eines Hauses streut oder dort findet, ist ein sicheres Zeichen, dass der Eigenthümer oder die Insassen desselben Feinde haben, welche auf ihr Verderben hinarbeiten. Ein Stuhl, den man auf einem seiner Füsse sich herumdrehen lässt, wahrsagt Streitigkeiten zwischen Demjenigen, der dies thut, und einem der Anwesenden oder dessen Familie. Wenn das rechte Ohr klingt, gilt dies als ein Zeichen, dass man gelobt, beim linken dagegen, dass man getadelt wird. Raute (Ruda), welche absichtlich in dem Hausgärtchen gepflanzt wird, lässt in dasselbe die bösen Geister (Duendes) nicht eintreten; namentlich war dieser Brauch bis vor wenigen Jahren in Ferrerias üblich. Die Schürze einer Magd oder Hausfrau, die durch einen Funken des Feuers, das man anmacht, verbrannt wird, verspricht der Besitzerin einen Gewinn, wenn sie sogleich Billete in der Lotterie nimmt. Ebenso wird, wenn man sich beim Aufstehen anzieht und unbemerkt die Strümpfe verwechselt, der Betreffende, wenn er Billete irgend einer Lotterie nimmt, einen Gewinn haben. Als eine Art Aberglauben mag auch die sehr verallgemeinerte Ansicht gelten, dass durchlöcherte Geldstücke glückbringend seien; man giebt sie daher nicht wieder weg, wenn man sie bekommt; wohl heutzutage mehr aus praktischen Gründen, da man dieselben nicht auszieht und im Nothfalle immer Geld hat. Man macht eben einen Scherz damit. Seehundsschnurrbarthaare, die man einem lebenden Seehunde ausreisst und in ein Säckchen, das man am Halse trägt, legt, soll die Seeleute vor dem Tode des Ertrinkens sichern. Ebenso legen die Fischer auf die Placenta (Vestid des nexer) eines umwickelt geborenen Kindes, wenn auch nicht ihres eigenen, einen grossen Werth und theilen sich dieselbe sorgfältig in Stücke, welche sie in einem Säckchen als Schutz gegen Uebel tragen, die ihnen sonst zustossen würden. Dieses eigenthümliche Vorurtheil herrscht auch auf Mallorca und selbst auf dem spanischen Festlande. Wie auch in anderen Gegenden, wird das so geborene Kind als stets glücklich angesehen. Das Kind, welches am Charfreitage geboren wird, ist stets sehr weinerlich. Das Kind, welches zuerst mit dem am Charfreitage oder an der Vigilie vor Pfingsten in das Taufbecken gegossenen Weihwasser getauft wird, hat sa Saliva bona oder guten Speichel, so dass es damit jedes giftige Thier tödten und von Krankheiten, namentlich Wunden, genesen wird. Denselben Vortheil geniessen diejenigen Kinder, welche am Tage der Bekehrung des heiligen Paulus geboren oder getauft werden. Ein Bindfaden, welcher an dem Puls befestigt wird, verhindert die Krämpfe bei Denen, die viel schwimmen. Eine Guitarrensaite, an dem Pulse befestigt, heilt Zahnweh. Eine dreikantige Nuss (Nou de tres Cantells), stets in der Tasche getragen, schützt lebenslang vor Zahnweh; ebenso leidet man nie daran, wenn man sich die Nägel alle Montage schneidet; thut man dagegen diese Arbeit am Freitag, so entstehen Wunden an den Nägeln und Fusszehen (Grells des Enemigs). Ein Ring aus Stahl, welcher an einem beliebigen Finger getragen wird, heilt das Rheuma. Ein Spartfaden, um den Hals befestigt, befreit von Aufstossen und saurem Magen. Eine Citrone, immer, und zwar stets dieselbe, in der Tasche getragen, macht, dass sich der Träger derselben nie erkältet. Knoblauch, stets in der Tasche getragen, schützt Milben.

Theilweise auf Vorurtheilen beruhend, theilweise aber auch durch ihre eigene Wirkung auf Erfahrung begründet, sind mehrere der vom Volke verwendeten Heilmittel. Legt man eine Zwiebel von Scylla maritima unter das Bett eines Rothlaufkranken, so heilt sie diesen nicht nur, sondern verhindert auch, dass das Uebel wiederkehrt. Die Decocte von Orangenblättern werden gegen Nervenleiden benutzt; die Decocte von Lavendel- (Lavatern-) Blumen und von Heiligenpflanze (Santolina, Chamaecyparissus) werden gegen Leibschmerzen angewendet. Der Syrup vom sauren Granatapfel wird gegen trockenen Husten gebraucht, ebenso der Syrup von Cactusfeigen. Die Blätter oder, besser gesagt, die Aeste dieser Pflanze, in zwei Theile gespalten, werden als Resolutiv verwendet; man benutzt sie auch, um Wunden zu heilen. Hierfür verwendet man indessen mit Vorliebe geriebene Carotten, welche auch wirklich recht gute Dienste leisten. Wohl

Pfluggespann.

von den Engländern hergenommen ist der umfängliche Gebrauch von Magnesia, welche die Leute aus dem Volke als eine allgemeine Panacee ansehen.

Trachten der Menorquiner.

In Folge der wiederholten Einwanderungen während der fremdländischen Occupationen ist, wie begreiflich, der Typus der Bevölkerung Menorca's ein sehr verschiedenartiger. Ein grosser Theil der arabischen Bevölkerung hat sich zur Zeit der Eroberung mit der christlichen assimilirt, und es ist daher nicht zu verwundern, dass sich der arabische Typus vielfach noch erhalten hat. Namentlich im Südosten der Insel begegnet man manchem jugendlichen Männergesicht, das so arabisch aussieht, dass eine gewisse Ueberwindung dazu gehört, den Jüngling nicht arabisch anzusprechen. Andererseits könnte man sich, wenn man in Mahon manches Mädchengesicht betrachtet, in Westend wähnen. Viele Engländer haben sich während der dreifachen Domination mit Mahonnaserinnen vermählt, und häufig habe ich bei so auffallend englischen Gesichtchen englische Voreltern entweder von väterlicher oder von mütterlicher Seite nachweisen können. Auch trifft man in den kleinen Ortschaften der Umgebung Mahon's manchen ältlichen rothhaarigen Mann mit farbigem Gesicht, welcher ganz schottisch aussieht. Ein verschiedener Typus ist auch in den einzelnen Ortschaften vorhanden. Am schönsten sind die Leute an beiden Enden der Insel, namentlich in den beiden Städten, vor Allem in Ciudadela, wo die edle regelmässige Form der Gesichter ganz auffallend ist. In zweiter Linie steht Alayor, wo sie sich, wie in S⁰ Luis, namentlich durch ihre gesunde Gesichtsfarbe auszeichnen. Bildschön sind die rosigen Kinderchen, der Typus blühender Jugend. Ein charakteristisches Merkmal der Bewohner Alayor's, das namentlich bei Männern hervortritt, ist das etwas zu lange Kinn. Im Centrum der Insel sind die Leute weniger schön, nämlich in den drei Ortschaften von Mercadal, S⁰ Cristobal und Ferrerias, wo sie einander ähneln. Im Allgemeinen sind übrigens die Leute auf Menorca grösser, als auf Mallorca.

In Folge der wiederholten Fremdherrschaft und des regen Verkehrs mit der Aussenwelt ist jede Spur einer Nationaltracht auf Menorca verschwunden. Dieselbe, welche sich mit gewissen Abänderungen bis in den Anfang dieses Jahrhunderts erhielt, ist nur noch aus alten Aquarellen

Jou de Bou.

der englischen Periode zu ersehen. Wiewohl nicht ganz, ähnelte die Tracht etwas derjenigen Mallorca's, namentlich die der Frauen, welche den auf die Schultern herabhängenden Zopf und den Rebosillo wie die Mallorquinerinnen trugen. Heutzutage folgen sie gänzlich den Zeitmoden, und ganz besonders entwickelt ist die Neigung zum Luxus im Anzuge. Die älteren Damen tragen meistens noch die spanische Mantilla, während die jüngeren schon die bizarren Hüte der Neuzeit verwenden. Unter den Männern ist die Capa madrileña sehr verbreitet, und ein Mann ohne Capa gilt im Winter als nicht vollständig angezogen; selbst ganz junge Knaben pflegen sie zu tragen, und sie nimmt sich auf Kinderschultern auch wirklich ganz kokett aus. Junge Leute lieben sie mit buntem, meistens carmoisinrothem oder dunkelorangefarbigem Revers. Auf dem Lande haben die Meisten den Bart abrasirt, viele von den jüngeren Leuten aber tragen einen Vollbart, und in den Ortschaften ist vielfach der Schnurrbart üblich. Von jungen Männern und Mädchen wird, namentlich in Mahon, eine Art Haarschlinge (Puput) auf der Stirn getragen, die ihnen ein sches Aussehen verleiht.

Wie in der Stadt, so ist auch auf dem Lande jede Spur einer traditionellen Tracht verschwunden. Häufig kommen rothe, schwarzverbrämte Mützen (Becas) vor, namentlich bei Fischern, manchmal auch bei Fuhrleuten und Lastträgern. Im Winter sind vielfach Pelzmützen bei jungen

Leuten, insbesondere bei Fuhrleuten üblich; viele Leute tragen auch im Winter bei der Feldarbeit einen Palmito-Hut. Manchmal wird noch eine Mütze auf den Strohhut gesetzt. Eine eigenthümliche Sitte ist die, um den zumeist schwarzen, engkrämpigen Filzhut ein Sacktuch zu winden, in welches man die hier zu Lande verfertigten hölzernen Pfeifen steckt; namentlich geschieht dies in der Gegend von Mercadal allgemein. Manchmal werden statt des um den Hut geschlagenen Sacktuches kleine Lederstreifen in langen Stichen durch den Filzhut gezogen, in welche man gleichfalls die Pfeife hineinsteckt. Bei den Landleuten ist eine kurze blaue Jacke sehr gebräuchlich. Wollbänden, vorn mit Knöpfen, Chamarette genannt, werden in der Nähe von Ciudadela auch in Ferrerias sehr viel getragen. Mäntel mit Kapuze aus braunem oder blauem Tuch werden auf dem Lande noch von älteren Leuten gebraucht. Die Winterkleider sind meist aus grobem Tuch, die Sommerkleider aus mallorquinischer Llista gearbeitet. Sehr beliebt bei älteren Leuten ist in der Gegend von Ciudadela und Mahon zur Feldarbeit eine Lederschürze (Devantal), welche manch-

Ein Parey.

mal rückwärts um die Füsse als Hose gebunden wird und den doppelten Zweck hat, zu wärmen und als Schutz für die Füsse zu dienen. Als Fussbekleidung des Landvolkes dient die Auberca aus Rindsleder, das mit den Haaren nach aussen gewendet ist, oder auch aus Sohlen, die man kauft und dann selbst bearbeitet. Eigenthümlicher Weise stammen trotz des vielen Rindviehes, das man auf Menorca hat, die meisten Lederstücke, die man schon viereckig geschnitten in der nöthigen Grösse verkauft, aus Montevideo. Die Auberca's sehen recht unschön aus und sind namentlich zur Winterszeit bei feuchtem Wetter sehr unbequem; die Leute sind aber so an sie gewöhnt, dass sie im Innern der Insel, namentlich in Mercadal und Ferrerias, fast die ausschliessliche Fuss-Bekleidung bilden.

Wie sich bei den Männern nichts Typisches findet, so hat sich auch keine Eigenthümlichkeit im Anzuge der Frauen erhalten. Sie tragen auf dem Lande ein Kopftuch, das sie in früherer Zeit beim Reiten durch einen Cylinderhut ersetzten, über welchen sie ein Kopftuch banden, was noch heutzutage einige wenige Frauen zu thun pflegen. Zur Sommerszeit und an schönen Tagen auch des Winters wird der breitkrämpige Strohhut aus Palmito, mit Kattunfutter auf der Unterseite der Krämpe, verwendet. Schirme werden häufig, namentlich beim Ausreiten, aber meistens im Futteral, getragen. Die Röcke, in der Regel aus Callcot aus Catalonien bestehend, pflegen in der Regel schlicht zu sein. Einige Frauen auf dem Lande tragen noch auf der Insel verfertigte, gewöhnlich blau gefärbte Stoffe, die halb aus Leinen und halb aus Wolle bestehen, Mitje llana genannt, welche einst in allgemeinem Gebrauch waren. Recht sorgfältig zeigt man sich hinsichtlich des Schuhwerks. Auch in den Goldschmucksachen des Landvolkes, bei welchen sich in den meisten Gegenden ein gewisses charakteristisches Gepräge erhalten hat, ist auf Menorca gar nichts Typisches bewahrt geblieben, und der am meisten getragene moderne Schmuck wird aus Frankreich und anderen Ländern eingeführt.

Wohnungen und Hausgeräthe.

Die Bauart der Häuser, wiewohl von der Phantasie eines Jeden abhängig, hat auf Menorca eine gewisse Gleichförmigkeit, namentlich da hier keine Baumeister vorhanden sind, sondern die Maurermeister selbst die Häuser errichten und schablonenmässig eines nach dem anderen copiren. Die Quadern werden, nachdem man mittelst compacter Kalksteinstücke den Grund nivellirt hat, trocken aufgelegt, indem man die Fugen zustopft und sie mit in Wasser aufgelöstem Gyps füllt, der sich so fest mit dem Kalkmörtel verbindet, dass manchmal beim Abtragen von alten Häusern die Steine eher brechen, als dass sie sich in ihren Fugen trennen. Dieses feste Zusammenhalten gestattet auch, dass man dünne Scheidewände abheben und in einem Stücke transportiren kann.

Die Fussböden fertigt man aus Balken (Leñams) von nordischen Tannen. Auf diesen ruhen dünne Balken, Firas oder Fires genannt, von 5—6 cm, von viereckigem Durchschnitt. Dadurch entsteht eine Art offene Täfelung, auf welcher die 3 cm starken Kalkmergelplatten (Cuarts) ruhen, deren Fugen auf der unteren Seite mit Kalkmörtel zusammengefügt werden und nach innen zu mit Gyps gefüllt sind. Gewöhnlich legt man heutzutage auf diese Pflasterziegel, deren in Ciudadela und Mahon treffliche Sorten fabricirt werden, oder in seltenen Fällen solche aus Catalonien oder Frankreich; manchmal belegt man sie auch einfach mit Gyps. Will man den Lärm im unteren Stockwerke vermeiden, namentlich wenn der Fussboden statt aus Cuarts aus Brettern gebildet ist, so bringt man unten eine flache Decke (Cel ras) an und füllt den leeren Raum mit Hobelspänen aus, welche schlechte Schallleiter sind. In manchen Häusern, vorzüglich Mahon's, haben die ebenerdigen Wohnungen, insbesondere wenn ihre Räume als Schreib- oder Speisezimmer verwendet werden sollen, hölzernen Fussboden, wesentlich in der Absicht, dieselben trockener zu erhalten.

Die Bedachungen haben dieselbe Bauart wie die Fussböden, nur mit dem Unterschiede, dass die hierzu verwendeten Kalkmergel-Quadern nur 3 cm Stärke haben; dieselben heissen Quints und waren, wie die Cuarts, schon 1613 im Gebrauch. In alter Zeit verwendete man Rohrdecken (Cañisos), wie man deren noch manche auf dem Lande, namentlich in der Gegend von Ciudadela, sehen kann, und Holztäfelungen, meistens sehr einfacher Art. Die Dächer werden mit Hohlziegeln gedeckt und haben eine Neigung von nicht über 13°. Manche Hausdächer sind in weiss getünchte Abstufungen eingetheilt, wodurch sie auch fester werden, da in diesen Reihen die Hohlziegel nicht nur geweisst, sondern auch eingemauert sind. Manche haben nur einen solchen Streifen in der Mitte, einige wenige sind durchweg geweisst. In alter Zeit ragten die Dachungen als Aleros hervor, wie man deren noch einige wenige, namentlich in Ciudadela, sieht; sie waren von Holz oder Stein, wie beispielsweise an dem Hause Saura.

Das Aeussere der Häuser ist auf Menorca ungemein nüchtern; und wenn wir einige reichere Häuser von Ciudadela ausnehmen, von denen manche recht schön sind, und manches Haus bei Mahon aus der englischen Periode, das einige Architekturspuren aufweist, unterbricht selten eine Profilirung die einförmige glatte Tünche. Sie haben auf dem Lande stets die Thür nach Süden; bei den älteren findet man gar keine oder nur ein kleines Fenster gegen Norden, das man dann im Winter sorgfältig verschliesst, ja manchmal mit Baumwolle dicht macht; und man nennt ein Haus schlecht gebaut (esguerrat), wenn seine Thür nach Norden liegt. Nur bei neueren Häusern findet man ein paar Fenster oder eine geschlossene Halle gegen Norden, wenn nach dieser Seite hin die Aussicht schön ist. Es herrscht überhaupt auf der Insel im Allgemeinen eine grosse Vorliebe und Sucht für Aussichten, und vielleicht ist es gerade der verhältnissmässige Mangel daran, welcher dies bewirkt. Fast jedes Besitzthum und auch viele Häuser in den Städten haben ihre Aussichtswarte (Terrat), welche einen weiten Ueberblick gewährt, und gar sehr freuen sich die Leute, wenn man das Haus, das sie bewohnen, schön gelegen findet.

Sehr allgemein sind auf Menorca die herabschiebenden Fenster, welche von den Engländern eingeführt wurden und die nur die Hälfte der Fensteröffnung offen lassen; bei manchen kann man nach Belieben die obere oder die untere Hälfte öffnen. Das Fehlen von eisernen Gittern und hölzernen Pfosten, welche fast allenthalben durch Jalousien ersetzt sind, die auch sehr leicht gebaut zu sein pflegen, spricht für die grosse Sicherheit, die man auf der Insel geniesst. In Mahon und

Pflug (Arada).

auf dem Lande werden die Jalousien meist dunkelgrün angestrichen, in Ciudadela gelblich, holzfarbig. Gleichfalls durch die Engländer wurden die hervortretenden Erker eingeführt, die man in Mahon Bainder nennt, wohl corrumpirt aus Bow Window. Sie sind zumeist rechtwinkelig oder von achteckiger Grundform.

Ein charakteristischer Zug Menorca's ist das viele Weissen der Häuser. Jeden Sonnabend Nachmittag werden die Häuser, bei denen, mit Ausnahme von ein paar blauen in Mahon, einigen gelblichen in Ciudadela und etlichen hochrothen, namentlich in Alayor, Weiss die einzige vertretene Farbe ist, aussen und innen getüncht, und diese Manie, wie man es fast nennen möchte, geht so weit, dass man sich nicht nur auf die Wände beschränkt, sondern auch die Bedachung, den Rücken der benachbarten Umfassungsmauern, ja manchmal sogar die benachbarten Felsen weisst. Das Weissen haben wohl die Menorquiner von den Arabern überkommen; aus den weissen Koubbas sind die weissen Kirchen entstanden. Allerdings mag das Weissen auch zum grossen Theil in der ausserordentlichen Reinlichkeit der Menorquiner seinen Grund haben. Dieselbe ist namentlich in den Häusereingängen, sowohl in der Stadt, wie in den Ortschaften und auch auf dem Lande, ganz auffallend, und fast jeden Augenblick hat man den Besen in der Hand. Es muss übrigens betont werden, dass das viele Weissen nicht nur dem Reinlichkeitssinne entspringt, sondern auch nöthig ist, um das sonst leicht verwitternde Marés zu erhalten, zumal da letzteres sehr porös ist und ohne Tünche eine grosse Menge Feuchtigkeit absorbirt, wenn der Wind den Regen gegen die Wände peitscht, was durch das Weissen allmählich verhindert wird. Was ein Vortheil nach aussen gilt, muss wohl theilweise als ein Nachtheil nach innen bezeichnet werden, da die starke Tünche fast keine Absorbirung der sich daselbst entwickelnden Feuchtigkeit zulässt und diese an den Wänden herabrieselt.

Fast alle Stadthäuser nehmen einen gewissen rechtwinkeligen Raum ein, den man Trast nennt; dieser umfasst 5 m Breite und 20—25 m Tiefe. Fast alle Häuser von Mahon bestehen aus nur einem Trast; diejenigen von zwei Trasts sind die Wohnungen bemittelter Leute, und solche von drei Trasts kommen äusserst selten vor. Die Stadthäuser sind 10—12 m hoch; sie haben ein Grundflur, einen ersten und einen zweiten, fast immer niedrigeren Stock. Alle Häuser, welche einen Trast umfassen, sind nach einem fast gleichen Typus erbaut. Gewöhnlich bestehen sie aus gewölbten Souterrains mit Stallungen, Kohlenmagazin, Waschplatz u. s. w.; in alter Zeit hatten Viele darin auch eine Blutmühle und Manche den Keller. In Ciudadela fehlen diese Souterrains vielfach. Weiter enthalten sie ein Erdgeschoss, das auf den Hof geht (wenn ein solcher vor-

Hersa.

handen ist), die Treppe mit Vestibül, Speisezimmer, Küche, ein Schlafzimmer (bei reicheren Leuten einen Wagenschuppen) und ein Estudi, welches als Arbeitszimmer tagsüber dient, rechts oder links der Thür, welche eine Seite einnimmt. Fast nie haben die Häuser einen Mezzanin oder Entresuelo. Die Hauptflur enthält einen Salon, eins oder zwei kleine Toilettezimmer und zwei oder drei Schlafzimmer. Die Façade von 5 m Ausdehnung gestattet nicht den Bau von zwei Zimmerreihen, und, um zu vermeiden, dass die Zimmer aneinanderstossen, ohne einen freien Ausgang zu haben, wird viel Raum durch Gänge verloren. Der zweite Stock, wenn ein solcher vorhanden ist, wird gewöhnlich für Schlafzimmer und Cabinete bestimmt; zumeist wird er aber nur von dem Dervan gebildet, der in der Häusern der Grundeigenthümer als Magazin für die Cerealien ihrer Güter benutzt wird und zu Zimmern für die Dienerschaft hergerichtet ist. Mehrere Häuser hatten vorn Rundbogenhallen, in Mahon nunmehr zumeist vermauert, während sie in Ciudadela noch vorhanden sind. Die Mehrzahl der Häuser hatte früher Stufen an der Frontseite, welche nicht nur dazu dienten, dass man von der Strasse zu den Souterrains hinabzusteigen vermochte, sondern auch, um zu dem oberen Stockwerke mancher Häuser zu gelangen, welche unter dem Namen Cambras ohne irgendwelchen Zusammenhang mit den unteren Stockwerken vermiethet wurden. In neuerer Zeit sind sie fast gänzlich verschwunden, was wohl für den Strassenverkehr von Vortheil ist. Dagegen sieht man in mehreren Ortschaften noch heutzutage an der Frontseite der Häuser angebaute, gemauerte Bänke (Pedrizos). Die Tiefe von über 20 m, welche die Häuser gewöhnlich haben, erschwert die Ventilation und die Beleuchtung; letzteren Uebelstand hat man allerdings theilweise durch Oberlicht zu beseitigen versucht. Fast alle grossen Häuser haben aber einen kleinen Hof, der den inneren Räumlichkeiten Licht giebt, und nach rückwärts ein Gärtchen oder einen Corral.

Die grösseren Häuser enthalten gewöhnlich ein breites Vestibül, welches zu den Treppen führt; die letzteren haben eine grosse Ausdehnung und sind namentlich in reicher eingerichteten Häusern Cludadela's luxuriös und gross, aus dortigem Stein gebaut und mit einem eisernen, mehr oder minder verzierten Geländer versehen. Die zu ebener Erde gelegenen Wohnungen münden auf das Vestibül und bestehen aus Arbeitszimmer und Bureaux; die Küche und das Speisezimmer sind stets nach der Gartenseite zu gelegen. Häufig ist in den Herrenküchen über die mit Ziegeln und Fayenceziegeln, letztere meist aus Valencia, sauber gepflasterten Feuerheerde (Façons) ein Bogen gespannt, mit einem Kamin darauf, damit der Dunst nicht in den Küchenraum komme. Die bescheideneren Küchen haben zumeist in der Ecke einen abgerundeten Feuerherd. Sehr rein, jeden Augenblick geweisst und gut mit Steingut versorgt sind die zur Aufnahme der Teller eingemauerten Marés- Stücke,

Peu d'Abeurada.

welche lange Reihen um die Küche beschreiben, Escudellers genannt. Im ersten Stocke führt der Absatz (Replan) der Treppe zu dem Salon und zu den Wohnzimmern. Die Stockwerke haben gewöhnlich 4 m Höhe, die in den Salons zunimmt. Jede Wohnung besteht aus einem Schlafzimmer und ein oder zwei Toilettezimmerchen. Erstere sind thunlichst im Centrum des Hauses untergebracht, weil sie dadurch Schutz vor dem Winde im Winter und vor der Sonne im Sommer bieten, während man stets vor Lärm gesichert ist; es fehlt ihnen aber Luft und Licht, die beiden Hauptbedingungen für ein gesundes Schlafzimmer; und geradezu auffallend ist es, dass, je reicher der Eigenthümer, namentlich unter den adeligen Familien, ist, desto versteckter und dunkler seine Schlafstätte (Alcoba) liegt. Selten enthalten die oberen Stockwerke andere Wohnräume, als die für die Dienerschaft bestimmten Zimmer.

Die Häuser auf dem Lande sind meistens klein. Die grösseren derselben sind fast alle nach einem Muster gebaut und bilden ein einziges grosses Viereck mit doppelt abfallendem Dache, ohne Hofraum und mit einer Bogenhalle vorn. Diese hat drei Bogen unten und drei oben, auf welch letztere der Hauptsaal stösst, in welchen die übrigen Seitenzimmer münden, mit einem oder zwei Fenstern auf jeder Seite vorn; oben befindet sich ein grosser Dachboden (Porcho oder Sala genannt) mit einem Giebelfeld nach vorn. Die Pont Santa und Tirant nou sind Längsgebäude, welche von dem üblichen charakteristischen Typus abweichen. Manche Landhäuser im Südosten der Insel sind mit plumpen viereckigen, zuweilen auch mit runden Thürmen versehen, die als Vertheidigungsplatz zur Zeit der Maurenüberfälle dienten, und einige derselben, wie S'Argossam und die Torre del Ram, sehen fast schlossartig aus. In der sonnenvollen Gegend sind die üblichen drei Bogenhallen bei den Landhäusern eine unerlässliche Bedingung, da sie hier um die Mittagszeit der einzige schattige Platz sind, den man sonst vergebens weit und breit suchen würde. In der Gegend von Mercadal ist unten statt einer Dreibogenhalle häufig ein einziger Bogen vorhanden, während die Eingangshalle wie vermauert erscheint. Von den Wölbungen der Eingangsbogenhallen ragen Doppelhaken hervor. Bei vielen sind Estacas, um Drosselfang-Netze (Filats) darauf zu legen, angebracht.

Viele und selbst dürftige Häuser haben Sonnenuhren; häufig sind bei Mahon kleine derartige Uhren aus schwarzem Schiefer, der sich von dem Weiss der Tünche grell abhebt. An manchen Häusern ist aussen eine sich emporrankende Rebe angepflanzt. Ein Pujador, häufig mit Ziegeln gepflastert und aus drei oder mehreren Stufen bestehend, zu dem Zwecke, sich bequemer auf die Reitesel setzen zu können, fehlt bei keinem Landhause. In der Gegend von Sᵗ Luis, Turret etc. haben viele Häuser oben auf dem First ein Maltheserkreuz, und mehrere haben Terrassen, die von dem oberen Stockwerke aus zugänglich sind.

Die ganze Seite von Ciudadela ähnelt in Allem und somit auch in den Häusern viel mehr Mallorca, als die Seite von Mahon. Es herrscht auf dem Lande nicht jenes übertriebene Weissen der Häuser, ja manches derselben erscheint arg von der Zeit geschwärzt; auch hat sich viel mehr das charakteristische Locale im Bau der Häuser, der Küchen etc. erhalten. Ebenso ist die Sauberkeit auf dem Lande keine so übertriebene, als in der Gegend von Mahon. Die Bewohner sind fast lauter Halbpächter (Amidjés), und da die Güter häufig Leuten gehören, die sie wenig besuchen, so haben die Amidjés auch kein besonderes Interesse daran, sie so zu halten, wie ein eigenes Haus, und manche Besitzthümer sehen wie schon verfallen aus.

In dem gewölbten Eingangszimmer der Landhäuser von Ciudadela sieht man vielfach ein Maltheserkreuz oder einen Heiligen im Schlussstein. Häufig ist in demselben oben ein Doppelhaken. Viele dieser Wölbungen stammen aus der Mitte des vorigen Jahrhunderts. Auch in den Landhäusern findet man überall dunkle Alcobas, die nur durch die Thür erleuchtet werden. In der Hausflur sieht man namentlich bei Mahon einen Spiegel mit Kamm, damit man sich beim Eintreten gleich kämmen kann. Häufig hängt von der Decke ein Käfig mit einem Stieglitz herab oder, ein solcher ist an der Wand mit einem Steinhuhn darin aufgehängt. Die Treppen dieser Häuser sind meist einfach im Viereck gebaut mit Holzgeländer, mit viereckigen Stäben, die Stufen bisweilen aus einer Art Cement verfertigt; wenige Häuser haben aussen Treppen. Die Dachböden (Porchos) sind stets sehr nett gehalten; sie haben an ihrem Fussboden verschiedene Marés-Abtheilungen, um die einzelnen Getreidesorten abgetrennt zu halten, und eine Abtheilung, die mit schönen Llonganissas und Sobersadas behängt ist. Es ist hier zugleich der Platz, wo die vielen Cañisos zum Käsetrocknen aufgehängt werden. Gewöhnlich ist die Behausung für den Herrn oben, und die ebenerdigen Räume sind für den Amidj' reservirt; nur in wenigen Häusern, wie beispielsweise der Covas veyes, bildet das Bauernhaus eine eigene Abtheilung des trotzdem von aussen als ein einziges Haus erscheinenden Gebäudes, und nur in einem einzigen Falle, in dem Hause von Sta Eulalieta, ist das Herrenhaus vom Bauernhause gänzlich getrennt.

Bei den Küchen auf dem Lande sind drei verschiedene Haupttypen zu unterscheiden. Die neueren Häuser haben einen einfachen Heerd mit eisernem Dreifusse für die Kochtöpfe (Ollas) und einem Kamin in einer Ecke des Küchenzimmers, bei welchem, um das Eindringen des Rauches zu vermeiden, bis etwa zur Hälfte der Höhe desselben vor der Mündung Kattun- oder Leinwandtücher aufgehängt werden. Manchmal ist der ganze Feuerheerdtheil von der übrigen Küche durch eine kleine Wand abgesperrt. Man sieht solche am meisten in der Gegend von Mahon, in den neueren Ortschaften, wie Sⁿ Luis, Sⁿ Clemente etc. Die zweite Art sind vorgebaute Küchen aus Midjanada, etwa nach Art der mallorquinischen, nur mit dem Unterschiede, dass sie einen oben pyramidenartig zugespitzten Rauchfang haben, welcher, statt wie auf Mallorca getrennt zu sein, mit den Seitenwänden zusammenhängt, in welchen nur fensterartige Oeffnungen und die Thür angebracht sind. Man sieht solche Küchen vereinzelt bei Mahon und im Centrum der Insel, namentlich in der Gegend von Mercadal und in Alayor. Die dritte Art, zugleich die für Menorca charakteristische, welche in der Gegend von Ciudadela vorherrscht und eine meist stereotype Einrichtung darbietet, ist die, dass die Küche ein kleines abgeschlossenes Zimmerchen einnimmt, über welchem sich eine viereckige Wölbung mit vier Kanten erhebt, aus der sich der hohe Kamin

Aujubs bei Alayor.

(Fumeral) entwickelt; zuweilen geht der Kamin auch gleich direct von den Seiten ohne Wölbung hervor. Darin pflegt der Cosi für die Lauge angemauert zu sein, und kleine Fensterluken (Finestró) sind bei den meisten vorhanden, welche zur Erhellung des Raumes dienen. Bei manchen ist die Mündung des Backofens darin; auch hängt oberhalb der niedrigen Eingangsthür, häufig mit einem Escudeller darauf, ein Stück Leinwand, damit der Rauch nicht herauskommen kann. An den Seiten dieses Küchenzimmerchens sind steinere Bänke eingemauert, und in der Mitte steht der Feuerheerd, gewöhnlich etwas höher, als das Pflaster, viereckig oder häufiger rund, manchmal leicht konisch, auf welchen ein eiserner Dreifuss zum Aufstellen der Kochtöpfe oder der Caldera zur Käsebereitung gestellt wird. Dieselben werden mit Hülfe eines Doppelhakens (Llevadors) aus dem Feuer gehoben und auf die geflochtene Caisana gelegt. Von dem Kamine hängt bei manchen Küchen an einem Stück Pfahlrohr die Oellampe herab.

Ich erinnere mich, eine Küche gesehen zu haben, wo oberhalb der Thür eine Flinte hing und ringsum die Wand ungeweisst war, weil die Frauen des Hauses die geladene Waffe nicht anrührten. Durch die oben geschilderte Einrichtung bleibt die Küche, die sehr warm, aber rauchig ist, von dem Eingangzimmer oder der Vorküche, wenn wir sie so nennen wollen, abgetrennt, welche gewöhnlich als Speisezimmer dient; man sieht hier unfehlbar den Jarró, in der Gegend von Ciudadela niedrig und gut gebaut und geweisst, wo die hochrothen Jerras, häufig mit abgebrochener Mündung, schief gestellt werden. Jarrós de Fusta aus Holz, wie eine Leiter auf vier Füsse gestellt, sind im nördlichen Centrum, z. B. in der Gegend von Ruma bei Son Picard, in den

Treppe des Aujub von Mercadal.

Lluriachs üblich, aber auch in Mongofre bei Mahon. Manchmal dient ein vom Dache herabhängender Haken (Gancho) aus Siwinenholz dazu, um Sanayas oder eine lederne Flasche mit schmaler Hornmündung, fast trichterartig gestaltet, Bota oder Barracha genannt, aufzuhängen. Einige Escudellers, einige rohe, grosse und lange hölzerne Tische und Bänke, an welchen die ganze Familie ihre Mahlzeiten einnimmt, fehlen nicht im Eingangszimmer, und da sieht man Alt und Jung in heiterem Gespräche mit einander verbunden; häufig habe ich an ihren Tischen gesessen und mich dann stets an der heiteren

Zufriedenheit dieser arbeitsamen Leute gefreut.

In diesen Küchen der Landhäuser bleibt das Merkwürdigste immer der Kamin. Die grossen Kamine werden jetzt nicht mehr gebaut, haben sich aber mehr oder weniger auf der ganzen Insel erhalten. Sie sind aus dünnen Marés-Platten aufgeführt, welche meistens schwalbenschwanzartig an den Seiten ineinandergefügt werden, so dass die Spitzen abwechselnd vortreten und an den Kanten ein eigenthümliches, nicht unelegantes Aussehen gewähren. Manche dieser Kamine, vorzüglich auf der Seite von Mahon, sind pyramidenartig, viereckig und endigen in einer einzigen Oeff-

Dattelpalme in einem Hort de Calarsega.

nung. Andere, namentlich in der Gegend von Ciudadela, sind länglich viereckig und haben oben zwei oder eine ganze Reihe von Oeffnungen, welche dem Rauche einen Ausgang gestatten. Auf einzelnen derselben ist auch eine Sonnenuhr angebracht. Diejenigen Kamine, welche sich auf den viereckig gewölbten Küchen in der Gegend von Ciudadela erheben, sind lang und gerade und endigen in der Regel in einer einzigen Oeffnung. Zuweilen ist die Wölbung unten stark ausgebaucht, und der Kamin erhebt sich in der Mitte fast pfeilerartig. Der Mauer angeschmiegte rohrartige Bufadors oder Menja fum oberhalb der viereckigen Fogañas, um den Zug zu vermehren, sind in der Gegend von Mercadal üblich, beispielsweise in Binisarraya und Binistrand.

Manchmal werden die riesigen Kamine der Landhäuser auch als Backofen verwendet. Sie haben im Innern hölzerne Stäbe (Travessés), damit man sie leichter ersteigen und vom Russ reinigen kann. Der Backofen ist aber in der Regel von aussen angebracht und fast immer vom Hause getrennt; er ist gewöhnlich von aussen tonnengewölbt, und einige kleine Stufen, die in die Mauer eingeschnitten sind, führen meist auf die Terrasse desselben. Als Backofenrauchfang wird häufig ein Kochtopf (Olla) eingemauert, auf den man nach Bedarf den Deckel setzt. Die Picas de Renter oder Waschtröge, welche bei der grossen Reinlichkeit der Menorquiner eine besondere Wichtigkeit haben, sind häufig nicht im Hause selbst, sondern in nebensächlichen Hütten untergebracht, und zwar mehrere neben einander gestellt. Senedors für Mehl fehlen in fast keinem Hause; und bei fast allen Landhäusern in der Gegend von Ciudadela ist eine Blutmühle vorhanden.

Weinpresse.

Neben vielen Häusern auf dem Lande findet sich eine Art Platz, der ummauert und bei wohlhabenderen Besitzern häufig in ein Gärtchen umgewandelt ist, sonst aber als Platz (Carrera), wo man das Vieh mustert und sammelt, mit grossem Einfahrtsthor und mit allen Ungleichheiten des natürlichen Felsenbodens belassen wird. In der Gegend von Ciudadela sind gewöhnlich diese Vorhöfe ziemlich gross und bilden lediglich eine einfache, viereckige, längliche Tanca.

Die sog. Viñas-Häuser sind sehr kleine, leicht aufgeführte Bauten und bestehen meist aus zwei übereinanderliegenden Zimmern. Sie dienen nur zu dem Zwecke, dass man sich tagsüber zur Unterhaltung dort aufhält; manchmal sieht man oberhalb einen hölzernen Fisch als Ersatz für eine Windfahne oder eine Flaggenstange. Höhlenwohnungen sind noch mehrere auf Menorca vorhanden, so diejenigen der Cova bei Algendar und von Sa Cova bei der Marjal nova, sowie andere bei S⁺ Cristobal und eine bei der Font Santa, die es, wie sich noch Viele erinnern können in früheren Zeiten gewesen sind.

So einfach die Häuser Menorca's auf der Aussenseite sind, so wohnlich, ja elegant eingerichtet sind mehrere im Innern, namentlich in den beiden Städten; wohl alle sind in modernem Geschmacke mit hübschen Möbeln ausgestattet, die man theilweise auf der Insel selbst, und zwar recht gut verfertigt, zumeist aber von Barcelona, aus Oesterreich und Deutschland bezieht. Teppiche und Matten werden weniger als in anderen Gegenden benutzt, wohl in Folge der Sitte, die meisten oberen Zimmer nur als Schlafzimmer zu verwenden und sich tagsüber in den ebenerdigen Wohnungen aufzuhalten, die vielfach ein Holzparquet haben. Die Bettstellen der reicheren Leute sind meist aus Metall, gewöhnlich Hohleisen, gefertigt; vor einigen Jahren noch bestanden sie aus Eisen, waren weiss angestrichen und vergoldet, und vor nicht allzu langer Zeit wurden die Luxusbetten fast alle aus Mahagoni angefertigt. Ueberhaupt wechselt hier wie in anderen Ländern die Mode. Die Bettstellen der ärmeren Klassen sind aus weissem Holze gemacht. Das Mobiliar ist in den menorquinischen Landhäusern recht einfach und nüchtern. Die Stühle mit gewölbt geschnitzten Lehnen aus dunklem Holz haben einen breiten Sitz mit Polster, die in reicheren Häusern häufig mit rother Seide überzogen sind. Spiegel aus dem vorigen Jahrhundert nach englischer Art und grosse Penduluhren finden sich in fast allen grösseren Häusern der Stadt und auch der Landsitze; von den Spiegelrahmen sehen manche mit ihrem Schnitzwerk recht elegant aus. Llits entorsillats, wie auf Mallorca, kommen manchmal in einigen älteren Häusern in der Gegend von Ciudadela auf dem Lande vor. Vielfach sieht man französische Kupferstiche aus der Revolutionszeit, der Epoche Ludwig's XVI., oder andere Estampen; auf dem Lande bei Ciudadela sind die Bilderrahmen aus Weizenstroh, das mit Fäden zusammengenäht ist, beliebt und überall anzutreffen.

Aus Spartgras geflochtene niedrige Stühle findet man auf dem Lande und in Ciudadela und im Viereck geflochtene Stühle in der Gegend von Ferrerias. Es werden Stühle mit Bova in Mercadal und S^a Cristobal verfertigt; aus Leñan del Nort macht man in Mahon derartig geflochtene Stühle mit zwei Querstäben

Tayador de Tabac.

(Barrerons) auf drei Seiten und einem Querstab rückwärts; im nördlichen Centrum der Insel sind aus einem Stück Tauló (Balken) gemachte Banquets mit runden, auseinanderstehenden Füssen sehr gebräuchlich, ebenso Bänke mit vier wilden Oelbaumstäben, die die Füsse darstellen.

In den meisten Häusern auf dem Lande sind noch die alterthümlichen Spinnrocken (Filous) in Ehren; manche recht hübsche werden namentlich in S^a Luis aus Pfahlrohr mit gewöhnlich roth- und grünseidenen Quästchen gearbeitet. Die einfachen Spindeln (Fusos) sind meist aus wildem Oelbaumholze gemacht. Man befestigt manchmal in der Gegend von S^a Cristobal, was ich auch in Roma nu sah, den Spinnrocken in einem Fussgestell, Filador oder Peu de Filous genannt, auf dessen Basis man die Füsse zu stellen pflegt. Dasselbe besteht aus einem Stück Holz mit zwei Messingringen, in welche man den Spinnrocken steckt, um ihn nicht auf der Seite unter dem Arme halten zu müssen. Die Garnwinden sind aus Pfahlrohr und Eisen, wie in Mallorca. Im Norden von Ciudadela wird noch manchmal, um das Oellicht (Llum d'oli) aufzuhängen, ein Pajez zum Zusammenklappen an der Wand, über dem Esstische im Eingangszimmer angebracht. Noch seien die gläsernen Wandöllichter erwähnt, die wie Prützchen aussehen und an die Wand gehängt werden; namentlich verwendet man sie in den Sacristeien und an den Kirchthüren.

Da die Fliegen auf Menorca zur Sommerszeit sehr lästig sind, bringt man auf dem Lande in den Eingangshallen und Zimmern Passol, d. h. die Randstücke von Tuchwaaren, meistens Baumwolle, um einen eisernen Draht befestigt, an, damit sich die Fliegen dort festsetzen und Niemand belästigen; gleichzeitig sieht dies recht nett aus. Viele hängen zu demselben Zweck Festonguirlanden aus buntfarbigen Papierringen auf, die sich nach verschiedenen Richtungen kreuzen, andere ganz einfach Bündel von wilden Spargelblüthen. Die Erwärmung der Zimmer ist noch fast ausschliesslich auf den Brasero beschränkt; nur bei reicheren Familien sind Kamine vorhanden, meistens in den Speisezimmern oder Salons, welche mehr als ein Luxusgegenstand betrachtet und als Mittelpunkt nach Tisch zur Conversation benutzt werden. Man erzählt, dass zur Zeit der Engländer der Verbrauch an Brennholz, das ihnen die Behörden der Insel liefern mussten, ein derartig grosser war, dass die Wälder dadurch eine Abnahme erlitten.

Tabakstosser zusammengesteckt.

Tabakstosser auseinandergenommen.

In fast allen Häusern, ob gross oder klein, ist eine Cisterne vorhanden. Das Wasser wird von der Bedachung mittelst gefirnisster Thonleitung oder einer Leitung aus Blei oder Zink dorthin geführt. Die Cisternen sind gut abgeschlossen, damit das Wasser nicht verdunstet und kein Staub oder Schmutz hineingerathen kann, und für die Erneuerung der Luft ist das Schlagen des Wassers mittelst des Kübels jedesmal, wenn man schöpft, genügend. Sie sind in der Regel hinreichend gross für den Hausgebrauch; grössere Häuser haben deren mehrere. Die Cisternen werden inwendig mit einer Art Mörtel aus Kalk und gemahlenen Hohlziegeln, aus Puzzolan oder aus römischem Cement oder Parker beworfen. Auf dem Lande laufen die Ziegeltraufen nicht unter den Hohlziegeln hin, sondern, um bei Wind mehr Wasser aufzufangen, in der Neigung auf der Häuserfront, die sie verschiedenartig durchschneiden, manchmal eine zickzackartige Zeichnung bildend. Es sind dies entweder einfach eingemauerte Hohlziegel, oder es werden dieselben durch kleine tragsteinartige Marés-Ecken unterstützt; manchmal sind flache Thonrinnen verwendet, welche häufig in einen trichterartigen Napf (Embud) zu neigen, von welchem aus das Wasser mittelst geschlossener Thonröhren (Cañonadas) in die Cisterne geleitet wird. Zur Filtrirung des Wassers verwendet man vielfach Destiladors aus Miocän-Gesteinen, die in Villa Carlos in verschiedenen Formen, in sehr konischen und in halbkugelförmigen, gearbeitet werden. Sie stehen auf einem gerüstartigen Fussgestell, manchmal zwei über einander. Unter den zu diesem Zwecke benutzten Fussgestell ist auf dem Lande am gebräuchlichsten der Pié d'Oastre, sehr einfach, aber sehr stark; in den Ortschaften und Städten verwenden Leute in bescheideneren Verhältnissen einen hölzernen

Eras bei Sⁿ Clemente.

regelmäßigen Pié, ähnlich einem Rentador de mans oder Waschbeckenhalter. Bemittelten Leute haben andere Piés von verschiedenen Gestalten und Grössen, die von aussen einem Nachtkästchen ähneln und mit einem Deckel mit Charnieren versehen sind, der das Wasser vor Staub und anderen Unreinlichkeiten bewahrt. Es giebt von diesem manche recht elegante, die im Speisezimmer wie ein anderes Möbel gehalten werden. Einige wenige in älteren reicheren Häusern sind im Hofe in einer Art Hütte wie eine gestutzte Pyramide von vier Seiten, mit Sommerläden ringsum versehen, untergebracht, damit eine Ventilation möglich ist.

Zum Bau der Häuser verwendet man keine geschlossenen Gerüste, welche die ganze Frontseite einnehmen und in dem Maße, wie man weiter baut, zunehmen, sondern lediglich fliegende Gerüste, die aus einem oder zwei Brettern bestehen. Recht interessant ist das System, nach welchem man die Wölbungen baut, ohne Hülfe von Holzformen mittelst einfacher Stützen (Puntals), welche die Quadern in dem Maße halten, wie der Gyps (Guix negra), der sich gleich zusammenzieht, austrocknet. In Folge des leicht zu bearbeitenden Baumaterials sind die Häuser auf Menorca im Allgemeinen billig.

Dementsprechend sind natürlich auch die Miethspreise sehr mässig, da fast jeder, der etwas vermögend ist, sein eigenes Haus hat und die Miether von Wohnungen auf die Regierungs-, Civilund Militärbeamten oder auf arme Leute beschränkt sind.

Die Speisen.

Nachdem wir die Behausung der Menorquiner kennen gelernt haben, wollen wir noch einige Worte über die Küche sagen, und gern werden wir uns eine Zeit lang neben einem intelligenten fleissigen Menorquinermädchen aufhalten, um die Geheimnisse der dortigen Kochkunst zu studiren.

Garbatjador.

Im Allgemeinen können wir sagen, dass die Küche Menorca's der spanischen ähnelt, wiewohl sie auch etwas von der französischen, englischen und italienischen Kochweise beeinflusst ist und einige wenige Eigenthümlichkeiten aufweist. Einer der Hauptunterschiede zwischen der menorquinischen und der spanischen Küche besteht in dem Gebrauche der Butter anstatt des Oeles, was die Menorquiner wohl von den Engländern überkommen haben und was sich einerseits aus der grossen Butterproduction, andererseits aus dem Mangel an Oel leicht erklärt. Ein anderer Unterschied besteht in der ausgedehnten Verwendung von Fischen, welche die Spanier im Allgemeinen nicht lieben, wozu wohl auch der grosse Reichthum und deren Billigkeit die Ursache sein mag, so dass in vielen Familien das Abendessen fast ausschliesslich aus Fischen besteht. Zum Frühstück nimmt man weissen Kaffee, und unter dem Volke giebt es auch Familien, die sich damit zum Abendessen begnügen. Die Sitte, Chocolade, dieses in Spanien so beliebte Getränk, zu geniessen, ist wenig verbreitet, und auch während des Tages, namentlich nach Tisch, wird schwarzer Kaffee in Menge und mit wahrem Wohlbehagen, wenn auch meistens von schlechter Sorte, vertilgt. Der Gebrauch des Safrans und der Speiereien (Espicis), in Spanien so allgemein, ist auf Menorca sehr selten; ebenso wird der Pfeffer, den die Mallorquiner so vielfach verwenden, auf Menorca sehr wenig gebraucht. Im

Pi de Son Gall.

Allgemeinen lieben die Menorquiner die Saucen nicht, dagegen sehr die gebratenen Speisen, was wohl auf englischen Einfluss zurückzuführen ist. Das Gesottene bildet aber die Grundlage des Mittagessens in den meisten Familien, das in Verbindung mit dem trefflichen menorquinischen Gemüse eine billige und sehr ausgiebige Speise liefert. Namentlich werden Kohl, Kichererbsen und Kartoffeln mit einem Stück Schweinefett (Xúa) mit Vorliebe gekocht.

Als charakteristisch ist der Arros de la terra hervorzuheben, welcher eine unter den Landleuten sehr beliebte Speise, namentlich in der Gegend von Ciudadela, bildet und im Sommer bereitet wird; man kocht das Fleisch in einer Caldera, dann setzt man es in eine Tonne, trocknet es, giesst kaltes Wasser darauf und schlägt dasselbe mit Massas, und, nachdem es gut ausgetrocknet, wird es gemahlen. Die vielen Oll y Algu nehmen die Stelle der mallorquinischen Sopas ein und bilden eines der Hauptnahrungsmittel der ärmeren Klassen auf der Insel. Bei den wohlhabenderen Klassen ist die Mayonnaise (corrumpirt aus Mahonaise) sehr beliebt, welcher einer alten und auf Menorca allgemein verbreiteten Ueberlieferung zufolge von dem Koche des Herzogs von Crillon während der Belagerung des Schlosses von S. Felipe erfunden worden ist, als er sah, wie seinem Herrn die Grünwaaren von Menorca so trefflich mundeten.

Pi de Son Carabassel.

Als charakteristisch gelten auch die herrlichen Formatjadas von Fleisch, Käse mit Eiern und Mehl, sternartig durchlöchert und zuckerhutartig aufgethürmt.

Lebensweise der Menorquiner.

Die Menorquiner sind in der Regel wenig beweglich und bringen die meiste Zeit in ihren Häusern zu, wo sie auch ihre Bequemlichkeit haben. Um so weniger ist bei der geringen Ausdehnung der beiden Städte und der zerstreuten Lage ihrer Häuser, namentlich was Mahon betrifft, das Bedürfniss nach einem Landaufenthalte fühlbar. Die Hauptursache, warum man im Sommer nicht auf dem Lande bleibt, ist in der ungesunden Lage vieler Landsitze und in dem Mangel an Schatten, zu suchen.

Die unter einander bekannten Familien besuchen sich bisweilen häufig. Die gewöhnliche Besuchsstunde ist zur Winterszeit von Mittag bis 2 Uhr und im Sommer von 5—7 Uhr Nachmittags, mit Ausnahme der formellen Besuche, die stets Mittags stattfinden. Abends macht man in der Regel keine Besuche, ohne eine besondere Einladung zu haben. Man hat zwar keinen speciellen Tag für Besuche, stattet sie aber mehr am Sonntage als an Wochentagen ab. Jedes wichtige Familienereigniss ist, wie anderswo, unter Bekannten die Ursache eines Pflichtbesuches. Man benachrichtigt auch die zunächst wohnenden Nachbarn bei einem Wohnungswechsel, die ihrerseits die neue Partei besuchen. Gebadet wird auf Menorca in Mahon und Ciudadela ziemlich viel, wenig dagegen auf dem Lande, wohl in Folge der geringeren Gelegenheit. Man badet zu allen Stunden, die wärmsten Tagesstunden ausgenommen. Die Süsswasser-Wannenbäder werden vorzüglich früh genommen, die Seebäder dagegen mehr am Nachmittag bis gegen Sonnenuntergang. Im Hafen von Mahon ist eine kleine Anstalt hierzu hergerichtet, und bei Ciudadela liefern die benachbarten Calas einen recht guten Strand, wo sich Alt und Jung heiter herumtummelt. Am Meeres-

Buciu de Beyas.

ufer können die meisten Männer schwimmen, im Innern der Insel dagegen nur wenige, und wiewohl die Frauen fleissig baden, so bilden doch Diejenigen, welche schwimmen können, nur eine Ausnahme.

Die Singweise der Menorquiner ähnelt etwas derjenigen der Landleute Mallorca's, es wird aber in der Regel weniger gesungen. Die meisten Nationallieder haben die beiden Inseln gemein, namentlich die älteren. Gar herzig sind insbesondere die Wiegen- und Kinderlieder, Ausflüsse eines reinen Mutterherzens, die manchmal nur aus wenigen Worten bestehen, aber mit allen Modulationen der Stimme und des Gefühles in einer lieblichen Melodie endlos wiederholt werden.

Trinklieder für zwei Stimmen und Chor sind namentlich bei den heiteren Gelagen, welche die Handwerksgesellen (Menestrals) auf dem Lande an irgend einem Festtage veranstalten, sehr gebräuchlich.

Auf dem Lande singt man menorquinische Glosas, die mehr oder minder alte spanische Aragonesas nachahmen. Wir haben von denselben gelegentlich der Charakterisirung der Sprache einige mitgetheilt.

Von den Musikinstrumenten Menorca's ist das Clavier das verbreiteiste unter den wohlhabenden Klassen; die volksthümlichsten bleiben aber doch die Guitarre (Guiterra) und die Mandoline (Mandurria). Ehemals, und zwar noch im Anfange dieses Jahrhunderts, wurde ganz allgemein von den Knaben eine Art Flöte aus Pfahlrohr gebraucht, ähnlich der Flöte des Pan, der Syrinx der Griechen, Orgues de Cañas oder Bufa-Cañas genannt, wobei die Röhren mit im Kreuz gebundenen Bindfaden befestigt wurden. Dieselben hatten 8—12 Röhren mit einem einzigen Querstück und haben sich noch namentlich auf dem Lande und in kleinen Ortschaften erhalten. In Mahon sieht man sie jetzt kaum mehr, und während sie vor ca. fünfzig Jahren alljährlich in der entsprechenden Jahreszeit als Kinderspiel in Gebrauch waren, vergehen jetzt bisweilen zwei, drei oder mehr Jahre, bevor man eine zu Gesicht bekommt.

In derselben Weise, wie die modernen Blas- und Streichinstrumente die alte Flöte verdrängt haben, haben sich auch die verschiedenen europäischen Tänze auf Menorca eingebürgert und selbst bei den Tänzen auf den Strassen und Plätzen verallgemeinert. Auf der Gasse der kleinsten Ortschaft kann man heutzutage Polka und Walzer tanzen sehen.

Seit dem 15. Jahrhundert sind Wettrennen und Ringspiele auf Menorca gebräuchlich, was nicht wenig zur Verbesserung der Pferdezucht beiträgt. Man erlangt dadurch auch Remonten, die unter der Leitung eines Inspector de Caballos standen und die Cavallerie-Abtheilungen versorgen, welche die Weisung haben, rasch an der Stelle zu erscheinen, wo der Feind landen wird.

Desmamadors.

Diese Wettrennen und Ringspiele werden jetzt noch am Tage von S⁰ Juan in Ciudadela abgehalten, wobei eine grosse Cavalcade (Se Colcada) stattfindet. Es ist dies der grosse Festtag von Ciudadela, und von weit und breit zieht das ganze Volk dahin, um demselben beizuwohnen. Wer Bekannte hat, ladet sie zu dem Tage aus anderen Ortschaften nach Ciudadela ein; wer Pferde hat, bereitet sich dazu vor und spricht schon Monate vorher davon. Ein Jeder hat den Wunsch und das Bestreben, dabei die erste Rolle zu spielen. Die Wohlhabenden haben einige Gärtchen mit Terrassen am Paseo de S⁰ Juan, von wo sie mit ihren Bekannten dem Wettrennen zuschauen. Ich habe mit Vergnügen einige Male diesem Feste, das uns in vergangene Jahrhunderte zurückversetzt, beigewohnt.

Die Menorquiner sind in der Regel sehr vergnügungssüchtig, und das Theater bildet eine ihrer Hauptunterhaltungen, was sowohl die grosse Zahl kleiner Localitäten (Casinos), wo lyrische und dramatische Vorstellungen den grössten Theil des Jahres über aufgeführt werden, wie der starke Besuch derselben bekundet. Die gebildeten Klassen geben den Opern, das Volk aber den Lustspielen den Vorzug. Bis vor fünfzig Jahren war die menorquinische Komödie in Flor, jetzt hat man sie aber gänzlich vergessen. In Mahon wurde das Haupttheater, Teatro principal, im

Boué (Stall für Rindvieh) bei Ciudadela.

Jahre 1829 erbaut und ist der Gemeinde gehörig, welche den Ertrag seiner jährlichen Verpachtung den Wohlthätigkeitsanstalten widmet. Es kann bequem 1100 Personen fassen, und man giebt in demselben gewöhnlich von October bis zum Ende des Carnevals italienische Opern.

In Ciudadela giebt es auch ein hübsches Theater, welches recht gut besucht wird, und mehrere kleine Liebhabertheater, ebenso in Alayor.

Die junge Welt Menorca's vergnügt sich mit einer ganzen Reihe von Spielen, von denen viele, wie begreiflich, in ganz Europa gemein sind. Auch von den anscheinend der Insel eigenthümlichen finden sich fast alle, wenn auch häufig unter verschiedenem Namen und mit kleinen Varianten, auf Mallorca wieder vor.

Burinot wird von Jünglingen und Männern gewöhnlich des Abends, bei Familienfesten, Schweineschlachten, Acabuyas u. s. w. gespielt.

Kinderspiele giebt es sehr viele, und man kann täglich sehen, wie sich die Jugend auf den Spielplätzen fröhlich und heiter tummelt. Die Wirkung dieser Spiele sind blühende Gesichter.

Leider ist die Vorliebe für Gewinnspiele auf Menorca sehr gross, und vergeblich verfolgt die Behörde die vielen Hazardspiele, welche durch die zahlreichen Casinos begünstigt werden; man kann sagen, dass Leute aus allen Klassen daran theilnehmen. Die Kartenspiele sind auf

Barraca (Stall für Ziegen) bei Torra Saura.

Menorca sehr verbreitet, und viele von ihnen sind aus fremden Ländern eingeführt. Das Kartenspiel ist bei Vielen schon ein Laster geworden.

In Kaffeehäusern, Casinos und bei Abendgesellschaften werden die verschiedenen überall üblichen Stückspiele gespielt, wie Aduana (Zoll), Ajedrez (Schach), Asalto (Angriff), L'Autón, o Quina (Lotterie), Billar (Billard), Damas (Dame), Dáus (Würfel), Domino (Domino), Jaquèt (Tric Trac), Mono (Affe), Oca (Gans), Tocadillo (Bretspiel). Der Burot (oder Roulette) ist ein verbotenes Spiel wie alle Hazardspiele; es wird nur zu Weihnachten und am Vorabende geduldet und selbst auf der Gasse gespielt. Ausserdem werden namentlich von jungen Damen verschiedene Patience-Spiele (Solitarios) bevorzugt. Es giebt auf Menorca in Kaffeehäusern, Casinos und Gesellschaftsräumen 27 Billards, von denen zwölf in Mahon, fünf in Ciudadela und drei in Alayor stehen; in Privathäusern sind nur einige wenige vorhanden.

Im Allgemeinen lassen die Leute aus dem Volke ihren Kindern in der Wahl ihrer zukünftigen Gatten vollständige Freiheit, und nur bei den reicheren Klassen ruft sie manchmal Zwistigkeiten in den Familien hervor. Diese Wahl ist gewöhnlich reiflich überlegt, und häufig dauern Liebesverhältnisse Jahre hindurch, bevor die Ehe geschlossen wird. Um diese Liebesverhältnisse zu beginnen, fängt der junge Mann damit an, in der Strasse seiner Erkorenen auf und ab zu spazieren, und wenn durch lange Ausdauer seine Aufmerksamkeiten gute Aufnahme finden, erhält er die Erlaubniss, einige Besprechungen mit seiner Geliebten von der Strasse aus vorzunehmen, während sie sich hinter die Jalousien der ebenerdigen Fenster stellt. Es ist ganz unglaublich, welche Ausdauer und Geduld manche Liebhaber haben, die bei jedem Wetter, gleichviel, ob es stürmt oder regnet, wie eine Schildwache vor dem Fenster ihrer Geliebten stundenlang zu sehen sind. Dieses Gassenverhältniss wird indessen wohl nur dann so in die Länge gezogen, wenn die Beziehungen nicht beiden Familien entsprechend erscheinen. Denn sonst geht der Vater des Geliebten oder der nächste Verwandte zu der Familie der Erkorenen, um ihre Hand für den Liebhaber zu erbitten.

Barraca der Trucperias.

Dieser Besuch findet immer mit einem gewissen Pomp statt, und dabei wird die folgende Formel: „Ich erbitte mir Ihre Tochter A. für meinen Sohn B.", gebraucht, worauf der Vater der Geliebten immer antwortet: „Lassen Sie mir acht Tage zum Ueberlegen". Ist diese Zeit verstrichen, und hat man der Bitte willfahrt, so fasst man die Verträge ab, worauf der Vater des Bräutigams sagt: „Ich lasse Ihnen meinen Sohn als Schwiegersohn; wollen Sie mir ihn corrigiren, wenn er es braucht." Der Liebhaber macht nun seinen ersten officiellen Besuch, Prendrer visies, wie man sagt, und die Stunden werden bestimmt, an welchen er in Gegenwart der künftigen Schwiegermutter oder einer anderen Vertrauensperson neue Besuche abstatten kann. Unter dem Volke war es in früherer Zeit Sitte, zwischen die sitzenden Liebenden eine Bank oder einen Tisch zu setzen, was jedoch schon seit langer Zeit aufgegeben worden ist. Von dem Augenblicke an, wo die Ehe geregelt ist, nimmt die Braut nic mehr theil an irgend einer Vergnügung, ohne von ihrem Bräutigam begleitet zu sein, und Beide wohnen den Festen, welche ihre Familien feiern, bei. Gewöhnlich findet die Vermählung kurz nach der Regelung der Verträge statt; manchmal vergehen jedoch Jahre bis zu ihrer Vollziehung. Auf dem Lande wird wohl dies Alles nicht so formell eingehalten, und die Freier übernachten häufig im Lloch, wenn es weit abliegt; sie essen Abends mit der Geliebten und schlafen bei den Missatjes.

An dem zur Vermählung bestimmten Tage geht der Bräutigam zwischen zwei unvermählten Verwandten oder Freunden und von seiner Familie nebst den eingeladenen Personen begleitet in das Haus der Braut, die ihm zur Kirche folgt, gleichfalls zwischen zwei unvermählten Brautführerinnen. Nach der Vermählung und Brautmesse verlassen die beiden Neuvermählten die Kirche, und alle Eingeladenen begleiten sie zu ihrem Hause. Früher war es Sitte, die Vermählung während eines Zeitraumes von acht oder zehn Tagen mit Gelagen und Unterhaltungen zu feiern;

La Cavalleria veya bei Ciudadela.

jetzt beschränkt man sich darauf, ein stilles Essen oder Frühstück zu veranstalten, zu dem alle Verwandten und auch die Freunde eingeladen werden, wobei Jeder sich dabei eher traurig und nachdenkend als lustig zeigt. Nach dem Essen entfernen sich Alle, und wenn die Neuvermählten den höheren Klassen angehören, fahren sie gleich fort, um den Honigmond in einer ihrer Besitzungen zuzubringen.

Die Taufe wird gewöhnlich fünf bis zehn Tage nach der Geburt des Kindes gefeiert. Die Verwandten und Eingeladenen begeben sich mit dem Vater des Kindes zuerst zur Kirche, wo der Taufschein ausgefüllt und die entsprechende Eintragung in das Pfarrbuch gemacht wird. Kurz darauf kommen die Frauen, die Hebamme voran, welche das Kind trägt, und zu ihrer Rechten die Taufpathin; nach der Taufe kehren sie in umgekehrter Ordnung in das Haus des Getauften zurück.

Wenn Jemand stirbt, so verkündet es die Pfarrglocke, damit die Gläubigen für ihn beten können. Die Leiche wird 24 Stunden vor dem Begräbniss im Saale des Trauerhauses mit Kerzen ringsherum auf einem schwarz behängten Tische ausgestellt, und während dieser Zeit halten die Dienerschaft des Hauses und die Halbpächter, wenn es sich um eine wohlhabende Persönlichkeit handelt, Tag und Nacht Wache bei dem Sarge. Alle Leichen werden in einen Sarg verschlossen, in Festkleider oder in Sudarium gehüllt. Wenn ein Landbewohner begraben werden soll, bringt man ihn zuerst zu seiner Posada, wo ihn der Leichenzug abholt. Im Sarge wird er auf dem Rücken eines Maulthieres unter Vortritt eines Mannes mit einem Glöcklein und einer Laterne unter Begleitung

Tancat-Soll für junge Schweine.

seiner Verwandten und Freunde, welche reiten, in ihre langen schwarzen Mäntel gehüllt, was dem Zuge ein feierliches und wirklich trauriges Gepräge verleiht, zur Stadt oder Ortschaft gebracht.

Vornehme Familien. Clerus.

Die grössten Vermögen der Insel dürften kaum eine Million Duros überschreiten; es giebt aber auf Menorca eine beträchtliche Zahl von begüterten Familien, die eine Art Adel bilden, ohne jedoch mit wenigen Ausnahmen wirklich einen solchen auszumachen; auch brachte die Zerstörung der Archive während der Einnahme von Mahon und Ciudadela durch die Türken mit sich, dass die Erinnerung an viele Begebenheiten, die sich auf die Familien Menorca's bezogen, verloren ging. In der Folge beschränkten sich die wenigen Gelegenheiten, die sie hatten, sich auszuzeichnen, darauf, die häufigen Einfälle der algerischen Piraten zurückzuweisen und mit Eifer und Selbstlosigkeit Municipalämter zu bekleiden.

Der Clerus ist auf Menorca im Allgemeinen gut und tolerant und wird in Folge dessen auch geachtet und geliebt. Ebenso mangelt es ihm seit dem 16. Jahrhundert nicht an Bildung, und er hat der Kirche fünf Bischöfe, viele Generalvicare und gebildete Geistliche geliefert, welche die Theologie und andere Wissenschaften lehrten und über dieselben Abhandlungen schrieben. Auch gegenwärtig wird er durch viele Doctoren der Theologie und des canonischen Rechtes vertreten, welche mit grossem Eifer ihre Mission erfüllen. Der Clerus auf Menorca ist durch 129 Personen

Sommer-Solls bei Ciudadela.

vertreten, von denen die Mehrzahl auf Ciudadela entfällt. Die höhere Geistlichkeit besteht aus dem Herrn Bischof, fünf Würdenträgern und sieben Domherren an der Kathedrale. Die Pfarrgeistlichen sind Pfarrer, Vicare und Verweser; im Seminar sind 26 Ungeweihte und Ordinirte.

Zu seiner Heranbildung hat der Clerus von Menorca zwei Anstalten: das Seminario Conciliar de Sa Ildefonso in Ciudadela und das Seminario de Menores del Sagrado Corazon de Jesus in Mahon. Ersteres wurde im Jahre 1858 durch den damaligen Bischof von Menorca, Dn Mateo Jaume y Garau, den nachmaligen Bischof von Mallorca, gegründet.

Das Seminario de Menores del Sagrado Corazon de Jesus wurde im Jahre 1886 von dem jetzigen Bischofe in einem Hause in der Calle del Puente del Castillo in Mahon gegründet. Es hatte 1887 15 Zöglinge im Alter von 9—15 Jahren, welche alle internirt sind und mithin täglich dem Unterrichte beiwohnen.

Von den 14 Pfarreien der Diöcese haben 10 Pfarrhäuser; es sind meistens schlichte, einfache, häufig an die Kirche anstossende Gebäude, die jedoch in der Regel im Innern recht wohnlich eingerichtet sind.

Furetten-Jagdtasche.

Die Zahl der Klöster in früheren Zeiten war im Verhältniss zur Bevölkerung Menorca's sehr gross. Auf Befehl der Regierung wurden die Klöster im Jahre 1835 geschlossen, mit Ausnahme derjenigen von Sta Clara in Ciudadela und der Purisima Concepcion in Mahon.

Die barmherzigen Schwestern leiten in Mahon die Casa de Misericordia e Inclusa, in welcher sie Findlinge pflegen, das Hospital Civil und mehrere Schulen. Die gleiche Thätigkeit entwickeln sie in Villa Carlos Alayor und Ciudadela.

Ackerbau. Waldkultur. Viehzucht.

Ackerbau.

Unter den reicheren Leuten Menorca's ist wenig Vorliebe für den Ackerbau vorhanden, und fast Niemand wohnt jahraus jahrein auf seinem Besitzthum.

Man wohnt auf den Besitzungen nur kurze Zeit, und zwar weilt man in Folge des Umstandes, dass sie in der Regel klein und zerstückelt sind, bald auf der einen, bald auf der anderen und mehr des Vergnügens halber, als um die eigenen Ländereien zu pflegen, welche einzig und allein von dem Halbpächter (Amitjé) verwaltet werden. Es giebt allerdings viele Bauern, die

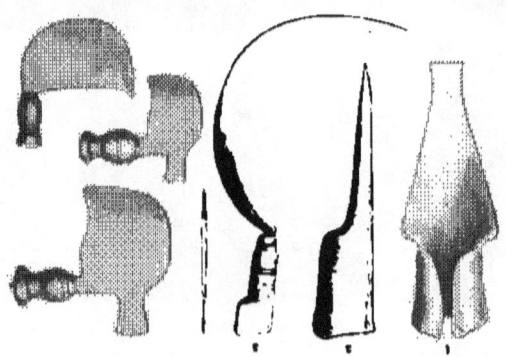

Axya (1, 2), Sichel (3) und Podaderas (4—6).

ihren Grundbesitz haben, in der Regel intelligente, arbeitsame Leute; in der Gegend von Ciudadela ist dagegen der Grundbesitz so gut wie ausschliesslich in den Händen der Städter, die ihre Halbpächter haben.

Sicher bringt das Halbpachtsystem viele Nachtheile, namentlich hinsichtlich der Anpflanzung von Bäumen. Die Amitjés haben das grösste Interesse, den Boden auszunutzen, um einen augenblicklichen und nicht einen späteren Vortheil daraus zu ziehen, in der Befürchtung, dass man andere Pächter an ihre Stelle setze, was nicht selten geschieht; daher bauen sie Cerealien und züchten Vieh. Letzteres beeinträchtigt auch nicht wenig das Wachsthum der etwa angepflanzten Bäume, und es bleibt in der Regel nichts Anderes übrig, als zu steinernen Einfassungen, Corrals, seine Zuflucht zu nehmen, damit die Bäume, von denen jeder 1—5 Duros kostet, auch gedeihen. Doch kann man die menorquinischen Landleute betreffs der Bäume von ihren Gepflogenheiten nicht abbringen, und sie wollen die Vortheile nicht einsehen, welche ihnen das Stutzen und Reinigen der Bäume gewähren würde.

Die Ausdehnung der Grundbesitzungen ist auf Menorca gering. Die grösste Besitzung ist diejenige der Bufera, dem Conde de Torre Saura gehörig, welche 800 ha misst. An Besitzungen

Cassador de Batuda mit Bayassó.

über 100 ha giebt es auf der Insel nur 220. Der Werth der Grundbesitzungen ist selbstverständlich ein sehr veränderlicher. Die höchsten Preise erzielen die Regadio-Gründe in den üppigen Thalsohlen oder in den tiefen Furchen der Barrancs, die niedrigsten dagegen die nur mit Carritx bewachsenen Gründe des nördlichen Centrums der Insel. Die bewässerten Regadio-Gründe (Gärten) haben einen hohen Bodenwerth. Die menorquinische Cuartera kostet 800 bis

2000 Duros, und zwar Baumgarten- 700—1600, Hochwald- 50—300, Niederwald- 20—40, Weingelände- 200—900 und Secano-Gründe 150—350 Duros.

Diese Preise haben bei den Ankäufen und Schätzungen in den Gründen von Mahon, S⁰ Clemente, S⁰ Luis und Villa Carlos Geltung. Betreffs der anderen Distrikte wird man sie ungefähr um ¹/₅ bis ¹/₆ herabsetzen müssen.

Einen merkwürdigen Bestandtheil menorquinischer Bodencultur bildet die Aufführung von Parets, d. h. Wänden von übereinandergelegten, auf den Feldern gesammelten Steinen, die oft grosse Strecken wie ein dichtes Netz durchziehen. Die eingeschlossenen Räume heissen Tancas; es sind dies vor dem Eindringen des Viehes geschützte Plätze. Meist sind sie mittelst kleiner Thüren,

Barcas Bollizeras.

Barreras, miteinander in Verbindung gesetzt, und es ist eine allgemeine Gewohnheit, die Barreras, wenn man sie passiert hat, des Viehes wegen gleich zu verschliessen, was von einem jeden pünktlich ausgeführt wird. Es werden auch Marjes-Mauern mit einer Front und Encadenats mit doppelter Reihe erbaut, um den abschüssigen Boden zu stützen; man hat deren jedoch in Mallorca nur sehr wenige und vergiebt den Bau derselben meistens in Tagelohn.

Die Ackerbaugeräthe sind selbstverständlich denen von Mallorca ähnlich, wiewohl nicht ganz gleich. Gehen wir zuerst auf die Betrachtung des Pfluggespannes über. Man verwendet meist Maulthiere; häufig werden ein Ochse und ein Maulthier gleichzeitig zum Pflügen verwendet, vielfach auch Ochsen allein. Das Maulthier-Joch (Bistis Jou) mit eisernen oder hölzernen Camelas ist etwas weniger gebogen, als auf Mallorca; auch giebt es Jous mit einer Cavilla de Ferro (aus Eisen) und einer de fusta (aus Holz), die nicht so schwer sind als die anderen, wo beide aus

Eisen bestehen. Man hat Cadenas mit einfacher Nasenplatte oder Nasenkette. Die Zügel sind unten mit Leder umwunden, Avarguera genannt; die Pells der Collars sind meistens braun, damit sie nicht so leicht schmutzen. Sa Scinguera heisst das Stück Leder, in welches man den Pflug hineinsteckt. Der Jou de Bou hat manchmal hölzerne, in der Regel aber eiserne Cametas und ist in der Mitte einschnittartig vertieft; die Scingué ist verschieden, jedoch mit gleichem Ringe; denn statt sie an die Estacas mit dem Travessé festzustecken, bewerkstelligt man die Befestigung einfach durch ein um das Joch herumgewundenes Lederstück. Auch macht man Ascingués aus Eisen. Einspännerpflüge mit Gabel, sowie manche, und zwar fast die meisten neueren, mit einer eisernen Spindel drehbar, werden vielfach verwendet. Die Pflüge (Aradas) sind ähnlich den auf Mallorca gebräuchlichen, nur in der Regel etwas weniger kräftig gebaut und leichter, was bei dem ewigen Aufheben derselben in steinigem Boden wohl nothwendig ist. Man hat verschiedene Pflugschare (Reyas):

Barquerols Abends am Strande von Fornells.

kürzere zum Säen (de sembrar) und längere zum gewöhnlichen Pflügen. Der Schnitt (Acero) der Reya war früher stark gegabelt, etwa in der Form eines umgekehrten lateinischen W; jetzt fertigt man indessen gerade und nur in Ciudadela werden noch einige von den altmodischen Reyas verwendet. Wenn man tiefer ins Feld pflügen geht, ladet man häufig auf die eine Seite des Maulthieres das Joch und auf die andere den Pflug, so dass sie sich das Gegengewicht halten. Herras mit gebogenen eisernen Spitzen werden mehrfach sowohl in Mahon, als auch in Ferrerias u. s. w. verfertigt. Desterrozadors, dazu bestimmt, die gepflügte Erde zu ebnen, und darum mit Nägeln und Schneiden versehen, werden zuweilen bei Ciudadela verwendet. Gewöhnlich haben aber die Desterrozadors höchstens 7—8 Barras und zwei oder drei Ringe vorn, um das Thier zu befestigen; man legt darauf einen Stein, wenn man sitzen will, sonst steht der Mann, der das Gespann führt; einige haben wie beim Pfluge hinten ein Griffen um lenken zu können. Manche ältere Desterrozadors sind wie ein Stück Barrera gestaltet, mit einem einzigen eisernen Ringe. Rastells oder Rechen werden ausser von den Caminés nie benutzt. Das Hauptwerkzeug zur Feldarbeit ist der Cavich, ähnlich dem mallorquinischen; bei Ciudadela sind breitschneidige Cavichs üblich. Kleinere werden Xapas oder Xapós genannt, die namentlich zum Durcharbeiten des Gemüses, zum Reinigen des Getreides von Unkraut u. s. w. verwendet werden, und Clavaquells, die länger und mehr gebogen sind, als die mallorquinische Xepeta. Schaufeln (Palas), um den Schlamm aus den Bächen zu entfernen, und Tirás, um sie zu reinigen, sind in den Cañesias üblich. Die gewöhnliche Axaida und die Axaida mit hammerartigem Ende ohne Rastell, sowie der Picot, der, wenn sehr gross, den Namen Picassa erhält, werden, um härteren Boden aufzubrechen, vielfach verwendet. Von Aexten kennt

Bot Palangré aus Villa Carlos.

man zweierlei Arten: die Destral d'estellar, um Holzstämme zu zerstückeln, grösser und schwerer, und die Destral de coronar zum Fällen der Bäume, kleiner und mit kürzerem Hammertheile. Zum Stutzen aber ist das Hauptwerkzeug der Menorquiner der Day; mit demselben werden die Uastres gekappt, das Buschwerk geschlagen, und unter ihrem kräftigen Hiebe fallen die Seitenäste der Strandkiefer, welche, um Rama (Zweigholz) für Backöfen zu gewinnen, gestutzt werden. Man trägt sie mit Hülfe eines Uastre-Hakens an der Hüfte hängend; sie sind stets ohne Holzgriff, nur mit einer aus zusammengerolltem Eisen gebildeten Handhabe versehen.

Wiewohl man sehr auf Dünger hält und solchen sorgfältig auf den Fahrstrassen mit Senayas sammelt, wird für die Ländereien, die Gemüsegärten ausgenommen, wenig Dünger gebraucht; man begnügt sich vielmehr mit der natürlichen Düngung, welche durch das in die Tancas gesperrte Vieh geschieht.

Die Mehrzahl der Quellen ist Privateigenthum; einige wenige gehören dem Real Patrimonio an. Zur Bewässerung hat man zumeist nur kleine Rinnen in dem Boden der Gemüsegärten, in welche man, namentlich in den Barrancs, die benachbarten Quellen rieseln lässt. In Thalsohlen, wo das Wasser nicht in Quellen fliesst, sondern unterirdisch liegt, werden manchmal sehr tiefe Brunnen gegraben. Man richtet sie zu Norias (Sinis) ein, die ähnlich den auf Mallorca üblichen zum Wasserheben und zum Füllen der Sefareixos verwendet werden.

Verschiedenartige Reusen (Gambins Morenells).

Als den Norias zunächststehend und in ihrer Einrichtung auf einem ähnlichen Princip beruhend sind die für Menorca charakteristischen Pous de Torn zu erwähnen. Neben diesen Brunnen befinden sich stets kleine, steinerne Tränken (Picas) in einer Reihe nebeneinandergestellt, aus deren erster, wenn sie voll ist, das Wasser durch einen halbrunden Einschnitt in die benachbarte Pica und, je nachdem sie voll ist, auch in die darauffolgenden fliesst. Die Abeurades sind manchmal Cisternen, häufiger aber Aujubs (oder Arjups); um mehr Wasser zu gewinnen, sucht man einen felsigen Platz aus, den man sorgfältig von aller Erde entblösst und den man den Rost nennt; er dient zum Zuführen von Wasser zu dem Aujub.

Die Aujubs auf dem Lande sind gewölbte Behälter, um die Verdunstung des Regenwassers zu vermeiden und es besser zu erhalten; meistens werden sie sehr einfach gebaut und bilden eine viereckige Terrasse, zu der einige Stufen führen. Eins der grössten Aujubs der Insel ist dasjenige

IV. Menorca.

von Mercadal. Die Sefareixosstellt man in vielen Fällen auf eine sehr einfache Weise her, ohne dass die Wände mit Mörtel gebaut sind; vielmehr werden sie trocken, nur nach innen beworfen und mit Trispol-Boden hergestellt.

Wasserhebewindmühlen giebt es nur zwei in Torre Saura im Süden von Ciudadela, welche den dortigen grossen Orangen- und Gemüsegärten des Conde bewässern. Die Anzahl der bestehenden Brunnen, auf Menorca Pous genannt, beträgt 2635.

In allen Distrikten stehen die Cerealien obenan. Felder und wieder Felder oder niedriger Buschwald nehmen die Hauptoberfläche der Insel ein. Menorca ist für die Baumcultur nicht geeignet.

Nansas de Vivers de Llagosta und Vivers de Congres aus Ciudadela.

Während auf Mallorca der Oelbaum eine sehr wichtige Rolle spielt, ist die Cultur desselben auf Menorca eine sehr beschränkte, wiewohl der wilde Oelbaum oder Uastre sozusagen die Hauptvegetation der Insel bildet.

Die meisten Oelbäume sind jetzt in Alcaufar vey, wo man deren an 1500 zählt, also fast so viel, wie sonst im ganzen Distrikt vorhanden sind, und diese Besitzung liefert allein mehr Oel, als das ganze übrige Menorca. Man kennt mehrere Olivensorten; die verbreitetsten sind de Mallorca, die gegessen und zur Oelbereitung verwendet werden, de Menorca oder de la Terra, die ebenfalls gegessen werden, und Serranescas oder redonas, auch petitas genannt; diese werden gegessen und zur Oelbereitung verwendet, sind klein und fast rund.

Im October, spätestens November, werden die Oliven eingesammelt. Sie werden theilweise vom Boden aufgelesen, wohin sie entweder vorzeitig, weil sie von der Larve des Dacus ergriffen sind oder weil sie schon reif waren, fielen, theilweise von Weibern vom Baume selbst gepflückt. Mit dem gequetschten Teige werden die auch auf Mallorca üblichen Presskörbe (Esportins) angefüllt. Die Presse in Alcsufar, für 36 solcher aufeinanderstehender Körbe eingerichtet, wird von einem einzigen Mann gedreht, und die Körbe werden soweit als möglich ausgepresst, wobei das Oel in einen hierzu bestimmten Behälter (Pica) fliesst. Nun wird die Presse entleert, und der Oliventeig kommt abermals unter die Quetschmühle, wo derselbe, weil er zu trocken ist, allmählich während des Mahlens mit siedendem Wasser begossen wird. Dieses Verfahren wird noch einmal wiederholt. Die mittlere Jahresrente eines Oelbaums wird auf nur 0,50 Pesets berechnet. Die Oliven gelten 2 Libras 0,25—0,50 Pesets. Das Oelbaumholz, compact und fein, wird von Tischlern und Wagnern verwendet; man verkauft es zu 1,25—1,50 Peseta den Quintal.

Caixas de Llagosta.

Der Feigenbaum ist auf der Insel, namentlich im Distrikte von Mahon und bei Mercadal, stark verbreitet und seine Cultur nimmt von Jahr zu Jahr zu; er ist von vorzüglicher Art. Von Feigen kennt man auf Menorca 27 verschiedene Sorten. Ausser den Blumenfeigen (Figas flora) und den schlechteren (Xerecas) von allen Abarten kann man alle Feigen, abgesehen von den sehr wässerigen, trocknen. Diejenigen Feigen, welche nicht gut austrocknen, sei es wegen feuchter oder nasser Witterung, werden als Schweinefutter verwendet.

Die Blätter des Feigenbaumes sind von St. Michael bis Weihnachten eins der besten Rindviehfuttermittel; die Thiere fressen die halb trockenen Blätter, die man in einem Magazin aufbewahrt und mit Stroh mischt.

Der Mandelbaum (Amellé, Mellas) ist einer der verbreitetsten Culturbäume Menorca's; man findet ihn in allen Distrikten, am meisten in dem von Mahon, und auch mit wenigen Ausnahmen fast in allen Llochs, Estancias, Weinbergen, Obst- und Blumengärten. Die Mandeln reifen von Mitte Juli bis Ende August. Die Cultur des Mandelbaumes nimmt seit der Traubenkrankheit auf Menorca zu, so dass keine Einfuhr und an manchen Jahren sogar eine Ausfuhr von Mandeln stattfindet.

Der Johannisbrodbaum (Garrové, Garrova) wird auf Menorca wenig cultivirt, obwohl er in geringer Menge in allen Distrikten vorkommt. Am häufigsten ist er in Sobaida im Distrikte von Mercadal und in der Gegend von Mahon vorhanden, wo die Johannisbrodbäume am zahlreichsten sind; sie geben jedoch meist nur wenige Früchte, die man von September bis October erntet, aber noch nicht verkauft. Die dortigen Bauern sind diesem Baume wenig hold, wiewohl er auf Menorca ziemlich productiv ist.

Fischender Mariscador in seinem Gusi.

Die Insel Menorca ist mit ihren zahllosen windgeschützten und wasserberieselten, mit dem abgewaschenen Boden aller benachbarten Anhöhen gefüllten Barrancs zur Obstcultur besonders geeignet. Die Bäume werden, damit sie mehr Früchte tragen, mit Steinen belastet. Vielleicht tritt die beabsichtigte Wirkung ein, weil sie dadurch leiden und leidende Bäume stets anfangs mehr Obst zu tragen pflegen. Zu den verbreitetsten Obstsorten gehören Aepfel-, Birn- und Pflaumenbäume.

Der Apfelbaum (Pomera, Pomas) gedeiht auf Menorca namentlich in den Barrancs recht gut; die Aepfel reifen von Juni bis Januar, und die Birnen von Mitte Juni bis November. Die Blüthezeit der Pflaumen ist von Mai bis October.

Der Zinselbaum (Jinjoler) wird allgemein, am meisten aber in der Gegend von Mahon angebaut; er liefert grosse und süsse Früchte (Jinjols), die von September bis October reifen. In den Obstgärten Menorca's cultivirt man noch so manche andere Obstart, die in unserer Schilderung nicht fehlen darf. Der Adzerolenbaum (Etzeroler, Etzerolas), von dem nur sehr wenige Bäume, beispielsweise bei Mahon und Sⁿ Cristobal, vorhanden sind, ist sehr ertragreich; die Früchte reifen von Mitte Juni bis Anfang Juli; das schöne, feine, harte Holz wird für Tischlereizwecke verwendet. Die Quitte (Codoñer, Codoñs), von der man zwei Abarten unterscheidet, die Codoñs und die Codoñas, erstere runzelig, unschön und klein, letztere glatt, gross und fleischig, wird roh gekocht

Bolitxó de mariscar.

und in Confitüren gegessen. Der Aprikosenbaum (Aubercoquer, Aubercocs) ist namentlich in S⁎ Luis und Umgebung verbreitet, welche als das Emporium der Aprikosen von ganz Menorca angesehen werden kann. Es giebt 14 Aprikosensorten. Sie reifen von Mitte Mai bis Anfang August. Den Pfirsichbaum, Preseguer (oder Preseg blanc), findet man überall, am meisten aber in der Gegend von Mahon; er trägt Früchte von Mitte August bis Mitte October, die süss, aber wenig geschätzt sind. Die Pflege des Baumes ist daher in Abnahme begriffen. Den Kirschbaum (Cirerer, Cirera) findet man allgemein, namentlich aber im Distrikte von Mahon.

Von sauren Früchten giebt es auf Menorca eine ganze Anzahl. Die Ceder (Aranjer oder Aranjera, Aranjas) wird allgemein, namentlich aber in dem Distrikte von Mahon cultivirt. Die

Hafen von Ciudadela.

Citrone (Llimonera a secas oder Llimonera de tot l'añ, Llimonas) trägt von Februar bis September Früchte. Die mittlere Rente eines Baumes wird auf 0,75 Peseta geschätzt. Der Orangenbaum (Taronjer, Taronjes), der früher nur wenig cultivirt wurde, hat auf Menorca eine gewisse Wichtigkeit erlangt, so dass Orangen nicht nur in genügender Menge zum Bedarf der Insel producirt werden, sondern dass man auch eine ziemliche Anzahl derselben exportiren kann.

Der Granatapfelbaum (Magraner, Magranes) ist sehr verbreitet, namentlich im Distrikte von Mahon. Die mittlere Rente eines guten Baumes wird auf 1 Peseta geschätzt, die Frucht im Mittel zu 0,35 das Dutzend. Der Ebereschenbaum (Server, Servas) wird wenig cultivirt, früher bedeutend mehr. Sein Obst, welches Ende September und im October reift, wird auf Menorca nicht sehr geschätzt, so dass die Früchte auf nur 0,05 Peseta das Dutzend zu stehen kommen. Das sehr feine Holz wird für Tische und Tischlerhobel verwendet und zu 2 Pesetas das Quintal verkauft. Bei der Mispel (Nespler, Nesplas) unterscheidet man zwei Abarten: die grossas und die petitas; erstere werden nur selten cultivirt, die anderen sind allgemeiner und besser; sie reifen im October. Die mittlere Rente eines Baumes wird auf 0,50 Peseta geschätzt.

Boote am Strande von Calas Fonts (Villa Carlos).

Endlich sei als Fruchtbaum noch der Maulbeerbaum erwähnt. Haselnüsse (Vellaner, Vellanas) werden im September reif. Der Nussbaum (Nogué Anous) ist wenig verbreitet, am meisten noch in Alayor, und giebt hier wenig Frucht.

Von semitropischen eingeführten Gewächsen ist die Palme (Fasser Datiler) zu erwähnen, die trefflich gedeiht.

Die in früherer Zeit ziemlich verbreitete Weincultur hat sich nach der Entwickelung des Oidiums sehr verringert und neuerdings erst wieder etwas zugenommen. Die besten Parzellen-Weinberge sind die von Sª Luis, Sª Clemente und Llumesanes. Bei Torre Saura und Son Vey bei Ciudadela giebt es auch hübsche Grundstücke mit Weingärten. Im Distrikte von Alayor mit zahlreichen Weinbergen gedeiht der Rothwein, doch hat der Distrikt von Mahon fünffach so viel Weinbauern. Die Traubenreife erfolgt Ende Juli bis November; man berechnet den Ertrag eines Stockes auf 0,0375 Peseta.

Die Weinlese (Vermar) findet in zwei Perioden statt: die erste Lese erstreckt sich auf alle früher reifenden Trauben, zu denen die besseren Arten, wie planta blanca, esturell, baberrés, giró u. s. w. gehören. Letztere liefern auch den besseren Wein. Die zweite Weinlese betrifft die reiferen Trauben von criflana calop, llora u. s. w. Der Wein dieser zweiten Wein-Lese fällt nicht so gut und nicht so reichlich aus, wie jener der ersten. Nachdem der Wein in die Fässer abgezogen ist, werden letztere mit Kork in der Weise verstopft, dass ein Fuss Luftraum verbleibt,

Steinbruch bei Alcaufar.

um die Gährung nicht zu unterbrechen. Um zu erkennen, ob der Most genügend gegohren und zum Umsetzen geeignet ist, werden Proben mit dem Mostmesser (Pesa mostes) vorgenommen, allerdings nur von den Käufern oder den Eigenthümern der grösseren Weinberge. Letztere bedienen sich schon nicht mehr der alten Holzpresse, sondern moderner eiserner Pressen.

Ausser dem Rothwein (Vino tinto) giebt es noch drei andere Sorten: den blanco dulce (dols o cuit), den blanco seco (crud, sec crú) und den blanco virgen (blanc verg). Der Wein wird auf Menorca zur Bereitung von Alkohol, Arrop und Carabassad verwendet und in der Pharmacie zu Arzneien.

Auf Menorca werden drei Sorten Tabak gebaut: Havanna, Tabac de l'Havana (Nicotiana tabacum), dessen Anbau heutzutage verboten ist, jedoch vor Jahren gestattet war und der in Menge

Molins de Pedrera bei Ciudadela.

geerntet wurde. Jetzt haben nur einige Bauern zwei oder drei solcher Pflanzungen. Ein Mehr ist nicht mehr gestattet. Dasselbe gilt von dem sehr gut ausfallenden brasilianischen Tabak, Tabac d'Espaseta (Nicotiana glauca), welcher jahrelang ausdauert und auf Menorca zu einem stämmigen

Baume heranwächst. Der grüne oder einheimische Tabak, Tabac pelud oder de Pots (Nicotiana rustica), dessen Cultur auf der Insel schon früher allgemein betrieben wurde, ist namentlich in Ciudadela und Ferrerias häufig, so dass alljährlich einige hundert Quintales davon eingeerntet werden.

Tabak-Schneidebretter (Tayadors de Tabac) sind sehr verbreitet. Sie bestehen aus einem einfachen Brett mit Rand und sind nach drei Seiten hin mit einem eisernen Haken versehen, in welchen der Tayant (Messer) eingehakt wird.

Brennender Kalkofen.

Zu textilen Zwecken werden auf Menorca fünf Pflanzenarten cultivirt: Baumwolle, Hanf, Lein, Spartgras und die Ramie-Nessel. Die Baumwolle wurde früher in bedeutender Menge angepflanzt; sie lieferte einen sehr feinen Faden, aber durch die hohen Arbeitslöhne warf diese Cultur nur einen unbedeutenden Reingewinn ab, in Folge dessen sie wieder aufgegeben wurde. Heutzutage findet man nur einige Pflanzen in den Font Redonas de baix und in Binicuadrellet von S⁺ Cristobal. Hanf wird lediglich im Distrikte von Mahon angebaut. Der Anbau von Lein erfolgt nur noch in geringem Maße, aber in fast allen Vergers des Distriktes von Mahon und im Secano-Boden einiger Besitzungen der ganzen Insel.

Die Cultur des Spartgrases hat sich heutzutage auf der südlichen Hälfte Menorca's verallgemeinert; man erntet schon beträchtliche Mengen, die nach Mallorca und Catalonien ausgeführt werden. Sehr wenig verbreitet ist das Spartgras auf der nördlichen Hälfte, wo der Boden und die starken Nordwinde dem Grase nicht zuträglich zu sein scheinen. Die Ramie-Nessel wurde vor Jahren in Alcaufar versuchsweise cultivirt, wo sie trefflich gedieh, dann aber vernachlässigt, weil der Ertrag die aufgewandten Kosten nicht deckte; sie kommt aber noch in wildem Zustande vor.

Von den vorzüglich auf Menorca gebauten Getreidesorten ist der Blat senas serra die jetzt am wenigsten angebaute. Man behauptet, dass sie weniger vom Wurm (Cuc) angegriffen wird,

Ausgebrannter Kalkofen.

und dass auch die Ratten weniger Schaden an seinen Saaten anrichten. Der Blat d'en menud und seine Unterart d'en menud blanc wird jetzt in allen Municipal-Distrikten noch einigermaßen cultivirt, wiewohl der Anbau wegen des geringen Ertrages sich nicht mehr verlohnt. Es haben somit nur noch die Sorten Xexa blanca und die Unterart Xexa de caña blana blanca in Menorca Bedeutung, welche in jeder Hinsicht die besten der hier bekannten sind.

Drei Stroharten giebt es auf Menorca: Stroh von Hafer (Xivada), von Gerste (Hordi) und von Weizen (Blat). Haferstroh wird jedoch wenig aufgespeichert, Gerstenstroh noch ziemlich viel auf Menorca eingeführt.

Die Tennen sind recht sorgfältig und nett gebaut, meist kreisförmig. Beim Dreschen giebt man den Maulthieren aus Spartgras trichterförmig gestaltete Cucadas; man legt ihnen hierbei keinen Collar, sondern nur einen Strick um den Hals, Sa Braga genannt. Zum Dreschen werden zwei

IV. Menorca.

oder vier Maulthiere verwendet. Um das Getreide zur Tenne zu bringen, bedient man sich der Cadireta des Garbetjador. Säemaschinen kennt man noch nicht; alle Besitzer lassen noch mit der Hand säen. Man bedient sich hierzu eines Sembrador aus Spart mit Doppelhenkel, rückwärts mit Leder umwickelt, welchen man mit einem Strick oberhalb der Schulter befestigt, während man mit der anderen Hand den Henkel hält und säet. Damit der zu Boden gefallene Weizen auch in die Erde kommt, benutzt man vor Allem Eggen (Herses) mit zungenförmigen, eisernen Spitzen (Rejas). In Sta Rita und im Hort des Lleó giebt es Eggen besonderer Art. Das Holzgerüst ist ein gleichseitiges Dreieck, deren Seiten etwa je 1,60 m lang sind; auf der unteren Seite hat es statt der Zungen 24 grosse Eisennägel, die, ca. 22 cm lang, nach vorn gebogen sind. Man verwendet sie auch zum Auflockern der Erdkrume (desterrozar) und zum Einsammeln der vom Pfluge abgerissenen Gräser. Zum Mähen für Grünfutter bedient man sich der Sichel und der Sense. Nichtsdestoweniger nimmt der Getreidebau die erste Stelle ein, und der Weizen ist sozusagen das Land-

Gefirnisste Thonwaaren.

geld Menorca's, mit welchem häufig auch bezahlt wird. Zur Mähzeit reichen die Arbeitskräfte des Landes nicht aus, weshalb alljährlich Hunderte von Leuten aus Mallorca nach Menorca kommen. Diese arbeiten bedeutend billiger als die Insulaner und sind in ihren Bedürfnissen äusserst bescheiden. Mais wird in den Barrancs namentlich seit den letzten Jahren reichlich angebaut und als Futter zum Schweinemästen verwendet. Es giebt rothen und gelben, sowie kleinen Mais.

Die künstlichen Weiden sind für Menorca von besonderer Wichtigkeit; obenan steht hier Hedysarum coronarium, die Sulla der Spanier auf Menorca, Clover genannt, für welchen der magere Boden der Nordseite der Insel besonders günstig zu sein scheint. Jährlich werden ganze Hektare von niedriger Garriga abgetrieben, um neue Clover-Pflanzungen anzulegen. Es wird sowohl als grünes Futter und als Hutweide benutzt, wie auch im Mai mit Sensen geschnitten, um trockenes Futter für den Winter zu haben. Letzteres wird in eigenen Depots (Paya de Clover) aufbewahrt. Von den wildwachsenden Futterpflanzen ist die wichtigste wohl der Carritx, (Donax tenax) der namentlich die Hügel gegen die Nordküste zu bedeckt. Der bedeutendste Carritx-Distrikt ist bei Lukatsch und bei den Höhen hinter Son Ermita.

Die vielen Tancas der Felder sind im Frühjahre voll spontan wachsender Pflanzen, welche die schmackhaften und guten Weiden der Insel ausmachen; namentlich ist der Lleva Má (Calendula arvensis) in ausserordentlich grosser Menge vorhanden. Der Carc negre (Kentrophyllum lanatum D. C.) wird grün in der Regel von den Huftbieren verschmäht und nur genommen, wenn der Hunger sie hierzu zwingt. Gern fressen die Thiere getrocknete Blüthen dieser Distelart, wobei sie natürlich auch oft reifen Samen mitfressen. Längs der Gewässer wächst Schilfrohr, welches um das Johannesfest herum geschnitten wird. Burró findet man namentlich an der Nordküste häufig und die Bova in Menge in den sumpfigen Torrententhälern.

Die Gemüsegärtnerei auf Menorca ist berühmt, so dass mir ein enthusiastischer Mahoneser sagte, dass auf Menorca Kohl besser sei, als anderswo das Fleisch. Sicher ist, dass der üppige Boden einiger Thalsohlen und vor Allem die ganz besonders sorgfältige Cultur, durch welche sich die Mahoneser auszeichnen, die sich früher in Algerien auch einen wirklichen Ruf als Gemüsegärtner erworben haben, vorzügliche Resultate ergiebt. Trotz des kälteren Klimas hat man in Mahon im Winter viel frühzeitiger und viel längere Zeit hindurch allerhand Gemüsearten als auf Mallorca, was nur der starken Düngung und fleissigen Behandlung zu verdanken ist. Es ist eine

Thonwaaren aus Alayor.

wahre Freude, diese so gut gepflegten Horts zu sehen, in welchen viele Hortolans die Furchen mit der Leine und zwei Stäbchen machen, um ganz gerade zu gehen.

Von den Küchengewächsen, Grünzeug und Knollengewächsen, finden sich die gleichen Arten wie auf Mallorca. Man baut viel Gemüse, Gelbrüben (Bastenagus), Kürbis (Carabassa), Zuckerrüben (Betaravec de menjar), welche auch als Viehfutter Verwendung finden; Kohl (Col) wird sogar nach Mallorca ausgeführt. Gurken (Cobrombols) producirt man sehr viele; sie sind auch frühzeitig reif. Blumenkohl (Colflô) und Artischocken (Escarxofas) gedeihen überall vorzüglich, während Mahon die Insel mit Endivien versorgt. Spinat (Espinacs) und Bohnen (Fasols) werden viel cultivirt, doch deckt der Ertrag an Saubohnen (Favas) den Bedarf nicht, und müssen deshalb grosse Partieen davon noch eingeführt werden, Wicken (Guixas) werden allgemein angebaut, weniger Linsen (Llentias). Salat (Llentugas) ist sehr geschätzt und wird allgemein gepflanzt, ebenso die Melonen (Melons) und die Monlatopflanzen. Kartoffeln (Patatas) giebt es viele von vorzüglicher Güte. Der spanische Pfeffer (Pebres coénts) ist pikant, und die Rettige (Rávecs) wiegen oft mehrere Pfund, wogegen die Radieschen (Ravagui) immer kleiner bleiben. Kichererbsen (Siuróns) giebt es überall viel, auch Wassermelonen (Sindrias). Fisolen (Monjetas) werden mehr aus Vergnügen als des Nutzens wegen angebaut; auch Safran (Safrá) wird wenig cultivirt. Paradiesäpfel sind allgemein verbreitet; d'Alger und Catalans heissen die grösseren Früchte, die vielfach frisch gegessen werden.

Die de pera sind die besten; die kleineren Sorten, de bolla, de peruna und de carabasseta werden frisch gegessen und vielfach getrocknet.

Von den Zwiebelgewächsen kennt man auf Menorca den Knoblauch, Zwiebeln, Lauchzwiebeln und den Lauch.

Ausser den zu Küchen- und Tischzwecken verwendeten Pflanzen werden in den Gemüsegärten Menorca's noch folgende gebaut, die verschiedenen Hauszwecken dienen: Die Acciapflanze, aus deren trockenen Blüthen man Besen macht, die auf der ganzen Insel in Gebrauch sind, (die Samenkörner werden Hühnern und Tauben gegeben; die gekochte grüne Pflanze ist ein vortreffliches Viehfutter, doch ist dieselbe weniger verbreitet). Pfahlrohr, von dem grösseren Pflanzungen bestehen, wird für Hausböden, Canclos, um Feigen zu trocknen, auch zu vielen Hauszwecken, zur Korbfabrikation für Besen u. s. w., verwendet. Viele Pfahlrohrpflanzungen dienen lediglich zum Schutze

Schuhwerkkiste zur Ausfuhr.

gegen die kalten Winde, welche die Pflanzen und Baumschulen nicht vertragen. Kürbisse werden vielfach anstatt gläserner Flaschen verwendet; man baut sie nur für den Hausgebrauch.

Es giebt auf Menorca keine Markttage und keine Jahrmärkte. Man hat versucht, einen Markt in Mercadal zu schaffen, um den Verkauf der Landesproducte zu erleichtern, aber der Versuch scheiterte trotz der Aneiferung von Seiten der Behörden. Man ziehe die Hunderte von Productionscentren in Betracht, welche vorzugsweise der Distrikt von Mahon hat, die Gemüsegärten vor den meisten Häusern innerhalb der Stadt und rings um dieselbe, und etwas weiterhin die vielen kleinen Weinberge mit Bäumen, Gemüse u. s. w. Berücksichtigt man weiter, dass alle Häuser auf dem Lande und in den Ortschaften ihre eigenen Tancas mit Getreide, Grünzeug, Futterpflanzen und Obst vieler Sorten in Menge zum eigenen Gebrauche haben, während vielfach das Uebrige zu verkaufen ist, so wird man nicht begreifen können, dass die Menorquiner nicht selbst darnach streben, durch Eröffnung eines Marktes ihre Erzeugnisse leichter und vortheilhafter verwerthen zu können.

Am häufigsten sind einige Cereusarten. Eine Culturpflanze ist die Cactusfeige (Figuera de Moro). Sie ist auf der Insel ausserordentlich verbreitet, denn sie kommt nicht nur bei fast allen Häusern auf dem Lande vor, sondern auch in den Gemüsegärten, Weinbergen u. s. w.

Die Agave (Agave Americana), Pita oder Etzebara findet sich in allen Distrikten als Zierpflanze vor.

Waldcultur.

Die Waldungen und namentlich die immergrünen Eichenbestände waren einst im 16. und 17. Jahrhundert auf Menorca viel bedeutender, als gegenwärtig, wo die Waldcultur nicht jene Ausdehnung hat, die sie haben könnte und, ich möchte sagen, haben sollte. Es wird Vieles dem widrigen Einflusse des Windes schuld gegeben, was eigentlich nur der unverzeihliche Day verbrach. Sicher muss in der einmal baumlosen Gegend ein einziger Baum ohne irgend einen Schutz windgekrümmt und schlecht wachsen, während an Stellen, wo mehrere beisammen sind, einer dem anderen als Schutz dient und sie verhältnissmässig gut gedeihen.

Menorquinische Körbe.

Wir weisen auf unsere Beschreibung der Waldcultur auf Mallorca hin und wollen uns hier mit wenigen Bemerkungen begnügen.

Die immergrüne Eiche bringt ihre Frucht vom November bis Mitte Januar zur Reife; süsse Eicheln (Ballotas) sind nur wenige vorhanden. Die sauren Eicheln werden fast sämmtlich für Schweine verwendet. Von der Korkeiche (Eusina Surera oder Surer) sind nur eine geringe Anzahl Bäume vorhanden; zahlreich sind Kiefernwaldungen. Was die echten Pinien (Pi Ver, Pinus pines) anlangt, so werden sie stets gesäet; wilde giebt es nicht. Die Sivinen (Sivina) kommen namentlich in den Marinas vor.

Unter den Buschhölzern ist der Mastixstrauch (Mata) obenan zu stellen; man unterscheidet männliche und weibliche Sträucher, von denen die ersteren keine Lientrisca oder Früchte tragen. Die Lientrisca liefert ein treffliches Futter für Schweine und Truthühner; die Mastixstrauchblätter werden von einigen Gerbern aus Ciudadela verwendet. Ebenso wichtig und verbreitet ist der wilde Oelbaum (Uastre). Das wilde Oelbaumholz wird als hierzu geeignetes für alle Ackerbaugeräthe verwendet; die Frucht (Olivó) wird zum Essen verkauft, namentlich in Alayor.

Von den für Tischler und Drechsler verwendbaren Hölzern sind die der Daphne, der Tamariske und des Erdbeerbaumes zu nennen, dessen Holz namentlich zur Bereitung der Pipas de Pagés dient, die man aber auch viel aus Maulbeerbaumholz verfertigt.

Viehzucht.

Die Seidenzucht wird auf Menorca fast gar nicht mehr betrieben, und doch war sie einst blühend, denn in einer Abhandlung, welche von Dr José Soler y Vives, der 1793 starb, geschrieben wurde, sagt dieser, dass er eine dreissigjährige Praxis in der Seidenraupenzucht habe, und dass die Maulbeerbäume auf Menorca gut gedeihen.

Pollers aus Binsen.

Die Bienenzucht geniesst schon seit vielen Jahren auf Menorca einen berechtigten Ruf; sicher trägt dazu nicht wenig die grosse Zahl von Blüthen bei, welche die ausgedehnten Weiden abgeben. Man verwendet hier allgemein aus Pfahlrohr geflochtene Bienenkörbe, die man sehr eng macht; damit die Bienen wärmer wohnen, bestreicht man sie mit Lehm und Kuhmist und deckt sie an beiden Enden mit Marés-Platten zu. Die Bienenkörbe werden zu Johannis durchsucht.

In neuester Zeit hat sich die moderne wissenschaftliche Bienenzucht mit beweglichen Waben eingebürgert. Das neue System ist von vielen Leuten mit wahrem Enthusiasmus aufgenommen worden und hat auch gute Früchte getragen. Die Zahl der Bienenstöcke auf Menorca beläuft sich auf 3448; im Sommer steigt dieselbe gut um 1500, da im Winter viele Stöcke alten Systems eingehen. Von den 363 Bienenhäusern modernen Systems gehören 318 Mahoneser Bienenzüchtern, die übrigen Bewohnern der Umgegend an. Die Bienen werden ausser von den Bienenfressern (Beyrols, Merops apiaster), auch von einem Käfer, Escarabat meler (Cetonia opaca), verfolgt, der manchmal in sehr grosser Anzahl in die Bienenstöcke eindringt, wo er den Honig frisst und die Waben zerstört. Die modernen Bienenstöcke sind ihm ebenso ausgesetzt, wie die alten, wenn man nicht ihren Eingang niedriger hält, als die Höhe des Käfers beträgt. Durch die Motte (Arna) haben die Bienenstöcke Menorca's wenig zu leiden.

Was das Federvieh betrifft, so stehen die Truthühner (Indiots) obenan, die man in ganzen Schaaren, namentlich im Süden der Insel, speciell in der Gegend von Forms, sehen kann. Vor Weihnachten sammelt man sie in allen benachbarten kleineren Gütern desselben Eigenthümers, wenn mehrere beisammen sind, in der Hauptbesitzung und sendet sie dem Herrn entweder nach Ciudadela oder nach Mahon. Um diese Zeit kann man auch viele Truthühner an Bord der Dampfer sehen, die als Geschenk weggeschickt werden. Zum Verkaufe werden gleichfalls 900—1000 Stück im Jahre ausgeführt; sie wiegen 4—6,50 kg. Man veranlasst in der Regel zwei Brütungen von Indians im December und zwei im März. Von Hühnern hat man die gewöhnliche Raçe; erst in neuerer Zeit wurden Brahmaputras eingeführt. Sie haben sich nunmehr unter dem Namen von

Mit Spart überzogene Flaschen.

Gallinas de Sta Rita sehr verallgemeinert. Tauben hält man nur sehr wenige, noch weniger Enten und Gänse, die doch früher zahlreich waren, und Pfauen nur vereinzelt.

Die Zahl des Viehes auf Menorca betrug im Jahre 1888 nach den in den Secretarien der Ayuntamientos gesammelten Daten 36 253 Stück; die beiden an Vieh reichsten Distrikte sind Mercadal und Ciudadela.

Das Rindvieh gehört auf Menorca nicht einer eigenen Raçe an, sondern es sind die Abkömmlinge des einheimischen Rindes, gekreuzt mit englischen Thieren. Die Rinder haben auf Menorca allerhand Farben und sind meistens gefleckt; die Thiere englischer Abstammung sind meist roth, manche sind recht feinhaarige, schlanke Thiere; die schönsten habe ich im Süden der Insel gesehen. In der Gegend von Ciudadela, Son Camps u. s. w. giebt es viele ganz schwarze Rinder, bei Mercadal dagegen meist weissgraue. Viele braune Kühe, fast alle von Schweizer Art, sind in der Gegend der Torreta zu sehen. Die Kühe werden, wenn sie ein Jahr alt sind, belegt, bisweilen noch früher, so dass sie noch im zweiten Jahren Junge werfen. Sie geben 6—12 kg Milch, bisweilen sogar 24 kg; zum Entmilchen der Kälber benutzt man Desmamadors, ähnlich denjenigen, die in Ungarn üblich sind.

Die Schafe sind auf Menorca schon seit Jahrhunderten stark vertreten. Zur Zeit der Engländer wurden sie in grosser Menge consumirt; verlangte doch der Gouverneur Kane monatlich deren 544 für die Besatzung, ungerechnet die Flotte und das Militärspital. Im Jahre 1752 waren 60 000 Schafe vorhanden. Sie sind auf Menorca ganz weiss, nicht so wie auf Mallorca mit gefleckter Schnauze, und kleiner als dort; sie haben einen langen Schwanz und sind hornlos. Man scheert die Schafe in der Regel schlecht, in Folge dessen an ihnen viel Wolle hängen bleibt; den Melkschafen scheert man den Schwanz. Zu ihrer Unterkunft dienen aus Steinen aufgeführte Hütten; die runden heissen Barracas oder Garitas, die langen Ponts. Die Ziegen sind auf Menorca sehr verschiedenartig: manche hornlos, andere gehörnt und häufig mit etwas hängenden Ohren. Es giebt deren von allen Farben, doch scheinen die weissen und grauen, hinten etwas schwärzeren am meisten vertreten zu sein. Sie sind namentlich im nördlichen Centrum der Insel vorhanden, wo sie auf dem buschigen Hügellande frei umherweiden. Die Milch wird in hölzerne, mit Eisen beschlagene Gefässe, Ferradas genannt, gemolken; in der Regel mischt man Kuh- und Schafsmilch zusammen, da man der Meinung ist, dass dadurch der Käse besser wird. Milch wird viel frisch genossen und auch solche verkauft. Die Molken werden von den Besitzern in der Nähe der Ortschaften in blechernen Krügen untergebracht und in einfachen Spartkörben, einer Art Arganells, auf Eseln zum Verkauf ausgetragen, und zwar werden sie vor den Hausthüren und auf den Gassen nach dem Maße verkauft. Das Steigen oder Sinken der Käsepreise bildet im Frühjahr auf dem Lande eine grosse Tagesfrage, und es giebt Händler, welche bedeutende Mengen Käse aufkaufen, namentlich im Distrikte von Ciudadela, der allein fast so viel Käse, wie sonst die ganze Insel zusammen, producirt, wiewohl man sagt, dass der Käse von Mahon, namentlich von S^a Clemente, besser sei.

Butter (Manteca) wird aus dem Brossat gewonnen, den man in der Caldera schlägt und kocht und dann möglichst kaltes Wasser hineingiesst.

Die Schweine spielen schon von Alters her auf Menorca eine wichtige Rolle. Sie sind ähnlich den mallorquinischen, jedoch anscheinend theilweise mit englischen und chinesischen Schweinen gekreuzt; und haben meist eine schwärzliche Farbe. Es giebt lang- und kurzschnauzige; die letzteren, welche man als die einheimische Raçe betrachtet, hält man für besser zum Mästen geeignet. Die ausgewachsenen Schweine wiegen 50—80 kg. Durch die Mast werden die Schweine manchmal auffallend stark und wiegen 200, ja sogar 300 kg, und die Bäuerinnen setzen einen wahren Stolz darein, das in der schmalen Soll untergebrachte Vieh zu präsentiren, das manchmal trotz vorgehaltener Leckerbissen nicht zum Aufstehen zu bringen ist. Fast jede Familie, wenn auch nahe an der Armuth, mästet ein oder mehrere Schweine zum Hausgebrauch.

Die Pferdezucht lässt noch viel zu wünschen übrig, und die vorhandenen Pferde sind meist unschöne, gewöhnliche Thiere; es ist kein eigentlicher Schlag, sondern das Product verschiedener Kreuzungen. Sie sind meist schwarz und dickbäuchig mit starken Knochen, vielfach namentlich hinten, weissfüssig. Die Thiere messen 1,50—1,60 m in der Höhe, sind kräftig und ausdauernd und leben 22—24 Jahre. Die meisten Hengste sind halb oder ganz andalusischen Schlages und dienen zumeist zur Maulthierzucht. In Mercadal zahlt man für ein saugendes Füllen, für Esel und Pferdehengst 9 Liuras. Man hält die Hengste in kleinen schlechten Stallungen, die Stuten auf der Weide in den Tancas, wo sie stets, wie die zur Zucht verwendeten Eselinnen, unbeschlagen gehen. Der Werth eines Pferdes ist im Mittel 250 Pesetas; der höchste Werth 500. Ein schönes Reitpferd erreicht manchmal einen Preis von 750 Pesetas, im Gegensatz hierzu werden einige, die für Gemüsegärten noch Dienste verrichten, zu 100 Pesetas verkauft; eine Mutterstute gilt 500 bis 600 Pesetas.

Die Maulthiere sind auf Menorca sehr verschiedenfarbig; es giebt lichtgraue und rötbliche, auch manche lichtbraune, wiewohl seltener; ebenso wie auf Mallorca, sind die dunklen geschätzter, man ist jedoch in der Hinsicht auf Menorca gleichgültiger. Die Maulthiere ähneln mehr der Mutter, ob Stute oder Eselin, als dem Vater, namentlich was Kopf, Hals und Füsse betrifft. Sie werden

Viehzucht.

im Mittel 40, ja in seltenen Fällen bis 1,65 m hoch; der höchste Werth beträgt 1000 Pesetas, der mittlere 500. Männliche Maulthiere hält man für besser, wenn sie vom Pferdehengst, weibliche, wenn sie vom Eselhengst abstammen. Im Allgemeinen sind die von Stuten abstammenden ruhiger und gehen beim Reiten leichter. Die Maulthiere leben fortarbeitend 22—24 Jahre.

Was die Esel anbelangt, so ist Menorca seit alter Zeit durch deren Aufzucht berühmt. Sie zeichnen sich durch Grösse wie Stärke aus und sind fast so gross wie die mallorquinischen, aber nicht so fein und schlank; sie haben gewöhnlich 1,20—1,30 m Höhe. Ein Eselhengst kostet ca. 1000—1500 Pesetas, ein verschnittener Esel 200; der mittlere Preis beträgt nur 225 Pesetas.

Urona aus Sⁿ Cristobal.

Eine Vorstellung von der Wichtigkeit der Viehzucht auf Menorca geben die Ausfuhr-Tabellen, nach welchen die gesammte Viehausfuhr aus den Häfen von Mahon und Ciudadela während des Zeitraumes von 1878—1887 sich auf 55 380 Stück belief.

Die Katzen sind auf Menorca ebenso beliebt, wie auf Mallorca, und unfehlbar in jedem Hause zu finden; die meisten sind grau und viele haben einen gestutzten Schwanz. Von Hunden giebt es viele Neufundländer; auf dem Lande, namentlich in den Besitzungen des Südens und im Centrum der Insel, findet man Cans de Bou, ähnlich den mallorquinischen. Feine Kaninchenhunde giebt es nicht. Die schönsten Kaninchenhunde sind in Mercadal zu finden.

Jagd und Fischfang.

Die Jagd ist auf Menorca im Allgemeinen frei, ausser auf den Besitzungen, deren Gebiet Vedado ist, d. h. wo das Jagen verboten ist und rechtmäßig nur dem Grundeigenthümer zusteht. Als sichtbares Zeichen des Vedado macht man V-artige Zeichen mit weisser Tünche auf die trockenen Wände, welche die Tancas u. s. w. umschliessen. Die beiden wichtigsten Jagden sind die Kaninchen- und die Steinhuhnjagd. Die Kaninchen (Cunis) jagt man mit Hunden und Fürretten (Furas), welche Thiere angeblich unter Kaiser Augustus zur Vertilgung der Alles verheerenden Kaninchen eingeführt wurden. Auf manchen Gütern der Nordküste, wie Sant Antoni, der Buferetá, Sta Teresa, Torre del Ram, sind die Kaninchen so zahlreich, dass man sozusagen sitzend auf sie Jagd machen kann.

Die Steinhühner (Titus) jagt man auf verschiedene Weise, zumeist aber mit dem Gewehr, wobei man sich aber vielfach eines Lockvogels bedient, wiewohl dies durch Gesetz verboten ist. Fast in jedem Possessionshause ist ein Steinhuhn in einem hölzernen Käfige zu sehen, das unter dem Vorgeben, den Weibern und Kindern des Hauses zur Unterhaltung zu dienen, als Lockvogel verwendet wird. Die Reclams oder Lockpfeifen sind den auf Mallorca gebräuchlichen ähnlich. Die spiralförmigen Botets für die Wachteln sind den auf Mallorca üblichen gleich.

Sitzend jagt man a Coll wie auf Mallorca, dies ist jedoch nicht sehr allgemein, weil wenige Gegenden den hierzu nöthigen Baumwuchs besitzen. Viel verbreiteter ist das cassar a Batuda mit Filats aus dickerem Zwirn, ähnlich jenen de cassar a Coll. Die langen Pfahlröhren werden in der Hand gehalten, und die beiden unteren Enden sind in Bryassons oder Sarrions por cessor a Batuda hineingesteckt. Drosseln werden im Winter auf Menorca in grosser Menge gefangen, wenn auch bei Weitem nicht in demselben Mafsstabe, wie auf Mallorca. Llosas werden mit vier Stäbchen, wie auf Mallorca für Singvögel, Drosseln u. s. w., verwendet.

Man hat auf Menorca sehr kleine Käfige aus Draht und Holz, namentlich für Stieglitze verwendet. Eigenthümlich sind die Käfige aus einem Cactusfeigenblatt, wie sie die Kinder, wenn sie einen Vogel fangen, zu machen pflegen; in das Blatt steckt man gespaltene Pfahlrohrstücke, die man oben zusammenbindet und in ein anderes Cactusfeigenblatt hineinsteckt, ähnlich den hohen engen Käfigen, die hier für Steinhühner und Wachteln verwendet werden.

Fischer sind auf Menorca in grosser Menge vorhanden, aber, wie begreiflich, auf die vier am Meere gelegenen Ortschaften: Mahon, Villa Carlos, Fornells und Ciudadela, beschränkt. In Fornells ist fast ein jeder Fischer, und die kleine Ortschaft kann als ein wahres Fischerdorf angesehen werden; verhältnissmäßig hat von den anderen drei Orten Villa Carlos die meisten Fischer. Die Bewohner der übrigen Ortschaften beschränken sich auf den Angelfischfang an den Felsen des Ufers.

Die von den menorquinischen Fischern verwendeten Boote, den mallorquinischen gleich, gelten als die vorzüglichsten der Balearen und geniessen auf Mallorca einen wohlverdienten Ruf. Man hat auf Menorca verschiedene Fischerbootformen; die kleinsten und recht elegant gebauten sind die Gusis mit eingezogenem Achtersteven, welcher an die Maltheserboote erinnert, mit einem

Bug, wie ein Llaut. Die Bots haben einen viereckigen Achtertheil; die Barcas Mariscadoras und die Barcas Bolitxeras sind gleich in der Form, nur sind erstere, deren nur wenige vorhanden sind, kleiner und kürzer und gewöhnlich ohne Rolle (Corriola), mit welcher letztere ausgerüstet sind, um den Bolix zu ziehen; manche haben sie jedoch, um das kleine Secksohleppnetz (Bolitxó) ziehen zu können, in welchem man Muscheln u. s. w. fängt. Diese Barken haben nur vorn und hinten ein Verdeck; am Achtertheil haben alle einen vertieften Theil im Verdeck, den Tsenó, um die Körbe und Netze hineinzuthun, wenn diese einzogen werden. Manche haben ein erhöhtes Stück zur Rechten, damit sich die Fischer beim Ziehen der Netze nicht so viel bücken müssen, Es Tamburet genannt. Auf dem Vordercastell tragen die Barcas Mariscadoras insgesammt mehrere in der Mitte vertiefte Holzstücke, das Aparejo, um das Boot ans Land ziehen zu können. Die Anker für die Mariscadors sind zweiarmig. Die Boote, welche ausserhalb des Hafens von Mahon zum Fischfang dienen, haben vielfach Steinanker, Bolda genannt; an den Seiten sind sie flach mit abgefassten Ecken.

Die Barquerols (Llauts) sind von verschiedener Grösse, meist grün angestrichen und mit einem gelben Streifen und dem Namen versehen; für Bou werden grössere verwendet. Bots Palangrés wurden früher meist in Villa Carlos gebaut, jetzt werden aber viele auch in Mahon verfertigt; sie sind breit und mit Verdeck versehen.

Alayor von der Hauptfahrstrasse aus.

Die Fischer auf Menorca pflegen ihren Gewinn auf ihren Fischerbooten folgendermafsen zu vertheilen: Der Schiffspatron und der Matrose erhalten je einen Theil; einen halben Theil empfängt der Schiffsjunge und zwei Theile werden als Abnutzung für das Boot und die Netze gerechnet.

Die Netzarten, mit denen auf Menorca die Fischerboote ausgerüstet sind, sind denen auf Mallorca fast ganz gleich.

Die Plätze für Llampugas-Fang, der bei Mondschein oder vor der Abenddämmerung stattfindet, werden am Tage des heiligen Bernhard verloost. Mit Angelschnuren (Palangrés) wird viel gefischt, namentlich von den Fischern aus Villa Carlos. Von Poteras verwendet man dieselben beiden Sorten, wie auf Mallorca; man nennt sie Calamareras.

Auch der Dreizack (Filora) wird viel angewandt. Um Fische aus den Felsen hervorzuscheuchen, bedient man sich der Stiele des Dreizacks.

Man unterscheidet verschiedenartige Reusen; die einen sind gross, glockenförmig, mit Spart am Trichter, andere unten rund und oben flach; ferner grosse Gambins de gafar Sards, die rundlich kürbisartig sind. Sie werden mit Algen zugedeckt und auf einem unterseeischen Riff (Altins) so gestellt, dass sie wie ein Stück desselben aussehen, oder man steckt kleinere unter die Felsen, wo diese eine Aushöhlung bilden. Man macht ausserdem Nanses de Vivers por Llagostas, Körbe zum Aufbewahren der Fische mit breitem Deckel; viele versieht man mit Verstärkungen von Fassreifen, damit sie länger halten. Auch fertigt man Vivers de Congres, eine Art hoher Körbe mit Deckel, worin die Seeaale (Congres) versendet werden. Man hat ferner schiffförmige Vivers, die man Caixas de Llagostas nennt.

Das Fangen von Muscheln hat in neuerer Zeit auf Menorca und namentlich im Hafen von Mahon eine grosse Wichtigkeit erlangt. Mariscadors de cavar nennt man solche Leute, welche im niedrigen Ufergrunde mit einem Stück Brett oder flachem Holz den Schlamm fortbewegen und die Muscheln, die etwa darin sind, fangen. Menorca ist wegen seines Marisc berühmt, der weit und breit um seiner Menge und Schmackhaftigkeit willen bekannt ist. In Mahon werden täglich eine Menge Marisc verbraucht, und die Dampfer verfrachten möglichst viel davon nach Barcelona. Diese Mollusken werden auch lebend verfrachtet. Dies vermehrt, wie begreiflich, die Zahl der Mariscadors und ihr Bestreben, möglichst viel zu fangen, so dass das Eingehen mancher Arten unausbleiblich ist.

Man hat hier bisher zwei Versuche gemacht, Austern künstlich im Hafen von Mahon zu ziehen, jedoch erfolglos; sie wurden das Opfer einer Seuche, und so entschloss man sich, die Austernzucht aufzugeben und an Stelle deren den Austern-Park für die Zucht der Escupiña gravada (Venus verrucosa) herzugeben; letztere sind sehr geschätzt und ihr Preis hat in Folge des Verschwindens der Austern sehr zugenommen. Das Ergebniss der Ausbeute belief sich im Jahre 1888 auf über 3558 Dutzend Muscheln, die verkauft werden konnten. Die Schwämme werden nur in geringen Mengen mit Schleppnetzen heraufgezogen; der Korallenfang wird dagegen von den Menorquinern gar nicht betrieben, da alle die grösseren Llauts, welche im Canal de Menorca den Korallenfang betreiben, mallorquinische Fahrzeuge sind.

Der nicht unwichtige Fischfang der Bufera wird meistens an Fischer verpachtet oder letztere fischen für Rechnung des Eigenthümers.

Fische, namentlich Langusten, werden mit den Dampfern mehrfach nach Barcelona abgesendet, Marisc in grosser Menge vorzüglich nach Algier. Man hat hierfür eigene Vivers-Schiffe. Die Zahl der trocken aufbewahrten Fische ist gering; nur in Fornells und in Mahon macht man in der Mitte gespaltene Moras secas. Auch Xuclas, Surells, Varads und Jarret werden manchmal, wenn sie in grosser Menge gefangen werden, von den Fischern und Landleuten zum Hausgebrauch eingesalzen.

Schifffahrt und Schiffbau.

Die Lage Menorca's, als der östlichste Punkt Spaniens im Mittelmeer, ist für die Schifffahrt recht günstig, und der Schiffsverkehr wird ausserdem beträchtlich durch den Umstand vermehrt, dass Mahon der einzige Lazarethhafen Spaniens für das Mittelmeer ist. Die wichtigsten Häfen der Nachbarschaft sind: Barcelona, Tarragona, Marseille, Toulon, Algier, Bougie, Ajaccio, Oran und Tunis. Die die Schifffahrt Menorca's regelnden Vorschriften sind die des übrigen Spaniens und mithin auch Mallorca's. Die Gesammtzahl der der Insel gehörigen Schiffe beträgt 30 mit 3952 Tonnen; davon sind lediglich 22 mit 2196 Tonnen handelsthätig, von denen 16 Mahon angehören. Ausserdem giebt es Boote, welche die Beförderung der Arbeiter der Mola und der übrigen Bewohner des Hafens besorgen. Auf den Hafen von Mahon entfallen 229 Segelschiffe, von denen vier Hochseefahrer, auf Ciudadela 54 Schiffe, von denen einer Hochseefahrer ist. Von den Fischerbarken kommen 102 auf Mahon, 27 auf Fornells und 34 auf Ciudadela. Drei Dampfer im Hafen von Mahon, jeder mit 20 Mann Besatzung, besorgen den wöchentlichen Postdienst zwischen Mahon, Palma und Barcelona. Fremde Kriegsschiffe und Yachten aus allen Schifffahrt treibenden überseeischen Ländern haben im Laufe der letzten zehn Jahre im Hafen von Mahon Anker geworfen. Man zählte speciell im Jahre 1887 42 Kriegsschiffe und 3 Yachten. Die Bemannung der menorquiner Schiffe wird ausschliesslich von Insulanern gebildet und beträgt im Ganzen 223 Mann.

Der Schiffbau, der in der ersten Hälfte dieses Jahrhunderts auf Menorca eine gewisse Bedeutung hatte und eine grosse Zahl von Kalfaterern beschäftigte, hat in den letzten Jahren sehr abgenommen und beschränkt sich sozusagen nur noch auf die Construction von Fischer- und kleinen Hafenbooten. Auf der Werft von Mahon mit den zwei Astilleros des Arsenals, wo sonst manches grössere Schiff gebaut wurde, arbeitet man jetzt gar nicht. Nur in den Magazinen von Baixa Mar, im Süden des Hafens, arbeiten noch an Booten sieben Meister, ein Jeder in seiner kleinen Werft. Die meisten der von ihnen gebauten Boote werden nach Mallorca, dem spanischen Festlande und Algerien ausgeführt oder hier an die auswärtigen oder fremden Schiffe verkauft, welche der Quarantaine wegen oder aus anderen Gründen den Hafen von Mahon besuchen. In der kleinen Werft von Ciudadela werden noch manche Pailebots gebaut, alle mit viereckigem Achtertheil, sowie auch Caixas de Vivers, die 20—28 Duros werth sind; sie kommen auf 1 Duro die Spanne (Palm) zu stehen. Ausser dieser kleinen Werft giebt es noch zwei Meister, welche Boote bauen.

Die Tequinas, Pastecas oder Pasteras genannt, sind die kleinsten Barken; sie haben einen flachen Boden und sind so ziemlich den auch in anderen Gegenden verwendeten gleich, die die Schiffsbauer zu ihren Arbeiten gebrauchen. Hierauf kommen die Gusis oder Gosus, ähnlich den genuesischen Gozzi, dann die Bots, die einen viereckigen Achter haben. Die Bots de Berguins (Bargain) dienen zur Passagier-Beförderung; Anar de berguen, wie man in Mahon sagt, sind ihnen ähnlich; manche haben Seitenplanken (Corredors) wie ein Stückchen Verdeck oben. Man macht hübsche Boote für Algerien, sehr eng, ganz

Aubarda mit offenem Sitzkästchen.

überbrückt, d. h. mit Verdeck, mit Ballast aus Kalkstein aus dem Uyastrá, zu 120 Duros das ganz fertige Stück. Die Fahuas für Behörden sind meistens recht schlank, die Llenxas für Seeleute und Soldatentransporte breiter und schwerfälliger. Ausserdem baut man die Barcas Bolitxeras und Mariscadoras, die Barcas Palangreras oder Bots Palangrés, ferner die Barquerols, welche mit anderen Netzen mehr oder minder weit von der Küste ab, aber auch innerhalb der Häfen fischen und die eigentlichen Fischerboote, die Llauts von Mallorca. Schiffbrüche menorquinischer Schiffe sind sehr selten; in den letzten zwanzig Jahren sind nur vier zu registriren gewesen.

Steinbrüche und Salinen.

Von den Steinbrüchen auf Menorca sind nur die in dem weichen Miocän-Kalkmergel (Sauló) befindlichen von grosser Wichtigkeit, indem man letztere als Baumaterial für fast alle Bauten verwendet. Sie sind über den ganzen Süden der Insel verbreitet; die grössten liegen bei Ciudadela, namentlich der bei Es Hostals. Der Sauló ist sehr leicht zu bearbeiten, wird jedoch durch den Lufteinfluss sehr geschädigt.

In den Steinbrüchen von Alcaufar bei St Luis, sowie in denen von Cala Mitjana gewinnt man einen herrlichen weissen Stein Sauló, der, ganz gerade zersägt, allerhand Bearbeitungen gestattet und auch für Treppenstufen verwendet wird.

Zur Bearbeitung der Steinquadern (Cantons), welche dann die Maurer verwenden, sind Steinmetzen thätig, die man Canteros (Trencadors) nennt; sie bedienen sich zu dem Behufe ähnlicher Werkzeuge, wie auf Mallorca. Häufig werden alte aufgelassene Steinbruchvertiefungen dazu benutzt, um Obst- oder andere Bäume und namentlich Weinstöcke hineinzupflanzen, wodurch diese im Schutze vor dem Winde stehen; man kann deren einige sehr hübsche von strotzender Ueppigkeit in der Nähe von Ciudadela sehen.

Der quaternäre Helix-Kalkmergel, den man speciell Marés nennt, während man auf Mallorca darunter allen Kalkmergel versteht, bildet Schichten von verschiedener Stärke, welche wie die aus Sauló ausgebeutet werden. Dieser Stein ist im Steinbruch sehr weich und leicht zu zerschneiden, wird jedoch durch die Einwirkung der Luft sehr hart, und da er porös ist, bindet er vorzüglich und legt sich fest in einander. Man bricht ausserdem auf Menorca noch andere Steine, den Devon-Schiefer oder Pizarra, aus dem man Cisternen-Mündungen, Balcone, Fussböden, Grabinschriften und Sonnenuhren macht. Sandstein, Cot genannt, verwendet man für Fussböden der Bauernhäuser, zuweilen für Tennen und um eiserne Werkzeuge zu schleifen. Kalkphosphat wird zur Gewinnung von Gyps (Guix negre) calcinirt. Der hiesige Gyps wird sehr schwärzlich, wenn er gebrannt wird, und man nennt ihn daher Guix negre; er hält aber sehr fest. Die Crava vom Lias wird als letztes Lager für Fahrstrassenmörtel und zur Anfertigung des Trespol für Fussböden verwendet.

Fast der ganze Kalk wird auf Menorca in cylindrischen, im Boden ausgegrabenen Kalköfen gebrannt, welche nach innen mit einer einfachen, trockenen Mauer überkleidet sind und sich oberhalb der Bodenoberfläche hier wohl mit doppelseitiger Mauer erheben. An der vor dem Winde geschütztesten Stelle ist eine Oeffnung, um ins Innere einzudringen. Ein gewöhnlicher Kalkofen brennt 2000 Quintals Kalk.

Da das Salz, gewissermafsen als eine Entschädigung für die Gefahren, welche das Lazareth der Insel mit sich bringt, auf Menorca frei ist, so wird Seesalz, Sal de Cocó genannt, an der ganzen Küste gewonnen, da man das Salz, das sich in den Aushöhlungen des Kalkmergels durch das Aussengen der Sonne bildet, einsammelt. Man beschränkt sich nicht nur auf die natürlich vom Meere heraufgeworfenen Wogen, sondern man kann besonders an der Südküste im Hochsommer ganze Reihen von Weibern mit Schöpfen von Salzwasser beschäftigt sehen, mit dem sie theils natürliche, theils künstliche Aushöhlungen (Cocons) anfüllen, wo es dann verdunstet.

Im Norden der Insel giebt es in tiefen seichten Einbuchtungen vier Salinen, nämlich die von Tirant vey, Eigenthum vom Baron de las Arenas, die Salinas novas, gleichfalls in Fornells, Eigenthum von D^n Juan Salort, die Saline von Addaya im Hafen gleichen Namens von D^n Bartolomé Mercadal und endlich die Saline von Mongofre im Gute gleichen Namens, die Eigenthum von D^n Juan Mercadal ist. Der Ertrag dieser Salinen, die einst jährlich einen Reingewinn von 2500 bis 5000 Pesetas ergaben, ist heututage, wiewohl sie dieselbe Menge Salz produciren, fast gleich Null.

Industrie und Handel.

Aehnlich, wie auf Mallorca, ist man auch auf Menorca dazu gezwungen, dass man sich als Triebkraft der Mühlen namentlich des Windes bedient; das Wasser konnte nur an wenigen Stellen hierzu benutzt werden, und erst in neuerer Zeit sind zwei Dampfmühlen entstanden. Man zählt auf der Insel 39 Windmühlen und nur 7 Wassermühlen.

Die Windmühlen Menorca's sind den gewöhnlichen mallorquinischen gleich; sie mahlen 1000 bis 3000 Cuarteras jährlich.

Die Wassermühlen könnten im Jahre 1600 bis 2400 Barcellas Weizen verarbeiten, thatsächlich mahlen sie aber aus Mangel an Getreide. In manchen Jahren und meist im Sommer eines jeden Jahres auch aus Mangel an Wasser jedo nur 500—1000 Cuarteras. Von den Dampfmühlen ist die erste die Harinera Mahonesa; sie gehört einer Commanditgesellschaft, welche 1864 gegründet wurde, die 1859 erbaute Fabrik im Anden de Poniente des Hafens gehört der letzteren. Sie hat zwei paar Mühlsteine von 1,40 m Durchmesser, sowie eine Dampfmaschine von 14 Pferdekräften. Als Mittel hat sie in den letzten fünf Jahren 23 000 Cuarteras gemahlen. Die zweite ist eine kleine Dampfmühle im Anden de Levante, welche Eigenthum des Handlungshauses Ladico Hermanos ist; sie hat zwei Paar Steine von 1,20 m Durchmesser und 28 Pferdekräfte. Gleichzeitig mit der Mahlmühle treibt aber die Maschine eine Dampfsäge. Sie kann 18 000 Cuarteras jährlich verarbeiten, mahlt aber thatsächlich nur 15 000 Cuarteras.

Die Zahl der Privatbacköfen ist fast so gross, als die der Häuser, und wir haben derselben bereits gelegentlich der Schilderung der Häuser gedacht. Nichtsdestoweniger giebt es sowohl in Mahon, wie in Ciudadela und in den grösseren Ortschaften auch öffentliche Backöfen, in welchen für das Publicum gebacken wird.

Die Thonwaarenindustrie nimmt auf Menorca eine bedeutende Stelle ein, namentlich diejenige von Ciudadela, wo acht Ziegeleien bestehen; ihre Producte werden vorzüglich nach Amerika ausgeführt. Insbesondere sind es die Pflasterziegel, welche in Massen producirt werden. Von den grossen Ziegeleien Ciudadela's ist die bedeutendste und grösste die Ziegelei von Tremol. In Mahon arbeitet man in fünf Tauleras; in einer macht man insbesondere viel gefirnisste Hohlarbeiten mit verschiedenfarbigem, namentlich schön dunkelrothem Firniss, von denen manche, auch, was die Form betrifft, recht elegant aussehen. Die am besten angelegte Thonwaarenfabrik Mahons ist wohl die Alfarera Balear. An der Fahrstrasse nach Alayor ist auch eine grosse Ziegelei, und etwas weiter davon, dort, wo sich der Cami de la Tramontana abzweigt, liegt die Ziegelei von Bini Atza. Bei Alayor sind zwei Ziegeleien. In der einen verfertigt man nur Hohl- und Pflasterziegel; in der anderen werden ausserdem so ziemlich dieselben Hohlwaaren wie in Mahon, darunter auch einige Ribells mit Firniss, jedoch nur wenig, sonst lauter Gefässe aus rohem Thon angefertigt. Alle Ziegeleien liegen draussen vor den Ortschaften mit Ausnahme von zweien von Ciudadela; die Landziegeleien dienen nur dem localen Verbrauch und führen gar nichts von ihren Producten aus.

Die Metallwaaren-Industrie ist wenig entwickelt; ausser einer kleinen Fabrik in Baixamar, die manchmal einige Gusseisenstücke macht, giebt es nur gewöhnliche Schmieden. Am meisten sind die Menorquiner Schmiede in Folge der Menge des vorhandenen Viehes als Hufschmiede thätig.

Seife wird vielfach von Privaten bereitet; es giebt aber keine eigentliche Seifenfabrik. Nahrungsmittel, mit Ausnahme der Conditorwaaren, werden fast alle vom Auslande eingeführt. In Mahon giebt es zwei Suppenteig- und vier Chocoladefabrikanten. Einige der Confiseure zeichnen sich in der Bereitung von Mandel-Torron aus, eine Specialität Menorca's, sie sind sehr hart und halten sich in Blechbüchsen verpackt recht lange.

Reitende Menorquinerinnen.

Von Liqueuren und Getränken, welche auf Menorca bereitet werden, ist der Anis higienico estomical der einzige, der ausgeführt wird. Früher gab es keine Bierbrauerei; jetzt ist eine solche in Mahon am östlichen Ende der Stadt bei der Miranda del Rey erbaut worden.

Die Gewebe-Industrie ist auf Menorca im Allgemeinen nicht sehr verbreitet und verdankt ihre Wichtigkeit eigentlich lediglich der Fabrik der Industrial Mahonesa. Diese ist eine anonyme, im Jahre 1857 gegründete Gesellschaft für Baumwollengespinst und Gewebe. Die Fabrik macht gewöhnlich ihre Engros-Ankäufe von Baumwolle, von der im Jahre 1887 510612 Libras gesponnen wurden, unmittelbar in Charleston und von Kohle in Cardiff; diese Waaren werden ihr mit directen Dampfern zugeführt. Bei der Besitznahme der Insel durch die Engländer gerieth die Gewebe-Industrie in Verfall, weil diese ihre Stoffe einführten, mit denen die inländischen nicht concurriren konnten. Nichtsdestoweniger webte man noch grobe Wollstoffe und auch feinere aus Leinen fort, die von den Weibern selbst gesponnen wurden, und auch vielfach Leinen mit Baumwolle zusammen. Begreiflicher Weise wird die Handweberei durch die Maschinenarbeit immer mehr verdrängt.

Was zunächst die Wollstoffe betrifft, so herrscht die inländische, an dem Spinnrad gewebte Wolle vor. So macht man noch heutzutage Lianas de Flassadas, ein dickes weisses Wolltuch für Winter- und Bettdecken für das Landvolk, und Paño boréll (oder Borêll), ein starkes, sehr dauerhaftes Wolltuch für Winterkleider. Gegenwärtig wird der Escandalari mit Leinen, das man

Damensattel.

mit der Hand am Spinnrocken spinnt, und in neuerer Zeit auch viel mit eingeführter Baumwolle gewebt.

In neuerer Zeit webt man auch in grösserer Menge Lona de Zapatillos, ein Gewebe, das man ausschliesslich in Mahon einfarbig und in combinirten Farben fertigt; es dient namentlich für nach Amerika ausgeführte Schuhe.

Von den dortigen Hausfrauen wird viel gestrickt und gehäkelt (Punt de Calsa und Punt de Ganxet). Das Stricken geschieht nach altem System, das Häkeln nach neuerem, und die weitaus grösste Menge von Gegenständen wird auf beide Weisen verfertigt, und zwar mit grosser Geschicklichkeit, so dass Menorca in dieser Hinsicht anderen Ländern nicht nachsteht.

Die Mahoneser Frauen arbeiten auch vielfach aus Papier, Leinwand und Leder künstliche Blumen und fertigen Obstnachbildungen aus Wachs. Seiler giebt es nur wenige in Mahon. Sugargnes und Singles, Gurte aus Hanf, werden in Mahon verfertigt; die für Sattel bestimmten haben an beiden Seiten gabelförmige Schnallen (Sivellas) zum Anschnallen, ferner Sedeñys aus Ochsenhaar und Hanf zum Festbinden der Ladung auf den Holzsatteln und Hanfzügel für Maultiere. Schneider giebt es in Mahon wie in Ciudadela, die recht gut arbeiten. Gerbereien existiren viele, in Mahon allein fünf.

Das Schuhmacherhandwerk steht auf Menorca obenan und kann wie die Fabrikation der Thonwaaren, als einer der beiden Hauptindustriezweige der Insel bezeichnet werden; die Schuhfabrikation ist in Mahon, Ciudadela und Alayor sehr verbreitet. Man zählt in diesen drei Orten 110 Fabrikanten, die Zahl der Arbeiter ist begreiflicher Weise grossen Schwankungen ausgesetzt. Eine Vorstellung von der Wichtigkeit der Schuhfabrikation auf Menorca gewährt die Statistik über die Zahl der durch die Postdampfer der Sociedad Mahonesa de Vapores nach Barcelona verschifften Schuhwerkkisten, welche im Jahre 1887 die Zahl 4245 erreichten.

Sattler giebt es in Menorca mehrere, welche den landesüblichen Sattel mit Sattelbogen recht gut herstellen, namentlich in Alayor werden sehr elegante Arbeiten verfertigt, darunter sehr hübsche für Kinder. Die Wagenfabrikation ist auf Menorca ziemlich weit vorgeschritten. Man macht recht hübsche und gut gearbeitete Fuhrwerke, Omnibuswagen für den Passagierverkehr und kleine Carretets, ähnlich den in Palma üblichen, heutzutage vielfach mit hinten sich kreuzender Feder. Dann baut man auch Galeretas, aber nach Mahoneser Art an den Seiten mit Glasfenstern versehen, die, statt wie auf Mallorca an den Seiten zum Hineinschieben, zum Herablassen sind; sie müssen in Folge dessen an den Seiten gerader sein, nicht so ausgebaucht wie die mallorquinischen, dafür sind sie aber unten breiter.

Die menorquinischen Tischler zeichnen sich namentlich in Mahon und Ciudadela in der Möbelfabrikation aus und mehrere gute Möbelfabriken in Barcelona werden von Mahonesern unterhalten. Auf dem Lande sind wohl die meisten einfache Arbeiter, welche sich zunächst mit der Verfertigung von Ackerbau- und anderen Hausgeräthen beschäftigen.

Viele der auf Menorca gebrauchten hölzernen Pfeifen werden auf der Insel verfertigt, namentlich in Alayor, Ferrerias, Sn Cristobal, mehrere auch in Mercadal; viele haben unten ein vorspringendes Stück Holz.

Die Flechtindustrie ist auf Menorca nicht in dem Maße, wie auf Mallorca, entwickelt; am meisten werden Körbe, vorzüglich in Alayor und Mahon, verfertigt. Der eigentliche Korb ist aus gespaltenem Pfahlrohr, die Handhaben (Ansas) sind aber fast immer aus wildem Oelbaum, manchmal auch aus Mastixstrauch, stets sind sie aber mit Mastixstrauch umwunden. Man macht Carrafas-Futter gleichfalls aus Caña, aus Mastixstrauch und Vima, ferner Cayeras aus Cañas, um junge Bäume vor weidendem Vieh zu schützen, und festgeflochtene Bienenkörbe (Buchs de Beyas), von denen bereits die Rede war.

Aus Myrten fertigt man Stricktaue (Rest) für die Norias. Palmito-Arbeiten werden auf der Insel nur in geringer Zahl in der Gegend von Ciudadela gearbeitet. Ebenso hat man Vencis aus Jonchs torsuts, um Getreidegarben (Garbas) festzubinden.

Man fertigt auf Menorca nur sehr wenig Spartsachen, nur macht man viele Sanayas im oberen Stadttheil, (im Arrabal) in Mahon, weil man hier den Contract zur Lieferung derselben für die Arbeiten der Mola hat; sie haben etwa zwei Lliuras Inhalt, und sind wenig tief. Man stellt ferner Sanayas mit langen Henkeln und Deckeln her, bei Ciudadela auch hohe Sanayas de parar Farina, und grosse, oben breit mündende Urons mit zwei Henkeln und geraden Wänden und einige wenige Sarrias, die nach unten etwas konischer werden als die mallorquinischen, sowie körbehenartige Morrals für Maultiere. Weiter macht man Estorins peluts im Arrabal, alle von einer Farbe, Spartstricke für Fischer, Taue für Brunnen, Llibant genannt (offenbar vom arabischen Liban, Tau), endlich auch Fregadors de Post; sie kosten fünf Centimos d'Escut. Von Leuten aus Ibiza werden auf Menorca überdies Espardeñas aus Spartgras verfertigt. Flaschen (Botils und die grossen Carrafas), meistens von mallorquinischem Glase, von Midj corté tres y cuatro, umflechtet man in Baixa Mar mit Spart und macht Henkel daran. Eine für Menorca charakteristische Flechtarbeit sind die Urons aus Carritx, welche dazu dienen, um trockene Hülsenfrüchte, Bohnen,

Phisolen u. s. w., darin aufzubewahren. Vencis aus Carritx werden zum Getreidebinden und zu Fesseln (Travas) für die Schafe gebraucht. Aus den Carritx-Wurzeln macht man kleine Bürsten, welche die dortigen Weber zum Zerteilen der Faden benutzen; endlich macht man aus Carritx auch Catsanas, um Ollas und Calderas daraufzusetzen. Die Catsanas fertigt man indessen gewöhnlich aus Forcs d'Ays (Knoblauchstengeln) und, wo man Bova hat, auch aus diesem Sumpfgrase. Aus Bova und Jutms flicht man Stühle und Decken für Pflanzschulen; in der Gegend von Mercadal und S^a Cristobal macht man daraus Uroms; letztere fertigt man auch aus Burró. Diese Pflanze, dem Carritx ähnlich, wächst stets am Meeresufer.

Man arbeitet Wappenbilder aus Marisc und grosse Bilder in Rahmen, kleine Schiffe, gewöhnlich aus einer Seedattel verfertigt, Körbchen, Polsterchen für Nähnadeln, Kästchen für Ringe, Kästchen mit Spiegeln, Schmucksachen u. s. w. Nur die Trochus und Turbo werden hier mit

Gewöhnlicher Karren.

Säuren gereinigt, die grossen Muscheln kommen über Barcelona meistens von den Philippinen und den Antillen. Eine Fabrik fertigt Heiligen-Figuren im Preise von 4½—8 Duros, während die Floreras 3—18 Duros kosten; die Glasstürzen werden aus Palma oder Guijon (Asturias) bezogen.

Der Handel Menorca's beschränkt sich auf die beiden Haupthäfen von Mahon und Ciudadela, wobei ersterer fast Alles absorbirt; er hat auch drei Vorzüge, die mehr als doppelte Bevölkerung, die Bewegung, welche der Besuch von Kriegs- und Quarantäneschiffen mit sich führt, und die Garnison. Nichtsdestoweniger hat der Handel, wie begreiflich, auf Menorca keine sehr weitreichende Ausdehnung und die Zahl der Handelshäuser von einer gewissen Wichtigkeit ist durchaus gering.

Menorca ist im Verhältniss zu seiner Ausdehnung mit Fahrstrassen gut versorgt, denn nicht nur die vom Staate erbauten Strassen durchschneiden nach allen Hauptrichtungen die Insel, sondern eine ganze Reihe von Communal- und Privatwegen setzt auch die einzelnen Häusergruppen und Besitzungen mit diesen in Zusammenhang, sodass sich behaupten lässt, dass zu jeder etwas wichtigeren Besitzung gefahren werden kann. Da ein Jeder bestrebt ist, möglichst rasch die Hauptfahrstrasse zu erreichen, so sind häufig ganze Reihen solcher Privatwege entstanden, die fast parallel laufen, und man muss, um zu den einzelnen Punkten zu gelangen, manchmal bei Häusern, die

aneinander stossen, immer wieder auf den Hauptfahrweg zurückkehren; ein Umstand, der nicht
wenig die rasche Durchwanderung der Insel erschwert. Wollte man dagegen, um den Weg ab-
zukürzen, die dazwischenliegenden Parets übersteigen, so nimmt man eine unsägliche Mühe und
die Gefahr auf sich, dass die Parets, namentlich wenn sie schon alt sind, herabrollen und einen
verwunden.

Der älteste Weg, von dem einige behaupten, dass er schon eine römische Strasse gewesen
sein mag, ist der sogenannte Camino Real viejo, 33 km lang, der in Mahon beginnt, mehrere
Biegungen beschreibt, nahezu Alayor auf der Südseite berührt, mit leichten Windungen bis nahe
an Ferrerias sich hinzieht und den Barranc d'Algendar überschreitend in Ciudadela endigt. An

Mahon von der Colarcega.

diesem Wege wurde etwa 100 Meter von Alayor entfernt im Jahre 1832 eine Art Menhir entdeckt,
mit einer einfachen, dem Kaiser Trajan gewidmeten Inschrift, was möglicherweise ein Meilenstein
war. Der Weg nach S‿ᵗᵃ Agueda hat bestimmt schon zur Zeit der Araber und vielleicht schon der
Römer, auf deren Zeit das Gemäuer des Schlosses theilweise hinweist, bestanden. Im Jahre 1331
liess man den Saumweg, Camino de Caballos genannt, herstellen, damit die Cavallerie rasch an
die Stellen, wo der Feind sich ausschiffen würde, gelangen könne. Andere Fahrwege müssen
bereits im 16. und 17. Jahrhundert vorhanden gewesen sein, da es schon im Jahre 1558 auf Menorca
Karren gab. Im folgenden Jahrhundert liess der Gouverneur Richard Kane den 46 km langen
Fahrweg anlegen, der auf den englischen Karten als Kane's Weg bezeichnet und in den Urkunden
Camino Real nuevo genannt wird.

Erst im Jahre 1848 wurde von der Regierung die Instandhaltung der Fahrwege Menorca's
organisirt. Von diesem Zeitpunkt an bis zum Jahre 1860, in welchem die Arbeiten an den Fahr-

strassen nach Villa Carlos, S^a Luis und S^a Clemente begonnen wurden, waren alle Arbeiten darauf gerichtet, den Weg von Kane in einen für den Wagenverkehr geeigneteren Stand zu setzen. Bis 1878 gab es zwischen Mahon und Ciudadela keine andere Verkehrsader als diese, und bis zum heutigen Tage wird sie von Mahon bis Mercadal benutzt. Die Zunahme des Landbaues und des Handels des Landes bewog die Regierung, eine neue Carretera machen zu lassen, welche die Ortschaften Alayor, Mercadal und Ferrerias mit den beiden Städten Mahon und Ciudadela in directen Zusammenhang setzt. Gegenwärtig ist das Stück zwischen Mercadal und Ciudadela bereits dem Verkehre erschlossen. Als festes Personal zur gewöhnlichen Unterhaltung der Strassen fungiren Peones Capatazes mit einem Lohn von 2,25 Pesetas täglich und Peons Camineros mit 2 Pesetas

Arsenal von Mahon.

Tagelohn. Die Carretera (antigua) von Mahon nach Ciudadela über Mercadal ist eine Fahrstrasse zweiter Ordnung sie hat eine Länge von 46 km und eine Breite von 7 m. Die Ortschaft von Alayor, welche im Süden von der Carretera getrennt liegt, wird durch eine Fahrstrasse dritter Ordnung von 660 m Länge mit der Strasse von Mahon nach Ciudadela verbunden. In gleicher Breite ist die Carretera nueva, welche von Mahon über Alcaidus, Alayor, Mercadal, Ferrerias, Las Tavernas nach Ciudadela führt in einer Weglänge von 44,196 km.

Zu diesen Fahrwegen führt eine Unzahl von Seitenwegen, welche theils gleich zu Fahrwegen eingerichtet, theils beim Wiederaufbau der an sie angrenzenden und mit der Zeit verfallenden Pareis nach und nach erweitert wurden. Nichtsdestoweniger sind deren manche so eng, dass ein Wagen fast mit den Rädern auf beiden Seiten anstösst; die meisten sind in Folge von Verjährung zu Vicinalwegen geworden, trotzdem dürfte auf der ganzen Insel kaum eine, wenn auch noch so kleine Besitzung vorhanden sein, zu der man nicht mit dem Wagen gelangen könnte.

Verkehrsmittel. Herbergen. Post- und Telegraphenwesen.

Trotz der vielen Fahrwege, welche in neuerer Zeit gebaut wurden, wird auf der Insel Menorca sicher viel mehr geritten, als auf Mallorca. Es nimmt sich an Sonn- und Feiertagen häufig ganz hübsch aus, ganze Cavalcaden zu sehen, die zu der Stadt kommen oder sich zur Kirche der Ortschaft begeben. Man reitet Esel und Maulthiere, die fast ausnahmslos sehr fromm sind. Die Maulthiere sind, wenn männlichen Geschlechts, fast ausnahmslos verschnitten und haben einen gerade gestutzten Schweif. Von den Cadenas oder Halfterketten hat man zwei typische Formen: mit und ohne Nasenplatten, aus mehreren gegliederten Ringen bestehend. Viele Reiter gebrauchen statt der Kette einen Zaum oder eine kräftige Stange, damit die Thiere mehr aufgeputzt gehen. Der Gebrauch der Sättel, der auf Mallorca fast gar nicht besteht, ist auf Menorca ein ganz allgemeiner, ja man findet kein Besitzhaus, wo man nicht einen und häufig mehrere Sattel antreffen würde. Es ist gewöhnlich der sogenannte spanische Sattel (Selles de Corbas) mit Sattelbogen vorn und rückwärts. Sie werden auf der Insel und vielfach nach dem Masse gearbeitet; die in Alayor verfertigten haben gewöhnlich vorn ein rothes Stückchen als Verzierung, das mit Messingnägeln umgeben ist; sie sind übrigens in den vorderen Sattelbogen statt abgerundet ganz gerade. Die Frauen gebrauchen zum Reiten die Aubarda, einen hohen Seitensitzsattel von Holz und Leinwand, meist mit Kattun überzogen, der unterhalb des Sitzpolsters ein kleines Kästchen mit aufklappbarer Thür hat, in dem die Mädchen das Kopftuch oder andere Toilettegegenstände aufzubewahren pflegen. Damit beim Sitzen die Kleider sich nicht auf dem Kreuze des Thieres beschmutzen, pflegt man auf dieses Decken zu legen, die zumeist mit dem Ueberzuge der Aubarda zusammenhängen. Gar hübsch sieht es aus, wenn kleine Kinder auf dem Kreuze des Reitthieres hinter der Mutter sitzen; sind sie klein, so werden sie Sicherheits halber mit einem besonderen Gurt an der Aubarda befestigt. Reichere Damen bedienten sich früher statt der Aubarda's einer anderen Art Sattel, der mit Leder überzogen, mit Messingnägeln beschlagen, meistens mit Sammt ausgepolstert war, jetzt aber meistens auf den Dachboden verbannt ist. Männer sowohl wie Frauen reiten aber auch vielfach, namentlich wenn sie zur Arbeit gehen oder etwas zu Markte tragen, auf Bayassos nach mallorquinischer Art. Um Sachen, namentlich Holz, auf dem Holzsattel (Bast) zu befördern, benutzt man wie auf Mallorca die Sciogas, die hier Escurbays heissen. Sie unterscheiden sich von den mallorquinischen nur dadurch, dass sie etwas abgerundeter sind. In ähnlicher Weise bedient man sich, um schwere Sachen, wie einen Stein u. s. w., fortzuschaffen, wie wir schon früher erwähnt haben, der Cadireta des Garbetjador.

Wie begreiflich, entwickelt sich heutzutage das ganze Leben der Insel auf der Haupt-Carretera, auf welche die übrigen Fahrstrassen münden. Die gewöhnlichen Fuhrwerke haben hinten ein Bret zum Aufheben, häufig mit zwei kugelartig abgerundeten Stücken, um sie besser fassen zu können, zuweilen ein einfaches Holzstück, das mit ein paar Stricken befestigt ist und eine Leinwanddecke (Vela), die in der Regel aber höher steht, als dies auf Mallorca üblich ist. In den häufigsten Fällen sind die Karren grün angestrichen; um Holz transportiren zu können, legt man leiterartige Hölzer auf, welche die benutzbare Oberfläche vergrössern. Zum Hafentransport bedient man sich länglicher Fuhrwerke mit niedrigen Rädern. Die Gesammtzahl der Fuhrwerke auf Menorca beträgt 776 darunter 613 Arbeitskarren.

Es giebt Omnibusse mit acht Sitzen im Innern, Galeras mit sechs Sitzen, Jardineras oder Americanas descubertas (offen mit vier Sitzen), Carros de trabay, Arbeitskarren in verschiedener Grösse und Bauart, Carretons emb mollas (mit Sprungfedern), Lohnfuhrwerke mit einem und zwei Zugthieren sind in den grösseren Ortschaften, namentlich Mahon, für Tagespartien zu haben. Ein täglicher Eilwagen fährt von Mahon nach Alayor, Mercadal, Ferrerias und Ciudadela zum Preise von 4 Pesetas die Person.

In Sⁿ Luis sind mehrere Schubkarren vorhanden, welche dazu dienen, um nach Mahon allerhand Sachen zu transportiren. Sie haben drei Räder, von denen eins vorn steht, und einen hölzernen, grau angestrichenen Kasten.

Menorca besitzt drei Dampfer: „Puerto Mahon" mit 594, „Nuevo Mahones" mit 627 und „Menorca" mit 346 gesichtem Tonnengehalt.

Aufgang in Mahon.

Sie gehören der Sociedad Mahonesa de Vapores, welche im Jahre 1854 gegründet wurde. Mit Hülfe dieser drei Dampfer besorgt die Gesellschaft den pflichtmäfsigen Dienst der beiden officiellen Linien von Mahon nach Palma, Alcudia und Barcelona; ausserdem bestimmte sie im Sommer den Reservedampfer, der bald der Puerto Mahon, bald der Nuevo Mahones ist, zu freien directen Reisen nach Barcelona aller

IV. Menorca.

vierzehn Tage, welche mit anderen, gleichfalls freien und vierzehntägigen directen von Mahon nach Algier abwechseln.

Der Passagierverkehr ist ein ziemlich reger; im Jahre 1886—87 wurden vom Hafen von Mahon nach denen von Barcelona, Palma, Alcudia und Algier und umgekehrt 8522 Passagiere aller Klassen befördert. Die Gesellschaft besitzt einen Slip, welcher zur Reinigung der Boote treffliche Dienste leistet, indem diese auf dem Slip so lange gelassen werden, bis alle Reparaturen fertig sind, wodurch die Miniumfarbe des Grundes, welche noch von der Gesellschaft verwendet wird, vollständig zu trocknen Gelegenheit hat. Dieser Slip wurde früher auch vielfach für andere Schiffe benutzt; da jedoch für jedes Schiff ein eigener hölzerner Stuhl gebaut werden muss, kommt dies sehr kostspielig zu stehen, und die Meisten ziehen es deshalb vor, benachbarte Docks, namentlich in Marseille, aufzusuchen. Natürlich bleibt für die eigenen Schiffe immer derselbe Stuhl, dessen numerirte Stücke sorgfältig aufbewahrt werden. Zum Hissen am Land giebt meistens die Marine aus der Mannschaft der dort stationirten Kriegsschiffe für die Kabestanarbeit eine unentgeltliche Aushülfe. Die Gesellschaft häuft keinen Reservefonds auf und vertheilt halbjährlich alle Renten; auf Rechnung dieser werden jedoch jährlich 6% des Werthes der Dampfer, des Slip und anderen Gesellschaftseigenthums amortisirt. Wenn die Gesellschaft Fonds zum Ankaufe neuer Schiffe brauchte, hat sie für die nötige Zeit Geld zu 4% mittelst Pagarés des Gestor aufgenommen, ohne die Actionäre mit passiven Dividenden zu belästigen; die Schiffe werden nicht versichert. Die jährliche Subvention, welche die Gesellschaft von der Regierung bezieht, beträgt 112000 Duros.

Das Herbergswesen ist auf Menorca verhältnissmässig gut; in Mahon dient als Unterkunftshaus die Fonda de Bustamante, die recht gut ist, im Centrum der Stadt, auf der kleinen Plaza de la Arravaleta, liegt und stark besucht wird, namentlich von Officieren der dortigen Garnison, von denen viele auch darin wohnen. Unweit davon ist die Fonda del Centro gelegen; ausserdem giebt es mehrere recht billige Casas de Huespedes. In Ciudadela trifft man an der Plaza de Alfonso III. auf die Fonda, welche wohl die einzige Ciudadela's ist. Das neue Haus ist recht wohnlich und sauber. Meistens sind es Handelsreisende, welche nach Ciudadela kommen, um daselbst den Leuten ihre Waaren anzubieten. In Fornells hat man in der letzteren Zeit ein kleines Gasthaus eröffnet, welches, mit einem geräumigen Speisesaale und einer Reihe von kleinen Zimmern mit Betten versehen, sich vorzüglich dazu eignet, eine Ausflugsgesellschaft zu beherbergen. Es wird namentlich von Leuten aus Mahon und Umgebung stark besucht, welche dort die guten frischen Fische von Fornells essen; Manche bringen daselbst auch einige Tage mit Fischen und Jagen zu. In allen diesen Gasthäusern wird man neben der für Menorca charakteristischen Reinlichkeit überall durch die Liebenswürdigkeit und Zuvorkommenheit der Leute angenehm berührt. In den übrigen Ortschaften sind keine Gasthäuser vorhanden, Alayor ausgenommen, wo sich am Anfange der Ortschaft ein kleineres befindet; es giebt aber nichtsdestoweniger Plätze, wo man die Thiere unterbringen und auch einen Imbiss zu sich nehmen kann, eine Art Hostals, wie auf Mallorca, ohne dass sie jedoch das Aussehen und den Charakter eines solchen besitzen; meistens sind sie von Leuten unterhalten, die gleichzeitig Wein ausschänken. Jeder Gutsbesitzer und auch viele Amitjés haben in der benachbarten Ortschaft ein ihnen gehöriges Einkehrhaus oder Posada.

Der Postverkehr wird durch die früher erwähnten Dampfer nach aussen und mittelst Correos-Wagen nach innen besorgt, welche Anschluss an die Dampfer haben und einen recht regen Passagierverkehr auf den Hauptfabrstrassen herbeiführen.

Die Post-Administration von Mahon umfasst die ganze Insel, nur Ciudadela und dessen Municipaldistrikt ausgenommen, welche die zweite Administration von Menorca inne hat, die jedoch, wie begreiflich, nur einen gegen Mahon unbedeutenden Verkehr besitzt. Im Jahre 1887 wurden in Mahon 119934 Privatbriefe und amtliche Packete, in Ciudadela deren 22360 aufgegeben. Werthsendungen gab es bei beiden Administrationen insgesammt nur 335 Stück; dagegen gingen eingeschriebene Briefe 2275 ein; eben so viele wurden abgesandt. Die Anzahl der Telegramme betrug 5883.

Behörden. Oeffentliche Anstalten. Einnahmen und Ausgaben.

Die höchste Militärbehörde der Insel ist der Gouverneur von Mahon, General-Commandant der Insel, im Range eines Mariscal de Campo; ausserdem giebt es je einen Sergento major im Range eines Obersten, Sergento major in der Festung von Isabel II., Gouverneur von Fornells im Range eines Hauptmanns, Feldpfarrer, Director des Parque de Artilleria im Range eines Obersten, Genie-Commandant im Range eines Majors (Comandantes), ärztlichen Director des Militärspitals im Range eines Oberst-Lieutenants, Kriegscommissarius-Vertreter und den Gefe de la Guardia civil im Range eines Unter-Lieutenants.

Endlich ist der Gefe de Carabineros im Range eines Ober-Lieutenants zu nennen.

Im Jahre 1887—1888 gab es 22 Officiere im Rückstande, ausserdem 1 Brigadier de Ingenieros. Die Besatzung war folgende: 9 Stabs-Officiere, 69 Officiere, 1334 Soldaten, 325 Reservesoldaten. Von den Kasernen von Menorca können die Esplanada von Mahon 800, die von Villa Carlos 1550 und die der Mola 2200 Mann fassen, im Ganzen also 4500 Mann. Die Marine-Behörden sind der Commandant der Provinz Menorca und Hafencapitain von Mahon, der zweite Commandant, der Gefe de Torpedos und des Arsenals, der Ayudante des Hafens von Ciudadela und der Ayudante des Hafens von Fornells.

Von Civil-Behörden giebt es, vom Ministerium des Innern (Ministerio de Gobernacion) abhängig, einen Director de Sanidad del Lazareto und einen des Hafens von Mahon, einen Gefe de Comunicaciones, einen Delegado del Gobierno, einen Subdelegado de Medicina y Cirurgia, einen de Farmacia und einen de Veterinaria. Vom Finanzministerium (Ministerio de Hacienda) sind abhängig ein Administrador subalterno de Hacienda de Partido, ein Administrador de Contribuciones und ein Registrador de la Propriedad. Vom Unterrichts-Ministerium (Ministerio de Fomento) hängen der Gefe de la Biblioteca publica de Mahon und zwei Ayudantes de Ingenieros de Caminos Puertos y Canales ab; vom Justiz-Ministerium (Ministerio de Justicia) der Juez de primera instancia von Mahon von der Classe de ascenso, die Jueces municipales der sechs Gemeinden, die Fiscales municipales und der Decano del Colegio de Abogados. Die Insel zerfällt in sechs Gemeindebezirke, welche ihre Municipalverwaltung, wie alle spanischen Alcaldias, besitzen. Eine erst in neuerer Zeit eingeführte Sitte ist die Verwendung der Serenos, welche gleichzeitig als Polizeiwächter sowohl in Mahon, wie in Ciudadela fungiren.

Oberflächen-Ausdehnung der sechs Municipal-Distrikte von Menorca in ha betragen in Ciudadela 18572, Mercadal (mit S^a Cristobal und Fornells) 16102, Mahon (mit S^n Luis und S^a Clemente) 15004, Alayor 10719, Ferrerias 7002 und Villa Carlos 919 ha. Der Gesammtbetrag beläuft sich auf 68318 ha.

Die Civilgefängnisse Menorca's sind in Ciudadela im Kloster des Carmen untergebracht, auch wohl gesund, aber nicht genügend sicher verwahrt; glücklicher Weise enthalten sie nur selten Gefangene; man hat einen Neubau projectirt. Jede Ortschaft hat ihr Munkipal-Depot für die Gefangenen.

Der Magistrat von Menorca hat immer den grössten Eifer zur Hintanhaltung ansteckender Krankheiten gezeigt. Schon im Jahre 1490 hatte die Insel Sanitätsbeamte, die man Morberos nannte. Auch bestand damals schon ein Lazareth auf der Quarantäne-Insel im Hafen von Mahon, und im Jahre 1564 wurde ein zweites in den Höhlen von Calafiguera errichtet. Das gegenwärtige Lazareth wurde auf Befehl Karls III. im Jahre 1793 mit den Materialien des alten Castillo de S⁰ Felipe erbaut.

Die Menorquiner haben sich schon seit alter Zeit durch ihre Wohlthätigkeit ausgezeichnet. Seit dem 14. Jahrhundert haben viele Private bedeutende Vermächtnisse hinterlassen, um Arme zu ernähren und zu kleiden oder Mädchen auszustatten und um Spitäler und Wohlthätigkeitsanstalten

Blick auf das Nonnenkloster vom Jardin del General.

zu errichten. Im Jahre 1865 wurde unter dem Schutze der Behörden eine Asociacion de Beneficencia domiciliaria gegründet. Dank derselben giebt es in Mahon keine Bettler. Die Commissionen besuchen die armen Familien, und nachdem sie die nöthigen Erkundigungen eingezogen haben, schlagen sie der Junta die Form der Beihülfe vor, die in Brod, Suppenlieferung oder Geld gegeben werden soll. In Mahon ist zunächst das Findelhaus oder Inclusa zu nennen; es stammt aus dem Jahre 1792 und wird von der Gemeinde erhalten, bekommt aber seit 1868 eine Subvention von der Provinz. Eine barmherzige Schwester übernimmt die Findlinge, die im Mittel etwa zwanzig an der Zahl sind. Jeder Findling hat sein Conto corrente vom Ertrage seiner Arbeit; dieser wird in drei ungleiche Theile getheilt, von denen ihm der eine für seine kleinen Auslagen entrichtet, der andere zur Deckung der Auslagen der Anstalt zurückbehalten und der dritte, bedeutendste, zu einem Fonds capitalisirt wird, der dem Betreffenden bei seinem Austritte aus der Anstalt übergeben wird. Da die Mädchen fast ihre ganze Zeit mit allerhand Hausarbeiten, mit Nähen und Ausbessern der Kleider der Knaben und ihrer eigenen verbringen, so können sie nur einen sehr kleinen Fonds ersparen; die Junta entschädigt sie jedoch hierfür, indem sie ihnen bei ihrer Vermählung eine Mitgift gewährt.

Das Hospital de Caridad bestand schon im Jahre 1398, wiewohl es damals nicht an derselben Stelle war, wo er im Jahre 1771 erbaut wurde. Es kann sechzig Kranke fassen, welche

Balaxares.

von einem Arzte, einem Wundarzte, fünf barmherzigen Schwestern und anderen untergeordneten Beamten gepflegt werden. Es giebt auch ein im Jahre 1776 erbautes Militärspital, das auf der Isla del Rey im Hafen von Mahon liegt, so genannt, weil Alfonso III. von Aragon im Jahre 1286 dort landete. Die Anstalt kann 700 Kranke fassen und steht unter der Leitung des Sanitätscorps und der Militärverwaltung.

In Ciudadela war die Inclusa oder das Findelhaus mit dem Spital verbunden und wurde erst 1853 davon getrennt; sie erhält jährlich drei oder vier Findlinge, welche an Ammen gegeben werden. Wenn sie sechs Jahre alt sind, nimmt sie die Casa de Expositos auf, welche mit der Inclusa vereinigt ist.

Calle de S.º Roque.

Das Hospital Civil bestand schon im Jahre 1330 unter dem Namen eines Hospital General, weil man darin alle Kranke der Insel, das Militär mitgezählt, aufnahm. Dieses Hospital erhielt 1867 ein neues Gebäude, welches 16 Kranke fasste. In Alayor giebt es nur ein Spital, das nur vier Kranke beherbergen kann.

Unter dem seltsamen Namen La Mascota wurde in Mahon 1886 ein Consum-Verein für die Handwerker gegründet, damit sie Esswaaren zu billigem Preise kaufen können. In Villa Carlos besteht eine ähnliche Gesellschaft unter dem Namen „La Union Villa Carlina", die schon 90 Mitglieder zählt. Eine Sociedad de Socorros mutuos in S^a Luis wurde zu dem Zwecke gestiftet, gemeinschaftlich die Mitglieder im Erkrankungsfalle zu unterstützen; sie zählt 124 Mitglieder, hat ihre Junta directiva, die aus diesen gewählt wird, und befindet sich in einem blühenden Zustande. Fremde und spanische Versicherungs-Gesellschaften für Meer-, Fluss- und Landversicherung, Lebens- und Feuer-Versicherung haben in Mahon ihre Agenten oder Vertreter.

Von Handels-Gesellschaften haben wir bereits bei der Besprechung der Industrie der Dampfmühle Hariners Mahonesa, der Töpferei Alfarera Balear und der Weberei Industrial Mahonesa Erwähnung gethan; es sei daher hier nur noch der beiden Banken gedacht. Der Banco de Mahon ist eine anonyme Credit-Gesellschaft, im Jahre 1882 constituirt mit dem nominellen Capitale von 5 000 000 Pesetas, getrennt in 10000 Actien von je 500 Pesetas, von welchen 5000 mit einer Auslage von 25 % emittirt sind. Der Banco nimmt Depositen zum Zinsfusse von 2 %, jährlich

Processionskreuz aus Sta Maria.

an, ohne Capitalbegrenzung, und verzinst mit 3 %, Sparkassen-Einlagen, beleibt zu 5 %, jährlich Werthe unter Garantie, auf Hypotheken oder Pagarés und Conto correntes mit zwei Bürgschafts-Unterschriften. Um den Nachtheilen bei Handelsbeziehungen vorzubeugen, welche die Menge von Kupfergeld mit sich bringt, von dem ungeheuer viel vorhanden ist, giebt der Banco Empfangsbestätigungen oder Recibos von 5 Pesetas aus, die sie, wenn man es wünscht, in die gleiche Summe von Kupfergeld umwechselt; es circuliren davon gegen 150 000 Pesetas. Der Banco betreibt ausserdem Speculationen, nimmt Aufträge für allerhand Börsengeschäfte und Geldbeträge in Conto corrente ohne Zinsen an und hat auf Menorca die Vertretung der Compañia arrendataria de Tabacos. Die Dividende für das ausgegebene Kapital betrug 1886—1887 6,40 %. Im Jahre 1887 constituirte sich in Ciudadela eine zweite anonyme Credit-Gesellschaft, welche den Namen Banco de Ciudadela führt, mit dem nominellen Capital von 1 000 000 Pesetas, in 2000 Actien von je 500 Pesetas getheilt, von welchen 1000 mit einer Auslage von 10 % emittirt wurden. Die Bank hat 4000 Empfangsbestätigungen (Recibos) für Kupfergeld von je 5 Pesetas in Verkehr gesetzt, und ihre Statuten ermächtigen sie, ähnliche Geschäfte zu machen wie der Banco der Mahon.

Auf Menorca sind in Mahon die wichtigeren Nationen durch Consulate vertreten. Hier haben Deutschland, Griechenland, Holland und Russland je einen Consul, einen Vice-Consul, die argentinische Republik, Brasilien, Dänemark, England, Frankreich, Italien, Norwegen, Portugal und Schweden, Consular-Agenten Oesterreich-Ungarn und die Vereinigten Staaten. In Ciudadela giebt es einen französischen Consular-Agenten.

In Mahon und Ciudadela sind katholische Vereine gegründet worden. Die Freimaurer, etwa 300 an Zahl, haben vier Logen.

Die Einnahmen der Insel sind folgende:

Die Zollverwaltung in Mahon vereinnahmte während des Jahres 1886—87 909 003,25 Pesetas. Dabei ist die Contribucion territorial y subsidio nicht mitgerechnet, weil die Erhebung derselben auf Rechnung der Banco de España geht.

Die Landsteuer und Beihülfe, welche auf Rechnung der Bank von Spanien erhoben wird, betrug während des Jahres 1886,87 441 704,92 Pesetas.

Die vom Staate für die verschiedenen Branchen gemachten Auslagen sind folgende:

Gehalte der Zollbehörde von Mahon und Bewilligung für Materialaufwand jährlich 12 690 Pesetas.

Aufwand der Regierung für Gerichts- und Gefängnisswesen in Menorca jährlich 5830 Pesetas.

Die Kosten für die Landgefängnisse werden in der Weise aufgebracht, dass die eine Hälfte der Ayuntamiento von Mahon, die andere Hälfte die übrigen Ayuntamientos der Insel, und zwar im Verhältniss entsprechend der Seelen jeder Ortschaft, zahlt.

Der jährliche Aufwand der Regierung für die öffentliche Bibliothek in Mahon beträgt 3000 Pesetas. Das Fachpersonal bezieht ausserdem monatlich die regelmässigen Tagegelder, welche sich in Hinsicht auf die Reisekosten rechtfertigen.

Der jährliche Regierungsaufwand für Vertretung, Sicherheit, Aufsicht und Gesundheit auf Menorca beziffert sich auf 130 682 Pesetas.

Wiewohl seit vielen Jahren das metrische Decimalsystem von rechtswegen auf Menorca eingeführt ist und trotz häufiger Polizei-Inspectionen, wobei man Geldstrafen auferlegte, die alten Maße und Gewichte confiscirte und bisweilen auch die Verkäufer im Wiederholungsfalle mit dem Verluste der Waare bestrafte, ist der Gebrauch alter Maße noch nicht gänzlich ausgerottet.

Die Insel besitzt kein eigentliches Gesammtwappen, sondern nur die Städte Mahon und Ciudadela führen Wappen; das der ersteren Stadt ist ein doppelthürmiges Schloss am Meere mit dem gekrönten Wappen von Aragon und die Aufschrift Mahó darauf, das der letzteren eine vierfach bethürmte Feste, von dem losangenförmigen Wappenschild von Aragon überragt. Ersteres trägt die aragonische, letzteres die königliche Krone als Aufsatz.

SPECIELLER THEIL.

Mahon und Umgebung.

Mahon, die Hauptstadt Menorca's mit 18032 Einwohnern, liegt am südlichen Ufer des gleichnamigen Hafens und erstreckt sich so ziemlich vom Hafengrunde bis zur ersten Erweiterung desselben, bis Calafiguera. Nur wenige Häuser, meistens Magazine, liegen am Ufer selbst, fast alle dagegen auf der Plateau-Höhe, die jähen Abstürze beherrschend. Diese verleihen mit ihren ockergelben, vielfach ausgehöhlten Wänden, welche die blendend weissen Häuser krönen, der Stadt ein malerisches, nicht ungefälliges Aussehen, nur ist die Plateau-Linie etwas zu gerade, und die aus ihr mehr oder minder vorspringenden Theile wirken erst, wenn man sie aus der Nähe am Ufer betrachtet. Die Strassen sind namentlich in den äusseren Theilen ziemlich breit und gerade; mehr gewunden und enger sind sie im Centrum der Stadt, d. h. in dem älteren Theile. Die überwiegende Mehrzahl derselben ist gepflastert, aber in sehr primitiver Weise. In neuerer Zeit sind ein paar Trottoirs in einigen Strassen auf Privatkosten der anstossenden Besitzer gelegt worden, was an feuchten Tagen wohl von Vortheil ist. Ich sage an feuchten Tagen, denn an Regentagen werden sie, da die Häuser in Mahon an ihrer Frontseite keine Dachrinnen haben, so dass es oft sehr auf die Trottoirs tröpfelt, ganz unwegsam, und man ist dann auf die holprige Fahrstrasse angewiesen.

Wir wollen zunächst einen Rundgang durch die Stadt machen und erst später auf ihre öffentlichen Bauten übergehen, indem wir unsere Schilderung an der Stelle beginnen, wo vom Hafen aus der Fahrweg der Costa de la Alameda oder de S'Hort nou hinaufführt und Mahon bei der sog. Clota erreicht. Zur Linken lässt man das Gebäude des alten Klosters von S⁎ Francisco liegen, mit dem gleichnamigen Platz davor; von hier führt die Rampe zur Calle del Sol und zieht sich in der Calle de los Frailes hinauf. Von der Plaza de San Francisco aus geht die Calle de Isabel II. ab; es ist eine ziemlich breite Strasse und eine der Hauptverkehrsadern von Mahon, meist von Häusern wohlhabender Leute eingefasst und ohne Läden, ein charakteristisches Merkmal Mahons für die vornehmeren Strassen gemäss der englischen Sitte. Der Calle del Rector gegenüber, die rechts hinaufführt, befindet sich der malerische, mit Bogen versehene Aufgang der Costa des General mit in der Ecke liegenden dunklen Schwibbogen an der Seite des Generalhauses, letzteres mit einem abgerundeten leeren Platz davor.

Die Plaza de S⁎ Maria oder de la Constitucion mit dem kleinen Kirchlein der Concepcion als Fortsetzung dieser Häuserreihe bietet uns links das Ayuntamiento-Gebäude oder die Sala und weiterhin die Kirche von S⁎ Maria, welche eine Menzana bildet. Dazwischen zieht sich die Calle de Alfonso III. hin und führt uns zu mehreren Häusern mit entzückender Aussicht auf das Meer, darunter das kleine Seminar, fast in der Ecke gelegen. Zur Rechten dieser Häuser geht die Calle de S⁎ Roque ab, am Ende von dem gleichnamigen Doppelthurm, dem Pont de S⁎ Roch, der einst ein Thor Mahon's bildete, begrenzt, wo mehrere der stattlicheren Häuser, wie Vidal, Rubi, Baron de las Arenas, Olivas etc., liegen.

Dem Portal von Sta Maria gegenüber geht rechts die Calle de la Yglesia ab, welche die beiden Strassen des Rosario und von Buenaire durchschneidet, dann am Ende die Calle de Hannover, welche vom oberen Theile der Stadt herabkommt und der gegenüber die steile Rampe vor der Front der Sta Maria-Kirche zum Hafen hinabgeht, anfangs Calle Portal de Mar, unten Calle de la Marina genannt. Von dieser Stelle der Plaza zieht sich die Calle nueva hin, die Hauptstrasse der

Rathhaus von Mahon.

Stadt, wo die meisten Läden sind. Die Calle nueva ist der belebteste Theil Mahon's und verbindet die beiden Hauptverkehrspunkte der Stadt, die Plaza de Sta Maria und die der Arravaleta, mit einander. Von ihr gehen links die Calle del Sⁿ Cristo, welche in die Pescaderia zu führt, und zur Rechten unter einem Tonnengewölbe die Calle del Angel ab, welche auf die schmale, zwischen der Calle de Hannover und dieser gelegene Plaza vieja mündet. Wir sind nun auf der Arravaleta, dem belebtesten Platze Mahon's, dessen rechte Ecke durch die Fonda de Bustamante eingenommen wird; an diesem Hause vorüber führt die Costa de Deyá hinauf, welche ziemlich steil im oberen

Stadttheil, unweit der Calle de Hannover, mündet. Der Calle nueva fast gegenüber zieht sich dagegen die Callo de la Infanta, der Costa de Deyá gegenüber die Calle de la Arravaleta hin. Die Plaza de la Arravaleta ist ziemlich klein mit einem verglasten Balcon bei dem Hause von D⁰ Juan Saura; die Calle de la Arravaleta ist gleichsam die Fortsetzung der Hauptverkehrsader der Stadt oder der Calle nueva, mit der sie einen rechten Winkel bildet, und weist daher gleichfalls zahlreiche Hauptläden auf. Sie mündet auf der Plaza del Carmen unregelmäsig und ansteigend gegen die Kirche zu, von der sich, mit malerischem Rückblick auf die Yglesia de Sᵗᵃ Maria, eine der hübschesten Ansichten Mahon's, eine breite starke Rampe gegen den auf der Plaza de la Panaderia gelegenen Fleisch- und Fischmarkt sich hinzieht; sie wird von unbedeutenden Gebäuden eingefasst. Stets ansteigend längs der Carmen-Kirche, deren stattliches Gebäude uns zur Linken bleibt, zieht sie sich, mit einem guten Trottoir zur Rechten versehen, immer aufwärts und endigt auf dem Platze

Einfahrt von Mahon von der Punta des Illots aus.

des Carré del Carmen, Plaza del Principe genannt, wo zur Linken die Delegacion, zur Rechten das Casino liegt. Dieses, früher eine Privatwohnung, ist ein grosses Haus mit eisernem Balcon, mit einem ein Wappen tragenden Giebel und unten einem gebrochenen Giebelfeld. Es enthält den grössten Saal von Mahon, welcher 16 m lang, 8 m breit und 6,50 m hoch ist.

Von dem Plätzchen del Principe zweigen sich, leicht divergirend, zwei Hauptstrassen ab: die Calle del Castillo und die Calle del Carmen; rechts geht am Ende des sich erweiternden Plätzchens die Calle de Anuncibay, an der Ecke des Casinos, ab, rechts an der Ecke der Delegacion die Plaza de la Miranda mit herrlichem, stark besuchten Aussichtspunkte. Die Frontseite des Plätzchens nimmt das Haus Ladico ein. Ihr zur Linken liegt die Plaza del Convento; von der Plaza de la Miranda gehen rechts zwei Strassen ab, die Calle de la Concepcion und weiterhin die Calle de Sᵗ Sebastian, auf die wir später zurückkommen werden. Noch mehr nach dem Meere zu gegen die Rampe, die hinab zum Hafen führt, Sa Costa d'enar en es Moll genannt, zieht sich die Calle de Sᵗ Nicolás hin. Am Anfang dieser Strasse liegt das stattliche Can Walls. Dahinter erweitert sich die Calle de Sᵗ Nicolás etwas und entsendet eine Abzweigung, die Costa de la Consigna, ab.

Es gehen von hier die Calle de Sta Rosa und Sta Cecilia ab, letztere gerade am Ende zwischen der zweiten Rampe und der Fortsetzung gegen die Costa llarga zu. Die Calle de Sta Cecilia mit mehreren in sich selbst verlaufenden Seitengassen endigt in der Calle del Carmen. Verfolgt man diese nach rückwärts, so kommt man wieder auf die Plaza del Principe, wo das Casino liegt, zurück.

Die Häusergruppe, welche zwischen der Calle del Carmen und jener von S^n Nicolás liegt, wird von zwei Längsgassen durchschnitten, der Calle de la Concepcion und der Calle de S^n Sebastian, welche beide von niedrigen Häusern eingefasst sind und nach Osten in die Calle de la Bellavista endigen, die gegen die Costa llarga zu ausmündet. Durch die Calle de S^n Sebastian gelangt man auf die Plaza de S^n Roque, welche auf beiden Seiten mit sechs grossen Ailanthus bepflanzt ist.

Zwischen der Calle de la Infanta und der Plaza del Principe läuft quer die Calle de Anuncibay. An ihrem Anfange liegt das grosse Cao Olivér, das ganz aus Steinquadern gebaut ist, mit viereckigem Thurm und einer Terrasse darauf.

Isla del Hospital.

Als kleine Seitengasse geht von der Calle de Anuncibay zur Linken die Calle del Norte ab. Zur Rechten zieht sich kurz darauf die Calle de S^n Fernando hin. Zur Linken zweigt sich die Calle de S^n Elias, zur Rechten die Calles del Comercio ab, weiterhin die Calle de la Plana und die de la Reyna; links gehen sich die Calles de S^n Juan und de S^n Pablo ab. Der Calle de S^n Manuel gegenüber führt eine zweite links hinauf, hinter welcher eine Windmühle liegt, während eine andere hinter der Calle de S^n Manuel in die Calle de la Infanta mündet. Die Strasse führt von der Querstrasse von S^n Lorenzo, längs welcher die Kirche von Sta Eulalia liegt, in die Calle de S^n Fernando.

Links liegt die Calle de S^n Gabriel, von wo eine kleine Rampe zu einer alten Mühle hinaufführt. Von dieser geht zur Rechten die breite Calle de Gracia ab, die links umbiegt, mit Ziegeltrottoirs und mehreren gelb angestrichenen Häusern. Hinter der uns schon bekannten Calle de S^n Lorenzo wird das Ende zur Linken durch die zweite Freimaurerhalle eingenommen; am Schlusse der sandigen ungepflasterten Gasse steht eine Windmühle. Die kurze Calle de la Estrella setzt die Calle de Gracia mit der langen einförmigen Calle del Cos de Gracia in Zusammenhang. Als Hintergrund dient der Strasse eine Windmühle mit rothem Dache; dann folgen mehrere Gärten, die man unter dem gemeinsamen Namen Freginal zusammenfasst. Zur Rechten ist die Pfarrkirche der

Concepcion, von der man durch eine kleine Thür zu dem neuen, aber einfachen Schulhause der Schwestern gelangt. Am Schlusse der Calle del Cos de Gracia steht links das Spital und die dazugehörige Kirche von S⁴ José mit gleichnamiger Quergasse, während zur Rechten die Calle de S⁴ Jorge abgeht; erstere mündet in die Calle de las Moreras; die von S⁴ Jorge, geht auf die Calle del Bastion aus, die bis zur Post führt. Die Calle de las Moreras, anfangs mit breiten Trottoirs versehen und mit Bäumen bepflanzt, mündet in die breite Planada aus; sie weist mehrere Häuser auf, unter denen zur Linken das Geburtshaus Orfilas durch eine daran angebrachte marmorne Büste und eine Inschrift in die Augen fällt. Zur Rechten ziehen sich sich die Calle de Cifuentes und die der Luna hin und an der Ecke, wo die uns schon bekannte Calle de Hannover hinabführt,

Esel zum Wassertransport.

welche Ecke das stattliche zweistöckige Haus Moncada mit umgittertem Balcon einnimmt, zieht sich die Calle del Bastion weiter hin.

Sich um die Ecke etwas drehend, gelangt man über die breite, an der oberen Seite von der grossen, von den Engländern gebauten und mit den spanischen Farben gelb und roth angestrichenen Kaserne begrenzte Plaza de la Esplanada. Verfolgen wir die Calle de Cifuentes, so finden wir meist schlichte Häuser, alle ohne Balkons und nur ab und zu mit Ziegeltrottoirs versehen. Sie mündet in die breite Calle del Arrabal, wo man die neue Fahrstrasse nach Alayor baut. Die Calle del Arrabal ist ziemlich gut gepflastert, aber von unbedeutenden Häusern eingefasst. Von der Calle de Andreu durchschnitten, mündet die Calle de Ramis in die Calle del Horno mit einigen blau und rötblich angestrichenen Häusern. Von dieser zieht sich die Calle de S⁴ Bartolomé unregelmässig hin und endigt in der Calle del Bastion, welche, um die Ecke führend, die alte Festungsmauer von dins Mahó, wie man die innere Stadt nennt, flankirt und bei dem Pont de

S^a Roch ausmündet. Von der Calle del Arrabal geht gleich hinter der Calle de S^a Roque die Calle del Rector hinab; kurz darauf kommt die Yglesia de S^a Antonio mit der gleichnamigen Calle. Zur Linken gehen die Calles del Horno und de Andreu ab, zur Rechten dagegen die Calle del Riego, auch de los Frailes genannt. Am Ende der Calle del Arrabal zweigt sich zur Rechten eine Strasse ab, von der die Calle de S^a Victoria auf die hochgelegene, gleichfalls ungepflasterte Strasse von S^a Escolastica und die mit dieser parallel laufende del Mercadal führt. An dieser, welche hinabsteigt, liegt zur Linken ein hübsches Gärtchen, Cas na Francese genannt, dessen Thor mit Steinpfeiler und eisernem Gitter versehen ist. Die Calle de S^a Escolastica mündet in die steil abfallende, gepflasterte, uns schon bekannte Calle de Sol. Die Calle del Riego wird von der Calle de S^a Jaime durchschnitten, welche in die steile Calle del Rector mündet.

Nachdem wir die innere Stadt kennen gelernt haben, wollen wir eine Fahrt um die Hafenufer Mahon's unternehmen, und zwar eine der schönsten, die es überhaupt giebt. Der seichte Hafen-

Wasserführe.

grund wird mittelst einer Brustwehrmauer von der Strasse getrennt, welche am Ufer entlang bis zur Fabrik von Calafiguera geht, dessen Ein- und Ausbuchtungen verfolgend und von Häusern, die dem steilen Ufer angeschmiegt sind, begrenzt. Von der Gerberei führt ein Pfad zu Costa veya nach der Fahrstrasse hinauf, an einer schmalen Thalfurche entlang. Das Quaiufer setzt sich breit fort mit Kanonen zur Küstenvertheidigung, einfach in den Boden auf einem kleinen, rings ummauerten Stückchen befestigt, so dass die Fregatte „Gerona", die daran vertäut war, bei einem Windstoss eine davon abriss. Man sieht hier das schöne Gebäude mit Dampfmühle (Moli de Foch) mit Esse dahinter und drei Stockwerken mit Rundbogenfenstern und weiterhin eine Gerberei; dann folgen Magazine, wo Wagner u. s. w. ihre Werkstätten haben. Zur Linken liegt im Meere mit doppelt abfallender Giebeldachung und hölzerner Gitterthür an beiden Enden Sa Casa de sa Falua del General, wo die Boote für den Hafen- und Mola-Dienst des Generals gehalten werden. Recht malerisch nimmt sich von diesem und noch schöner von dem zum Generalshause gehörigen Gärtchen das auf zerfressenen, von Gras umwucherten Felsen gelegene Nonnenkloster aus.

Am Ufer wird dann das lange röthliche Gebäude der Aduana mit Giebelfeld und kleinem Balcon auf einem Rundbogen in der Mitte sichtbar, an dem die Dampfer anlegen; hier ist der Quai durchweg gepflastert. Hinter der Aduana zieht sich die Costa des Moll mit der kleinen Kapelle von Sᵃ Pera hinauf; zur Linken geht von der platzartigen Erweiterung, Plaza de la Abundancia genannt, ein Aufgang zur Miranda, der Sa Costa de Sᵃ Pera oder de la Font heisst. Von hier zieht sich um die Häuserinsel (Manzana) der Magatzems d'en Estela der Quai weiter hin, mit sorgfältigen Treppen und guten Landfesten versehen. Da, wo der Quai etwas vorspringt und sich erweitert, liegt das viereckige, oben flache Gebäude der Consigna, und schön ist der Rückblick auf die Felsen, vor denen Can Mercadal und Can Muntañés mit kleinem Garten liegen. Hier

Schmutzwasserfuhre.

fangen die Magazine der Bootsbauer an; diese ganze Parthie des Quais heisst Anden de Levante. Von hier führt ein Aufgang durch einen Pfeiler, für Fuhrwerke abgesperrt, Sa Costa de la Consigna oder d'en Pujol genannt, oben doppelarmig. Kurz darauf, von der Stelle an, wo der Quai einen Winkel bildet, hören die eisernen Landfesten auf und folgen dicke steinerne. Bei einer Spitze mündet die Strasse Sa Costa llarga aus, hinter welcher viele Magazine auf einander folgen. An diesem Punkte endigt das Anden de Levante. Hinter einer hohen Mauer liegt S'Hort de Sᵃ Pera, und um die Spitze herum fangen wieder Häuser an, die dem Felsen angeschmiegt sind. An dieser Stelle pflegen die Bots de Berguin zum Dienste der in Calañguera ankerenden Schiffe zu bleiben.

Mahon hat nicht viele Kirchen und keinen einzigen schönen Kirchenbau. Die Pfarrkirche von S^(ta) Maria soll ursprünglich an Stelle einer Synagoge errichtet worden sein. Sie wurde verschiedene Male niedergerissen und wieder aufgebaut. Ihre jetzige Gestalt erhielt sie erst im Jahre 1868; damals wurde der neue Glockenthurm vollendet.

Die Kirche von S^(ta) Maria besitzt zwei Thürme, von denen aber nur der linke ausgebaut ist. Der achteckige Helm des linken Thurmes erhebt sich aus einer Terrasse mit Dockengeländer und ist mit grünen und gelben Schuppenziegeln eingedeckt. Das Innere zeigt ein einziges Schiff, durch fünf Spitzbogen getragen, zwischen welchen sich die Rippen einfach kreuzen. Zwei hohe, nischenförmige Seitenaltarkapellen liegen zu beiden Seiten der im Renaissancestyl gehaltenen Hochaltarkapelle mit marmornem durchbrochenen Altar gegen den runden, einer halben Orange ähnlich gewölbten Chor zu. Auf jeder Seite des Hauptschiffes sind fünf Seitenkapellen, tonnengewölbt,

Der Mann mit Wein aus Llumesanes.

aber in neuerer Zeit mit Kielbogen verbrämt, und darüber zwei kleine Spitzbogen, durch eine Colonette mit Wappen von einander geschieden. Die Orgel gilt als eine der drei besten Spaniens. In der links vom Hochaltar gelegenen schlichten Sacristei bewahrt man unter vielen modernen Kirchengeräthen einen hübschen Kelch mit elegantem Fuss, ein Reliquiarium des wahren Kreuzes mit hübschem alten Fuss, mit schönen gothischen, eingravirten Details, bestehend in phantastischen Thieren und Blumenverzierungen, auf. Ein wahrer Juwel ist aber das herrliche Processionskreuz, welches, unsere Abbildung auf Seite 373 veranschaulicht.

Die Carmenkirche wurde von dem Orden der Carmeliter an Stelle einer älteren Kirche erbaut und 1808 eingesegnet und der Glockenthurm 1824 errichtet. Das anstossende Kloster diente nach Aufhebung der Klöster als Gefängniss, Archiv für die Protokolle verschiedener Notare, Kaserne der Guardia civil und zu anderen Zwecken und die Ueberreste der Bibliothek wurden 1861 der öffentlichen Bibliothek einverleibt. Die im Jahre 1877 zur Pfarre erhobene Carmen-Kirche zeigt auf ihrer Vorderseite ein Portal mit dem Datum 1751 und einen gebrochenen Giebel, in dessen Mitte sich eine Nische mit der Statuette der Mutter Gottes erhebt und vier angefangene Säulen mit Sockeln aufweist. Auf beiden Seiten hat die Kirche fünf Strebepfeiler mit Fenstern dazwischen. Das hohe luftige Innere ist in der Gestalt eines lateinischen Kreuzes erbaut. Die erste Kapelle wird durch die auf drei Bogen ruhenden Empore mit Dockengeländer eingenommen, auf der die Orgel steht. An die Kirche stösst der alte Kreuzgang des Klosters an, nun in eine Markthalle umgewandelt, zu dem vom Platze aus der Haupteingang mit Mutter-Gottes-Nische und zwei Seitenkugeln als Giebel führt. Der Hofraum weist steinumfasste Blumenbeete auf; die Mitte wird von einem achteckigen Brunnen eingenommen. Der erste Zugang mit Felsenboden weist ein Kreuzgewölbe auf; sonst sind die Bogenhallen, welche einstens gewölbt waren, einfach bedacht.

Das Kloster von Sta Maria de Jesus de Nazareth, allgemein de Sⁿ Francisco genannt, wurde von dem ehrwürdigen P. Bartolomé Catañy im Jahre 1459 ausserhalb der Mauer Mahon's gegründet. Im Jahre 1717 legte der Bischof von Mazara den Grundstein zu der jetzigen Kirche. Dieselbe wurde

N. S. de Gracia.

1792 vollendet. Bei der Klosteraufhebung 1821 vertrieben, nahmen die Mönche schon 1823 wieder Besitz von Kirche und Kloster bis 1835, wo man wieder Befehl gab, das Kloster zu räumen.

Die Pfarrkirche von Sⁿ Francisco, auf dem gleichnamigen Platze gelegen, weist ein grosses romanisches Rundbogenportal, und in der Mitte desselben eine viereckige Thür auf. Zur Linken erhebt sich ein zopfiges Thürmchen mit Rundbogen und Kuppelchen, und oben ist in einem halbkreisartigen Giebel eine Uhr. Das Innere ist nicht unschön, es bildet ein einziges gothisches Schiff, von sechs Spitzbogen getragen, welche, spiralförmig gerieft, auf im Zickzack gerieften runden Wandpfeilern mit pseudorömischen Knäufen ruhen; jeder Zwischenraum ist durch ein hohes Spitzbogenfenster, das nur oben offen ist, durchbrochen. In jedem Zwischenraume ist eine Rundbogenkapelle mit runden Pfeilern, von deren Capitälen Lampen sich abzweigen. Ueber dem Eingange ist eine auf Rundbogen ruhende Empore mit zopfiger Orgel und Geländer, mit zwei Kapellen darunter auf jeder Seite. An dem zopfigen Hauptaltar ist eine nicht unschöne Mutter Gottes; jede Seitenkapelle ist durch ein eisernes Gitter getrennt. In der luftigen Sacristei mit Blick auf den Hafen ist ein Seitenzimmer als Despacho verwendet. Die Räume des alten anstossenden Klostergebäudes werden jetzt durch das Instituto de segunda Enseñanza, die Bibliothek (Biblioteca publica, welche im alten Refectorium untergebracht ist) und die Casa Misericordias eingenommen. Der zopfige und in vier Stockwerke eingetheilte Hof, mit fünf Rundbogen auf jeder Seite, hat in der Mitte einen Cisternenbrunnen.

Im Jahre 1589 erbaten die Sindicos vom Bischof die Erlaubniss zur Gründung eines Nonnenklosters, und man wählte zu dessen Erbauung die günstig gelegene Stelle des Mur, mit freier Aussicht auf den Hafen und nach innen durch das Consistorium und die benachbarten Häuser so verdeckt, dass sich nur die enge Frontseite der Kirche gegen die Plaza darbietet. Der Bau des Klosters dauerte bis 1636, während die Kirche schon 1616 eingeweiht und später, 1667, neu aufgebaut wurde. Im Jahre 1804 errichtete man einen Saal für die Kinderschule, und 1805 ermächtigte der Bischof die Nonnen zur Ertheilung von Unterricht. Als im Jahre 1836 das Decret für die Exclaustration der Nonnen unterschrieben wurde, erhielten die Nonnen damals 19 an Zahl, die Erlaubniss, im Kloster zu bleiben unter der Bedingung, dass sie sich dem Unterrichte widmen. Die auf der Plaza de la Constitucion gelegene Kirche der Concepcion hat einen Spitzbogen mit kleiner Muschelnische darin und einen kleinen Glockengiebel. Das Innere ist ganz schlicht, ein glattes Tonnengewölbe mit sich verengender Hochaltarkapelle und je zwei Kapellen an den Seiten.

Tafel von Trapucó.

Das Nonnenkloster der Concepcionistas ist ein sehr unregelmäfsiges Gebäude, im Norden und Osten vom Rathhause und von fünf Privathäusern in der Calle de Alfonso III. begrenzt. Das ganze Gebäude ist schlicht, dürftig und feucht, da es den Einflüssen der Nordseite ganz ausgesetzt ist, jedoch sehr rein gehalten. Im Kloster werden eine steinerne Statue des heiligen Christophorus, welche Jahrhunderte lang auf dem Portal de Sⁿ Cristobal, dem Generalpalaste gegenüber, stand, und eine alte Truhe mit Sculpturen aufbewahrt.

Die Kirche von Sⁿ José in der Calle del Cós de Gracia wurde um das Jahr 1738 von der Gemeinschaft der Maurer, Tischler und Kalfaterer erbaut.

Während der ersten englischen Herrschaft liessen sich auf Menorca viele Russen und Griechen nieder, welche Güter kauften und sich dem Handel widmeten. In Folge der Zunahme dieser Einwanderung, welche die englische Regierung begünstigte, fingen Griechen an, 1745 in der Calle del Cós de Gracia eine Kirche zu bauen, welche bereits 1769 unter dem Namen von Sⁿ Nicolas vollendet war. Da seit dem Aufhören der englischen Herrschaft der Zuzug der Russen aufhörte, wurde die Kirche 1868 restaurirt und als Hülfspfarrkirche eingeweiht. Das Hauptschiff weist vorn, wo eine glatte Empore auf Segmentbogen ruht, ein Kappengewölbe mit Längsgurten, nach der Hoch-

Bini Sa Fut d'en Ferrer.

altarkapelle zu aber ein an Höhe abnehmendes Tonnengewölbe mit einer Zwickelkappe auf jeder Seite oberhalb des Spitzbogens auf, der das Presbyterium, das ein niedriges Gitter oberhalb der Stufen abschliesst, mit den Seitenschiffen in Zusammenhang bringt.

Die Kirche von Sta Eulalia wurde mit dem Ertrag einer auf der Insel Cuba und in Mahon eröffneten Subscription erbaut und 1881 eingeweiht, wiewohl sie noch nicht gänzlich vollendet war. Das Innere ist mit hübschem Mosaico Nolla buntfarbig gepflastert und recht nett; es weist einen durch einen starken mittleren Spitzbogen getrennten Doppelkuppelbau auf, welcher aussen mit Zink eingedeckt ist; vorn ist wieder ein Spitzbogen, den eine auf einem Segmentbogen ruhende Empore halbirt.

Das Kirchlein von S^a Antonio hat eine zopfige Vorderseite. Der Giebel zeigt zwei Engel an den Seiten eines jetzt fehlenden Aufsatzes, zwei Thürmchen mit Rundbogen sind auf jeder Seite; im Innern bilden die auf rohen modernen Pfeilern ruhenden Spitzbogen ein einziges Schiff.

Das Rathhaus wurde zu Anfang des 17. Jahrhunderts erbaut. 1789 war auch der Umbau der jetzigen Façade vollendet. Wiewohl zopfig, ist das Gebäude, von dem unsere Abbildung die beste Vorstellung geben wird, nicht unschön, und man kann sagen, dass es das einzige Profangebäude in Mahon ist, welches auf einen gewissen Architecturwerth Anspruch macht.

Cala de Bini Sa Fui.

Das Militär-Gouverneurhaus von Mahon ist eine planlose Anhäufung von mehreren Bauten aus verschiedenen Zeiten, die daher ein sehr unregelmäßiges Ganze bilden, das jedoch in Folge der hohen Abstürze, welche nach dem Hafen gerichtet sind, recht malerisch wirkt. Der Anfang dazu war die sogenannte Casa del Rey, welche im Jahre 1685 vollendet wurde. Die Räume des alten Klosters von S^a Francisco werden jetzt von der Casa de Misericordia, der Inclusa, dem Institut und der Bibliothek eingenommen. Leider waren die Mittel, über welche die Bibliothek verfügte, immer nur klein; dessenungeachtet wuchs der Bücherbestand der letzteren bald auf 13 526 Bände.

An Sammlungen ist in Mahon fast gar nichts vorhanden, und der langgehegte Plan, ein Municipal-Museum zu gründen, ist leider zu spät zur Ausführung gekommen, so dass viel werthvolles Material bereits von der Insel verschwunden ist. Die älteste Privatsammlung ist die der Wittwe des Notars Orfila, der Erbin des Dⁿ Juan und Dⁿ Antonio Ramis. Diese Sammlung enthält mehrere Lampen, mehrere bronzene Statuetten, eine Aschenurne aus Bronze, eine hübsche etruskische Vase mit zwei Henkeln, dann eine werthvolle Münzsammlung, deren Stücke aber leider sehr durcheinandergekommen sind. Man findet darin Münzen römischer Kaiser, römischer Kaiser-

Thor des Talayot von Torelló.

familien, byzantinischer Kaiser u. s. w. Die Sammlung wurde durch Ankauf und Tausch, sowie durch die vielen Funde auf Menorca selbst in Folge der zahlreichen Fremden-Occupationen be-

reichert. Im Ganzen ist die Sammlung in fünfzehn Läden enthalten; ausserdem sind in diesem
Hause auch handschriftliche Bücher von Ramis, welche 28 Cartonbände umfassen. Unter den
anderen Privatsammlungen sind die von Dn Juan Pons y Soler in erster Linie zu erwähnen, der
mit Liebe und Verständniss eine ganze Reihe von Alterthümern auf der Insel gesammelt und in
seinem Hause vereinigt hat. Die Sammlung von Dn José Oliver im zweiten Stock seines Hauses
enthält Bilder, Antiquitäten, Curiosa und namentlich mexikanische Sachen.

Der Hafen von Mahon, welcher im Norden durch die Punta des Clot de sa Mola und im
Süden durch die von Sn Carlos oder des Leuchtturmes begrenzt wird, ist einer der schönsten
des Mittelmeeres; er hat 7 1/2 km Länge bei einer grössten Breite von 1700 m. Die Tiefe ist fast

Blick gegen die Mola von Alcaydus aus.

überall bedeutend genug, um Kriegsschiffen ersten Ranges das Ankern zu gestatten; sie erreicht
an manchen Stellen 45 m.

Wir wollen nun die Ufer des Hafens genauer befahren, und zwar mit der nördlichen Ein-
fahrtsspitze beginnen, um mit der südlichen abzuschliessen. Der Hafen von Mahon wird im Osten
durch eine niedrige schwarze Spitze, die Punta de Fora oder de la Mola, auch Punta des Clot de
sa Mola genannt, begrenzt. Am Quaiufer ist eine halbkreisförmige Vertiefung mit zwei Treppen
auf jeder Seite; längs des Quaies ist bis 25 Faden tiefes Wasser, so dass die Schiffe, die hier die
Quarantaine abmachen, leicht anlegen können. Man gelangt an der Isla de Quarantana und der
Isla del Hospital, auf der sich das Militärhospital befindet, vorüber.

Die Illeta de S'Arsenal, einst d'en Pinto, von den Engländern Saffran Island genannt, ist
flach und nahe am Ufer gelegen, mit dem sie durch eine hölzerne Brücke verbunden wird. Das

Arsenal wurde 1723 erbaut, und man fing 1776 an, die Insel aufzuschütten. Seit 1830 liegt die Werft, welche früher für Reparaturen der Schiffe eine gewisse Wichtigkeit hatte und auf der mehrere Fregatten der spanischen Marine gebaut worden sind, ganz vereinsamt. Nun zieht sich ein breites Quaiufer mit einem Häuschen vor uns hin, wo die Gemeinde-Vertreter sich an Pferde-Renntagen aufstellen, Es Cos nou genannt, durch eine weisse Wand von den Feldern getrennt. Ihm gegenüber erhebt sich eine mit weissen und rothen verticalen Streifen getünchte gemauerte Säule, auf der Untiefe des Escuy des Frares, wo früher ein Haus stand. Am Ende des Cós liegt die Punta des Junquet, wo ein Wachthäuschen für die innere Fischerei steht, dann folgt das Ufer der Colarcega mit zwei Tauleras und Horts und das Besitzungshaus von S^a Isidro, welches die dahinter sich erhebenden Hügel krönt.

Wir sind nun am entgegengesetzten Hafenufer angelangt, wo der Weg nach Ciudadela führt und sich derjenige nach Mahon mit dem, der das Hafenufer verfolgt, bei den Picas des Lleó verbindet. Das Wasser der Font de San Juan kommt zum Lleó durch eine Leitung, und die im inneren Hafen vor Anker liegenden Schiffe pflegen hier ihre Wasservorräthe einzunehmen, die im äusseren Hafen befindlichen in Cala Fonts von Villa Carlos und in Calafiguera. Daran schliesst sich der Spaziergang der Alameda, man erblickt das Ufer des Quaies von Mahon, Baixa Mar genannt, und hierauf das Haus von den Feluas des Governador. Weiterhin, überall mit Quai versehen,

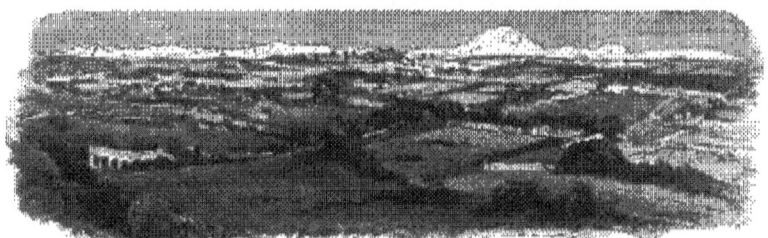

Alayor von den Amigosos aus.

folgt Sa Punta des Moreret, dann die Punta de Calafiguera, eine grosse schöne Cala mit tiefem Wasser, der beliebteste Ankerplatz der Kriegsschiffe, La Plana genannt, um welche sich auf dieser Seite das Quaiufer mit Kanonen zur Küstenvertheidigung hinzieht. In einem Thälchen derselben zur Rechten liegt S'Hort des Pobres, dann folgt Sa Punta des Relotje und im Grunde der Cala die Fabrik der Industrial Mahonesa. So ziemlich in der Mitte von Calafiguera ist eine Vertauungsboje zum Dienste der Kriegsmarine; weiterhin, die Küste verfolgend, trifft man auf die kleine Einbuchtung des Fonducu, auf der sich das gleichnamige Haus erhebt. Die Quelle daneben gilt als die reinste und beste der ganzen Umgebung und erhält sich den Winter über sehr rein, im Sommer wird sie aber schmutzig, weil jedermann daraus schöpft, namentlich die Seeleute. Die Abstürze, mit Krustenschichten und grünenden Hängen darunter, zeigen eine kleine Aushöhlung, Es Repos del Rey genannt. Dieser gegenüber liegt die Illa de ses Rates, eine kleine unbewohnte Insel unweit der Illa del Hospital, auf welcher die Fischer und Mariscadors ausruhen pflegen; dann kommt die kleine Ausbuchtung von Cala Figuerassas. Das einförmige Uferland, dessen eine etwas vorspringende Stelle Es Pujador heisst, zieht sich bis zur kleinen Cala de ses Fontanelles hin, der zur Rechten eine Höhe ist. Hierauf kommt die Punta del Faro, die durch ein weisses Häuschen gekrönt wird, dann ein Stück gemauertes Ufer, S'Arrengadas genannt, und der Caló von Cala Corp unterhalb Villa Carlos mit einer aufwärts führenden gepflasterten Rampe. Weiterhin sieht man die Punta de Cala Fonts mit einem Eckbollwerk und eisernen Kanonen am Ufer eines Quaies, zu Villa Carlos gehörend. Diese tiefe Cala heisst Cala Fonts nach zwei grossen Quellen im Hintergrunde, wo sich auch eine Aufgangsrampe befindet; die linke Grenze derselben bildet die Punta d'en Midj (Punta del Medio). Fahren wir weiter, so liegt die ziemlich grosse Cala Pedrera zur Rechten mit einem Mollet; sie wird durch die Punta de Cala Pedrera abgeschlossen. Dann erblickt man Sa Font Nova, eine kleine Einbuchtung mit in den Felsen gehauenem Landungsplätzchen; die nächsten Punkte sind Sa Llosa de sa Capitana oder Punta d'en Redó, wo der andere diesseitige Ankereinschnitt zum Absperren des Hafens stand, und ein flaches Ufer mit Pedreras dahinter, das Es Cantons genannt wird. Hinter einer kleinen Spitze, wo sich eine Kanone befindet, ist die unbedeutende Einbuchtung des Pouet, von welcher an die Mauer des alten, stark zerklüfteten Schlosses von S⁎ Felipe beginnt; dann kommt Sa Llosa d'en Moro hinter der schief gestellten Signalboje, hierauf im Winkel des Castell S'Escart, und hinter dem am weitesten

S⁎⁎ Eulalia in Alayor.

vorspringenden Felsen des Ufers Sa Boca de se Mina. Weiterhin gelangt man zu dem Winkel von S'Aygo dolsa oder Caleta de la Fuente, wo eine Quelle oberhalb eines unterseeischen Riffes in solcher Stärke entspringt, dass sich ein Boot nicht darauf halten kann, und dann zu der Punta de Faro mit einem Riff gegenüber, wo die Llosa de S⁎ Carlos liegt, bei der die äussere Signalboje sich befindet und welche die östliche Grenze des Hafens bildet.

Die Mahoneser sind vergnügungssüchtiger, namentlich was Theater und Casinos betrifft, als die Palmesaner, und es fehlen daher in Mahon nicht gewisse Allüren einer Grossstadt; trotz alledem ist aber das Leben in Mahon, wie begreiflich, in Folge der geringen Bevölkerungszahl still; nur das Anlangen eines fremden Geschwaders, was sich drei- oder viermal im Jahre wiederholt, bringt auf einige Tage ein gewisses, bald vorübergehendes Leben hinein. Die belebteste Strasse ist wohl der Winkelweg zwischen den Kirchen von S:ta Maria und del Carmen, wo die meisten Läden und verschiedene Kaffeehäuser liegen. Auch dort gehen aber die Mehrzahl der Leute nur vorüber oder verkehren geschäftlich mit einander; die Spaziergänge finden, wenn das Wetter schön ist, auf den beiden benachbarten Fahrwegen, der Carretera de S:n Luis und de S:n Clemente, statt. Man nennt sie vorzugsweise schlechtweg den Paseo de la Carretera, und namentlich am Sonntag Nachmittag trägt man hier allen möglichen Luxus zur Schau. Manche machen den Weg zu Fuss, Andere zu Wagen, von denen mehrere mit blauen Scheiben versehen sind, um das Grelle der weissen Carretera für die Augen weniger schädlich zu machen. Die Damen ahmen nach Thunlichkeit alle Muster der Modezeitungen nach; auch reich aufgeputzte Hüte für Kinder sind sehr beliebt.

Eine der Hauptversammlungsgelegenheiten ist an Sonn- und Feiertagen der Kirchgang, bei dem man sich, wie anderswo, vor oder nach dem Gottesdienste gegenseitig begrüsst. Die Männer stehen meistens in Mahon in den Seitenschiffen oder Seitenkapellen; nur die Weiber sitzen in der Kirchmitte, wofür die Kirchendiener gegen Entgelt nummerirte Stühle bringen.

Tafel von Torraube.

So häufig man sich bei der Kirche, im Theater und im Casino sieht, so wenig besuchen sich die Familien gegenseitig, und meistens geschieht es nur Geschäfts halber. Man sieht sich, ausser bei Personen von einem gewissen Ansehen, in den ebenerdigen Zimmern. Alle Schreibzimmer und Arbeitszimmer für Damen sind zu ebener Erde; viele sind, der grösseren Trockenheit wegen, mit Holz belegt.

Zum Wassertransport aus der benachbarten Font de S:n Juan benutzt man hölzerne Jarrés auf beiden Seiten eines Holzsattels. Ausserdem giebt es aber noch derartige holzfarbige Fässerfahren mit einer Reihe von drei oder vier viereckigen Kübeln dahinter, zumeist alten Petroleum-Büchsen mit Eisendraht-Henkeln, welche oben am Fass einen hölzernen viereckigen Trichter mit Klappdeckel und unten am Fass eine Spindel zum Auszapfen haben. Mit Hülfe dieser Fässer, die dreimal am Tage an jedem Hause vorüberkommen, wird das schmutzige Wasser, die Suchs, wie man sie nennt, gesammelt, damit diese Abfälle nicht Gestank in den Strassen hervorrufen.

Unter den für Mahon charakteristischen Bildern sind ausser den eben erwähnten Fuhren nur die Karren, welche, mit einer Laterne vorn versehen, Brod aus den Bäckereien von S⁺ Luis und S⁺ Clemente zur Stadt bringen und es von Haus zu Haus abliefern, sodann ein Wagen, der dasselbe mit Wein aus S⁺ Luis thut, hervorzuheben, und überall ist ein älflicher Mann aus Llumesanos anzutreffen, der seine umflochtenen Weinflaschen mit heiterer Miene auf einem zottigen Esel Tag für Tag zur Stadt bringt. Erwähnenswerth sind auch die Xerigot- und die Salz-Verkäuferinnen aus Villa Carlos, die sich bei jeder Thür aufhalten, sowie die Verkäuferinnen von Capero, welche aus Ciudadela kommen. Man kann sagen, dass alle Bewohner Menorca's an dem einen oder dem anderen Tage nach Mahon kommen. Es giebt kein Gesicht, das man in den entlegensten Besitzungen der Insel gesehen hat, welches man nicht eines Tages in der Stadt wieder vor Augen bekäme.

Tafel und Einfassung der Torre d'en Gaumés.

Gegen Westen zu hat Mahon in seiner unmittelbaren Nähe einen Gürtel von Weinbergen (Viñas), in denen wohl die Rebe die Hauptculturpflanze bildet, die Obstbäume aber auch nicht fehlen. Auf der Mehrzahl derselben sind kleine Häuser, oft mit Terrassen oben, in welchen die Mahonesen, wenn sie sich nicht mit Bootfahren auf dem stillen Hafen unterhalten, den Nachmittag vergnügt verleben. Manche dieser Viñas sind gartenähnlich behandelt, daher mehr Garten, als eigentliche Weinberge; ja es giebt einige recht hübsche, mit Mandelbaumalleen und reichem Blumenschmuck.

Mitten unter diesen Weingeländen und freundlichen Lusthäuschen liegt die ernste Silhouette des Friedhofes. Im Jahre 1697 begann man die Wiederherstellung des Presbyteriums und Camarils, nachdem 1703 daselbst bereits eine Kaplanei gegründet worden war. Im Jahre 1733 wurde die neue Façade der Kirche begonnen und 1735 wurde die Orgel gekauft. Im Jahre 1785 erbaute man die Vorhalle und die Gallerie der Kirche. Eigenthümlich ist es, dass dieses als Kloster erbaute Gebäude nie seiner Bestimmung diente; im Jahre 1644 benutzte man es als Spital der französischen Flotte unter dem Befehl des Grafen Vivonne, 1648 als solches der spanischen Flotte unter dem Befehl von D⁰ Francisco Diaz Pimenta und 1633 eines anderen spanischen Geschwaders unter dem Befehl von D⁰ Pedro Corbete, der dahin über 300 Kranke schickte. Im Jahre 1781 wurde es als Pulvermagazin während der Belagerung des Castillo de S⁰ Felipe durch den Herzog von Crillon verwendet, und endlich wurde 1813 in den dazugehörigen Gründen eine Ruhestätte errichtet. Die dazugehörige Kapelle musste vor einigen Jahren abgetragen werden; jetzt dient als Begräbnis-Kirche N. S. de Gracia.

Das Bildniss der N. S. de Gracia steht in grosser Verehrung; während der Dürren von 1557, 1721, 1735 und 1817 wurde es mit grossem Pomp zur Pfarrkirche von Mahon getragen. An allen Samstagen der Fastenzeit sang man daselbst in den Jahren 1601 und 1685 Completen, und in

Ebene beim Pont d'es Mercadal.

diesen letzteren war der Andrang von Leuten so gross, dass man zu ihrer Unterbringung in der Nähe der Kirche Häuser erbauen musste, welche noch bestehen, nachdem sie 1718 neu errichtet waren. Bei der Einnahme Mahon's durch die Truppen Philipp's V. am 5. Januar 1707 rettete der Kirchendiener die Krone der Mutter Gottes, die er nach Trapucó brachte und die am 22. Februar wieder in das Sanctuarium geführt wurde. Im Jahre 1713 machte man noch den Grabbesuch am Chardonnerstag und zog in Procession zur Kirche, bis dies 1771 verboten wurde; häufig werden noch heutzutage Dankesmessen daselbst gelesen, und die vielen Exvotos bekunden, dass die Andacht dafür nicht abgenommen hat.

Unweit von Gracia liegt in steiniger Umgebung mitten unter Mastixsträuchern die riesige Tafel von Trapucó mit einem stehenden Stein und dem vom Herzog von Crillon gelegentlich der Einnahme von Mahon umgebauten Talayot daneben, von dessen Höhe man eine herrliche Aussicht auf die Umgebung, auf das Meer und die gegenüberstehende Mola geniesst, mit dem Blick auf das benachbarte S⁰ Luis, zu dessen Fahrstrasse von hier aus ein Seitenweg führt.

Der Süden vom Hafen bis zur Cala en Porter.

Ein schöner Fahrweg verbindet Mahon mit dem nur 2½ km entfernten Orte Villa Carlos. Dies ist eine ganz moderne Stadt mit 2500 Einwohnern, die kraft des Befehles des englischen Gouverneurs John Mayslim, den Arrabal del Castillo de Sᵗ Felipe abzutragen, im Jahre 1771 als Georges Town gegründet wurde. Die Strassen sind meistens breit und alle gerade und regelmässig angelegt, aber in der Regel ungepflastert. Durch die Ortschaft zieht sich in der Mitte die Calle Mayor von einem Ende zum anderen, in welche beiderseits alle übrigen von nur noch vier Quergassen durchkreuzten Längsstrassen münden. An der Calle Mayor liegen die besseren Gebäude; in ihrer Mitte ist der grosse wüste Platz, Plaza de la Constitucion, der von vier grossen, gleich gestalteten Bauten eingefasst wird. Dann kommt eine Strasse gegenüber mit dem im Jahre 1786

Das Thal der Cañesias gegen Westen zu.

erbauten Rathhaus, das gelb angestrichen ist und von einem Terrassen-Thürmchen mit geschmack-losem Kuppelchen überragt wird.

Am oberen Ende der Calle Mayor liegt die Pfarrkirche von Villa Carlos. Der Grundstein zu der jetzigen Kirche de N. S. del Rosario wurde im Jahre 1771 gelegt, und 1778 wurde schon ein Theil derselben eingeweiht und 1803 der Bau vollendet. Die Kirche weist ein Giebelfeld und einen vortretenden, von vier platten Pfeilern getragenen unteren Bau mit Portal in der Mitte auf, zur Linken von einem viereckigen Thurme mit zopfigem Helme überragt; die Aussenseite ist von fünf Strebepfeilern unterstützt, beim sechsten und fünften springen die Arme des Kreuzes vor. Ausserdem besitzt Villa Carlos noch eine neue kleine Kapelle, der Sᵗª Margarita geweiht, die 1880 erbaut wurde.

Nahe bei Villa Carlos liegt die Ruine des Castillo de Sᵗ Felipe, dessen Geschichte reich an interessanten Begebenheiten ist.

Von Villa Carlos begeben wir uns nach Bini Saida de sa Torre, einem Haus mit plumpem, viereckigem Thurme, von dem aus man einen schönen Ueberblick über die Umgebung geniesst.

Bini Saida von Vidal hat fünf Segmentbogenhallen auf der breiten Vorderseite, die auf das

Meer und die Mola hinausgeht; im unteren Geschoss sind die Bogen vermauert; nach vorn zu ist eine Terrasse mit Thonstatuetten und einem Kreuz darauf. Ein Bogen leitet aus ihr zu einem daneben gelegenen Hof mit einer Akazie in der Mitte und einer Kapelle mit flachem Portale und einem Rundbogenfenster, über dem sich ein Wappen befindet. Dieselbe ist der Sta Catalina gewidmet. Im Innern hat die Kapelle einen nischenförmigen Altar und ein Kreuzgewölbe, an den vier Ecken aber accotirte Pfeiler; von der kleinen Terrasse oberhalb der Dachung des Hauses hat man eine hübsche Aussicht. Durch sehr steinige Tancas zieht sich der Weg zum Rafalet mit dreibogiger Halle und kleiner Terrasse oben, von der man die Umgebung übersieht. Dann kommen Rafalet vey und der viereckige Thurm von Rafalet petit; man erreicht den guten Fahrweg wieder bei dem Pou von Trebeluger. Kehren wir auf den Fahrweg von Villa Carlos, von dem wir ausgegangen waren, zurück, so kommen wir an den Häusern von Toraxer vorbei, wo sich der stark

S'Arenjassa mit dem Toro.

eingestürzte gleichnamige Talayot befindet, mit Mastixsträuchern und wilden Oelbäumen bewachsen; ferner zu dem Hause von Sta Margarita und der Häusergruppe von Trebeluger mit einzelnen Orangenbäumen und Sivinen, sowie vielen Cactusfeigen. In der Mitte steht am Wege ein Brunnen mit Drehrad, der Pou de Trebeluger; ein Haus von Ca l'Amo en Vicens hat einen wie das Haus selbst weiss getünchten Thurm. In der Nähe gegen Mahon zu liegt die kleine Häusergruppe von Xenxa. Von der Höhe des grossen, eine natürliche Erhöhung krönenden Talayot von Trebeluger, der in der Mitte vertieft ist, hat man einen guten Ueberblick über die sanfte wellige Ebene. Ein Fahrweg führt nach Alcaufar, und zuerst auf felsigen Tancas, dann, an vielen Mandelbäumen vorüberführend, erreicht unsere Strasse S^{n} Luis.

Wir wollen nun nach Mahon zurückkehren und den schönen Fahrweg, den Paseo de la Carretera, verfolgen. An Cactusfeigen vorbeigehend, erblickt man bald zwischen trockenen Mauern S^{n} Luis, rechts mit einem viereckigen Thurme mit Wurflucken-Tragsteinen, und an dem stattlichen Hause von Binifadet mit Bogenhalle und Balcons vorbeiführend, tritt der Fahrweg als Calle de Sᵃ Luis in die 247 Häuser zählende Ortschaft ein. Es ist dies eine freundliche, wohlhabende Ansiedelung, welche als der gesündeste Platz Menorca's gilt. Links an der Hauptstrasse liegt die Kirche; man fing sie im Jahre 1760 mit dem Gelde aus Schenkungen des Volkes und der französischen Besatzung zu bauen an, wie die Inschrift auf der Vorderseite bekundet, die besagt, dass sie von den Franzosen dem heiligen Ludwig gewidmet wurde. Im Jahre 1806 vergrösserte man sie auf Unkosten der Vorhalle, und 1807 wurde sie von dem damaligen Bischof von Menorca, Dᵣ Pedro Antonio Juano, zur Pfarre erhoben.

Die Umgebungen von Sᵃ Luis, mit Weinstöcken, Mandel- und allerhand Obstbäumen, sowie Spartgras bepflanzt und zu Getreidefelder benutzt, verdienen eine besondere Erwähnung. Die Bewohner der Ortschaft haben durch fleissige Arbeit und sorgsame Pflege einen undankbaren Boden in eine der fruchtbarsten und ertragreichsten Gegenden der Insel umgewandelt.

Mercadal von Westen aus.

Eine der hübschesten Fahrten von Sᵃ Luis aus ist die nach dem schönen Gute Alcaufar. Zur Rechten ist weisser sandiger Boden, dann kommt eine grosse Tenne, und hierauf erreicht man Alcaufar nou, wo die Pinien aufhören. Das grosse Stallgebäude hat zwei Thurmansätze an beiden Enden und eine Terrasse in der Mitte; links ist eine Cactusfeigenpflanzung und gleich daneben Alcaufar vey, einst mit einem viereckigen Thurme versehen, der aber in das Gebäude eingebaut wurde.

Vom Anfange des Weges von Alcaufar zum Arenal geht man an einem als Viehtränke dienenden Brunnen vorbei zum Billo hinauf. Den mit niedrigen, buschigen Sträuchern bewachsenen Abhang ersteigend, erreicht man die grasige Koppe, wo nur Asphodelen wachsen. Oben ist ein Steinhaufen und eine verfallene Steinpyramide, Es Talayot d'Alcaufar nou genannt.

Ein malerischer Weg führt durch Tancas, dann eingeschlossen zwischen Parets, die mit Mastixsträuchern und wilden Oelbäumen bedeckt sind, von Turret vey nach der Atalaya de Turret, wo früher eine Station des optischen Telegraphen sich befand.

Ein guter Fahrweg verbindet Sᵃ Luis mit Sᵃ Clemente. Der Weg zieht sich auf der Rückenhöhe durch die Häusergruppe von Bini Alí auf sehr steinigem Boden hin; rechts lässt man den nach Sᵃ Luis führenden Fahrweg liegen und erreicht das einfache Haus von Bini Sa Fuá del Señor Llorens, von wo ein Pfad nach Bini Sa Fuá d'en Ferrer führt; letzteres hat einen kleinen Hof mit Doppeltreppe und doppeltem Bogen zur Rechten und einen runden Thurm zur Linken mit anstossender Terrasse. Von Forma vey zieht sich der Fahrweg von Sᵃ Luis nach Sᵃ Clemente weiter hin; man kommt an das grössere Haus von Metxani, bei Son Martorell vorbei und erreicht schliesslich beim Cós von Sᵃ Clemente die Ortschaft.

Abermals wollen wir uns nach Mahon zurückbegeben und den Fahrweg von Sᵃ Luis nach Sᵃ Clemente zu verfolgen, der sich an Ailanthus und Akazien vorüber, zuerst ansteigend, dann eben dahinzieht und sich mit dem Wege nach Llumesanes kreuzt, den wir verfolgen wollen. Die Hausergruppe (Caserio) von Llumesanes, welche aus einer Reihe kleiner Besitzungen gebildet wird, ist von den Leuten aus Mahon sehr besucht. Die jetzige Kirche, im Jahre 1885 als Sᵃ Cayetano eingeweiht, hat Spitzbogen, eine Fensterrose, sowie einen Giebel in Stufen mit Glockenbogen in der Mitte und zwei Fialen an den Seiten; auf beiden Seiten sind fünf Strebepfeiler. Das Innere weist uns eine Holzdecke mit Spitzbogen, die sie tragen, auf, welche auf Kämpferconsolen ruhen.

Blick von den Fonts redones gegen die Höhen der Incluss.

Kehren wir auf die Carretera von Sᵃ Clemente zurück. Man sieht das neue Haus des Retiro, einst Son Cremat genannt, und zur Rechten einen gut erhaltenen Talayot und erreicht dann Torelló vey. Nahebei liegt der grosse Torellonet de s'Atalaya; er ist einer der grossartigsten der Umgebung Mahon's und hat ein gut erhaltenes Fenster oder Thor mit starker oberer Pfoste.

Verfolgt man den Fahrweg weiter, so erreicht man das 38 Häuser zählende Sᵃ Clemente mit dem gleichnamigen Kirchlein. Ein schlechter Weg führt von hier nach Cornia.

Eine andere Fahrstrasse führt durch ziemlich ebenen Böden nach Cugulló. Es stehen daselbst zwei Häuser. Hinter Cugulló führt der Weg durch ein kleines Thal mit Oelbäumen und Mastixsträuchern, während unterhalb Orangenbäume und Palmen wachsen; die Vegetation ist im Allgemeinen sehr üppig. Die Häusergruppe von Bini Calaf mit Talayot ist dicht neben der Strasse; man erreicht Es Lloch nou mit mehreren neuen Häusern und einem herabgestürzten niedrigen Thurm; rechts liegt Sonsansana und Bini Adris.

Von Bini Calaf vey, das drei Bogen unten hat, geht der Weg nach Bini Calaf nou. Von Sᵃ Clemente führt andererseits ein Fahrweg nach den Algendarsos, sieben grösseren Häusern mit Bogenhalle, weiter nach den Häusern von Talati, unweit welcher der Talayot von Talati, aus bearbeiteten Steinen hergestellt, liegt. Der Fahrweg gegen die Carretera überschreitet eine kleine Mulde mit wilden Oelbäumen; auf jeder Seite liegt an ihm ein Possessionshaus, rechts Rafal Rubí vey auf kleiner Felsenerhöhung und mit einer Terrasse oben auf dem Dache, links Rafal Rubí nou, in dessen Nähe zwei Navetas liegen. Hat man den Rücken überschritten, so erreicht man den Hauptfahrweg nach Alayor.

Von dem alten Fahrweg der Talatins geht zur Rechten der Camí de sa Font d'en Simon ab und erreicht den Barranc des Favar.

Von der Dragonera aus, einem schlichten Hause, bei dem der neu angelegte Fahrweg von Mahon nach Alayor geht, führt, diesen überschreitend, der Camí de S^a Juan meist auf Felsenboden von gelblichem Kalkstein hin, der, in Stufen eingetheilt, im Thälchen hinabführt und in dem Barranc d'en Richard mit seitlich dicht bewachsenen Hängen und maréeartigen Felsen ausmündet.

Im Grunde des Thälchens liegt die Ermita de S^a Juan. Das Kirchlein hat eine blendartige Vorderseite, doppelte Ziegeldachung, sowie einen grossen Spitzbogen mit Glockengiebel.

Talayot von Biniquadrell.

Von dem dreifachen Wege bei Bini Ay vey geht es rechts nach Bini Ay, vorn nach Alcaydus. Am linken Wege liegt La Cova, eigenthümlich auf vorspringendem Felsen gelegen und mit Grabeshöhlen an den Seiten. Bei Bellver vey ist eine grosse Cactusfeigenpflanzung; etwas tiefer liegt Bellver nou. Man erreicht die Cutaynas, ein hochgelegenes felsiges Plateauland, das gegen das Centrum der Insel ansteigt und im Westen in den Murvedras sein Gegenstück hat. Im Osten hat man einen schönen Blick auf Mahon, die Atalaya de Turret und die Formets, sowie meerwärts bis zu den Peñas de Alayor. Zur Linken der Fahrstrasse liegt Cutayna gran. Dieses Haus auf einem felsigen Buckel gewährt hübsche Aussicht auf das untere Land. Der Weg fällt dann leicht hinab, erreicht Son Casia, Torraubet vey und Sⁿ Domingo mit einem Kapellchen mit Glockenbogen und Kreuzgewölbe, dessen Schlussstein das Datum 1787 trägt.

Von Torraubet vey zieht sich ein Weg nach Torraubet nou mit grossem Figueral und endigt an der Cala en Porter. Eine einbogige Brücke überspannt den Torrent, und oben bieten sich schöne nischenförmige Höhlen, Ses Coves negres, und wilde, jäh abfallende, epheuumrankte Wände dar.

Von Mahon nach Alayor.

Schon von Alters her, vielleicht schon zur Zeit der Römer, verband eine Strasse die beiden Enden der Insel, d. h. Mahon mit Ciudadela. Die Engländer, der Wichtigkeit des Hafens sich bewusst, leiteten diesen Weg vom Ufer desselben gegen das Innere, während die neue Trace so ziemlich in den Bahnen der alten Strasse geht und die Hauptverkehrsader mit dem oberen Mahon

Cova den Coloms.

verbindet, von dem eine vervollkommnete Rampe zum Hafen hinabführt. Dieser Hauptfahrweg, der Menorca in zwei Haupthälften scheidet und so ziemlich die geologische Grenze zwischen dem südlichen Miocänboden und dem nördlichen Devon- und Sandsteinboden darstellt, geht an dem westlichsten Ende des Hafens von Mahon von der Colarcega ab, da, wo einerseits der Anden de poniente sich dem Hafen entlangzieht und andererseits die Costa de s'Hort nou oder Costa nova hinaufführt. Wir wollen ihn einschlagen, um das etwa 12 km entfernte Alayor, die wichtigste Ortschaft des Innern der Insel, zu erreichen.

Ist man durch den Coll des Vent in die eigentliche Carretera getreten, welche gewöhnlich

Es Cami nou genannt wird, so verfolgt dieser Weg die Sohle des flachen sumpfigen Thales der Vergers de sa Colarcega. Der Weg führt, dem Bachbett mehr oder minder nahe, bis nach Biniaxe hin. An einigen grossen Pappelbäumen vorbeigehend, überschreitet man einen Seitenbach auf dem alten Pont d'es Janét. Die Carretera steigt nun leicht an und führt an der Ziegelei von Llibertó nou vorbei. Das Thal erweitert sich hier etwas, und, indem der Devonboden aufhört, fängt die untere Trias mit hochrothem, buntem Sandstein an.

Von nun an gehen wir im Lias, der uns auf beiden Seiten der Carretera bis nach Alayor begleitet. Es erscheint das Haus von S^a Teresa und das entferntere von Es Canúm und auf kleiner Anhöhe Biniayet nou. Bald erreichen wir Biniac nou mit einem ziemlich baufälligen Talayot

Ferrerias.

daneben, von dem 53 m hohen Triangulationszeichen gekrönt, welches die höchste Stelle der unmittelbaren Umgebung der Carretera einnimmt; kurz darauf erblickt man von der höchsten Stelle der Costa de Llumena schon die Ortschaft Alayor in ihrer grössten Breite ausgestreckt.

Die kleine Kirche der Ermita von S^a Pere nou mit gothischem Portal und Glockenbogen, an welcher man schon 1609 arbeitete und welche von 1700—1715 renovirt wurde, grenzt an den modernen, von Bäumen beschatteten und mit Bänken versehenen gleichnamigen Spazierweg.

Unter den Ortschaften Menorca's ist nach den beiden Städten Alayor mit ca. 5000 Einwohnern und 1099 Häusern die bei Weitem wichtigste; sie liegt auf einer kleinen Erhöhung, welche tafelartig die Umgebung beherrscht; sie wird von ausgedehnten Cactusfeigen-Pflanzungen, Gemüsegärten, aus denen ein paar Palmen emporragen, eingefasst und ringsum von mehreren Windmühlen umgeben. Ueberall sieht man Schuhmacher in den Hauseingängen und den eben-

Von Mahon nach Alayor.

erdigen Räumen, ja sogar in den halb unterirdischen Souterrains mit ihrem Handwerk beschäftigt. Die Gassen sind unregelmässig und gepflastert. Es giebt in Alayor viele stattliche zwei- und dreistöckige Häuser; die meisten sind, wie üblich, weiss getüncht.

Alayor hat drei Kirchen. Die Pfarrkirche von Sta Eulalia hat ein Spitzbogenportal in zopfigem Platereskenstil, eine Terrasse mit Schild in der Mitte und zwei Dockengeländer an den Seiten, gegen welche die achteckigen Seitenthürmchen mit spitzigen, pyramidalen Aufsätzen vortreten. Im Innern bildet die Kirche ein einfaches Tonnengewölbe, durch Gurte geschieden, die auf platten Pfeilern ruhen, welche die sechs Seitenkapellen trennen; die vierte Seitenkapelle rechts wird durch die Orgel und ein Seitenportal eingenommen. Die Hochaltar-Kapelle läuft konisch zu; oberhalb derselben ist eine kleine Rose.

Das Thal gegen Sn Cristobal von Sn Telm aus.

Das Kloster von S. Diego liegt auf einer Art Plätzchen, das die Calle de Bono bei der Calle de los Frailes bildet. Gründer des Baues war der Franziscaner-Provincial Cristobal Mir mit einigen Mönchen. Im Jahre 1626 wurden Kloster und Kirche wenigstens in der Hauptsache vollendet und eine Schule eingerichtet, welche die Mönche leiteten, bis das Kloster 1835 aufgehoben wurde. An die Kirche ist das ehemalige Klostergebäude angebaut; der Hof, Plaza de Sn Francisco genannt, weist einen Brunnen in der Mitte auf.

Neben der Plaza de la Constitucion liegt das Kirchlein der N. S. de Gracia, das schon im Jahre 1551 vollendet war, in welchem Jahre die Universidad 16 Lliuras für den letzten Schlussstein zahlte. Daran stösst das Hospital civil mit dem Wappen von Alayor oberhalb des Einganges, im Jahre 1754 begonnen und 1776 vollendet, wie eine kleine Inschrift besagt.

Das Ayuntamiento-Gebäude in Alayor zeigt ein Fenster mit gebrochenem Bogen, einen breiten

Balcon und einen Hof mit äusserer Treppe, mit einer auf drei Bogen ruhenden Terrasse und oberem Eingange. Es werden darin einige alte Documente, aus den Jahren 1381—1520 stammend, aufbewahrt. Die unmittelbare Umgebung Alayor's bietet wenig Sehenswerthes. Von dem Puig de s'Angel hinter den Windmühlen, einem wahren Trümmerhaufen von Schutt aus Alayor, den man auf die Ruine eines gleichnamigen Kapellchens warf, hat man schöne Aussicht auf die Ortschaft; hinter den Häusern der benachbarten Calle de Ciudadela sind stufenartige Gärtchen. Diese Strasse zieht sich hinab, und hinter ihr erblickt nun eine Vertiefung mit Felsenabstürzen zur Linken und ummauerte Gartenstücke; viele derselben sind durch oben weiss getünchte Mauern eingefasst und sehen recht nett aus. Am Ende der Calle del Baño liegt im Hort des Bañer das grösste Wasserdepot oder Aujub der Insel, welches im Jahre 1784 erbaut wurde, um die Regenwässer aufzufangen, welche in einigen Gassen der Ortschaft sonst unbenutzt sich verlaufen und der Familie Pons vom Tribunal des Real Patrimonio zugewiesen wurden.

Der Süden von Alayor bis zu den Cañesias.

Wenn wir Alayor auf der Südseite verlassen, so wollen wir unsere Schritte zuerst östlich gegen Torrauba zu richten. Man überschreitet die muldenartige Einsenkung von Alayor und geniesst, etwas bergauf gehend, einen herrlichen Rückblick auf die auf einer Erhöbung gelagerten Ortschaft mit ihren Windmühlen, der oben thronenden Kirche und dem Toro im Hintergrunde und auf die an ihrem Fusse gelegenen grünenden Opuntiengärten. Ganze Strecken der alten Strasse sind gepflastert; rechts lässt man Sᵗ Alberto, ein Possessionshaus, liegen. Die kleinen Weinberge sind, wie üblich, durch die zahlreichen Mauern mit vielen Portells in Unterabtheilungen getheilt. Man gelangt zu den Torraubas und sieht eine riesige Tafel, deren Fuss über anderthalb Arm Spannweite hat, mit noch ein paar Steinquadern in einem Mastixsträucher-Dickicht liegen; links sind noch die Spuren eines theilweise zertrümmerten Talayots. Weiter gehend, kommen wir auf einem gepflasterten Wege an einem grossen Bauernhause mit hohem pyramidalen Kamin und gepflasterter Tenne vorbei und lassen zur Rechten in einiger Entfernung das Possessionshaus von Torraubet liegen. Der Weg schlängelt sich zwischen Getreidefeldern und Oelbaumgebüschen bis Son Costa hin, das man zur Rechten liegen lässt, und kurz darauf erreicht er das uns schon bekannte Bellver auf der Hochebene der Cutaynas.

Wenn man Alayor abermals gegen Süden durch die Calle de la Parra verlässt, gelangt man auf einen Weg, der sich bis nach Sᵗ Llorens erstreckt. Man durchwandert ein kleines Thal, erblickt einen halb zerstörten Tumulus und erreicht die Torre d'en Gaumés mit schönem Ausblick. Westlich von dem Hause ist ein Hügelchen mit Spuren von drei Talayots und höchst interessanten megalithischen Resten, sicher den bedeutendsten Menorca's. In der Nähe derselben findet man eine künstliche Höhle, in welche man hinabsteigen kann, mehrere gerade Wände und den portalartigen Eingang eines Talayots, neben welchem noch zwei liegen. Bei dem ersten, der ausgehöhlt ist, finden wir riesige Monolithen, welche zusammen Reihen bilden, so ziemlich ein Viereck ausmachend und rings um eine umgefallene Tafel mit stark eingesenktem Fusse aufgestellt, wobei mehrere über die aufrecht gestellten vorspringen, insbesondere an den Ecken. Von dem höchsten, 135,75 m über dem Meere sich erhebenden Talayot, S'Atalaya genannt, hat man herrlichen Blick auf die Umgebung.

Der Boden fällt hinter der Torre d'en Gaumés allmählich ab. Bald erreicht man die Torre veya mit viereckigem, bedachten Thurme; von dieser führt ein Pfad nach der Torre nova.

Von der Torre veya zieht sich der Fahrweg nach Sᵗ Llorens hinab. Im Kapellchen pflegt man Messe zu lesen.

Durch die Calle de Ciudadela zieht sich von Alayor der Weg durch die Thäler der Cañesias mit vielen Weinbergen, sowie derjenige der S'Almudaya empor und führt nach Sᵗᵃ Ponsa, dem Lieblingsgute des reichen Taltavull, hoch gelegen, gesund und freundlich. Ein Fahrweg führt, sich sanft windend, von hier in das Thal des Horts an einem schönen, immergrünen Walde vorbei. Man erreicht den Fahrweg der Pedrera sa Mola, einen der grössten Steinbrüche Menorca's, der aber minder vorzügliches Steinmaterial liefert, als der von Sta Ponsa selbst, überschreitet das Thal bei Alayor und erreicht dann, zur Rechten wieder ansteigend, Alayor.

Begeben wir uns nun auf dem Fahrweg der Cañesias zurück, wo wir die mit Pinien bepflanzte Seitenallee einschlugen, um nach Sta Ponsa zu gelangen, so sehen wir zur Rechten den hübschen, immergrünen Eichenwald von Lluquequeuba, hinter welchem der Hauptweg zu dem unteren Thale der Cañesies führt, und erreichen nach kurzer Zeit die Höhe des Rückens und Torre Suli oder Soll, die am weitesten sichtbare Possession Menorca's mit prächtiger Rundsicht.

Von hier kann man in Kürze Lluquelari vey erreichen Dies ist ein malerisches, altes Haus mit dreifacher Segmentbogenhalle. Ganz in der Nähe liegt Sta Cecilia.

Felsenwände der Dragoners.

Ein Pfad leitet durch Tancas von Lluquelari nach S^n Basilio. Ein theilweise gepflasterter Weg führt nach Son Carch, wo fünf Häuser auf einer Erhöhung stehen, die man bis Torre Sull sieht. Man erreicht dann Lluquesaldent gran, ein einfaches Haus mit Corralessa, welches im Innern zwei alte Spitzbogen aufweist.

Wir kehren jetzt nach Delicias zurück und wollen die Haupt-Carretera von Alayor nach dem etwa 7 km entfernten Mercadal weiter verfolgen. Gleich hinter den Delicias treffen wir eine neue Taulera. Die Fahrstrasse führt auf- und absteigend auf kleinen Wellenbewegungen des Bodens hin, und man erreicht den grössten immergrünen Eichenwald dieser Gegend, nämlich den bei S^n Eulalieta, der durch doppelte Barrera abgesperrt ist. Es geht hier zur Rechten ein Fahrweg ab, der nach Sta Eulalia de d'alt und de baix führt. Eigenthümlich sind einige grosse, aus dem

ganz flachen Boden gleichsam wie versteinerte Walfischrücken emporragende Felsen. In dieser
Ebene schlängelt sich ein von Norden kommender Bach hin, den man auf dem alten Pont d'en
Mercadal mit zwei Rundbogen überschreitet.

Geht man auf der Carretera weiter, so sieht man einerseits den Abeurador de Binillobet
mit den entsprechenden Tränken, andrerseits die Plans de Son Salobre, mit dem gleichnamigen
Hause am Fusse des Toro gelegen. Vor dem Eintreten in Mercadal kreuzt man den Weg zum
Toro, über welchen die von Westen zum Wallfahrtsplatz Pilgeroden hinaufsteigen, und links den
neuen Fahrweg nach S⁴ Cristobal.

Mercadal ist die centralste aller Ortschaften Menorca's und gleichzeitig der Knotenpunkt
zwischen der Nordküste, Fornells und der Südküste mit dem nach S⁴⁴ Galdana gehenden Wege.
Nur diesem Umstande verdankt die Ortschaft ihre Bedeutung. Der ganze Distrikt zählt nämlich
nur 3036 Einwohner; leider stand das ungesunde Klima im feuchten Kesselthale, kalt im Winter

S⁴⁴ Galdana.

und übermässig heiss im Sommer, ihrer Entwickelung hemmend im Wege, und wenn auch ihre
Bewohner emphatisch sagen: „No ya Napols com Mercadal", so war sie doch nie im Stande, sich
zu einer grossen Ortschaft emporzuschwingen, und wird thatsächlich bereits von dem benachbarten,
gesunden S⁴ Cristobal weit überflügelt. Die 243 Häuser zählende Ortschaft ist von üppigen
Feldern und Windmühlen umgeben; die Häuser, fast alle weiss getüncht, haben vielfach ein ganz
stattliches Aussehen.

Ein Aufgang von sechzehn Stufen führt zur Yglesia Parroquial de S⁴ Martin. Die Vorderseite ist sehr schlicht. Links ist an die Vorderseite das Pfarrhaus angebaut, hinter diesem das
linke Seitenportal, von wo die Rampe der Calle de la Yglesia zur Hauptstrasse hinabführt. Sie
ist auch im Innern eine einfache, mit Ziegeln gepflasterte Kirche und hat eine Empore, die ein
Kreuzgewölbe und eine kleine Orgel aufweist. Eine Sehenswürdigkeit von Mercadal ist der grosse
Aujub, nahe am Ausgange der Ortschaft gegen Ferrerias zu gelegen; 41 Stufen aus Ziegeln führen
auf die breite, nach Norden hinabsteigende Terrasse desselben mit zwei Wasserfängen und zwei
Brunnenöffnungen.

Nach San Cristobal.

Von Mercadal führt eine gute Fahrstrasse nach dem kaum 6½ km entfernten S⁰ Cristobal oder Miljorn, wie im gewöhnlichen Leben die Ortschaft häufiger genannt wird. Man überschreitet den Torrent de S'Aranji, wandert eine Strecke am Ufer des Torrenten de Binifailla entlang und gelangt zu einem Talayot (Atalaya), von dem man eine ausgedehnte Aussicht geniesst. Bei einer kleinen Brücke erreicht man eine Torrent-Barrera zwischen zwei Eichen, die zu den schönsten der Umgebung gehören, und kommt dann auf den Fahrweg von S⁰ Cristobal nach Alayor. Rechts geht, leicht sich schlängelnd, ein Fahrweg nach dem Bec nou ab. Man steigt dann in ein Thal, überschreitet auf einbogiger Brücke das Bächlein und, auf dem mit vielen wilden Oelbäumen besetzten flachen Rücken hinziehend, erreicht dann Son Blanch vey mit doppelter Segmentbogenhalle

Ciudadela vom Thurme der Viñeta aus.

nebst Stützpfeiler und einem Brunnen davor. Im Westen zieht sich der mit vielen wilden Oelbäumen besetzte Barranc, der Canal de Son Blanch, bis gegen Deyá vey hin.

Wir nehmen die Schilderung der Hauptfahrstrasse an der Stelle, wo der Fahrweg nach Son Tremol abgeht, wieder auf. Bei der Font de ne Llentia überschreitet man einen 3 m hohen und 1,50 m breiten Wasserdurchlass. Eine Fahrstrasse führt zu den Besitzungen Fonds redones de baix, hinter welcher sich der konische, gleichnamige Hügel, der vielfach mit immergrünen Eichen und Buschwerk bekleidet ist, erhebt. Unweit vom Wege liegt ein interessanter Talayot aus Sandsteinblöcken, in welchen man hineingehen kann und der uns eine Doppelkammer im Innern aufweist. Die Strasse geht sanft in einer Mulde guten Bodens an der Häusergruppe von Nefraitx und zwischen Obstbäumen und Weingärten hinab; eine Windmühle liegt zur Rechten, zur Linken dagegen hat man das ähnlich bewachsene Thälchen von Es Clot mit den gleichnamigen isolirten Häusern und erreicht nun S⁰ Cristobal.

Man tritt in S⁰ Cristobal durch die lange Calle Mayor ein, die Hauptstrasse, die die Ortschaft durchschneidet, dann nach dem in der Mitte gelegenen Plätzchen, wo die Kirche steht, als Calle d'en Salas hinabsteigt und sich gegen den neuen Weg, der diese Ortschaft mit Ferrerias verbindet, hinzieht. Die Kirche von S^a Cristobal zeichnet sich äusserlich durch sonderbare Form des Glockenthurmes aus. Das Innere ist für eine Landkirche hübsch zu nennen.

Die Gegend von S^a Cristobal, welche so ziemlich das südliche Centrum der Insel einnimmt, gehört zu den zerrissensten der Insel. Nach allen Seiten hin ein hohes Miocän-Plateau bildend, wird sie von Thälchen und tiefen Barrancs durchfurcht, welche nicht nur eine Durchwanderung, sondern auch ihre Schilderung als ein Ganzes erschweren. Sie scheint in alter Zeit die bevölkertste der Insel gewesen zu sein, wie die vielen noch erhaltenen Talayots beweisen dürften. Allerdings ist die Möglichkeit nicht ausgeschlossen, dass sich diese in dem entlegenen, in früheren historischen Perioden vielleicht weniger angebauten Distrikte mehr erhalten haben, während sie in anderen

Ein Theil der alten, angeblich römischen Stadtmauer von Ciudadela.

zum Theil durch die zunehmende Cultur verschwanden, was jedoch bei der grossen Steinmasse Menorca's nicht leicht anzunehmen ist.

Gehen wir durch die Calle d'en Salas von S^a Cristobal hinaus und biegen auf einem schmaleren und etwas holperigen Fahrwege links ein, so sehen wir den hübsch erhaltenen Talayot von Biniquadrell. Rechts ist eine felsige Erhöhung, der Mastai genannt, wo zwei weitere eingestürzte Talayots vorhanden sind. Man steigt langsam in das kleine Thal von Sta Clara, mit einem Brunnen und mehreren Orangenbäumen hinab; in den niedrigen Felsenwänden sind mehrere Höhlen mit kleiner Oeffnung. Man lässt dann den Talayot von Sta Monica, der aus groben Steinen besteht und recht gut erhalten ist, zur Linken liegen, steigt leicht an und erreicht bald Sta Monica.

Ein Pfad zieht sich von Sta Monica nach Biniquadrell de baix, einem schlichten Hause mit äusserer Treppe; in kurzer Entfernung davon liegt ein Talayot. Derselbe ist stark zerfallen und von wilden Oelbäumen überwuchert.

Neben einer Höhle mit viereckiger Mündung in dem weissen Kalkmergelgestein überschreitet man den Barranc de sa Vall auf einer einbogigen Brücke, in deren Nähe Lilaas und Schildkröten hausen. Weiter gehend, erreicht man das Haus S⁰ Benet, weiterhin die Font de Torre Sull, am Fusse der gleichnamigen Besitzung gelegen. Man überschreitet das Bachbett neben einer Acequia auf kleiner Brücke; etwas weiter oben liegt Es Verger, und das breite Thal trennt sich in zwei Abtheilungen. Auf einem Rücken steigt man nach Deyá nou hinauf. Von einem anderen, oben abgeplatteten Hügel am Wege nach Deyá vey hat man eine herrliche umfassende Rundsicht. Deyá vey, das eine Segmentbogenhalle und einen steinigen Platz davor hat, liegt auf

Alte Häuser auf der Plaza nueva.

felsiger Erhöhung mit hübscher Aussicht ringsherum; unweit von hier liegt Sta Catalina. Mastixsträucher und Epheu wetteifern mit einander an Fülle und Frische des Grüns. Hier fliesst derselbe Barranc, welcher unter der Atalaya von Biniquadrell de baix fliesst und oben den Canal der Fahrstrasse nach Mercadal bildet; man verfolgt das Barranc-Thal, welches, enger werdend, weissliche Kalkmergelabstürze an den Seiten hat. Durch das Barranc-Thal von Sta Catalina weitergehend, erreichen wir bald Sta Monica und S^a Cristobal. Die Wände sind vielfach ausgehöhlt und von Tauben bewohnt; unten sieht man eine grosse Höhle. Kehren wir nun nach Sta Monica zurück und lassen links Son Saura mit hübscher weit reichender Rundsicht, und weiter hin S^a Agosti liegen, vor welchem man auf dem Felsen durch Aufschütten von Erde ein Gemüsegärtchen hergestellt hat. In der Nähe liegen mehrere Talayots.

Der Weg nach Bini Gaus führt an einem kleinen Hause mit Opuntienpflanzungen vorüber, dann über steinigen Boden nach dem Hause von Bini Gaus vey. Wir erreichen von hier aus bald den wilden Barranc des Pou de sa Cova des Coloms, nach einer Höhle benannt; dieselbe hat einen grossen Eingang, der gewissermassen eine Vorhalle bildet, zu der zwei Aufgänge hinaufführen.

Von S^a Cristobal führt ein guter, aber fast continuirlich auf- und absteigender Fahrweg nach Ferrerias. Rechts erblickt man bald das Haus von Biniquadrell dels Vilás oder nou. Die Torre veya besitzt unten eine zweibogige Halle, unterhalb welcher im Felsen mehrere

Blick auf den Hafen von Ciudadela.

Höhlen sind; eine doppelte Terrasse mit einer Treppe führt zum Mirador, einer Wand mit zwei Thürmchen und einer grasigen, felsigen Verflachung. Die Aussicht ist weitreichend und gewährt einen Ueberblick über die ganze Umgebung. An einem Aujub mit Tränken vorbeigehend, erreicht man nach einer Neige Sa Torre nova mit riesiger Dachung und einer Halle von einem einzigen Bogen mit Kreuzgewölbe.

Von dem Wege zur Torre veya geht zur Rechten ein Weg ab, der nach S^a Roch, Albranquella und dem Barranc d'en Fideus und über diesen und Son Mercé auch nach Ferrerias führt. Man erreicht Albranca nou mit einem doppelt abfallenden Dache und einem hohen, konischen Kamin nach Mahoneser Art. Zwischen zwei Hügelvorsprüngen sind die Covas Gardas-Höhlen, und rechts davor erhebt sich der kleine felsige Hügel des Frare, wo auch Höhlen sind, während

Nach San Cristobal.

links die Atalaya de S^a Jusep liegt, worauf eine zweite Erhebung der Atalaya de Albranca vey kommt.

Kehren wir nun auf die von S^a Cristobal nach Ferrerias führende Fahrstrasse, wo wir sie verlassen hatten, wieder zurück, so steigen wir die Costa d'els Vilás, von welcher man einen schönen Rückblick auf S^a Cristobal geniesst, hinauf. Etwa 100 m höher liegt das Häuschen der zwei Peones Camineros, bei welchem sich alternirend devonische und rothe Triasschichten darbieten. Von der Windung des Einschnittes des Fahrweges geht der Pfad zur Mola ab, von welchem Hause man eine sehr weit umfassende Aussicht geniesst. Hierauf überschreitet man den Torrent de Sa Mola auf einer aus Quadern aufgeführten Brücke, an welche ein Wasserdurchlass stösst, und erreicht kurz darauf die Costa de Son Mercé nou oder de Tirasec, die Taulera und den Torrent gleichen Namens mit einem Rundbogen-Wasserdurchlass.

Alsdann gelangt man an die Horts de sa Creu und de s'Arrovéada, mit Obstbäumen, Weinstöcken und Gemüse bepflanzt, und zum Pont de s'Arrovéada oder Puente de Ferrerias, eine schöne Segmentbogenbrücke mit Schutzmauer, über den gleichnamigen Torrent erbaut. Man

Haus Saura.

lässt rechts die fruchtbaren, ebenen Strecken, Es Plá d'es Xorc und Es Plá de Ferrerias genannt, liegen und gelangt zur Trennungsstelle der doppelten, nach Ferrerias führenden Strasse. Der Zweig zur Rechten führt zu dem östlichen, d. h. niedrigeren Theil der Ortschaft, den er nach 545 m bei der Calle nueva erreicht; der linke steigt merklich an und mündet nach 695 m auf der Haupt-Carretera beim Coll Lliz.

Von Mercadal nach Ferrerias.

Bevor wir zu der Schilderung von Ferrerias übergehen, wollen wir noch diejenige Strecke der Haupt-Carretera besprechen, welche Mercadal mit Ferrerias verbindet. Die alte Kane-Strasse reichte nur bis nach Mercadal. Von dieser Ortschaft bis nach Ferrerias verfolgt die jetzige Strasse eine neue Trace; sie zieht sich auf dem bunten Sandsteinboden zwischen zwei Pappelreihen

Halle des Gouverneur-Palastes.

zum Friedhof von Mercadal hin. Namentlich in der Nähe desselben ist der Rückblick auf die Ortschaft mit dem dahinter sich erhebenden Toro sehr schön. Die Strasse führt weiter am Fusse einer Windmühle hin, auf einem benachbarten Hügel ist Bini Almaya sichtbar. Bald bergan, bald bergab steigend, betritt man eine kleine Fläche mit von Clover bedeckten Lehnen und einigen Feigenbäumen, hinter welcher der Weg nach Llinaritx vey, dessen Haus in der Nähe sichtbar ist, und nach Binidonis mit seinem konischen Silexhügel führt. Zur Linken erscheint uns dagegen auf sehr hoher Böschung der Talayot de Rafal roitx, während die Besitzung von Rafal roitx selbst tiefer auf einem rothen Triashügel liegt, woher wohl der Name stammt. Ehe man zu diesem Hause kommt, übersetzt man den Torrent de Llinaritx auf einem aus Steinquadern aufgeführten Wasserdurchlass

Von Mercadal nach Ferrerias.

und erreicht nach Passirung einiger Obstgärten die Brücke über den Torrent de Rafal roitx. Hierauf kommt eine lange gewundene Steigung auf einer doppelten Anschüttung, welche weiterhin zur Rechten eine so bedeutende Höhe erreicht, dass sie eine hohe, doppelte Mauer, Muro de Rafal roitx genannt, mit einer Länge von 160 m und 1—11 m Höhe, die Grundmauer mitgerechnet, nöthig macht. Die ganze Anschüttung hat Brustmauern und sechs Wasserdurchlässe. Der Boden gehört auf dieser Strecke abwechselnd der Trias und Devonformation an. Aus dem sehr hohen und langen Einschnitt, Desmonte de Sanarro, dem bedeutendsten Menorca's von 19 m Tiefe, wurden 34000 cbm Stein und Erdreich herausbefördert, welches grösstentheils wieder für Aufschüttungen benutzt wurde.

Haben wir den Coll überschritten, so bietet sich uns, hinter dem Häuschen des Peon Caminero leicht hinabsteigend, zur Rechten die Barrera des Fahrweges de S⁽ᵗᵃ⁾ Rita dar, welches Haus in der Nähe sichtbar wird. Zu diesem Gute gehört der der S⁽ᵗᵃ⁾ Rita gegenübergelegene Talayot. Von seiner Höhe geniesst man eine weitreichende Aussicht auf die ganze Umgebung; zur Rechten erscheint uns dagegen das grössere, aber niedrigere Haus der Terra rotja, so benannt nach der wirklich rothen Färbung aller seiner Felder. Der Weg zieht sich nun bis hinter Ferrerias hinaus, überschreitet mehrere Wasserdurchlässe, den Torrent de Sanarro und den von S⁽ᵗᵃ⁾ Rita. Die Ein-

Seitenportal der Kathedrale von Cindadela.

gangsfahrstrassen zu diesen beiden eben genannten Besitzungen liegen fast einander gegenüber. Man steigt auf buntem Sandsteinboden leicht hinab und erreicht den schönen Pont de Son Morera oder de Son Granot, in dessen Bachbett die sehr ergiebige Font de s'Arrovellada entspringt. Im Bau dem Pont de Ferrerias gleich, hat diese ganz aus Quadern aufgeführte Brücke 9 m Breite und 5,50 m Höhe, und vor derselben fangen die Doppelmauern an, welche die Erdanschüttung halten und sich bis zur Höhe des Coll Llis, also in einer Länge von 1,251 km, hinziehen und stellenweise bis 7 m Höhe erreichen. Hinter der Brücke geht der Cami de Sⁿ Patricio ab, welcher sich mit der alten Kane-Strasse am Fusse dieser Besitzung vereinigt. Zur Linken lässt man Son Granot von Esquellas liegen, das wegen der vielen, daneben in Reihen gepflanzten Maulbeerbäume, mit deren Blättern man einst Seidenwürmer aufzog, auch Son Morera genannt wird. Aus der Nähe von Son Granot hat man den schönsten Blick auf das von dem lang gezogenen, tafelartigen Hügel von Sⁿ Telm gekrönte Ferrerias. Die Fahrstrasse nach Son Granot wird auf einer stark gebauten Brücke eines Bächleins überschritten. Kurz darauf geht, von derselben sanft hinabsteigend, ein guter, neuer Fahrweg nach der Ortschaft Ferrerias ab, die er bei der Calle fria erreicht, oberhalb welcher die Hauptfahrstrasse hinführt und deren letzte, d. h. höchstgelegene Häuser er begrenzt; darunter liegt Es Moli de baix.

Ferrerias ist die kleinste und ärmlichste der eine Gemeinde bildenden Ortschaften Menorca's; sie zählt 196 Häuser und nur 1154 Einwohner einschliesslich derjenigen des ganzen Bezirks. Aehnlich wie Mercadal, in einem tiefen, ungesunden Kesselthal liegend, wo trotz des hier allgemein

Im Garten der Viñels.

herrschenden Buntsandsteinbodens doch üppige, wohl gepflegte Felder vorhanden sind, sieht die Ortschaft im Innern ärmlich aus und zeigt auch am wenigsten jene übertriebene Reinlichkeit, durch welche sich die Ortschaften Menorca's auszeichnen. Viele der älteren Häuser in Ferrerias haben niedrige Kreuzgewölbe; bei neueren Häusern fehlen letztere. Ein hübsches Kreuz, leider sehr stark geweisst, steht in der Calle de Sⁿ Juan. Am südlichen Ende der Ortschaft, zu dem man vom Hauptplatze gerade hingeht, ist ein grosser Waschplatz mit doppelten Spitzbogen; an der Fahrstrasse gegen Sⁿ Galdana, wo die Windmühle liegt, befindet sich ein Aujub mit vier Bogenbrunnenöffnungen und Bogen vorn. An die kleine unregelmässige Plaza de la Constitucion, den Hauptplatz von Ferrerias, stösst die Pfarrkirche von Sⁿ Bartolomé. Der gegenwärtige Bau wurde Ende des 17. Jahrhunderts begonnen und im Jahre 1730 vollendet; der Haupteingang der Kirche ist in Rundbogen gebaut und hat eine viereckige Eingangsthür mit rohen Nischen oben und an den Seiten. Der neue Thurm, im Jahre 1884 errichtet, hat Rundbogenfenster, vier Thonstatuetten an den Ecken und Doppelbogen oben, sowie einen spitzigen, mit gelben und schwarzen Ziegeln eingedeckten Helm. Die Kirche ragt durch ihre mit einem viereckigen Fenster oben versehenen Vorhalle hervor, und das Hauptschiff mit runden Fenstern wird von einem Kreuz überragt. Das Innere, mit Ziegeln gepflastert, hat ein schlichtes Tonnengewölbe, durch Gurte abgetrennt, welche auf platten Pfeilern ruhen, und die vier tonnengewölbte Kapellen trennen. Ueber dem Eingange ist ein flaches Tonnengewölbe; die lange, sich nur wenig verengende Hochaltar-Kapelle ist gleichfalls tonnengewölbt, und die Kapellen sind durch flache Rundbogen mit einander in Verbindung gebracht. Zur Rechten ist die Sacraments-Kapelle, 1870 erbaut, mit vier Bogen, welche das eiförmige Gewölbe tragen, zur Linken die Sacristei, während auf derselben Seite an die Kirche die schlichte Rectoria mit altem Kreuzgewölbe anstösst. Hinter der Kirche zeichnen sich im Hort der Rectoria einige majestätisch hohe Palmen durch ihre Kronen aus. Der Hauptfront der Kirche von Ferrerias gegenüber liegt das Rathhaus, 1865 neu erbaut, mit äusserer Treppe, die ein rohes Dockengeländer auf jeder Seite hat; daneben steht ein Haus mit drei Bogen.

Ferrerias beherrschend, liegt auf einer Anhöhe S⁎ Telm, das zur Zeit der Engländer eine Kaserne war. Dasselbe war von ihnen für die Truppen als ein gesunder Ort befunden worden.

Cova de s'Aygo.

Das Haus von S⁎ Telm, noch die alte englische Baracke, ist ein einstöckiges, einfaches, niedriges Haus mit vorgebauter Küche und einem Gärtchen, bietet aber eine ganz köstliche Aussicht, namentlich von einem Balcon aus auf Ferrerias und die weitere Umgebung. Hinter dem Hügelvorsprung von S⁎ Telm liegt eine grosse Pedrera, wo man den Stein für die neuen Fahrstrassen, Mauern und Brücken, die man bei Ferrerias baute, unentgeltlich brach und dafür auf Kosten der Impresa den Fahrweg nach S⁎ Telm für den Besitzer anlegte.

Der Süden von Ferrerias.

Von der Fahrstrasse nach S⁎ Cristobal führt ein bequemer Fahrweg an dem buschigen Abhange nach Son Mercé hinauf. Auf der sacht ansteigenden Anhöhe sieht man Son Mercé de d'alt und erreicht kurz darauf Son Mercé de baix, das eine plumpe Halle mit vier Bogen in der Ecke und einen hohen Kamin, sowie einen Brunnen aufweist; die altmodische Küche hat ringsum Bänke und in der Mitte die Feuerstelle nach der in der Gegend von Ciudadela üblichen Sitte.

An das Haus ist die kleine Kapelle von S. Antonio mit Kreuzgewölbe angebaut; unweit davon erhebt sich ein felsiges Hügelchen, S'Atalaya genannt. Von dem Hause sieht man Albranca nou und Son Carabassa über dem holprigen Barranc-Saum emporragen, und hinter dem schlichten Hause von Son Carabassa, inmitten einer sehr felsigen Umgebung, grünt eine kleine Mandelbaumpflanzung. Die auf einem verflachten Vorsprunge gelegene schöne Naveta wird durch vier Pfeiler im Innern gestützt; nach aussen ist der stark zerfallene Bau dicht von Mastixsträuchern überwuchert. Vom Hause von Son Mercé de baix gelangt man, an einem Pou de Torn mit Picas vorüber, in Windungen in den schönen Barranc d'en Fideu hinab. Neben einer Cisterne am selben Abhange liegt das Häuschen der Canaleta, von dem aus man die gegenüberliegenden, tief ausgehöhlten Felsen, Ses Coves Gardas genannt, beherrscht. Das Barranc-Thal ist ganz flach und zu Ackerland hergerichtet, stellenweise von Granatäpfelbäumen umsäumt; viele Aisterne und Absinth bekleiden die Abhänge. Man steigt bis zum Orangenhain der Canaleta hinab, wo im Schutze stämmiger,

Cova de Parella.

hoher Lobeerbäume die herrlichen Orangenbäume stehen, während das Torrententhal mit jungen Pappeln bepflanzt ist. In der Nähe einer Trauerweide liegt die Quelle, die in einen unter den vorspringenden Felsen ausgehöhlten, natürlichen Safareix spärlich fliesst. Der untere enge Theil des Barranc mündet unterhalb von Son Olivar in den Barranc von Trebeluger aus. Von dieser Stelle führt mitten unter üppigen Kiefern und wilden Oelbäumen ein Pfad nach dem Felderrücken von Son Olivar hinauf, mit einem Aujub daneben, sowie einem grossen eigenthümlichen Kamin und einer Dreibogenhalle. Die Felsen des malerischen Abhanges des Barranc, der sich dann abzweigt, sind mit Epheu förmlich tapeziert; unten ist ein Stück Feld und ein ummauertes Flüsschen. Man überschreitet nun einen Sattel, von dem ein Weg zum Barranc d'Infern hinabführt, vorn liegt der Vorsprung der Punta des Cabot, wo in der von üppiger Vegetation erfüllten Canaleta die gleichnamige, natürliche Cova liegt, mit schenkeldickem, riesigem Epheu verbrämt. Man steigt dann durch üppigen, immergrünen Eichenwald sanft hinauf und erreicht, nachdem man an der oben erwähnten Naveta vorbeigekommen ist, wieder Son Mercé de baix.

Begeben wir uns in den Barranc d'en Fideu zurück und verfolgen diesen stromaufwärts, so finden wir neben einer einbogigen Brücke, welche über den Torrent führt, und bei grossen Granatäpfelbäumen unterhalb der Abstürze Son Fideo oder Fideu. Der Barranc scheidet sich hier in zwei Arme; der eine ist im Besitz von Son Fideo, der andere von der Cova. Orangenbäume und verschiedene Obstbaumsorten füllen das Thal. Das kleine Häuschen von Son Fideo mit dreifacher Rundbogenhalle ist ein köstlicher Winkel. Neben dem von grossem, üppigem Epheu überwucherten Felsen überschreitet man auf Steinen das mit Binsen bewachsene Torrenten-Bett, gelangt jetzt in das grünende Seitenthal der Cova, wo die üppigsten Pappelbäume wachsen, und bezaubernd ist die Aussicht auf die mit Epheu umrankten Ulmen und Pappelbäume neben riesigen Felsen und auf das Bachbett in der Mitte, in dessen stillem Gewässer sich die Alsterne abspiegeln; man vergisst hier, dass man auf Menorca ist, und wähnt sich in nördlichere, grünende Gefilde versetzt. Das Haus der Cova hat ein unteres Zimmer im Felsen mit Felsendecke und

Thurm von Son Saura.

einer Cisterne, während eine obere Oeffnung als Lichtöffnung der Cova dient; einst war es eine Talona. Die Küche ist mitsammt der Esse im Felsen angelegt; letztere tritt aus dem abgerundeten Felsen hervor. Wie man sieht, ist es eine echte Troglodyten-Wohnung. Der Weg zieht sich weiter um einen riesigen Felsblock, eine höchst malerische Stelle, hin, führt dann unterhalb der theilweise ausgehöhlten, weissen Wände, den Barranc beherrschend, der ganz zur Cova gehört, hinauf und erreicht bald die Plateau-Höhe, und zwar bei Albranca vey, von wo man sich nach S^a Cristobal begeben kann.

Der Weg nach Sta Ponsa, bis zu dem sich der neue Fahrweg nach S^a Galdana fast hinzieht, führt durch ein zum Feldbau benutztes Thälchen mit dem Hügel von Biniatrum und dem gleichnamigen Hause zur Rechten. Auf der anderen Seite erblickt man das Haus von Son Gorneset. An einem Kalkmergel-Steinbruch vorübergehend, erreicht man die höchste Stelle des Weges bei einer Windmühle, dem Moli de Ferrerias, in dessen Nähe sich uns Calafi nou darbietet, wogegen etwas weiterhin Son Martorell mit kleiner Terrasse und Treppe liegt. Auf dem breiten, welligen Plateau-Rücken beherrscht man den Canal, der von Biniatrum herabkommt, und den grossen, tiefen

Canal, der sich gegen Cala Trebeluger hinzieht; zur Rechten hat man Son Codul mit zwei eingestürzten Talayots daneben, und zwischen diesen beiden befindet sich auf einem stark in Verfall gerathenen Platz eine sehr breite, grosse, stehende Tafel und in der Nähe ein wilder Oelbaum. Von der Terrasse und dem einen Talayot hat man eine weit umfassende Aussicht auf die ganze Umgebung. Der Weg steigt dann leicht an, und man hat Calañ vey erreicht, welches eine hineingebaute Küche nach Art jener von Sª Clemente, eine doppelbogige Halle und kreuzgewölbte Zimmer besitzt.

Von Calañ vey aus kann man bald Son Triay mit einigen immergrünen Eichen und einer Mandel- und Feigenbaumpflanzung erreichen. Es ist ein neueres, stattliches Haus mit zwei

Neue Frontseite von Son Saura.

Terrassen auf beiden Seiten, beide eingedeckt und vorspringend. Unter der westlichen ist die Kapelle mit Tonnengewölbe und zwei Segmentbogen, der Mare de Deu del Carmen geweiht. Von dieser Terrasse geht die Treppe in Rampen im Gärtchen hinab. Son Triay hiess einst Bini Caisitx und wurde der Ueberlieferung nach von maurischen Seeräubern in Asche gelegt; es hat eine Küche mit Sitzen ringsum und einer Feuerstelle in der Mitte. Von hier führt ein Weg nach Bini Said, das man durch ein Thälchen mit grossen, üppigen, immergrünen Eichen bald erreichen kann. Setzt man aber, statt dessen über sehr steinigen Boden gehend, den Weg nach Süden zu fort, so lässt man rechts Sª Elena mit zwei Rundbogenhallen und links Sª Gabriel liegen und steigt ins Thälchen hinab. Der Weg zieht sich dann am Abhange durch steinigen Buschwald hin; auf einer Erhöhung lässt man Es Barrancó liegen, ein einfaches, niedriges Haus mit einem länglichen, eingestürzten Talayot daneben, und kommt an einem weissen Kalkmergelbruch vorbei nach Bini Said. Dieses hat vorn einen abgerundeten Platz mit Bänken ringsum, drei Bogenhallen, einen grossen, pyramidalen Kamin und eine Terrasse oben zwischen den beiden Gebäuden. Links erscheint uns Es Calafat mit doppeltem, konischem Kamin, einer Küche mit mittlerem, rundem Feuerheerd und kleinem Fenster. Von der Terrasse aus hat man eine schöne Aussicht. Indem man sich westwärts wendet, erreicht man Sta Ponsa. Auf der dahinter, d. h. nordwärts davon gelegenen, sanften Anhöhe erhebt sich ein Talayot.

In wenigen Schritten erreicht man andererseits von Es Calafat aus, die meist mit Kiefern bewachsene Marina überschauend, S^a Llorens und in dessen Nähe den ziemlich tiefen Barranc, der nach Cala Trebeluger führt und dessen Torrent zwei Arme aufweist. S^a Llorens ist ein schlichtes Haus mit natürlicher Pflasterung davor und einem abgerundeten, ummauerten Raum. Im Barrancthal, wo sich beide Torrenten trennen, überschreitet man das Bachbett, dessen Wasser auch im Sommer immer, wenn auch spärlich, fliesst, auf ein paar Steinen; dann geht man am Abhange des Trebeluger-Thälchens hin, überschreitet den Bach mit dem Hort von Son Carabassa, der Frucht- und Orangenbäume enthält, und setzt den Weg fort auf den Cami de Cavalls, der um Menorca herumgeht. Bald erreicht man die Anhöhe von Trebeluger. Ein Pfad führt von Trebeluger, auch Son Carabasset genannt, hinauf nach der Koppe.

Rafal nou.

Benutzt man von Ferrerias aus den uralten Cami des Barranc d'Algendar, so erreicht man Biniatrum, auf dessen Rücken an der höchsten Stelle der gleichnamige Talayot liegt, und Algendar vey. Von Algendar an der Pedrera vorbei, gelangt man in den Canaló mit grossen, immergrünen Eichen, rechts geht der Weg nach Son Fonoy, links der nach Algendaret ab. Bald hat man den letzteren Ort erreicht, dessen mit Mandel- und Feigenbäumen besetzten Canal und das höher gelegene Haus man übersieht. Der Canal d'Algendaret, auch S'Eusinar genannt, in welchen jener von Bini Massó mündet weist hübsche Abstürze an den Seiten auf. In kurzer Entfernung von Algendar vey liegt Algendar nou, ein neues Haus mit gewölbten Zimmern auf ödem Plateau-Land mit vielen Vieh-Barracas.

Rechts von der nach Binistrum führenden Fahrstrasse biegt von der Haupt-Carretera der Cami de Son Gornés ab; nahebei liegt Na Beltrana. Man gelangt nun auf die Höhe des breiten, aus Miocän-Kalkstein bestehenden Rücken und erreicht Son Belloch, indem man herrlich die breite Ebene von Son Pons, die von dem breiten Torrent de Son Belloch durchzogen wird, überschaut. Südwärts dagegen erblickt man im Thälchen den Barranc von Son Triay, der bei Sᵗᵃ Ponsa in den Barranc d'Algendar mündet. Son Belloch (oder Bell Lloch) und Son Belloquet liegen dicht bei einander. Am Ende des Vorsprunges des Bellochs gegen das Thal zu liegt noch ein anderer eingestürzter Talayot.

Wenn man von den Bellochs ins Thal von Son Pons hinabsteigt, sieht man den grossen, ca. 4000 Stöcke zählenden Weinberg mit weissem Häuschen in der Mitte, Sa Viña de Son Belloch genannt. Von den Bellochs kann man in Kürze Sᵗ Juan erreichen, indem man an Sᵗᵃ Lucia oder Sober vey vorbeikommt.

Blick auf die Südküste von der Atalaya des Truix.

Der Barranc d'Algendar.

Der Barranc d'Algendar, der bedeutendste Einschnitt in dem miocänen Hochplateau des Südens von Menorca, verdient seiner Wichtigkeit und Schönheit wegen eine selbständige Behandlung. Er bildet die Grenze zwischen den Distrikten von Ferrerias und Ciudadela. Man kann den Barranc d'Algendar sowohl von der Seite von Ferrerias, wie von jener von Ciudadela erreichen, denn nahezu alle daran grenzenden Besitzungen haben einen Weg, welcher zu ihm hinabführt. Am schönsten und imposantesten bietet er sich dar, wenn man auf dem Hauptwege von der Seite von Ciudadela, von Torretó aus, hinabsteigt, weil man dort einen der schönsten Punkte gleich vor Augen hat. An der Peña Forodada, einem von einem Blitz getroffenen Stein vorbeigehend, erreicht man das Barranc-Thal unterhalb weisslicher Kalkmergel-Felsenwände, welche die Milane gern umkreisen.

Unter grossen Felsenwänden, wo oben die Höhlen liegen, hinschreitend, kommt man zu dem Hort de Son Febrer des Amo d'Algendar, von einer gemauerten Wand umschlossen, mit alten, hochstämmigen Orangenbäumen, dem gegenüber schöne Lorbeerbäume und der Moll d'alt stehen. Das Haus von S'Aranjassa liegt an dem Punkte, der den Barranc scheidet, durch den Weg, der nach Ferrerias führt, gekreuzt. Nun führt der Pfad an dem Torrent aufwärts; man kommt an den Canaló de Sober vey, oben mit vielen Mandelbäumen besetzt, welcher auch d'en Vergerel genannt wird. Das Bachbett des Barranc wird theilweise sumpfig, das Thal lehmiger, und die Abstürze hören auf; eine doppelte, starke, winkelförmig gestellte Wand dient als Uferschutz bei dem Canal de s'Aladern.

Kehren wir nach der Aranjassa zurück, so können wir den Weg benutzen, der gegen Algendar nou, d. h. gegen Ferrerias zu, durch die Horts de Can Scim führt. Rechts erheben sich hohe, weisse Wände, links der als enger Sporn endigende Vorsprung der Aranjassa; die Sohle dieses sanften Thälchens ist mit vielen Granatäpfel- und anderen Obstbäumen besetzt. Man erreicht Can Soler (oder Can Scim), ein paar an den Felsen angeschmiegte Häuschen. Der rechtsgelegene Canal den wir verfolgen wollen, heisst Pas d'en Reull. Gar malerisch sieht eine tunnelartige Passage

Nau des Tudons.

im Felsen aus, die den Zugang zu einem eingestürzten gemauerten Hause neben einem Brunnen mit Picas bildet.

Von der Barrera bei dem Hort de s'Amo d'Algendar führt der Weg zu dem Moll de baix. Vom benachbarten Hause de ses Voltes hat man eine hübsche Aussicht; noch schöner ist sie von dem höher gelegenen Son Vella auf das Barranc-Thal, welches hier enger und wilder wird. Man steigt nun leicht an und erreicht den Moll de baix mit dem Hause, welches an den Felsen förmlich angeschmiegt ist. Unter den hohen, wilden, theilweise von stämmigem Epheu umwucherten Wänden ragt eine hohe Palme majestätisch empor.

Im weiteren Verlaufe des Weges rücken die wilden Felsenwände der Dragonera, die tief ausgehöhlt sind, immer näher an einander. Diese Stelle von der Aranjassa bis zur Dragonera ist die schönste und wildromantischste des Barranc. Hier steht das Felsenhaus der Dragonera mit seinen von Kapern und Epheu umwucherten Felsenwänden. Man erreicht von hier aus bald die Besitzungen Algendar und Son Fonoy. Auf einem sanften Vorsprunge liegt das nun verlassene Haus der Ermita mit herrlicher Aussicht, welches am besten von Son Mercé de baix zu erreichen ist.

Am linken Abhange gegen Bini Said sind die Lehnen des Barranc am sanftesten. Von hier beabsichtigt man den Fahrweg nach Sta Galdana zu führen. Das flussartige Gewässer lässt eine flache, sumpfige Strecke frei und geht an den Hängen des östlichen Caps von Sta Galdana entlang; man kommt oberhalb der Seitenmauer des Thälchens der Fonts heraus und blickt auf das Haus des Hort de Bini Said und dann auf das Plateau, wo Sta Ponsa liegt. In der Nähe der Häuser des Hort ist eine grosse, siebenstufige Barraca mit einem Kreuz oben, von der man eine schöne Aussicht geniesst. In Sta Galdana ist oberhalb der ersten Baracke eine Höhle mit einer Reihe von unregelmäßigen, ganz kleinen, langen Nischen im Innern; hier führt ein Felsenpfad zu dem breiten Vorgebirge hinauf, das Sta Galdana einschliesst. Unter immergrünen Eichen geht ein Pfad wieder

Torre del Ram.

hinab ins Barranc-Thal, und man erreicht nun auf steiniger Koppe Sta Maria. Ein steiler Weg führt in holprigen Windungen vom Hort de Son Fonoy, an der Caseta de sa Fruyta vorüber, hinab. Gegenüber von Torre Peixina liegt ein kleiner, von wilden Oelbäumen überwucherter Hügel, S'Atalaya genannt, der sich 113,33 m über dem Meere erhebt und das flache, öde Plateauland beherrscht.

Von Ferrerias nach Ciudadela.

Vom Coll Llis führt die Hauptfahrstrasse an dem Kirchhofe von Ferrerias vorbei nach dem sich südwärts hinziehenden tiefen, fruchtbaren Thale. Bei der Costa de sa Creu angelangt, lässt man links die neue Privat-Fahrstrasse, die, wie schon erwähnt, nach dem auf einer kleinen Erhöhung gelegenen Biniatrum führt, und den Cami de Son Gornés liegen, welcher über Son Belloch bis nach Sober vey geht. Durch das breite Thal von Son Pons zieht sich die ebene Strecke der Carretera.

Fast in der Mitte dieser Ebene, und zwar Son Belloquet gegenüber, führt der schöne Pont de Son Belloch über den gleichnamigen Torrent. In kurzer Entfernung gewahrt man die Häuser von S¹ª Teresa und Binisues und ziemlich nahe den Puig de S¹ª Madalena. Viele Wasserdurchlässe überschreitend, fängt man nun an, die Costa vermeya des Coll Roitz zu ersteigen, der eine schöne Aussicht gewährt. Bald kommt das Haus der Montaña nova oder S¹ª Margalida zum Vorschein, und man erreicht die hochgelegene Montañeta mit entzückender Aussicht auf die Umgebung.

Die Strasse zur Montaña veya führt, an mehreren Terrassen vorbeigehend, in Windungen hinauf. Von der Terrasse hat man eine weitreichende Aussicht auf das untere Thal.

Die Hauptfahrstrasse erreicht nunmehr die Anhöhe, und ganz besonders schön ist der Blick hinab auf den sich gegen Ciudadela allmählich verflachenden Boden, dem an heiteren Tagen Mallorca

Blick von der Inclusa aus gegen Norden zu.

als herrlich geformte Hintergrunds-Silhouette dient. Auf einer kleinen Rückenerhöhung steht Son Sintes, ein schlichtes Haus mit doppelter Bogenhalle. Torre Llafuda mit Mandelbäumen in der benachbarten Vertiefung ist ein grösseres Haus mit einer Bogenhalle und schönem Blick auf Mallorca. Son Camps, das man kurz darauf erreicht, gehört zu den schönsten Besitzungen bei Ciudadela.

Man überschreitet den Barranquell de Son Sintes, mit leichter Anschüttung, Brustmauern und Wasserdurchlässen versehen, und gelangt in ein unbedeutendes Thälchen. Wenige Schritte darauf gewahrt man schon Ciudadela und die Torre del Ram mit Mallorca als Hintergrund. Eine trockene Wand folgt auf die andere, und wenn Alles dürr ist oder die Felder lediglich beackert sind, sieht es hier ganz trostlos aus, dagegen verwandelt sich diese Steinwüste im Frühjahr in ein smaragdgrünes Feld. Rechts liegt Son Quart mit leicht gegen das nördliche Meer ansteigendem Boden, links Ses Angoixas und noch einige andere kleine Besitzungshäuser, und man erreicht nun das freundliche Ciudadela.

Ciudadela.

Ciudadela, die Hauptstadt des gleichnamigen Distriktes, welcher 8200 Einwohner zählt, und die einstige Hauptstadt der Insel, welche an Mahon in Folge der Wichtigkeit seines Hafens, zur Zeit der Engländer den Vorrang abtreten musste, hat noch etwas von seiner alten Stellung bewahrt, um so mehr, als daselbst der Clerus und der Adel verblieben sind. Der Bischof mit dem Domcapitel, die grossen Behausungen einiger Adeligen geben der, wenn auch kleinen Ortschaft noch ein städtisches Aussehen. Im Gegensatze zu Mahon, wo kaum eine Strasse eben ist, liegt Ciudadela mit seinen 1645 Häusern fast ganz flach, und darauf bilden sich ihre Bewohner, welche stets die Vorzüge vor Mahon hervorzuheben bestrebt sind, viel ein und loben ihre Vaterstadt mit den Worten: „so schön flach wie die Hand, überall kann man gehen, ohne sich zu ermüden". Was aber zum Gehen bequem sein mag, ist hinderlich für den Ablauf der Gewässer, welche in vielen Gassen, die kaum ½ Procent Neigung haben, an Regentagen gar nicht abfliessen wollen; glücklicher Weise herrscht indessen eine grosse Reinlichkeit auf den Strassen, und ein Jeder kehrt sorgfältig sein Stückchen vor dem eigenen Hause. Zur Pflasterung wird zumeist harter, weisslicher Kalkstein verwendet, der in der Nähe gebrochen wird; ein anderes schlechteres, röthliches Pflasterungsmaterial kommt von der Nordküste. Der Bau der Häuser ist wohl bei den alten und neuen verschieden; von den ersteren sind mehrere, namentlich in der Hauptstrasse, mit Bogenhallen, theils mit Spitzbogen, theils mit Rundbogen, versehen, die neueren dagegen einfach und glatt, aber sauber und häufig gelblich oder in irgend einem leichten Farbenton gehalten. Die Jalousien sind allgemein gelblich, d. h. holzfarbig gemalt; sie werden mit Schiebern nach unten, wie in Mahon, einige wenige auch mit hölzernen Wellen befestigt. Viele Häuser haben dasselbe englische Fenstersystem, wie in Mahon, viele aber bis nach unten aufzumachende Fenster, einige wenige neuere dagegen Fenster, die sich seitwärts in die Wand schieben lassen.

Ciudadela hat seit der Abtragung der Festungsmauern, die es einst umgaben, einen grossen Aufschwung zu verzeichnen. Man kann wohl sagen, dass die neuen Häuser wie Pilze aufgeschossen sind und der Wiederaufbau, die Erwartung Aller übertreffend, überraschend schnell erfolgte, was wohl der Billigkeit der verkauften Baugründe zu verdanken ist.

Wahrscheinlich war Ciudadela schon zur Zeit der Römer und Araber befestigt, und es besteht noch ein Stück der alten Mauer, das römischen Ursprunges sein dürfte. Kurz nach der Eroberung Menorca's durch Alphons III., welcher im Jahre 1286 durch die Puerta de Mahon seinen feierlichen Einzug hielt, begann man an den Befestigungen zu arbeiten. Wiewohl also ganz Menorca zu dem Bau beitrug, ging dieser doch so langsam von statten, dass er im Jahre 1365 noch immer nicht vollendet war und durch königliche Verordnung angeordnet werden musste, dass der ganze Umkreis von Ciudadela mit entsprechenden Mauern eingefasst werde, und zwar derart, dass auf ihnen die Reiter verkehren könnten, ohne vom Feinde belästigt zu werden. In Folge der Belagerung von 1558 wurden die Befestigungen sehr beschädigt, und letztere mussten eine Ausbesserung erfahren, die im Laufe des 17. Jahrhunderts in gründlicher Weise vorgenommen wurde. Im Jahre 1869 wurden die Mauern abgetragen, was damals bereits seit einigen Jahren angeordnet war, aber auf Bitten der Einwohner hingezogen wurde, die den Wunsch hatten, die alten Befestigungen zu erhalten, gleichsam ein Zeugniss der wackeren Vertheidigung der Stadt im Jahre 1558.

Bei einer Wanderung durch die Strassen Ciudadela's wollen wir die breite Plaza de Alfonso III, auf welche die Haupt-Carretera mündet und die den Anfang des Ensanche bildet, als Ausgangspunkt nehmen. Aus ihrer Mitte geht die Calle de Mahon ab, die in die eigentliche Stadt hineinführt und mit den auf sie folgenden Plätzchen und Strassen, der Plaza nueva, der Calle de las Verduras, der Plaza vieja, der Calle de la Universidad und der Calle del Borne, die Hauptverkehrsader der Stadt bildet; sie weist uns als Eckhaus ein hübsches modernes Haus mit Giebel, mit Akroterien, steinernem Balcon und Fenstereinfassung auf. Die Calle de Mahon ist ziemlich eng und mündet auf die Plaza nueva mit mehreren alten Häusern mit Bogenhallen, von der gleich im Anfange die kleine Calle de S⁹ Pedro, rechts eine andere Gasse abgeht. Nach einem Schwibbogen zur Linken fangen die Bogenhallen der Calle de las Verduras mit erhöhten, ziegelgepflasterten Trottoirs an. Sie mündet auf die Plaza vieja mit dem Gebäude des Banco de Ciudadela; von dieser geben die Calle de Sta Clara rechts und die Calle nueva links ab; an ihr Ende grenzt das Gebäude der Domkirche mit dem kleinen Zugang der Sacristei an. Man erreicht nun die Calle de la Universidad, an die das Seitenportal der Domkirche stösst. Die Calle del Rosario geht von hier zur Linken ab, während sich vor der Frontseite der Hauptkirche die Calle de la Catedral hinzieht. Das Haus schmiegt sich an das des Conde an, welches neben dem Borne liegt. Die Fortsetzung der Calle de la Catedral, die vor der Frontseite der Hauptkirche aufhört, ist die Calle del Obispo. Am Ende des neuen Platzes beginnt seewärts die gut gepflasterte und mit sorgfältigen Trottoirs versehene, rechts vom Palast des Conde mit einer langen Reihe von Fenstern, links von dem von Martorell eingefassten Calle del Borne.

Aussicht gegen Osten vom Puig vermey aus.

Der Borne ist der Hauptplatz von Ciudadela, welcher, wenn man vom Meere kommt, einen sehr freundlichen Eindruck macht und bei seiner grossartigen Anlage noch mehr von der Stadt Ciudadela erwarten lässt, als sie wirklich im Innern bietet. Er wird von den schönen Häusern des Conde, Martorell und Vigo im Osten, d. h. gegen die Stadt zu, flankirt und bildet eine mit Akazien bepflanzte Promenade. Der bereits erwähnte Palast des Conde, wohl das schönste Haus Menorca's, wurde zu Anfang dieses Jahrhunderts erbaut; unsere Abbildung im allgemeinen Theil wird das Gebäude am besten vergegenwärtigen. Can Martorell hat eine Frontseite mit grossem Balcon in der Mitte und je zwei an den Seiten; ionische platte Säulen stehen zwischen den Fenstern und je zwei accolirte über dem Balcon, die den Giebel tragen; oben sind steinerne Vasen. Can Vigo, röthlich angestrichen, ist ein grosses, aber schlichtes Haus mit weitläufigen, luftigen Räumen; es hat eine hübsche Treppe mit doppeltem Aufstieg auf jeder Seite. Im Norden des Borne liegen das Theater und einige kleine, herrlich den Hafen umgebende Häuser, im Süden ein nach Havana-Sitte gebautes Haus mit einer von eisernen Säulen getragenen Veranda und im Westen der Gouverneur-Palast, der ehemalige Alcazar, auf den wir später zurückkommen werden.

An die bereits erwähnte Calle del Obispo stösst das bischöfliche Gebäude mit vier eisernen Balcons, deren einer sich über dem Eingange befindet, mit vier ionischen Säulen; es hat einen unregelmässigen, schlichten Hof mit der Kirche und dem emporragenden Glockenthurm zur Rechten.

Das Ende der Calle del Obispo wird von der Calle de S^a Sebastian eingenommen mit dem eleganten Gebäude des Hauses Esquella, mit angestrichener Architectur auf gelbem Grunde und einem grossen, eisernen Balcon. Durch die Calle de S^a Rafael kommt man in die Calle de la Cuesta del Mar. Diese Gasse mündet steil im Hafengrunde, während eine ungepflasterte Gasse,

Torre de s'Inclusa.

die Calle de la Brecha, den Hafen beherrschend, eine Strecke weiter führt und durch die Calle del Mirador den Borne erreicht. Geht man statt dessen von der Cuesta del Mar in umgekehrter Richtung weiter, so kommt man oberhalb der alten Muralla heraus, die, weil römischen Ursprunges, erhalten bleibt. Dann folgen auch Häuser unterhalb der Strasse, und auch ein Stück der alten Mauer mit Wegmauer, die sich am Ende mit dem dicken Bollwerk de la Fuente verbindet, theilweise mit noch erhaltenen, vortretenden Platten, wird sichtbar. Dies Alles heisst noch Calle de la Brecha. Am Ende, wo die Calle de las Rocas anfängt, ist ein kleiner Aufgang zur Brustmauer; von deren Schiessscharten blickt man hinaus auf die Horts und den Waschplatz hinter dem Hafengrunde. Die Calle de las Rocas zieht sich hinter der Calle de S^a Cristobal und Calle de S^a Clara hin, welche gegen die innere Stadt zu führen. Ein Theil der Muralla ist hinter dem Thor abgebrochen, und es hat sich ein Stück Ensanche ihr gegenüber gebildet; vom Thore aus heisst die Calle, welche längs der Mauer weiterführt, de S^a Rosalia. Geht man durch die Calle de las Rocas, so kommt man durch die Calle de Sᵃ Cristobal, von der auf beiden Seiten mehrere kleine Seitengassen abgehen. Das rohe Kapellchen von Sᵃ Cristobal liegt zur Rechten innerhalb einer kleinen Nische. Die Calle de la Carniceria geht in sanfter Biegung von der Plaza nueva ab, durch welchen die Calle del Arco führt; sie ist von unschönen, einfachen Gebäuden eingefasst. Ihr Ende erreicht sie in der Calle del Dormitorio, wo das Kirchlein von Sᵃ José liegt. Die Strasse ist breit, ungepflastert und mündet in die sehr grosse, stattliche Calle de Alfonso III., welche von der gleichnamigen Plaza nach dem Baluarte abgeht, der, von Kapern umwuchert, noch als Zeuge einstiger Zeiten dasteht. Die Strasse kreuzt sich mit der anderen gegen den Baluarte zu bei der an der Fuente nueva aufgeführten Häuserreihe.

Wenden wir nun auf den zur Linken der Hauptverkehrsader gelegenen Stadttheil unser Augenmerk. Von der Plaza vieja geht die Calle nueva ab, von der sich bei dem Kirchlein des Sᵃ Cristo die gleichnamige Calle abzweigt. Nach der Calle del Socorro kommt die Kirche von

Stᵃ Agueda aus der Nähe der Casa d'Armas.

Sᵃ Agustin mit dem Seminar und dahinter das Gefängniss und eine öffentliche Kinderschule an der Calle de Castell Rupit, durch welche man zur Plaza gelangt. Dies ist ein breiter Platz mit Bogenhallen ringsum. Die Fortsetzung heisst Calle del Hospital, nach dem dort liegenden Gebäude so benannt. In der ziemlich breiten Calle del Santisimo liegt das einstige Haus Febrer, sowie das stattliche Haus des Marquez de Albranca.

Die Calle del Santisimo mündet in die Calle de la Muralla de Artruix, welche sich, weiter gehend, mit der Plaza de Alfonso III. verbindet. Von dieser führt die enge Calle de las Parras mit einem in der Mitte gut gepflasterten Stück zu den Schwibbogen der Plaza. An der Ecke zwischen der von uns bereits erwähnten Calle del Santisimo und jener der Dolores liegt das schöne Haus Saura, eins der hübschesten der Stadt. Dieses, Ende des 17. Jahrhunderts erbaute Gebäude ist ganz aus Kalkmergelquadern aufgeführt, die eine schöne Goldfarbe angenommen haben, hat eine stattliche Façade und einen ganz aus Stein gemeisselten Alero mit zwölf Bogen vorn und fünf auf der rechten Seite; es weist auf der Frontseite vier Balcons auf. Man kommt nun zur

Calle del Rosario mit der gleichnamigen Plazuela davor, eine Gasse, welche vor dem Hauptportale
der Domkirche ausmündet. Etwas mehr seewärts liegt die Calle de Palau, welche im Winkel
unter dem Schwibbogen, gegenüber der Calle del Marquez de Albranca, ausmündet. Die Calle de
S⁀ Francisco mündet in die Calle de la Purisima, zu deren Rechten die Kirche von S⁀ Francisco
liegt und von welcher ein Zugang zum Borne führt. Die Calle de la Purisima geht links zur Calle
del Casto und del B. Ramon, rechts zu jener von Arguimbau mit modernen Bauten. Sie endet auf
der grossen, breiten, neuen Calle de Negrito, die links die Calle de Alcantara als Seitenstrasse
aufweist und hinter der Plaza de Artrulx als Calle del Conquistador mit den Calles de S⁀ Onofre
und de los Celosos in einem abermaligen Winkel die Plaza de Alfonso III. erreicht.

Küste von Saleyró vom Puig de sa Calabata aus.

  Ciudadela hat mehrere Kirchen, von denen uns zunächst die Domkirche beschäftigen soll.
Als Menorca von Alfonso III. von Aragon 1287 erobert wurde, stand an der Stelle der alten
Kathedrale, welcher der Bischof Severus im Jahre 418 vorstand, eine Moschee. Der König liess
sie zu einer schönen Kirche, der Mutter Gottes geweiht, umbauen. Im Jahre 1628 erfolgte ein
partieller Einsturz der Kirche, so dass sich ein Wiederaufbau nöthig machte, der viele Jahre dauerte.
Die Einweihung erfolgte im Jahre 1719 durch den Bischof von Mozara, und 1795 wurde sie nach
einer lebhaften Opposition Mahon's vom Papst Pius VI. zur Kathedrale erhoben.
  Zu der einfachen, modernen Vorderseite führen sechs Stufen; sie hat ein römisches Säulen-
portal mit einem Dockengeländer, welches zwischen den Strebepfeilern hinläuft, während oben
ein anderes Dockengeländer und in der Mitte eine Rose ist.
  Gegen den bischöflichen Hof zu ist an die Kirche der viereckige Thurm angebaut, der

Ciudadela weithin beberrscht. Hinten hat die Kirche sechs Strebepfeiler, welche die Ecken der Apsis bilden und mit Wasserspeiern versehen sind, und sechs Seitenkapellen, die durch kleine Spitzbogen mit einander in Zusammenhang gesetzt werden und oberhalb welcher sich je ein Glasfenster befindet. In der Mitte der Domkirche ist der moderne Chor mit einem Holzgitter vorn und mit Bänken, von welchen ein eisernes Geländer bis zum Hochaltar leitet. Auf beiden Seiten des modernen Hochaltars gehen Thüren zu den zwei Sacristeien, in welchen einige moderne Kirchengeräthe und lediglich die abgebildete ältere Pixis aufbewahrt werden; fünf runde Fenster erleuchten die Apsis. Gegen die Frontseite der Kirche zu sind zwei gleichsam vertiefte Kapellenräume.

Im Capitular-Archiv (Archivo del Cabildo) der Domkirche finden sich keine alten Documente vor; in jenem der Comunidad de Beneficiados dieser Kirche sind dagegen drei werthvolle Bücher aus den Jahren 1574—1640, 1565—1620 und 1592—1666 aufbewahrt.

Thurm und Westseite des Toro.

Die Kirche von Nra Señora del Rosario wurde Mitte des 18. Jahrhunderts vollendet. Kraft der Pfarrregelung vom Jahre 1876 wurde auf sie die Pfarre der Kathedralkirche übertragen; sie hat einen platersken Eingangsbogen mit kräftigen Seitensäulen und zwei vermauerten Portalen mit gebrochenen Bogen. An beiden Ecken sind zwei runde Säulen angebaut; oben ist ein Dockengeländer, in der Mitte erhöht, mit viereckigen Seitenthürmchen zur Linken; das Innere bildet ein Tonnengewölbe mit gewundenen Gurten, zwischen denen sich die Rippen einfach kreuzen, das Relief-Schlusssteine und das Datum 1705 aufweist. An den Seiten befinden sich drei nischenförmige Kapellen; vorn ist eine Kuppel, die auf Zwickelkappen ruht, welche drei Nischen trennen, deren vorderste die Hochaltar-Kapelle mit Dockengeländer ist.

Die Socorro-Kirche hat zwei zopfige Seitenthürme mit Rundbogen, die in der Mitte durch eine Terrasse verbunden sind. Drei nischenförmige Eingänge führen in die Vorhalle. Das Innere, dessen Grundriss in der Form eines lateinischen Kreuzes gehalten ist, bildet ein durch Rundbogen getragenes Tonnengewölbe, über der eine Empore mit der Orgel sich befindet, welche auf einem Segmentbogen ruht, und drei Rundbogenkapellen. Die Arme des Kreuzes sind wenig ausgeprägt; in beiden ist ein Seiteneingang und ein rundes Fenster. Ueber dem Transsept erhebt sich auf Zwickelkappen eine Kuppel mit acht platten Garten, die auf Tragsteinen ruhen, und vier runden Fenstern. Die beiden Seitenbogen führen vor den Hochaltar, in deren Reihe drei Kuppeln sind; hübsch ist die mittlere, höhere Kuppel der Sacraments-Kapelle mit gewundenen Bogen. An die Kirche ist das ehemalige Kloster und jetzige Seminar angebaut. Der Hofraum desselben ist in einen hübschen Garten umgewandelt, den einstmals die Seminaristen selbst pflegten, jetzt ein Gärtner; er hat doppelte Bogen auf jeder Seite; in den oberen befinden sich je zwei kleine Rundbogen. In der Mitte ist ein Brunnen mit einem Wappen, und unter den Hallen erhebt sich ein Kreuzgewölbe. Das Seminar, von dem im allgemeinen Theil die Rede war, ist sehr gut gehalten und auch ziemlich besucht; es birgt in seinem Innern hübsche Sammlungen, eine Bibliothek u. s. w. Eine sehr hübsche, kleine Kapelle mit

Ansicht gegen Fornells vom Toro aus.

achteckiger Kuppel und hübscher Mosaik stösst auf den oberen verglasten Klostergang. Ein altes Speisezimmer zu ebener Erde mit dreifachem, gewundenem Kreuzgewölbe führt nach einem anstossenden Saale als Fortsetzung, der uns acht gewundene Rippen und zwei Schlusssteine aufweist.

S^a Francisco hat auf seiner modernen Vorderseite drei Rundbogen, von denen der mittlere erhöht ist, darüber drei Fenster und ein Giebelfeld. Die linke Seite wird durch Pfeiler gestützt und weist ein Seitenportal auf; rechts von der Vorderseite ist ein viereckiges Thürmchen mit oberem Dockengeländer. Im Innern zeigt die Kirche ein Längsschiff mit sechs Spitzbogen, welche auf runden Wandpfeilern ruhen, zwischen denen sich Rippen einfach kreuzen. Vier grosse Spitzbogen, die auf rustischen Pfeilern ruhen, tragen auf Zwickelkappen die durch Wandpfeiler gestützte achteckige Kuppel mit Triglyphen-Gesims und Fenster; die Arme des Kreuzes ragen nur wenig über die Vierungsstelle hinaus. Fünf Stufen leiten zum Hochaltar und über dem Eingange ist eine Empore mit Orgel, die auf einem Segmentbogen mit Kreuzgewölbe ruht. Die fünf in Spitzbogen gehaltenen Seitenkapellen enthalten Segmentbogen mit einer Empore oberhalb. Hinter dem Altar ist die Sacraments-Kapelle mit drei Altärchen auf beiden Seiten des sich abrundenden Ganges und einer Kuppel mit runden Fenstern, 1831 errichtet. Dem Hochaltar gegenüber ist eine Nische mit einer Statue von Ramon Lull.

Das Nonnenkloster von Sta Clara de Ciudadela bestand schon 1311. Im Jahre 1558 zerstört, wurde es 1614 wieder aufgebaut. Gegenwärtig befindet sich eine Mädchenschule darin. Das Kloster, auch Real Convento de Clarisas de Ciudadela genannt, hat einen in sehr eigenthümlicher Weise durch eine Riesenmuschel gebildeten Eingang. Rechts davon ist die Kirche, die ein zopfiges Portal und oben ein rundes Fenster, einen Dockenaufsatz und ein Thürnchen mit Rundbogen zur Rechten hat. Die Kirche hat ein Längsschiff mit drei Spitzbogen, zwischen denen sich Rippen durch starke Schlusssteine kreuzen und in der Mitte auf gewundenen, vorn auf verkehrten, hinten auf einfach runden Pfeilern ruhen. Das Kloster von Sta Clara ist geräumig, fast viereckig und

Der Hafen von Fornells vom Puig des Caragol.

von einer inneren niedrigen Mauer ganz umgürtet, während es von einer anderen hohen Vormauer umgeben ist. Zwischen beiden liegt ein zum Kloster gehöriges Gässchen. Das Gebäude bildet eine planlose Anhäufung in verschiedene Niveaux gestellter Stockwerke und Winkelwerke. Es sind 26 Zellen vorhanden. Das Kloster enthält einige alte Oelbilder; in dem ersten Eingangszimmer hängt ein Bildniss der Oberin Sor Agueda Ameller, welche von den Türken gemartert wurde. Das interessanteste Stück ist aber ein altes hölzernes Relief, welches die Geburt Christi darstellt und Es Betlem dels Moros genannt wird, da es von den Türken bei der Einnahme Ciudadela's weggeschleppt und durch Sor Blanca, die als Gefangene in Constantinopel losgekauft wurde, wieder zum Kloster zurückgelangte.

Die Kirche von S^{n} Antonio hat ein vierfaches Kreuzgewölbe mit zwei Segmentbogen und einer Wand, die den Chor abtrennt, an welcher rechts die Kanzel sich erhebt, und Kielbogenfenster.

Das ehemalige Kloster, ein einfaches Gebäude, ist angebaut. Ausserdem giebt es in Ciudadela noch einige kleine Kirchen. Das Kirchlein von Sⁿ José wurde im Jahre 1390 gegründet. Das Innere ist sehr einfach und zeigt zwei Spitzbogen, deren erster vordem die rohe Empore enthielt, jetzt aber ein Zimmer bildet und vorn auf einem zugespitzten Kämpfer ruht. Unweit der Domkirche liegt die kleine, schlichte Kirche von Sⁿ Miguel aus dem 17. Jahrhundert. Hinter derselben wächst ein Riesen-Lorbeerbaum. Die kleine Kirche des Sⁿ Cristo wurde von der Gemeinschaft der Cardadores, welche im 17. Jahrhundert eine grosse Bedeutung hatten, erbaut. Um diese Zeit genoss der dortige wunderthätige Sⁿ Cristo grosse Verehrung und wurde in den Rogativ-Processionen herumgetragen, was noch heutzutage bei grossen Dürren zu geschehen pflegt. Die Kirche von Sⁿ Magdalena wie auch das anstossende Spital bestanden schon im Jahre 1350; in den Jahren 1527 und 1734 hatte man sie wiederholt aufgebaut.

Der jetzige, am Borne gelegene Gouverneur-Palast nimmt die Stelle des alten Alcazar ein, den König Alfonso III. nach der Eroberung der Insel im Jahre 1287 zu errichten befahl und welcher Jahrhunderte lang den General-Gouverneur von Menorca beherbergte. In Verfall gerathen und theilweise als Kaserne der Guardia civil verwendet, wurde er erst in neuester Zeit dem geeigneteren Zwecke eines Rathhauses gewidmet.

Gar herrlich ist die Vorderseite des Gouverneur-Palastes mit seiner köstlichen Halle, welche durch vier Strebepfeiler gestützt wird. Eine einfache Treppe mit bequemer Rampe führt in zwei Aufgängen zu der eleganten Bogenhalle. Nach der Seeseite hin wurde an das alte Haus das moderne Gebäude der Guardia civil angebaut, von dem man eine herrliche Aussicht geniesst. In dem Municipal-Archiv werden viele alte Documente und Hunderte von kleinen Pergamenten aufbewahrt.

Durch die Puerta del Mar hinabgehend, kommt man zur neuen hübschen, eisernen Hafenbrücke. Verfolgt man von der Brücke aus westwärts das Quaiufer, und zwar unterhalb der auf Felsen ruhenden, unschönen, rückwärtigen Seite des Theaters, so kommt man zu dem kleinen Matadero unterhalb der neuen Muralla des Borne.

Der Hafen von Ciudadela, 1600 m lang und anfangs 80, im Innern stellenweise nur 40 m breit, ist für kleine Schiffe ziemlich sicher und wäre noch besser, würde nicht die starke Risacca häufig lästig, die namentlich bei Südwestwind eintritt und für grössere Schiffe gefährlich werden kann. Er hat Quais von 600 m Länge; auch giebt es auf der Rhede eine hölzerne Vertauungsboje. Ein in vier Rampen von der Puerta de la Fuente hinabführender Weg mündet in den Hafenweg, d. h. den Cós de Sⁿ Joan, ein. Das Hortet von Olives hat ein hochgelegenes Häuschen in Renaissancestyl mit hübscher Aussicht auf die Stadt; daneben liegt jenes von Esquella und hierauf jenes vom Marquez d'Albranca mit durch Treppen und gemauerte Beete sorgfältig eingetheiltem Gärtchen, welches wohl das hübscheste ist, und schliesslich jenes des Conde de Torre Saura, ganz mit Orangenbäumen bedeckt und mit einem Häuschen oben. Als eine wahre Merkwürdigkeit sind die bereits im allgemeinen Theil von uns abgebildeten Schweineställe Solls de d'alt d'es Peñal zu erwähnen, die, vom Ayuntamiento gebaut, in doppelten Reihen zu zehn und acht stehen und dazu dienen, die Schweine im Sommer unterzubringen, welche weder im Innern der Stadt Ciudadela, noch im Innern irgend einer Ortschaft der Insel gehalten werden dürfen. Herrlich ist der Blick von dem Wege, der den Hafen beherrscht. Ein breiter, felsiger Weg mit dem Fort von Sⁿ Nicolás zur Rechten, gegen welchen an Sturmtagen das Meer mächtig brandet, verbindet die Strasse mit der gerade gegen Ciudadela zu führenden. Der achteckige Thurm oder Castillo von Sⁿ Nicolás, mit Cordon oben, einer von neun Tragsteinen gebildeten Wurfluke auf der Thür und gepflastertem Zugang, der den Wall durchschneidet, hat eine in den Felsen gehauene Fussunterlage und gleichartigen Wallgraben. Erwähnenswerth ist der bei dem Degollador befindliche Bufador, ein tiefes Felsenloch, in welchem an Sturmtagen das hinaufbrausende Wasser ein dumpfes Donnern verursacht.

In unmittelbarer Nähe von Ciudadela liegt bei dem Borne oder Planada der kleine, recht nette Hort d'en Vigo. Am schönsten ist aber die Viñeta von Dⁿ Bernat Olives; es befindet sich dort ein grosser Gemüsegarten, darunter ein kleiner, wo Bananen wachsen. Der Weg führt durch

Weinberge, mit herrlichen Rosen und anderen Blumen umsäumt; dann kommt eine schöne Orangenpflanzung. Von der Terrasse des hübschen, rosenfarbigen Hauses hat man eine schöne Aussicht auf Ciudadela, sowie auf die weiss blinkende Torre del Ram.

Das Leben ist in Ciudadela noch stiller, als in Mahon, denn die grössere Zahl des Clerus und die Gegenwart des Bischofs geben wohl nur den Kirchen einen gewissen Glanz. Ein charakteristischer Zug ist die gewaltige Menge von Schuhmachern; man kann sagen, dass fast die gesammte Jugend sich diesem Handwerk widmet. Die reicheren Herren leben sämmtlich zurückgezogen in ihren Häusern, nur Nachmittags sieht man sie zu irgend einer ihrer benachbarten Besitzthümern fahren oder in dem Kaffeehause und, wenn das Wetter schön ist, vor diesem unter den Hallen der Hauptstrasse sitzen. An Sonntagen ändert sich die Physiognomie Ciudadela's allerdings sehr, denn das ganze Landvolk strömt dann aus der Umgebung dorthin.

Der beliebteste Spaziergang Ciudadela's ist der schon besprochene Weg oberhalb des Hafens, und mit Recht geben ihm von Alters her die dortigen Bewohner den Vorzug, da er schöne

Meerwärts aus der Nähe von Bellavista.

Ausblicke auf das Meer und die nebelhaften Umrisse Mallorca's im Hintergrunde gewährt. Im Sommer ist das Baden für die Bewohner Ciudadela's ein Hauptvergnügen, und die Ufer der nahen Calas sind gegen Sonnenuntergang mit Hunderten fröhlicher Knaben und schwatzender Mädchen besetzt. Manche bringen ein Körbchen mit und nehmen auf den Felsen des Ufers einen Imbiss, ergötzen sich daran, Napfschnecken von den Riffen abzulösen, oder blicken auf das spiegelglatte Meer, in welchem die Fische fröhlich herumplätschern und über dem manche ferne Rauchsäule eines Dampfers sichtbar wird, und kehren dann in der sternenhellen Nacht, heiter singend, zur Stadt zurück.

Im Süden von Ciudadela.

Der Süden oder Mitjorn von Ciudadela ist jenes flache, gegen Osten aber stark erhöhte Land, das sich von der tiefen Furche des Barranc d'Algendar bis zu dem flach vorspringenden Cap des Trutx hinzieht. Meist steinig und einförmig, weist er doch viele sanfte, fruchtbare Mulden auf und bietet in der Hochebene der Murvedras das Gegenstück zu jener der Cutaynas im Osten dar.

Strahlenförmig gehen dahin von Ciudadela die einzelnen Wege aus, und man muss manchmal wieder dorthin zurückkehren, um an einen Platz zu gelangen, an dem man ganz nahe vorübergekommen war. Dem Cami de Sant Andria entlang gehend, erreicht man den Canal de sa Coma. Nach unten zu liegt der Degollador, wo die Weiber und Männer zu baden pflegen. Man überschreitet nun das Thälchen auf erhöhtem Wege, während ein Fahrweg zur Playa hinabführt. Man erblickt S⁽ᵗᵃ⁾ Jaume mit einer kleinen Kapelle. Links lässt man dann ein Villa-Häuschen und weiter S⁽ᵗᵃ⁾ Catalina liegen, rechts Son Paborda und verschiedene andere Häuser. Nahe am Wege erhebt sich ein Obelisk zur Erinnerung an Argiumbau, der dort ermordet wurde. Dann erblickt man S⁽ᵗᵃ⁾ Maria mit Glockengiebel; unweit davon trifft man S'Hort des Dean mit Noria, dann das Haus von Parellets. Gegen das Meer zu findet man mehrere Tropfsteinhöhlen. In die Grotte von Parelleta, deren Eingang mit kleiner Gitterthür geschlossen ist, steigt man auf Stufen hinab und kommt zunächst in zwei kleine Kammern mit mehreren Stalaktiten, welche von der Wölbung herabhängen,

Die Kirche von S⁽ᵗ⁾ Llorens.

dann an einige Tropfstein-Durchgänge mit sich emporschwingenden kleinen Stalagmiten und hübschen Stalaktiten, welche gleichsam Draperien bilden. Man wendet sich dann durch einen kleinen Gang wieder dem Eingange zu. Kriechend verfolgt man den Weg nach der wenig entfernten Cova de s'Aygo, nach innen vertieft; man findet hier einen grossen Raum mit natürlicher Wölbung und Stalagmiten, und kommt durch einen etwas tiefen Gang in einer Fortsetzung desselben Raumes auf übereinanderliegende Felsen. In einem grossen Raume mit Felsenwölbung breitet sich ein kleiner See aus.

In einiger Entfernung von der Fahrtrasse liegt das Haus von Parella mit zwei Bogen unten. Von der Terrasse des Thurmes mit erhöhten Ecken hat man eine weitreichende Aussicht auf die Umgebung. Die in dieser Besitzung gelegene Grotte von Parella liegt in kurzer Entfernung von jener von Parellets, nur etwas näher dem Meere; sie enthält einen grossen Raum, der einige blumenkohlartige Säulen, sonst aber nur schroffe, mit schlecht geformten Stalaktiten besetzte Wände zeigt.

Den Weg weiter verfolgend, kommt man nach dem Lloch de Monjes und nach Ses Monjetes. Die Fortsetzung des Weges führt gegen Son Morro. Herrlich ist von hier der Blick auf den Vorsprung der Torre del Ram und die Einbuchtung von Ciudadela. Man sieht fast ringsherum das Meer und scenhaft Mallorca. Man erreicht dann Son Oliveret und Son Olivar vey und biegt rechts nach Son Olivar nou ein.

Wir kehren jetzt nach Ciudadela zurück und kommen an der Taulera de Tremol vorbei zu dem Canal Salat, nach welchem wir die Windmühle der Roques Llises treffen. Links lässt man den Weg liegen, der nach S^a Juan führt, und findet rechts die Einsenkung der Capitana. Mancher Hebebrunnen wird sichtbar; rechts liegt Son Garnias, links Son Maciá mit einer Dreibogenhalle, einem Giebel darauf und Giebelaufsätzen. Der Hort des Conde, zu dem wir gelangen, wohl gegenwärtig die schönste Orangenpflanzung der Balearen, enthält nicht weniger als 1100 Orangenbäume,

Cova de ses Ginjoles.

alle vorzüglich gedeihend, abgesehen von den Beständen gegen Norden zu, die jünger und kleiner sind, weil sie in nicht so üppigen Boden gepflanzt und mehr den Winden ausgesetzt sind. Am entgegengesetzten Ende des Orangenhaines liegt der Hort de S^a Bernat mit Obst- und Orangenbäumen.

Im weiteren Verlaufe des Weges kommt man zu dem Hort de sa Torre. Rafal Amagat weist uns eine tonnengewölbte Küche und kreuzgewölbte Zimmer auf. Das Haus hat eine alte Treppe mit einfacher, dann doppelter Rampe; der Weg geht weiter, und man erreicht die Alquerietes. Links lässt man Son Carlá mit Weinbergen liegen und erreicht Son Pau, ein kleines älteres Haus; von hier zweigt ein Weg nach Son Vey ab. Man gelangt zu Son Bou mit eiserner Noria und einer kleinen Kapelle; hinter dem Hause ist ein grosser Hort mit eiserner Noria. Links lässt man, weiter gehend, Son Marc mit vier Rundbogen und zwei gepflasterten Tennen davor liegen; es hat ein kreuzgewölbtes Zimmer mit dem Datum 1771 und eine doppelte Bogenhalle. Man erreicht nun Son Apareyets d'en Quadrado mit kleiner Kapelle, die einen Glockenbogen besitzt und S^a Francisco geweiht ist. Von der Terrasse des Thurmes, der ein spitztonnengewölbtes Zimmer enthält, geniesst man eine schöne Aussicht.

Von Son Bou zieht sich ein Fahrweg an Son Bou vey vorbei nach Son Vey; links lässt man Son Teri liegen, sieht, weiter gehend, Son Saura, kommt an einem Talayot vorbei und erreicht Son Marquet mit einem Orangen- und Obstgarten und Son Vey, ein hübsches Gebäude mit luftigem Innern.

Schlägt man nun den schon früher besprochenen, links abgehenden Weg nach Sᵗ Juan ein, so trifft man rechts S'Eusina d'en Pussa mit einigen alten, aber windgefegten, immergrünen Eichen und Mandelbaumpflanzungen daneben. An die Häuser angebaut steht hier ein Sᵗ Felipe geweihtes Kirchlein mit einem Glockenbogen und Rebendach davor, das auf Pfeilerchen mit abgefassten Ecken ruht. Von hier erreicht man bald Son Vivó. Hinter diesem Hause zieht sich ein Weg nach Son Saura hin. Von der Atalaya der Taulera veya hat man eine hübsche Rundsicht. Mitten unter wilden Oelbäumen versteckt liegt die sog. Yglesia, welche aus sehr grossen, wagerecht aufgestellten und offenbar bearbeiteten Steinen gebildet wird. Zwei verschieden grosse Talayots liegen unweit davon.

Nach kurzer Strecke erreicht man eine Bogen-Portalada und einen Weg, welcher Son Saura, wohl die schönsten Besitzung Menorca's, dem Conde de Torresaura gehörig, als Zufahrt dient. Von der Terrasse des Thurmes übersieht man schön die Umgebung. Das Innere des Hauses von Son Saura ist elegant; es hat moderne, von Catalanen ausgeführte Plafonds und eine Kapelle mit der Mutter Gottes. Die recht hübsche Façade hat eine Doppeltreppe und eine mittlere Bogenhalle, über deren Gesims ein Wappenschild angebracht ist. Das benachbarte Son Teri hat einen sehr grossen Rauchfang, kreuz- und tonnengewölbte Zimmer, eine äussere Treppe, sowie einen Gemüsegarten mit Noria und Sefareitx.

Wir kehren nach Son Vivó zurück, verfolgen den ansteigenden Weg nach Sᵗ Juan und gelangen dann in eine schöne Ebene hinab, aus der sich auf felsiger Krustenerhöhung Sᵗ Juan erhebt. Die dortigen Felder gehören zu den schönsten der Umgebung Ciodadela's; am Ende wird längs der Krustenerhöhung eine gelbliche Erde (Kalkmergel-Detritus), Sauló genannt, gewonnen, die mit der röthlichen zur Thonbearbeitung vermengt wird. Sᵗ Juan liegt sehr hübsch an einem breiten Platz. Von dem Terrassendache der Vorhalle hat man einen hübschen Blick auf Ciudadela und Mallorca; gegen das Meer zieht sich die Mulde hinter Sᵗ Juan in einer anderen hinab, die von Son Carld zur Linken begrenzt wird.

Von Sᵗ Juan führt ein breiter und guter Weg an der Kirche vorbei nach Torrauba; ganz nahe an demselben liegen der Lloch des Pou und Sᵗ Juan gran. Um zur Atalaya des Trutx zu gelangen, steigt man von dem alten niedrigen Hause der Marjal veya mit einer kleinen Kapelle der Purisima im Canald des Pou vey hinab; es ist dies ein Seitenthälchen, welches in das Hauptthal der Marjal veya ausmündet, wo sich ein Brunnen mit Picas befindet. Man erreicht die bereits im Jahre 1617 bestehende Atalaya oder Torre des Telegrafo und eine verödete Hütte daneben, 61,80 m über dem Meere. Ganz entzückend ist hier die Aussicht. Auf der anderen Seite des Thales der Marjal nova ist eine Höhle im Felsen mit anscheinend künstlicher Mündung; sie gehört zu der kleinen Besitzung Sa Cova, die jenseits des Thales gelegen ist und so genannt wird, weil sie auf einer Höhle aufgebaut ist, deren Wölbung durchbrochen wurde.

Kehren wir nach unserem Ausgangspunkte, Sᵗ Juan, zurück, so haben wir nach dem Parc den neuen Weg einzuschlagen, wo Son Tica mit einigen Mandelbäumen und dem von wilden Oelbäumen überwucherten gleichnamigen Pujol dahinter liegt. Auf einem sanft erhöhten Hügel wird Son Pieris mit einer grossen immergrünen Eiche sichtbar. Rechts liegen zwei Talayots, von denen einer stark zerfallen ist. Unweit des Weges erhebt sich der Pujol de Son Tica 89,41 m über das Meer. Ganz herrlich ist die Aussicht auf Mallorca, die man von diesen Höhen aus geniesst, sowie auf das ferne Ciodadela. Diesem zunächst sieht man auf der steinigen Hochebene Murvedra nou, das eine Halle mit Segmentbogen und tonnengewölbte Zimmer hat, liegen. Dann folgt Murvedra vey.

Auf den Hauptweg zurückgekehrt, erscheinen uns die beiden Pabordies, die nova und die veya, und Torraubet, ein schlichtes Haus. Bald darauf erreicht man Torrauba. Ein Saumpfad führt von hier nach Sta Ana. Der Canal de Sta Ana, der eine Windung bildet, ist mit üppigen Kiefern und immergrünen Eichen, die sehr starkstämmig sind und grosse Kronen haben, bewachsen; der rechte, zu Torrauba gehörige Arm heisst Canal de na Cunl.

Wir nehmen abermals Ciudadela zu unserem Ausgangspunkte und treffen zur Rechten Sⁿ Llorens. Von der Terrasse sieht man schöner, als von einem anderen Punkte, auf Ciudadela; Son Peu, mit einigen immergrünen Eichen daneben, liegt unweit davon. Etwas weiterhin erblickt man Rafal nou, rechts davon den kleinen Rafal vey und linker Hand den hübsch geweissten Rafalet; man steigt hier in eine Feldermulde hinab, die von dem Hause der Viña gran überragt wird. Der Weg zieht sich dann wieder in einer breiten Mulde hinauf nach Binipatis; daneben liegt Binipati d'en Gomila. Wenige Schritte höher, als die Binipatis, liegt das hübsche Haus von Trinidad. Unweit davon erblickt man auch Es Caravallons auf starker Erhebung.

Binisafui.

An einer neunstufigen Barraca vorbei geht ein Pfad von den Caravallons zu dem Cami vey de Mahon, wo die Cavallerias liegen. Mehrere krustenartige Kalkmergel-Erhöbungen findet man bei der Cavallerieta, die selbst auf einer solchen ruht; von hier steigt der Boden in dem mageren Hochlande leicht an und erreicht S'Atalaya, neben der sich ein stark zerfallener Talayot befindet. In geringer Entfernung davon erhebt sich die alte Torre trencada und, an diese angebaut, die Torre trencadeta. Hinter der Cavallerieta zieht sich eine leicht wellige Ebene mit stark vortretenden Felsen von Krustengestein hin; die Cavalleria nova hat eine Halle mit Doppelbogen. Zur Rechten ist der grosse Kiefernwald der Mata Garba, hochstämmig und schön. Man erreicht nun die malerische Cavalleria veya.

Gewöhnlich geht man nach den Tudons über den Cami vey de Mahon, der sich von der neuen Fahrstrasse bei Montefi abzweigt. Rechts liegt Sa Creu de s'Hostal, links S'Hostal nou, und Son Freser. Zwischen diesen beiden Plätzen und der Hauptfahrstrasse liegen die gewaltig tiefen Pedreras dels Hostals, in denen man das Midjans bricht, mit welchem fast ganz Ciudadela erbaut wurde. Weiter gehend, sieht man den Rafal nou, dann den Rafalet de Doña Pepa, ein grösseres, weisses Haus, das drei Bogenhallen und oben eine gerade Front, mit Vasen geziert, aufweist. Alsdann sieht man Sa Villa grau und kommt, hinabsteigend, in eine sanfte Mulde, zu deren Rechten sich das uns schon bekannte Es Tudons befindet.

Geht man andererseits nach der Torre trencada gegen Osten zu, so kommt man durch steiniges Hügelland zum Hause von Tot Lluquet. In der Nähe davon liegt Tot Lluch. Der Boden fällt dann in einer Mulde ab, und man erreicht Son Febrer mit doppelter Bogenhalle, sowie das Haus von Torre Petxina. Der nächste Punkt, den man in der besonders öden und steinigen Gegend erreicht, ist Sta Galdana mit Segmentbogen unten zwischen zwei Vortritten, alsdann Son Mestre vey, Son Mestre de baix mit der Kapelle von S^n Jusep und, den Barranc beherrschend, das schon besprochene Haus von S'Ermita.

Felsenwand von Biniparrax.

Gegenüber von Son Febrer liegt Torretó mit einer Kapelle. Von Torretó gelangt man nach Son Guiem. Weiter gehend, erreicht man Son Olivas und La Terreta d'en Saura.

Im Norden von Ciudadela.

So flach und eintönig der Norden von Ciudadela bei dem ersten flüchtigen Anblick erscheint, so fehlt es ihm doch weder an hübschen Vertiefungen, den sog. Canals, welche namentlich dank ihrer Vegetation eine angenehme Abwechselung bieten, noch an Hügelrücken, welche schöne Fernsichten auf die Stadt und auf das zart hingehauchte Mallorca gewähren. Man lässt den Fahrweg von Son Salamó, welcher nach fünf Possessionen führt, unberücksichtigt und wendet sich links gegen die Torre del Ram zu. Ein Weg führt zum Hause der Troqueries, viereckig, mit einer Terrasse ringsum, dem Conde gehörig. Der Boden steigt von hier bis zur Torre del Ram leicht an. Von dem Thurme des alten, schlossartigen, weiss getünchten Gebäudes hat man eine herrliche Aussicht auf die Umgebung.

Ein fahrbarer Weg geht nach dem zur Torre del Ram gehörigen Hort de Cala en Blanes mit einer Noria. Von hier aus kann man die kleinen Häuser Sᵃ Nicolau, Sᵃ Sebastiá, sowie die Horts d'en Vigo und d'en Esquella besuchen. Nahebei liegt das hübsche Haus Son Salamó. Sa Torre nova, eine jener Besitzungen, wo man viel Käse bereitet, hat eine elegante Dreibogenhalle.

Man schlägt nun anfangs den Weg der Algayrens ein, an dem der Polvorí, ein ehemaliges englisches Pulvermagazin liegt. Wiederum betritt man die sanfte Mulde der Horts d'en Vigo und d'en Esquella und erreicht Son Triay. In kurzer Entfernung davon liegt Son Fé vey; sodann kommt man an Son Fé de sa Rata oder d'en Bagur mit einer Terrasse auf jeder Seite vorbei und erreicht Son Bernardí mit einem Kapellchen der Purísima. Man erreicht alsdann Son Escudero mit mehreren Barracas. Den Rückweg kann man über den Creué nehmen.

Bei der Cova des Moro.

Vom Polvorí zieht sich der Camí des Algayrens an Son Marsal und Son Fedeli vorüber. Man trifft die hübsche Viña von Cuniola. In der Mulde liegt Son Anglada nou, ein hübsches, weisses Haus, rechts Son Pomar, dann die Torre d'en Quart; durch viele Barreras gehend, gelangt man zu den Son Morells, die beide lange Boués in der Nähe haben. Man biegt dann in eine Thalmulde ein und erblickt bald das Haus von Cuniola.

Setzt man den Weg der Algayrens nach der Viña de Cuniola weiter fort, so sieht man Son Pomar, ein neues weisses Haus, dann viele Barracas und die starke massive Torre d'en Quart, an welcher der Weg vorbeiführt. Binigrafull, mit gutem Boden in dem flachen Becken, besitzt eine kleine Kapelle. Man schlägt nun einen Weg links ein und erreicht Son Seu, dann Binistrum mit sechs Rundbogen oben, zwei unten, breiter Frontseite und einem zertrümmerten Talayot in der Nähe, während zwei Talayots etwas weiter entfernt liegen. Dieser Besitzung benachbart sind die Häuser der Arenas und der Arenetes.

Kehrt man an die zuletzt besprochene Stelle der Strasse der Algayrens zurück, so gelangt man durch ein Kieferwäldchen hinab in das grosse Thal der Algayrens mit flachem Boden und buschigen Carritxbeständen. Der Weg kommt an einem Weinberge unterhalb der Casa de ses Costes vorüber, die eine entzückende Aussicht bietet. Man steigt nun in die sehr sandige Ebene hinab und kommt nach Ses Coves und dem Hause der Algayrens; ein Weg zieht sich von den Algayrens nach Es Farinet hin.

Vom benachbarten Brunnen führt andererseits der Weg zur Font Santa. Zur Rechten bleibt ein Thälchen, der Canal d'Infern genannt, liegen, durch das der neue Fahrweg von der Haupt-Carretera nach der Font Santa gebaut wurde. Daselbst angelangt, trifft man einen zwölfbogigen Boué und eine lange Pajissa neben einer hohen Palme. Das neue Haus ist recht statt-

Cales Coves.

lich; es hat einen Giebel an jeder Seite, und die Fenster sind mit Jalousien versehen; ein mittlerer Corridor mündet in einen Saal, von dem man in ein Gärtchen hinaustreten kann; von der kleinen Halle gelangt man in eine Kapelle mit oberer Tribüne.

Von der Font Santa gelangt man auf einem Fahrweg bis zum Hort de d'alt, indem man den Haupttorrent auf einer einbogigen Brücke und dann einen Nebentorrent auf einer kleinen Brücke überschreitet. Nach demselben ersteigt man die Mola und erreicht dann die Cova de l'Amo en Marc. Zwischen den Koppen des Billo und des Puig de sa Falconera ist ein kleiner, sattelartiger Theil; in Windungen führt hier ein Fahrweg durch den Kiefernwald hinauf bis zum Coll und den Puig vermey, von dem aus man eine herrliche Aussicht geniesst.

Gewissermafsen eine Fortsetzung des Thales der Font Santa ist jenes der Furins. Man überschreitet dann das Bachbett auf erhöhter, gepflasterter Strasse und erreicht den Farinet, ein einfaches Haus mit einer Dreibogenhalle. Das Torrentenbett weiter verfolgend, sieht man mehrere, zur leichteren Entwässerung trocken gemauerte Bäche und erreicht schliesslich den Furl de d'alt mit mehreren plumpen Stutzpfeilern nach aussen, im Innern mit kreuzgewölbten Zimmern. Der das Thal beherrschende Furi de beix ist ein altes Haus mit einer kreuzgewölbten Halle und einer äusseren Treppe mit einem Vordach darüber. Hinabsteigend, erreicht man Son Bernat mit Heiligen in einer Nische und Binì Canó. Der gute Fahrweg steigt leicht an und erreicht die Haupt-Fahrstrasse an der hohen Stelle des Consumo-Häuschens.

Im Norden von Ferrerias und ein Theil von Mercadal.

Man benutzt hinter dem Coll Roig den alten Weg von Mahon, lässt den Puig nou und Sta Barbara liegen und durchzieht die schöne Fläche, zur Linken von kleinen rundlichen Kuppen

Caleta de Lluchalari.

umsäumt, die mit wilden Oelbäumen und Buschwerk bekleidet sind. Eine einbogige Brücke führt über das Bachbett, dessen Wasser gegen Algendar zu fliesst. Auf einem kleinen Hügel, der die Gruppe der Inclusa trennt, liegt Binimoti oder Son Funi. Das Thal, hier breit und flach, wird zur Linken von den Hügeln der Alquerieta und der Alqueria blanca, zur Rechten von der grossen Hügelkette von Sta Cecilia eingefasst, die sich an Sta Agueda anschliesst. Ein schlechter Pfad leitet zur Alquerieta. Wenige Schritte davon entfernt trifft man das alte Haus der Alqueria blanca. Das einfache Haus von Sta Cecilia mit doppelter Bogenhalle liegt unter der gleichnamigen Kette auf einem kleinen grünenden Hügel. Hinter demselben erhebt sich die Montaña der Marina de Sta Cecilia mit seinen aus dem Buschwerk hervorstehenden Felsenplatten und einem konisch erhöhten Ende hinter Binimoti.

Ein gut reitbarer Pfad führt von der Hauptfahrstrasse an einem Boué vorbei gegen den Sattel der Inclusa zur Torre hinauf. Die Rundsicht auf die ganze Umgebung und das Meer ringsum ist ganz herrlich. Die Torre de s'Inclusa (oder Enclusa) selbst, die sich 274,58 m über dem Meere erhebt, ist ein roher, rechteckiger Bau mit einem tonnengewölbten Raume.

Ein schlechter Pfad führt rechts von dem Fahrwege nach Son Abetzer nach Sᵗᵃ Agueda hinauf. An Son Piñol, einem kleinen Hause mit doppelten Bogen, gelangt man auf den Coll de Sᵗᵃ Agueda, auch Canal de sa Creu genannt und jetzt als Feld benutzt, von dem man schon die Nordküste und das Meer erblickt Das alte Schloss Sᵗᵃ Agueda, welches früher Monjui hiess, ist offenbar ein maurischer Bau; es ist jedoch nicht unmöglich, dass es auf den Trümmern eines römischen Castrums steht, worauf dort gefundene Spitzen leichter Wurfspeere und römischer Münzen hinzuweisen scheinen. In einer Windung erreicht man die starken Abstürze des Schlosses,

Bei der Ausmündung des Barranc de sa Vall.

deren höchste Thurmterrasse sich 264 m über dem Meere erhebt, während sie nach der Westseite von einer Ecke und einem runden Thurme des Schlosses flankirt sind.

Wir wollen uns wieder nach Son Abetzer wenden, dessen Hügelvorsprung die Thalsperre und die Wasserscheide zwischen der Nord- und Südküste bildet; das breite Haus mit einer Dreibogenhalle steht auf einem Hügelchen unten; daneben ist ein Aujub mit gepflasterter Terrasse. Der Fahrweg zieht sich auf dem welligen Boden allmählich hinab zur Thalsohle mit einem nunmehr nordwärts fliessenden Bächlein, und man gelangt zu dem Hause von Binidaufá. Bald erblickt man vor sich Son Ermitá, eine der isolirtesten Besitzungen Menorca's, das Centrum der scherzweise Siberia genannten Gegend. Binnen Kurzem erreicht man die Fonteta de na Vivas mit einer Pica und in ein paar Windungen Son Jordi, ein schlichtes Haus. Man erreicht Son Ametler und Saleyró, beide mit hübscher Aussicht. Der Fahrweg geht durch das von kuppigen Hügeln gebildete Land langsam hinauf, Sandstein und Cementgestein wechseln ab. Man gelangt nach kurzer Wanderung nach Son Rubí; links erhebt sich auf einem Hügelchen Sᵗ Juan.

Von hier aus kann man leicht den Lloch de Vall und Sᵗ Pera, ein kleines, aber hübsch modern eingerichtetes Haus, erreichen, das einen hübschen Ausblick gewährt.

Nach wenigen Schritten hat man Ruma vey mit einer Kapelle und Rumet vor sich, weiterhin Son Vives mit schönem Blick auf das unten liegende Sant Antoni, Son Jaume und Sᵗ Josep. Von Sᵗ Josep kann man in Kürze das kleine Ruma nou erreichen.

Kehren wir wieder auf die Höhen zurück, so finden wir mageren Clover-Boden, der die Hänge bildet. Man ist in Caloritx mit doppelter Bogenhalle angelangt. Auf dem welligen Boden geht ein Fahrweg nach der Estancia de Caloritx hin. Sobald man auch an der Canova nova und Canova veya vorübergegangen ist, schlägt man den nach Mercadal führenden Weg ein.

Punta Rabiosa von jener der Pedrissada aus.

Rechts wird Sᵗᵃ Rita sichtbar, und weiterhin gelangt man nach der Terra Rotja, von der man bald die Haupt-Carretera erreicht. Von der Calle del Sol geht von Mercadal der Weg nach Lluriach ab. Man erblickt bald das einfache Haus Sᵗᵃ Creueta, einen guten Aussichtspunkt.

Ein Hügelchen trennt als Fortsetzung der Sᵗᵃ Creueta die Fläche der Lluriachs von jener von Saleyró; rechter Hand biegt der Fahrweg nach Binimellá vey ein. Etwas weiter hin liegt Binimellá nou. Ein Nebenbächlein überschreitend, kann man von hier wieder Saleyró erreichen. Auf gutem Fahrweg kommen wir jetzt nach Lluriach vey und Lluriach nou. Diese Besitzung ist namentlich wegen seines Gestütes, für welches der jetzige Besitzer grosse Vorliebe zeigt, bemerkenswerth. Man passirt, weiter ziehend, den Pont de sa Marjal und schlägt den Weg nach der Cavalleria ein. Das doppelt bedachte Haus hat einen viereckigen Thurm. Von der Höhe des Pujol entich hat man eine entzückende Aussicht auf die Umgebung. Ein Fahrweg führt von der Cavalleria nach Son Ferragut vey hinauf. Nahebei liegt Ferragut nou.

Von Mercadal nach Fornells.

Ein gerader Weg, der anfangs mit einigen Zitterpappeln und Ailanthus bepflanzt ist, führt gegen Fornells zu. Man wandert an der Taulera vorbei, zur Unterscheidung von einer bei Binigordó gelegenen Taulera de sa Carretera genannt. Von Binigordó führt ein schöner Pfad durch das Thälchen des Canal de s'Ensinar, bis man vor dem wilden, zerfressenen Puig de Binigordó herauskommt. Von ausserordentlicher Wildheit sind die Felsen mit ihren gerade emporragenden, pfeilerartigen Schichten oberhalb des üppigen Grasthälchens des Cañar, das durch kammförmig vortretende

Bei Cala Macarella.

Felsen eingefasst wird. Zur Carretera zurückgekehrt, gelangt man in einer Erweiterung des Thales, die auf derselben Seite von den Höhen der Bufera eingefasst wird, nach Bella Mirada vey, von wo man eine hübsche Aussicht geniesst. Bella Mirada nou ist tiefer gelegen. Man kommt an den Casetas veyas und an der Estancia vorbei und erreicht das auf einer kleinen Erhebung gelegene Tirant vey. Rechts lässt man das zum stattlichen Tirant gehörige Haus der Salinas novas liegen.

Auf den Hauptfahrweg zurückgekehrt, umschreibt man den Hafen, lässt fünf Tancas mit der Estancia de Sta Ignés liegen und erreicht Fornells, eine Ortschaft mit 113 Häusern. Gleich am Anfange derselben trifft man auf die Fonda, wo viele Leute aus Mahon sich einen frohen Tag zu machen pflegen, indem sie gute, frische Fische essen. Das Kirchlein von Fornells mit neuem Thurm zur Rechten und Glockengiebel wurde 1876 zur Pfarrkirche erhoben. In Fornells sieht man sonnenverbrannte, gelbliche Leute, fast lauter Fischer. Die Häuser sind alle weiss getüncht, mehrere haben vor ihrem Eingange eine weiss getünchte, gemauerte Bank (Pedriz).

Zur Bufera führt ein Fahrweg. Man gelangt zuerst zu dem Hause der Salinas novas. Am Torrent, der von den Horts de Carbonell herabfliesst, findet man eine Wassermühle, Es Molinet genannt; von hier aus erreicht man bald die Bufera, ein breites Haus mit Vierbogenhalle und zwei Tennen daneben. Eine oben geweisste Wand trennt die Bufera von der gleichfalls dem Conde gehörigen Bufereta. Die kleine Häusergruppe von Carbonell, welche nur noch acht bewohnbare Gebäude zählt, während zwanzig verlassen und in Trümmern liegen, hat ein recht verödetes Aussehen. Die Kirche mit Glockenbogen hat eine viereckige Eingangsthür. Das Innere ist ziemlich hübsch. Auf einer kleinen, die Mulde beherrschenden Anhöhe liegt das an den Hügel angelehnte Haus von Carbonell. Ein Richtweg führt von hier durch das mit Tamarisken bewachsene Thal nach Bella Mirada nou, das wir schon kennen, bei der Carretera de Fornells.

Im Norden von Mercadal.

Der beste Weg nach dem Toro, welchen auch fast alle vom Osten der Insel dahin Pilgernden einschlagen, ist der über Son Carlos.

Nach einer alten aufgezeichneten Ueberlieferung sah einer der Mercedarios-Mönche des Klosters des Podio de Osterno, welches in der Besitzung Llinaritx bestand, ein sehr starkes Licht auf der Spitze des Toro. Nachdem er dies den anderen Mönchen mitgetheilt hatte, beschlossen sie alle, processionsmässig den Berg zu ersteigen; wie sie jedoch an dessen Fusse angelangt waren, fanden sie den Weg durch Felsblöcke versperrt. Da erschien aber ein Stier, der vor der Procession herschritt und mit einem Hornstoss die Felsen öffnete, worauf er den Berg erstieg und bei einem Steinhaufen, der auf der Bergspitze lag, verschwand. Die erstaunten Mönche schoben die Steine auseinander und fanden ein Bildniss der heiligen Jungfrau mit einer brennenden Lampe; sie brachten es processionsmässig zum Berge von Sta Agueda, da ihr Kloster noch keine Kirche besass. Als sie am folgenden Morgen die Messe lesen wollten, sahen sie, dass das Bildniss verschwunden war, und fanden es auf dem Toro an derselben Stelle wieder, wo sie es entdeckt hatten. Ueberzeugt, dass es göttlicher Wille sei, dass das Bildniss dort verehrt werde, erbauten sie daselbst eine Kirche von den Almosen der Gläubigen; das Bildniss wurde jedoch bei einem Brande zerstört und das jetzige von sieben Bischöfen geschenkt. Die Verehrung für diesen Wallfahrtsplatz ist sehr alt. Jedes Fest, namentlich die jährliche dreitägige Aussetzung des allerheiligsten Sacramentes, welche am zweiten Sonntag des Mai beginnt, ist sehr besucht; das Hauptfest am Toro bleibt aber immer das des heiligen Nicolaus von Tolentino, an welchem kleine Brode vertheilt werden.

Eine kreuzgewölbte Halle mit dem Wappen Aragon's dient der Kirche als Eingang. Das Innere bildet ein einfaches Tonnengewölbe mit drei Seitenkapellen und einer sich verengenden, erhöhten Hochaltarkapelle mit zopfigem Altar. Ueber dem Eingange ist die schlichte Empore, zur Rechten die kleine Sacristei, zur Linken der Eingang zum Camarin (Altargemach); in der zweiten Kapelle links befindet sich eine kleine Höhle, wo der Ueberlieferung nach die Mutter Gottes gefunden worden ist. Rückwärts liegen die Ruinen des alten Klosters. Der hergestellte Theil des Klosters mit runden Thurmaufsätzen enthält mehrere hübsche Räumlichkeiten. Der Thurm des Toro ist mehr lang als breit, und zwar geht seine Längsachse von Osten nach Westen. Die Aussicht vom Thurme aus ist herrlich.

Von Mercadal aus führt ein Fahrweg gegen den Toro an den Häusern Ses Costes, Peu de Toro und Lonzell vorüber. Die Besteigung des Puig des Carugol, dessen Barrera man links trifft, ist sehr leicht. Es ist zweifellos nach dem Puig de na Calafata der schönste Aussichtspunkt von Menorca; die Höhe fällt steil ab gegen die unteren, mit Kiefern bekleideten Lehnen.

Durch die Portalada von Sta Eulalia an der Haupt-Carretera führt ein ebener Weg zwischen Kiefern- und immergrünem Eichenwald nach Sta Eulaliets hin. Man hat hier eine entzückende Rundsicht. Rings um das Haus laufen Terrassen mit Dockengeländern und hübschen Gartenanlagen. Um nach den beiden Sta Eulalia's zu gelangen, schlägt man einen Fahrweg ein, der durch Kiefern und immergrünen Eichenwald führt. Das Haus von Sta Eulalia de d'all ist durch Strebepfeiler gestützt und mit kleinen Bogen versehen. S⁽ᵃ⁾ Eulalia de baix ist ein schlichtes Haus mit doppelter Bogenhalle.

Von der Strasse gegen Son Alzina zu führt ein Weg nach Sa Roca, so genannt nach einem Felsen, der in der Mitte des Hauses stehen gelassen wurde. Unmittelbar hinter dem Hause geht ein Weg nach Carbonell hinab.

Von dem Hochlande Alayor's zieht sich im Nordosten das vertiefte, kuppige Land hin, von der Carretera de ses Covas durchschnitten, welche nach Son Alzina, Ses Covas veyes Lucaitx, Son Saura etc. führt und sich mit einem Wege, welcher nach Sa Bufera geht, verbindet. Unweit

Recó des Cap de Bañols.

des Hauses von Lucaitx liegt eine schöne Kiefernallee mitten im Walde, biegt hierauf links ein, wobei man auf beiden Seiten eine oben geweisste Wand mit Pfeilerstöcken hat, und erreicht Ses Covas veyas, ein hübsches Haus. Sehenswerth ist der grosse, 42000 pflugbare Weinstöcke enthaltende Weinberg. Von den Covas veyas steigt man in das untere Thälchen hinab, von dem aus sich der Kiefernwald gegen den Arenal de Son Saura und das Haus von Son Saura mit Dreibogenhalle hinzieht.

Auf einem gepflasterten Wege geht man andererseits von den Covas veyas in die Plans hinab, wo grosse, immergrüne Eichen wachsen, mit dem Hügel von Bellavista auf der anderen Seite und Ses Covas novas im Sattel, während dahinter das Haus von Ses Fontanellas mit Gemüsegarten daneben sichtbar wird. Von Bellavista, das man nach sanftem Aufstieg bald erreicht, hat man eine herrliche Aussicht.

Auf einem kleinen Sattel, der das Thal der Plans von dem nach Cala Moll führenden trennt, liegen Ses Covas novas mit grossem Getreidemagazin und doppelter Bogenhalle. Auf einer umfangreichen Hochfläche liegen Binifabini nou und Binifabini vey. Ein Weg führt von hier nach Alcoitx, einem einfachen Hause.

Wir gelangen nun nach Subaida oder Albaida, einem grossen, weissen Hause mit schöner Aussicht. Der Weg umschreibt dann das Thal und führt durch den Wald; in der Vertiefung sieht man die grosse Kiefer von Son Gall. Man steigt nun wieder aufwärts zum neuen hübschen Hause von Son Gall mit doppelter Gartenanlage nach zwei Seiten hin. Hinter diesem liegt das alte Haus des Amitjer und die kleine alte Kapelle.

Cala Sant' Andria.

Im Norden von Alayor und Mahon.

Von Alayor geht gegenüber dem Cami de S⁰ Pere der Cami de S⁰ Llorens hinab. Man überschreitet eine kleine Mulde mit üppigem, immergrünem Eichenwald, jenseits welcher die Häuser der Artigues, darunter eines mit Vierbogenhalle, liegen. Auf einer sanften, das Thal beherrschenden Erhöhung erreicht man die Son Puigios, deren grösseres Haus mit doppelter Bogenhalle versehen ist. Der Fahrweg geht aufwärts auf einem Grava-Rücken und erreicht auf sanfter, länglicher Erhöhung das Haus von Binimarroc mit doppelter Bogenhalle und einem Kapellchen der Purisima.

Kehren wir zu die Stelle des nach S⁰ Llorens führenden Fahrweges wieder zurück, wo wir ihn verlassen hatten, um nach Binimarroc einzubiegen, und steigen, das Thal überschreitend, bis zu dem gleichnamigen Kirchlein hinauf, das schon im Jahre 1330 eine Pfarre war, in welchem König Jaime III. von Mallorca den Pariatje aussetzte. Das Kirchlein von S⁰ Llorens ist ein merkwürdiger Bau mit drolligem Thürmchen. Auch das Innere ist sehr eigenthümlich. Gegenüber von S⁰ Llorens liegt Puigmenor (oder Vuimenó) auf einer kleinen Erhöhung. Von dem Talayot de Binixems de devant, der sich in kurzer Entfernung vom Hause erhebt, hat man eine entzückende

Rundsicht. Von der nach Mahon führenden Strasse geht ein Weg nach dem Hause Morell mit einer Dreibogenhalle und einer oberen Terrasse ab.

Der Tramontana-Fahrweg zweigt sich von der Haupt-Carretera bei der Taulera de Biniaixa ab. Man erblickt mehrere Estancias, den fernen Toro und auf einem Hügel Son Cardona. S'Espaumer nou, Bañul, Capell de Ferro, Capifort tauchen in der Ferne auf. Aus einem Seitenthale grüsst Turtumell de baix; Camp Roig und Sta Rita bleiben rechts liegen, und seltsam aufsteigende rothe Sandsteinfelsen zeigen sich im Norden. Man passirt die Salinas de Addaya und erblickt Mongofre nou. Quellen und Gärten zeigen sich in grosser Zahl.

Die Salinas novas de Mongofre liegen in einer Einbuchtung. Durch Buschwerk, das namentlich von Mastixsträuchern und vielen Myrten gebildet wird, führt ein Fahrweg von diesen Salinen nach Mongofre nou mit einbogiger Halle hinauf. Auf einem Hügel von rothem Sandstein, der mit immergrünen Eichen bewachsen ist, liegt Mongofre vey. Von der Höhe des Cap Favaritx, eines der wichtigsten der Nordküste, das sich felsig und kahl über eine halbe Stunde weit hinauszieht, hat man eine entzückende Aussicht auf die Küste nach Mahon zu. Man gelangt nun wieder auf den Weg gegen Addaya und biegt nach Ses Torres ab.

Ein Seitenweg geht unterhalb von S^a Isidro ab, von wo man einen herrlichen Ueberblick über den Hafen von Mahon hat. Man überschreitet ein Bächlein und erreicht S'Esquellé mit einer Zweibogenhalle und weiter S'Espaumer vey. Von dem bei dem Hause der Bufera gelegenen Hügel der Tromperas hat man die hübscheste Uebersicht über die Lagune der Bufera, welcher als Hintergrund der thronende Toro dient.

Unterhalb des Hort d'en Murillo und an Binisermeña, der grösseren Taulera mit rückwärtigem Backofen und Tancas für die Thonbereitung vorbeiführend, geht der Weg von der Colarcega des Hafens von Mahon nach der schönen Besitzung St Antonio oder Sant Antoni zu. Von der oberen Terrasse mit Dockengeländer geniesst man den prächtigen Anblick des Hafens von Mahon, St Luis und Villa Carlos, sowie der stattlichen Mola. Von dem viereckigen Thürmchen, das sich in der Mitte des Hauses erhebt, hat man übrigens eine noch hübschere, wirklich entzückende Aussicht; es ist ja eine der schönsten der Insel. Man erblickt von hier aus nicht nur das bewegte Hügelland und das brandende offene Meer der Nordküste, sondern auch die inneren Höhen, den stillen Hafen und das freundliche Mahon. Wir wollen an dieser schönen, unvergesslichen Stelle unsere Landschilderung Menorca's abschliessen, um nun der Küste der Insel unsere Aufmerksamkeit zuzuwenden.

Die Küste der Insel.

Bei der Punta des Faro mit einem Riff gegenüber, wo die Llosa de S^n Carlos liegt, hatten wir die Schilderung des Hafens von Mahon abgebrochen und wollen sie nun hier wieder aufnehmen. Mitten unter den Trümmern des alten Castells von S^n Felipe erhebt sich der Leuchtthurm des Hafens; er enthält einen katadioptrischen Apparat, wie alle Leuchtthürme Menorca's, und sein weisses, fixes Licht ist sieben Meilen weit sichtbar.

Hinter dem Leuchtthurme beginnt die Punta de sa Cala de Sant Esteban, die ihren Namen von der gleichnamigen, darauffolgenden Cala hat, die von dem Castell vey beherrscht wird. Nahebei liegt das thurmartige Fort Marlborough. Niedrig und schwammig erscheint Sa Punta dels Illots mit doppelter Spitze. In einem Vorsprunge liegt eine grosse Höhle, Sa Cova de ses Ginjoles genannt, mit Tropfsteinabstürzen in der Dachung. Ihr folgt die Ses Coves de Rafalet genannte Höhle.

Auf einem erhöhten Vorsprunge, welcher die auf diese Weise doppelt getheilte Cala beherrscht, liegt die Torre de Alcaufar. Die zwei Höhlen mit kuppelartigem Dome, die Covas de Alcaufar, sind grossartige Gebilde. Nahebei liegt das Cap de sa Paret. Von der Höhe des Thurmes von Binisncolla, der ganz gleich jenem von Alcaufar erbaut ist, nur dass die Treppe fehlt, übersieht man herrlich die Umgebung.

Auf der kleinen, flachen Insel del Aire erhebt sich ein Leuchtthurm zweiter Ordnung. Der Apparat gewährt ein weisses Licht mit Finsternissen von 1' zu 1' und ist zwanzig Meilen sichtbar. Wir erblicken weiter das gefährliche Riff Caragol und Cala Figuera. Die Küste springt im Cap d'en Butifarra vor, auf welches eine breite Einbuchtung folgt. Bei Binisafuá befinden sich künstliche Höhlen mit vielen Knochenüberresten.

Man gelangt in die tiefe, mit der Mündung nach Südwesten zu liegende Cala de Biniparrax, die sich sichelförmig hinzieht. Auf der linken Felsenwand sind acht Höhlen gegraben, einige mit abgerundeten, andere mit viereckigen, nach aussen und nach innen abgerundeten Eingängen; die oberen sind ohne Leiter nicht zugänglich. Höhlen, grosse und kleine, und bizarr gestaltete Felsen

Pont d'en Gil bei Ses Piquetes.

erblickt man in Menge. Von den ersteren sind die Cova de Moro und die Cova de Forma besonders zu erwähnen. Die Cala de Canotell ist ziemlich breit und tief. Weiter hin liegt in der weissen Felsenwand eine dunkle Höhle, von deren schlanker Dachung, welche rostfarbige und schwärzliche senkrechte Wände überragen, Tropfsteine herabhängen; so erscheint sie wie ein basilicaartiger Naturdom. Eine riesige Ausdehnung hat die Cova de S¹ Jusep, die durch die wundervollen Farben in ihrem Innern an die Grotte von Capri erinnert. Man gelangt dann zur Cala en Porter. Beim Bec de s'Atalaya erreichen die Abstürze eine bedeutende Höhe. Dann kommt man in die Caleta de Llucbalari, eine Art Reconada, die von den niedrigen Abstürzen gebildet wird, mit zwölf alten, künstlichen Höhlen gegen das Meer zu, und weiter zum stattlichen Cap de ses Peñas.

Das Felsenufer hört nun auf, und es fängt ein flacher Sandgrund an, der sich bis zum Recó des Cavall hinzieht. Nun kommt der Escuy de Biniquadrell, eine ziemlich grosse Insel.

Von hier an fehlt das flache Uferland, und die lehmigen, rundlichen, mit Mastixsträuchern bekleideten Hügel reichen bis zum Meer, wo sie niedrige, erdige Abstürze aufweisen; hin und wieder krönen einzelne Kiefern die Höhen. Man nennt dieses Ufer, welches mit der Punta Rabiosa abschliesst, Sa Macada de Binigaus. Die Punta Rabiosa bildet einen sehr breiten Vorsprung mit lehmigem, weisslichem Felsenufer und wird dann von einer mit einzelnen Kiefern bewachsenen Thalfurche durchzogen, die wieder eine Hügelspitze trennt, in deren Felsen man eingelagerte, wurzelartige Tropfsteingebilde sieht.

Verschiedene Calas dringen in das Land ein. Bemerkenswerth ist der herrliche Tunnel Es Pont d'en Alf, von dem die Chronik erzählt, dass ein Maure, Namens Alf, der häufig Raubzüge in jene Gegenden unternahm, seine Galere unter diesem natürlichen Tunnel verbarg.

Wir kommen jetzt in den herrlichen, trefflich gegen Nordwinde geschützten Hafen von Sta Galdana, in den der ergiebigste Fluss Menorca's ausmündet.

Grossartig ist die Cova de Sta Galdana, deren riesige Mündung durch zahlreiche Felsen versperrt wird. Sehr schön ist die Aussicht auf die herrliche Bucht von Sta Galdana von den Lehnen hinter dem breiten Rio unterhalb des Hauses von En Sala Misas.

Zu den Höhlen von Cala Macarella führt ein theilweise in die Felsen gehauener Pfad. Die letzte derselben ist eine der am besten erhaltenen und schönsten der Küste; sie hat zwei Thüröffnungen, sowie ein mittleres Fensterchen und besteht aus einer sichelförmigen Höhle mit einem Pfeiler in der Mitte, zwei grossen Abtheilungen und vielen Nischen.

Die Punta de sa Guarda ist vom Meere abgewaschen und schwammig. Nahebei liegt der Leuchtthurm des Trutx oder Dartuix von vierter Ordnung. Der Apparat giebt ein weisses Licht mit Blitzfeuer von 3' zu 3', das 16 Meilen weit sichtbar ist.

Von der Terrasse aus, um welche Bänke stehen, hat man schöne Aussicht auf die Spitze der Torre del Ram. Vor unseren Blicken erscheinen jetzt der Vorsprung der Torre del Ram, das Cap Negret und nach einiger Zeit Es Cap de sa Paret.

Von Cala blanca aus zieht sich das Ufer mit niedrigen schwärzlichen Abstürzen fort, hin und wieder zurücktretend. Es folgt die schöne und grosse Cala Sant' Andria, von einem Thurme beherrscht.

Die Einbuchtung des Degollador zeigt in der Mitte einen gleichnamigen Escuy, den Ueberrest des horizontal geschichteten Ufers; daran schliesst sich ein schmaler, flussartiger Grund, dessen Felsenufer von trockenen Wänden gekrönt werden. Der uns schon aus der Schilderung Ciudadela's bekannte Hafen wird von dem Thurme auf der einen Seite und dem Leuchtthurme auf der anderen begrenzt. Der Hafenthurm, Castillo de S^a Nicolas genannt, wurde 1679 wieder aufgebaut. Das Leuchtthurms-Gebäude ist nett, und wurde ebenso wie die Ecken der Terrasse aus schönen, grauen Kalksteinquadern erbaut. Dieser Leuchtthurm sechster Ordnung, 1863 erbaut, hat einen Apparat, welcher ein sieben Meilen weit sichtbares, fixes Licht erzeugt. Die Cala en Blanes bildet einen tiefen Einschnitt in diese felsige Küste und zieht sich mit gleichen Ufern weit hinein. Ganz schmal, aber höchst malerisch ist die Einbuchtung des Recó des Cap de Bañols. Es bietet sich uns nun das graue, wie ein Schiff vorspringendes Cap de Bañols mit zwei kleinen Seehöhlen dar. Eine tiefe Seehöhle mit spitzer Wölbung und zellenartig ausgehöhlten Wänden, mit einem grossen, natürlichen Bogen, Pont d'en Gil genannt, wo man durchfahren kann, gewährt einen herrlichen Rückblick auf diesen Bogen mit Mallorca im Hintergrunde.

Die starke, massive Bildung des Cap de Menorca mit ihrem von Spalten durchzogenen Vorsprung wird durch drei Schluchteinschnitte getrennt. Die wilde Küste, die vielfach zerklüftet und gespalten ist, biegt gegen die grosse Reconada de s'Amarrador ein. Die felsigen, ziemlich lehnigen Ufer der grauröthlichen Cala des Morts gewähren einen höchst traurigen Anblick. Die Wände werden jäh, höher, schwärzlich und haben ein ernstes, wildes Aussehen. Sie zeigen ein paar Spalten am Ufer, darunter eine, welche eine pfeilerartig getrennte Felsenmasse bildet.

Cala Morell ist ziemlich gross und hat ein kleines Sandufer im Grunde, sowie eine breite Thalfurche. Höchst malerisch wirkt die natürliche Felsenbrücke, unter der man mit Booten hindurchfahren kann. Weiterhin erheben sich hohe, wilde Felsenwände, wie durch Titanenkraft emporgehoben und zahnartig vorspringend. Es folgt die Embuchtung der Algayrens oder Gayrens mit dem gleichnamigen Escuy, der gegen die Einfahrt der Bucht stark geschichtete Abstürze von dunklem Aschgrau darbietet. Die Punta rotja oder dels Algayrens enthält oben in einer kleinen Höhle der convoluten, abgebrochenen Felsen Tropfsteingebilde.

Die Montaña Mala steht nur durch den Dünenrücken mit dem hinten gelegenen Gebirge in Verbindung, welches das Thal hinter Cala Carbó beherrscht. Nach aussen zeigt die Montaña Mala mit senkrechter, kupferrother Stirnseite äusserst wilde, zahnartige Riffe. Weiter hin gelangt man zum Cap de Ferro, das eine schöne Aussicht von seinem Gipfel gewährt.

Hinter Cala en Calderers ändert sich plötzlich die Farbe der Küste, denn die grauen, weissgeaderten Felsen, die ein paar zahnartige Riffe aufweisen, wandeln sich in kupferrothe Steinplatten um, Es Vermes genannt, mit ein paar aschgrauen Adern. Einen höchst charakteristischen Anblick

Die Riffe der Playa de Pregonda.

gewähren die Riffe der Playa de Pregonda, die aus hoch aufgeworfenen, röthlich-gelben Sanddünen besteht. Hierauf folgt die Playa de Binimellá, nach der gleichnamigen Besitzung so genannt; dann wird die Torre de sa Nidja an der Cala Forta sichtbar. Auf dieser linken Seite der Einbuchtung der Nidja legen die Fischer aus Fornells gewöhnlich an. Der gute Weg führt zwischen niedrigen Mastixsträuchern und Rosmarin auf die Höhe des Faro de Cavalleria, der 1859 erbaut, zweiter Ordnung ist und dessen weisses, fixes Licht 18 Meilen weit sichtbar ist. Dem Cap de Cavalleria gegenüber liegt die Isla de sa Nidja.

Die Hafeneinfahrt von Fornells wird durch einen runden Thurm gesichert. Zu dem Schlosse, Fortalesa de Sᵃ Jorge, später de Sᵃ Antonio genannt, wurde der Grundstein im Jahre 1625 gelegt. enthielt früher eine unterirdische Kaserne für 100 Mann, Magazine und eine Cisterne. Das Wasser des Hafens ist sehr seicht, so dass das Seegras weit hinein bis zur Oberfläche reicht. Wir setzen unsere Fahrt fort und erreichen die Cala Rotja, die kleine Insel S'Illeta de ses Figueres de Moro und die grössere Isla de las Sargantanas mit den Ueberresten eines Cuartel.

IV. Menorca.

Kahl und öde zeigen sich uns nun die Felsen des Cap de s'Atalaya de Fornells. Wiederum lenken mehrere Höhlen die Aufmerksamkeit auf sich, so die Cova des Giants und die Cova pufiada. Die Küste setzt sich nun als nicht sehr hoher Absturz des öden Tafellandes wild und zerklüftet fort. Bemerkenswerth ist die Es Frare genannte Cala mit ihren phantastischen Felsbildungen. Die Abstürze werden dann niedriger und weisen eine Art Riffende auf, das Cap Pertinent, welches den Wendepunkt des grossen Vorsprunges der Atalaya bildet.

Die Inseln von Addaya, die man nun erreicht, bilden eine Reihe von Riffen in der Weise, dass auf die innersten, die man Carabone nennt, die beiden grösseren Inseln und endlich das äusserste Riff folgen. Man fährt weiter an dem Cap gros de Mongofre entlang, das auch Es Tudós des Sevinà heisst, und gelangt zu dem kleinen Vorgebirge des Guix d'en Olivés, von dessen Gipfel aus man eine hübsche Aussicht hat. Mit einigen Thalfurchen zwischen den schwärzlichen Abstürzen und einem Stück Schotterufer, das durch die Wogen aufgeworfen worden ist, zieht sich dann die immer niedriger werdende Küste gegen die dunkle, rissige Spitze des Cap de Favaritx hin.

Es Tamarells und Isla d'en Colom.

Die Einbuchtung von Tamarells, die wir nunmehr erreichen, wird von einem phantastisch erscheinenden Thurme beherrscht, von dem man einen schönen Blick auf die gegenüberliegende ziemlich grosse Isla d'en Colom geniesst. Diese ziemlich grosse Insel ist fast unbebaut, da Ratten und Kaninchen in grosser Menge hier hausen und alles zerstören.

Die Küste zieht sich nun weiter nach der Punta de sa Galera zu. Die rundlichen Hügel mit Abstürzen und schräger Schichtung, welche das Ufer bilden, führen den Namen Es Retjats.

Die breite Einbuchtung der Mesquida, in welcher am 19. August 1781 der Herzog von Crillon landete, wird rechts durch den Pá gros, links durch die Creueta geschützt und hat ein doppeltes Sandufer. Auf der Spitze der Creueta ist ein kleines Fort, zu dem über einen Pass, durch welchen das Meer brandet, eine Brücke führt. Hinter der Punta de sa Creueta kommen schwarze, schwammige Abstürze der kuppigen Hügel.

Wir erblicken nun die schwarze Stirnseite der stattlichen Mola, mit welcher die Linie, die den Devon vom mittleren Miocän scheidet, beginnt. Von der Atalaya an werden die Abstürze der Mola, die in der Mitte Midja Peñes heissen, niedriger und schliessen mit einer kleinen Spitze ab; recht malerisch erscheint von hier die hohe Atalaya, auf der äussersten Spitze, 78 m über dem Meere gelegen, neben einem fast von den Gebirgsmassen getrennt erscheinenden Felsenabsturz.

Sie dient als Signalthurm, steht mit dem weissen Signalthurm des inneren Hafens von Mahon in Zusammenhang und verkündigt den wartenden Mahonesern das Herannahen von Schiffen oder ganzen Geschwadern.

Doch vor allem einige Worte über den Ursprung der Mola, die einst ein verlassenes, zu S° Antonio gehöriges Vorgebirge war. Von den Vortheilen, welche die Mola zur Vertheidigung des Hafen von Mahon gewährt, überzeugt, befahl im Jahre 1848 die spanische Regierung, die Festungsarbeiten zu beginnen, deren fertig gewordene Theile 1852 unter dem Namen einer Fortaleza de Isabell II. eingeweiht wurden. Vom Jahre 1864 an wurden die Arbeiten thatkräftig aufgenommen, und ohne eine Unterbrechung weiter fortgesetzt. Man berechnet, dass die Mola der Regierung bereits (Ende 1888) 13 Millionen Pesetas gekostet habe, ohne die vielen Geschütze, Munition etc. zu

Aus den Höhen der Mola.

berücksichtigen, die in anderen Gegenden bezahlt wurden und die sicher auch eine bedeutende Summe ergeben. Die Arbeit wurde solid und gut ausgeführt und namentlich in dem Bau der Wölbungen zeichneten sich die inländischen Handwerker aus; die Mola wurde zugleich für Menorca eine Quelle des Reichthums, nicht nur dadurch, dass viele Familien der Insel, welche sonst in Folge der Missernten hätten auswandern müssen, dort Arbeit finden konnten, sondern dass auch viele aus Mallorca und Ibiza herüberkamen und sich auf Menorca ansiedelten. So wurde ein Werk, welches zur Zerstörung bestimmt war, eine wirkliche Wohlthat, von Tausenden gesegnet. Möge dies für Spanien ein günstiges Omen seiner künftigen, friedlichen Entwickelung sein und möge diese Feste auf dem östlichen Vorgebirge Spaniens im Mittelmeere, welche achtunggebietend dessen Wogen beherrscht, gleichsam als riesige Schildwache das häufig zum Zankapfel gewordene Eiland für Spanien beschirmen.

Erklärung einiger vorkommenden Bezeichnungen.

Abeurador: Gedeckte Viehtränke.
Acequia: Wasserleitung.
Alero: Dachsparren, Dachgesims.
Alfareria: Töpferei.
Alqueria: Maurische Niederlassung.
Amitja: Halbpächter.
Arenal: Sandiges Dünenland am Meeresufer.
Arrendador: Pächter.
Atalaya: Thurm der Küstenbefestigung.
Aujub: Geschlossenes Wasserdepot.
Avench: Tiefe Felsenspalte.
Azulejos: Thonplättchen zur Wandverkleidung.
Bahia: Bucht.
Balsa: Offene Lache als Tränke.
Barranc: Thalfurche.
Barreras: Hölzernes Gitter als Abschluss von Grundstücken.
Biga: Pressbalken der Oelmühle.
Bollche: Netz zur Aufbewahrung von Fischen.
Botica: Weinschänke.
Bouët: Stallgebäude.
Cabeza: Hauptort.
Cabo: Vorgebirge.
Cala: Kleine Meereseinbuchtung.
Caleta: Kleiner Ankerplatz.
Calle: Strasse einer Ortschaft oder Stadt.
Cami: Weg.
Caminero: Strassenwärter.
Carregador: Landungsplatz für Waaren.
Carretera: Chaussee.
Casa, Caseta: Haus, kleines Haus.
Caserio: Häusergruppe.
Celle: Weinkeller.
Claper: Haufen von in Feldern aufgebauten Steinen.
Clasta: Hofraum.
Coll: Gebirgssattel.
Comellar: Thal.
Corral: Viehhof.
Cova: Höhle.
Cuartel: Kaserne.
Desembarcadero: Landungsplatz.
Dezvan: Dachboden.
Donat: Kirchendiener.
Embitumat: Anwurf mit Marés-Staub.
Entrada: Eingangshalle.
Escar: Platz zum Hinaufziehen der Boote.
Escuyt: Felsenriff.
Estancia: Magazin, Verkaufstelle.
Figueral: Feigenbaumpflanzung.
Fonda: Herberge.
Font: Quelle.
Frau: Meerenge.
Garriga: Niedriger Buschwald.
Garrigué: Flurwächter.
Garrovera: Johannisbrodpflanzung.
Hort: Gemüse- und Obstgarten.
Hostal: Herberge und Stallung an einer Fahrstrasse.
Hospederia: Kleine Gassenschenke.
Lavadero: Oeffentliches Waschhaus.
Legua: Meile.
Lugar: Dorf.
Marés: Kalkmergel.
Marjada: Bodenterrasse.
Marjador: Terrassenmauer.
Mirador: Theilweise gebauter Aussichtspunkt.
Molí: Mühle.
Mollet: Kleiner Molo.
Morro: Kopfartiger Gebirgs- oder Cap-Vorsprung.
Odre: Schlauch als Oelmass.
Pan Caritas: Wallfahrt.
Paret: Trockene Mauer.
Pedrera: Steinbruch.
Pedris: Gemauerte oder steinerne Bank.
Pica: Wasserbecken im Felsen oder Viehtränke.
Pinar: Strandkiefernwald.
Playa, Playeta: Sandufer, Strand.
Pont: Brücke.
Porchada: Vordach mit Krippen zum Anbinden des Viehes.
Posada: Kleines Besitzhaus.
Posesion: Grössere Besitzung.
Pou de Toro: Wasserhebemühle.
Predio: Pachtgut.
Puerto: Thor.
Puig: Berg.
Punta: Vortretender Punkt.
Retjes: Stufenartige Abtheilungen bei Gebirgspfaden.
Rinconada: Bergwinkel.
Rota: Ein in kurze Pacht gegebenes Feldstück.
Roter: Bauer.
Salobrer: Brackwassersumpf.
Saferaia: Offenes Wasserdepot.
Sestador: Sommerstall für Schafe.
Single: Steile Einsenkung im Gebirge.
Tafona: Oelmühle.
Talayot: Megalithische Steinhütte, alter Grabhügel.
Tanca: Eingezäuntes Feld.
Taulo: Balken.
Torrat: Alun-Terrasse.
Taulera: Thonwaarenfabrik.
Torre: Thurm.
Torrent: Sturzbach.
Trispol: Gestossener Fussboden.
Uyal: Aus dem Boden zeitweilig hervorsprudelnde Quelle.
Vecino: Bürger.
Vidca, viñeta: Weinberg.
Zaguan: Eingangshalle.

www.ingramcontent.com/pod-product-compliance
Lightning Source LLC
Chambersburg PA
CBHW032004300426
44117CB00008B/896